LA
DÉFENSE DE PARIS

(1870-1871)

PAR

Le Général DUCROT

TOME QUATRIÈME

Accompagné de 24 cartes en couleur

PARIS

E. DENTU, LIBRAIRE-ÉDITEUR,

PALAIS-ROYAL, 15-17-19, GALERIE D'ORLÉANS

—

1878

LA DÉFENSE
DE PARIS
(1870-1871)

LIBRAIRIE E. DENTU

DU MÊME AUTEUR :

LA JOURNÉE DE SEDAN
5ᵉ ÉDITION

Augmentée des ordres de mouvement de l'état-major allemand.
1 vol. gr. in-18 jésus, avec 3 cartes. 2 fr.

WISSEMBOURG
RÉPONSE A L'ÉTAT-MAJOR ALLEMAND

Brochure gr. in-8°, avec carte. 1 fr.

LA VÉRITÉ SUR L'ALGÉRIE
Brochure gr. in-8°. 2 fr.

QUELQUES OBSERVATIONS
SUR LE SYSTÈME DE DÉFENSE DE LA FRANCE
Brochure in-8°. 50 cent.

PARIS. — IMPRIMERIE PAUL DUPONT, 41, RUE JEAN-JACQUES-ROUSSEAU

LA
DÉFENSE DE PARIS

(1870-1871)

PAR

LE GÉNÉRAL DUCROT

TOME QUATRIÈME

PARIS

E. DENTU, LIBRAIRE-ÉDITEUR

PALAIS ROYAL, 15, 17 ET 19, GALERIE D'ORLÉANS

1878

Tous droits réservés.

DÉFENSE DE PARIS

LIVRE XII

(SUITE)

LE BOMBARDEMENT

Nous abordons la fin du drame... Pendant ces dernières semaines d'agonie, on ne se bat plus... on se débat..... effort incohérent, convulsif, d'une défense sans espoir, c'est la lutte contre l'impossible... chaque jour, chaque heure, amène pour nous une aggravation de souffrance, une diminution de forces, pour nos ennemis un accroissement de ressources et de moyens d'action.

Dès leur arrivée sous Paris, les Allemands s'étaient bornés à faire un immense blocus, ensuite ils avaient élevé de puissantes et inexpugnables lignes d'investissement; maintenant ils braquent leur formidable artillerie contre nos forts, nos monuments, nos maisons...

Ces trois périodes distinctes : blocus, investissement, bombardement, sont la conséquence forcée des phases

Situation au mois de janvier 1871.

successives au milieu desquelles nos ennemis se sont trouvés ; d'abord ils ont à contenir l'armée de Metz, qui absorbe une grande partie de leurs forces, puis les armées de province, qui, se levant au Nord, à l'Est et à l'Ouest, tourbillonnent autour de Paris ; enfin, pendant la plus grande partie de la période d'investissement, ils ne possèdent encore que la seule ligne ferrée de l'Est, à peine suffisante pour les besoins multiples de l'armée d'invasion.

A l'époque où nous sommes arrivés, les Allemands n'ont plus à lutter contre ces graves difficultés. Après Orléans, Vendôme, Villers-Bretonneux, Pont-Noyelles, nos armées de province ne peuvent, malgré tout leur dévouement, faire beaucoup plus pour la défense du territoire que nos armées de Sedan et de Metz, prisonnières au fond de l'Allemagne... l'armée de Paris a jeté son dernier feu au Bourget... les places fortes du Nord et de l'Est tombées, ouvrent de nombreux réseaux de chemins de fer. Dès lors l'ennemi peut ramasser tous ses efforts sur Paris et lui donner le dernier coup (1).

Des colonnes de parc toutes formées en Allemagne sont amenées par chemin de fer (2)... Bientôt ce travail

---

(1) Une action décisive finale était devenue une nécessité politique. « L'opinion en Allemagne accusait l'état-major d'agir avec lenteur, de céder à des considérations de diplomatie humanitaire, de ménager la *Babylone moderne*, au risque de laisser souffrir les armées allemandes campées dans la neige autour de Paris. Les femmes elles-mêmes s'en mêlaient : cette douce et poétique Allemagne avait l'impatience assez sauvage du bombardement, comme pour punir les Parisiens de leur *entêtement frivole*, de la méchante obstination qu'ils mettaient à ne pas comprendre que, dans l'intérêt de l'humanité, et pour éviter une effusion de sang, qui attristait les cœurs allemands, ils devaient ouvrir leurs portes et accepter les *conditions généreuses* que le vainqueur leur accorderait. » (Charles DE MAZADE, *La Guerre de France*.)

(2) Les chemins de fer de l'Est amenèrent leurs convois jusqu'à Nanteuil d'abord, puis, à partir du 23 novembre, jusqu'aux lignes de l'armée de siége. Seize trains par jour étaient organisés ; soixante-trois wagons,

colossal de la mise en batterie des gros calibres de siége se trouve complétement achevé, et le 25 décembre, le roi de Prusse, à qui vient d'être offerte, dans le palais de Louis XIV, la couronne de l'Empire *restauré*, annonce à ses troupes, comme don de joyeux avénement, comme *cadeau de Noël*, le bombardement de Paris !

Le 27 décembre, au milieu d'un ouragan de neige, soixante-seize pièces, subitement démasquées à Gagny, au Raincy, à Noisy-le-Grand, couvrent d'une masse de fer toutes nos défenses de l'Est.

Précédemment nous avons décrit ce bombardement jour par jour, jusqu'à la date du 2 janvier : nous allons en continuer l'exposé. Nous le verrons se transporter bientôt au Sud, où il alla atteindre Paris lui-même, le Paris de la rive gauche jusqu'à la Seine, puis enfin écraser Saint-Denis.

SUITE DU BOMBARDEMENT SUR LE FRONT EST.

Le bombardement continue sur les villages et les forts de l'Est; il est très-vif sur Rosny, Nogent et les environs... le village de Montreuil est cruellement bombardé à plus de sept mille mètres de distance. Pendant la nuit, le commandant Poulizac pousse une reconnaissance sur les postes prussiens du chemin de fer de Soissons et ramène six prisonniers de la garde royale.

Le feu de l'ennemi continue toute la nuit du 3 au 4 et gêne beaucoup nos travaux; dans ces vingt-quatre heures, Rosny reçoit deux cent cinquante-huit obus.

3 janvier.

---

soit deux trains, amenaient des vivres pour deux cent mille rations. Dans le courant de décembre, les Allemands ouvrirent les sections accessoires des chemins de l'Est et du Nord.

4 janvier.

Le froid est très-vif, la brume intense. Les Prussiens reprennent néanmoins leur tir sur Rosny, qui reçoit dans ces vingt-quatre heures cent quatre-vingt-seize obus.

L'établissement de nos batteries de gros calibre dans les forts, dans les redoutes et dans les intervalles qui les séparent, nous permet de répondre sans trop de désavantage.

Au fort de Rosny, nous avons sept pièces de 30 de marine;

A Noisy, huit pièces de 30 de marine;

A Romainville, sept pièces de 30 de marine.

Puis viennent les batteries :

Lavison, six pièces de 30;

Touchard, deux pièces de 30;

Maury-Bonnelle, deux pièces de 19 de marine.

A la lunette de Noisy, nous avons trois pièces de 24;

A la batterie Fontanelle, trois pièces de 7;

A la batterie de l'Abri, trois pièces de 7.

L'objectif principal de cette masse d'artillerie est le Raincy.

Reconnaissance sur Avron.

Pendant la nuit du 4, une reconnaissance forte de quatre bataillons, sous les ordres du général Fournès, est poussée sur Avron; elle a mission de fouiller tout le plateau, de détruire les batteries et ouvrages ennemis qui auraient pu être installés à l'abri des murs du grand parc. Pendant que les bataillons restent sur le plateau, de 10 heures du soir à 2 heures du matin, cinquante sapeurs du génie, aidés de travailleurs pris parmi nos marins et soldats, détruisent les murs du parc.

Échauffourée du 4.

Les bataillons de garde nationale, envoyés soi-disant pour soulager les troupes de ligne, ne cessent de provoquer des alertes très-fatigantes pour nos hommes. Pendant cette même nuit du 4, sous prétexte qu'une sentinelle prussienne est en vue, tout un bataillon tiraille pendant plusieurs heures. On croit à une attaque, tout le monde est sur pied.

Le 5, vers 6 heures du matin, l'ennemi fait une pointe sur tout le front de Bondy, occupé par deux compagnies d'éclaireurs de la Seine, entre lesquelles sont encadrées deux compagnies de gardes nationaux. Les Prussiens se portent à la fois sur la gare brûlée, le cimetière et la barricade de la route de Metz.

Attaque du front de Bondy le 5.

A droite, l'ennemi est reçu par une fusillade à bout portant, qui le force à se retirer ; mais à la gauche, la compagnie de garde nationale qui défendait la tranchée entre la barricade et le canal abandonne son poste. Les Prussiens, s'avançant rapidement dans l'espace laissé libre, cherchent à forcer la position ; heureusement le 3ᵉ bataillon de la Seine, laissé en soutien, accourt et oblige les assaillants à se retirer, en laissant plusieurs morts sur le terrain.

Vers 8 heures, le général Ducrot, venu sur la position, donne ses instructions, dans le cas où une nouvelle attaque viendrait à se produire, et indique comme ligne de retraite la direction de Bobigny (1), si l'on avait affaire à des forces trop supérieures.

---

(1) La brigade Reille, qui supportait le bombardement depuis l'ouverture du feu, fut mise à l'ordre de l'armée, ainsi que les troupes qui défendaient Drancy :

ORDRE DU JOUR DU 6 JANVIER 1871.

« Depuis neuf jours, les troupes qui occupent Drancy et Bondy ont supporté un bombardement des plus violents avec une énergie qui leur fait d'autant plus d'honneur que cette ténacité et ce courage passif sont plus rares et plus difficiles que la vaillance spontanée du champ de bataille.

« A plusieurs reprises les troupes ont eu à résister aux attaques de l'ennemi ; elles les ont repoussées avec une fermeté et une solidité dignes d'éloges.

« Au grand quartier général des Lilas.

« *Le Général commandant en chef,*
« Ducrot. »

Pendant les journées du 6 et du 7, le bombardement continue et s'étend jusqu'à Fontenay-sous-Bois.

8 janvier. Dès le matin du 8, le feu reprend sur Bondy et Drancy; mais toutes nos batteries sont achevées, nos pièces complétement approvisionnées : les forts de Noisy, Rosny, Romainville et les batteries nouvelles de la voie stratégique ouvrent le feu et font bientôt taire celui des assiégeants.

Le 9, l'ennemi tire sur Romainville, mais sans effet; les coups sont trop courts. Nogent, Rosny, la Boissière sont canonnés régulièrement; la brume et la neige empêchent le tir des Allemands d'être bien précis.

Ce même jour le colonel de Coatpont est envoyé par le général en chef à Bondy, pour y augmenter les travaux de défense et renforcer la droite de la position en organisant défensivement la ligne de Strasbourg et le village de Merlan.

Le 10, les batteries prussiennes tirent mollement au début de la journée... à Noisy, les redoutes et les batteries de la voie stratégique canonnent toute la nuit le Raincy.

Ce bombardement de quatorze jours sur notre front Est ne nous occasionne que peu de pertes... les tués, les blessés sont en petit nombre; mais le froid, la privation de sommeil, la mauvaise nourriture éprouvent cruellement nos hommes. Ce n'est que par un effort constant d'énergie qu'ils peuvent continuer le dur et fatigant service des tranchées.

BOMBARDEMENT DU CÔTÉ SUD.

Du reste, ce bombardement du front Est n'était qu'une diversion pour nous faire porter tous nos efforts de ce côté et éloigner notre attention du Sud de Paris, où les

Allemands établissaient près de deux cents pièces en batterie, du pavillon de Breteuil à la Seine, en passant par Meudon, Clamart, Châtillon, Sceaux, Fontenay-aux-Roses, l'Hay (1).

Les hauteurs du Sud : Meudon, Clamart, Châtillon, augmentant l'amplitude des obus, qui devaient tomber dans les parties basses de la ville, l'on pouvait admettre que ces projectiles arriveraient, par-dessus l'enceinte extérieure, jusqu'au centre de Paris.

Pour augmenter la force de résistance de nos forts, complétement dominés à petite distance par le plateau de Châtillon, on avait intercalé entre eux des épaulements de batteries derrière lesquels on amenait de nombreuses pièces de campagne, qui changeaient immédiatement de place, dès que les Allemands les prenaient pour but de leur tir.

Le bombardement fut naturellement réglé par l'état de l'atmosphère. Généralement, le brouillard se dissipait vers les 10 heures, pour s'étendre de nouveau, vers les 3 heures, sur la vallée de la Seine. Les heures qui précédaient ou suivaient midi étaient donc les plus favorables pour le bombardement.

La marine, qui jusqu'ici, malheureusement pour la défense, n'avait joué qu'un rôle assez secondaire, supporta en grande partie le poids de cette lutte suprême qui, commencée le 27 décembre, ne finit que le 27 janvier (3). La situation de nos marins était tout excep-

<small>La marine et le bombardement (2)</small>

---

(1) Voir croquis n° 1.

(2) Une Revue militaire anglaise, au milieu de critiques bienveillantes, nous a reproché de ne rien dire sur les *collets bleus*. Pour en parler, nous attendions le moment où leur rôle devint réellement important.

(3) La marine, qui avait le privilége de son organisation, de sa discipline, qui avait tous ses cadres formés et constitués, aurait pu être d'un poids considérable dans la défense active. Elle aurait dû, avec nos deux

tionnelle, anormale même ; « c'était la première fois qu'ils opéraient si loin du littoral ; à Sébastopol, au Mexique, en Cochinchine, en Chine, des contingents de marins avaient été joints aux troupes de terre, mais ils étaient sur un territoire ennemi où tout écart devenait un danger immédiat. » A Paris, les entraînements, les excitations populaires sur le tempérament de nos matelots, dont les habitudes à terre sont moins disciplinées qu'à bord, présentaient des écueils redoutables. Grâce à la direction de chefs intelligents et dévoués, on a pu les éviter.

Dès leur arrivée, on enseigna aux marins à considérer un fort comme un vaisseau, à y observer les mêmes règlements. « On y employait le même langage qu'à
« bord, on faisait partie de l'équipage de tel ou tel fort,
« on ne pouvait en sortir sans demander la permission
« d'aller à terre ; les parapets étaient les bastingages ;
« les embrasures, les sabords.... »

---

régiments d'ancienne formation (35e et 42e), former une sorte de corps d'élite. Au lieu de cela, on enferma ces excellents éléments dans nos forts. A la vérité, dès le commencement du siège, un coup de force étant à craindre, il était rationnel de confier nos avancées à ce corps d'élite ; mais après, quand il fut bien établi que l'on n'avait rien à redouter de semblable, n'aurait-on pas dû mettre nos marins à même de déployer toute leur énergie, toute leur vigueur ?
Aux journées de Chevilly, de la Malmaison, de Champigny, ils nous eussent été d'une utilité inappréciable.....
Le rôle important joué par la brigade de Lamothe-Tenet au Bourget, le 21 décembre, donne la mesure de ce que l'on aurait pu obtenir de cette excellente troupe..... Devant nos jeunes régiments, où tout était improvisé, officiers et soldats, ils les eussent entraînés : employés comme réserve, ils eussent continué et complété leur action.
« Quoi qu'il en soit, dit le vice-amiral de La Roncière Le Noury, la marine avait insensiblement, et presque à son insu, provoqué de la part de la population parisienne, toujours si impressionnable, un engouement de plus en plus marqué, et les journaux, se faisant les échos de cet engouement, dépassaient souvent la mesure de l'éloge. Ils rabaissaient de cette manière, par une sorte d'injustice, tant d'autres efforts, tant d'autres dévouements, tant d'autres sacrifices. »

« Ces braves gens surent rester étrangers aux débor-
« dements d'une révolution qui, dans un tel moment,
« excitait leur surprise, et aux ambages d'une politique
« qu'ils ne voulaient pas comprendre, et qui, dans ces
« suprêmes moments de crise, répugnaient à leur hon-
« nête bon sens. Ils voyaient d'instinct que, chez la plu-
« part de ces gouvernants improvisés qui les venaient
« visiter, la Patrie n'occupait pas seule et sans partage
« la place qui devait lui appartenir. Ils comprenaient
« que les vaines théories de l'égalité ne cherchaient
« qu'à étouffer le sentiment de l'obéissance, et dédai-
« gnaient ces défiances mutuelles qui se traduisaient
« toujours par le mot : *trahison!* Enfin, ils sentaient
« que là où le doigt de la Providence laissait une em-
« preinte si éclatante, l'oubli de Dieu, qu'eux n'oublient
« jamais, avait fait naître l'oubli du devoir et menaçait
« d'engendrer l'oubli de la Patrie. » (1).

Le 5 janvier le bombardement du front Sud com- 5 janvier.
mence. Dès 8 heures du matin, Vanves, Issy, Montrouge sont exposés à un feu presque continu ; deux batteries placées près de Fontenay et Bagneux tirent sur
Montrouge ; trois, établies sur le bord du plateau de
Châtillon, sur Vanves ; plusieurs autres, plus à l'ouest,
canonnent Issy.

Deux batteries de campagne postées à l'Hay et Sceaux
prennent comme objectif l'ouvrage de la maison Millaud
et la Grange Ory.

Partout nous ripostons vigoureusement ; le feu s'éteint
vers 5 heures pour reprendre pendant la nuit, mais lentement.

Nous avons dans chaque fort quelques blessés, quel-

---

(1) *La Marine au siège de Paris*, par le vice-amiral de La Roncière
Le Noury.

ques pièces hors de service; la nuit, les avaries sont réparées et le lendemain matin on est prêt à reprendre la lutte.

Les obus arrivent dans les murs de Paris.

Dans l'après-midi du 5, un assez grand nombre d'obus tombèrent sur les quartiers de la rive gauche... ils semblaient être semés comme au hasard...

D'abord on crut « que ce n'était que l'œuvre de quel-
« ques soldats et de quelques officiers inférieurs qui
« désobéissaient aux instructions de leurs chefs. »

Les Parisiens s'étaient laissé aller à cette dernière illusion, que les Allemands *n'oseraient pas* les bombarder. Ils savaient que Strasbourg, Toul, Mézières, Péronne avaient été brûlés; ils savaient que Nuits, Châteaudun, Blois, Tours avaient reçu, comme première sommation, des coups de canon; mais ils ne pouvaient admettre que la capitale du monde intellectuel, « la *ville sainte* », subirait le sort de ces villes *ordinaires*. Il fallut bien cependant se rendre encore à la dure et cruelle réalité, quand toute la rive gauche fut sillonnée d'obus. Le Val-de-Grâce, le Jardin des Plantes, le Luxembourg, l'hospice des Aliénés, les Invalides furent pris tour à tour « pour centres des ronds de bombardement. »

Proclamation du Gouvernement.

Jeudi soir, 5 janvier, parut une proclamation du Gouvernement :

« Le bombardement de Paris est commencé. L'ennemi ne se contente pas de tirer sur nos forts, il lance ses projectiles sur nos maisons, il menace nos foyers, nos familles.

« Sa violence redoublera la résolution de la Cité, qui veut combattre et vaincre.

« Les défenseurs des forts, couverts de feux incessants, ne perdent rien de leur calme et sauront infliger à l'assaillant de terribles représailles.

« La population de Paris accepte vaillamment cette nouvelle épreuve. L'ennemi croit l'intimider; il ne fera que rendre son élan plus vigoureux. Elle se montrera digne de l'armée de la Loire, qui a fait reculer l'ennemi, de l'armée du Nord, qui marche à notre secours.

« Vive la France ! Vive la République !

« Général Trochu, Jules Favre, Emmanuel Arago, Jules Ferry, Garnier-Pagès, Eugène Pelletan, Jules Simon, Ernest Picard. »

Le Gouvernement montrait plus de trouble et d'émoi que la population.... on se portait en foule vers les quartiers bombardés pour contempler curieusement la trajectoire des obus, dont les gamins allaient ramasser les éclats qu'ils vendaient depuis 5 centimes jusqu'à 5 francs, selon leur grosseur.

En réalité, le bombardement ne pouvait causer dans Paris, vu son immense étendue, de grands dégâts ; il était impossible d'atteindre tous les quartiers, tous les abris, d'allumer assez d'incendies, de détruire assez d'églises, assez d'hôpitaux, pour forcer la population à n'avoir d'autres ressources que la capitulation. Par suite, ce bombardement était inutile.

« En guerre, comme en politique, tout mal, fût-il dans
« les règles, n'est excusable qu'autant qu'il est absolu-
« ment nécessaire. Tout ce qui est au delà est un
« crime. » (1).

6 janvier.

Le bombardement s'accentue contre les quartiers de la rive gauche ; le jardin du Luxembourg, les baraques d'ambulances, le Val-de-Grâce, reçoivent de nombreux projectiles.

Les forts reçoivent une moyenne de 70 à 100 coups par heure.

L'ennemi travaille activement à différentes batteries

---

(1) Napoléon Ier.

autour de Saint-Denis; les forts tirent partout où ils savent pouvoir atteindre.

A 8 heures du matin, les batteries de Pont-Iblon commencent à canonner les batteries de la Courneuve.

Montrouge, placé sous le feu de plusieurs batteries prussiennes, tient tête avec une énergique ténacité; commandé par le capitaine de vaisseau Amet, ce fort est un véritable modèle d'ordre, de discipline, où tout est ordonné, réglé comme à bord d'un navire. Le jour on rend coup pour coup à l'ennemi; la nuit on répare les avaries.

7 janvier.

Des forces ennemies considérables et un grand mouvement d'artillerie à Bagneux et Châtillon étant signalés, les troupes prennent les armes et se rendent aux emplacements désignés en cas d'alerte.

On rentre avant midi.

Au fort de Montrouge, l'ennemi ouvre dès le matin un feu assez nourri. Quelques bastions et courtines sont gravement endommagés. Le feu prend vers quatre heures dans le pavillon des officiers, on parvient à l'éteindre.

On fait sortir de Montrouge tout ce qui ne peut pas loger dans les casemates.

Du côté de Saint-Denis, les batteries de Pont-Iblon continuent à canonner la batterie de la Courneuve.

Les obus tombent en plus grand nombre sur la rive gauche; plusieurs incendies se déclarent aux environs du bastion 76 vers Grenelle et Vaugirard. Les bastions de l'enceinte ripostent vivement.

8 janvier.

L'ennemi démasque de nouvelles batteries; le feu est très-vif sur les forts du Sud. Un nouvel incendie se déclare dans le fort de Montrouge, qui ne cesse d'être pris comme objectif principal des batteries ennemies; le fort de Bicêtre lui vient en aide en dirigeant son feu sur les batteries de Fontenay.

Bombardement des forts du Sud et des quartiers de la rive gauche de la Seine. (Janvier 1871)

Le tir sur la rive gauche de Paris a continué nuit et jour ; les obus tombent en plus grand nombre. Le Val-de-Grâce, la Sorbonne, la bibliothèque Sainte-Geneviève, le Panthéon sont atteints. Il y a dans la nuit 59 victimes : 22 morts et 37 blessés.

<small>9 janvier.</small>

Le temps brumeux fait suspendre le feu de l'ennemi jusqu'à onze heures. Dans l'après-midi, le tir est assez vif sur Vanves, Issy, qui, depuis le bombardement, supportent bravement ce feu très-rapproché. Montrouge souffre moins ; toute la journée on travaille à réparer les avaries.

<small>Sortie contre les ouvrages du Moulin de Pierre</small>

Dans la nuit du 9 au 10, le général Corréard, qui commandait les troupes retranchées entre Issy et Vanves, organise une sortie pour bouleverser les travaux que l'ennemi exécutait au Moulin-de-Pierre : 300 marins sous les ordres du lieutenant de vaisseau Gervais, forment tête de colonne. Après une marche difficile, ces braves gens, entraînés par leur chef, qui s'était déjà distingué dans plusieurs affaires de ce genre, enveloppent le Moulin-de-Pierre et, sans tirer un coup de fusil, enlèvent le poste retranché. Malgré une vive fusillade venant de Clamart, ils bouleversent une grande partie du gabionnage de la batterie en construction et ramènent une vingtaine de prisonniers. Cette opération, bien menée, ne coûte aux marins que cinq blessés.

Le bombardement de la rive gauche s'accentue ; on a compté plus de trois cents obus tombés dans les quartiers Saint-Victor, Jardin-des-Plantes, Val-de-Grâce, Notre-Dame-des-Champs, École militaire ; en deux heures, il en est tombé cinquante aux abords du Panthéon. Les hôpitaux du Val-de-Grâce, de la Charité, de la Salpêtrière, Necker, des Jeunes-Aveugles, ne sont pas épargnés.

Dans la nuit du 9 au 10, une reconnaissance des

éclaireurs Poulizac fait sauter deux maisons qui servaient de postes à l'ennemi sur le chemin de fer de Soissons.

<small>10 janvier.</small> Le feu est assez vif sur nos forts; leurs garnisons étant déjà réduites et très-fatiguées, des corvées d'hommes sont envoyées à l'extérieur pendant la nuit.

Le bombardement de la rive gauche est très-intense; les obus tombent principalement dans les quartiers des Invalides, du Panthéon, Saint-Sulpice, Sorbonne, Jardin-des-Plantes, Vaugirard, Grenelle; les édifices atteints sont : l'École polytechnique, École de médecine, couvent du Sacré-Cœur, hospice de la Salpêtrière; huit incendies se sont déclarés; treize victimes ont été frappées.

<small>11 janvier.</small> Les quartiers du Val-de-Grâce et du Panthéon sont bombardés.

Les édifices atteints sont l'École normale, l'église Saint-Nicolas, l'institution des Jeunes-Aveugles (cinq victimes); les hospices de l'Enfant-Jésus; en tout, vingt et une victimes.

L'enceinte et surtout le Point-du-Jour tirent vigoureusement sur les batteries de Meudon et de Breteuil, dont les feux sont concentrés sur le fort d'Issy.

<small>Saint-Denis.</small> Le tir sur la Courneuve continue régulièrement. « On voit de tous côtés des travaux ennemis qui font présager un bombardement peu éloigné. »

<small>Forts de l'Est.</small> Rosny, Nogent, les batteries environnantes, continuent à être bombardés; nous répondons vigoureusement, et parvenons à obtenir une supériorité très-marquée : « Le soir, on aperçoit un grand feu dans les bois de Noisy-le-Grand; une reconnaissance de zouaves et de mobiles se rend sur le plateau d'Avron, déloge l'ennemi, et ramène six prisonniers ».

<small>Sud.</small> La brigade Martenot vient se mettre sous les ordres

du contre-amiral Pothuau. Le Gouverneur donne l'ordre d'envoyer des corvées de mobiles de la Vendée à Port-à-l'Anglais, pour aider le commandant Thomasset à dégager les canonnières et la flottille prises dans les glaces.

Le commandant Poulizac pousse une reconnaissance vers Nonneville. La compagnie de francs-tireurs de la ligne du 122ᵉ, capitaine Samson, lui est adjointe ; le commandant Deloffre, avec les autres francs-tireurs de la division, se tient à portée pour appuyer le mouvement.

Attaque de Nonneville. (Nuit du 11 au 12 janvier.)

La 1ʳᵉ section de la compagnie Samson, commandée par le sous-lieutenant Nacra, doit attaquer la ferme de Nonneville de front, et s'y maintenir jusqu'à une sonnerie déterminée ; deux compagnies d'éclaireurs attaqueront en même temps la ferme par la gauche et y feront brèche avec la dynamite.

A une heure du matin, on se met en marche par un brouillard épais.

L'ennemi, qui se tenait sur ses gardes, reçoit nos tirailleurs par une décharge générale. Malgré ce feu violent, les soldats de la ligne, entraînés par leur jeune chef, le sous-lieutenant Nacra, pénètrent dans la ferme, et mettent le feu à une écurie ; mais sur la gauche, les éclaireurs irréguliers prennent la fuite en emportant la dynamite ; la section Nacra, ainsi abandonnée, se trouve seule aux prises avec l'ennemi... un combat sanglant s'engage dans les clôtures et bâtiments envahis : dix hommes du 122ᵉ sont tués à bout portant, le sergent Moccand et le caporal Lemoine sont grièvement blessés. Réfugiés derrière un grand mur, cette poignée de braves gens repoussent énergiquement toutes les attaques de l'ennemi.

A différentes reprises, le capitaine Samson cherche à

dégager son lieutenant, mais chaque fois il est refoulé par les Prussiens.

Cependant, les avant-postes ennemis ne tentent plus rien contre la section du sous-lieutenant Nacra, qui reste toute la nuit à son poste de combat. Le lendemain matin, voyant que l'affaire était entièrement terminée, ce jeune officier, qui avait fait preuve d'une énergique ténacité, se retire avec sa section et rallie lestement le cantonnement.

Dans la matinée, une nouvelle batterie de pièces de 12, à l'Hay, placée dans le parc de la maison Benoist, croise son feu avec celle de Fontenay, et prend à dos une des courtines du fort de Montrouge. « De ce fort, on voit la batterie derrière un rideau d'arbres, et paraissant très-peu au-dessus du mur du parc. » Bicêtre, Montrouge tirent sur elle et éteignent son feu ; mais les avaries sont graves, de nombreux coups d'embrasure nécessitent des réparations urgentes. Les marins sont exténués par un travail de jour et de nuit. « La compagnie du génie auxiliaire est insuffisante ; il y a de quoi occuper chaque nuit deux cents travailleurs, travailleurs sérieux, et non pas de ces terrassiers qui arrivent à moitié ivres ou que chaque obus disperse pour dix minutes. »

12 janvier. Du côté Est, Rosny, Noisy, Nogent, la Gravelle, nos redoutes et batteries ont repris un feu continu contre les positions ennemies qui répondent vigoureusement ; dans la redoute de la Boissière, une casemate est crevée. Le même obus tue le commandant Odiardi, du 136ᵉ, et blesse grièvement deux autres officiers, M. Rang, capitaine-adjudant major et M. Armand, enseigne de vaisseau.

Dans la nuit, une nouvelle reconnaissance devait avoir lieu sur Avron, mais l'ennemi, prévenu, renforce ses avant-postes : l'opération est remise.

Dans la région Sud, la lutte est assez vive. Pendant la nuit, à deux reprises différentes, l'ennemi attaque le poste avancé de la Grande-Plâtrière, sur la route de Choisy... il est repoussé. Le tir sur Paris s'accentue et continue jusqu'à 5 heures du matin.

Malgré un épais brouillard qui n'a pas permis de constater tous les effets du bombardement, on a compté deux cent cinquante obus environ qui ont éclaté sur Paris ; les quartiers du Jardin-des-Plantes, de Notre-Dame-des-Champs ont principalement souffert.

En récapitulant les victimes depuis la nuit du 5 au 6 jusqu'à la nuit du 12 au 13, on compte 51 tués, 138 blessés, comprenant 39 enfants, 57 femmes, 93 hommes.

D'après les rapports publiés quotidiennement, il y aurait eu pendant les vingt-deux jours du bombardement 300 personnes environ tuées ou blessées.

Le Gouvernement de la Défense fait remettre aux avant-postes allemands une protestation contre le bombardement des hôpitaux. Le comte de Moltke répond que « l'artillerie allemande ne tire pas avec intention sur les hôpitaux ; il exprime l'espoir que ce fait ne se reproduira plus dès que les batteries allemandes seront plus rapprochées de l'enceinte de Paris et qu'un temps clair rendra le but de son tir plus apparent. »

13 janvier.

Le même jour, le corps diplomatique envoyait la pièce suivante :

A S. Exc. M. le comte de Bismark-Shonhausen, chancelier de la Confédération de l'Allemagne du Nord, à Versailles.

« Monsieur le Comte,

« Depuis plusieurs jours des obus en grand nombre, partant des localités occupées par les troupes belligérantes, ont pénétré jusque dans l'intérieur de Paris. Des femmes, des enfants, des malades ont été frappés. Parmi les victimes, plusieurs appartiennent aux États neutres. La vie et la propriété de personnes de toute nationalité établies à Paris se trouvent continuellement mises en péril.

« Ces faits sont survenus sans que les soussignés, dont la plupart n'ont en ce moment d'autre mission que de veiller à la sécurité et aux intérêts de leurs nationaux, aient été, par une dénonciation préalable, mis en mesure de prémunir ceux-ci contre les dangers dont ils étaient menacés, et auxquels des motifs de force majeure, notamment les difficultés opposées à leur départ par les belligérants, les ont empêchés de se soustraire.

« En présence d'événements d'un caractère aussi grave, les membres du Corps diplomatique présents à Paris, auxquels se sont joints, en l'absence de leurs ambassades et légations respectives, les membres soussignés du Corps consulaire, ont jugé nécessaire, dans un sentiment de responsabilité envers leurs gouvernements, et pénétrés des devoirs qui leur incombent envers leurs nationaux, de se concerter sur les résolutions à prendre.

« Ces délibérations ont amené les soussignés à la résolution unanime : de demander que, conformément aux principes et usages reconnus du droit des gens, des mesures soient prises pour permettre à leurs nationaux de se mettre à l'abri, eux et leurs propriétés.

« En exprimant avec confiance l'espoir que Votre Excellence voudra intervenir auprès des autorités militaires dans le sens de leur demande, les soussignés saisissent cette occasion pour vous prier d'agréer, Monsieur le Comte, l'assurance de leur très-haute considération.

« Paris, 13 janvier 1871.

Signé : KERN, *Ministre de la Confédération Suisse;* Baron ADELSWAERD, *Ministre de Suède et Norvége;* Comte DE MOLTKE-HVITFELD, *Ministre de Danemark;* Baron BEYENS, *Belgique;* Baron DE ZUYLEN DE NYVEL, *Ministre des Pays-Bas;* WASHBURNE, *Minister of the United States;* Baron DE ROTHSCHILD, *Consul général de Hongrie;* Baron Th. DE VOELKERSALM, *Consul général de Russie,* etc. »

Le comte de Bismark répondit qu'il avait fait observer depuis longtemps qu'une ville assiégée n'était pas une résidence convenable pour les agents diplomatiques des états neutres, qu'il ne pouvait permettre actuellement une émigration en masse de nationaux d'une puissance neutre, mais qu'il permettait par courtoisie aux diplomates de ces puissances de quitter Paris. « Dans cette occurrence, les représentants des puissances neutres se firent naturellement un point d'honneur de rester dans Paris (1). »

Pendant la journée du 13, la canonnade reprend comme d'habitude au Nord, à l'Est et au Sud. Du côté de Saint-Denis, la Courneuve échange des obus avec la batterie de Pont-Iblon.

Vers 10 heures du soir, une forte patrouille prussienne s'avance par la route de Lille pour inquiéter nos travaux près de la Suiferie; nos soldats accueillent l'ennemi par une vive fusillade et le forcent à se replier. Une demi-heure après, nouvelle attaque également repoussée (2).

---

(1) Voir aux pièces justificatives n° I la lettre de M. de Bismark.

(2) Francs-tireurs et gardes nationaux continuaient à laisser beaucoup à désirer au point de vue de la discipline. A la date du 10 janvier, le général Blanchard télégraphiait au général Vinoy : « Voici ce que m'écrit le général Corréard : Un officier d'ordonnance s'est rendu à la maison des Jésuites et a reconnu que les francs-tireurs étaient sens dessus dessous. Impossible de compter sur ces gens-là; il est préférable de s'en passer et de les faire licencier ; j'écris à Corréard de les remplacer par d'autres troupes. »

A la date du 13, le colonel Reille écrivait au vice-amiral Saisset :

« 13 janvier 1871.

« J'ai l'honneur de vous transmettre le rapport que j'ai reçu ce matin du lieutenant-colonel major des tranchées à Bondy, et qui constate une fois de plus l'inexactitude que la garde nationale met dans son service. Les rondes n'ont trouvé cette nuit aucun officier du 50e régiment de Paris de garde à Bondy, au poste qui leur avait été indiqué. Je regrette de n'avoir pas plus souvent à vous rendre un compte favorable sur l'attitude des bataillons de marche qui me sont envoyés, mais je reçois à leur égard des plaintes continuelles du commandant des grand'gardes, et je dois dire que le voisinage des gardes nationaux est pour nos troupes un motif d'appréhension et un embarras plutôt qu'un soulagement dans le service. »

Du côté de l'Est le tir de l'ennemi prend principalement pour objectif les redoutes et les postes établis sur la ligne du chemin de fer de Mulhouse.

<small>Sud.
Coup de main sur le Moulin-de-Pierre</small>

Le coup de main du 9 ayant réussi, le Gouverneur décide qu'une sortie sera faite dans la nuit du 13 au 14 contre les tranchées et les batteries que l'ennemi construit au Moulin-de-Pierre. « Il est nécessaire, disait le
« Gouverneur dans ses instructions au général comman-
« dant la troisième armée, que cette entreprise soit plus
« solidement constituée comme commandement et comme
« troupes que la précédente. L'action doit être engagée
« de telle manière que les tirailleurs et troupes de sou-
« tien dépassent la tranchée ou la batterie enlevée et
« tiennent sur leur position en avant pendant tout le
« temps nécessaire à l'exécution du travail de destruc-
« tion, qui doit être effectué en arrière par des détache-
« ments de travailleurs que vous constituerez également
« très-solidement. La retraite ne devra commencer que
« sur l'ordre du commandant de la sortie qui se sera
« rendu compte préalablement des dommages causés
« aux ouvrages. Il est nécessaire, ajoutait le Gouver-
« neur, d'employer de la garde nationale mobilisée ;
« vous préviendrez les sections, les forts et tous les
« défenseurs qui pourraient avoir intérêt à connaître
« votre opération. »

La nouvelle de cette tentative, résolue trop longtemps à l'avance, se répandit dans le public ; on la discuta, commenta dans les clubs. L'ennemi fut naturellement prévenu ; ne l'aurait-il pas été que les cris, le tapage des bataillons mobilisés employés par ordre du Gouverneur l'eussent averti.

« La concentration des bataillons de gardes nationaux
« se fit trop bruyamment, dit le général commandant
« la troisième armée, pour que l'ennemi ne fût pas

« aussitôt confirmé dans les appréhensions qu'avaient
« pu lui faire concevoir les rumeurs déjà répandues. »

Complétement sur ses gardes, l'ennemi reçoit par une canonnade et une vive fusillade nos têtes de colonne : mobiles de la Seine, gardes nationaux s'enfuient dans le plus grand désordre et viennent, au milieu de l'obscurité, se jeter sur les troupes de soutien... Le général du génie Javain, en cherchant à arrêter les fuyards, est renversé, foulé aux pieds!... 500 marins, sous les ordres du lieutenant Gervais qui avait mené si vigoureusement l'affaire du 9, protégent la retraite. Grâce à l'énergique attitude de ces braves gens, l'échauffourée n'eut pas de suites plus déplorables.

Dans la journée, Issy, Vanves, Montrouge, Bicêtre tirent sur les batteries de Châtillon, de Clamart, de Fontenay, sans grands résultats de part et d'autre. Cependant Vanves souffre beaucoup des feux d'une batterie placée à la grille du parc de Clamart, à 500 mètres Sud-Ouest du Moulin-de-Pierre. *14 janvier.*

La brume étant très-épaisse, le tir ennemi est presque nul dans l'Est.

Chaque fort donne un contingent de 40 marins pour faire partie de plusieurs reconnaissances envoyées en avant de toute notre ligne de l'Est. *15 janvier.*

Grande reconnaissance en avant de nos forts de l'Est.

A gauche, les éclaireurs du commandant de Poulizac, partis à une heure du matin, se dirigent vers le chemin de fer de Soissons et la ferme de Nonneville, mais les avant-postes ennemis sont sur leurs gardes, l'opération n'a pas de résultat.

Les troupes du colonel Reille s'avancent également vers la forêt de Bondy, en trois colonnes : celle de gauche arrive à la maison *blanche* et à la maison *grise;* on cherche à les faire sauter, mais la dynamite fuse sans éclater. Les deux autres colonnes surprennent un poste saxon dans la maison *rouge* et ramènent trois prisonniers.

Des reconnaissances ont lieu en même temps sur le plateau d'Avron. Au Nord, le colonel Comte, avec deux bataillons de francs-tireurs, quelques sapeurs, artilleurs et un détachement de marins, s'avance vers Villemonble ; il fait sauter une partie des murs du parc de Beauséjour.

Au Sud, par suite d'un malentendu, toutes les troupes n'arrivèrent pas au rendez-vous ; cependant le capitaine Simon, avec les francs-tireurs de la division Mattat, s'avance jusqu'à l'éperon Est... il rentre sans avoir rencontré l'ennemi (1).

Effets des projectiles ennemis.

Depuis le bombardement on a pu constater que les calibres employés par l'ennemi sont à peu près l'équivalent des nôtres, de 22, 16, 14, 12 et 8 centimètres.

« Tous ces projectiles sont cylindro-coniques et creux.

« Les bombes de 0^{m}22 produisent de grands dégâts en
« tombant sur des abris blindés recouverts de deux mè-
« tres de terre.

« La pénétration des obus de 0^{m}16 est encore plus
« à redouter que celle de bombes (2) ; ce sont ces pro-
« jectiles et ceux de 14 qui ont causé le plus de ravages
« dans les points où ils prenaient d'écharpe un angle de
« fortification ou une embrasure.

« Les effets du canon de 14 ont beaucoup d'analogie
« avec ceux de 16.

---

(1) Le commandant Rouillé, du 108e, remplace, comme major de tranchées, le commandant de Conchy, qui prend le commandement des deux bataillons de francs-tireurs du 2e corps.

(2) « Ces projectiles traversent les murs de nos casemates (ne pas en conclure qu'ils pénètrent d'un mètre dans une maçonnerie soutenue par la terre ; c'est seulement quand le mur n'est pas épaulé qu'il est ainsi traversé) ; dans les autres circonstances, l'effet de ce projectile est celui-ci : un entonnoir ayant 0^{m}40 de profondeur, les diamètres étant de environ 70 à 80 centimètres. Dans le tir ordinaire, on n'a pas observé de pénétration plus grande que 2^{m}20. » (*La Marine au Siége de Paris.*)

Les calibres de 12 et de 8 faisaient peu de mal. « L'ennemi ne paraissait les utiliser que pour tuer du monde et prendre à dos certaines de nos pièces ».

Les pièces de 16 étaient généralement à 3,000 mètres ; celles de 14 à 2,700.

Le tir sur la Courneuve se poursuit ; il est rendu coup pour coup. Saint-Denis.

L'ennemi tire très-mollement ; Rosny ne reçoit qu'une vingtaine d'obus le jour et une quarantaine la nuit. Est.

Dans la nuit, une fusillade assez vive s'engage entre nos avant-postes et une reconnaissance prussienne : au bout d'une demi-heure, les Allemands sont obligés de se retirer.

L'ennemi ouvre le feu contre Montrouge. Vers dix heures le tir devient très-violent. Sur les crêtes de Châtillon, une nouvelle batterie est démasquée ; elle dirige ses coups sur Vanves. Les batteries allemandes de Fontenay, de l'Hay, font rage sur Montrouge, qui rend énergiquement feu pour feu. Ses batteries sont ainsi disposées : Sud.

Trois pièces de 24 et deux de 12 tirent sur Châtillon ;

Trois pièces de 30, une de 24 et deux de 12 sur Fontenay ;

Deux pièces de 30, une de 24, trois de 12 de place, et une de 12 de siége, sur l'Hay.

« Dans cette journée, Montrouge a tiré 202 coups sur Fontenay, 103 sur Châtillon, et 200 sur l'Hay. En tout, 476 obus et 29 bombes de 22. C'est un beau combat d'artillerie, auquel assiste le Gouverneur, et qui fait le plus grand honneur à ce fort ».

A deux heures, sur l'ordre du vice-amiral Saisset, tout notre front Est bat les positions ennemies. 16 janvier
Est.

Les Allemands démasquent une nouvelle batterie à

droite de Noisy-le-Grand, qui tire sur Rosny, à 6,000 mètres.

Dans la soirée, Bondy essuie une vive fusillade du côté de la barricade et du cimetière ; les batteries du Raincy soutiennent le feu de la mousqueterie, mais l'ennemi se retire bientôt sans tenter une attaque de vive force.

En même temps que l'on tient solidement à Bondy, les villages de Noisy et de Merlan sont mis, par les travailleurs de la mobile et le génie auxiliaire, en état de défense, de manière à s'assurer une nouvelle ligne de résistance en avant du fort de Rosny, dans le cas où Bondy viendrait à être enlevé.

Pendant toute la journée, le feu des batteries de Châtillon est très-vif sur Vanves, Issy et les remparts de l'enceinte.

« Pour Montrouge, cette journée vaut celle d'hier. Le Gouverneur transmet toutes ses félicitations au commandant Amet et aux braves défenseurs du fort », qui, en vingt-quatre heures, a tiré 530 obus et 86 bombes.

Dans cette affaire, le capitaine de vaisseau Kirel est blessé mortellement ; le lieutenant de vaisseau Santelli est blessé ; enfin, à neuf heures du soir, le lieutenant de vaisseau Saisset, fils du vice-amiral, est tué roide par un boulet venant de pièces légères, que l'ennemi approche du fort pendant la nuit à l'abri de ses batteries de position. « Dans un rapport sur la journée, le Gouverneur dit qu'il croit être l'interprète de la population et de l'armée en adressant ici à ce vaillant officier général l'expression de toutes les sympathies et de tous les regrets. »

Tout le monde s'associa d'autant plus aux sentiments exprimés par le général Trochu, que l'on savait combien l'amiral Saisset était attaché à son devoir : depuis le premier jour jusqu'au dernier, il resta constamment devant l'ennemi... Grâce à des travaux incessants, il avait complétement relié par des tranchées, des batteries, les ouvrages de Pantin, le fort de Romainville, la redoute de Noisy, les forts de Noisy, de Rosny, et avait rendu toute cette ligne des forts de l'Est presque inexpugnable (1).

Des deux côtés, on échange une canonnade peu nourrie.

Le 17 janvier, la division Courty devant quitter pendant la nuit les tranchées qu'elle occupe entre Drancy et Bondy, le colonel Reille reçoit l'ordre de se relier par de petits postes avec les troupes du colonel Comte, établies à Drancy, en utilisant la garde nationale. — Des bataillons de mobilisés viennent à Aubervilliers, Pantin et Noisy, remplacer les divisions de Susbielle, Berthaut, de Bellemare, qui doivent se rendre à Clichy, Asnières et Courbevoie.

17 janvier. Est.

La brigade du capitaine de vaisseau Salmon est chargée de la défense de la batterie des Hautes-Bruyères et de ses environs, remplaçant la brigade Valentin, envoyée à Neuilly.

Sud.

Les batteries allemandes de Fontenay, de l'Hay, de Châtillon, ouvrent leur feu sur Montrouge et Vanves; pendant la nuit, le tir sur Paris est peu intense, environ douze coups à l'heure.

Continuation du feu sur la Courneuve. « De fréquentes alertes ont lieu dans la plaine à droite, par suite de la propension des gardes nationaux à tirer des coups de fusil; les troupes sont ainsi tenues constamment en éveil, ce qui les fatigue et les décourage ».

18 janvier. Saint-Denis.

La plupart des pièces qui ont tiré sur les forts de l'Est

Est.

---

(1) Voir le rapport de l'amiral Saisset aux pièces justificatives n° II.

sont portées du côté de Saint-Denis. « Les canons prussiens, qui n'étaient pas toujours visibles, paraissent maintenant en permanence dans les batteries ». Feu lent et peu continu de part et d'autre.

Le 18 au matin, deux petits postes du 114ᵉ ayant été enlevés près de Groslay, la brigade Reille reçoit l'ordre de redoubler de vigilance.

Six compagnies de garde nationale sont dans les tranchées qui relient Bondy à la maison des Alouettes; le colonel Comte, dont la brigade (113-114) est spécialement chargée de la garde entre Drancy et Groslay, a un bataillon de piquet prêt à marcher, et deux à Bobigny.

Dans l'après-midi, une batterie de campagne établie en avant de Nonneville tire sur Bobigny.

Bombardement très-vif sur Bondy.

Le soir, le colonel Comte quitte la Patte-d'Oie criblée d'obus et s'installe à Bobigny.

Les batteries de l'Hay et de Fontenay ouvrent leur feu sur Montrouge; presque tous les obus de 0^{m}22 de l'ennemi sont dirigés sur les bastions du fort. « Ces bombes nous occasionnent nos plus grandes avaries et aussi nos plus grandes pertes de personnel ».

Ce même jour, 18, le général d'Exea, commandant le 2ᵉ corps, prend le commandement de toutes les forces échelonnées de la Marne à Aubervilliers : division Mattat, brigade Reille, du 2ᵉ corps; brigade Comte, de la division de réserve, et 14 bataillons de garde nationale mobilisée, plus un grand nombre de batteries.

<small>Résultats du bombardement.</small> Le bombardement de chaque jour, que nous venons d'exposer jusqu'au 19 janvier, n'avait pas produit sur la population parisienne l'effet que pouvaient en attendre nos ennemis. S'ils avaient cru la réduire à merci par la terreur, ils s'étaient trompés. L'attitude des habitants des quartiers bombardés était presque insouciante; l'émi-

gration de la rive gauche sur la rive droite fut très-limitée ; « et l'on n'eut pas de difficultés à loger dans les quartiers de la rive droite les quelques émigrés des quartiers bombardés, ainsi qu'à pourvoir à leur subsistance (1) ».

Néanmoins, l'irritabilité nerveuse de la population semblait, « *sous l'aiguillon des obus* », s'être encore accrue ; se laissant aller plus que jamais aux excitations, à la fièvre de l'impatience, elle demandait qu'on en finisse d'une manière ou d'une autre.

« Tous les rapports de police signalaient cette envie
« d'agir dont Paris se montrait animé, et qui redou-
« blait sous la pression du bombardement ».

Le Gouvernement, ainsi harcelé par l'opinion, allait risquer dans une suprême entreprise nos dernières ressources ; il allait annihiler dans une bataille sans espoir le peu de force, le peu de prestige moral qu'avaient pu nous donner quatre mois de luttes et de combats, où le succès avait été au moins chaudement disputé.

Mais avant de raconter cette journée de Buzenval, qui a donné lieu à tant de récriminations, nous allons exposer d'une manière très-succincte les événements intérieurs, auxquels viendront se mêler les événements de province, exposés dans la fameuse dépêche du *8 janvier*. Nous dirons aussi quelques mots d'un fait que nous ne saurions passer absolument sous silence : nous voulons parler de la convocation adressée par l'Angleterre à la France, pour la conférence de Londres, où devait se discuter la révision du traité de 1856.

---

(1) Rüstow.

LIVRE XIII

ÉVÉNEMENTS POLITIQUES DU MOIS DE JANVIER

CHAPITRE PREMIER.

ARROGANCE DU PARTI DU DÉSORDRE. — FAIBLESSE DU GOUVERNEMENT.

La situation, si tendue au point de vue des événements extérieurs, devenait chaque jour plus grave au point de vue intérieur :

Les subsistances diminuaient avec une effrayante rapidité, 40,000 chevaux avaient disparu dans la consommation ; pour la farine, on avait dépassé la limite assignée comme la dernière, en donnant un pain insalubre qui ne contenait que 25 % de blé.

Le froid devenait de plus en plus vif : les moyens de chauffage étant à peu près épuisés, de fréquents désordres se produisaient ; le peuple dévastait les clôtures en planches des terrains à bâtir, pillait les chantiers de bois, envahissait les jardins pour y couper les arbres ; « la garde nationale ne se prêtait que fort mal à la répression de ces actes coupables, et le désordre se généralisait de plus en plus (1) » ; désordre que les agitateurs excitaient avec une perfide habileté.

Désordres dans la rue. Insolence croissante des clubs et des journaux

---

(1) *Simple Récit*, Jules Favre.

« Je voyais, dit M. Jules Favre, une profonde et
« sourde irritation se manifester plus nettement à cha-
« cune de nos réunions hebdomadaires (1), où bientôt
« l'hostilité contre le Gouvernement ne se déguisa plus.
« Ceux qui rêvaient son renversement au profit de la
« Commune se crurent assez forts pour essayer une
« sorte de *coup d'État légal* en introduisant à la suite
« des maires les quarante adjoints qui n'avaient point
« été invités, et dont la majorité semblait acquise à l'a-
« doption d'une mesure violente. Je ne voulus point les
« repousser par la force; j'aimais mieux m'exposer à
« quelques diatribes que de fournir un prétexte à une
« sédition...

« Dans la séance du 5 janvier, M. Delescluze, maire
« du XIX⁰ arrondissement et rédacteur en chef du *Ré-*
« *veil*, essaya de faire mettre en délibération une
« adresse rédigée dans les termes les plus perfides et
« les plus calomnieux, concluant à la destitution du gé-
« néral Trochu et à l'adjonction de la municipalité pari-
« sienne au Gouvernement de la Défense nationale ; il
« donna lecture de cette pièce, mais je ne lui permis ni
« de la commenter, ni de provoquer un débat à ce sujet.
« Après un violent orage, il se tut et se retira ; le lende-
« main, ses deux adjoints et lui envoyaient leur démis-
« sion. Cependant quelques meneurs affichaient pendant
« la nuit une proclamation appelant la garde nationale
« à marcher sur l'Hôtel-de-Ville, etc. » (2).

---

(1) M. Jules Favre parle des réunions des maires qui avaient lieu chaque semaine au Ministère de l'intérieur.

(2) Cette proclamation, dite *Affiche rouge*, était ainsi conçue :

« *Au Peuple de Paris,*
« *Les Délégués des vingt arrondissements.*

« Le Gouvernement que le 4 Septembre dut charger de la Défense nationale a-t-il rempli sa mission ?

Les difficultés du Gouvernement sont donc chaque jour plus graves, plus complexes ; mais au lieu d'agir avec énergie, on ne sait ni vouloir, ni décider.

Divers projets de sortie sont discutés...

« Non !...

« Nous sommes 500,000 combattants et 200,000 Prussiens nous étreignent ! A qui la responsabilité, sinon à ceux qui nous gouvernent ? Ils n'ont pensé qu'à négocier au lieu de fondre des canons et de fabriquer des armes.

« Ils se sont refusés à la levée en masse.

« Ils ont laissé en place les bonapartistes et mis en prison les républicains.

« Ils ne se sont décidés à agir enfin contre les Prussiens qu'après deux mois, au lendemain du 31 octobre.

« Par leur lenteur, leur indécision, leur inertie, ils nous ont conduits jusqu'au bord de l'abîme ; ils n'ont su ni administrer, ni combattre, alors qu'ils avaient sous la main toutes les ressources, les denrées et les hommes. Ils n'ont pas su comprendre que dans une ville assiégée, tout ce qui soutient la lutte pour sauver la patrie possède un droit égal à recevoir d'elle la subsistance ; ils n'ont rien su prévoir : là où pouvait exister l'abondance, ils ont fait la misère ; on meurt de froid déjà plus que de faim ; les femmes souffrent, les enfants languissent et succombent.

« La direction militaire est plus déplorable encore : sorties sans but, luttes meurtrières sans résultats, insuccès répétés qui pouvaient décourager les plus braves ; Paris bombardé.

« Le Gouvernement a donné sa mesure ; il nous tue.

« Le salut de Paris exige une décision rapide.

« Le Gouvernement ne répond que par la menace aux reproches de l'opinion ; il déclare qu'il maintiendra *l'ordre*, comme Bonaparte avant Sedan.

« Si les hommes de l'Hôtel-de-Ville ont encore quelque patriotisme, leur devoir est de se retirer, de laisser le peuple de Paris prendre lui-même le soin de sa délivrance.

« La municipalité de la Commune, de quelque nom qu'on l'appelle, est l'unique salut du peuple, son seul recours contre la mort.

« Toute adjonction ou immixtion au pouvoir actuel ne serait rien qu'un replâtrage perpétuant les mêmes errements, les mêmes désastres.

« Or, la perpétration de ce régime, c'est la capitulation, et Metz et Rouen nous apprennent que la capitulation n'est pas encore et toujours la famine, mais la ruine de tous, la misère et la honte.

« C'est l'armée et la garde nationale transportées prisonnières en Allemagne et défilant dans les villes sous les insultes de l'étranger, le commerce détruit, l'industrie morte, les contributions de guerre écrasant Paris ; voilà ce que nous prépare l'impéritie ou la trahison !

« Le grand peuple de 89 qui détruit les bastilles et renverse les trônes, attendra-t-il dans un désespoir inerte que le froid et la famine aient

On s'épuise en vaines discussions, aussi bien dans les Conseils du Gouvernement que dans les Conseils de guerre, où nos généraux sont appelés à discuter des projets d'opération plus impossibles les uns que les autres. — L'opinion poussant à une attaque contre Versailles, où l'on espère surprendre le grand quartier général allemand, l'on décide un jour que l'opération se fera par le plateau de Châtillon ; le lendemain on abandonne ce projet et l'on donne la préférence à une attaque par le plateau de Garches... puis l'on revient au premier plan : les dispositions sont définitivement arrêtées, l'opération fixée au 6 janvier, le général Vinoy nommé commandant en chef, les commandants de corps et de division désignés ; l'on se réunit une dernière fois pour bien fixer tous les détails d'exécution, et alors, le Conseil décide à

---

glacé dans son cœur, dont l'ennemi compte les battements, la dernière goutte de sang?

« Non !

« La population de Paris ne voudra jamais accepter ces misères et ces hontes. Elle sait qu'il en est temps encore, que les mesures décisives permettront aux travailleurs de vivre, à tous de combattre :

« Réquisitionnement général,

« Rationnement gratuit,

« Attaque en masse.

« La politique, la stratégie, l'administration du 4 Septembre, continuées de l'Empire, sont jugées. Place au peuple ! Place à la Commune !

Signé : *Les Délégués des vingt arrondissements.* »

(Cent quarante noms environ.)

Quand le préfet de police eut commencé des poursuites contre plusieurs des signataires, ces derniers firent paraître dans le *Combat* la note suivante :

« Sur la question des mandats lancés par le préfet de police contre la totalité ou plusieurs des délégués des vingt arrondissements au sujet de l'énoncé de leurs opinions, les délégués considèrent cette agression comme un attentat à la liberté de la presse et des personnes qui *provoque le droit de légitime défense.* »

(*Suivent les cent quarante signatures du Manifeste.*)

l'unanimité que l'opération par Châtillon est impossible, mais qu'une tentative sérieuse doit être faite sur un autre point... M. le général Berthaut *émit l'avis que le plateau de Garches était l'objectif le plus favorable, parce que de ce côté il était possible de faire déployer nos troupes entre Suresnes et Chatou, et de prononcer une attaque générale sur toute la ligne.* — Le Conseil se rangea à cet avis, et à l'unanimité encore, l'on adopta ce nouveau plan d'attaque.

Depuis le 31 décembre, le général Ducrot s'était abstenu de prendre part à ces réunions, convaincu qu'il était de leur inutilité ; voulant dégager complétement sa responsabilité, il avait adressé, le 6 janvier, au Gouverneur de Paris, une lettre par laquelle il le priait instamment de le relever de son commandement et de l'autoriser à entrer dans le rang comme simple combattant (1). — A cette demande, le général Trochu avait répondu par la lettre suivante :

Le général Ducrot demande à être relevé de son commandement.

« Paris, le 7 janvier 1871.

« Cher ami,

« Dans les circonstances où sont Paris et le pays, ta résolution ne serait pas comprise et ne pourrait être justifiée. On comprend et on honore la résolution d'un commandant de fort ou de navire qui, privé des moyens de combattre et ne pouvant plus soutenir la lutte, fait sauter son fort ou son navire ; mais on ne peut admettre la décision qu'il prendrait de résigner le commandement, de se mêler à la foule des combattants et de subir le sort commun dans les rangs de cette foule.

« Ta résolution mettrait le comble au désarroi des troupes, qui reste cependant au-dessous du désarroi de leurs chefs. Hier au soir, à la conférence du règlement des détails de l'opération avec Vinoy, Maussion a déclaré que *ses troupes ne mar-*

---

(1) Voir aux pièces justificatives n° III, la déposition du général Schmitz devant la commission d'enquête.

cheraient pas (1). Vinoy a naturellement tout suspendu, et il est venu me rendre compte à minuit.

« Nous voilà bien loin des temps héroïques ; non pas que je mette dans mon jugement une poésie qui ne serait guère à sa place, mais j'ai en moi des sentiments qui me font considérer cette défaillance des esprits comme un déplorable abandon de ce que j'appelle les suprêmes devoirs. Notre pays, gorgé de richesses et énervé, s'est trouvé dans le même cas que nous après le désastre de Sedan. Il n'a pas cédé, et sa défense *in extremis*, sans nuls moyens de défense, l'a relevé dans l'opinion du Monde et dans sa propre opinion.

« Je te supplie de ne pas donner suite à ton projet ; si fortes et honnêtes que soient tes convictions militaires, elles ne peuvent se concilier avec les devoirs civiques que les événements t'ont faits et nous ont faits à tous.

« Il faut que chacun de nous demeure à son poste et y meure dans la forme qu'il plaira à la Providence de décider. Il faut surtout que nous donnions autour de nous l'exemple de la sérénité et de la fermeté.

« Il ne faut pas te dissimuler que tes convictions ont fortement pénétré ton entourage et tes officiers généraux. Sans doute ils les avaient d'eux-mêmes, et les événements les leur avaient suggérées ; mais elles sont devenues pour eux un *article de foi* qui va ravageant les esprits du haut en bas de la hié-

---

(1) Cette assertion n'est pas exacte : le général de Maussion était trop discipliné, trop dévoué, trop vaillant soldat pour avoir jamais tenu pareil langage. — Le 7 janvier, le général Vinoy avait convoqué à son quartier général le général de Maussion avec le général d'Ubexi, commandant l'artillerie, pour leur donner ses dernières instructions relatives à l'attaque contre la redoute de Châtillon, qui devait avoir lieu le lendemain à onze heures du soir.

Le général de Maussion fit observer qu'une attaque de nuit lui paraissait impossible dans les conditions où on voulait l'entreprendre, c'est-à-dire avec trois divisions d'infanterie et un certain nombre de régiments de gardes nationaux ; il invoqua à l'appui de son opinion ses souvenirs de Crimée, où trois attaques sérieuses entreprises avec des troupes d'élite, peu nombreuses, avaient cependant échoué ; il termina en déclarant qu'il ne pouvait accepter la responsabilité d'une pareille entreprise qui serait certainement fatale aux troupes engagées.

A la suite de cette conversation, le général Vinoy leva la séance et alla rendre compte au général Trochu du résultat de cette conférence.

(Voir aux pièces justificatives n° IV, la lettre du général de Maussion en date du 16 avril 1877.)

rarchie. C'est là un des plus douloureux empêchements de notre situation. »

Très-touché de cette lettre, le général Ducrot se rendit immédiatement près du Gouverneur ; dans une conversation intime et toute amicale, il s'efforça une dernière fois de lui faire partager sa conviction sur l'impossibilité absolue où nous nous trouvions désormais de prolonger utilement la lutte, et, par conséquent, sur la nécessité de traiter au plus tôt avec l'ennemi. N'ayant pu réussir, il insista très-vivement pour faire accepter sa démission, cherchant à démontrer qu'il ne pouvait plus conserver le commandement de la 2ᵉ armée, puisque ses vues, ses appréciations générales sur les opérations militaires, et en particulier, sur l'emploi de la garde nationale, étaient en opposition absolue avec celles des membres du Gouvernement de la Défense nationale et du Gouverneur lui-même. Tous ses efforts furent inutiles, et il dut céder aux pressantes instances du général Trochu ; mais il fut bien entendu que désormais il s'abstiendrait absolument de paraître dans les réunions où se discuteraient les projets d'opération, qu'il ne prendrait aucune part à la préparation et à la haute direction des affaires militaires, qu'il se bornerait uniquement à assurer de son mieux l'exécution des ordres qui lui seraient donnés.

C'était bien, en effet, le seul moyen de ne pas laisser apparaître, aux yeux de nos généraux et de notre entourage *ces convictions honnêtes et fortes*, exprimées dans les réunions précédentes, convictions qui avaient tant effrayé les membres du Gouvernement de la Défense nationale, et qui, paraît-il, *avaient ravagé les esprits du haut en bas de la hiérarchie*.

Ce terme moyen fut donc accepté : le général Ducrot conserva le titre de commandant de la 2ᵉ armée, mais à partir de ce jour, il n'eut plus l'initiative ni la responsabilité de ce grand commandement.

Peut-être eût-il tort de ne pas persévérer dans sa première résolution, car : « Tout général en chef, a dit « Napoléon Ier, qui se charge d'exécuter un plan qu'il « trouve mauvais, désastreux, EST CRIMINEL...; il doit « représenter, insister pour qu'il soit changé, enfin *donner sa démission* plutôt que d'être *l'instrument de la ruine des siens*. Tout général en chef qui, en consé-« quence d'ordres impérieux, livre une bataille ayant « la certitude de la perdre, est également CRIMINEL. »

Mais la conduite du commandant en chef de la 2e armée peut trouver, sinon une excuse, du moins une atténuation dans les liens d'amitié qui l'unissaient au Gouverneur de Paris, et aussi dans les circonstances exceptionnelles où nous nous trouvions placés.

Plus tard, dans une situation analogue, il montra plus de fermeté... — Lorsque M. Thiers, Président de la République, voulut imposer au général Ducrot, commandant les quelques troupes que l'on avait pompeusement appelées l'armée de Cherbourg, un plan d'opération qui lui paraissait mauvais, désastreux, de nature à tout compromettre, il n'hésita pas à donner sa démission, et cette fois il la maintint irrévocablement (1).

Attaques violentes de la presse radicale.

Quand on apprit que le combat de Châtillon n'avait pas eu lieu, on cria encore à la trahison. Le journal l'*Alliance Républicaine* écrivait : « Les journaux, les « réunions, l'opinion publique tout entière, la majorité « elle-même des membres du Gouvernement, ont re-« connu que le général Trochu n'avait ni l'enthousiasme « qui entraîne une nation, ni les inspirations qui pro-

---

(1) Voir aux pièces justificatives n° V, le récit détaillé de cet incident.

« duisent la victoire, ni la haute capacité militaire indis-
« pensable à un chef d'armée.

« On dit cela, on le répète, on l'écrit. Il faut conclure :
« Que le général Trochu meure demain, le Gouverne-
« ment serait obligé de le remplacer par un autre géné-
« ral. Pourquoi ne pas le remplacer tout de suite... »

Au lieu de sévir en frappant exemplairement, on répondit par des proclamations!...

Le 7 janvier apparaissait, sur les murs de Paris, la déclaration suivante :

« Au moment où l'ennemi redouble ses efforts d'inti-
« midation, on cherche à égarer les citoyens de Paris
« par la tromperie et la calomnie. On exploite contre la
« défense nos souffrances et nos sacrifices. Rien ne fera
« tomber les armes de nos mains. Courage! confiance!
« patriotisme !

« Le Gouverneur de Paris ne capitulera pas (1). »

---

(1) Les dépositions que nous avons recueillies et celles qui ont été faites devant la Cour d'assises de la Seine, lors du procès intenté par le général Trochu à MM. Vitu et de Villemessant donnent les motifs de cette fâcheuse déclaration.

« On affirmait chaque jour, dit M. Cresson, dans sa déposition, que le général trahissait; de plus, il s'était produit des circonstances qui intéressaient sa vie même. Des individus, une femme notamment, étaient montés à la tribune d'un club et avaient déclaré que le général serait assassiné; cette femme avait même indiqué le moyen qu'elle emploierait ; il s'agissait d'une bombe Orsini. Je dus faire connaître ce fait au général. Je lui fis remarquer qu'il ne s'agissait plus de faits ordinaires, de ces accusations de clubs et de la presse, qu'il avait jusque-là toujours méprisés, et contre lesquels il m'avait toujours empêché de sévir, et que ces bruits se répandaient, non-seulement dans les groupes de la garde nationale, sur lesquels l'ordre pouvait compter, mais encore aux avant-postes, et je lui dis : « Pourquoi ne répétez-vous pas à la popu-
« lation parisienne ces paroles que vous avez dites au conseil de guerre,
« qui vous honorent, qui honorent vos intentions? Pourquoi ne pas
« dire à la population parisienne ce que vos collègues ont applaudi :
« Le général Trochu ne capitulera pas. » Nous étions dans son cabinet avec le commandant Bibesco, son aide de camp. Celui-ci joignit ses observations aux miennes, et alors, séance tenante, le général Trochu prit

Loin de calmer, de désarmer la presse et les clubs, cette réponse envenima les attaques; avec de tels adversaires, il ne saurait y avoir ni paroles ni promesses, il faut des actes (1).

Dépêches du 8 janvier.

Au milieu de ces sombres préoccupations, arrivèrent plusieurs dépêches de M. Gambetta, exagérées, presque fantastiques; elles jetèrent encore de nouveaux troubles dans les esprits.

Nous tenons à reproduire textuellement ces dépêches, qui, par l'impression qu'elles produisirent sur la population et le Gouvernement de la Défense, se rattachent naturellement aux événements intérieurs de la Capitale :

« Lyon, 22 décembre.

« *Gambetta à M. Trochu.*

« J'ai reçu le 22 décembre au matin, par M. d'Al-

---

une feuille de papier : je lui demandai de réduire sa proclamation à très-peu de lignes, et lui, le commandant Bibesco et moi, nous avons rédigé cette proclamation en trois lignes qui a été imprimée et publiée. »

(1) Le *Réveil* du 9 janvier (pour le 8) disait : « En lisant dans la dernière proclamation de M. Trochu, que le Gouverneur de Paris *ne capitulerait pas*, nous avons pris cette proclamation pour une redite et nous avons pensé au fameux testament déposé, comme chacun sait, chez M⁰ Ducloux, notaire à Paris. Il paraît que nous nous étions trompé. A en croire les familiers de la presse, ce n'est pas des Prussiens que voulait parler M. Trochu, c'est avec les passions populaires qu'il promet de ne pas capituler.

« Nous voilà donc bien avertis, le sabre n'entend pas donner sa démission, et s'il est prudent avec l'ennemi qui nous tient les pieds sur la gorge, il sera impitoyable pour les citoyens assez coupables pour vouloir sauver Paris et la République. M. Trochu ferait bien de se rappeler son digne chef Palikao, qui, lui aussi, jurait de se montrer, et qui s'est si fortement mis à l'abri le 4 septembre, qu'on n'en a plus entendu parler avant qu'il ait gagné la frontière, etc. »

On trouve des articles analogues dans les autres journaux de même couleur. Ils prouvent combien la déclaration obtenue du Gouverneur par le préfet de police était *inutile*.

« méida, votre dépêche écrite le 16 décembre. L'appré-
« ciation que vous avez faite de l'armée de la Loire
« et des éléments qui la composent est parfaitement
« juste et trouve dans les faits qui s'accomplissent tous
« les jours une nouvelle confirmation. Les Prussiens,
« sans avoir éprouvé rien qui ressemble à une défaite,
« paraissent cependant démoralisés : ils commencent à
« éprouver une grande lassitude, et on leur tue beau-
« coup de monde de tous les côtés. Sur tous les points
« du cercle qu'ils occupent, ils rencontrent de vigou-
« reuses résistances. Belfort est approvisionné pour
« huit mois; toute la ligne de Montbéliard à Dôle est
« bien gardée par les forces de Besançon; celle de Dôle
« à Autun par les forces de Garibaldi et du général
« Bressolles; il en est de même du Morvan et du Ni-
« vernais jusqu'à Bourges.

« D'un autre côté, l'armée de Bourbaki est dans une
« excellente situation. Elle effectue, dans ce moment,
« une manœuvre dont on attend les meilleurs résultats.

« Chanzy, grâce à son admirable ténacité, a fait lâ-
« cher prise aux Prussiens, et depuis le 16, il s'occupe
« à refaire ses troupes, fatiguées par tant et de si hono-
« rables combats. Aussitôt remises, ce qui ne demande
« que quelques jours, rééquipées et munitionnées, vous
« pouvez être assuré que Chanzy reprendra l'offensive.

« Le Havre est tout à fait dégagé. Les Prussiens ont
« même abandonné Rouen, après l'avoir pillé et dirigé
« leur butin sur Amiens, direction que paraissaient
« avoir prise les forces de Manteufell, pour barrer le
« passage aux troupes de Faidherbe. Nous augmentons
« tous les jours notre effectif.

« A mesure que les forces s'accroissent, les gardes
« nationaux mobilisés qui ont déjà vu le feu s'en tirent
« à merveille, et en peu de temps ce seront d'excellents

« soldats. Le pays est, comme nous, résolu à la lutte à
« outrance. Il sent tous les jours davantage que les
« Prussiens s'épuisent par leur occupation même, et
« qu'en résistant jusqu'au bout, la France sortira plus
« grande et plus glorieuse de cette guerre maudite. »

M. Gambetta nous transmettait en même temps une dépêche du général Faidherbe, datée d'Avesnes-Bapaume, 3 janvier, ainsi conçue :

« Aujourd'hui, 3 janvier, bataille sous Bapaume, de
« 8 heures du matin à 6 heures du soir. Nous avons
« chassé les Prussiens de toutes les positions et de tous
« les villages; ils ont fait des pertes énormes et nous
« des pertes sérieuses. »

Enfin, une dépêche sans date de l'Agence Havas, non moins utile à rapporter ici, pour donner une juste idée de l'impression produite sur la ville de Paris et sur le Gouvernement par ces communications :

« Les nouvelles de la guerre sont bonnes. Faidherbe
« a remporté une victoire à Pont-Noyelle. Son armée
« augmente chaque jour en nombre et en solidité.
« Chanzy, changeant sa base d'opérations, a effectué un
« mouvement sur le Mans, tenant continuellement tête
« à l'ennemi, lui faisant subir pendant huit jours des
« pertes considérables.

« L'armée de Bourbaki est dans une excellente situa-
« tion; ses mouvements sont ignorés.

« Les Prussiens se montrent inquiets du mouvement
« des deux armées qui sont sur leurs flancs et n'osent
« pas avancer dans le centre; ils ont évacué Nogent-le-
« Rotrou, remontant dans la direction de Paris.

« A Nuits, il y a eu un brillant combat livré par
« 25,000 Allemands contre 10,000 Français. Nous avons

« perdu 1,200 hommes environ; les Prussiens en ont
« perdu 7,000, dont le prince Guillaume de Bade.

« Les correspondants du *Times*, à Versailles et dans
« les autres quartiers généraux prussiens constatent
« eux-mêmes combien la situation est changée au désa-
« vantage des Allemands. Chaque jour les forces fran-
« çaises augmentent; celles des Allemands diminuent.
« Ils ont perdu 300,000 hommes depuis leur entrée en
« France. Il existe en Allemagne 100,000 veuves et
« 200,000 orphelins. Actuellement, l'effectif des Alle-
« mands en France est évalué à 600,000 hommes, dont
« 100,000 malades. Le landsturm a été appelé dans
« quelques provinces allemandes; la dernière levée a
« suscité de la résistance.

« Le siége de Belfort a donné lieu à plusieurs sorties
« qui ont causé à l'armée allemande de grandes pertes.

« Dans les provinces occupées, les Allemands conti-
« nuent leur pillage organisé et en transportent les pro-
« duits en Allemagne. La presse étrangère, constatant
« ces faits, blâme sévèrement les procédés prussiens.
« Le *Times*, en faisant l'historique de la campagne de
« Russie en 1812, invite le roi de Prusse à méditer cet
« exemple.

« Les nouvelles de l'Alsace, de la Franche-Comté et
« de la Lorraine signalent une grande excitation de la
« population contre les Allemands; beaucoup d'habi-
« tants sont arrivés à Lyon et sur d'autres points pour
« participer à la défense nationale.

« Les dissentiments entre les soldats et officiers prus-
« siens et les troupes du Sud s'accentuent chaque jour.
« Ces dissentiments, si l'ennemi éprouvait une défaite
« sérieuse, se traduiraient promptement en lutte armée.

« Gambetta, en quittant Bourges, a séjourné huit
« jours à Lyon. Il est arrivé le 28 à Bordeaux.

« Une grande revue de la garde nationale a eu lieu
« à Bordeaux le 26.

« La population et la garde nationale ont fait éclater
« un grand enthousiasme et poussé des cris unanimes
« de : Vive la République! Des discours ont été pro-
« noncés par Crémieux et Glais-Bizoin.

« Un décret a dissous les conseils généraux. Des
« commissions départementales seront instituées.

« La démission du général Loverdo a été acceptée.

« Partout les gardes nationaux mobilisés sont en-
« voyés dans les camps d'instruction et ensuite à l'armée
« active.

« Le général Chanzy a adressé, le 26 décembre, au
« commandant prussien de Vendôme, une protestation
« contre les déprédations, les injures et les insultes des
« officiers et des soldats prussiens envers des gens inof-
« fensifs, et contre les procédés déloyaux employés dans
« la guerre.

« Les Prussiens ont coulé cinq navires anglais sur la
« Seine, près de Duclair ; ils ont tiré sur le second de
« l'un de ces navires et dévalisé les matelots. Ce fait a
« causé une grande excitation chez les Anglais résidant
« au Havre. Le *Times* et les journaux anglais expriment
« leur indignation.

« Les Prussiens ont évacué Dijon et autres villes de
« l'Est. Garibaldi occupe Dijon le 28 ; il y a grande
« espérance que les opérations de l'Est donneront un
« immense résultat (1). »

---

(1) Dans une dépêche beaucoup plus étendue que nous mettons tout entière aux pièces à l'appui n° VI, M. Gambetta ajoutait :
— « Moins de quinze jours après l'évacuation d'Orléans et la belle retraite du général Chanzy, nos armées étaient pleinement reconstituées, et en voici maintenant le tableau fidèle : La première armée de la Loire comprend le 15e, le 18e et le 20e corps, commandés par les généraux Martineau, Clinchant et Billot.

Ainsi, d'après cette dépêche du 8, le général Chanzy, [margin: Influence des dépêches de M. Gambetta sur le Gouvernement et la population.]

« L'armée placée sous les ordres du général Bourbaki a été rapidement portée (voies ferrées de Vierzon et de Bourges) jusqu'à Châlon-sur-Saône, Beaune et Dôle. Le but de cette opération est de se jeter sur la ligne des Vosges, derrière l'ennemi, et aller, s'il le faut, jusqu'aux portes de l'Allemagne. Pour coopérer à cette entreprise, qui, si elle réussit, pourrait vous débloquer, on a adjoint aux forces dont dispose le général Bourbaki, le corps d'armée de Lyon à Besançon, de manière à former l'extrême droite de Bourbaki et à débloquer Belfort; à la gauche de Bourbaki, se trouvent Garibaldi et une division de l'armée de Lyon, commandée par le général Crémer. L'ensemble de ces forces s'élève, y compris la garnison de Besançon, dont une partie entre dans la combinaison, à plus de cent soixante mille combattants. Les préliminaires de cette vaste opération ont, jusqu'ici, assez bien marché. Après une très-brillante affaire gagnée à Nuits par les troupes du général Crémer appuyées par Menotti Garibaldi, dans laquelle on a tué plus de sept mille Prussiens, le corps de Werder fut refoulé vers Dijon; et quelques jours après, il suffit de la marche en avant de la première armée de la Loire, devenue, comme vous le voyez, armée de l'Est, pour obliger les Prussiens à évacuer précipitamment Dijon et Gray à la date du 27 décembre. Ils vont se refaire sur Vesoul et Épinal, pendant qu'ils rappellent à eux les troupes qui occupaient l'Yonne, et se relient au prince Frédéric-Charles, qui est toujours à Orléans, par Montargis, Joigny, Auxerre, Tonnerre, Châtillon-sur-Seine et Chaumont. Après avoir fait occuper Dijon et Gray, nous poursuivons notre marche sur Vesoul, ce qui pourrait bien débloquer Belfort sans coup férir. L'important est de marcher vite, et, dans ce mouvement, d'assurer ses derrières en faisant marcher toutes ses forces. Je ne puis vous en dire plus long; l'opération étant en train, il n'y a qu'à souhaiter qu'elle réussisse.

« A l'ouest, les choses sont également en excellent état : Chanzy, dont le quartier général est au Mans, après avoir refait et reconstitué ses troupes, est tout à fait à la veille de reprendre l'offensive. Depuis deux jours, il tâte l'ennemi en avant de Vendôme. Les Prussiens ont évacué complétement la vallée du Loiret, et n'ont pas osé franchir la Loire à Tours, de peur d'être tournés. Le général Chanzy est parfaitement au courant de la situation militaire de Paris. Outre les lettres du général Trochu, nous avons eu des renseignements et des avis positifs sur la crise suprême à laquelle vous touchez, et nous avons décidé une action aussi prompte que possible entre Chartres et Dreux, mouvement qu'on pourra faire appuyer par des forces, à peu près égales à un corps d'armée, de trente-cinq à quarante mille hommes, que nous tirerons de Cherbourg et du Havre. Le général Faidherbe sera préparé pour appuyer, de son côté, vivement l'opération du général Chanzy par un mouvement au nord. Grâce d'ailleurs à la télégraphie militaire, les généraux ont tous les jours des renseignements

après avoir disputé le terrain pied à pied aux bandes victorieuses de Frédéric-Charles et de Mecklembourg, marchait sur Dreux à la tête de ses troupes refaites, rééquipées, munitionnées. Faidherbe avait, le 3 janvier, battu Manteuffel à Bapaume. « Bourbaki s'avançait rapidement à l'Est, chassant devant lui Werder déconcerté. »

« Nous avions donc le droit, dit M. Jules Favre, « d'espérer et d'agir. Qui dira jamais les tressaillements « de nos cœurs lorsque ces dépêches inattendues nous « parvinrent. Plus elles nous surprenaient près de « l'abîme, plus nous saisissions avec enthousiasme « l'ancre de salut qu'elles nous jetaient, plus aussi nous « sentions la nécessité de combattre *jusqu'à la dernière* « *heure*.

« M. Gambetta nous affirmait que tel était le *cri de* « *la France*. Paris lui faisait *écho* dans *sa glorieuse* « *misère*. »

---

précis sur leurs positions et leurs marches respectives. En somme, si nous n'avions le devoir de songer constamment à Paris, dont chaque heure qui s'écoule aggrave le sort déjà si terrible, nous pourrions envisager avec satisfaction l'état respectif des forces de la France et de la Prusse.

« Le pays tout entier comprend et veut la guerre sans merci, même après la chute de Paris, si cet horrible malheur doit nous arriver. Les plus simples comprennent fort nettement que la guerre étant devenue une guerre d'extermination préparée depuis trente ans dans l'ombre par la Prusse, il faut, pour l'honneur de la France et pour sa sécurité dans l'avenir, en finir avec cette puissance odieuse. Nous en finirons en moins de temps qu'on ne le suppose, si nous le voulons, si nous avons aussi la force morale nécessaire pour supporter, pour subir les échecs, les revers, la mauvaise fortune, en continuant à nous battre. Cette disposition de la France à la lutte, jusqu'à la victoire et à la revanche la plus absolue, est telle que des défaites, qui, chaque jour deviennent plus improbables, ne feraient qu'enflammer ses sentiments. La France est complètement changée depuis deux mois; l'âme de Paris s'est répandue sur elle et l'a transfigurée, et si vous veniez à succomber, c'est un cri de vengeance qui sortirait de toutes les poitrines; mais vous ne succomberez pas... »

Ainsi donc l'influence de la Délégation continuait à peser de la manière la plus néfaste sur les décisions du Gouvernement de Paris. Nous avons vu, dans le courant de novembre, que c'est sous le coup de ses objurgations que notre plan de sortie avait été entièrement bouleversé. Les stériles et sanglantes journées de la Marne n'avaient pas encore dessillé les yeux, et on allait, écoutant les trompeuses paroles d'un homme, se jeter dans la plus folle des entreprises, en cherchant avec des troupes épuisées et une *garde nationale* sans instruction, sans discipline, à forcer les positions inexpugnables qui protégeaient le quartier général de Versailles.

Certes, en voyant la funeste action du chef de la Délégation, nous ne pouvons partager les sentiments de M. Jules Favre, disant au sujet de l'impression produite par les dépêches du 8 janvier :

« L'on n'a pas oublié par quel *mot* cruel, *mot* qui
« m'est encore sur le cœur, un illustre orateur, que je
« respecte autant que je l'aime, *qualifia un jour à la*
« *tribune M. Gambetta...* Il y a des heures où la plus
« haute raison est dans la passion la plus violente. » (1)

A la fin de sa dépêche du 3 janvier 1871, M. Gambetta, en invitant le Ministre des affaires étrangères à quitter Paris et à venir le rejoindre, avait en vue la conférence de Londres, où il avait tout d'abord pensé que la France devait être représentée. Nous n'hésitons pas à dire qu'il avait hautement raison.

---

(1) *Simple récit,* page 234.

CHAPITRE II.

CONFÉRENCE DE LONDRES.

<small>Déclaration du prince Gortschakoff.</small>

Au milieu de « *la torpeur générale de l'Europe,* » pour nous servir du mot de M. de Beust, s'était produit un incident qui, bien que n'ayant pas trait à la guerre entre la France et l'Allemagne, était la conséquence naturelle de l'écroulement de notre fortune et de notre grandeur.

Sans vouloir examiner jusqu'à quel point la Russie s'était rapprochée de la Prusse, de quelle manière et comment l'Empereur Alexandre s'était engagé vis-à-vis de son oncle à retenir l'Autriche dans les liens de la neutralité ; le cabinet de Saint-Pétersbourg, certain de ne pas être arrêté par celui de Berlin, comptant sur la stupéfaction, le désarroi occasionnés en Europe par la chute de la France, déclara qu'il ne se considérait plus comme engagé par les articles du traité de Paris de 1856, limitant son action dans la mer Noire. « L'article 14 de ce traité visait, en lui donnant un caractère obligatoire pour toutes les parties contractantes, la convention particulière conclue entre l'Empereur de Russie et le Sultan, ayant pour objet de déterminer la force et le nombre des bâtiments légers nécessaires au service des côtes dans la mer Noire. Ce nombre ne pouvait dépasser six bâtiments à vapeur de 50 mètres de longueur, d'un tonnage de 800 tonneaux au maximum, et quatre bâtiments légers à vapeur ou à voiles, d'un tonnage de 200 tonneaux chacun. »

La déclaration du prince Gortschakoff, signifiant aux puissances l'abrogation de cet article 14, coïncidait à peu près avec la chute de Metz et le départ pour l'Allemagne de la dernière armée française.

Ce fut le 10 novembre au soir que notre ambassadeur à Vienne, M. le marquis de Mosbourg, télégraphia à M. de Chaudordy « que le ministre de Russie lui avait fait la veille une communication de laquelle il résultait que son gouvernement ne se considérait plus comme lié par les stipulations du traité de 1856. »

« La circulaire du prince Gortschakoff relative au
« traité de 1856, écrivait M. Gambetta à M. Jules Favre,
« n'a guère produit qu'une vague et passagère surprise.
« Il semble que l'Europe politique l'attendît, mais pas
« aussi tôt et non dans la forme où cette révision a été
« annoncée. Seule l'Angleterre paraît plus émue que les
« autres puissances, et rien ne se comprend mieux ; à
« Londres, la Bourse a baissé deux jours de suite et
« les journaux commencent à parler un langage sévère.
« Tout le monde s'accorde à reconnaître que notre situa-
« tion diplomatique s'est sensiblement améliorée. »

Assurément nous pouvions tirer de notables avantages de la situation nouvelle faite aux puissances neutres plus ou moins irritées de la suppression d'un traité par l'un des signataires sans consulter les co-contractants. « Chacun cherchait à deviner le parti que prendrait son voisin, et tournait les yeux vers le cabinet de Londres, duquel tout, en effet, dépendait. »

État des esprits en Angleterre.

On tint, en Angleterre, des discours très-belliqueux. On reprocha au gouvernement d'avoir laissé briser les anciens liens d'amitié entre la France et la Grande-Bretagne, d'avoir laissé « rouvrir la voie que le sang
« anglais et le sang français avaient fermée pendant
« quatorze ans de commune entente » (1). Mais à toutes

---

(1) On semblait alors se souvenir, mais trop tard, de ce mot de la

ces paroles manquait le poids de la force, et les esprits anglais finirent par se calmer quand ils virent la faiblesse numérique de leur armée. Cependant l'Europe ne pouvait s'incliner devant une simple signification du cabinet de Saint-Pétersbourg. Pour concilier les choses, M. de Bismark proposa une conférence qui devait se tenir à Londres.

L'Autriche, l'Italie, l'Angleterre désiraient que nous fussions représentés à cette conférence. La Russie le voulait également, car, suivant l'opinion de M. de Chaudordy, si la Russie n'était pas certainement avec nous, elle n'était pas tout à fait contre nous. La dépêche, destinée à la France, qui avait accompagné la circulaire identique du prince Gortschakoff, était presque bienveillante.

Entrevue de M. Oukounief et de M. de Chaudordy.

Lorsque M. de Chaudordy avait parlé à M. Oukounief de l'obligation que nous avait créée la guerre de Crimée, « guerre qui était pour nous un noble souvenir de gloire, une belle page que nous ne saurions consentir à effacer de notre histoire », M. Oukounief avait répondu que cette obligation « ne saurait faire disparaître la communauté d'intérêts existant entre la France et la Russie ».

M. de Chaudordy ayant ajouté que c'était bien le moment de montrer que nos intérêts étaient communs, M. Oukounief disait : « Il ne faut pas, en politique, s'oc-
« cuper exclusivement du présent, il faut songer à l'ave-
« nir. C'est ainsi que se créent les relations utiles. Et
« quel avantage pour la France de trouver, lorsque les
« représentants favorables des grandes puissances se-

---

grande Élisabeth, disant, en envoyant des secours à Henri IV pour combattre la Ligue fomentée et soutenue par l'Espagne : « Le dernier jour de la France sera la veille du dernier jour de l'Angleterre ! »

« raient réunis, un concours qui pourrait *sauver l'inté-*
« *grité du territoire!* »

Évidemment ces paroles n'étaient pas un engagement, c'était plutôt une opinion, mais cette opinion, l'Angleterre, l'Autriche, l'Italie l'avaient. Si la Russie venait nettement à la partager, on pouvait espérer, pendant le cours de la conférence, que les puissances neutres exerceraient une pression dans ce sens sur l'Allemagne, surtout si notre plénipotentiaire avait assez d'habileté pour contribuer à donner satisfaction aux protestations de l'Angleterre, tout en acceptant les décisions de la Russie, mais en leur enlevant ce qu'elles avaient de profondément hautain. En un mot, le fond des choses étant forcément accepté par le cabinet de Londres, il s'agissait d'amener celui de Saint-Pétersbourg à être condescendant pour les déclarations de principe.

La France, qui avait supporté le plus lourd fardeau de la guerre de 1855, qui en avait récolté les plus glorieux lauriers, qui s'était montrée la plus généreuse vis-à-vis de son adversaire, pouvait assez facilement jouer ce rôle de médiatrice. Victorieuse, elle avait, en quelque sorte, protégé la Russie vaincue. Vaincue à son tour, la France trouverait peut-être, dans son ancienne ennemie, un appui, un soutien.

Quoi qu'il en soit, il y avait une tentative à faire, une occasion à saisir.

Au lieu d'adopter cette ligne de conduite, M. Jules Favre semble vouloir se faire payer d'avance le prix de son concours.

Propositions de M. Jules Favre

Il écrit à M. de Chaudordy : « La France ira du côté
« où l'appellera son légitime intérêt : il n'y a qu'un
« moyen de lui faire changer d'attitude, et il est fort
« simple : que les puissances qui invoquent sa garantie
« commencent par lui donner la leur. Il leur importe

« grandement qu'elle conquière une paix durable. Elle
« ne peut l'avoir que par l'intégrité de son territoire.
« Que les puissances profitent de l'occasion offerte par
« les prétentions de la Russie pour trancher des ques-
« tions que les hasards de la force ont soulevées,
« qu'elles proposent un protocole préliminaire dans le-
« quel on conviendra de prendre pour base de négocia-
« tion *l'intégrité du territoire français,* et nous donne-
« rons notre adhésion à la conférence, *pourvu, bien en-
« tendu,* qu'on la fasse précéder d'un armistice avec ra-
« vitaillement... »

Nous eussions été vainqueurs depuis le 4 septembre,
que les instructions du ministre des affaires étrangères
à son représentant eussent été difficilement plus fières.
C'était toujours le même langage : « Pas une pierre,
« pas un pouce de notre territoire ».

Ce sont là de fort belles paroles qui font bien comme
mouvement oratoire, mais qui font très-mal en diplomatie.

« Il était cruel de penser, comme le dit M. Jules
Favre, d'assister à une conversation diplomatique sur
la mer Noire, conversation dans laquelle un plénipotentiaire français discuterait gravement des embouchures
du Danube et des Dardanelles, pendant que son voisin
le Prussien, ouvrirait une dépêche lui annonçant que
Paris est en flammes, bombardé par les philosophes qui
le tiennent à la gorge pour le piller et le détruire... »
Assurément la position de notre représentant eût été
aussi pénible que difficile; mais il fallait songer que si
nous ne savions pas affronter cette cruelle situation,
une autre, bien plus humiliante encore, allait nous être
réservée.

<small>La situation devient chaque jour plus grave.</small> Malgré les événements qui continuaient à nous être
contraires, malgré les prières de ses collègues de Tours

et de M. de Chaudordy, insistant pour que l'on consentît à aller à la conférence sans conditions préalables, M. Jules Favre s'acharnait à vouloir *des garanties ;* à la date du 9 décembre, il écrivait encore à M. de Chaudordy : « Je n'ai pas de nouvelles depuis le 28, et j'ignore tout à fait l'état de l'Europe, mais si je puis le juger par les indices, l'Angleterre se prononce de plus en plus, elle cherche à entraîner la Turquie, l'Autriche et l'Italie. Il faut tâcher de reprendre l'armistice avec ravitaillement et convocation de l'Assemblée. Si la Prusse veut consentir à ce préliminaire, je le signe demain. *Je consens* aussi à la convocation de l'Assemblée marchant de pair avec un congrès qui jugerait toutes les questions litigieuses. Dans ce cas, Paris serait débloqué, on pourrait même entrer en discussion pour la concession d'un gage, pourvu qu'il fût bien convenu que les Prussiens n'entreraient pas dans Paris... »

Cependant la situation s'aggravait. La Délégation était obligée de gagner rapidement Bordeaux. Le général Chanzy, perdant chaque jour du terrain, était rejeté sur Vendôme. Bourbaki, avec l'autre moitié de l'armée de la Loire, rétrogradait sur Vierzon.

Deux lettres de l'empereur de Russie à son oncle restaient sans réponse, et la proposition faite par le Saint-Père, d'un armistice de quinze jours avec ravitaillement avait été repoussée d'une manière peu obligeante...

Enfin, de nouveau et vivement pressé par la Délégation et M. de Chaudordy (1), M. Jules Favre se déci-

M. Jules Favre se décide à représenter la France à la Conférence.

---

(1) M. de Chaudordy, revenant à la charge, écrivait : « M. Gambetta est d'avis, après examen des dépêches, que vous acceptiez d'aller à la conférence, même alors que nous n'aurions ni armistice, ni promesse préalable. La Prusse est fatiguée de la guerre, j'en suis certain ; son gouvernement veut la paix. Le moment est donc favorable, et l'occasion pour sortir de Paris très-naturelle. Si vous n'y voyez pas un obstacle absolu, au point de vue de la capitale, faites-le, je vous en supplie. »

dait, dans la séance du 17 décembre, à parler dans le sens de l'acceptation de la conférence, « en s'abandonnant à la bonne foi de l'Angleterre et au bon vouloir des autres puissances ».

Les membres du Gouvernement, vivement pressés par M. Picard, ayant décidé que la France serait représentée à la Conférence, M. Jules Favre expédiait sur-le-champ à M. de Chaudordy la dépêche suivante :

« Paris, 17 décembre 1870 (minuit).

« Le Gouvernement vient de délibérer sur vos dépêches des 10 et 13 décembre. Il a décidé que nous serions représentés à la Conférence. Cette décision est prise par égard pour l'opinion exprimée par l'Angleterre, la Russie, l'Autriche et l'Italie, et sous le bénéfice des communications que vous ont faites les représentants. Si notre plénipotentiaire était choisi à Paris, nous demanderions à l'une des puissances neutres, ou à toutes les quatre, d'obtenir le sauf-conduit. Le Gouvernement, suivant votre réponse, désignera ce plénipotentiaire. Du reste, vous pouvez être sans inquiétude pour nous. Paris continue à être calme, noble, confiant. Nous avons largement des vivres pour un mois, peut-être plus. Notre armée est pleine d'ardeur et va livrer bataille pour aller au-devant de vous.

« Jules FAVRE. »

Au reçu de cette dépêche, M. de Chaudordy répondit immédiatement en exprimant la satisfaction qu'avait causée à la Délégation la nouvelle de l'acceptation. « Croyez-moi, ajoutait-il, croyez-moi sans que j'aie be-
« soin de vous l'expliquer plus longuement, *vous devez*
« *venir*. Agir autrement, *serait commettre une faute*
« IRRÉPARABLE. »

A la date du 12 décembre, nouvelles instances : « Faites ce que vous croyez possible pour sortir de Paris, et venez négocier ou préparer la paix. Dites-nous comment nous devons agir diplomatiquement de notre côté. »

Dans les dépêches suivantes du 24 et du 26 décembre, M. de Chaudordy annonçait que nous pouvions « compter sur la bienveillance de l'Angleterre et de la Russie ». La première nous promettait de nous procurer les sauf-conduits ; la seconde laissait deviner qu'elle agirait sur la Prusse pour obtenir d'elle des conditions acceptables de paix. Malheureusement aucune de ces nouvelles ne parvint à Paris avant le 9 janvier.

La Prusse qui *ne voulait pas* que nous assistions à la Conférence, accumulait obstacle sur obstacle.

<small>M. de Bismark refuse d'accorder un sauf-conduit à M. Jules Favre.</small>

Le cabinet de Londres s'étant chargé d'obtenir un sauf-conduit, le comte de Bernstorff avait transmis la demande à M. de Bismark. Celui-ci répondit à lord Granville :

« Le sauf-conduit sera accordé lorsque M. Jules
« Favre le réclamera par parlementaire au général en
« chef de l'armée de siége ; les Prussiens ne peuvent
« envoyer un parlementaire avant que satisfaction leur
« soit donnée pour le fait qu'on a tiré sur un parlemen-
« taire qu'ils ont envoyé tout récemment... »

En vain lord Granville fit-il le possible pour aplanir les difficultés... après avoir proposé que le parlementaire fût un des officiers français faits prisonniers dans les dernières sorties, n'ayant, par conséquent, rien à apprendre aux assiégés, il demanda à être autorisé à écrire directement à M. Jules Favre par l'intermédiaire du ministre des États-Unis.

M. de Bismark, toujours sous prétexte qu'il ne pouvait envoyer de parlementaire, traîna les choses en longueur, et ce ne fut que le 10 janvier dans la nuit que M. Jules Favre reçut, par l'intermédiaire de M. Washburne, la lettre suivante de lord Granville ; elle était datée du 29 décembre et avait été retenue depuis *onze jours* au quartier général prussien...

<small>Lettre de lord Granville à M. Jules Favre.</small>

« *Lord Granville à S. Exc. le Ministre des affaires étrangères de Paris.*

« Londres, le 29 décembre 1870.

« Monsieur le Ministre,

« M. de Chaudordy a informé lord Lyons que Votre Excellence était proposée pour représenter la France dans la Conférence qu'on est convenu de tenir à Londres concernant la neutralisation de la Mer Noire, et il m'a en même temps fait demander d'obtenir un sauf-conduit qui permît à Votre Excellence de franchir les lignes prussiennes. J'ai immédiatement prié le comte de Bernstorff de réclamer ce sauf-conduit et de le faire remettre à Votre Excellence par un officier allemand envoyé en parlementaire.

« M. de Bernstorff m'a fait savoir hier qu'un sauf-conduit serait mis à la disposition de Votre Excellence, aussitôt qu'il serait demandé par un officier envoyé de Paris au quartier général allemand. Il a ajouté toutefois qu'il ne pourrait être envoyé par un officier allemand tant que satisfaction n'aurait pas été donnée pour l'officier porteur du pavillon parlementaire allemand sur lequel les Français avaient tiré (1)...

« J'ai été informé par M. Tissot que beaucoup de temps s'écoulerait avant que cet avis pût vous être transmis par la délégation de Bordeaux, et j'ai, en conséquence, suggéré au comte de Bernstorff un autre moyen de le faire parvenir en profitant de l'occasion qui m'était offerte par le chargé d'affaires des États-Unis pour vous informer de ce qui s'est passé...

---

(1) Cet incident, si souvent signalé par M. de Bismark, n'a jamais pu, malgré une enquête minutieuse, être constaté par aucun témoin. Plusieurs fois, on avait tiré sur nos parlementaires. Le capitaine d'Irrisson, entre autres, attaché à l'état-major général, fut fusillé par les postes prussiens en accompagnant en parlementaire le général américain Burnside. Le lieutenant de vaisseau Brunet, aide de camp du vice-amiral La Roncière, qui parlementait en avant des lignes de Saint-Denis, reçut également des coups de fusil, et, cependant, mettant ces regrettables accidents sur l'effet d'une méprise ou de l'inintelligence des soldats, nous n'avons jamais eu l'idée de cesser nos rapports avec l'ennemi par voie parlementaire.

DÉFENSE DE PARIS.

« Il a été convenu que la Conférence se réunirait cette semaine ; mais, pour donner au plénipotentiaire français le temps d'arriver, le jour de la réunion a été fixé au 3 janvier. J'espère que Votre Excellence autorisera M. Tissot à la représenter à la première séance, dans laquelle je ne mettrai à l'ordre du jour que la question de forme, et si Votre Excellence est en mesure de m'annoncer son arrivée, je proposerai d'ajourner la Conférence d'une semaine, afin d'obtenir le précieux concours de votre expérience.

» J'espère que Votre Excellence me permettra de saisir cette occasion de lui exprimer toute ma satisfaction d'entrer en relations personnelles avec elle et le plaisir que j'éprouve à la voir à Londres.

Signé : « Lord GRANVILLE. »

M. Jules Favre, qui avait été si long à se décider, avait eu malheureusement le temps, du 17 décembre au 10 janvier, de se laisser ébranler dans sa résolution d'assister à la Conférence (1)... Les maires, les adjoints, à qui « *il exposait le douloureux embarras que lui cau-* « *sait l'appel de l'Angleterre* », le suppliaient de ne pas quitter Paris. La *Presse* se montrait également très-opposée à son départ (2).

De nouveau appelé avec la plus vive instance par M. de Chaudordy qui lui écrivait : « M. le comte de

Hésitation de M. Jules Favre.

---

(1) 17 décembre, jour où M. Jules Favre avait écrit à M. de Chaudordy qu'il assisterait à la conférence.

(2) « Je dois dire, ajoute M. Jules Favre, que je reçus un grand nombre de lettres de personnes fort considérables m'invitant à me rendre à Londres, sans m'arrêter aux scrupules que l'idée d'abandonner Paris m'inspirait. Plusieurs députations me firent l'honneur de venir me trouver, et me sollicitèrent dans le même sens ; une entre autres était composée d'habitants du quartier Saint-Germain, qui souffrait cruellement des projectiles de l'ennemi. Quelques membres de l'Institut en faisaient partie ; je remerciai avec effusion ces honorables citoyens. Je ne leur cachai ni mon sentiment ni les perplexités qui m'agitaient, et je leur répondis que j'obéirais aux ordres du Gouvernement, en lui transmettant toutefois le résumé exact des raisons qu'ils avaient bien voulu faire valoir près de moi. »

« Bismark redoute votre sortie de la capitale, il n'a pu
« s'y refuser devant l'insistance des neutres, il voudrait
« *vous faire refuser,* mais VENEZ SANS DÉLAI ».

M. Jules Favre hésitant, peu convaincu, se décida à soumettre aux membres du Gouvernement les motifs qui devaient déterminer son envoi à Londres et ceux qui le retenaient à Paris.

M Jules Favre discute dev' les membres du Gouvernement s'il faut que la France se fasse représenter à la Conférence.

« Ce fut dans ces dispositions que me trouva la lettre
« de lord Granville ; dès le matin du 11, je convoquai,
« dit M. Jules Favre, le Gouvernement pour lui sou-
« mettre mon avis et provoquer sa décision. J'essayai de
« résumer, en les appuyant par la lecture des dépêches,
« tous les points essentiels du débat. J'exposai les mo-
« tifs qui devaient déterminer mon envoi à Londres, et
« ceux qui me retenaient. Ma conclusion fut pour le
« départ. Je ne dissimulai ni ma douleur de quitter Pa-
« ris dans de si cruelles conjonctures, ni les poignantes
« inquiétudes que cette résolution m'inspirait. Malgré
« leur gravité, ces considérations ne m'arrêtaient pas ;
« je ne me croyais pas le droit de me refuser, par une
« raison quelconque, à l'invitation que l'Angleterre, au
« nom des grandes puissances signataires du traité de
« 1856, adressait à la République française issue de la
« révolution du 4 septembre. Cette invitation était la
« reconnaissance du nouvel ordre de choses, la consta-
« tation officielle et diplomatique d'un changement de
« règne. Renoncer à cet avantage était un acte insensé
« et presque criminel. Il n'était cependant qu'un moyen
« de nous en procurer un second bien autrement consi-
« dérable : la possibilité de saisir l'Europe de notre
« protestation et la chance de l'entraîner vers nous. Ses
« sympathies n'étaient pas douteuses. Jusqu'ici elles
« étaient restées stériles par la volonté bien arrêtée des
« cabinets de ne pas faire la guerre. L'intervention que

« nous allions solliciter ne les y contraignait point. Elle
« naissait spontanément d'un rapprochement d'idées
« communes, elle devait nécessairement aboutir à un
« concert. Si nous avions l'heureuse fortune de l'obte-
« nir, j'arrachais un armistice, une Assemblée, et peut-
« être une paix ayant pour base l'intégrité de notre ter-
« ritoire. On m'objectait le danger d'un échec. Je l'avais
« prévu et j'estimais que cet échec servirait encore
« notre cause en jetant dans l'esprit des peuples une
« agitation dont nous ne pouvions que profiter. Je ter-
« minai en rappelant que nous n'étions plus libres.
« J'avais, en effet, avec l'assentiment du Conseil, ac-
« cepté une place à la Conférence, pourvu que l'Angle-
« terre se chargeât de réclamer les sauf-conduits. Elle
« avait bien voulu les demander, elle nous annonçait
« qu'ils étaient à notre disposition, notre parole était
« donc engagée, et nous ne pouvions, sans y manquer,
« repousser l'avance qui nous était faite.

« MM. Picard et Ferry appuyèrent cette opinion, qui
« fut vivement combattue par la majorité de nos collè-
« gues. Nos contradicteurs insistèrent principalement
« sur l'inopportunité d'une telle démarche au moment
« où le siége touchait fatalement à sa fin, et quand Paris
« était écrasé sous la mitraille prussienne. Nous aurons
« beau, dirent-ils, expliquer votre éloignement par
« *l'espérance de faire reconnaître la République*, et
« surtout d'enlever par un coup d'éclat le concours des
« grandes puissances, nul ne voudra croire au succès
« de cette aventure. On n'y verra qu'une faiblesse, et
« l'irritation violente qui se manifeste déjà contre le
« Gouvernement amènera infailliblement une sédition...
« Et la majorité des membres du Gouvernement décida
« que nous ne pouvions, sans *abaisser notre dignité*,
« envoyer un officier au quartier général chercher les

Le Gouvernement décide que la France ne sera pas représentée à la Conférence.

« sauf-conduits, et que M. Jules Favre ne pouvait « abandonner Paris bombardé. »

Lettre de M. Jules Favre à lord Granville.

M. le Ministre des affaires étrangères, conformément à la décision du Gouvernement, adressa à lord Granville la lettre suivante :

« Monsieur le Comte,

« Je reçois seulement aujourd'hui, 10 janvier, à 9 heures du soir, par l'intermédiaire de M. le Ministre des États-Unis, la lettre que Votre Excellence m'a fait l'honneur de m'écrire le 29 décembre dernier et par laquelle elle veut bien m'annoncer qu'elle a prié M. le comte de Bernstorff de faire tenir à ma disposition le sauf-conduit qui m'est nécessaire pour franchir les lignes prussiennes et assister, comme représentant la France, à la Conférence qui doit s'ouvrir à Londres. Je remercie Votre Excellence de cette communication et de l'obligeance qu'elle a mise à me faciliter l'accomplissement du devoir qui m'est imposé.

« Il m'est toutefois difficile de m'éloigner immédiatement de Paris, qui, depuis huit jours, est livré aux horreurs du bombardement exécuté sur une population inoffensive sans l'avertissement usité dans le droit des gens. Je ne me sens pas le droit d'abandonner mes concitoyens au moment où ils sont victimes de cette violence.

« D'ailleurs, les communications entre Paris et Londres sont, par le fait du commandant en chef, si lentes et si incertaines, que je ne puis, malgré mon bon vouloir, répondre à votre appel dans les termes de votre dépêche.

« Vous vouliez bien me faire connaître que la Conférence se réunirait le 3 janvier, puis s'ajournerait probablement à une semaine.

« Prévenu le 10 au soir, je ne pouvais profiter de votre invitation en temps opportun. De plus, en me la faisant parvenir, M. le comte de Bismark n'y a pas joint un sauf-conduit indispensable.

« Il demande qu'un officier français se rende au quartier général prussien pour le chercher, se prévalant de réclamations qu'il aurait adressées à M. le Gouverneur de Paris à l'occasion d'un fait dont un parlementaire aurait eu à se plaindre le 23 décembre, et M. le comte de Bismark ajoute que, jusqu'à ce que satisfaction lui ait été donnée, le commandant en chef prussien interdit toute communication par parlementaires.

« Je n'examine pas si une pareille résolution, contraire aux lois de la guerre, ne serait pas la négation absolue des droits supérieurs que la nécessité et l'humanité ont toujours fait maintenir au profit des belligérants. Je me contente de faire remarquer à Votre Excellence que M. le Gouverneur de Paris s'est empressé d'ordonner une enquête sur le fait relevé par M. le comte de Bismark, et en le lui annonçant, il a porté à sa connaissance des faits de même nature beaucoup plus nombreux imputables à des sentinelles prussiennes, faits sur lesquels, cependant, il n'avait jamais songé à s'appuyer pour interrompre les échanges de relations ordinaires.

« M. le comte de Bismark semble avoir admis, en partie au moins, la justesse de ces observations, puisque, aujourd'hui même, il charge M. le Ministre des États-Unis de me faire savoir que, sous la réserve d'enquêtes respectives, il rétablit les relations parlementaires.

« Il n'y a donc plus aucune nécessité à ce qu'un officier français se rende au quartier général prussien, et je vais entrer en communication avec M. le Ministre des États-Unis pour me faire remettre le sauf-conduit que vous avez bien voulu obtenir.

« Dès que j'aurai cette pièce entre les mains et que la situation de Paris me le permettra, je prendrai la route de Londres, sûr à l'avance de ne pas invoquer en vain, au nom de mon Gouvernement, les principes de droit et de morale que l'Europe a un si grand intérêt à faire respecter.

« Veuillez agréer les assurances de la très-haute considération avec laquelle j'ai l'honneur d'être,

« Monsieur le Comte,

« de Votre Excellence,

« le très-humble et très-obéissant serviteur,

« Jules FAVRE.

« Paris, le 13 janvier 1871. »

En même temps, M. Jules Favre faisait parvenir à M. de Bismark la dépêche suivante :

« Monsieur le Comte,

<small>Dépêche de M. Jules Favre à M. de Bismark.</small>

« Lord Granville m'annonce par sa dépêche du 29 décembre dernier, reçue par moi le 10 janvier au soir, que sur la demande du cabinet anglais, Votre Excellence tient à ma disposition un sauf-conduit nécessaire au passage à travers les lignes prussiennes du représentant de la France à la Conférence de Londres. Ayant été désigné en cette qualité, j'ai l'honneur de réclamer de Votre Excellence l'envoi de ce sauf-conduit en mon nom dans le plus bref délai possible.

« Veuillez agréer les assurances de la très-haute considération avec laquelle j'ai l'honneur d'être,

« Monsieur le Comte,

« de Votre Excellence,

« le très-humble et très-obéissant serviteur,

« Jules Favre.

« Paris, 13 janvier 1871 » (1).

M. Jules Favre, en répondant à lord Granville qu'il ne se rendrait à la Conférence que si le bombardement cessait, savait parfaitement que ce bombardement ne serait pas interrompu ; d'autre part, il ne pouvait espérer qu'on attendrait pour ouvrir la Conférence que la France fût en mesure de se faire représenter. C'était donc une fin de non-recevoir peu déguisée ; c'était un refus pur et simple.

Et pourquoi ? Parce que le Gouvernement craignait l'opinion, parce qu'il craignait un nouveau 31 octobre, parce qu'il craignait enfin que la République ne fût pas

---

(1) Voir aux pièces justificatives n° VII, les procès-verbaux des séances des 11 et 12 janvier.

suffisammen reconnue par les représentants de l'Europe comme *gouvernement de droit.*

Certes, cette nouvelle concession faite à la *raison d'État* est une des plus graves, la plus grave peut-être de toutes celles que nous avons déjà signalées.

Funestes conséquences du refus du Gouvernement de la Défense.

« Quoi ! la France avait, pour obtenir le traité de 1856,
« sacrifié cent mille hommes et des centaines de mil-
« lions, et les hommes qui s'étaient donné le mandat de
« gouverner et de représenter la France laissaient dé-
« truire ce traité sans faire un effort pour s'y opposer,
« sans essayer d'obtenir quelque chose en échange,
« sans faire au moins défendre nos intérêts dans le
« conseil où on allait les débattre ? Ils avaient une
« occasion unique de parler au nom de la France, de-
« vant l'Europe assemblée, et ils la repoussaient (1) ! »

Le bombardement, « ses horreurs et ses fureurs », retenaient, a-t-on dit, M. Jules Favre à Paris. « Dans
« la nuit du 11, rentrant du Conseil, nous raconte-t-il
« lui-même, je m'asseyais, abîmé dans mes réflexions,
« au coin de la cheminée d'un des grands salons du
« quai d'Orsay, au bruit incessant des bombes qui s'abat-
« taient jusqu'auprès des murs du jardin. J'avais besoin
« de rassembler toutes mes forces pour ne pas m'aban-
« donner au désespoir ».

Nous ne mettons pas en doute les cruelles émotions de M. Jules Favre ; mais lui qui avait été si implacable, alors qu'il ne faisait que regarder de haut gouverner les autres, saisissait-il, en cette grave circonstance, la situation avec tout le sang-froid d'un véritable homme d'État ? — Le bombardement a blessé ou tué trois cents personnes ; elles ont été victimes d'un acte inutile, barbare,

---

(1) M. Chaper.

criminel même; mais sur une population de près de deux millions d'âmes, physiquement cela paraissait peu.

Si le péril avait été très-grand, on comprendrait que M. Jules Favre se fût fait un devoir de ne pas s'y soustraire, même dans un intérêt public; mais personnellement, il n'était pas beaucoup exposé aux sévices de la guerre dans Paris.

« Nul plus que nous », s'écrie-t-il en exposant longuement les motifs qui l'ont déterminé à rejeter les propositions des puissances, « nul plus que nous ne frémit à
« la pensée qu'en adoptant une politique contraire, nous
« eussions pu diminuer les maux de la patrie... »

M. Jules Favre aurait dû frémir plus tôt, car maintenant il est indéniable que nous eussions retiré de notre présence à Londres des avantages considérables : c'est lui-même qui nous le dit :

« Ce qui est avéré, ce que nous ignorions alors, ce
« que j'ai su depuis par de nombreux et irrécusables
« témoignages, c'est que l'esprit public, en Angleterre,
« se prononçait en notre faveur avec une indicible exal-
« tation. On y attendait impatiemment le représentant
« de la France.

« Des souscriptions avaient été ouvertes pour les frais
« de sa réception, qu'on préparait triomphale. Toutes
« les classes y avaient participé, et dans les meetings
« assemblés pour en recueillir le montant, la foule ap-
« plaudissait les orateurs qui demandaient une inter-
« vention. Le membre du Gouvernement qui aurait paru
« au milieu de ce peuple surexcité aurait trouvé plus de
« cent mille hommes lui faisant cortége jusqu'au *Fo-*
« *reing-Office*. Quelle fin de non-recevoir diplomatique
« aurait résisté à cette manifestation? Et comment croire
« que le cabinet britannique qui la prévoyait n'avait pas

« le secret dessein d'y céder ? Du reste, les dépêches
« que j'ai fidèlement transcrites ou analysées, nous per-
« mettaient d'espérer qu'il serait soutenu par l'adhé-
« sion des autres puissances. Aucune, il est vrai, n'a-
« vait voulu prendre d'engagement, mais toutes nous
« auraient encouragés. Entraînées par le courant de
« l'opinion, elles auraient dominé la voix de la Prusse ;
« elles lui auraient incontinent imposé le principe d'une
« transaction saluée à l'avance par les acclamations
« d'une grande cité, répétées par les échos d'une partie
« de l'Europe ! » (1)

Hélas ! pourquoi M. Jules Favre ne s'est-il pas dit
toutes ces choses quand il était « abîmé dans ses ré-
« flexions, au coin de la cheminée d'un des grands sa-
« lons du quai d'Orsay ? »

Mais il était écrit que nous ne saurions profiter, ni
sur le champ de bataille, ni sur le terrain de la diplomatie, d'aucune des chances qui s'offraient à nous ; et la
question, malgré le bon vouloir plus ou moins latent des
puissances neutres, devait uniquement rester entre le
canon allemand et Paris.

M. de Bismark triomphait. Contenant difficilement la
joie que lui causait son succès, il répondit à M. Jules
Favre une lettre presque ironique, en tout cas, d'un goût
fort douteux (2).

---

(1) *Simple récit.*

(2) « Dans la diplomatie, comme en autre chose, dit Rüstow, il est naturellement impossible qu'un seul homme fasse tout par lui-même. Si nous
comparons les actes du chancelier fédéral (en 1870-71) avec ceux de 1866,
nous arrivons forcément à cette conclusion, que, dans ces dernières années, le chancelier n'était ni très-bien entouré ni très-bien servi. »

Lettre de M. de Bismark à M. Jules Favre.

« Versailles, 16 janvier 1871.

« Monsieur le Ministre,

« En répondant aux deux missives obligeantes du 13 courant, je demande à Votre Excellence la permission de faire disparaître un malentendu.

« Votre Excellence suppose que sur la demande du Gouvernement britannique, un sauf-conduit est prêt chez moi pour vous, afin de prendre part à la Conférence de Londres. Cependant cette supposition n'est pas exacte. Je n'aurais pu entrer dans une négociation officielle qui aurait eu pour base la présomption que le Gouvernement de la Défense nationale fût, selon le droit des gens, en état d'agir au nom de la France, tant qu'il ne serait point reconnu au moins par la nation française elle-même.

« Je suppose que les avant-gardes auraient accordé à Votre Excellence la permission de traverser les lignes allemandes si Votre Excellence l'avait demandée au quartier général de l'armée assiégeante.

« Celui-ci n'aurait pas eu la mission de prendre en considération la position politique de Votre Excellence, ni le but de votre voyage et la permission de traverser nos lignes accordée par les chefs militaires, et qui à leur point de vue ne présentait aucun scrupule, aurait laissé la main libre à l'ambassadeur de S. M. le Roi à Londres pour prendre sa position à l'égard de la question, si d'après le droit des gens, les déclarations de Votre Excellence seraient à considérer comme des déclarations de la France et pour trouver de son côté des formes qui auraient prévenu tout préjudice.

« Ce chemin, Votre Excellence me l'a coupé en m'adressant votre demande officielle d'un sauf-conduit pour représenter la France à la Conférence et en indiquant officiellement le but de votre voyage. Les considérations politiques indiquées plus haut et qui trouvent un appui dans la déclaration que Votre Excellence a publiée officiellement le 12 courant, me défendent de déférer à votre désir de vous envoyer ce document.

« En vous faisant cette communication, je ne peux que vous laisser le soin de réfléchir pour vous et votre Gouvernement, s'il y a un moyen de trouver un autre chemin sur lequel on pourrait lever les scrupules indiqués et éviter tout préjudice émanant de votre présence à Londres.

« Mais quand même ce chemin-là pourrait être trouvé, *je vou-*

drais bien me permettre la question, JE ME PERMETS LA QUESTION TOUT DE MÊME, s'il serait à conseiller que Votre Excellence quittât maintenant Paris pour prendre part en personne à une Conférence sur la mer Noire à un moment où, à Paris, il y a des intérêts en jeu qui sont plus graves pour la France et l'Allemagne que l'article 11 du contrat de 1856. D'ailleurs, Votre Excellence laisserait à Paris les agents diplomatiques et les sujets des États neutres qui y sont restés ou plutôt qui y ont été retenus après avoir reçu depuis longtemps la permission de traverser les lignes allemandes et qui, par conséquent, en sont d'autant plus réduits à la protection et à la prévoyance de Votre Excellence comme le Ministre des affaires étrangères du Gouvernement de fait.

« Je ne puis donc guère admettre que Votre Excellence, dans la situation critique à laquelle vous avez si essentiellement contribué, veuille se priver de la possibilité de collaborer à une solution dont la responsabilité incombe à vous aussi.

« Agréez, Monsieur le Ministre, etc.

« V. BISMARK. »

Voir aux pièces justificatives : pièces relatives à la conférence de Londres et au voyage projeté de M. Jules Favre.

LIVRE XIV

BATAILLE DE MONTRETOUT-BUZENVAL
(19 janvier 1871)

CHAPITRE PREMIER.

PRÉPARATIFS DE LA BATAILLE DE BUZENVAL.

L'attaque sur Châtillon abandonnée, la proposition d'assister à la Conférence de Londres rejetée, on allait, obéissant aux injonctions de l'opinion publique exigeant une sortie immédiate, se jeter dans les aventures d'une grande bataille.

Le projet de percer les lignes ennemies par le massif de l'Ouest : Montretout, Garches, Buzenval, projet émis dans le conseil du 6 au 7 janvier par le général Berthaut et vivement soutenu par le général Schmitz, fut de nouveau repris le dimanche 15 janvier au soir, dans une séance des membres du Gouvernement tenue au Ministère des affaires étrangères (1).

A la suite de cette séance eut lieu un conseil de guerre (lundi 16), où fut appelé le général Ducrot avec plusieurs généraux.

L'opération sur Versailles fut de nouveau discutée.

---

(1) Dans les procès-verbaux, nous trouvons à cette date :
« Séance secrète au ministère des affaires étrangères. Dimanche soir 15 janvier. — Plan d'attaque, projet de sortie. »

MM. Jules Favre, Emmanuel Arago, Jules Simon insistèrent longtemps, disant que le peuple voulait cette opération, qu'il fallait la faire absolument, qu'on était dans ces idées-là, qu'on était certain de réussir. Nous fîmes quelques observations qui furent à peine écoutées, et enfin il fut décidé que l'opération aurait lieu.

Alors M. Jules Favre se leva et dit au général Trochu :

« Eh bien! Général, maintenant que nous avons dé« cidé l'opération sur Versailles, il s'agit de convenir du « jour; vous savez que le temps nous presse; il faut « donc que ce soit le plus tôt possible. Quand pensez« vous faire cette opération sur Versailles? »

Le général Trochu lui répondit :

« ... C'est aujourd'hui *lundi, ou plutôt mardi, puis-*
« *qu'il est près de minuit;* nous avons des troupes à
« Rosny, à Bondy, qu'il faut faire revenir dans la pres« qu'île de Gennevilliers, c'est assez long... nous ne
« pourrions guère commencer l'opération que dans la
« nuit de jeudi à vendredi. J'avoue que ce jour de
« vendredi me contrarie, il inquiétera beaucoup de gens;
« nous avons déjà tant de chances contre nous, qu'il ne
« faut pas les augmenter. On a plusieurs fois parlé des
« vendredis du général Trochu. — Je crois donc qu'il
« serait bon de ne commencer l'affaire que dans la nuit
« du vendredi au samedi.

— « Samedi, s'écria Jules Favre, c'est toute une
« semaine encore! Est-ce qu'avec beaucoup de bonne
« volonté vous ne pourriez pas avancer l'heure de l'ac« tion et la mettre dans la nuit du mercredi au jeudi?

— « C'est impossible, répondit le général Trochu :
« il est minuit, nous sommes au mardi, songez-y; il faut
« donner des ordres aux généraux des corps d'armée,
« les transmettre aux généraux de division; il faut pré-

« parer un plan, et nous ne pouvons faire cela en si peu
« de temps. »

M. Jules Favre ne se rendit pas à ces raisons et répéta encore une fois :

« Voyons, Général, avec beaucoup de bonne volonté
« et d'énergie, ne pourriez-vous pas arriver à faire ce
« que je vous demande? »

Le général Trochu, ainsi pressé, répondit :

« A la rigueur, avec beaucoup d'activité et d'énergie,
« on y arriverait.

— « Eh bien! c'est convenu, dit aussitôt M. Jules
« Favre, nous ferons cela dans la nuit du mercredi au
« jeudi. »

Il était près d'une heure, nous nous sommes séparés. Le général Schmitz a remis au matin pour préparer les instructions. Les ordres furent faits à la hâte et très-écourtés (1).

Dans la séance du mercredi 18 janvier, le Gouverneur prend les dernières dispositions :

Dernière séance du Gouvernement avant Buzenval (2).

---

(1) Nous croyons être dans le vrai en disant que le conseil a eu lieu dans la soirée du lundi 16, et non dans la matinée du lundi 16, ainsi que le pense M. Chaper. Dans tous les cas, si l'enquête sérieuse et désintéressée de M. Chaper avait raison contrairement à nos souvenirs, ce ne serait qu'une différence de quelques heures, différence qui ne changerait rien à la situation. Cela ne ferait toujours que deux jours et demi, soirée du lundi, mardi et mercredi, pour préparer la bataille, au lieu de deux jours. Était-ce suffisant?

(2) Lors de l'enquête sur les actes du Gouvernement de la Défense nationale, la Commission déléguée par l'Assemblée avait eu l'intention de publier les documents qui lui avaient été communiqués par M. Dréo; les membres de l'ancien Gouvernement s'y opposèrent énergiquement, sous prétexte *« que ces documents n'étaient pas des procès-verbaux officiels,*
« mais des notes prises au courant de la plume, sans mandat, sans con-
« trôle, au milieu des séances agitées des nuits, par l'un des secrétaires
« du Gouvernement, et qui n'avaient jamais été revues et corrigées par
« les personnages mis en scène. »

— Contrairement à cet avis, nous pensons que ces procès-verbaux sont d'autant plus rapprochés de la vérité, qu'ils n'ont pas été revus et modi-

« M. le général Le Flô lit l'ordre du jour par lequel
« il est annoncé qu'il prend le poste de Gouverneur de
« Paris par intérim :

« Un ordre du Gouvernement de la Défense nationale m'a investi, en l'absence du Gouverneur de Paris, le général Trochu, du commandement des troupes de la garde nationale, de la garde mobile et de l'armée qui restent chargées de la défense de Paris, des forts et des ouvrages avancés.

« J'entre, à dater de ce jour, en possession de ce commandement.

« Paris, 19 janvier 1871.

Le Ministre de la guerre,
Gouverneur de Paris par intérim,
Général Le Flô.

« M. Jules Favre lit une proclamation à la population.

« M. Picard trouve cette proclamation désespérante et
« de nature à abattre les courages au lieu de les rele-
« ver. Pour lui, il ne peut entrevoir la capitulation ; il
« veut résister, et il est convaincu qu'on peut vaincre.
« Il ne voudrait entendre parler ni de dernier effort ni
« de lutte extrême. Il ne croit pas que cette nouvelle
« tentative, fût-elle malheureuse, dût être la dernière.

« M. le général Le Flô pense, au contraire, qu'après
« ce nouvel effort, la garde nationale ne pourra plus
« redonner.

« M. Jules Favre signale le manque de vivres, qui
« déjà se fait sentir ; il ne peut, en ce qui le concerne,

---

fiés par les intéressés ; que, par suite, ils sont bien, dans leur ensemble, la véritable photographie sans retouches, de ces séances dans lesquelles se sont discutées les destinées de notre malheureux pays ; qu'ils appartiennent incontestablement à l'histoire, et que leur publication, amenant tout naturellement des rectifications et les discussions qui en sont la conséquence, doit contribuer à faire connaître la vérité sur cette triste et intéressante période de notre histoire. — (Voir aux pièces justificatives n° 8, la correspondance échangée à ce sujet entre l'honorable M. Cresson et le général Ducrot.)

« prendre sur lui de conduire le peuple à ces extrémités.

« M. Simon propose une autre proclamation, qui est
« adoptée à l'unanimité :

« Citoyens,

« L'ennemi tue nos femmes et nos enfants; il nous bombarde jour et nuit; il couvre d'obus nos hôpitaux. Un cri : Aux armes! est sorti de toutes les poitrines.

« Ceux d'entre nous qui peuvent donner leur vie sur le champ de bataille marcheront à l'ennemi; ceux qui restent, jaloux de se montrer dignes de l'héroïsme de leurs frères, accepteront, au besoin, les plus durs sacrifices comme un autre moyen de se dévouer pour la patrie.

« Souffrir, et mourir s'il le faut; mais vaincre.

« Vive la République !

« *Les Membres du Gouvernement,*

« Jules FAVRE, Jules FERRY, Jules SIMON, Emmanuel ARAGO, Ernest PICARD, GARNIER-PAGÈS, Eugène PELLETAN.

« *Les Ministres,*

« Général LE FLÔ, DORIAN, MAGNIN.

« *Les Secrétaires du Gouvernement,*

« HÉROLD, LAVERTUJON, DURIER, DRÉO. »

« Le Conseil décide que le rationnement commencera
« demain jeudi ; ce rationnement est fixé à trois cents
« grammes.

« M. le général Le Flô annonce qu'il va successive-
« ment faire abandonner les positions de Drancy, Bondy,
« Groslay et Créteil, qui divisent les forces sans intérêt
« pour la défense de Paris.

« M. Picard propose de garder 25,000 gardes natio-
« naux sous les armes pour parer demain aux exigences
« du dehors.

« M. le général Le Flô explique qu'aucune panique
« n'est à craindre, les troupes devant opérer sous le
« feu des forts.

« M. le général Vinoy commandera la gauche (Montretout); M. le général Ducrot, la droite (la Jonchère) et M. de Bellemare, le centre (Buzenval). »

ORGANISATION DES COLONNES

Organisation des colonnes d'attaque.

L'armée destinée à agir le 19 janvier, dans la direction de Buzenval et du plateau de la Bergerie, était répartie en trois colonnes : celle de gauche, aux ordres du général Vinoy, comprenait 4 régiments et 1 bataillon d'infanterie de ligne, 9 bataillons de mobiles et 6 régiments de garde nationale mobilisée, total : 22,000 hommes, dont 8,000 gardes nationaux.

Composition de la colonne de gauche. — Général VINOY.

Division DE BEAUFORT :

Brigade **Noël** :
- 1er bataillon du 139e de ligne.
- 4e bataillon des mobiles de la Loire-Inférieure.
- 1 section du génie du Mont-Valérien.
- 1 compagnie du génie auxiliaire.
- 2e régiment de garde nationale mobilisée (6e, 7e, 34e, 36e bataillons).

Brigade **Madelor** :
- 3 bataillons de mobiles de la Vendée.
- 42e régiment de garde nationale mobilisée (40e, 84e, 97e, 98e bataillons).

Réserve de la colonne d'attaque (Colonel BALÈTE).
- 4 bataillons de mobiles (2e de la Drôme, 5e du Loiret, 3e de Seine-et-Marne, 4e des Côtes-du-Nord).

Réserve générale.

Division DE COURTY :
Francs-tireurs.

Brigade **Avril de Lenclos** :
- 123e de ligne.

124ᵉ de ligne.
5ᵉ régiment de garde nationale mobilisée (5ᵉ, 11ᵉ, 58ᵉ, 86ᵉ bataillons).

Brigade **Pistouley** :
125ᵉ de ligne.
126ᵉ de ligne.
34ᵉ régiment de garde nationale mobilisée (42ᵉ, 102ᵉ, 120ᵉ, 133ᵉ bataillons).

COLONNE DE LA MAISON DE BÉARN.

3ᵉ bataillon d'Ille-et-Vilaine.
6ᵉ régiment de garde nationale mobilisée (12ᵉ, 13ᵉ, 111ᵉ, 113ᵉ bataillons).

La colonne du centre, commandée par le général de Bellemare, se composait de 5 régiments de ligne, 17 bataillons de mobiles et 8 régiments de garde nationale mobilisée, total : 34,500 hommes, dont 16,000 gardes nationaux.

Composition de la colonne du centre. — Général DE BELLEMARE.

COLONNE D'ATTAQUE DE GAUCHE.

Général VALENTIN :
Francs-tireurs.
109ᵉ de ligne.
1 section du génie.
1 section du génie auxiliaire.
16ᵉ régiment de garde nationale mobilisée (69ᵉ, 71ᵉ, 72ᵉ, 78ᵉ bataillons).

Première réserve.
110ᵉ de ligne.
18ᵉ régiment de garde nationale mobilisée (35ᵉ, 116ᵉ, 211ᵉ, 212ᵉ bataillons).

COLONNE D'ATTAQUE DU CENTRE.

Général FOURNÈS :
Francs-tireurs.
4ᵉ zouaves.

1 section du génie.
1 section du génie auxiliaire.
11ᵉ régiment de garde nationale mobilisée (24ᵉ, 94ᵉ, 107ᵉ, 183ᵉ bataillons).

Première réserve.

Régiment de Seine-et-Marne.
14ᵉ régiment de garde nationale mobilisée (50ᵉ, 51ᵉ, 52ᵉ, 200ᵉ bataillons).

COLONNE D'ATTAQUE DE DROITE.

Colonel COLONIEU :

Francs-tireurs.
136ᵉ de ligne.
1 section du génie.
1 section du génie auxiliaire.
9ᵉ régiment de garde nationale mobilisée (17ᵉ, 82ᵉ, 105ᵉ, 127ᵉ bataillons).

Première réserve.

Régiment du Morbihan.
10ᵉ régiment de garde nationale mobilisée (18ᵉ, 19ᵉ, 83ᵉ, 85ᵉ bataillons).

Réserve générale.

Général HANRION :

135ᵉ de ligne.
5 bataillons de la Seine.
20ᵉ régiment de garde nationale mobilisée.

Colonel VALETTE :

3 bataillons de la Seine.
1ᵉʳ bataillon du Finistère.
5ᵉ bataillon d'Ille-et-Vilaine.
4ᵉ bataillon de la Vendée.
21ᵉ régiment de garde nationale mobilisée.

La colonne de droite, sous les ordres du général Ducrot, comprenait 10 régiments de ligne, 6 bataillons de mobiles et 9 régiments de garde nationale mobilisée, total : 33,500 hommes, dont 18,000 gardes nationaux.

Composition de la colonne de droite. — Général DUCROT.

Division FARON :
    Francs-tireurs.

  Brigade de **La Mariouse** :
    35ᵉ de ligne.
    42ᵉ de ligne.
    Régiment de Seine-et-Oise.
    19ᵉ régiment de garde nationale mobilisée (48ᵉ, 140ᵉ, 190ᵉ, 214ᵉ bataillons).

  Brigade **Lespiau** :
    121ᵉ de ligne.
    122ᵉ de ligne.
    25ᵉ régiment de garde nationale mobilisée (96ᵉ, 144ᵉ, 145ᵉ, 228ᵉ bataillons).

Division de SUSBIELLE :
    Francs-tireurs.

  Brigade **Ragon** :
    115ᵉ de ligne.
    116ᵉ de ligne.
    51ᵉ régiment de garde nationale mobilisée (53ᵉ, 150ᵉ, 182ᵉ, 227ᵉ bataillons).

  Brigade **Lecomte** :
    117ᵉ de ligne.
    118ᵉ de ligne.
    23ᵉ régiment de garde nationale mobilisée (91ᵉ, 157ᵉ, 207ᵉ, 222ᵉ bataillons).

Division BERTHAUT :
    Francs-tireurs.

  Brigade **Bocher** :
    119ᵉ de ligne.
    120ᵉ de ligne.
    17ᵉ régiment de garde nationale mobilisée (43ᵉ, 44ᵉ, 106ᵉ, 136ᵉ, 193ᵉ bataillons).

  Brigade de **Miribel** :
    Régiment du Loiret.
    Régiment de Seine-Inférieure.

8ᵉ régiment de garde nationale mobilisée (15ᵉ, 16ᵉ, 131ᵉ, 165ᵉ, 178ᵉ bataillons).

Gare de Rueil.

52ᵉ régiment de garde nationale mobilisée.
55ᵉ régiment de garde nationale mobilisée.
44ᵉ régiment de garde nationale mobilisée.

A chacune de ces colonnes étaient adjointes dix batteries des calibres de 12, de 8 et de 7, avec des mitrailleuses; les calibres de 4 n'avaient pas été employés à cause de leur infériorité d'effet et de portée.

L'artillerie de la colonne de gauche était sous les ordres du général d'Ubexi, qui avait à sa disposition les lieutenants-colonels Minot et Warnesson.

Composition de l'artillerie de gauche.

Commandant DE GRANDCHAMP :
    2 batteries de 12. . . . { 16ᵉ du 8ᵉ.
                                { 10ᵉ du 22ᵉ.
    1 batterie de mitrailleuses. 3ᵉ du 21ᵉ.

Commandant GROS :
    2 batteries de 12. . . . { 18ᵉ du 4ᵉ.
                                  { 15ᵉ du 7ᵉ.
    1 batterie de mitrailleuses. 3ᵉ du 13ᵉ.

Commandant LEFÉBURE :
    2 batteries de 8 . . . . { 3ᵉ du 14ᵉ.
                               { 4ᵉ du 14ᵉ.

Commandant GUIZE :
    2 batteries de 7 . . . . { 3ᵉ du 6ᵉ.
                               { 4ᵉ du 6ᵉ.

L'artillerie du général de Bellemare était sous les ordres du général Princeteau, ayant à sa disposition les lieutenants-colonels Debars et Magdelaine, et comprenait 6 batteries de 12, 2 de 7 et 2 de mitrailleuses.

Composition de l'artillerie du centre.

Commandant TARDIF de MOISDREY :
- 2 batteries de 12 . . . . { 4ᵉ du 12ᵉ. / 16ᵉ du 15ᵉ.
- 1 batterie de mitrailleuses. 15ᵉ du 11ᵉ.

Commandant FONCIN :
- 2 batteries de 12 . . . . { 3ᵉ du 22ᵉ. / 11ᵉ du 24ᵉ.
- 1 batterie de mitrailleuses. 3ᵉ du 11ᵉ.

Commandant BABINET :
- 2 batteries de 7 . . . . { 3ᵉ du 9ᵉ. / 21ᵉ du 4ᵉ.

Commandant LARQUET :
- 2 batteries de 12 . . . . { 12ᵉ du 3ᵉ. / 6ᵉ du 21ᵉ.

L'artillerie du général Ducrot était sous le commandement du général Frébault, ayant à sa disposition le colonel Hennet et comprenant 5 batteries de 12, 2 batteries de 7 et 3 de mitrailleuses.

Composition de l'artillerie de droite.

Lieutenant-colonel LADVOCAT :
- 2 batteries de 12 . . . . { 11ᵉ batterie (A. M.). / 5ᵉ du 21ᵉ.
- 1 batterie de mitrailleuses. 17ᵉ du 11ᵉ.

Commandant MATHIEU :
- 1 batterie de 12 . . . . . 15ᵉ du 14ᵉ.
- 1 batterie de mitrailleuses. 17ᵉ du 4ᵉ.

Lieutenant-colonel BRIENS :
- 2 batteries de 12 . . . . { 22ᵉ du 4ᵉ. / 15ᵉ (A. M.).
- 1 batterie de mitrailleuses. 12ᵉ (A. M.).

Commandant NISMES :
- 2 batteries de 7 . . . . { 8ᵉ du 3ᵉ. / 16ᵉ du 7ᵉ.

Cette armée, formée partie avec l'armée régulière, partie avec la garde mobile, partie avec la garde nationale, comptait donc 100,000 hommes environ. Sans parler du manque d'homogénéité, de cohésion, que représentait cette masse formée d'éléments si disparates, ce chiffre de 100,000 hommes était beaucoup trop considérable pour un champ de bataille mesurant, de Croissy à Saint-Cloud, cinq à six kilomètres, soit seize à dix-sept hommes par mètre courant : évidemment, on avait voulu suppléer à la qualité par la quantité. Mais cette précaution exagérée devait tourner contre nous, aussi bien dans la préparation que dans l'exécution. En effet, pour arriver, pour prendre pied sur le terrain, nous n'avions que deux débouchés : le pont de Neuilly et le pont du chemin de fer d'Asnières... L'écoulement d'une masse de troupes aussi considérable, par ces étroits défilés, allait demander un temps bien long, si long, que des colonnes attaqueront les positions mêmes de l'ennemi, à Montretout, à Buzenval, tandis que d'autres se trouveront encore de l'autre côté de l'eau, sur la rive droite de la Seine.

Pour l'attaque même de la position, cette foule de combattants (dont la moitié complètement inexpérimentée) était plutôt nuisible qu'utile.

Car, dans ce massif montueux, boisé, qui s'élève entre la presqu'île d'Argenteuil et le plateau de Châtillon, les lignes de défense, les mouvements de terrain, se combinaient de telle sorte, qu'on devait toujours fatalement arriver à un défilé, à ce que nous avons appelé « *un goulot de bouteille* », où le nombre ne faisait rien, où il aurait fallu, pour forcer le passage, de vigoureuses et solides têtes de colonnes, manœuvrant avec rapidité et décision.

Ainsi, on jetait sur un champ de bataille de cinq kilo_

mètres d'étendue (front à peine suffisant pour 25,000 hommes), plus de 100,000 hommes, avec un défilé en arrière, un défilé en avant, et ayant à enlever la partie la plus puissante des retranchements ennemis.

La ligne d'investissement de Saint-Cloud à Bougival, ayant à protéger le grand quartier général de Versailles, était, en effet, de toutes les positions ennemies, la mieux préparée, la mieux fortifiée. Plus que partout ailleurs, le réseau y était étroit, serré, impénétrable. Nous allons en donner une courte description (1).

La première ligne, suivant d'abord le mur de Saint-Cloud, se prolongeait par la villa Fleury, les hauteurs de Garches, la maison Craon, la Bergerie, le mur de Buzenval, le ravin de Saint-Cucufa, le mur de la Malmaison ; au delà de la route de Bougival, elle gagnait la Seine au moyen d'une tranchée. Partout où n'existaient pas de murs, l'ennemi avait creusé des fossés, des retranchements couverts par de larges abatis (2).

<small>Défense organisée sur le théâtre de l'action.</small>

A quelque distance en arrière, une deuxième ligne avait son centre au haras Lupin, changé en une véritable forteresse ; le mur extérieur de ce vaste établissement était flanqué par trois blockhaus en troncs d'arbres équarris, recouverts d'un mètre de terre ; à l'intérieur,

<small>Deuxième ligne.</small>

---

(1) Voir croquis n° 2.

(2) « La ville de Saint-Cloud, la redoute de Montretout, les hauteurs qui la dominent à l'ouest, ainsi que le parc de Buzenval, se trouvaient, à vrai dire, en dehors de la première ligne défensive : mais si la configuration du terrain et le feu des grosses pièces du Mont-Valérien ne permettaient pas aux troupes allemandes de s'installer sur ces points d'une manière permanente, on ne pouvait pas non plus, vu l'importance des positions, laisser les assiégés s'y établir. Les généraux allemands, pour ce motif, avaient fait occuper *la redoute de Montretout*, les hauteurs de Garches et le parc de Buzenval, par *de petits détachements* chargés d'observer le terrain, et, en cas d'attaque, de forcer l'assaillant à déployer ses forces. Dans le cas d'*une attaque sérieuse*, ils devaient immédiatement se replier sur le gros des troupes. » (*Major Blum.*)

se trouvaient deux redoutes avec fossés : l'une, en forme de redan, avait son saillant disposé pour être armé de quatre pièces de campagne ; l'autre avait la forme d'un ouvrage à cornes, avec parapet de 1^m20 d'épaisseur.

Cette clef de la position se reliait à la Seine vers Bougival, par une série d'abatis et de tranchées qui suivaient les hauteurs de la Celle-Saint-Cloud pour rejoindre le mur du parc de Metternich.

Du côté opposé, s'élevait une série d'épaulements, de batteries, se raccordant par des tranchées à la Bergerie... La ligne, revenant alors sur elle-même, longeait la crête, et se soudait à l'hospice Brezin par une tranchée armée de deux batteries, l'une de six pièces, l'autre de quatorze pièces ; ces deux batteries tiraient sur la redoute de Montretout. Un ouvrage, établi en avant de l'hospice Brezin, complétait solidement le système défensif de ce côté. La ligne se continuait par Villeneuve-l'Étang et les larges abatis du parc de Saint-Cloud, où la redoute de l'Étoile de chasse, prolongée vers le nord par des épaulements à intervalles, était le nœud de la défense. Cette redoute, défilée du mont Valérien par un bouquet de futaies, pouvait être armée de douze pièces ; un redan se trouvait entre ce gros ouvrage et la *Lanterne*, à droite et à gauche de laquelle s'élevaient trois grandes batteries, établies sur le sommet du coteau, au-dessus de Sèvres.

L'ensemble de toute cette seconde ligne, complétée par d'inextricables abatis s'étendant presque sur tout le front, était des plus formidables. Sorte d'immense ligne à intervalles, elle s'appuyait, aux points jugés importants, sur des ouvrages très-solides, tels que ceux du Haras et de l'Étoile de chasse...

Troisième ligne. Une troisième ligne, formée d'une tranchée presque continue, suivait à droite la crête du parc de la Marche,

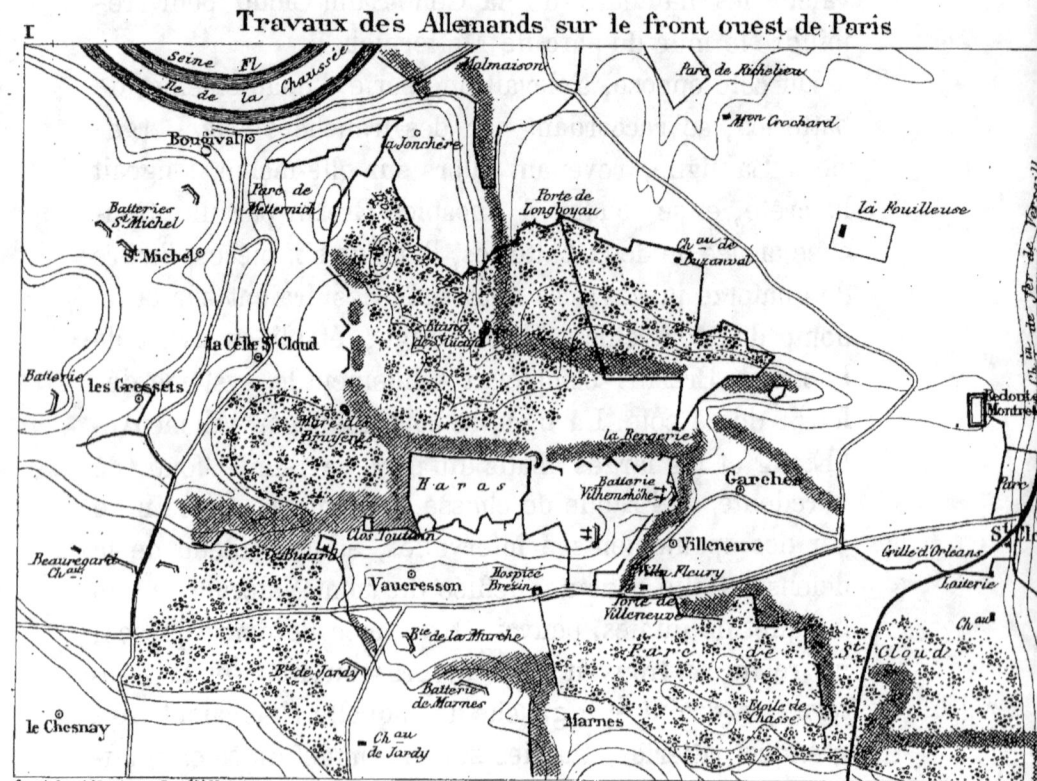

le mur du parc de Marnes, descendait à l'étang de Ville-d'Avray, puis, remontant à droite par les bois de Fausses-Reposes, arrivait jusqu'au bas de Chaville.

Défendue en avant par des abatis, cette portion de la troisième ligne avait une largeur moyenne de deux à trois cents mètres ; des batteries, placées à droite et à gauche de la route de Ville-d'Avray, l'enfilaient entièrement ; à gauche, la troisième ligne remontait par les hauteurs du Butard, de Beauregard, des Gressets et de Saint-Michel.

En résumé, la ligne d'investissement que nous voulions forcer présentait trois systèmes successifs de défense, disposés l'un en arrière de l'autre, systèmes s'appuyant non-seulement aux nombreux obstacles naturels et artificiels : murs, ravins, bois, maisons, que le terrain présente en abondance, mais à des retranchements et batteries : ces positions formidables étaient occupées par le 5ᵉ corps prussien (*Kirchbach*) ; la 9ᵉ division s'appuyait au parc de Saint-Cloud, la 10ᵉ division vers la Jonchère, la Malmaison. Ici, comme partout, l'ennemi, au premier signal d'alerte, pouvait envoyer au secours du 5ᵉ corps, les troupes qui étaient vers Sèvres, les réserves de Versailles, et les bataillons de la division de landwehr de la Garde, proches du grand quartier général allemand.

Le premier objectif sérieux de notre attaque était le plateau de la Bergerie, d'où l'on dominait à la fois le bassin de Garches et le vallon de Saint-Cucufa. L'accès de ce plateau se trouvait défendu par le parc de Buzenval, les constructions de la Bergerie et la maison Craon. Ces défenses enlevées, on arrivait sur une vaste plaine nue, découverte, au fond de laquelle se dressait le formidable ouvrage du Haras ; à droite, on était enfilé par le bois du *Long-Boyau ;* à gauche, par une ligne de re-

Difficultés pour aborder le premier objectif.

tranchements, à intervalles disposés pour la mousqueterie.

Au milieu de cette vaste courbe de feux, les assaillants, sans abri, vus de toutes parts, eussent été dans une situation tellement critique, qu'il leur aurait été impossible de se maintenir sur la position conquise... Encore fallait-il la conquérir, et nous verrons que, malgré les plus énergiques efforts, on ne parvint pas à déboucher sur ce plateau si solidement défendu.

CHAPITRE II.

INSTRUCTIONS POUR LA JOURNÉE DU 19 JANVIER.

Instructions du Gouverneur pour la journée du 19 janvier.

Le général Trochu, qui s'était réservé la direction supérieure de l'action, fit donner par son chef d'état-major, le général Schmitz, à chacun des commandants de colonne l'instruction suivante ; faite à la hâte, dans la journée du mardi, cette instruction devait, ainsi que nous le verrons plus loin, se ressentir forcément de la précipitation avec laquelle elle avait été rédigée (1) :

Colonne d'attaque de gauche.
Général Vinoy.

« La colonne d'attaque de gauche se massera en
« arrière de la Briqueterie, marchera parallèlement au
« chemin de fer, et s'emparera de la redoute de Montretout, en l'attaquant par la gauche et par la droite.

« Cette opération terminée, la tête de colonne conti-
« nuera à marcher, et gagnera, le plus rapidement pos-
« sible, la propriété de Pozzo di Borgo, qu'elle occupera
« fortement. Elle surveillera la gare de Saint-Cloud (qui
« se trouve en contre-bas de ladite propriété) et le parc
« de Montretout.

---

(1) Voir croquis n° 4 *bis*, page 104.

« Une partie de la colonne s'avancera jusqu'à la pro-
« priété Zimmermann, pour l'occuper également, et
« surveiller le carrefour de la grille d'Orléans et le parc
« de Saint-Cloud.

« Pendant ce temps, un détachement qui aura passé
« entre le bord de la Seine et la ligne du chemin de
« fer, ira occuper les propriétés de Béarn et Armen-
« gaud, pour appuyer l'extrême gauche de l'opération.

« Lorsque ces trois positions (Pozzo di Borgo, Zim-
« mermann et de Béarn) auront été occupées, l'artille-
« rie, qui aura suivi la colonne, viendra se placer en
« avant de l'ouvrage de Montretout, à gauche du che-
« min des Bœufs, sur la crête, de manière à battre le
« fond de Garches et tout le terrain compris entre la
« Bergerie et la Porte-Jaune.

« La position en avant de Montretout étant assurée,
« par la possession des propriétés ci-dessus désignées
« et par tous les développements qu'elle pourra donner
« à sa ligne de défense, la colonne s'étendra sur la
« droite, pour se relier à la gauche de la colonne du
« centre.

« Pendant ce temps, le 6ᵉ secteur fera feu dans
« toute la zone, dont la limite à droite est le château de
« Saint-Cloud, étendant son tir à gauche, de manière à
« ne pas gêner les mouvements de nos troupes.

« La colonne du centre sera massée entre le Mont-
« Valérien et la ferme de la Fouilleuse. Elle se parta-
« gera en trois colonnes : celle de gauche suivra la route
« dite de la Fouilleuse, passant à gauche de la ferme,
« rejoindra la route de la plaine, sa gauche appuyée au
« point 112 ; à partir de ce point, l'objectif de cette co-
« lonne sera la maison dite maison du Curé, ou maison
« de la Guette.

<small>Colonne du centre.
—
Général de Bellemare</small>

« Celle du centre traversera la ferme de Fouilleuse,

« marchera perpendiculairement à la route allant de la
« Porte-Jaune à Rueil (route de l'Empereur), franchira
« cette route, et gravira les pentes nord du plateau,
« ayant pour objectif le point marqué 155 sur la carte.

« Celle de droite passera sur la droite de la Fouil-
« leuse, marchera directement contre le mur de Bu-
« zenval, où des brèches seront immédiatement prati-
« quées au saillant central par le génie, à l'aide de
« pétards et à la pioche ; elle gravira les pentes droit
« devant elle pour arriver au sommet du plateau.

« Celle de ces trois colonnes qui arrivera la première
« à la ligne des crêtes, poussera vigoureusement (en
« restant toujours sur le plateau), ouvrant par des brè-
« ches nombreuses les murs qu'elle rencontrera, et
« s'emparera de la propriété de Craon.

Colonne de droite. — Général Ducrot.

« La colonne de droite se massera entre les Gibets
« et la maison Crochard, en profitant du ravin qui vient
« aboutir au parc Masséna. Elle sera partagée en deux
« colonnes : celle de gauche, destinée à appuyer forte-
« ment, en se reliant avec elle, la colonne de droite de
« la colonne d'attaque du centre, marchera directement
« sur le château de Buzenval, et pénétrera dans le
« parc, à droite de ce château. Elle gravira ensuite les
« pentes nord du plateau, s'établira dans la partie su-
« périeure du parc, pratiquera des brèches dans le mur
« qu'elle rencontrera devant elle pour pénétrer au centre
« même du plateau de Garches.

« Celle de droite, longeant la crête qui s'étend entre
« le Pignon et le Long-Boyau, montera par la ligne de
« plus grande pente que suit le mur de clôture du parc
« de Buzenval. Tout en marchant, elle ouvrira des brè-
« ches dans ce mur, pour se relier, par sa gauche, à la
« première colonne.

« Elle devra toujours se garder très-fortement sur sa

« droite, contre une attaque sur son flanc. Cette colonne,
« en se bifurquant, cherchera à gagner, dès qu'elle le
« pourra, la tête du ravin de Saint-Cucufa à l'étang Sec,
« et de là, elle tentera de tourner le Haras par sa droite.
« Il ne faudra pas perdre de vue que ce mouvement
« tournant est nécessité par l'établissement que l'on sup-
« pose fait par l'ennemi au carrefour du Haras, et que
« la colonne de gauche ne pourra l'aborder de front
« qu'après que le mouvement tournant aura eu son
« effet.

« Les commandants des colonnes établiront leurs ré- *Établissement des réserves.*
« serves le plus à portée possible de leurs troupes
« d'attaque, de manière que celles-ci puissent être ou
« soutenues ou remplacées en temps opportun. Ils en
« auront la libre disposition, et se tiendront constam-
« ment en rapport avec elles.

« Chacune des colonnes aura à sa disposition une *Génie.*
« compagnie du génie, sans compter le détachement du
« Mont-Valérien. Cette compagnie sera munie d'une par-
« tie de parc, de quelques échelles et de pétards, et
« accompagnée de dynamiteurs.

« Ces compagnies marcheront dans les colonnes à la
« suite de l'avant-garde.

« L'artillerie de la colonne du centre ne pourra com- *Artillerie.*
« mencer son mouvement en avant que lorsque le pas-
« sage lui aura été rendu praticable par les troupes qui
« la précéderont. Elle prononcera son mouvement sur
« le chemin qui aboutit au point 155, et cherchera les
« endroits les plus propres pour son passage à droite et
« à gauche de ce chemin à travers les champs.

« Quant à l'artillerie de la colonne de droite, elle
« devra se placer, le plus tôt possible, sur la crête qui
« s'étend du Pignon à Long-Boyau, pour battre la Jon-
« chère et les bois de la Celle et de la Malmaison.

« Elle suivra le mouvement général dès que le pla-
« teau de Garches sera fortement occupé, et que l'infan-
« terie lui aura assuré son passage.

Occupation de la gare de Rueil.

« Ce mouvement général pouvant être gêné par une
« attaque de l'ennemi venant de Bougival et de la Jon-
« chère, ou par l'établissement de batteries sur la rive
« droite de la Seine, un fort détachement, appartenant
« à la colonne du général Ducrot, et composé d'infan-
« terie et d'artillerie, viendra occuper la station de
« Rueil. »

Ordre du Gouverneur (18 janvier).

L'ordre ci-joint du Gouverneur accompagnait ces instructions générales.

« MM. les officiers généraux commandant les colon-
« nes d'attaque devront prendre toutes les dispositions
« nécessaires pour que les têtes de colonne soient arri-
« vées et prêtes à se porter en avant à 6 heures du ma-
« tin, sur leurs positions respectives, savoir :

« Celle de gauche, à la Briqueterie ;
« Celle du centre, derrière la Fouilleuse ;
« Celle de droite, auprès de Rueil.

« Trois coups de canon précipités, tirés à 6 heures
« du matin du Mont-Valérien, après un silence de toute
« la nuit, donneront le signal du départ des points de
« concentration pour l'attaque des positions (1). »

Comme on le voit, tous ces ordres indiquent les opérations à partir du moment où l'on est à pied-d'œuvre,
c'est-à-dire à la Briqueterie, à la Fouilleuse, à Rueil.
Mais aucun itinéraire n'étant donné, pour arriver sur
ces positions, les troupes réparties sur tout le pourtour
de Paris, à Clichy, Saint-Ouen, Drancy, Bondy, Bobigny, etc., vont fatalement se croiser, s'enchevêtrer et

---

(1) Voir aux pièces justificatives n° IX, les dispositions préparatoires
et ordres de détail donnés pour l'organisation des colonnes.

amener, au milieu de la plus inextricable confusion, de nombreux retards dans la marche des colonnes, retards qui auront les plus funestes conséquences.

Dès que le général Ducrot reçut l'ordre du 18 janvier, il se rendit auprès du général Trochu, et lui fit observer que vu l'encombrement inouï de voitures, d'infanterie, de cavalerie, qui allait forcément se produire au rond-point de Courbevoie, il était matériellement impossible que les têtes de colonnes fussent à 6 heures au lieu du rendez-vous. Il émit l'idée de ne pas engager l'action avant qu'on ne se fût assuré que chacune des colonnes était concentrée à son point de rendez-vous, c'est-à-dire : gauche à Briqueterie, centre à Fouilleuse, droite à Rueil. Prévenu par chaque commandant de corps d'armée de leur arrivée à destination, le Gouverneur donnerait le signal.

<small>Observations relatives à ces ordres, faites par le général Ducrot au Gouverneur.</small>

Convaincu de la justesse de ces observations, le général Trochu envoya au commandant du Mont-Valérien une dépêche prescrivant de ne pas donner le signal avant 6 heures et demie ; il comptait arriver de sa personne à la forteresse vers 6 heures et pouvoir retarder indéfiniment le signal du combat si les prévisions du général Ducrot se réalisaient.

Malheureusement, comme nous le verrons, le Gouverneur arriva au Mont-Valérien beaucoup plus tard qu'il ne pensait, et il ne put empêcher la colonne de gauche de s'engager avant que les autres ne fussent devant leurs objectifs. Il est regrettable que le général Trochu n'ait pas dit qu'il ferait donner lui-même le signal, quand il serait au Mont-Valérien ; on eût évité ainsi tout malentendu, toute confusion.

Afin de mieux établir l'impossibilité absolue de faire arriver les têtes de colonnes à 6 heures du matin au lieu du rendez-vous, nous allons donner l'emplacement des

EMPLACEMENT DES TROUPES LE 18 AU SOIR. — ITINÉRAIRES QU'ELLES DOIVENT SUIVRE.

Emplacement des troupes le 18, au soir.

Les troupes qui devaient agir le 19 janvier se trouvaient réparties sur tout le pourtour de Paris; le 17 et le 18, la plus grande partie fit mouvement pour se rapprocher du théâtre de l'action et venir constituer les diverses colonnes suivant les instructions données par le Gouverneur au conseil de guerre du 17 (1).

Colonne de gauche.
Division de Beaufort.

Une partie des troupes de la division de Beaufort (brigade Noël) occupait d'avance le Mont-Valérien et les abords; le reste, composé de mobiles de la Vendée, de la Drôme, des Côtes-du-Nord, de Seine-et-Marne, vint dans la soirée du 18 se masser aux abords du rond-point de Courbevoie, ainsi que les trois régiments de garde nationale mobilisée affectés à cette division (2e, 3e, 42e).

Division Courty.

Partie des Lilas le 18, vers 4 heures, cette division s'embarque à la gare de Belleville-Villette et se rend, par le chemin de fer de Ceinture, à Puteaux, où elle arrive à 9 heures du soir; trois régiments de garde nationale se joignent à elle (5e, 6e, 34e).

Dans la soirée, l'artillerie de cette colonne se masse sur l'avenue de Courbevoie.

Colonne du centre.
Brig^{de} Fournès.

Le 4e zouaves, le régiment de Seine-et-Marne quittent Montreuil le 17 à 10 heures du matin, et vont se cantonner à Courbevoie; ils y séjournent le 18, et sont rejoints dans la soirée de ce jour par deux régiments de garde nationale (11e et 14e).

---

(1) Voir croquis n° 3.

Le 136ᵉ et le régiment du Morbihan quittent également Bagnolet le 17 au matin et se cantonnent à Courbevoie, où les rejoignent le 18, les 9ᵉ et 10ᵉ régiments de garde nationale. Brig^{de} Colonieu.

Les 109ᵉ et 110ᵉ quittent Villejuif le 17 et bivouaquent sur le côté gauche de l'avenue de Neuilly, en arrière du pont ; ils y séjournent le 18 et sont rejoints par les 16ᵉ et 18ᵉ régiments de garde nationale. Brigade Valentin.

Le 135ᵉ et les mobiles de la Seine, du Finistère, d'Ille-et-Vilaine, de Vendée, quittent Saint-Denis le 18 et bivouaquent sur l'avenue de Neuilly, en arrière de la brigade Valentin ; les 20ᵉ et 21ᵉ régiments de garde nationale les y rejoignent. Brigade Hanrion.

Les batteries arrivées de Vincennes traversent Paris le 18 et se massent sur l'avenue de Courbevoie et l'avenue de Neuilly.

Dans la journée du 17, cette division partant d'Aubervilliers, se dirige vers Saint-Ouen, passe la Seine au pont du chemin de fer d'Asnières, et s'établit à Asnières avec son artillerie (4 batteries). Elle y séjourne le 18 ; les 8ᵉ et 17ᵉ régiments de garde nationale l'y rejoignent le 18. Colonne de droite. — Div^{on} Berthaut.

Cette division conserve ses cantonnements de Clichy ainsi que son artillerie (3 batteries), et reçoit le 18 les 51ᵉ et 23ᵉ régiments de garde nationale. Division de Susbielle.

La brigade de la Mariouse quitte Bobigny le 18 à 4 heures du soir, s'embarque à la station de Belleville-Villette, débarque à 7 heures à Courbevoie, et va bivouaquer aux abords du château de la Garenne ; le 19ᵉ régiment de garde nationale l'y rejoint. Division Faron.

La brigade Lespiau, partant de Pantin le 18 à 11 heures du soir, se rend, par le chemin de fer de Ceinture, à Courbevoie, où elle n'arrive que le 19 à

5 heures du matin; elle y trouve le 25ᵉ régiment de garde nationale.

L'artillerie de cette division vient dans la soirée à Clichy, aux abords du pont du chemin de fer d'Asnières.

Itinéraires fixés aux différentes colonnes.

L'état-major du Gouverneur n'ayant envoyé aucun ordre de détail pour les itinéraires à suivre le 19 au matin, chaque commandant de corps d'armée donna des instructions particulières suivant ses vues, instructions qui souvent se contrarièrent et firent se rencontrer sur les mêmes voies les troupes appartenant aux différentes colonnes.

Colonne de gauche (1).

La division de Beaufort passant par le rond-point de Courbevoie, le rond-point des Bergères, devait se rendre au carrefour de la Briqueterie du Roi en prenant à gauche du Mont-Valérien.

La division Courty, partant de Puteaux, passerait par Suresnes, pour se rendre au même point où elle s'établirait en réserve.

L'artillerie massée sur l'avenue de Courbevoie suivrait le même itinéraire que la division de Beaufort.

Colonne du centre.

Toutes les troupes de cette colonne devaient suivre l'avenue de Courbevoie, passer au rond-point de Courbevoie, au rond-point des Bergères, et tourner le Mont-Valérien par la droite, pour suivre le chemin d'Hérode et se rendre à la Fouilleuse.

« 18 janvier 1871, Paris.

Colonne de droite. — Ordres de marche donnés par le général Ducrot pour la journée du 19 janvier.

« La division Susbielle partira dans la nuit, de ses
« cantonnements, passera le pont d'Asnières, suivra le
« chemin de grande communication qui va d'Asnières à
« Courbevoie, tournera la caserne à droite, passera sous

---

(1) Il ne nous a pas été possible de retrouver les ordres de marche des colonnes de gauche et du centre.

« le chemin de fer de Versailles, par la route de Pon-
« toise, se dirigera sur Nanterre, qu'elle traversera, et
« ira prendre position de la manière suivante :

« Un régiment à la station de Rueil, sa droite ap-
« puyée au chemin de fer de Saint-Germain ; un régi-
« ment dans Rueil, sa gauche appuyée à la route natio-
« nale de Cherbourg, et sa droite dans la direction de
« la station. Ces deux régiments, de la brigade Lecomte,
« auront pour mission d'observer tout le terrain compris
« entre Rueil et la Seine, dans la direction de Croissy ;
« la brigade sera appuyée de 6 pièces de 12 et de 2 mi-
« trailleuses (8 bouches à feu), qui seront placées à la
« station de Rueil.

« La 2ᵉ brigade de cette division s'échelonnera dans
« Rueil, de manière à avoir la gauche en avant à Bois-
« Préau ; son point extrême à Monte-Maria (petit mon-
« ticule qui se trouve dans la partie S.-O. du parc de
« Bois-Préau, au-dessus de la Malmaison). Sur ce
« Monte-Maria seront établies 4 mitrailleuses, pour ap-
« puyer la gauche de la division Susbielle avant l'heure
« où celle-ci commencera son mouvement ; elle traver-
« sera Courbevoie à gauche de la caserne, passera par
« le rond-point de Courbevoie et le rond-point des Ber-
« gères, le rond-point de Nanterre, tournera le village
« de Rueil par la partie supérieure, et ira prendre po-
« sition : la 2ᵉ brigade à la maison Crochard, et la 1ʳᵉ
« brigade au Pignon. Son mouvement sera calculé de
« manière à ce qu'elle soit en position avant 6 heures
« du matin ; elle sera suivie ultérieurement par deux
« batteries de mitrailleuses et une batterie de 12, qui
« s'établiront le plus tôt possible sur le plateau entre
« le Long-Boyau et la maison du Pignon.

« La division Faron suivra le mouvement de la divi-
« sion Susbielle, en évitant, toutefois, de repasser sous

« le chemin de fer de Versailles, et viendra prendre
« position derrière la caserne de Rueil, à gauche de la
« route nationale de Cherbourg, où elle attendra de
« nouveaux ordres. »

Comme on peut en juger par la comparaison des ordres, les trois colonnes, au lieu d'avoir chacune une zone de marche particulière, devaient, sur certains parcours, passer par les mêmes chemins. Ainsi l'avenue de Courbevoie et la route de Cherbourg jusqu'au rond-point des Bergères se trouvaient indiquées comme passage pour les troupes des trois colonnes; la route du rond-point des Bergères au pied de la forteresse du Mont-Valérien, était également passage commun pour la colonne du centre, pour la division de Beaufort et l'artillerie de la colonne de gauche.

<small>Itinéraires qui auraient dû être indiqués.</small> La colonne de gauche aurait dû avoir pour voie unique la route qui, tournant à gauche après le pont de Neuilly, passe par Puteaux et Suresnes; cette route a d'ailleurs l'avantage d'être plus courte que celle qui fut suivie par cette colonne (ronds-points de Courbevoie, des Bergères, etc.).

De cette façon, la route des Bergères restait libre pour la colonne du centre : afin de dégager le rond-point de Courbevoie, les troupes de cette colonne auraient dû être massées de très-bonne heure au delà de la barricade établie sur la route de Cherbourg, entre le rond-point de Courbevoie et le chemin de fer de Versailles. En se massant en deçà de cette barricade, qui formait un très-étroit défilé, toutes les troupes de la colonne du centre encombrèrent le rond-point de Courbevoie et arrêtèrent pendant très-longtemps les têtes de colonne de droite, qui devaient se porter sur Rueil.

Ou bien encore l'avenue de Courbevoie et la route de Cherbourg auraient dû être laissées libres à la colonne

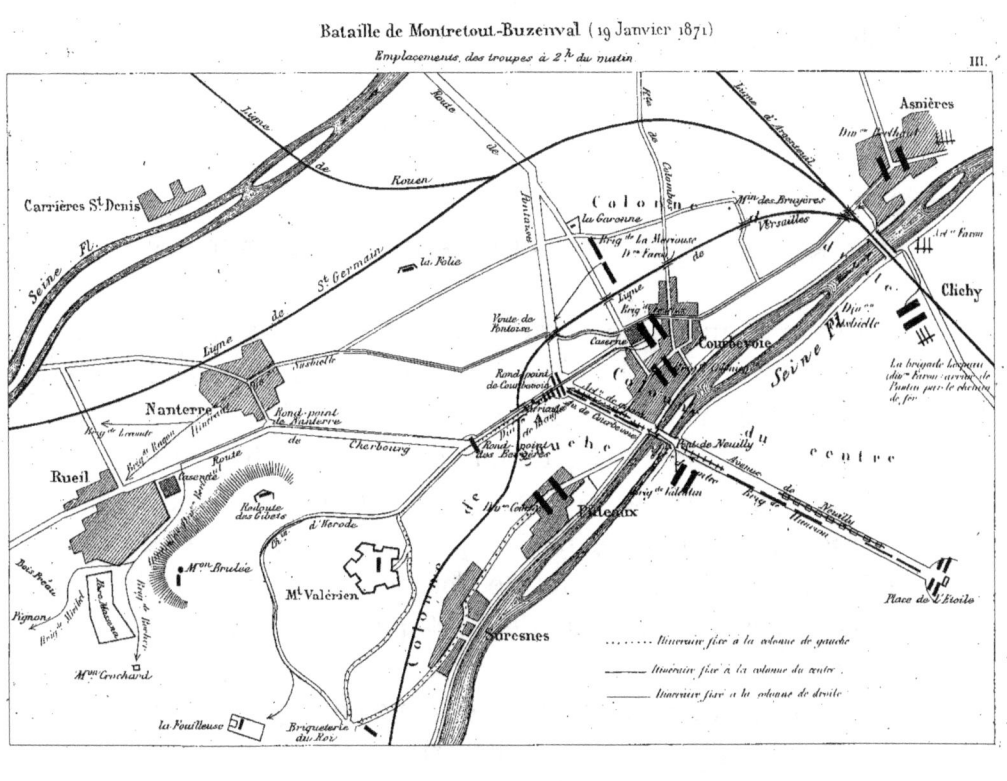

du centre, et la colonne de droite aurait pu avoir pour itinéraire le chemin de la route de Pontoise à Nanterre, chemin qui, du reste, fut, par la force des choses, suivi par les trois divisions de cette colonne.

Chaque colonne ayant ainsi sa zone de marche bien déterminée, il n'y aurait pas eu tous ces enchevêtrements, tous ces arrêts, dont nous allons parler un peu en détail, car ils ont eu une influence capitale sur les débuts de la journée.

CHAPITRE III.

MISE EN MARCHE DES COLONNES. — CAUSES DES RETARDS.

Pendant que la division Courty va se masser à Suresnes, la division de Beaufort se met en mouvement; ne se préoccupant que du temps qu'il lui faut pour se rendre à la Briqueterie, où elle devait être à 6 heures, elle se met en route à 4 heures et demie; mais comme la barricade A forme défilé, le passage des troupes est très-long, et le rond-point de Courbevoie ne se trouve dégagé par la division de Beaufort que vers 5 heures et demie (1).

<small>Les colonnes mises en march s'enchevêtren les unes dans les autres</small>

La division Berthaut (de la colonne de droite), partie à 2 heures d'Asnières, était arrivée vers 4 heures à Courbevoie; la brigade de Miribel, précédée du bataillon des francs-tireurs de la division, marchait la première; suivant les instructions reçues, elle se dirigeait vers le rond-point de Courbevoie, en tournant la caserne à gauche, quand elle fut arrêtée à hauteur de la Mairie.

La division avait plus que le temps voulu pour se

---

(1) Voir croquis n° 3 *bis*.

porter, avant la pointe du jour, sur les positions qui lui avaient été désignées, si elle avait trouvé les routes à peu près libres ; mais un premier retard fut occasionné, à Asnières même, par les batteries de la division Faron, qui passaient le pont du chemin de fer pour laisser le chemin libre à la division Susbielle ; les pièces obstruant la route d'Asnières à Courbevoie, deux régiments furent obligés de défiler homme par homme. Néanmoins, la tête de colonne était arrivée à Courbevoie avant que la brigade Fournès, de la colonne du centre, ne se fût mise en route ; une partie passa, se dirigeant vers le rond-point, mais bientôt la brigade Fournès, se mettant en mouvement pour suivre la même direction, coupa le régiment de mobiles, qui fut forcé de s'arrêter. Les troupes suivantes se massèrent peu à peu à l'entrée du village, attendant le moment de se mettre en marche.

Voyant le temps s'écouler, et très-impatients d'arriver à leur emplacement de combat, les généraux Berthaut et de Miribel, qui ne savaient pas au juste la direction suivie par la colonne du centre, cherchent à déboucher à gauche par le quai de la Seine ; prenant l'avenue de Courbevoie, la division suit le bas-côté de la route, et le général de Miribel arrive au rond-point de Courbevoie, où attendait le bataillon des francs-tireurs, avec la moitié du régiment du Loiret, portion de la brigade Miribel qui, ainsi que nous l'avons vu, avait pu déboucher de Courbevoie. Mais là encore on est arrêté : les zouaves de la brigade Fournès, venant de Courbevoie, défilaient pour se porter vers le Mont-Valérien et continuaient à suivre la route assignée à la division Berthaut. Après eux vinrent les mobiles de Seine-et-Marne et le reste de la brigade, puis toute la brigade Colonieu, arrivant également de Courbevoie. Malgré tous ses efforts et son très-vif mécontentement, le général Berthaut fut obligé d'at-

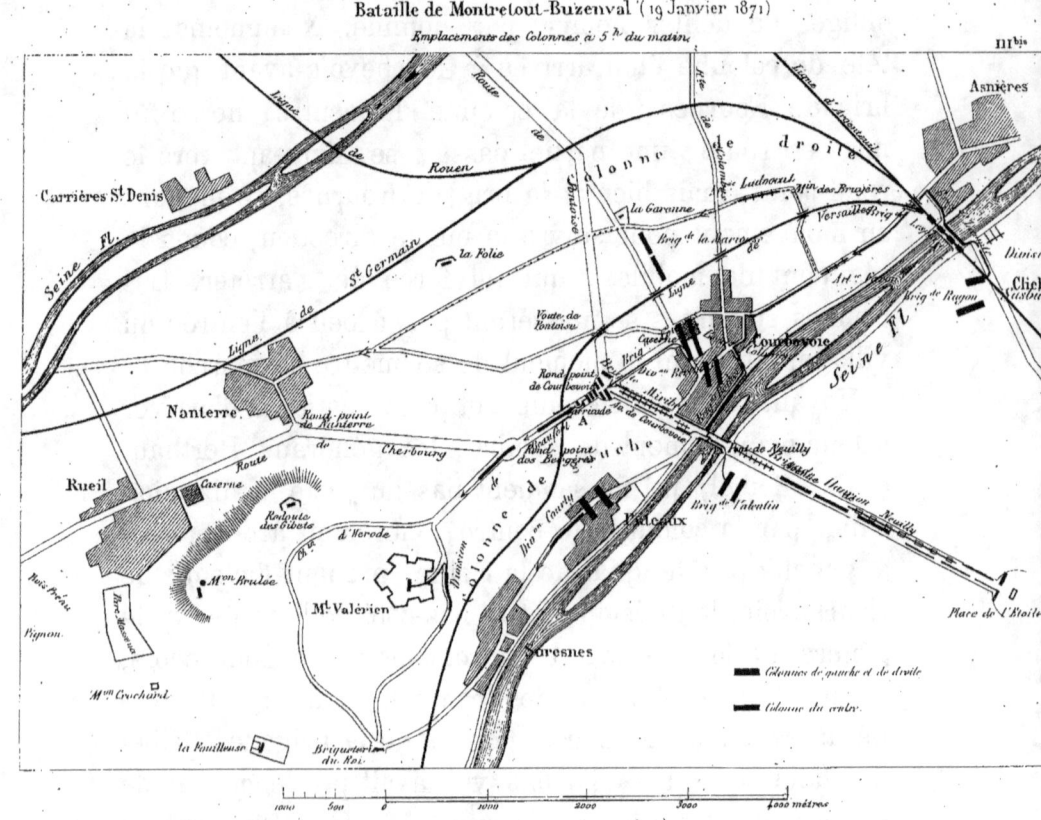

Bataille de Montretout-Buzenval (19 Janvier 1871)
Emplacements des Colonnes à 5 h du matin

tendre ce long défilé des troupes du centre qui n'en finissait pas : l'avenue des Bergères se trouvait en effet complétement obstruée par les troupes Beaufort, Fournès, Colonieu, qui, faute d'écoulement suffisant à travers la barricade A (1), venaient s'entasser les unes sur les autres derrière cet obstacle ; de plus, cette voie devait être suivie par la brigade Valentin, par l'artillerie de la colonne de gauche, l'artillerie de la colonne du centre, et toutes ces troupes allaient passer avant la colonne de droite.

Décidé à ne pas attendre plus longtemps, le général Berthaut prit à droite, par la route de Pontoise, aussitôt que les troupes qui venaient de Courbevoie eurent défilé, passa sous la voie ferrée et suivit le chemin de Nanterre, où sa division arriva à 9 heures ; de là elle gagna Rueil, puis les positions assignées.

Déjà l'artillerie du général Berthaut s'était jetée à droite pour déboucher : elle venait de quitter Asnières quand, au delà de la voûte du chemin de fer, elle se trouva arrêtée par la division Berthaut, obligée, comme nous l'avons vu, de marquer le pas.

Chemin pris par l'artillerie Ladvocat.

Le colonel Ladvocat attend, avec ses quatre batteries ; il avance de quelques mètres, puis est de nouveau arrêté ; ne voulant pas perdre plus de temps, il quitte la route et se jette à droite, dans la plaine de Gennevilliers.

A hauteur du château de Bécon, il prend un chemin d'exploitation, passe sous le chemin de fer de Versailles, gagne le chemin des Bruyères, la route de Colombes, le château de la Garenne, et rejoint la route de Pontoise ; tournant à gauche, il atteint un chemin qui longe le chemin de fer de Saint-Germain, passe devant la redoute de la Folie, et arrive à 7 heures et demie à Nanterre, où il reçoit l'ordre d'attendre des instructions.

---

(1) Voir croquis n° 4.

Division Faron.   La division Faron s'était de bonne heure massée parallèlement à la route de Pontoise, sa gauche appuyée au chemin de fer de Versailles, puis, marchant parallèlement à cette voie, elle se dirigeait vers Nanterre ; mais, arrivée à hauteur de la voûte de la voie ferrée, elle attendit que les divisions Berthaut et de Susbielle fussent écoulées puisqu'elle avait ordre de leur servir de réserve.

Division de Susbielle.   La division de Susbielle allait également éprouver un retard considérable : d'abord elle est arrêtée par les trois batteries de la division Faron ; ces trois batteries établies à Clichy, s'étant mises en marche pour traverser la Seine sur le pont du chemin de fer d'Asnières, trouvent la voie occupée par les trains qui transportent les troupes de la brigade Lespiau... canons et voitures marchent à côté des wagons en mouvement... le sifflet des locomotives, le bruit des trains effrayent les chevaux, ils se traversent, se cabrent, quelques-uns se jettent par dessus le parapet.

Au milieu de cette confusion, les trois batteries défilent avec la plus grande difficulté. Enfin, vers cinq heures, la division de Susbielle commence à franchir la Seine, mais les rampes du pont étant défoncées par les lourdes voitures de l'artillerie, la colonne marche avec une peine extrême. Les trains de la brigade Lespiau, qui continuent à circuler, viennent encore augmenter les difficultés. Cependant la tête de la division de Susbielle finit par déboucher du pont, mais à peine sortie d'Asnières, elle est arrêtée par les troupes du général Berthaut, massées le long de la route de Courbevoie.

Voulant gagner du temps, le général de Susbielle prescrit au général Ragon, dont la brigade marche deuxième, de suivre le bord de la Seine jusqu'à Neuilly ; il est déjà tard, et le général pense que les troupes des autres colonnes auront défilé par le pont de Neuilly ; mais, de ce côté, l'encombrement est effroyable, et pendant que la brigade Lecomte (division de Susbielle) attend en deçà de Courbevoie, la brigade Ragon se voit également obligée de stationner à Neuilly.

Enfin, la division Berthaut ayant pris à droite par la route de Pontoise, la brigade Lecomte, l'artillerie de la division de Susbielle, suivent le mouvement. Le général de Susbielle gagne la voûte de la route de Pontoise, et se dirige sur Nanterre, où ses têtes de colonnes arrivent à 10 heures et demie. La division Faron venant ensuite sur le même chemin n'est à Nanterre qu'à 11 heures et demie.

Les troupes de la colonne du centre éprouvant aussi les plus grandes difficultés, n'arrivèrent successivement à la Fouilleuse qu'entre 7 heures et demie et 9 heures.

<small>La colonne du centre éprouve les mêmes difficultés, les mêmes embarras que la colonne de droite.</small>

Longtemps arrêtée au rond-point de Courbevoie par la division de Beaufort, la tête de colonne avait pu seulement se mettre en marche vers 5 heures et demie, mais la barricade des Bergères, en obstruant presque complétement la route, rendait le défilé des troupes extrêmement lent.

Sur l'avenue de Courbevoie l'encombrement était inextricable : le long des bas-côtés cheminait ou stationnait de l'infanterie, la chaussée était tout entière couverte d'artillerie, les régiments de garde nationale ayant passé la nuit au bivouac sur l'avenue se mettaient en marche comme et quand ils voulaient; ces gardes nationaux perdus dans l'obscurité, allant au hasard, augmentaient encore la confusion, le désordre et entravaient tout mouvement de cette immense colonne, formée des brigades Fournès, Colonieu, Valentin, de l'artillerie du centre et de celle de gauche.

IV.   7

De l'autre côté de la Seine, le désordre n'était pas moins grand. Le débouché du pont de Neuilly étant fermé par une barricade, dont l'ouverture ne donnait accès qu'à deux ou trois hommes de front ou à une voiture, le passage se faisait avec une lenteur désespérante.

Tout le pont était littéralement couvert par une foule d'hommes à pied, à cheval, ne formant qu'un seul bloc... les abords, les rues environnantes étaient remplis de voitures, de chevaux, de fantassins, s'avançant en une masse compacte, impénétrable.

Sur l'avenue de Neuilly, de nombreuses troupes stationnaient, attendant l'arme au pied le moment de passer la Seine; la plupart des gardes nationaux, débandés, emportaient d'assaut les restaurants, les cabarets.

Au milieu de ces masses débouche au grand galop une longue file de voitures pavoisées de drapeaux, d'écriteaux de toutes grandeurs, de tous genres; conduits par les ambulanciers des diverses corporations et sociétés, ces véhicules rivalisent de vitesse, cherchent à se dépasser les uns les autres; le général Hanrion, qui attendait sur l'avenue depuis 5 heures et demie sans pouvoir prendre rang, se voit obligé d'employer la force pour arrêter cette avalanche.

C'est au milieu de toute cette cohue que le général Trochu arrive en voiture; au pont de Neuilly, il a toutes les peines du monde à se frayer un passage, et ne peut arriver à temps au Mont-Valérien pour retarder le signal du combat, comme il en avait la volonté.

Colonne de gauche. — Quant à l'infanterie de la colonne de gauche, toute portée d'avance à Puteaux ou au rond-point de Courbevoie, elle put arriver à l'heure à son rendez-vous, mais il n'en fut pas de même de son artillerie qui, massée

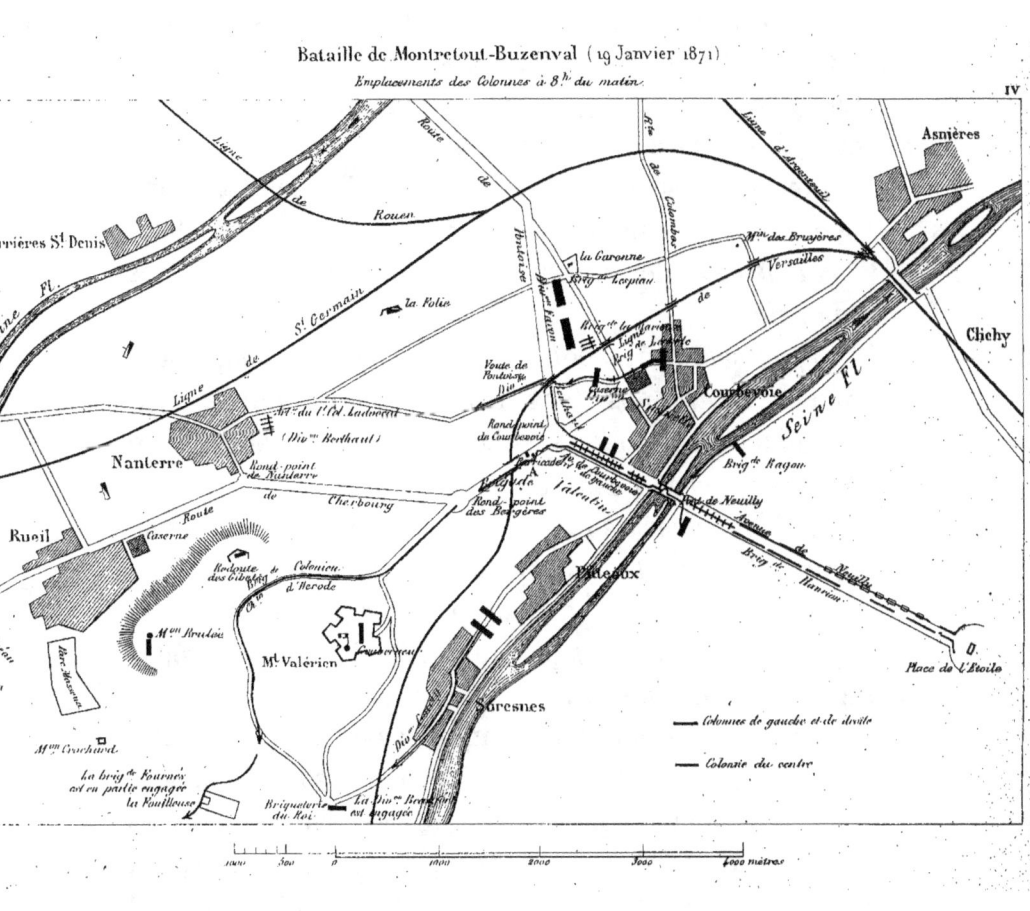

sur l'avenue de Courbevoie, dut attendre tout le défilé de la colonne du centre, alors cependant qu'elle avait une voie libre et plus courte par Puteaux et Suresnes; cette route l'eût amenée de très-bonne heure sur le terrain, tandis qu'elle n'y parut qu'entre 10 et 11 heures.

Les causes de ces désordres, de ces confusions, de ces retards, de ces arrêts dans la marche des colonnes que nous venons de signaler sont multiples.

Exposé des causes qui ont déterminé des retards dans la marche des colonnes.

La plus immédiate, c'est le manque de direction donnée à la marche des troupes.

Toutes les dispositions relatives à la marche d'une armée se résument en deux parties bien distinctes : 1° *Organisation des colonnes ;* 2° *Rédaction des ordres de marche.*

L'*organisation des colonnes*, c'est le fractionnement de plusieurs groupes d'une armée, groupes qui peuvent être subdivisés, chaque subdivision étant elle-même partagée en avant-garde, en gros, etc......

Dans les ordres de marche, le général en chef indique la route à suivre par les colonnes de chaque corps d'armée, les heures de départ, de manière que les colonnes soient liées les unes aux autres, mais sans se gêner dans leurs mouvements.

Ces ordres de marche donnent également à chaque commandant de colonne la direction des colonnes à droite et à gauche, les routes suivies par elles et les chemins transversaux par lesquels devra se faire la liaison entre les colonnes : « De manière, dit le général « de Guibert, que l'armée, partagée en plusieurs co- « lonnes, suivant des chemins différents, arrive sur la « même direction ou sur le même objet... »

Aucune trace d'ordres semblables n'existe dans les *instructions* rédigées par le chef d'état-major général du Gouverneur..... Il est simplement dit : « *La colonne de*

« *gauche se massera en arrière de la Briqueterie.....* »
« *La colonne du centre sera massée entre le Mont-*
« *Valérien et la ferme de la Fouilleuse.....* » « *La co-*
« *lonne de droite se massera entre les Gibets et la*
« *maison Crochard.* »

Quant aux itinéraires à suivre pour arriver à ces points, il n'en a été donné aucun. Les commandants de colonne durent donc, à la hâte, dresser des itinéraires pour les troupes directement sous leurs ordres, sans avoir le temps matériel de se les communiquer, de sorte que les mouvements de colonne, au lieu d'être réglés et coordonnés, manquèrent complètement d'ensemble, « ensemble qui ne peut être obtenu que si le
« chef d'état-major général règle lui-même les conditions
« générales de la marche de chaque fraction principale
« de l'armée (1)..... »

Mais la cause primordiale de ce défaut, de ce manque d'ordres précis, exact, doit remonter aux membres du Gouvernement de la Défense, et, en particulier, à M. Jules Favre qui, par son insistance coupable, hâta tellement le jour du combat, qu'il fut très-difficile aux différents services de régler les conditions générales de la marche de l'armée.....

En faisant avancer de quarante-huit heures le jour de la bataille, M. Jules Favre empêcha la rédaction des ordres, la régularité dans leur transmission, et amena finalement un retard de deux ou trois heures suivant les distances.

Enfin, pour donner satisfaction à l'opinion publique demandant qu'on employât les chemins de fer au transport des troupes, on avait tenu, le général Schmitz particulièrement, et malgré toutes les observations du

---

(1) Marches et combats.

général Ducrot, à faire arriver par chemin de fer au moins une partie des colonnes. Or, le pont du chemin de fer d'Asnières étant le seul point de passage de la Seine pour les troupes de la colonne de droite, un côté dut servir au passage des trains, l'autre fut réservé aux voitures, aux troupes d'infanterie.

La division Courty et la brigade de la Mariouse embarquées de bonne heure franchirent le pont dans la soirée du 18 et arrivèrent entre 9 heures et 11 heures à Puteaux et à la station de Courbevoie.

Il n'en fut pas de même pour la brigade Lespiau (2ᵉ de la division Faron) ; embarquée entre 11 heures et minuit à la gare de Pantin, elle éprouva de longs retards et les différents trains qui amenaient ses bataillons franchirent le pont entre 3 heures et 5 heures du matin, précisément au moment de la mise en route de la division de Susbielle, et d'une portion de l'artillerie de l'aile droite. La circulation de ces trains sur le pont d'Asnières amena, nous l'avons vu, des désordres, des accidents qui augmentèrent encore les retards.

Qui empêchait, comme le proposait le général Ducrot, de masser le 18, à la nuit, toute la colonne de droite dans la plaine de Gennevilliers ? Passant la Seine librement à Asnières, ces troupes, après s'être reposées quelques heures, se seraient rendues sans encombre et à l'heure fixée aux différents points assignés.

Cette combinaison ne fut admise que pour une partie de la colonne ; le reste ayant à exécuter le passage du fleuve dans les conditions que nous venons d'exposer, devait nécessairement éprouver les plus extrêmes embarras.

En résumé, les retards qui se produisirent dans cette journée tiennent principalement :

1° A l'influence fatale de M. Jules Favre qui, ne

voyant la chose qu'au point de vue des subsistances de la capitale et ne se rendant pas compte des difficultés, fit avancer de quarante-huit heures le moment de l'opération ;

2° Au manque d'ordres de marches pour les différentes colonnes ;

3° Au désir de satisfaire l'opinion publique par l'emploi du chemin de fer pour le transport à courte distance d'une partie des troupes.

CHAPITRE IV.

BATAILLE DE MONTRETOUT-BUZENVAL.

(19 janvier 1871.)

Le signal de l'action est donné à 7 heures

Le signal de l'action devait être donné du Mont-Valérien à 6 heures et demie ; mais le commandant du fort, le colonel de Lochner, ne voyant pas arriver le Gouverneur, avait attendu..... Enfin, à 7 heures, il fait lancer la troisième fusée tricolore qui doit annoncer le commencement de la lutte..... A ce moment même le général Trochu entre sous les portes de la forteresse où on lui remet une dépêche du général Ducrot datée du moulin des Gibets : « *Les colonnes ne sont pas là ;* « *j'attends.* »

Le Gouverneur envoie aussitôt le commandant de Lemud, son officier d'ordonnance, courir après le général Noël, qui s'était porté en avant dès le signal donné, pour arrêter son mouvement et lui prescrire de différer l'attaque jusqu'à nouvel ordre.

En même temps, il expédie au général Ducrot la dépêche suivante : « 7 heures un quart. — Nos têtes de

« colonnes ne sont pas encore arrivées, le général Noël
« s'est engagé seul ; je fais courir après lui pour l'arrêter
« s'il en est temps encore ; pressez la formation de vos
« troupes, je ferai donner un nouveau signal dans une
« heure. »

Malheureusement le commandant de Lemud, malgré la plus grande diligence, ne put arriver assez tôt pour arrêter les colonnes du général Noël déjà fortement engagées, et il fallut donner l'ordre au général de Bellemare d'appuyer leur attaque, dès qu'il pourrait disposer d'une brigade ; c'était le décousu qui continuait, c'était la mauvaise chance qui s'acharnait dès le commencement de cette journée si hâtivement préparée.

Quoi qu'il en soit, et malgré cette première confusion, la bataille s'engageait : la division de Beaufort marchait en trois colonnes.

<small>7 heures. — Division de Beaufort marche sur Montretout et ses abords.</small>

Au centre, le général Noël s'avance sur la redoute de Montretout avec un bataillon du 139ᵉ de ligne et le 2ᵉ régiment de garde nationale mobilisée ; à droite, le lieutenant-colonel Madelor avec le régiment de mobiles de la Vendée, le 2ᵉ bataillon de la Drôme et le 41ᵉ régiment de garde nationale se dirige sur la Briqueterie (point coté 112) ; à gauche, le commandant de Lareinty avec les francs-tireurs des Ternes, le 4ᵉ bataillon des mobiles de la Loire-Inférieure et une partie du 2ᵉ régiment de garde nationale longe la route de Saint-Cloud pour enlever la villa Pozzo di Borgo (1).

Les hommes marchent difficilement... le brouillard est intense, le dégel a détrempé le sol couvert de boue, de flaques d'eau... Néanmoins, on arrive près de l'ennemi ; la brume épaisse cache nos mouvements..., les Allemands sont surpris, d'autant plus surpris qu'ils

---

(1) Voir croquis n° 4 *bis*.

étaient habitués à une violente canonnade de notre part avant tout engagement.

Bientôt la fusillade retentit de tous côtés... Les troupes peu nombreuses de la redoute de Montretout se multiplient et résistent énergiquement aux nuées de tirailleurs qui les assaillent. Mais les francs-tireurs des Ternes étant parvenus à s'emparer des maisons échelonnées sur le versant de Montretout, du côté de la gorge de l'ouvrage, les Allemands se voient sur le point d'être enveloppés... ils prennent la fuite... une soixantaine des leurs, cachés dans les casemates, sont faits prisonniers.

En même temps la Briqueterie est occupée, les autres postes du chemin de la Guette sont refoulés, et les mobiles de la Drôme, de la Vendée prennent position sur la crête, à l'ouest du Montretout.

Prise de la maison Pozzo di Borgo par les francs-tireurs des Ternes et les mobiles de la Loire-Inférieure.

Pendant que le général Noël fait occuper la redoute par le bataillon du 139ᵉ de ligne et les gardes nationaux du 2ᵉ régiment, les francs-tireurs des Ternes, les mobiles de la Loire-Inférieure pénètrent dans le potager, le jardin du parc Pozzo di Porgo, refoulent les Prussiens jusqu'au château, mais ne peuvent s'emparer de ce réduit; la fusillade se précipite, les balles sifflent, ricochent d'arbre en arbre..., plusieurs francs-tireurs sont atteints, un de leurs officiers, le capitaine Junnemann, est tué roide (1).

Le commandant de Lareinty, voyant les difficultés d'une attaque directe, laisse les francs-tireurs aborder de front l'ennemi et essaie de tourner le château en suivant le boulevard de Saint-Cloud. Pendant que s'exécute ce mouvement tournant à long circuit, quelques groupes de francs-tireurs des Ternes se précipitent dans la rue Impériale en se jetant par les petites rues de Montretout intérieures au grand boulevard.

---

(1) Voir croquis nᵒ 5.

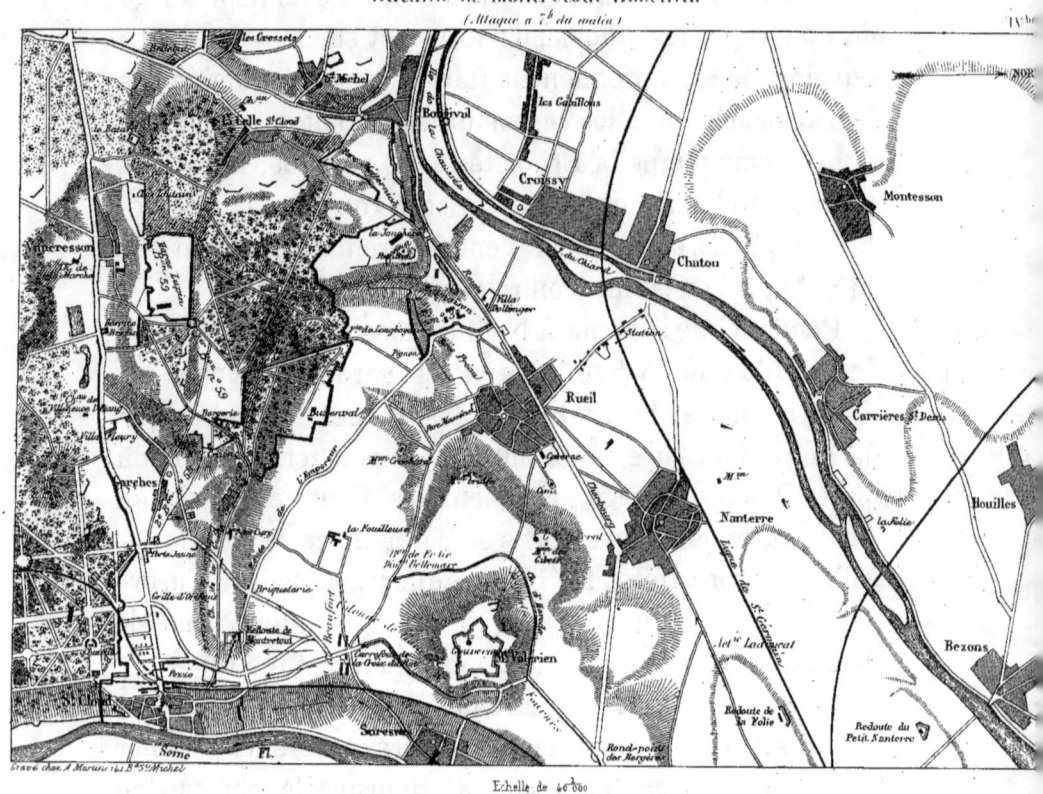

Bataille de Montretout Buzenval
(Attaque a 7ʰ du matin)

Des greniers, des caves, des croisées, part une fusillade des plus vives ; le lieutenant Guillot et plusieurs hommes tombent en face la maison Zimmermann (1).

Le commandant de Lareinty, après être parvenu à enlever une barricade sur le boulevard de Saint-Cloud, est bientôt arrêté par le feu d'une autre barricade établie au rond-point qui forme l'extrémité de la rue Impériale. Ne pouvant forcer cet obstacle, il revient sur ses pas, longe le mur du parc Pozzo, y pénètre par une petite porte, s'empare du château et de la terrasse voisine, dite terrasse de Montretout.

En vain les réserves des avant-postes ennemis cherchent-elles à soutenir les grand'gardes (2) en se portant sur leur emplacement de combat ; arrivées à mi-côte de Montretout, elles sont obligées de se retirer devant le feu des nôtres qui occupent la redoute, le château Pozzo di Borgo et une partie du village.

Plus à gauche, entre le chemin de fer et la Seine,

---

(1) « Vers 6 heures et demie, dit un récit allemand, écrit par un témoin oculaire, au moment où la patrouille réglementaire prenait les armes, le fort Valérien, qui était resté muet durant toute la nuit, tira une *bordée immédiatement* suivie de trois fusées tricolores : ce signal nous mit en alerte. Malgré l'obscurité, je vis à droite de la redoute de Montretout des masses noires descendre rapidement les pentes et s'élancer vers Saint-Cloud et la redoute. Notre avant-poste, retranché à Montretout, se composait de 40 chasseurs n° 2, commandés par le lieutenant von Kauffingen, auxquels furent immédiatement adjoints 80 hommes du régiment 58 de Posen. Le gros de la colonne française tourna la redoute, et s'élança vers les maisons du haut Saint-Cloud, que défendait en se repliant le bataillon de chasseurs n° 2, capitaine von Stranz. J'arrivai au moment critique où un peloton de francs-tireurs (vert et bleu, avec des chapeaux de mousquetaires) et un bataillon de mobiles (commandant Lareinty, fait prisonnier plus tard) pénétraient dans la rue de la Guette, que nos fusiliers occupaient ; les Français étaient à dix pas, quand je donnai l'ordre : *Feu !* et une meurtrière décharge arrêta net les assaillants. Ramenés au feu par leurs chefs, les Français chargèrent, et je vis mes fusiliers se replier devant les francs-tireurs, les mobiles, et *un garde national*, qui seul avait suivi l'élan donné. »

(2) Compagnies de chasseurs de la 9ᵉ division.

la colonne Mosneron-Dupin (3ᵉ bataillon d'Ille-et-Vilaine, 6ᵉ régiment de garde nationale) en tête de laquelle marchent quelques francs-tireurs des Ternes, s'empare des villas Armengaud et de Béarn, et arrive aux premières maisons de Saint-Cloud au moment même où le commandant de Lareinty pénétrait dans le parc Pozzo.

Prise de la maison Zimmermann. — Allant toujours de l'avant, mobiles de la Loire-Inférieure, francs-tireurs des Ternes franchissent la rue Impériale près du pont du chemin de fer; cette partie de la route, un peu en contre-bas, se trouvant défilée de la barricade du rond-point, les assaillants marchent à l'abri... ils pénètrent dans le parc, chassent les Prussiens de maison en maison, et s'établissent dans la villa Dantan, d'où l'on domine la voie ferrée, la grande route et une partie des terrains environnants; mais, *par ordre,* on évacue cette bonne position pour aller occuper seulement la maison Zimmermann (1).

Cette villa, située sur la rue Impériale, juste en face du château Pozzo, était solidement défendue; plus élevée que les abords du pont du chemin de fer, elle n'était pas défilée de la barricade du rond-point qui balayait ses approches... Les mobiles hésitent à l'attaquer. Le commandant de Lareinty, des officiers et un certain nombre d'hommes énergiques se jettent en avant... Quelques-uns tombent en traversant la rue, mais la grande porte de la villa Zimmermann est enfoncée... la maison est bientôt envahie sans résistance sérieuse... le commandant de Lareinty s'y établit solidement, pendant que les francs-tireurs des Ternes et les gar-

---

(1) La maison du sculpteur Dantan, désignée sous le nom de « maison Musée », dominant la voie ferrée, la route et les parcs de Saint-Cloud et de Montretout, était beaucoup plus avantageuse à occuper que la maison Zimmermann. L'ordre fut porté par le lieutenant de La Feuillade, officier d'ordonnance du général Noël.

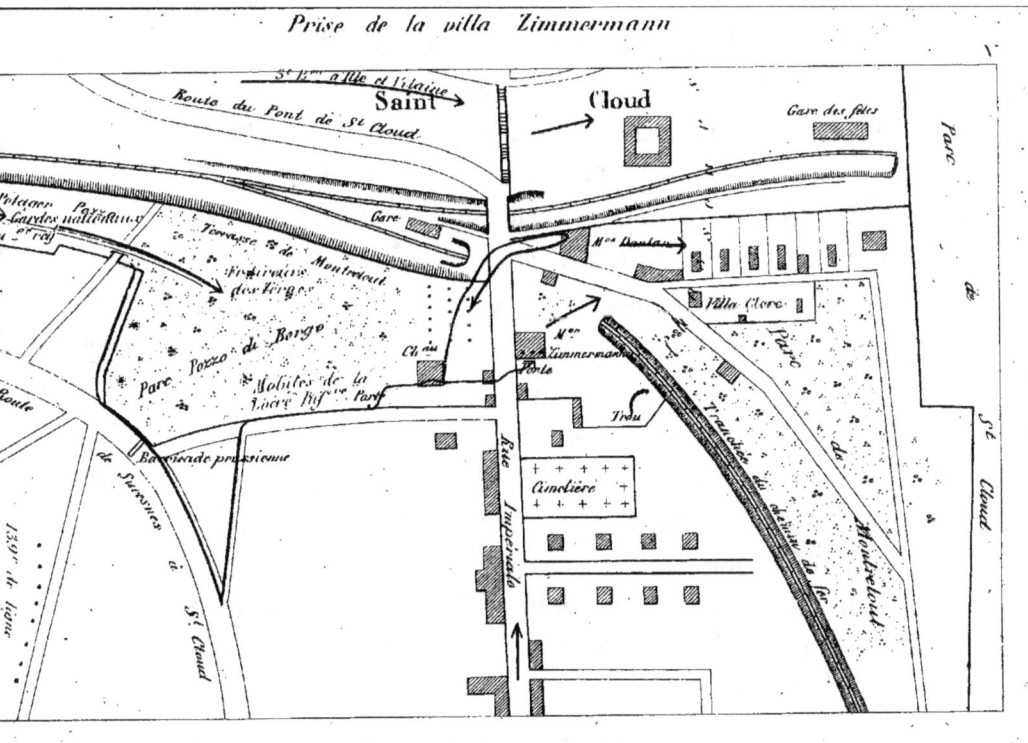

des nationaux du 2ᵉ régiment occupent le parc Pozzo.

En même temps le colonel Mosneron-Dupin élève de fortes barricades dans Saint-Cloud, depuis la gare jusqu'à la Seine, et reste maître de toute cette partie de la ville, malgré les efforts réitérés de l'ennemi pour l'en déloger.

Ainsi de ce côté nous étions maîtres de la redoute de Montretout, du parc Pozzo di Borgo, de la maison Zimmermann, de la moitié de Saint-Cloud. C'était un succès, mais il ne fallait pas s'en exagérer l'importance ; car ces positions n'étaient occupées que « par des petits « détachements qui, chargés d'observer le terrain, de- « vaient, en cas d'attaque sérieuse, se replier immé- « diatement sur le gros des troupes ». (1)

Le général de Bellemare, suivant l'ordre du Gouverneur, met ses troupes en mouvement à mesure qu'elles arrivent en ligne ; dès 7 heures et demie, la brigade Fournès appuie le flanc droit des colonnes d'attaque de Montretout-Saint-Cloud (2). Cette brigade était divisée en deux colonnes, l'une, composée du 4ᵉ zouaves, avait pour objectif la maison du Curé et le point 155, l'autre, 11ᵉ régiment de garde nationale, devait gravir le plateau sur la droite en conformant son mouvement à celui de la colonne de gauche.

Colonne du centre.
—
7 heures 1/2.
Brigade Fournès marche sur Maison du Curé et plateau 155.

Le 1ᵉʳ bataillon de zouaves, précédé d'une compagnie de tirailleurs, refoule les avant-postes et atteint rapidement l'autre flanc du coteau qui descend vers Montretout et Garches ; les premières maisons de Garches sont occupées et mises promptement en état de défense ; le 2ᵉ bataillon, formant deuxième ligne, prend position dans

---

(1) Major Blum.
(2) Voir croquis n° 6.

une tranchée en arrière du village, de manière à soutenir le 1ᵉʳ bataillon.

En même temps que s'exécutait cette pointe hardie, le 3ᵉ bataillon de zouaves et le 11ᵉ régiment de garde nationale (lieutenant-colonel Duval) s'étaient emparés de la maison du Curé et avaient poussé leurs tirailleurs jusqu'au bord du plateau.

<small>Brigade Colonieu. marche sur parc de Buzenval angle N. E.
—
8 heures.</small>

Aussitôt arrivée à la Fouilleuse, la brigade Colonieu est lancée sur le parc de Buzenval (1). La colonne d'attaque, sous les ordres du lieutenant-colonel Allard, est formée par les 2ᵉ et 3ᵉ bataillons du 136ᵉ et le 9ᵉ régiment de garde nationale (lieutenant-colonel Crisenoy). Le 1ᵉʳ bataillon du 136ᵉ et le régiment du Morbihan sont en réserve.

A droite, les francs-tireurs de la division de Bellemare (commandant Blanc) doivent se relier à la colonne du général Ducrot.

Les 2ᵉ et 3ᵉ bataillons du 136ᵉ, précédés de tirailleurs, dirigent leur attaque depuis l'angle nord-est du mur jusqu'au grand rentrant au pied du château. Après une très-faible résistance de l'ennemi, nos soldats atteignent le mur du parc; les sapeurs du capitaine Coville pratiquent plusieurs brèches à la pioche et à la dynamite... les colonnes s'y précipitent... — Pendant que nos tirailleurs poursuivent les petits postes ennemis, qui se replient en toute hâte vers la maison Craon et la Bergerie, le 136ᵉ pousse à droite pour explorer le versant nord; il est soutenu par le 105ᵉ bataillon de garde nationale (9ᵉ régiment), qui vient de franchir la brèche, le colonel de Crisenoy en tête : les deux colonnes s'avancent dans le parc de Buzenval; le 105ᵉ, longeant le mur de clôture, cherche à tourner les défenseurs du château,

---

(1) Voir croquis nº 7.

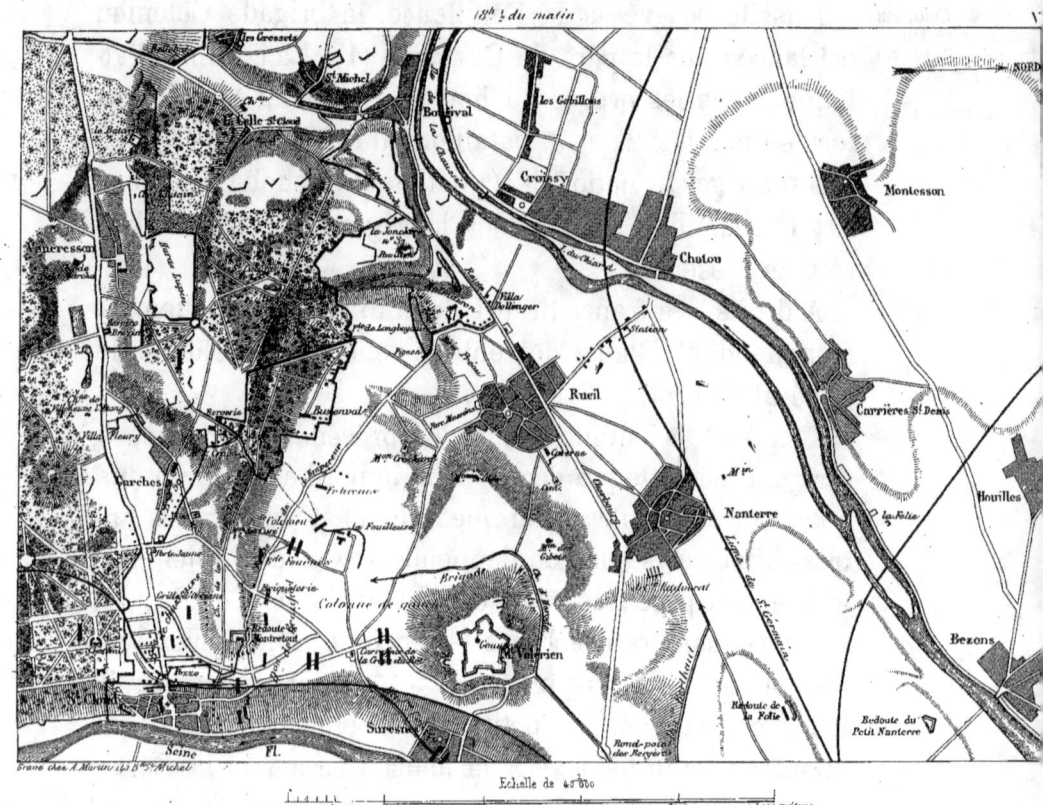

et le 136ᵉ s'élève obliquement sur les pentes, de manière à gagner la crête, pour de là aborder la Bergerie. A peine avions-nous fait quelques pas, que, du fond du parc, une fusillade des plus nourries nous accueille... des fossés, des abatis, pleut une grêle de balles. Forcés de s'arrêter, les hommes s'embusquent derrière les arbres, dans un chemin creux, et engagent le feu, mais sans trop savoir comment diriger leurs coups contre un ennemi invisible.

A ce moment, 8 heures et demie, la tête de la brigade Valentin se porte en ligne sur la droite, pendant que le 16ᵉ régiment de garde nationale reste en réserve en dehors du parc (1). Le 1ᵉʳ bataillon du 109ᵉ, conduit par le lieutenant-colonel Landrut, se dirige sur le château de Buzenval.

<small>Brigade Valentin marche sur le château de Buzenval.

8 heures 1/2.</small>

Pénétrant par la grille, nos hommes envahissent le château, promptement abandonné par l'ennemi, dès que celui-ci se voit menacé d'être coupé par le mouvement tournant du lieutenant-colonel Allard. — Cette position est fortement occupée.

Pendant que le 2ᵉ bataillon du 109ᵉ contient les défenseurs du mur de Long-Boyau, la colonne Allard (136ᵉ et 9ᵉ régiment de garde nationale) fait un changement de direction à gauche pour gagner la crête et faire face à la Bergerie...

<small>La colonne Allard (brigade Colonieu) marche sur la Bergerie.</small>

La marche est difficile; il faut gravir les pentes boisées sous une fusillade de front et de flanc... On se heurte à des abatis formant un obstacle impénétrable. Cependant nos sapeurs, la hache à la main, s'y frayent un passage, et les hommes arrivent à la crête : devant eux s'étend un terrain presque découvert, limité par des murs crénelés, des tranchées, des abatis.

---

(1) Voir croquis nº 8.

On laisse les soldats respirer quelque temps, et on attend l'entrée en ligne du colonel Colonieu, qui ne tarde pas à arriver à la tête du 1ᵉʳ bataillon du 126ᵉ, et du 82ᵉ bataillon de garde nationale (du 9ᵉ régiment); il prend position à gauche de la colonne Allard.

<small>Attaque de la maison Craon et de la Bergerie.
9 heures 3/4.</small>

L'action s'engage immédiatement. Le colonel Colonieu s'avance sur la maison Craon, le lieutenant-colonel Allard, vers la Bergerie... En même temps, à la gauche de la colonne d'attaque Colonieu, les zouaves et les gardes nationaux du 11ᵉ régiment, poursuivant leur premier avantage, marchent sur le plateau 155, dont ils s'emparent facilement, ainsi que de l'enclos situé de l'autre côté du chemin de la Guette...

Mais les difficultés sont beaucoup plus grandes devant la Bergerie, grand bâtiment précédé de longs murs crénelés, de tranchées, formant une sorte de vaste quadrilatère dont les faces sont couronnées de feux (1).

Néanmoins, tout le 136ᵉ s'élance vivement en avant, le 1ᵉʳ bataillon à gauche, le 2ᵉ au centre, le 3ᵉ à droite.

L'attaque du centre, menée par le commandant Suillot, qui se fait bravement tuer à la tête de ses hommes, arrive jusqu'au pied du mur AB; mais criblé par le feu meurtrier partant de tous les créneaux, le 2ᵉ bataillon est obligé de se retirer... il prend position à une centaine de mètres en arrière... Abrités par les abatis de la défense, nos soldats engagent un feu nourri avec les tirailleurs postés derrière les créneaux de la ferme et des murs.

A droite, le 3ᵉ bataillon du 136ᵉ, le bataillon des francs-tireurs du commandant Blanc, et le 105ᵉ bataillon de la garde nationale parviennent à gagner le mur DE, qui sépare le parc de Buzenval de la grande plaine du

---

(1) Voir croquis n° 9.

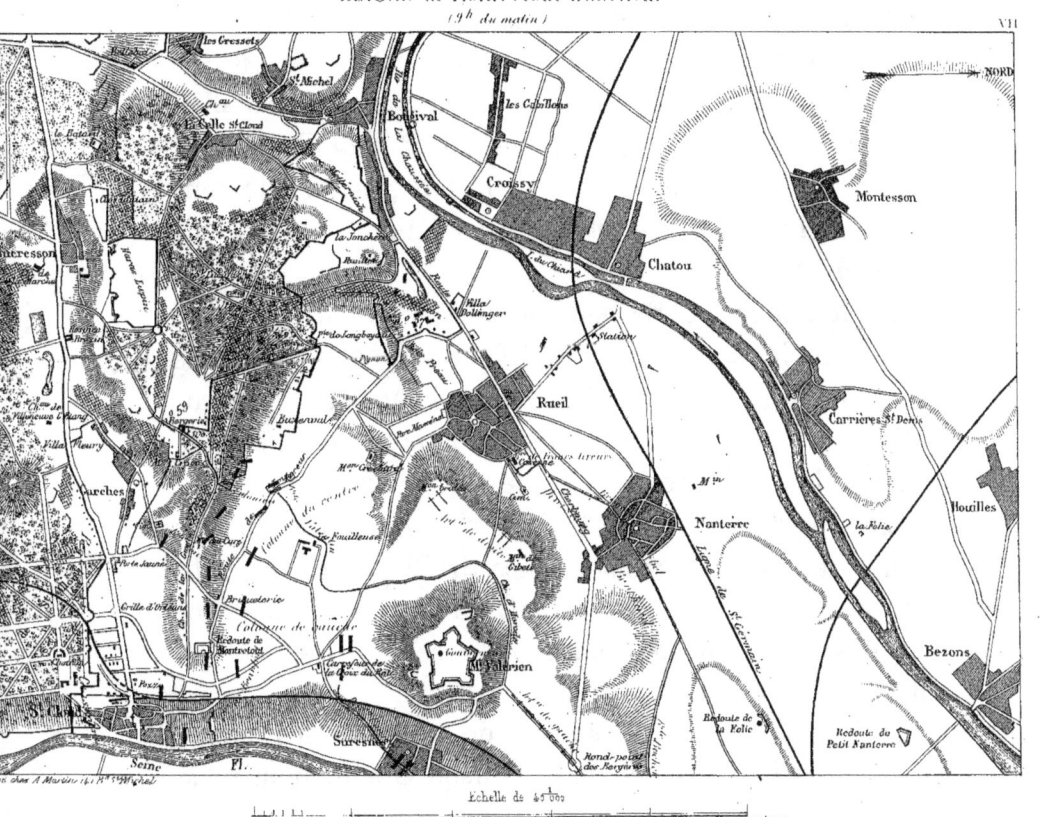
Bataille de Montretout-Buzenval
(9h du matin)

Haras, et forcent les Allemands à se retirer dans les défenses de la Bergerie. Du mur DE, nous débouchons dans la plaine par des brèches rapidement pratiquées ; mais une fois sur le plateau complétement découvert, nous sommes reçus par un feu violent venant à la fois de la Bergerie, du Haras, de la tranchée et des abatis reliant ces deux positions. Forcés de se replier, nos hommes s'embusquent dans le fossé qui longe extérieurement la muraille, à cette même place, s'établissent le bataillon des francs-tireurs et une compagnie du 3ᵉ bataillon du 136ᵉ. Les autres compagnies du 3ᵉ bataillon, ainsi que les gardes nationaux, s'abritent derrière le mur qui vient d'être crénelé, et fournissent ainsi un deuxième étage de feux.

Sur la gauche, le 2ᵉ bataillon du 136ᵉ, auquel s'étaient jointes quelques fractions du 105ᵉ bataillon de la garde nationale, gagne assez facilement l'enceinte du parc ; mais de l'autre côté se trouve un mur crénelé, séparé par un chemin, lequel est enfilé par la barricade A.

Exposés aux feux croisés de la maison Craon, du mur crénelé et de la barricade, nos tirailleurs ne peuvent pousser plus loin ; ils se défilent sur le bord du plateau, en avant d'un bois de sapins, les réserves prennent position derrière le mur du parc.

La brigade Colonieu, serrant de très-près les défenseurs de la Bergerie et de la maison Craon, tient donc toute la lisière sud du parc de Buzenval ; elle se relie à la brigade Fournès, postée sur le plateau 155, à l'aide du 82ᵉ bataillon de garde nationale ; elle est couverte sur son flanc droit par le 109ᵉ de ligne, dont les 2ᵉ et 3ᵉ bataillons viennent d'arriver.

Pendant que ces diverses péripéties du combat se déroulent sur le plateau de la Bergerie, nous continuons à maintenir nos positions sur la gauche, et nos tirailleurs forment une ligne continue depuis le mur de Long-Boyau jusqu'à la Seine, passant par le mur Sud de Buzenval, le point 155, la redoute de Montretout, le parc Pozzo di Borgo et la ville de Saint-Cloud. Les deux bataillons de zouaves se trouvent en pointe vers Garches, dont les premières maisons sont en leur pouvoir.

Opérations en avant de la Maison du Curé.

Vers les neuf heures, le général Vinoy, voyant arriver les renforts ennemis, et craignant que les zouaves ne soient enveloppés dans la position avancée de Garches, leur envoie l'ordre d'évacuer les maisons qu'ils occupent. Le 2ᵉ bataillon, posté, comme nous l'avons dit plus haut, dans une sorte de tranchée parallèle à Garches, protége la retraite du 1ᵉʳ bataillon, et refoule les Allemands qui débouchent à la suite des nôtres... Mais, plus sur notre gauche, une colonne ennemie, cheminant à mi-côte, force les gardes nationaux du 11ᵉ régiment (1) à rétrograder, et marche vivement sur la maison du Curé, de manière à séparer la colonne du centre de celle de droite.

Ordre est donné au colonel Franceschetti de faire avancer les réserves : le lieutenant-colonel de Courcy, à la tête du 4ᵉ bataillon de Seine-et-Marne, se porte en avant et reprend la position abandonnée par les gardes nationaux; il pousse jusqu'à hauteur du cimetière, chassant devant lui les tirailleurs ennemis, qui rentrent dans le village... Les Allemands tentent un nouvel effort sans plus de succès; ils sont refoulés par les mobiles, et l'on continue à se tirailler à distance.

Nouvelle attaque de la Bergerie.

Devant la Bergerie, nous continuons à rester face à face sans avancer ni reculer. Le lieutenant-colonel Allard, voyant qu'il ne peut tourner cette ferme par le plateau, sillonné de tous côtés par un feu violent de

---

(1) Ce régiment formait brigade avec les zouaves.

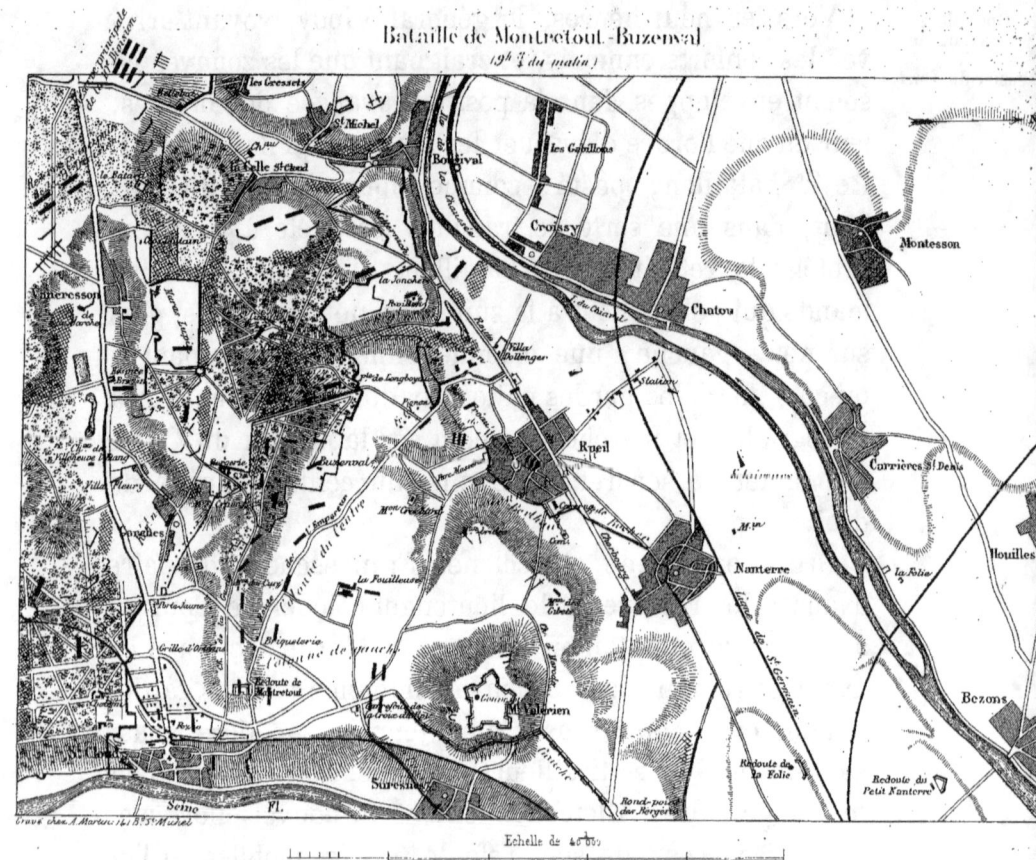

Bataille de Montretout-Buzenval
(9h ¾ du matin)

mousqueterie, demande au capitaine du génie Coville d'essayer de faire brèche à la ferme même : si cela est possible, il enlèvera la Bergerie d'assaut.

Le capitaine Coville a encore de la dynamite, mais plus d'amorces. Les dernières ont été brûlées en renversant une partie de la muraille DE (1)... Néanmoins, cet officier veut tenter l'opération; accompagné du sous-lieutenant Azibert et du sergent-major Lepage, il se dirige sur la ferme, en se défilant le plus possible le long du mur, dans le fossé DG, bordé de broussailles; ces trois hommes parviennent au pied même de la ferme sans être aperçus... Ils placent la dynamite contre la muraille...; le sergent-major fait feu presque à bout portant sur le sac de dynamite... M. Azibert décharge son revolver...; la détonation ne se produit pas... Le sergent-major recharge son chassepot et tire de nouveau...; mais sans plus de résultat... la dynamite en partie dispersée ne fait pas explosion... elle était gelée.

Entendant ces coups de fusil, les Allemands sortent de la ferme... ils voient ces trois braves gens dans le fossé..., font précipitamment feu sur eux à vingt ou trente pas..., les manquent, et atteignent au delà quatre sapeurs, qui, malgré leur capitaine, avaient voulu le suivre dans sa mission périlleuse. L'ennemi garnit aussitôt la tranchée reliant la Bergerie au Haras, d'où il tire sur nos soldats du génie, en train de prolonger le fossé jusqu'à l'angle de la muraille, afin de permettre au capitaine Coville et à ceux qui l'accompagnent de rentrer à

---

(1) On sait que pour obtenir avec la dynamite une détonation et des effets brisants, on doit y mettre le feu en faisant aboutir le cordeau porte-feu à une capsule fulminante; allumée autrement, elle fuse ou flambe sans détonation... Cependant, la dynamite détonne également sous un choc violent : ainsi, une balle de revolver tirée à petite distance, une balle de chassepot à plusieurs centaines de mètres, provoquent une explosion, mais il ne faut pas que la dynamite soit gelée.

couvert dans le parc...; cinq sapeurs sont blessés...
Néanmoins le lieutenant auxiliaire Giblain, avec les
quelques hommes qui lui restent, pousse activement le
travail et parvient à l'achever.

Aussitôt rentré dans le parc, le capitaine Coville reçoit l'ordre de se porter sur la gauche pour tenter un
nouvel effort du côté de la ferme de Craon... Sous les
yeux du colonel Colonieu, le capitaine du génie fait ouvrir à la pioche une brèche en R dans la partie de la
muraille du parc défilée de la barricade A, avec l'idée
d'en ouvrir une seconde dans le mur qui précède la cour
de la ferme...; mais les tirailleurs français et allemands,
seulement à quelques mètres les uns des autres, font un
feu très-vif; les balles frappant, ricochant sur la muraille, en rendent l'approche impossible : on est forcé
de s'arrêter.

Du côté de la maison Craon, comme du côté de la
Bergerie, on se heurtait donc à des tranchées, à des
murailles crénelées, garnies de feux, contre lesquelles
on ne pouvait rien sans artillerie... Cependant, nous
tenions toujours sur les premières positions conquises.

Dans Saint-Cloud, nous étions, de même, solidement
établis, et malgré plusieurs compagnies du régiment
n° 58, venues renforcer les chasseurs, l'ennemi n'avait
pu nous déloger de notre ligne de défense, s'étendant
de la gare à la Seine; il ne parvenait pas davantage à
nous chasser de la villa Zimmermann, menacée à la fois
par le chemin de fer et la rue Impériale.

<small>Positions à 10 heures.</small> En résumé, à gauche comme au centre, nous avions
réussi à chasser les premiers postes avancés de l'ennemi... Nous occupions une partie de Saint-Cloud, Montretout; nous tenions la crête de la redoute, la maison
du Curé; puis notre ligne se prolongeait par le pla-

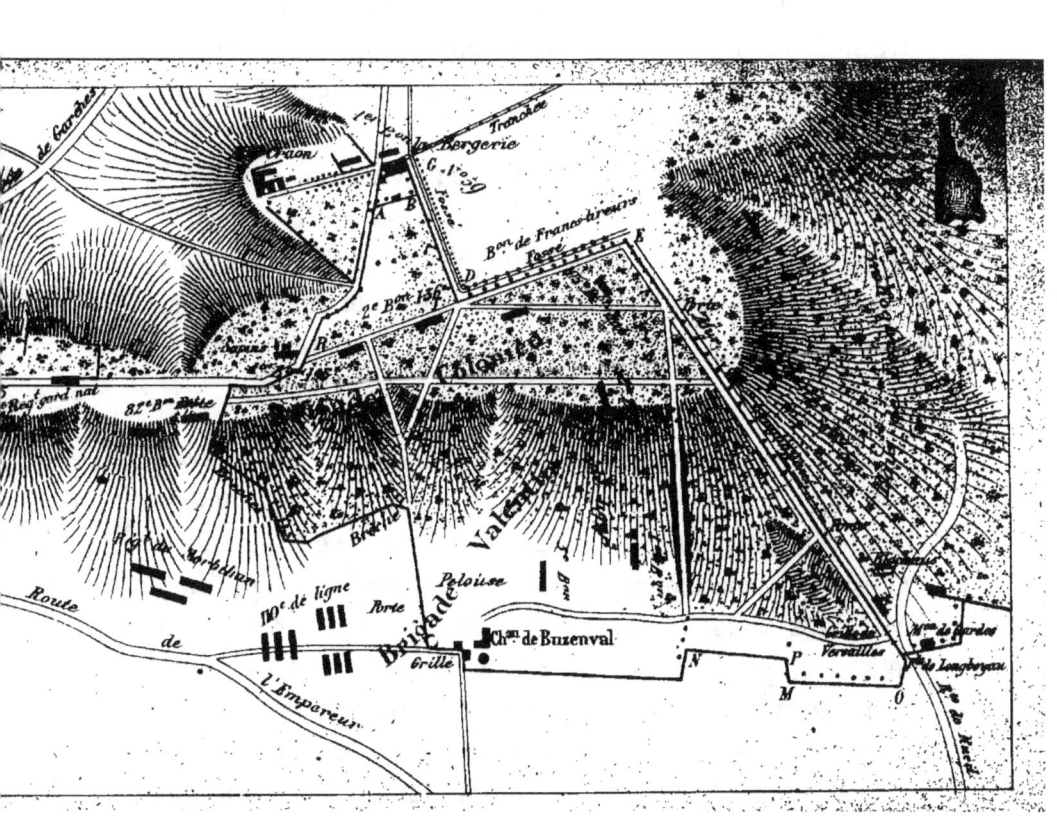

teau 155 et le mur sud de Buzenval (1). Toute cette zone était solidement occupée par la division de Beaufort, de la colonne de gauche, et les brigades Fournès, Colonieu, Valentin, de la colonne du centre ; les réserves en arrière et le long de la route de l'Empereur, de manière à être défilées par le versant nord du coteau de Montretout, des feux du parc de Saint-Cloud... Sans être maîtres de la véritable première ligne de défense des Allemands (2), nous étions cependant dans des conditions relativement favorables ; le général Trochu, qui suivait la bataille du haut du Mont-Valérien, télégraphiait au Gouvernement de la Défense : « Nous som-
« mes maîtres de la redoute de Montretout et maisons
« annexes, du plateau 155, du château et des hauteurs
« de Buzenval ; Bellemare marche sur la maison Craon.
« Tout va très-bien jusqu'à présent. »

Le général Ducrot, qui avait prévu tous les retards qu'éprouveraient ses colonnes, qui en avait vainement signalé les dangers, attendait avec une vive impatience l'arrivée de ses troupes ; de grand matin à la position de rendez-vous, il utilise les heures qui s'écoulent en mettant en position presque toute son artillerie, arrivée, ainsi que nous l'avons vu plus haut, bien avant les colonnes d'infanterie : des batteries sont établies sur le plateau de la maison Brûlée, au-dessus de la Malmaison et au delà de la maison Crochard.

<small>10 heures
—
Les têtes de colonne de l'aile droite arrivent.</small>

Enfin, vers 9 heures et demie, le général voit arriver la tête de la 2ᵉ brigade de la division Berthaut débouchant, le colonel de Miribel en tête, sur le plateau du

---

(1) Voir croquis nº 10.

(2) Nous avons vu que cette ligne, suivant le mur du parc, venait par le village de Garches rejoindre la maison Craon, la Bergerie, etc.

Pignon.... Aussitôt ces troupes prennent leurs positions de combat (1).

Brigade de Miribel.

Le bataillon de francs-tireurs se déploie sur le plateau face à Long-Boyau, un bataillon de la Seine-Inférieure occupe le haut du parc de la Malmaison et le terrain environnant, les autres bataillons de Seine-Inférieure et du Loiret s'établissent sur les pentes qui descendent vers le parc Masséna. Quant au 8ᵉ régiment de garde nationale « qui se dit fatigué », il est laissé plus en arrière dans le parc de Bois-Préau et Rueil pour couvrir notre droite, position qu'il gardera jusqu'à l'arrivée de la division de Susbielle.

Brigade Bocher.

La brigade du général Bocher, à mesure que ses bataillons débouchent, se porte également sur ses positions à gauche de la maison Crochard.

Emplacements d'artillerie.

En même temps, les emplacements d'artillerie sont complétés ; deux sections de mitrailleuses établies sur le plateau de Monte-Maria, commandant tous les débouchés de la Malmaison et la route de Cherbourg, appuient la droite de la division Berthaut. Plus en arrière deux batteries de 7 sont placées contre les épaulements de la maison Brûlée ; elles canonnent immédiatement la porte de Long-Boyau (2), les bois de Saint-Cucufa, afin de préparer l'attaque de ce côté. A leur droite, les deux batteries de 12 établies sur le plateau des Gibets joignent leurs feux à ceux de la redoute qui a pour objectif Chatou et Carrières-Saint-Denis, où commencent à se montrer des fractions du 4ᵉ corps allemand.

Forces et positions de l'ennemi au moment de l'entrée en ligne de la colonne de droite.

Sur le front et sur le flanc droit de la colonne de droite, l'ennemi occupait à ce moment le bois de la Jonchère, le Long-Boyau, la Malmaison et le ravin de Saint-Cucufa.

---

(1) Voir croquis nº 8, page 112.

(2) Ou « Pavillon de Chasse ».

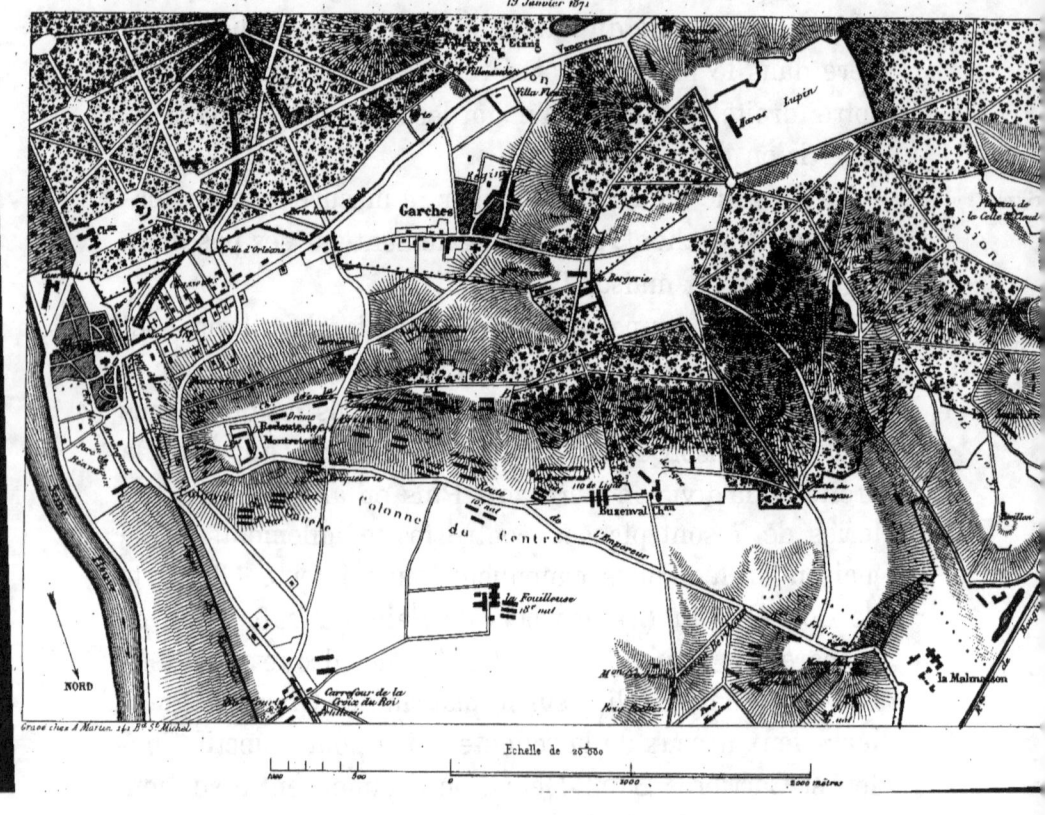

D'après une relation allemande, « les avant-postes de la
« 10ᵉ division allemande, ainsi que les réserves spécia-
« les mises en alerte avant 9 heures, avaient pris les
« emplacements suivants : Le 2ᵉ bataillon du régiment
« n° 50 tenait la position des avant-postes de la section I
« se reliant à la 9ᵉ division; les 6ᵉ et 7ᵉ compagnies
« occupaient le mur antérieur près du *Pavillon de*
« *Chasse;* la 5ᵉ compagnie, les tranchées près de la
« Jonchère; les 8ᵉ et 10ᵉ compagnies et la 10ᵉ compa-
« gnie de fusiliers n° 37 en soutien près de Cucufa;
« les 9ᵉ et 12ᵉ compagnies du régiment n° 50 de la
« réserve spéciale se dirigeaient comme renfort au
« Pavillon de Chasse; le 2ᵉ bataillon du régiment de
« fusiliers n° 37 tenait les avant-postes de la section II
« de la Jonchère à la Seine; la 2ᵉ compagnie de ce
« régiment occupait la 3ᵉ ligne de barricades à Bougi-
« val, la 4ᵉ compagnie renforçait la garnison de la Jon-
« chère..... La réserve spéciale réunie derrière les
« retranchements sur le plateau de la Celle-Saint-Cloud
« était forte de un bataillon et de la 2ᵉ compagnie du
« régiment n° 50 et des 1ʳᵉ, 9ᵉ, 11ᵉ et 12ᵉ compagnies du
« régiment de fusiliers n° 37, la 5ᵉ batterie lourde et la
« 5ᵉ compagnie légère de l'artillerie divisionnaire étaient
« dans les emplacements ménagés sur le plateau de
« Saint-Michel pour balayer l'espace entre la Seine et
« Rueil (1). »

Sans attendre que la division Berthaut soit tout en- 10 heures 1/2.
tière rassemblée, le général Ducrot réunit ce qu'il trouve Le 120ᵉ de ligne, tête de la
sous sa main.... Dirigeant lui-même le 120ᵉ de ligne brigade Bocher, est porté
(brigade Bocher), il le fait entrer dans le parc de Buzen- dans le parc de
val afin de soutenir la brigade Valentin qui poursuivait Buzenval.

---

(1) Opérations du Vᵉ corps prussien, par Stieler von Heydekampf, capitaine de l'état-major du Vᵉ corps.

ses efforts contre le mur de Long-Boyau (1); en même temps les francs-tireurs de la division, sous les ordres du commandant de Parseval, menacent directement le Pavillon par le plateau (2).

Après avoir franchi une des brèches pratiquées dès le matin, à l'ouest du château, le 1ᵉʳ bataillon du 120ᵉ se forme en colonne double et marche au pas de charge sur le mur de Long-Boyau. A sa gauche s'avance la réserve du général Valentin (110ᵉ d'infanterie et 18ᵉ régiment de garde nationale), entrée dans le parc pour prendre part à l'action générale.

Attaque générale sur le mur de Long-Boyau.

Devant cette énergique offensive, les tirailleurs allemands qui garnissaient les abords du Pavillon de Chasse, dans l'angle nord du parc de Buzenval, se retirent précipitamment derrière le mur de Long-Boyau....

D'un seul élan, nous arrivons à quelques mètres de cet obstacle, quand tout à coup part des créneaux un feu roulant... La ligne s'arrête, hésite... recule en désordre; en vain quelques braves officiers cherchent à maintenir, à ramener leurs hommes,... ils ne peuvent s'en rendre maîtres, et nous nous replions jusqu'au chemin creux.

Dans cet assaut est tué le capitaine Maurice de Laumière du 110ᵉ de ligne : Cité à l'ordre du jour de l'armée pour sa brillante conduite dans les combats du 30 septembre et du 29 novembre, ce jeune officier, après la tentative infructueuse de sa brigade, rassemblait ses hommes, quand il apprend que son chef de bataillon est resté blessé auprès du mur de Buzenval.... il retourne

---

(1) Le 1ᵉʳ bataillon du 119ᵉ suit le 120ᵉ; les deux autres bataillons du 119ᵉ restent par ordre à la garde de l'artillerie.

(2) D'après les instructions, le bataillon du commandant de Parseval devait surprendre la porte de Long-Boyau, et s'avancer par le bois en longeant la berge Est du ravin de Saint-Cucufa, pour aborder le plateau de la Celle-Saint-Cloud; mais à 10 heures, l'ennemi était partout en position, et il n'y avait plus de surprise possible.

sur ses pas... malgré une grêle de balles, il parvient jusqu'au commandant Bernard.... comme il le relevait, il tombe frappé à mort, victime de son dévouement (1)!

Pour précipiter notre mouvement de recul, l'ennemi avait lancé à notre suite la 9ᵉ compagnie et un peloton de la 12ᵉ compagnie d'infanterie n° 57; mais cette troupe est repoussée et elle se contente de revenir prendre position dans le rentrant PMO, de manière à flanquer le mur de Long-Boyau dans toute sa longueur.

L'attaque de front n'est pas plus heureuse, les essaims de tirailleurs du commandant de Parseval, arrivés à 300 pas du Pavillon, sont accueillis par un feu violent de mousqueterie qui les rejette en arrière en leur faisant éprouver de grandes pertes.

Au moment où les troupes du général Ducrot arrivaient en ligne, l'action était des plus chaudes.... Sur tout le front, depuis Saint-Cloud jusqu'à la Bergerie, l'horizon était en feu...; les réserves de l'ennemi accouraient sur tous les points et ses batteries d'avant-postes entraient énergiquement dans la lutte, la 1ʳᵉ batterie lourde à son emplacement de la Porte-Jaune, la 2ᵉ légère à l'hospice Brezin; d'autres batteries garnissaient

Situation au moment où la colonne de droite entre en action.

10 heures 1/2.

---

(1) Le corps du capitaine Maurice de Laumière, percé de 10 balles, dont l'une avait traversé le cœur, demeura sur le champ de bataille depuis le jeudi 19 jusqu'au dimanche suivant... Ce jeune officier fut universellement regretté de l'armée où il s'était fait une réputation de bravoure chevaleresque.

A l'Hay, le 30 septembre, ses soldats hésitaient à se jeter sur le parc Chevreul, d'où partait un feu terrible... « Ma peau vaut bien la vôtre, leur crie-t-il; suivez-moi! » Il en entraîne une cinquantaine, et se précipite dans l'enclos. Accueillis par un feu à bout portant, les hommes reculent... Le lieutenant de Laumière, resté presque seul, est entouré... il tue un Prussien, s'ouvre un passage, et, ses habits criblés, regagne la tranchée. — Au 29 novembre, pendant la retraite, ayant entendu les plaintes d'un sergent tombé blessé dans un fossé, il revient en arrière, relève, soutient ce malheureux qui ne pouvait marcher, et le ramène lentement, sous le feu le plus vif. — Le 3 décembre, le lieutenant de Laumière était nommé capitaine.

les ouvrages du haras Lupin... Le général von Bothmer, commandant les avant-postes de la 9ᵉ division, faisait arriver en toute hâte les 9ᵉ et 12ᵉ compagnies du régiment n° 59 dans le parc de Saint-Cloud et demandait du renfort au général commandant la 21ᵉ division, lequel lui envoyait le 2ᵉ bataillon du régiment n° 88 (1).

A Saint-Cloud, le combat continuait dans les rues de la ville; les 1ʳᵉ, 6ᵉ, 12ᵉ et 4ᵉ compagnies du n° 58 parvenaient à nous enlever la gare et le tunnel.

Sur la crête au-dessus de Garches, depuis la Bergerie jusqu'au Haras, deux bataillons ennemis couronnaient la hauteur, et l'on voyait tout le reste de la 9ᵉ division accourir du plateau de Jardy, de Vaucresson, pour renforcer les points faibles de la ligne de bataille.

Retard de l'artillerie des colonnes de gauche et du centre; de ce côté, nos batteries ne peuvent se porter sur la gne de combat.

Devant ce redoublement d'efforts, nous ne pouvions plus rien tenter sans le secours de notre artillerie... A l'aile droite, la plupart des batteries du général Ducrot étaient déjà en position; mais à la gauche, l'artillerie n'avait pas encore paru, et le général Vinoy ne pouvait exécuter l'ordre du Gouverneur, lui prescrivant d'armer la redoute de Montretout et de couvrir de batteries la croupe du coteau jusqu'à la maison du Curé, de manière à inonder de feux tout le bassin de Garches (2).

---

(1) Voir croquis n° 11.

(2)   *Général Trochu à général Vinoy.*

         Mont-Valérien, 19 janvier, 10 heures du matin.

Vous tenez la redoute de Montretout, le point 112, le plateau 155; le château et la hauteur de Buzenval sont occupés par Bellemare, qui fait attaquer la maison Craon.

Le moment me paraît venu de porter notre artillerie sur le plateau en avant de Montretout, comme il a été convenu, pour tirer sur tout le bassin de Garches; elle pourra même s'établir jusqu'au plateau 155, si l'artillerie de Bellemare, qu'il faudra consulter à ce sujet, n'y est pas arrivée. Elle est encore à la Fouilleuse.

         Signé : Général Trochu.

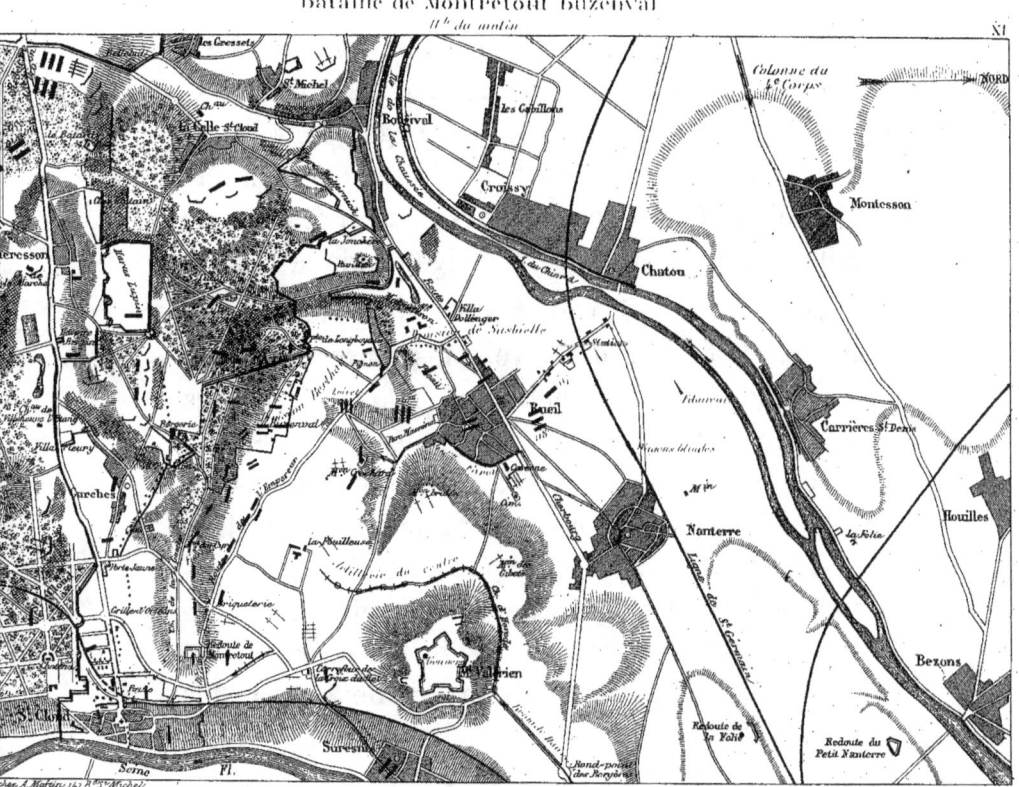

L'artillerie de la colonne de gauche s'était, ainsi que nous l'avons vu, engagée sur l'avenue de Courbevoie au lieu de prendre la route de Puteaux et de Suresnes, beaucoup plus courte; dans cette avenue elle dut attendre le long défilé qui ne dura pas moins de deux heures, et vers les onze heures seulement, elle atteignait la briqueterie du Carrefour du Roi (1).

L'artillerie de la colonne de Bellemare éprouvait également un retard considérable... Arrivée au rond-point des Bergères, elle avait dû s'engager dans le petit chemin d'Hérode qui contourne le Mont-Valérien; cette voie déjà défoncée, en mauvais état, était devenue presque impraticable par suite du dégel et de la pluie...

Cependant les batteries du centre finissent par déboucher. Aussitôt le général veut les porter en avant pour garnir la crête de Montretout, mais les lourdes pièces de 7, de 12, ne peuvent gravir les pentes du coteau; le terrain boueux, glissant, rend inutiles tous les efforts des chevaux affaiblis par la privation de leur nourriture habituelle... Pièces et caissons s'embourbent sans pouvoir avancer. Devant ces difficultés, le général de Bellemare ramène ses batteries en arrière et les établit près de la ferme de la Fouilleuse, où elles ne peuvent que tirer au jugé sur les batteries et réserves ennemies. De cette position, l'artillerie du centre pouvait, à la rigueur, protéger une retraite dans le cas où l'ennemi nous délogerait du plateau de la Bergerie,

---

(1) « Ce défilé interminable s'accomplissait au moment même où l'armement de la redoute était encore possible; quand il fut terminé, l'occasion favorable était perdue pour nous, car vers midi l'ennemi ouvrit un feu des plus violents, qui nous interdit d'utiliser efficacement, faute de pièces installées pour répondre, l'ouvrage si important que nous avions pu reprendre. »
(Opérations de la troisième armée, *Siége de Paris*, par le général Vinoy.)

mais elle ne pouvait nous être d'aucun secours dans l'offensive.

11 heures.
Action énergique de l'aile droite.

Pendant qu'au centre et à l'aile gauche, la lutte était, pour ainsi dire, stationnaire, faute d'artillerie, la colonne de droite, qui avait à sa disposition presque toutes ses batteries, s'engageait, au fur et à mesure de l'arrivée des troupes, avec la plus vive énergie...

En même temps que les 3e et 1er bataillons du 120e, et le 1er bataillon du 119e (brigade Bocher) continuent le feu contre les défenseurs du mur de Long-Boyau, le 2e bataillon du 119e, marchant avec les troupes du général Valentin, se dirige sur le plateau de la Bergerie, où la lutte continuait à être des plus chaudes.

Les brigades Valentin et Bocher formaient donc comme une vaste courbe face à la Bergerie et au mur de Long-Boyau... Avant tout, il fallait briser ce dernier obstacle qui arrêtait tous nos progrès, limitait notre action et empêchait de tourner le plateau de la Bergerie que la brigade Colonieu cherchait vainement à aborder de front.

11 heures.
Nouvelle attaque du mur de Long-Boyau.

A l'arrivée du 119e, toute la brigade Bocher s'élance de nouveau contre ce mur infranchissable... Parvenue à 200 pas, elle est reçue par une grêle de balles venant des créneaux... les plus braves sont frappés... parmi eux tombe héroïquement Gustave Lambert, le célèbre et savant ingénieur maritime, qui, au moment où la guerre avait éclaté, se préparait à partir pour son expédition du pôle Nord (1).

Encore une fois notre ligne se replie et cède le terrain qu'elle avait un instant conquis.

---

(1) Officier de la garde nationale au début de la guerre, Gustave Lambert préféra servir comme simple soldat dans la ligne. Engagé au 119e, il était sergent le 19 janvier.

Pendant ce temps, tout le reste de la colonne de droite débouchait sur le champ de bataille... Établie sur le plateau de la Malmaison, la brigade de Miribel prend ses dispositions d'attaque...

Toutes les troupes de la colonne de droite débouchent sur le champ de bataille.

Plus à droite, la division de Susbielle arrivait en toute hâte (10 h. 1/2) ; le général Lecomte (117°, 118°, 23° régiment de garde nationale), chargé, avec la 2° brigade, de former l'extrême droite de la ligne de bataille, s'établit près de la station de Rueil où une batterie de 12 et deux mitrailleuses tirent sur Chatou et ses abords... ; le 1er bataillon du 117° occupe, face à l'Ouest, les maisons qui bordent le chemin du village à la gare ; le 2° bataillon en soutien d'artillerie à la station ; le 3° bataillon s'établit dans une tranchée naturelle, non loin du chemin de fer, avec le 23° régiment de garde nationale.

Le 118° est en réserve derrière Rueil.

La 1re brigade de la division (général Ragon) est établie dans le village de Rueil, le 115° occupe les maisons et parcs à droite, à gauche de la route de Bougival... Le 116° remplace, dans le parc de Bois-Préau, le 8° régiment de garde nationale de la brigade de Miribel, et pousse ses tirailleurs jusqu'au mur de la Malmaison, couvrant ainsi la section de mitrailleuses du Monte-Maria. Le 53° reste en réserve dans le village.

La division Faron atteignait également ses positions : le 35°, sur le plateau de la maison Crochard, ayant à sa gauche le régiment de Seine-et-Oise et le 19° régiment de garde nationale, le 42° sur les pentes au-dessous de la maison Crochard, près du parc Masséna ; derrière cette brigade La Mariouse, la brigade Lespiau aux abords de la caserne.

Cette division, formant réserve, était prête à appuyer la division Berthaut qui allait entrer tout entière en ligne.

Midi et demi.

Entrée en ligne de la brigade de Miribel.

Le général Ducrot ayant toutes ses troupes sous la main, bien protégé sur sa droite par la division Susbielle, veut briser coûte que coûte l'obstacle qui arrête tous ses mouvements : il donne l'ordre au général Tripier d'employer la sape et la dynamite pour renverser le mur de Long-Boyau. En même temps, il fait placer deux batteries de 12 sur le plateau de la Malmaison, près de la carrière, afin d'écraser de feux le Pavillon du Garde et ses abords; cette position, criblée de boulets, la brigade de Miribel l'enlèvera d'assaut, pendant que la brigade Bocher fera un nouvel effort sur le mur par la partie supérieure du parc.

Voulant concentrer la plus grande partie de ses moyens d'action sur ce point si important du champ de bataille, le général commandant l'aile droite donne l'ordre au général Faron de faire avancer le 35ᵉ de ligne et le 19ᵉ régiment de garde nationale. Le 2ᵉ bataillon du 35ᵉ se dirige vers le haut du parc; les 3ᵉ et 1ᵉʳ, d'abord en réserve, près du château de Buzenval, entreront successivement en ligne si besoin est... Le 19ᵉ régiment de garde nationale marchera vers la droite, du côté de la porte de Long-Boyau...

Les Allemands envoient de nouveaux renforts pour soutenir la nouvelle attaque de la colonne de droite.

Le général von Kirchbach, commandant le Vᵉ corps, ayant vu, de l'observatoire de la 10ᵉ division (1), que nous préparions une nouvelle attaque sur Long-Boyau, ordonne de renforcer la position. En conséquence, le général-major von Monbary, commandant la brigade d'avant-poste, envoie sur le Pavillon, d'abord les 1ʳᵉ et 2ᵉ compagnies du régiment n° 50, puis les 1ʳᵉ, 9ᵉ, 11ᵉ et 12ᵉ du régiment n° 37.

Le lieutenant-colonel von Sperling, qui dirigeait l'ac-

---

(1) Villa Girard, dans le bois Béranger (près la Celle-Saint-Cloud), bien défilée par les arbres, d'où l'on pouvait découvrir le terrain au sud du Mont-Valérien, et au nord jusqu'à Colombes.

tion de ce côté, prend aussitôt les 1re et 2e compagnies du régiment n° 50 pour soutenir les 9e et 12e compagnies du même régiment, tandis que les 1re et 10e compagnies du régiment n° 37 ont l'ordre de couvrir le flanc droit jusqu'à la grande ligne d'abatis de la 9e division.

Les 9e, 11e et 12e compagnies du régiment de fusiliers n° 37 renforcent l'aile gauche dans la position du Pavillon du Garde.

« Sous un feu d'enfer, » le général Tripier jette contre le mur une brigade de 10 sapeurs et d'un sergent commandée par le lieutenant Joseph Beau, pour faire sauter le mur de Long-Boyau avec la dynamite (1). Des 10 hommes et de l'officier, aucun ne survit; tous, victimes de leur héroïsme, sont foudroyés avant d'arriver au pied de la muraille... seul, le sergent, atteint de trois blessures mortelles, parvient à traîner son corps sanglant jusqu'à nous... *[Mort héroïque du lieutenant Beau du génie et de ses 10 sapeurs.]*

Cependant toute la ligne de tirailleurs dirige contre la muraille un feu très-vif... nos deux batteries de 12, placées à 400 ou 500 mètres de la porte de Long-Boyau, criblent d'obus le Pavillon du Garde, point d'appui principal de la muraille infranchissable... crénelée, barricadée, cette maison était renforcée en arrière par un blockhaus et des tranchées-abris...; « L'ennemi, dit la relation alle-
« mande, fit précéder son attaque d'un feu roulant d'ar-
« tillerie et de mitrailleuses, une partie des obus vint
« tomber dans le pavillon, une autre partie renversa les
« murs à côté et fit éprouver des pertes sensibles *aux*
« *défenseurs.* »

Malheureusement le canon ne pouvait rien contre le blockhaus et les tranchées derrière lesquels s'abritaient

---

(1) Voir croquis n° 12.

de nombreux tirailleurs sans cesse renforcés par des troupes fraîches.

Néanmoins, le colonel de Miribel veut en finir... sous son énergique impulsion, sa brigade s'élance avec impétuosité contre le Pavillon du Garde.

Le commandant de Parseval marche en tête des francs-tireurs de la division Berthaut ; le colonel de Monbrison et le lieutenant-colonel Fressinet de Bellanger entraînent les 3e et 4e bataillons du régiment des mobiles du Loiret ; des groupes de soldats de la ligne, de gardes nationaux, de mobiles s'associent à ce généreux effort, et ces braves gens arrivent pêle-mêle à quelques pas du fatal obstacle... Les plus intrépides sont foudroyés par la terrible fusillade partant des tranchées, du blockhaus, de la muraille... le gros de la troupe s'arrête, et bientôt recule encore une fois.

Les gardes nationaux qui viennent en seconde ligne, affolés, terrifiés, courent à droite et à gauche, tirent dans tous les sens et font de nombreuses victimes dans nos propres rangs.

Pendant ce terrible assaut, l'héroïque colonel de Monbrison tombe à quelques pas d'un sous-officier allemand, près duquel il reste longtemps couché, entre les deux lignes ennemies ; l'intrépide Fressinet, qui semble chercher la mort, a son cheval tué au plus fort de la lutte, à peine relevé, tout meurtri, il s'élance de nouveau en avant ; le colonel de Rochebrune, du 19e de garde nationale, tombe également au premier rang (1).

Brisés, rompus, les régiments des brigades de Miribel

---

(1) Le colonel de Rochebrune fut probablement tué par un des gardes nationaux qui tiraient au hasard, sans se préoccuper de ce qui était devant eux ; le projectile l'avait frappé dans les reins, et fut retrouvé entre les vêtements et la poitrine ; c'était une balle de fusil à tabatière (arme des gardes nationaux).

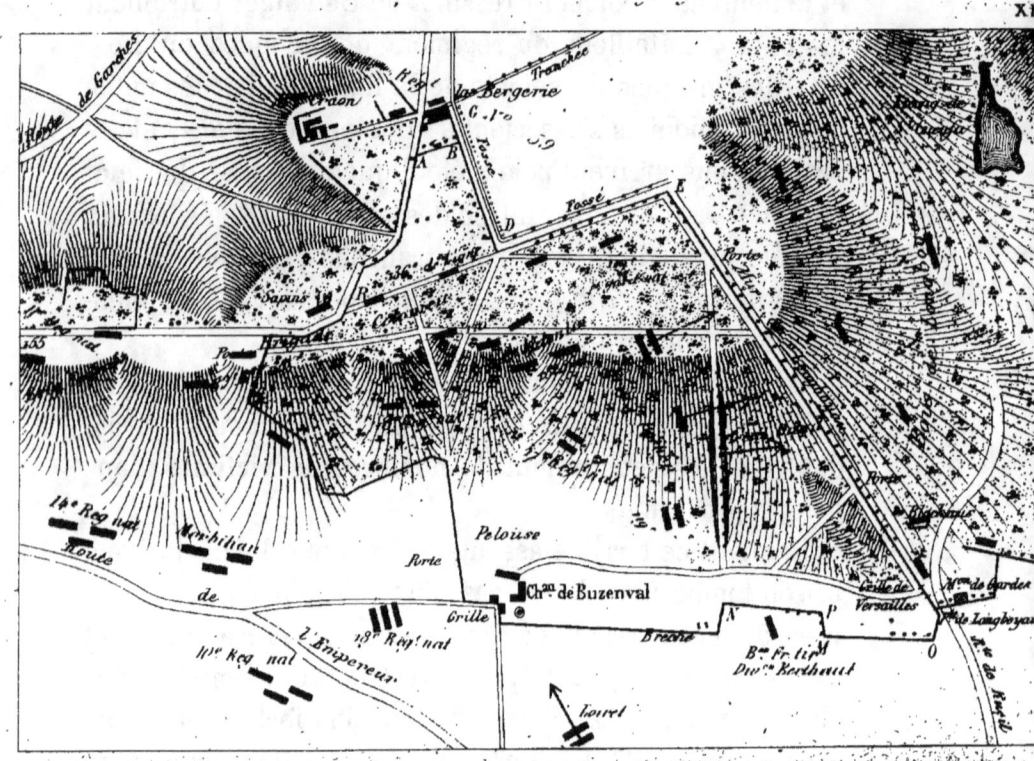

et Bocher viennent s'abriter derrière le chemin creux d'où ils étaient partis (1).

Ces attaques répétées, infructueuses, avaient amené parmi les combattants la plus épouvantable confusion. Les brigades, les régiments, les compagnies étaient mélangés pêle-mêle. Nombre de gardes nationaux s'en allaient par groupes sous prétexte qu'ils n'avaient plus de cartouches, qu'ils étaient blessés, etc. Il fallut tous les efforts, toute l'énergie des généraux, des officiers, pour empêcher que la débandade ne gagnât les troupes de ligne et celles de la mobile, fatiguées, découragées, elles aussi, par tant d'efforts meurtriers...

Pendant que l'aile droite s'acharnait contre le mur de Long-Boyau, la lutte à gauche et au centre, depuis Saint-Cloud jusqu'à la Bergerie, se poursuivait sans avantage ni d'un côté ni de l'autre. Faute d'artillerie, nous étions réduits, malgré notre grande supériorité numérique, à rester sur nos positions; encore avions-nous beaucoup de peine à nous y maintenir sous le feu écrasant de l'ennemi, dont les batteries semblaient se multiplier d'instant en instant.

Immobilité de l'aile gauche et du centre qui ne peuvent faire avancer leur artillerie.

« Vers les 10 heures, le général von Sandrard, com-
« mandant la 9ᵉ division, fait avancer deux batteries
« divisionnaires : 2ᵉ lourde et 1ʳᵉ légère; elles sont
« dirigées l'une sur le parc de Saint-Cloud, l'autre sur
« le Haras...; les deux batteries lourdes dans le parc
« de Saint-Cloud et la 1ʳᵉ légère à l'hospice Brezin,
« tirent à 2,300 et 2,700 pas sur la redoute de Montretout

L'artillerie ennemie se montre sur tous les points.

---

(1) « Avant de s'ébranler, l'ennemi fit relever ses tirailleurs, puis il s'avança en plusieurs fortes colonnes, précédé de sa nouvelle ligne de tirailleurs. Son infanterie s'approcha jusqu'à deux cents pas; la violente fusillade des défenseurs arrêta néanmoins ses progrès, après lui avoir fait subir des pertes considérables. Après de vains efforts faits par les officiers pour arrêter la retraite, l'ennemi dut amener des troupes fraîches ». (Von Stieler, *Relation allemande*.)

« qu'elles découvraient fort bien. Bientôt le feu de la
« 2ᵉ batterie légère de l'hospice Brezin est doublé par
« la 3ᵉ batterie légère, et la 4ᵉ batterie lourde est dirigée
« sur le parc de Saint-Cloud, afin de permettre à la
« 3ᵉ lourde et à la 3ᵉ légère d'agir contre les hauteurs
« de Garches, et à la 1ʳᵉ légère contre le bois de Bu-
« zenval (1). »

Inutilité des batteries placées à la Fouilleuse.

Quant à nous, malgré plusieurs tentatives réitérées, aucune de nos batteries n'avait pu arriver jusqu'à la crête. Sur ce terrain en pente, défoncé par la pluie, nos grosses pièces de 7 et de 12 s'embourbaient profondément ou glissaient jusqu'en bas, entraînant hommes et chevaux.

Les batteries que le général de Bellemare avait fait établir à la Fouilleuse ne pouvaient absolument rien contre les nombreuses pièces ennemies qui, balayant de projectiles toute la ligne de Montretout à la Bergerie, rendaient la situation de nos troupes de plus en plus difficile, particulièrement sur l'étroit plateau 155.

Le général Trochu envoie l'ordre au général Vinoy de prêter son concours au général de Bellemare.

L'action semblait donc être arrêtée : le général de Bellemare qui avait engagé tout son monde : brigade Fournès, brigade Colonieu, brigade Valentin, qui avait son artillerie comme immobilisée au bas du plateau, ne pouvait plus rien. Prévenu de sa situation, le général Trochu ordonnait au général Vinoy de lui donner à tout prix son concours.

« *Gouverneur à général Vinoy.* »

« Mont-Valérien, 19 janvier, 1 heure.

« Appuyez énergiquement le général Bellemare avec

---

(1) Opérations du Vᵉ corps prussien.

« votre canon partout où il peut se développer et avec
« une partie de vos effectifs ; le général Ducrot qui est
« à la droite avec peu de monde souffre beaucoup. Si
« vous aidez Bellemare, Bellemare pourra aider Ducrot. »

Mais la situation du général Vinoy ne laissait pas que d'être assez critique ; pas plus que le général de Bellemare, il ne pouvait parvenir à faire monter son artillerie sur le plateau. — Montretout et ses abords n'étaient pas moins en butte aux coups incessants de l'ennemi que les positions de la colonne du centre.

Dans la redoute, la position devenait de plus en plus difficile, les Prussiens la couvraient d'obus. Les projectiles se succédaient sans relâche, projetant partout des éclats de fer et de pierre... Soldats de la ligne, francs-tireurs, gardes nationaux, dans la boue jusqu'à mi-jambes, étaient tapis contre le talus ou réfugiés dans les casemates, personne ne faisait plus le coup de feu.

Du reste, on n'apercevait pas de Prussiens ; eux, au contraire, embusqués dans les maisons voisines, tiraient derrière les volets des fenêtres aussitôt qu'une tête émergeait du parapet.

Le général Vinoy s'étant porté à la redoute, donne l'ordre d'y faire arriver, coûte que coûte, de l'artillerie pour essayer de répondre au feu écrasant de l'ennemi. *Le commandant Tardif de Moidrey parvient à faire arriver 4 pièces près de la redoute*

Quatre pièces dirigées par le chef d'escadron d'artillerie Tardif de Moidrey parviennent à force d'efforts surhumains à gravir la pente. Arrivée près de la redoute, la première glisse et culbute dans le fossé, deux autres s'embourbent jusqu'au moyeu... ; impossible de les faire démarrer... on attelle plusieurs chevaux de renfort à la quatrième... ; comme elle se mettait en batterie à l'ouest de la redoute... tombent trois ou quatre projectiles qui éclatent en plein attelage... deux chevaux sont tués...
Après avoir été obligé de faire dételer deux fois, le

commandant parvient enfin à mettre la pièce en batterie, mais au bout du troisième coup, elle est renversée par un obus au milieu des débris de ses roues et de son affût (1).

De ces quatre pièces montées avec tant de peine aucune ne put donc être efficacement utilisée pour la redoute, malgré le sang-froid et l'énergie du commandant Tardif de Moidrey qui les dirigeait.

A 3 heures le général Guillemaut, envoyé dans l'ouvrage pour le retourner contre l'ennemi, télégraphiait :

« Le feu de l'ennemi très-violent, le mauvais état des
« chemins surtout, nous empêchent de monter sur les
« parapets les pièces que nous avons à notre disposition.
« Si on ne peut pas nous soutenir, des accidents sont
« à craindre. »

Devant l'impossibilité de faire arriver les batteries ni sur la crête, ni dans la redoute, appui énergique est demandé au Mont-Valérien, ainsi qu'au 6ᵉ secteur qui, avec leurs gros calibres, pouvaient atteindre le parc de Saint-Cloud, le parc de la Brosse et celui de l'hospice Brezin. En même temps, le général Vinoy faisait avancer son artillerie aussi près que possible de la crête en avant de la Briqueterie. Mais tout contre le flanc du coteau, elle ne pouvait nous être d'aucune utilité.

1 heure 1/2.
Deux pièces parviennent à monter la crête et canonnent la Maison Craon.

Dans le bois de Buzenval, les troupes de la brigade Colonieu étaient toujours face à face avec les infranchissables obstacles de la maison Craon et de la Bergerie. Elles ne reculaient pas à la vérité, mais elles ne gagnaient pas non plus une parcelle de terrain ; là, peut-être, au moins autant qu'à l'aile gauche, le besoin de

---

(1) La 2ᵉ batterie légère réussit, vers midi, à obliger à la retraite une batterie ennemie qui avait pris position à l'ouest de la redoute, et qui ne put tirer que trois coups. (Opérations du Vᵉ corps prussien.)

l'artillerie se faisait sentir... Il était bien évident que la mousqueterie seule était complétement insuffisante devant ces murailles.

Depuis longtemps le colonel Colonieu, le lieutenant-colonel Allard, avaient demandé quelques pièces au général de Bellemare; mais tous les efforts pour faire avancer l'artillerie avaient été inutiles... Cependant, à force d'énergie et de résolution, une pièce de 12 de la batterie Donato, commandée par le sous-lieutenant Lacaze, parvient, en doublant les attelages, à gravir la pente en avant de la Fouilleuse... Aussitôt elle se met en batterie un peu en deçà de la crête, près du mur du parc de Buzenval, et tire sur la maison Craon; mais un petit bois taillis, placé devant cette habitation, la cache à nos coups, les fusées percutantes éclatent souvent dans les branches, et les obus n'arrivent pas jusqu'au mur de la maison. Ne pouvant faire brèche, M. Lacaze tire avec quelques fusées fusantes, mais sans obtenir de résultat décisif... il fallut donc renoncer à donner l'assaut à la maison Craon. Il est fâcheux que d'autres pièces n'aient pas suivi le chemin de la section Lacaze... Quelques-unes établies en T, par exemple, dans l'avenue FD, face à la ferme, où elles pouvaient arriver, auraient certainement réussi à rendre cette position tout à fait intenable, alors le plateau de la Bergerie aurait pu être enlevé directement.

A la droite, bien qu'arrêté devant le mur de Long-Boyau, on continuait à se maintenir sur les positions conquises; malheureusement on ne pouvait rien faire de plus... la presque totalité des troupes de réserve était engagée; le général Faron, après avoir envoyé d'abord dans le parc le 35ᵉ de ligne et le 19ᵉ régiment de garde nationale, avait dû quelque temps après les faire soutenir par le 42ᵉ de ligne.

La division Susbielle repousse les Allemands jusque dans le vallon de Saint-Cucufa.

Pendant que les divisions Berthaut et Faron étaient aux prises dans le parc de Buzenval, la division de Susbielle, maintenant l'ennemi en avant de Rueil, le refoulait du poste de la Malmaison et de la villa Dollinger... Poursuivant ses avantages, elle finit par rejeter les Allemands dans le vallon de Saint-Cucufa... Tout le jour, le général de Susbielle arrêta ainsi une partie de la 10ᵉ division prussienne, l'empêcha de déboucher et observa en même temps l'ennemi établi dans la presqu'île d'Argenteuil.

De ce côté, en effet, une attaque de flanc était à craindre de la part du 4ᵉ corps allemand... En prévision d'une pareille éventualité, le général Ducrot avait fait observer toute la ligne de Chatou à Bezons par le commandant Faverot de Kerbrech. Cet officier supérieur, ayant sous ses ordres deux escadrons de dragons, les éclaireurs Franchetti, une section d'artillerie, accomplit parfaitement sa mission en rendant un compte exact et détaillé de tous les mouvements des forces ennemies qui venaient successivement couronner les abords de Montesson, Chatou, Carrières-Saint-Denis.

Ces troupes ennemies ne donnèrent pas, mais les batteries de la presqu'île prirent une part très-active à la lutte... l'artillerie de la colonne de droite engagea avec elles un combat vif et soutenu... Le Mont-Valérien, les batteries des Gibets, de la gare de Rueil, deux batteries sur wagons blindés arrivés à toute vapeur, criblèrent de projectiles les batteries de la presqu'île et les obligèrent, sinon à cesser leur feu, du moins à changer fréquemment de position... Une de ces batteries étant venue se placer près de Chatou, à 1,200 mètres de la gare de Rueil, eut bon nombre de ses hommes fauchés par nos mitrailleuses avant d'avoir pu tirer un coup de canon... Malgré l'entrée en action des batteries ennemies du plateau Saint-Michel qui, aussitôt le brouillard complétement disparu, croisèrent leurs feux avec l'artillerie de la rive droite, nos batteries continuèrent à se maintenir énergiquement et à rendre coup pour coup ; seul, le train blindé fut obligé de battre en retraite... Le lieutenant de vaisseau qui le dirigeait ayant été blessé, plusieurs matelots tués, une locomotive mise hors de service..., il fallut faire machine en arrière et se retirer.

L'attaque de front du plateau de la Bergerie étant toujours aussi infructueuse, les troupes des généraux Valentin, Bocher, Miribel se décident, sur l'ordre du général commandant l'aile droite, à faire un nouvel effort contre le mur de Long-Boyau, mais il n'est pas plus heureux que les précédents... nous ne pouvons entamer cette muraille qui nous avait coûté tant de braves soldats.

<small>Nouvelle tentative contre la porte de Long-Boyau.</small>

Dans la partie inférieure, le colonel de Miribel veut cependant, de nouveau, essayer de s'emparer de la porte de Long-Boyau : le mouvement n'ayant pas réussi par l'intérieur du parc, il pense être plus heureux en rasant extérieurement le mur M O (1)... Prenant ses dispositions, il échelonne tout le long de ce mur un bataillon du Loiret et place sa réserve dans l'angle P... ; mais il était déjà tard, le mouvement, en lui-même, n'offrait que peu de chances de succès, et, dans tous les cas, il ne pouvait avoir aucune suite... C'était donc un nouveau sacrifice de braves gens sans résultat. Le général Ducrot, consulté, arrête le colonel de Miribel et lui ordonne de se maintenir sur ses positions, sans plus rien tenter.

Puissamment soutenu par de nombreuses batteries dont les repères, les champs de tir sont depuis long-

<small>Situation de nos troupes vers les 3 heures</small>

---

(1) Voir croquis n° 13.

temps étudiés..., parfaitement abrité par des tranchées, des abatis, des murs crénelés, l'ennemi nous oppose donc depuis Saint-Cloud jusqu'à la Seine une résistance invincible (1).

Toutes nos attaques, tous nos assauts ont échoué devant ces murailles bien défendues, murailles que notre canon ne peut même apercevoir, des points où il est immobilisé. Ces efforts infructueux, ces insuccès répétés avaient forcément amené sur toute la ligne un moment d'attente, temps d'arrêt comme il s'en produit souvent sur les champs de bataille... les hommes, visiblement fatigués, ne tiraient plus... l'encombrement sur certains points était immense; nous avons vu, dans le parc de Buzenval, avec quelle peine infinie on était parvenu à mettre un peu d'ordre au milieu des mobiles, des soldats de la ligne, des gardes nationaux mélangés pêle-mêle... vers la gauche, la confusion était plus grande encore.

A la Briqueterie, l'artillerie qui avait quitté cette position avait été aussitôt remplacée par des files innombrables de voitures d'ambulance venues s'entasser sur la route menant au rond-point des Bergères et sur tous les chemins qui descendent à la Seine. « On y voyait
« aussi des camions de chemin de fer portant les cais-
« ses de vivres et de munitions de réserve de la garde
« nationale, qui, bien que peu engagée, avait déjà fait
« une grande consommation de cartouches. Ces lourdes
« voitures se trouvaient enfoncées dans les ornières
« profondes creusées par le passage des grosses pièces
« d'artillerie.

« ... Beaucoup de gardes nationaux commençaient
« à trouver la journée un peu longue... Déjà nombre

---

1) Voir croquis n° 14.

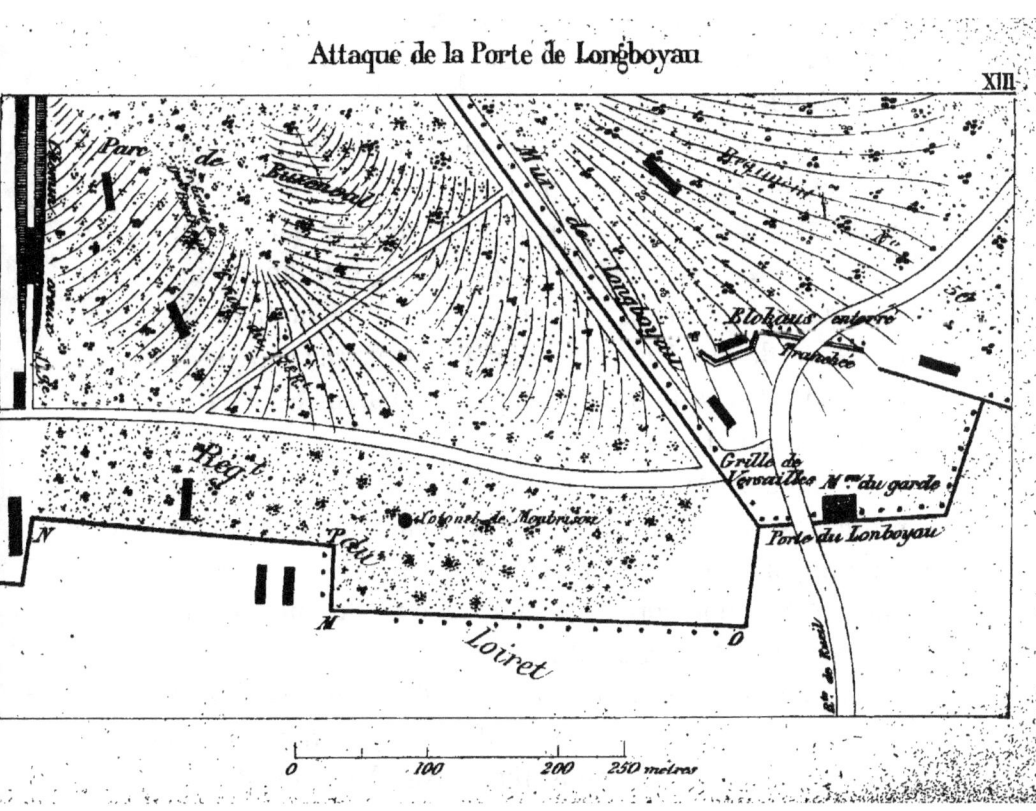

« de simples gardes, des officiers s'esquivaient sous pré-
« texte de blessures imaginaires. Plusieurs d'entre eux
« enlevèrent d'assaut les omnibus destinés au transport
« des blessés et se firent ramener par eux à Paris (1)!... »

Cependant le moment le plus critique de la journée allait arriver. Voyant notre feu s'affaiblir, voyant que nous nous maintenions exclusivement sur la défensive, l'ennemi se décide à prendre l'offensive.

3 heures 1/2.
L'ennemi prend l'offensive.

« La lutte devenant de plus en plus faible, dit le ré-
« cit allemand des opérations du V° corps prussien, le
« général von Sandrart, commandant la 9° division,
« crut le moment venu de prendre l'offensive sur toute
« la ligne ; il prescrivit à l'artillerie d'allonger son tir sur
« le parc de Buzenval et les hauteurs de Garches, prin-
« cipalement sur un mur situé au nord du cimetière de
« Garches, derrière lequel l'ennemi s'organisait pour la
« défense, et sur les réserves qui se tenaient à l'abri en
« arrière des hauteurs...

« En même temps, les dispositions suivantes sont
« prescrites pour l'attaque de l'aile gauche. Le major
« Cumme, avec deux compagnies de fusiliers du régi-
« ment n° 59, délogera l'ennemi du mur du château de
« la Bergerie et du mur inférieur de Buzenval ; le ba-
« taillon de fusiliers du régiment n° 47 se portera à « la
« Joyeuse Saucisse aux Pois » (2) et s'y tiendra prêt à
« marcher ; le colonel von Köthen, avec les 5° et 8° com-
« pagnies du régiment n° 59 et la 4° compagnie de chas-
« seurs, le bataillon de fusiliers et le 1er bataillon du
« régiment des grenadiers du roi n° 7, ces deux derniers
« appartenant à la réserve principale, enlèveront les

Ordre de combat de l'ennemi.

---

(1) Extrait du général Vinoy (*Siége de Paris*, tome Ier).

(2) Enseigne d'un cabaret que les Prussiens avaient installé au milieu des ruines de Villeneuve-l'Étang.

« hauteurs de Garches en partant du village du même
« nom... (1) »

3 heures 1/2.
L'attaque de Buzenval est repoussée.

Excités par la présence du prince royal qui venait d'arriver sur le champ de bataille, certains d'être solidement soutenus par toutes leurs réserves, les Prussiens s'élancent sur nos positions... (2)

Le bataillon du régiment n° 59 (major Cumme) sortant de la Bergerie, parvient à déloger nos tirailleurs du mur situé en avant de cette ferme..., mais il échoue complétement contre le mur de Buzenval; le 1er bataillon de zouaves, le 2e bataillon du 35e (division Faron), les 1er et 2e bataillons du Morbihan, entrant dans le parc, soutiennent énergiquement les défenseurs du haut du plateau (brigades Valentin, Colonieu), et contribuent à repousser l'ennemi.

« A l'aile gauche, dit le récit allemand, le major
« Cumme, ne réussit pas, malgré des attaques réitérées
« partant de la Bergerie, à débusquer l'ennemi posté
« derrière le mur supérieur de Buzenval, en dépit de
« toute la bravoure déployée par les hommes et de tout
« le dévouement des officiers...; un capitaine et un
« lieutenant sont tués et deux officiers grièvement blessés,
« en essayant, à deux reprises, de forcer le passage
« à travers le mur (3). »

Échec des Allemands sur les hauteurs de Garches.

Sur les hauteurs de Garches, l'attaque des Allemands n'était pas plus heureuse; le colonel von Köthen, dé-

---

(1) Voir croquis n° 15.

(2) Une partie de la 22e division venait d'arriver dans le parc de Saint-Cloud... En même temps, accouraient une brigade bavaroise et une brigade de landwehr de la garde.

(3) « Les fusiliers du régiment d'infanterie n° 67 devaient seconder un nouvel assaut contre le mur de Buzenval; on y renonça à cause de la nuit survenue sur ces entrefaites, et, en raison des abatis qui se trouvaient le long du mur, on le réserva pour le lendemain matin. » (*Récit allemand.*)

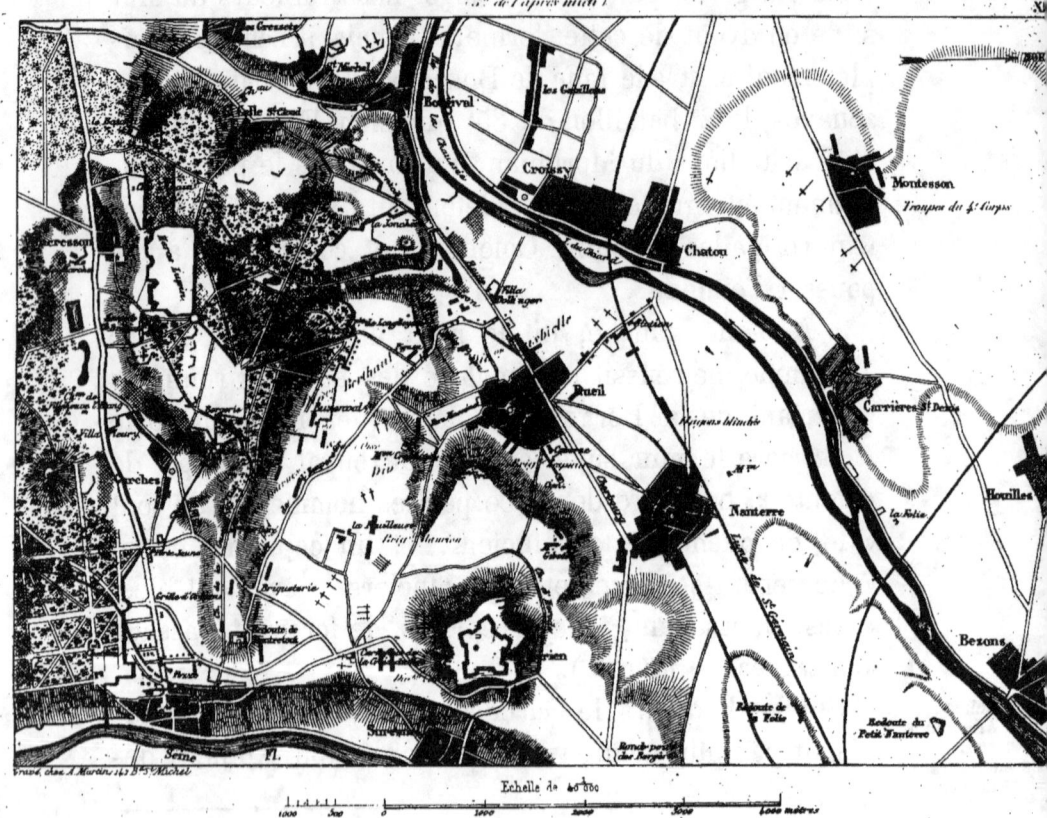

Bataille de Montretout-Buzenval
(3ʰ de l'après midi)

ployant trois compagnies de fusiliers du régiment de grenadiers du roi n° 7 et les quatre compagnies de chasseurs en colonnes de compagnie, suivies par une compagnie de fusiliers en réserve, débouche de Garches... Le 1ᵉʳ bataillon du régiment des grenadiers du roi n° 7 appuie l'attaque du colonel von Köthen qui est soutenu, à gauche, par le bataillon de fusiliers du régiment n° 47, à droite, par la 3ᵉ compagnie de chasseurs, reliant cette colonne avec celle qui se porte sur la redoute de Montretout.

Accueillis par une vive mousqueterie, les Allemands n'en continuent pas moins à gravir les pentes... Déjà sur quelques points la ligne de tirailleurs de la brigade Fournès commence à reculer, quand arrivent au pas de course les soutiens... le feu redouble... les bataillons de Seine-et-Marne, le 4ᵉ bataillon des Côtes-du-Nord, les francs-tireurs de la division Courty viennent successivement renforcer les combattants : zouaves, soldats de la ligne, mobiles, rivalisent d'entrain et d'ardeur...

Bientôt les grenadiers du roi, les fusiliers-chasseurs, écrasés sous une grêle de balles, font demi-tour et descendent plus rapidement la côte qu'ils ne l'ont montée. Nos francs-tireurs de la ligne les poursuivent jusqu'au cimetière... Mais là, les Allemands, bien abrités derrière les murs, les assaillent par un feu de mousqueterie qui en tue ou blesse un grand nombre... Leur commandant Lécuyer est blessé, le capitaine Frère, qui lui succède, est également atteint... Le capitaine Risbourg parvient cependant à ramener nos francs-tireurs sur la crête, où, malgré la pluie d'obus qui inonde le terrain, nous tenons ferme sur nos positions.

En résumé, l'attaque de gauche de la 9ᵉ division ennemie avait complètement échoué devant les troupes du général de Bellemare, soutenues dans le parc de Buzenval par une partie des troupes du général Ducrot, et sur la crête de la maison du Curé, par les francs-tireurs de la division Courty.

<small>Attaque de l'aile droite de la 9ᵉ division ennemie sur Montretout.</small>

« A l'aile droite de la 9ᵉ division, le général von Bothmer ayant vainement cherché à s'emparer de la redoute en faisant converger sur elle un feu de plusieurs batteries et n'ayant obtenu aucun résultat par ce moyen, prescrivit au lieutenant-colonel von Klaiz de faire enlever la redoute. Celui-ci chargea de cette opération la 2ᵉ compagnie de chasseurs, les 9ᵉ et 10ᵉ compagnies du régiment n° 58 et la 12ᵉ compagnie du régiment n° 59.

« Afin de protéger ce mouvement sur la gauche, la 3ᵉ compagnie de chasseurs et la 9ᵉ compagnie du régiment n° 59 devaient s'avancer de la Porte-Jaune vers les hauteurs. Sur la droite, cette attaque était couverte par les 1ʳᵉ, 4ᵉ et 12ᵉ compagnies du régiment n° 58 et la 6ᵉ compagnie du régiment n° 88. »

<small>Le général Vinoy fait relever ou renforcer les troupes qui vont avoir à soutenir l'attaque de l'ennemi.</small>

Pour relever et soutenir les troupes du général de Beaufort, qui, sous le feu de l'ennemi depuis le matin, vont recevoir tout le poids de cette attaque, le général Vinoy fait avancer la brigade Avril de l'Enclos (123ᵉ, 124ᵉ et 5ᵉ régiment de garde nationale). Le 123ᵉ, dirigé sur Montretout, envoie le 2ᵉ bataillon dans le parc de Béarn ; le 1ᵉʳ bataillon occupe la redoute et le 3ᵉ est placé en réserve sur la pente à l'Est de l'ouvrage.

Le 124ᵉ, avec son 1ᵉʳ bataillon, renforce la villa Armengaud, les deux autres se placent en soutien derrière la crête de la maison du Curé occupée par les zouaves et les mobiles de Seine-et-Marne... (1)

---

(1) Bientôt les deux bataillons du 123ᵉ entrèrent en ligne pour remplacer les zouaves et les mobiles qui combattaient depuis le matin. La brigade Avril de l'Enclos appuya alors sa droite à la maison du Curé, pendant que la brigade Fournès, remontant vers la droite, renforçait le plateau 155, et soutenait ainsi la brigade Colonieu.

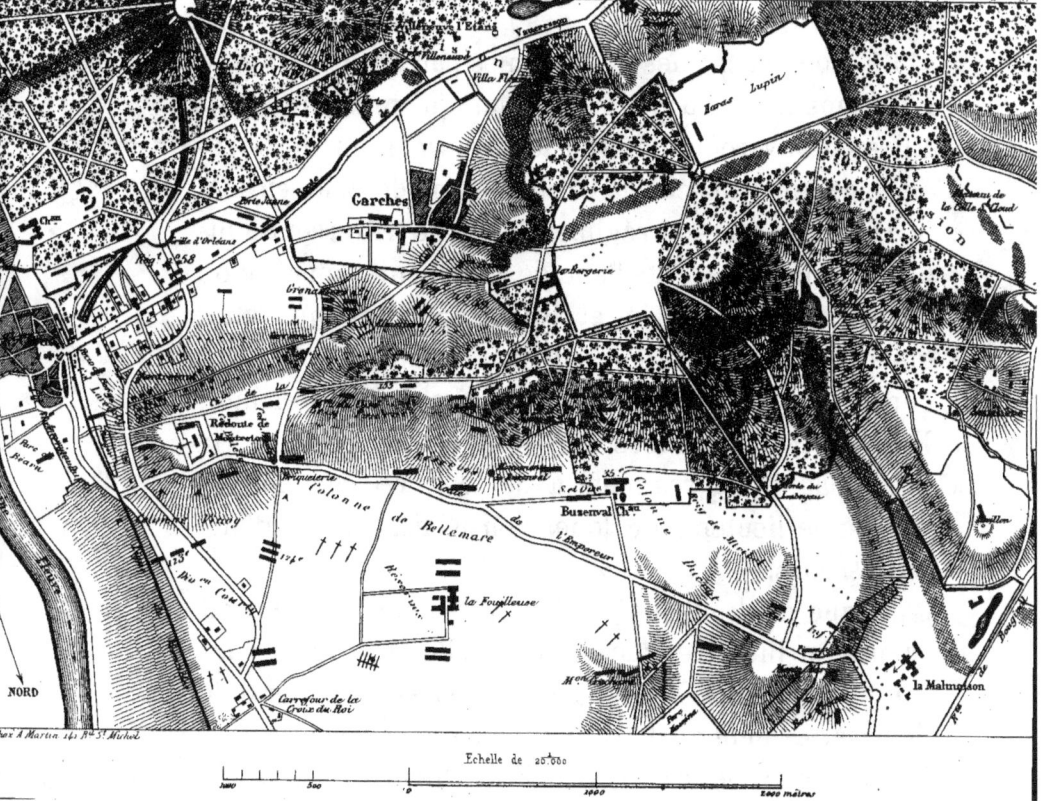

DÉFENSE DE PARIS. 139

Abrités derrière la ligne de hauteurs, bien postés dans la redoute et autour de cet ouvrage, nos tirailleurs couvrent les assaillants de leurs feux et les forcent à se retirer après leur avoir fait subir des pertes considérables.

L'assaut de la redoute de Montretout est repoussé.

« Cette attaque, dit le récit des opérations du Ve corps, « tomba sur des forces supérieures qui s'étaient tenues « cachées derrière la ligne de hauteurs... Dans cet as- « saut, nous eûmes à subir des pertes énormes...

« Le mouvement des compagnies parties de la grille « d'Orléans n'amena pas le résultat qu'on désirait (1). « Elles éprouvèrent, dès la rue Impériale, une forte ré- « sistance qui empêcha la 2e compagnie de chasseurs et « la 12e compagnie du régiment n° 59 de traverser Saint- « Cloud pour gagner le flanc de la redoute ainsi qu'on « l'avait projeté. Les 7e et 10e compagnies, qui atta- « quaient de front, durent s'arrêter devant la résistance « opposée par l'ennemi dans les maisons Zimmermann, « Pozzo et celles situées en avant de la redoute; la « 7e compagnie du régiment n° 88, envoyée comme ren- « fort par le lieutenant-colonel von Klaiz, ne fut d'au- « cun secours. »

Échec de l'ennemi dans le village même de Montretout; il ne peut franchir la rue Impériale.

L'attaque de droite de la 9e division ennemie n'avait donc pas eu plus de succès que celle de gauche; les troupes du général Vinoy, comme celles du général de Bellemare, avaient partout tenu l'ennemi en échec.

A notre extrême droite, vers Bois-Préau, la 10e division ennemie, sous les ordres du général Schmidt, cherche à nous refouler dans Rueil. Tout d'abord, les batteries Saint-Michel redoublent leurs feux et couvrent d'obus nos positions. « La 5e batterie légère quitte son « emplacement de Saint-Michel pour se porter jusqu'au

La 10e division ennemie tente vainement de nous chasser des positions conquises.

---

(1) Voir croquis n° 16.

« bord supérieur de la pente escarpée », et contrebat nos batteries du Moulin des Gibets. Sa canonnade ayant suffisamment préparé l'attaque, le général von Schmidt prescrit au 2ᵉ bataillon du nº 37 de reprendre la Malmaison et Bois-Préau.

De notre côté, par suite d'un mouvement vers la gauche (1), le 116ᵉ, qui occupait Bois-Préau, avait dû abandonner cette position et se porter à la maison Crochard, laissant la défense de Bois-Préau à deux bataillons du 53ᵉ régiment de garde nationale, le 90ᵉ et le 160ᵉ ; l'un s'était placé en première ligne, l'autre en réserve dans le parc. Le 90ᵉ bataillon de garde nationale allait donc recevoir le choc du 3ᵉ bataillon du nº 37 prussien. Celui-ci, garnissant rapidement avec ses tirailleurs un mur de clôture crénelé et une maison de garde située près du rond-point, ouvre un feu assez vif sur les défenseurs du parc. A la première fusillade, le 90ᵉ bataillon de garde nationale lâche pied et s'enfuit à toutes jambes.

Débandade du 90ᵉ bataillon de garde nationale.

Le général de Susbielle, qui était au Monte-Maria, accourt au milieu d'eux. En vain fait-il tous ses efforts pour les arrêter, les ramener... « Nous sommes trahis, s'écrient-ils, la ligne tire sur nous... » Un d'eux, brandissant son fusil, s'écrie : « Non ! général ! ce n'est pas « aujourd'hui que nous risquerons de nous faire tuer...; « bientôt, une occasion meilleure se présentera !!! »

Et toute cette masse, affolée de terreur, entraîne avec elle le 160ᵉ bataillon et se jette, en poussant des cris affreux, dans le village de Rueil.

Belle conduite du bataillon de volontaires de Montrouge.

Sur l'ordre du général de Susbielle, le 115ᵉ de ligne accourt au pas de course pour reprendre la position

---

(1) Le 42ᵉ ayant été appelé dans le parc de Buzenval, le 116ᵉ avait reçu mission d'appuyer vers la maison Crochard, pour soutenir l'artillerie, en attendant l'arrivée de la brigade Lespiau, en réserve à Rueil.

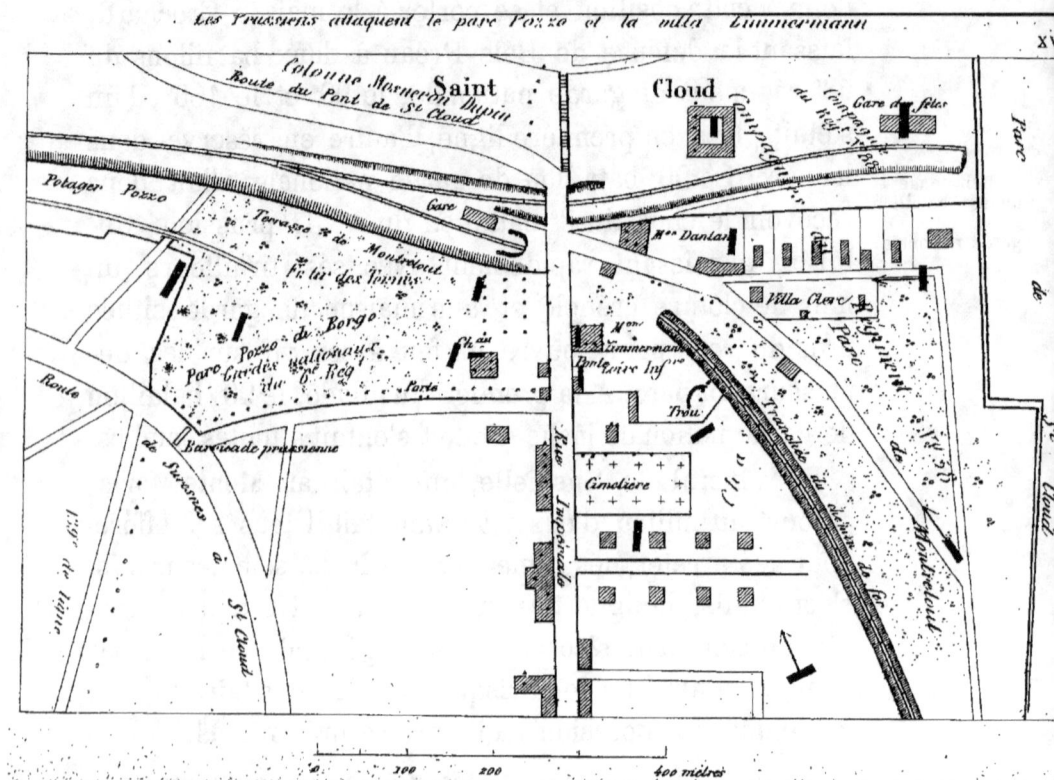

abandonnée ; mais les volontaires de Montrouge, faisant partie du 53ᵉ de garde nationale, honteux de la lâche conduite du 90ᵉ bataillon, réclament l'honneur de marcher à l'ennemi ; ils veulent réhabiliter la garde nationale, et, leur chef en tête, le lieutenant-colonel Delamarche, viennent prendre la place du 115ᵉ de ligne... Jusqu'à la tombée de la nuit, la fusillade avec l'ennemi fut assez vive, mais les Montrougiens, auxquels s'étaient mêlés quelques gardes des 90ᵉ et 160ᵉ bataillons, tinrent bon et conservèrent intacte la position qui leur avait été confiée...

Dans le parc de Buzenval, depuis la dernière tentative sur le mur de Long-Boyau et le Pavillon du Garde, on ne faisait plus que combattre sur place. Du reste, la situation ne laissait pas que d'être assez difficile... Devant nous, se trouvait un mur infranchissable défendu par de nombreuses troupes relevées et renforcées par des réserves fraîches... sur notre droite et même sur nos derrières, des projectiles nous arrivaient de l'autre bord du fleuve... Généraux et officiers durent, à diverses reprises, faire tous leurs efforts pour empêcher certaines fractions d'abandonner la position ; il fallut, pour relever ces troupes fatiguées, épuisées, faire entrer successivement dans le parc la majeure partie de la division Faron... six bataillons de mobiles, appartenant à la colonne du centre, sont également envoyés dans la partie sud de Buzenval par ordre du Gouverneur (1).

Situation dans le parc de Buzenval.

---

(1)   *Billet au crayon.*

2ᵉ ARMÉE. « 19 janvier, 3 h. 45.

ÉTAT-MAJOR GÉNÉRAL.

« Le général de Bellemare a reçu l'ordre de ren-
« forcer votre gauche, et il envoie sur la crête
« 6 bataillons.

« Vosseur. »

Les 10ᵉ et 11ᵉ bataillons de mobiles du 4ᵉ régiment de la Seine (colonel Dautrement) prennent position dans le chemin creux au sud du parc.

Les 1ᵉʳ, 2ᵉ, 3ᵉ et 4ᵉ bataillons (1ᵉʳ régiment, colonel Piétri) restent en arrière, à l'entrée du parc.

Le régiment du Loiret peut alors se retirer en seconde ligne, près du château (1).

L'artillerie de l'aile droite continue énergiquement la lutte.

Si à l'aile droite, l'action de l'infanterie ne se faisait plus fortement sentir, en revanche, l'artillerie poursuivait énergiquement la lutte, ainsi que l'établit le récit allemand des opérations du Vᵉ corps. « Pendant toute
« la durée de l'action et longtemps après, le terrain en
« arrière de la première ligne de la 10ᵉ division fut for-
« tement balayé par les pièces de gros calibre de l'en-
« nemi. Leurs obus arrivaient jusqu'à la réserve prin-
« cipale, près Beauregard. Les pièces de campagne,
« qui rendaient surtout le bois en arrière du pavillon
« très-dangereux, battaient aussi le plateau de la Celle-
« Saint-Cloud et la Jonchère. Des balles de mitrailleuses
« et quelques-unes de fusil arrivèrent même jusqu'à ces
« points... »

Nouvelle tentative infructueuse des Allemands à 5 heures sur le centre et la gauche.

Repoussés sur toute la ligne, depuis Bois-Préau jusqu'à Saint-Cloud, les Allemands tentent, vers 5 heures, un nouvel effort (2).

Entre Garches et Montretout, les mêmes colonnes ennemies qui avaient déjà donné l'assaut, s'élancent tambours battant en poussant des hurrahs... Les nôtres font partout vigoureusement tête ; sur quelques points,

---

(1) A ce même moment, un bataillon de Seine-Inférieure, placé en soutien de batterie, entre à son tour dans le parc de Buzenval, et s'établit dans le chemin creux, avec les 10ᵉ et 11ᵉ bataillons des mobiles de la Seine.

(2) Voir croquis n° 17.

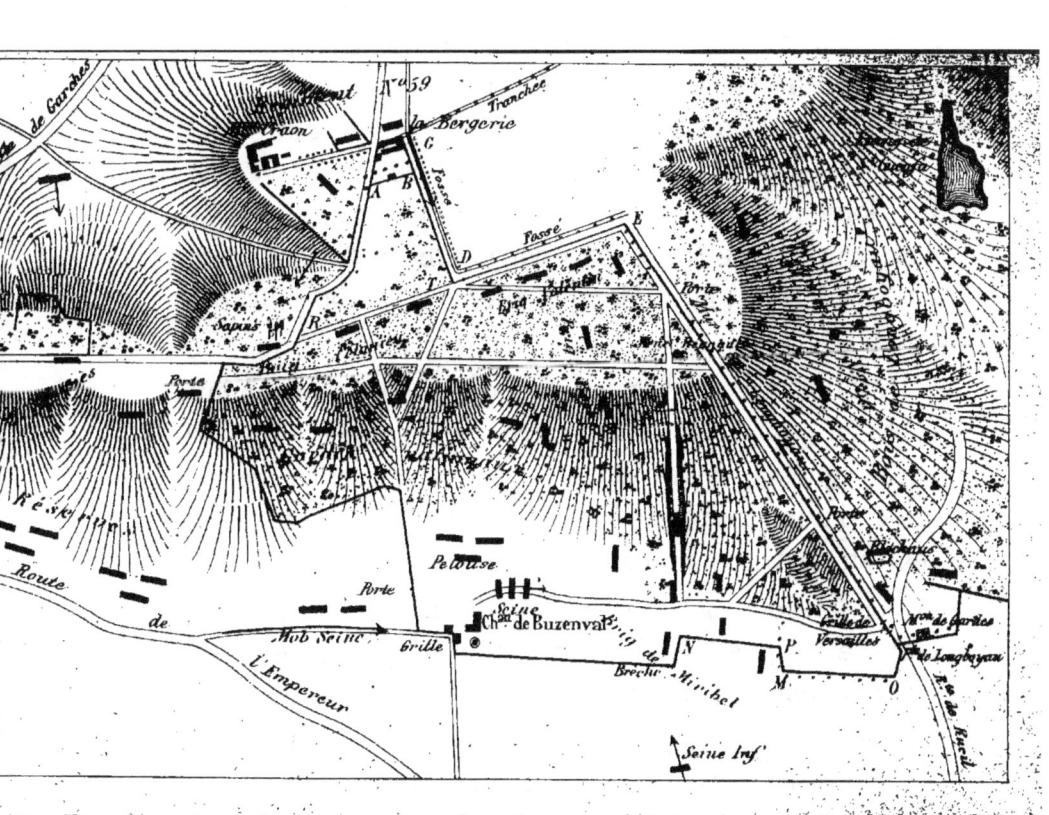

cependant, la ligne est entamée... Devant la maison du Curé, surtout, l'ennemi gagne du terrain.

Le 11ᵉ régiment de garde nationale, en réserve, est porté de ce côté pour soutenir les zouaves et mobiles de la brigade Fournès, épuisés par une lutte de près de dix heures... Mais à peine arrivés sur la crête, les gardes nationaux, terrifiés par le sifflement des balles, s'arrêtent, se couchent, et sans ordre, sans commandement, tirent dans toutes les directions..., tuant ou blessant les zouaves et mobiles qui sont devant eux... On a toutes les peines du monde à faire cesser le feu... Le Gouverneur, accouru avec le général Clément Thomas pour mettre fin à cette sanglante confusion, a l'un de ses officiers, M. Delangle, traversé par la balle d'un garde effaré...

Profitant du désordre causé par les gardes nationaux, l'ennemi gagne du terrain ; mais à l'arrivée de la brigade Hanrion, envoyée par le général de Bellemare pour renforcer les brigades Fournès et Colonieu, ses efforts sont en partie contenus.

Vers Montretout, la brigade Pistouley (125ᵉ, 126ᵉ), avancée jusqu'à la Briqueterie, appuie également l'énergique défense de nos soldats.

Pendant que se produisait ce nouvel assaut entre le plateau 155 et Montretout, le parc de Buzenval était attaqué.

Les Allemands ne réussissent pas mieux dans leur nouvelle attaque de Buzenval

Dissimulé derrière la tranchée qui reliait la Bergerie au Haras, un fort parti ennemi, armes baissées, s'avance par le fossé CD (1). La nuit étant presque complète, on ne peut distinguer les couleurs sombres de l'uniforme allemand.

---

(1) Voir croquis nº 9, page 114.

Au qui vive! des sentinelles, il est répondu en français : « Ne tirez pas, ne tirez pas!!... »

Indécis, anxieux, officiers, soldats épient les mouvements de cette masse noire s'avançant lentement entre les broussailles... quelques-uns pensent que c'est une troupe de mobiles ou de francs-tireurs qui, parvenue à tourner la Bergerie, vient se relier à nous... mais à 20 mètres le doute n'est plus possible..., ce sont des Prussiens!!... une forte décharge à bout portant en renverse une partie, le reste s'enfuit à toutes jambes, mais pas assez vite pour échapper à notre feu qui atteint bon nombre des assaillants, le fossé par lequel ils sont venus est rempli de leurs cadavres.

En résumé, ce dernier assaut de l'ennemi n'avait pas été plus heureux que les précédents.

« Un nouvel effort, dit le récit allemand, tenté pour « gagner du terrain échoua encore, malgré toute la bra- « voure des officiers et des soldats » (5 heures).

<small>Situation à la gauche et au centre de la ligne de bataille.</small>

A la nuit, le champ de bataille est encore à nous, mais la plus indicible confusion règne à la gauche et au centre où l'on vient d'essuyer de si rudes assauts. Toutes les troupes sont mêlées. Gardes nationaux, mobiles, soldats de la ligne, dans un désordre inextricable, se trouvent à quelques pas des Prussiens... Les deux lignes sont si rapprochées qu'un de nos officiers est enlevé presque au milieu de son bataillon...

Le Gouverneur « qui, au centre et à la gauche, avait, « au milieu d'une alternative d'attaques et de retours, « guidé jusqu'à trois fois contre l'ennemi de nouvelles « troupes, se rendait bien compte de la situation... »

Il voyait qu'il n'y avait plus rien à demander aux hommes épuisés par la longue lutte de cette journée succédant à une nuit passée sans sommeil. On ne pouvait plus surtout en aucune manière compter sur les

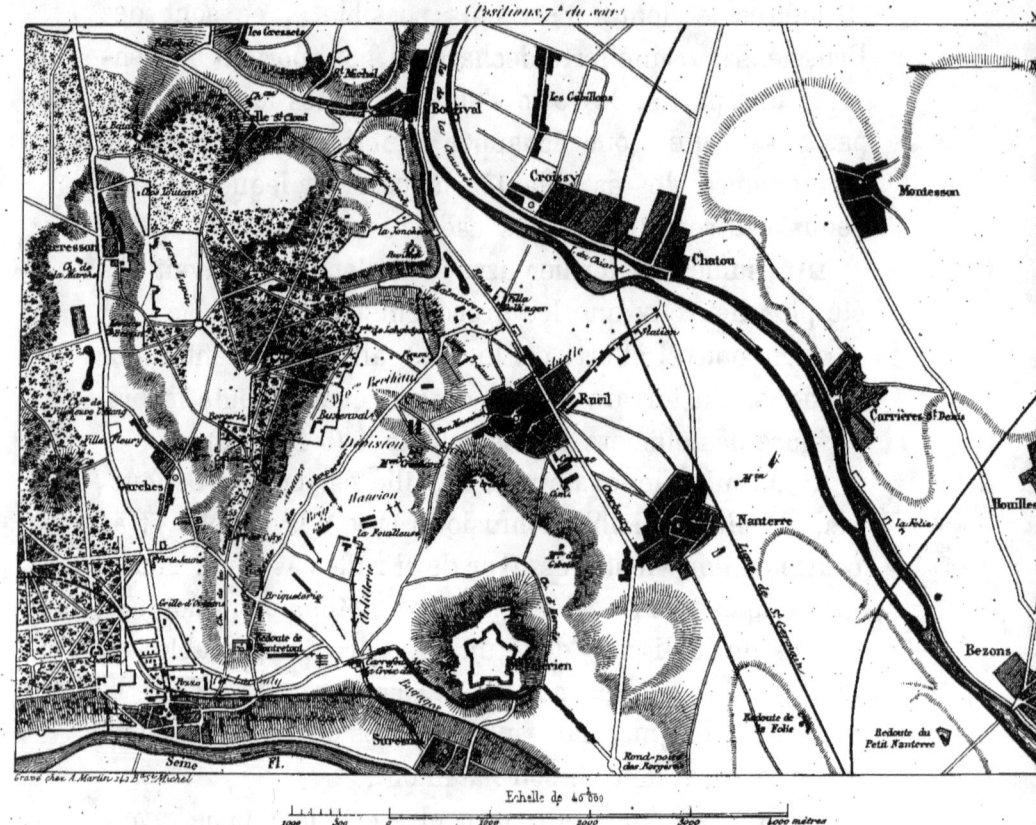

gardes nationaux... Parmi eux, un certain nombre s'était bravement, héroïquement comporté... Des exemples d'intrépidité, d'abnégation avaient été donnés par des hommes comme le vieux marquis de Coriolis qui, malgré ses soixante ans passés, avait pris le sac, le fusil et était venu chercher la mort au milieu de l'ennemi... Comme ce jeune et brillant peintre Henry Regnault, devant qui s'ouvrait un avenir de bonheur et de gloire, tombé sous une balle prussienne à la fin de cette journée sanglante.

Parmi les plus illustres comme parmi les plus obscurs, beaucoup avaient montré que le dévouement n'était pas rare dans les bataillons de Paris ; mais si des personnalités savaient faire leur devoir, savaient se faire tuer, la masse, nullement façonnée par la discipline à soutenir les longues et émouvantes épreuves du champ de bataille, se trouvait à la fin de la journée du 19 complétement abattue, découragée et absolument impuissante.

« Les chefs de corps consultés ne cachaient pas que leurs hommes auraient de la peine à se maintenir longtemps en face des entreprises toujours menaçantes de l'ennemi. *On semblait craindre* LA NUIT... on n'avait nulle confiance dans l'issue définitive de la lutte... »

Le général Trochu donne l'ordre de la retraite

Au spectacle de tout ce qu'il voit à la gauche et au centre, le général Trochu se décide à battre en retraite.

Ordre est donné d'abandonner les positions de gauche; la brigade Noël couvrira le mouvement...

A peine le mot de retraite est-il prononcé que sur les derrières de la gauche, la débâcle commence...

Désordre à la gauche.

Dans la plaine de la Fouilleuse, couverte des ombres d'une noire nuit d'hiver, tout se débande, tout s'en va...

Sur la route l'encombrement est effroyable : les camions de chemin de fer, les omnibus, les fourgons, les ambulances sont accumulés pêle-mêle. Enfoncées dans les ornières profondes, ces lourdes voitures qui toutes se touchent et parfois s'enchevêtrent, les roues de l'une entrant dans celles de l'autre, ne peuvent parvenir à s'ébranler ; elles forment comme une longue et impénétrable barricade contre laquelle se heurtent des flots pressés d'hommes, de chevaux...; les gardes nationaux se sauvent de toutes parts à travers champs... Les soldats, perdus, égarés, cherchent leur compagnie, leurs officiers... Si, à ce moment, l'ennemi, reprenant tout de suite l'offensive, se fût emparé du coteau de Montretout et qu'il eût garni la crête d'artillerie, le large vallon de la Fouilleuse aurait offert à ses coups une masse confuse où il n'aurait eu qu'à frapper...

Heureusement les Allemands, fatigués eux aussi par les violents efforts fournis depuis la matinée, avaient dû rester dans leurs lignes, et ce n'est qu'assez avant dans la nuit qu'ils firent leur nouvelle attaque sur Montretout.

Retraite de l'aile gauche et d'une partie du centre.

Enfin, vers 8 heures, la cohue de tous les impedimenta ayant pu rebrousser chemin, la Briqueterie et ses abords se trouvent en partie dégagés ; nos pièces de 12, descendues à grand'peine de la redoute de Montretout, avec tout le reste de l'artillerie de la colonne de gauche et du centre, viennent s'y masser... Les troupes de première ligne opèrent successivement leur retraite : la gauche vers la Briqueterie du Carrefour-du-Roi, sous la protection de la brigade Noël... les troupes établies depuis la redoute de Montretout jusque vers le plateau 155, se retirent sous la protection de la brigade Pistouley.

La brigade Hanrion prenant position en avant de la Fouilleuse, couvre le mouvement rétrograde d'une partie de la colonne du centre.

Cette retraite opérée dans le désordre, dans la nuit,

dans la boue, sans présenter le triste spectacle donné par la débandade de la majeure partie des gardes nationaux, fut longue, difficile et tellement confuse que dans la colonne de gauche on oubliait les troupes du lieutenant-colonel Mosneron-Dupin établies dans les villas Béarn et Armengaud, et le bataillon de Loire-Inférieure qui occupait la villa Zimmermann.

A l'aile droite, le général Ducrot, après s'être fortifié dans le parc du Buzenval, se préparait à recommencer l'action dans la matinée, quand il reçut, en entrant dans la maison Crochard, une dépêche du général Trochu ainsi conçue :

Retraite de l'aile droite.

« Vu l'extrême désordre des troupes, je suis obligé
« d'ordonner la retraite. »

Le général Ducrot répondit :
« Je ne sais de quel désordre vous voulez parler.
« Nous occupons toutes les positions conquises dans la
« journée et nos troupes sont dans un ordre parfait.
« Nous tiendrons aussi longtemps que vous voudrez. »

En effet, la droite se trouvait fortement établie sur son terrain de combat : tout le parc de Buzenval était occupé par les brigades Colonieu, Valentin, gardant le mur Sud face à la Bergerie et au plateau du Haras, la division Berthaut observant le mur de Long-Boyau et le plateau entre Buzenval et Bois-Préau.

Les 136ᵉ de ligne, 110ᵉ de ligne, francs-tireurs de la division Bellemare et 109ᵉ bataillon de garde nationale avaient leurs grand'gardes dans le haut du parc (1).

Les francs-tireurs de la division Berthaut, le 119ᵉ de ligne, deux bataillons de mobiles de Seine-Inférieure,

---

(1) Devant la Bergerie, dans le fossé GD, était une grand'garde prussienne ; elle était à si peu de distance de nos avant-postes, qu'on entendait les conversations.

les mobiles de la Seine, avaient leurs avant-postes devant le mur de Long-Boyau ; les autres troupes en réserve dans le parc et près du château.

La division de Susbielle tenait toutes les positions de Bois-Préau à la gare de Rueil.

Comme on le voit, partout nous étions sur nos gardes (1).

Général Ducrot ordonne la retraite.

Après s'être concerté avec le général de Bellemare, afin d'éviter des entre-croisements de troupes semblables à ceux du matin, le général Ducrot ordonne la retraite.

Dans cette nuit obscure, il n'était pas facile d'évacuer les positions, à quelques pas de l'ennemi, sous ses yeux mêmes, pour ainsi dire ; aussi le général fait-il prendre les plus grandes précautions : un rideau de tirailleurs reste face à l'ennemi, des guides sont donnés à chaque colonne par les éclaireurs du capitaine de la Rochethulon, lesquels depuis longtemps sur le terrain, en ont une connaissance parfaite ; ainsi dirigées, toutes les troupes s'écoulent successivement en silence et dans le plus grand ordre :

La division de Susbielle se retire vers dix heures du

---

(1) Au reçu de la dépêche du général Ducrot, le Gouverneur répondit :

« 19 janvier, 1 heure du matin. — Mont-Valérien, pour la Fouilleuse.

« *Aux généraux Ducrot et de Bellemare.*

« C'est à la gauche où je m'étais porté que la retraite a été désordonnée. Noël a déclaré que Montretout n'était pas tenable, et l'évacuation des positions s'est faite, après la nuit, dans la confusion. Il y a là encore en ce moment beaucoup d'artillerie et de voitures embourbées dans les chemins devenus impraticables.

« Faites votre retraite cette nuit. Je souhaite que les tranchées en avant de la forteresse et celles de la maison Brûlée soient tenues demain matin. A gauche, il y a une brigade de Courty qui n'a pas été engagée ; je l'ai laissée autour de la Briqueterie, protégeant l'artillerie que j'ai là. »

soir, les divisions Berthaut et Faron se replient à minuit vers le Mont-Valérien, sous la protection des francs-tireurs de la ligne et des grand'gardes laissés dans le parc de Buzenval.

Plus en arrière, le 42ᵉ de ligne et le bataillon des francs-tireurs de la division Faron garnissent la tranchée en avant de la maison Brûlée, deux mitrailleuses placées près de la maison Crochard doivent concourir avec ces troupes à arrêter l'ennemi, s'il tentait d'inquiéter notre retraite.

Les brigades Colonieu et Valentin laissant le lieutenant-colonel Allard avec la valeur d'un bataillon devant la Bergerie pour former rideau, exécutent également leur mouvement de retraite entre 11 heures et minuit ; enfin, à 2 heures du matin, les grand'gardes se replient et rallient en arrière le gros des troupes.

Le général Ducrot se retira seulement de sa personne vers 6 heures du matin, laissant sur la position de la maison Crochard M. de la Rochethulon, capitaine de la compagnie des éclaireurs du régiment de la Loire-Inférieure, avec deux compagnies d'infanterie et deux mitrailleuses pour contrarier les premiers efforts de l'ennemi, s'il tentait une attaque.

L'ennemi n'avait donc en aucune manière essayé de troubler le mouvement rétrograde de l'aile droite ; cependant non-seulement il était à quelques pas de son front, mais il débordait complètement son flanc gauche. En effet, dès les 9 heures du soir, les Allemands couronnaient les positions de Montretout et le mamelon 155 abandonnés par les brigades Noël et Pistouley (1).

Vers les 9 heures l'ennemi vient occuper le plateau de Montretout.

---

(1) Le général Noël jugeant que Montretout était intenable, avait peu à peu évacué la hauteur. La brigade Pistouley, qui était vers la maison du Curé, ne voyant plus rien à sa gauche, était descendue vers la Briqueterie, les zouaves vers la Fouilleuse.

De telle sorte que toute la portion de droite du champ de bataille comprise entre 155 et le Bois-Préau, portion encore occupée par les troupes du général de Bellemare et les trois divisions du général Ducrot, était prise de flanc et presque à revers (1). Mais soit ignorance, soit crainte de s'engager de nuit dans un combat général, l'ennemi ne mit pas à profit notre situation critique, il se contenta d'occuper la redoute et la ligne de hauteurs tombées entre ses mains sans coup férir, ainsi que le relate le récit allemand :

« Après le premier échec sur la redoute de Montre-
« tout, le commandant du Ve corps avait prescrit au
« général von Sandrart d'enlever la redoute à tout prix,
« lui laissant la liberté d'exécuter cette opération le
« même soir ou le lendemain dès l'aube. Le général von
« Sandrart résolut d'enlever la redoute le soir même;
« sur sa demande, le commandant du corps d'armée mit
« à sa disposition un régiment d'infanterie de la 10e divi-
« sion. Ce régiment (régiment d'infanterie n° 46) mis en
« alerte à six heures dans son cantonnement de Roc-
« quencourt, arriva à huit heures à la Porte-Jaune avec
« dix compagnies. Outre ce régiment, le général von
« Sandrart mit encore le 1er bataillon du régiment
« n° 47, de la réserve principale, à la disposition du géné-
« ral von Bothmer, qui devait diriger l'opération. Ce
« dernier avait déjà, vers sept heures, fait venir de
« Sèvres le 1er bataillon du régiment n° 88, qu'il plaça
« en réserve à l'Étoile de chasse.

« Après l'arrivée de toutes les troupes chargées de
« donner l'assaut, le général von Bothmer prit ses dis-
« positions. La colonne principale, qui devait attaquer
« sous les ordres du colonel von Eberhardt, comprenait

---

(1) Voir croquis n° 18 bis.

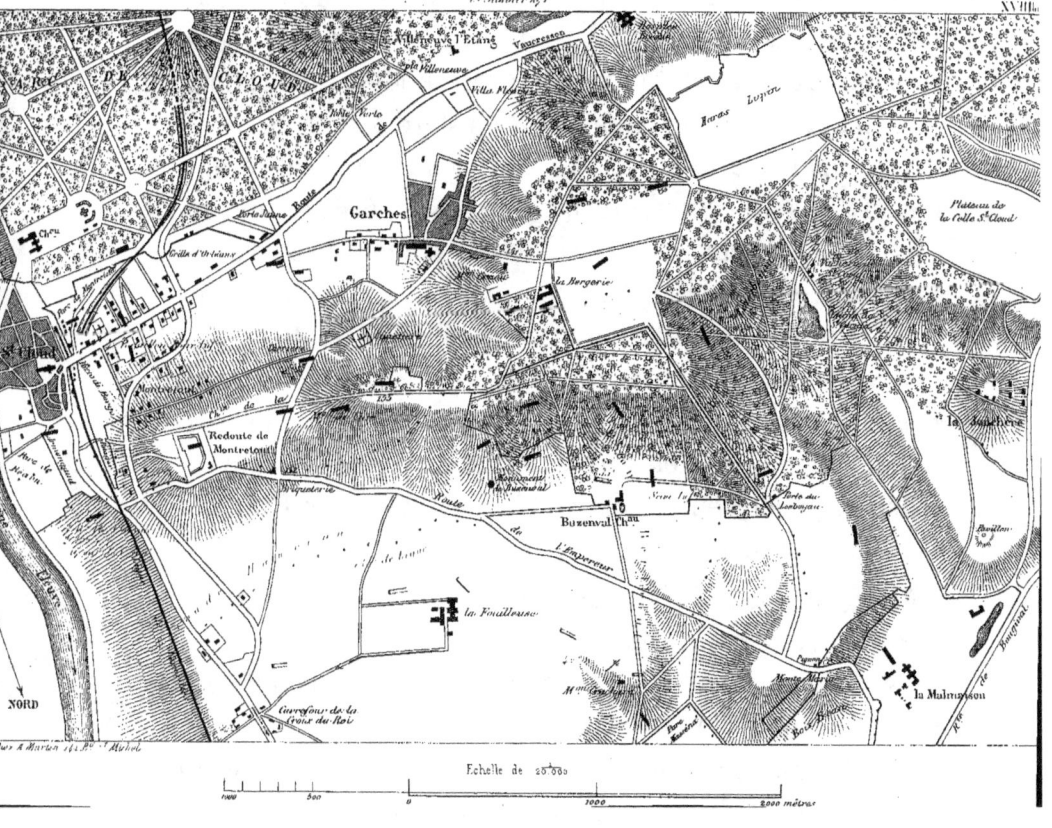

« les compagnies encore engagées dans un petit combat
« de tirailleurs devant la redoute, 7ᵉ et 10ᵉ compagnies
« du régiment n° 88, 2 bataillons du régiment n° 46.
« La colonne de gauche, 5ᵉ compagnie du régiment d'in-
« fanterie n° 58 et 3ᵉ compagnie de chasseurs, devait se
« porter sur la hauteur à gauche de la redoute. La co-
« lonne de droite, un bataillon du régiment d'infanterie
« n° 47 et la 2ᵉ compagnie de chasseurs, sous le major
« Schulz, devait se porter à droite sur la gorge de la
« redoute, en passant devant le parc de Montretout; deux
« compagnies du régiment n° 46 restèrent en réserve.

« A neuf heures et demie les colonnes s'ébranlèrent;
« sans tirer un coup de fusil, d'après les ordres donnés.
« La colonne principale et celle de gauche ne trouvèrent
« aucune résistance : l'ennemi avait abandonné la ligne
« des hauteurs et la redoute; il avait sans doute remar-
« qué le mouvement de nos fortes colonnes. La 6ᵉ com-
« pagnie du régiment n° 46, et la 7ᵉ compagnie du régi-
« ment n° 88, qui entrèrent les premières dans la re-
« doute, purent encore faire 18 prisonniers aux Français
« qui s'enfuyaient. »

Mais la colonne de droite ennemie ne put exécuter l'ordre qu'elle avait reçu; elle vint se heurter contre la maison Zimmermann, toujours occupée par les mobiles de la Loire-Inférieure.

<small>Échec de la colonne de droite ennemie dans le bas de Montretout et Saint-Cloud.</small>

Le commandant de Lareinty n'ayant pas été prévenu du mouvement de retraite, tenait toujours dans la position qu'il avait reçu l'ordre d'occuper jusqu'à ce qu'on lui dise de se retirer, et depuis le matin, aucun avis, aucun renseignement ne lui était parvenu (1).

Vers les trois heures, les mobiles bretons avaient bien

---

(1) L'ordre de se replier avait été porté aux francs-tireurs des Ternes et aux gardes nationaux du 11ᵉ bataillon qui occupaient le parc Pozzo,

vu des fenêtres de la villa une forte colonne se masser derrière la barricade du rond-point..., mais ils ne pouvaient distinguer au juste si c'étaient des amis ou des ennemis. « On voyait, dit un témoin oculaire, leur cein-
« turon blanc et leur sac à pain, mais on ne distinguait
« pas très-nettement leur coiffure, qui devait consister
« sans doute en une casquette ou béret, et comme les
« francs-tireurs et les gardes nationaux avaient à peu
« près le même costume, les avis étaient partagés sur
« leur compte et on hésitait à tirer. »

Sur ces entrefaites (4 h. 1/2), une vive fusillade avec canonnade entremêlée du bruit des mitrailleuses éclata au-dessus du parc à deux ou trois cents mètres.... Au bout d'une heure la fusillade cessa... La nuit était venue. Tout autour des deux maisons on entendait des allées et venues, des coups de sifflet... Enfin, vers 9 heures, le bruit sourd, cadencé, d'une troupe marchant au pas se distingua parfaitement... Bientôt les mobiles, la plupart endormis, sont sur pied... Quelques-uns prétendent encore que ce sont des Français, mais les cris de *hurrah! hurrah! forwert! forwert!* se font entendre. Il n'y a plus de doute possible : des fenêtres, des murs, un violent feu de mousqueterie est dirigé sur les masses ennemies entassées dans la rue Impériale, de la maison du concierge (porterie) on en fit surtout un grand massa-

---

et on n'avait pas pensé à prévenir le commandant de Lareinty, qui était en face du parc Pozzo, de l'autre côté de la rue Impériale.

Le texte de l'ordre prescrivant le mouvement aux francs-tireurs était ainsi conçu :

« *L'officier d'ordonnance au commandant des francs-tireurs*
des Ternes.

« Toute la ligne se retire ; faites votre mouvement lentement ; c'est vous qui protégez la retraite.
« La Feuillade. »

cre... trois fois les Allemands revinrent à la charge, trois fois ils furent repoussés.

« La nuit s'écoula sans nouvel incident ; mais de temps en temps, le tambour battait, l'artillerie prenait position autour de nous et l'on entendait les pas de ceux qui enlevaient les morts et les blessés. » De tous côtés, en effet, la maison Zimmermann était cernée, les villas Dantan, Clerc, le remblai du chemin de fer, le parc Pozzo étaient occupés (1) ; un trou situé dans le jardin même de la villa Zimmermann, à 80 mètres de la maison, près de la grille du parc, était garni de tirailleurs de la 3ᵉ compagnie du régiment prussien n° 47.

Dans son attaque directe sur Saint-Cloud, l'ennemi n'avait pas eu non plus tout le succès qu'il en attendait.

Menacé sur son flanc droit et ses derrières par le détachement ennemi entré dans la redoute de Montretout, le colonel Mosneron-Dupin, dont les troupes avaient été renforcées par le 2ᵉ bataillon du 124ᵉ, se replie lentement en cédant le terrain pied à pied.

Soldats de la ligne, mobiles, gardes nationaux, font partout bonne contenance ; s'établissant solidement dans les villas de Béarn et Armengaud, ils arrêtent les efforts de l'ennemi. Vers une heure du matin, un officier de garde nationale étant venu au quartier-général de la 3ᵉ armée alors à Suresnes, annoncer que le colonel Mosneron-Dupin avait été laissé dans Saint-Cloud et que, complétement isolé, il occupait encore les villas Béarn et Armengaud, le général Vinoy donna l'ordre de faire replier cette colonne ; ce qu'elle exécuta très-habilement en suivant la voie du chemin de fer et en se protégeant à droite et à gauche par des flanqueurs....

Le jour venu, les mobiles de la Loire-Inférieure

La colonne Mosneron-Dupin laissée dans Saint-Cloud résiste énergiquement jusqu'à la tombée de la nuit.

Les Bretons du commandant

---

(1) Voir croquis n° 19.

purent se rendre compte qu'ils étaient complétement abandonnés. Dans les parcs Pozzo et de Montretout, ils voyaient partout des soldats cachés derrière les arbres... quelques coups de feu sont échangés, mais de part et d'autre on s'observe. Le commandant de Lareinty voulant gagner du temps et espérant toujours que l'on viendrait à son aide, envoie un de ses officiers demander une suspension d'armes pour conduire les blessés à l'ambulance. L'entrevue a lieu au milieu de la rue; l'ennemi refuse toute suspension d'armes.

« Vers 9 h. 1/2, le commandant du détachement
« ennemi, dit le récit allemand, sollicita un armistice
« de deux heures. Le capitaine von Stranz en rendit
« compte au commandant des avant-postes, en ajoutant
« que le commandant ennemi avait planté un drapeau
« français sur l'une des deux maisons et qu'il ne cessait
« de faire exécuter des sonneries, afin de faire connaître
« sa situation désespérée au Mont-Valérien ou aux
« troupes du Bois de Boulogne. Le commandant de corps
« d'armée, qui était aux avant-postes, n'accueillit pas
« la demande de l'officier français; mais il le fit sommer
« de se rendre avec tous ses hommes, sous la menace
« de faire canonner les maisons qu'il occupait; une
« section d'artillerie fut aussitôt amenée... »

Le commandant de Lareinty refusant de se rendre à merci, essaie de résister encore quelque temps. Plaçant ses plus adroits tireurs aux créneaux, il entretient un feu vif et soutenu avec les tirailleurs prussiens postés aux abords de la maison, mais bientôt les munitions s'épuisent, la faim commence à se faire sentir...; l'eau manque, les blessés surtout en souffrent cruellement, c'est à grand'peine que l'on peut en aller chercher dans un petit bassin du jardin.

Se voyant abandonné sans secours et sur le point d'être

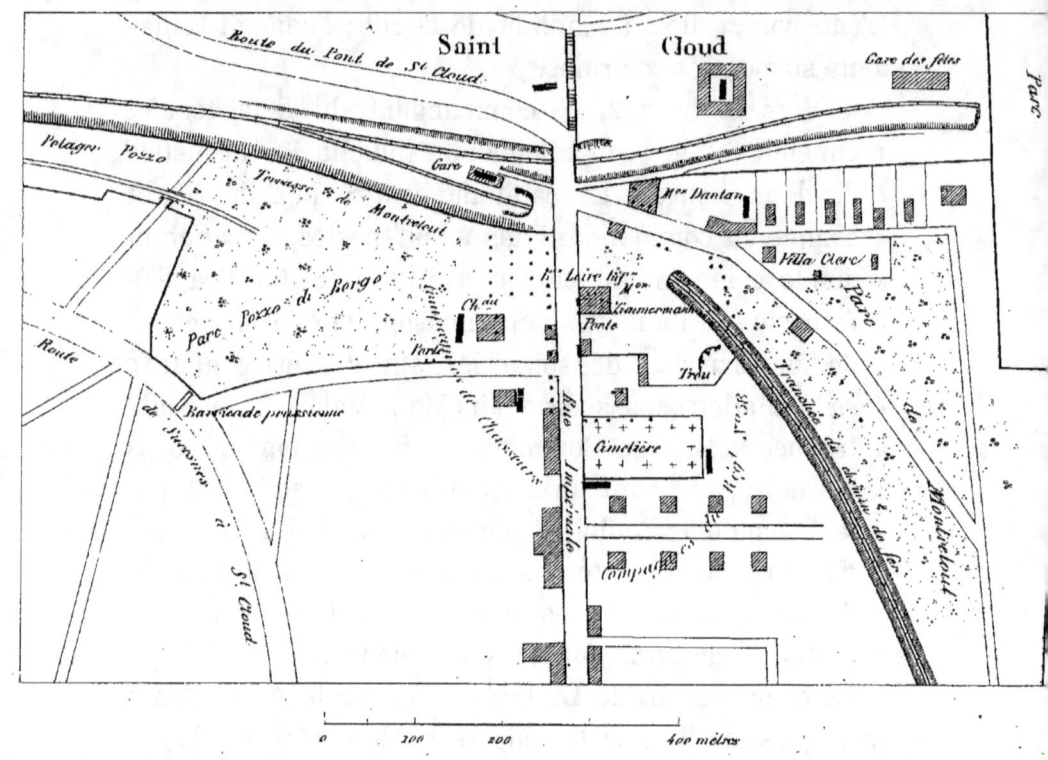

Le Commandant de Lareinty est cerné dans la villa Zimmermann (20 Janvier)

canonné, le commandant de Lareinty tente de parlementer de nouveau ; il s'abouche lui-même avec un officier supérieur qui lui répond qu'il n'a qu'à se rendre, et « lui donne un quart d'heure pour réfléchir. »

Le commandant rassemble ses officiers et leur expose la situation : il propose trois partis qu'il met aux voix : ou attendre le soir pour faire une trouée, ou se faire tuer jusqu'au dernier sous les décombres de la maison, ou capituler.

Ce dernier parti est adopté... On sonne pour la troisième fois, et le petit détachement français, composé de 18 officiers, 325 mobiles bretons, se rendit avec les honneurs de la guerre ; les officiers défilèrent avec leurs armes en tête de leurs soldats... (1)

Ce fut seulement assez tard dans la soirée du 19 que l'on pensa au bataillon des mobiles de la Loire-Inférieure.

Vers les 10 heures, l'officier d'ordonnance du général Noël accourait prévenir M. le commandant de Vertus, des francs-tireurs des Ternes, que M. de Lareinty, qui occupait la maison Zimmermann, était menacé d'être enveloppé et qu'il fallait à tout prix le tirer de cette situation (2).

Mesures tardives pour délivrer le commandant de Lareinty.

---

(1) Il y avait aussi 3 francs-tireurs et 1 garde national.

(2) « 19 janvier, 9 heures 35.

« *Général Noël à commandant de tirailleurs des Ternes ou à son remplaçant.*

« Il faut à tout prix, au moyen de deux reconnaissances, une des mobiles d'Ille-et-Vilaine et une des tirailleurs des Ternes, faire savoir à M. de Lareinty, qui commande le 4ᵉ bataillon de la Loire-Inférieure, occupant le parc Pozzo et la maison Zimmermann, au commandant Haine-Lepin, du 3ᵉ bataillon d'Ille-et-Vilaine, occupant la maison Armengaud, enfin, au colonel Mosneron-Dupin, occupant le parc et le château de Béarn, qu'ils doivent rejoindre cette nuit, le plus tôt possible, leurs cantonnements respectifs, mais en faisant ce mouvement successivement, les plus avancés quittant les premiers et ne laissant personne derrière. »

Au reçu de cet ordre, le commandant de Vertus se déclara prêt à marcher immédiatement, demandant seulement d'être soutenu, car, dit-il à l'officier d'ordonnance du général Noël, « j'ai la moitié de mes officiers « hors de combat, et mes hommes se battent depuis « plus de douze heures ».

L'officier d'ordonnance lui promit l'appui de deux bataillons mobiles et gardes nationaux. En effet, plusieurs bataillons de ces corps stationnaient depuis le matin, l'arme au pied, sous le viaduc du chemin de fer et n'avaient pas été engagés..., mais au moment de l'*assemblée*, une seule compagnie de mobiles se joignit aux hommes du commandant de Vertus (1)... Néanmoins, celui-ci se décidait à marcher quand un clairon du 3ᵉ bataillon des tirailleurs des Ternes, qui avec 5 ou 6 autres tirailleurs, avait servi de guide au commandant de Lareinty, accourut haletant... « Il venait, « dit-il, de s'échapper de la maison Zimmermann... Elle « était entourée de tous côtés... Grâce à l'obscurité de « la nuit, il avait pu s'échapper en courant mille dangers. »

Il ressortait du récit du clairon Roth, que les Allemands réoccupaient toutes les positions du matin, et que pour pénétrer jusqu'à la maison Zimmermann, il fallait reprendre la gare de Saint-Cloud, le parc Pozzo, le parc de Montretout... Les 300 hommes du commandant de Vertus étaient évidemment insuffisants pour accomplir une pareille tâche.

En conséquence, l'officier d'ordonnance prescrivit aux francs-tireurs de retourner à leurs cantonnements et d'attendre les ordres qu'il allait réclamer du général Noël.

---

(1) « J'ignore, dit le commandant de Vertus, dans son rapport, par suite de quelle erreur ces bataillons étaient restés à l'abri dans les talus du chemin de fer ou massés dans le chemin creux, lequel passe sous le petit viaduc. Une seule compagnie de mobiles demeura avec nous. »

Malheureusement toute la nuit se passa sans prendre de décision... Le 20 au matin, le commandant de Vertus étant allé au Mont-Valérien remettre son rapport de la journée au général Noël, celui-ci lui apprit que la maison Zimmermann était bien cernée de toutes parts, il tenait la nouvelle d'un aumônier qui avait pu arriver jusque dans le voisinage et y causer avec un officier prussien, lequel lui avait affirmé « que les mobiles de la Loire-Inférieure et leur commandant étaient aussi bloqués que possible et que l'on comptait sur la faim pour les obliger à se rendre. »

Le commandant de Vertus, afin de s'assurer du fait, envoya en reconnaissance une section de 30 hommes et un officier. Quelques instants après, il fut appelé par le général Vinoy qui lui demanda, comme ayant une parfaite connaissance du terrain, s'il y avait possibilité de délivrer les Bretons Lareinty. D'après l'opinion du général Noël, ajouta le commandant de la 3ᵉ armée, il était préférable de ne faire l'opération que la nuit... Vers les 9 heures du soir, comme le commandant de Vertus prenait des dispositions de départ, il reçut contre-ordre par la dépêche ci-jointe :

« Mont-Valérien, 20 janvier 1871. — 8 h. 35 soir.

« *Général Noël à commandant de Vertus.*

« Je reçois à l'instant par le gardien du château de
« Puteaux, une lettre du commandant de Lareinty qui
« me prévient que cerné par des forces supérieures, il
« a été obligé de se rendre. L'opération projetée pour
« ce soir n'aura pas lieu. Je préviens le général Vinoy. »

JOURNÉE DU 20 JANVIER.

Le lendemain de Buzenval se leva triste et sombre sur

Le 20, l'armée française

s'établit dans ses anciens cantonnements.

la vaste plaine de la Fouilleuse, abandonnée et couverte de cadavres. Au grand étonnement de l'ennemi qui s'attendait à une nouvelle attaque, l'armée française s'était comme évanouie !...

Le 19 janvier, à 10 heures 22 du soir, le général Trochu télégraphiait au général Vinoy à Suresnes :

« Il se peut qu'à la suite de la retraite de ce soir,
« nous ayons demain à combattre. L'infanterie du géné-
« ral Courty se trouvant à la Briqueterie, autour du
« général de Beaufort, j'ai recommandé à celui-ci de
« dire à Courty de se tenir prêt. Je vous prie de faire
« la même recommandation à l'infanterie qui se trouve-
« rait disponible autour de vous. Le général d'Ubexi,
« avec son artillerie très-fatiguée et embourbée, se tien-
« dra prêt également. Montretout, que le général Noël
« m'a déclaré insoutenable, a dû être évacué comme tout
« le reste de nos positions. »

En réponse à cette dépêche, le général de Beaufort crut devoir dire que toute l'artillerie du général d'Ubexi était partie, qu'il ne lui restait plus que quatre compagnies de la division Courty, que tout le reste était à Puteaux, qu'il attendait à peu près seul à la Briqueterie.

A cette nouvelle, le Gouverneur s'empressa de donner l'ordre à toutes les troupes de rentrer sans tarder dans leurs cantonnements. Ce qui restait de la garde nationale revint à Paris. L'artillerie resta à Neuilly avec la division Beaufort, la division Courty s'établit à Puteaux. Les troupes des généraux Ducrot et Bellemare continuèrent leur mouvement de retraite sur Clichy-la-Garenne et Levallois-Perret (1).

---

(1) Voir différents rapports sur la bataille de Buzenval, aux pièces à l'appui, nos 11, 12, 13, 14.

Enfin, le 20 janvier, au matin, le général Trochu envoyait le télégramme suivant à son chef d'état-major : Dernière dépêche du Gouverneur concernant la journée du 19.

« Mont-Valérien, 20 janvier,
« 9 heures 30 matin.

« *Gouverneur à général Schmitz.*

« Le brouillard est épais ; l'ennemi n'attaque pas ; j'ai
« reporté en arrière la plupart des masses qui pouvaient
« être canonnées des hauteurs ; quelques-unes dans
« leurs anciens cantonnements. Il faut à présent parle-
« menter d'urgence à Sèvres pour un armistice de 2 ou
« 3 jours, qui permettra l'enlèvement des blessés et
« l'enterrement des morts. Il faudra pour cela du temps,
« des efforts, des voitures très-solidement attelées et
« beaucoup de brancardiers. Ne perdons pas de temps
« pour agir dans ce sens. »

Telle fut la dernière note lugubre de cette malheureuse journée, qui peut se décomposer en quatre phases principales :

RÉSUMÉ DE LA JOURNÉE DU 19.

Dans la première, l'ennemi, surpris par notre attaque, abandonne une partie de Saint-Cloud, le bas de Montretout, le point 155, le château et le parc de Buzenval... Notre ligne de combat s'étend depuis Saint-Cloud jusqu'au mur de Long-Boyau avec pointe sur Garches. Première phase

Bien que fatiguées par une marche de nuit longue et difficile, nos troupes, y compris la garde nationale, sont pleines d'entrain, d'ardeur, tout marche bien (1)...

---

(1) « La bataille du Mont-Valérien, dit le récit allemand déjà plusieurs fois cité, avait débuté pour l'ennemi dans les circonstances les plus favorables ; il avait déployé la plus grande partie de ses troupes à

Deuxième phase. — Dans la deuxième phase, s'affirme de plus en plus la résistance de l'ennemi sur sa véritable ligne de combat : partie sud de Saint-Cloud, haut de Montretout, Garches, maison Craon, Bergerie, mur de Long-Boyau... des renforts lui arrivent de toutes parts... notre artillerie ne pouvant prendre pied sur les hauteurs de Montretout, le point 155, etc., nous sommes, pour ainsi dire, paralysés... nous n'avançons plus (1).

Troisième phase. — L'ennemi, voyant que la lutte, de notre côté, devient de plus en plus faible et que nous nous tenons exclusivement sur la défensive, prend une vigoureuse offensive et par deux fois (à 3 h. 1/2 et à 5 h. 1/2), il cherche à nous enlever les positions conquises. Malgré quelques défaillances des gardes nationaux qui commencent à trouver la bataille longue, nous tenons ferme partout (2).

---

la faveur du brouillard, et s'était porté à l'improviste sur les hauteurs de Montretout, de Garches et le bois de Buzenval, dont il s'était emparé avant que toutes les troupes du Ve corps pussent arriver à leur position de combat ou à leurs places d'alarme. Ces diverses parties du terrain étaient tombées au pouvoir d'un ennemi, qui avait attaqué avec des forces considérables... »

(1) « L'artillerie de campagne française, dit le récit du capitaine allemand von Stieler, ne put entrer en action. Notre artillerie agit sur tous les points avec beaucoup de succès contre l'infanterie ennemie, et prépara ainsi le mouvement offensif de notre infanterie. »

(2) Dans la première phase de la journée, certains bataillons de garde nationale, devant la faible résistance de l'ennemi, se croyaient déjà à Versailles ; mais quand ils virent que le succès se faisait attendre, leur enthousiasme et leur confiance se refroidirent assez vite.

« Le matin, en sortant du parc de Buzenval, raconte M. de la Rochethulon, je rencontrai un bataillon de gardes nationaux qui marchaient avec une grande ardeur... Ayant prévenu un de leurs officiers que le feu des Prussiens commencerait lorsque les assaillants approcheraient de quelques broussailles bien connues de nos soldats, j'ajoutai qu'il ferait bien de mettre ses hommes en tirailleurs pour donner moins de prise aux premières décharges ; il me répondit : « C'est bon pour les « lignards de se défiler... Vous allez voir comment les enfants de Paris « enlèvent tout à la baïonnette. »

Mais bientôt, devant le feu vif et rapide de l'ennemi, la plupart se défilèrent non comme les lignards, mais en se sauvant à toutes jambes, au

DÉFENSE DE PARIS. 161

Le général Trochu, voyant le désordre, la confusion des bataillons de garde nationale, craignant une catastrophe si l'ennemi réussissait à nous enlever le coteau de Montretout, ordonne d'abandonner les positions conquises. <small>Quatrième phase.</small>

Malheureusement, sur les derrières de la gauche et d'une partie du centre, la retraite se change en débâcle. « Le mouvement rétrograde se ressentait trop sur cer« tains points de l'obscurité, de la lassitude, de cette « détente qui suit un grand effort... On s'en allait après « une journée où l'on avait tenu tête honorablement à « l'ennemi jusqu'au bout, comme on s'en serait allé « après la plus complète déroute, comme si tout était « perdu... » (1).

Tel fut le résultat final de cette malheureuse journée.

Correspondait-elle à une nécessité du siége ? c'est ce que nous allons examiner en quelques mots. <small>La bataille du 19 était-elle une nécessité qui s'imposait.</small>

On a dit : Le lundi 16 janvier, jour où la bataille était décidée, notre armée de l'Est prononçait son mouvement sur Belfort... Le général Faidherbe, qui venait de reprendre Saint-Quentin, s'apprêtait à livrer bataille.

Buzenval était une action combinée entre les armées de Paris, de l'Est et du Nord, une partie décisive allait se jouer « sous la raison trilogique Paris-Belfort-Saint-Quentin » : la bataille était une nécessité qui s'imposait...

Nous sommes d'un avis contraire :

---

milieu des quolibets de nos soldats, leur criant : « En avant la trouée ! En avant, messieurs de la guerre à outrance !... »

« En effet, dit M. Jules Favre, quelques-uns des bataillons de la garde « nationale se comportèrent bravement, mais plusieurs faiblirent ; ce qui « se *comprenait fort bien*, le sang-froid, la *discipline* et la *tactique* ne « *pouvant s'improviser...* »

(1) Charles de Mazade, *Histoire de la Guerre de France.*

IV. 11

Etant donnée la situation physique et morale de nos troupes, il était impossible que nous pussions réussir; donc il ne fallait pas tenter l'aventure.

« Selon Napoléon, dit le maréchal Bugeaud, on ne
« doit livrer une bataille que lorsque l'on a soixante-
« dix chances sur cent de la gagner, et de plus quand
« il n'est pas possible d'arriver à ses fins sans tenter ce
« moyen extrême. » C'est pour cela que, convaincu de ce grand précepte, nous ne cessions de dire au général Trochu : « L'état de nos troupes ne permet plus les
« grandes entreprises ; je crois qu'il faut se renfermer
« dans la défensive jusqu'à ce que nous en soyions à
« notre dernier morceau de pain... »

Tout au contraire, en engageant, comme on l'a fait, malgré nos objurgations, une grande action militaire avec des forces affaiblies ou sans valeur, on courait à un échec certain, échec qui devait fatalement compromettre, atténuer les succès possibles des armées du Nord et de l'Est.

<small>Il eût mieux valu attendre l'issue des opérations du Nord et de l'Est.</small>

N'eût-il pas été plus sage, plus habile, de n'engager l'action, l'action suprême, *in extremis,* qu'après l'issue connue des batailles de ces armées du Nord et de l'Est... Si elles étaient vaincues, pourquoi engager une bataille très-chanceuse, pourquoi courir au-devant d'une défaite presque assurée, pourquoi greffer bénévolement insuccès sur insuccès ?

Si, au contraire, les armées extérieures étaient victorieuses, tout était changé, l'abattement physique et moral de l'armée de Paris disparaissait ; on se jetait avec enthousiasme, avec furie contre le cercle des assiégés, forcés de détacher des troupes au secours de leurs armées battues... Nous avions alors peut-être soixante-dix chances sur cent d'être victorieux, et nous pouvions espérer que les Allemands, inquiets sur leurs lignes d'opération et de communication, lèveraient le siége et se retireraient jusqu'en Champagne et en Lorraine.

Dans le cas où l'on aurait voulu agir en même temps que Bourbaki et Faidherbe, il ne fallait pas faire de grands engagements, mais chicaner avec de bonnes troupes, le plus rudement possible, l'armée d'investissement, de manière à paralyser sur place les forces qu'elle pouvait détacher soit vers le Nord, soit vers l'Est...

Dans tous les cas, il ne fallait jamais employer la garde nationale, qui a été partout et toujours non-seulement un embarras, mais une cause de désorganisation, de faiblesse.... Sur le champ de bataille elle fut même *un danger,* ainsi que le dit le général Trochu lui-même : « La garde nationale, dans son inexpérience, arrivait à « la bataille, courbée sous le poids des vivres et des « appareils de campement ; sa fatigue offrait un spec- « tacle pénible ; au combat, manquant d'ensemble, ne « rencontrant pas habituellement dans le commandement « le point d'appui, la direction qui sont nécessaires, « chacun opérait à peu près pour son compte, et voilà « comment il se fait que je suis fondé à évaluer qu'un « *huitième* des morts et des blessés que j'ai eus à la « bataille de Buzenval (et c'était en tout, près de 3,000 « hommes) A PÉRI PAR LE FAIT DE LA GARDE NATIONALE. »

<small>L'emploi de la garde nationale a été funeste.</small>

Mais les membres du Gouvernement, en livrant la bataille de Buzenval, espéraient plutôt apaiser l'opinion publique qu'ils ne comptaient sur une victoire, comme le disait l'un d'eux : « Il faut faire faire quand même « une grande sortie à la garde nationale..., car l'opi- « nion ne s'apaisera que quand il y aura 10,000 gardes « nationaux par terre. »

Enfin, il ne fallait pas hâter, brusquer les préparatifs d'une grande action militaire qui présentait déjà tant de causes d'insuccès... Avec des troupes composées d'élé-

<small>En hâtant inconsidérément l'opération on a anéanti, à l'avance,</small>

<small>les très-faibles chances de succès que nous pouvions avoir.</small>

ments épuisés par la fatigue, les souffrances, les privations, comme les corps de ligne et de la mobile, avec des troupes sans expérience, sans instruction, sans discipline, en un mot, sans valeur militaire, comme celles de la garde nationale, il ne fallait pas venir ajouter, grâce à une précipitation coupable, le désordre, la confusion inhérents à des ordres de mouvement défectueux.

Le 16 janvier, M. Jules Favre, en forçant, pour ainsi dire, le général Trochu à accepter le 19 comme jour de la bataille, ce qui ne donnait que deux jours pour organiser les colonnes et envoyer les ordres de marche d'une armée de 100,000 hommes, a assumé sur lui la plus lourde des responsabilités.

Et puis, si, par impossible, au 19 janvier, le succès eût été de notre côté, il aurait été sans résultat, car nous étions trop près du dernier morceau de pain.

En disant à Ferrières : « Pas une pierre de nos for« teresses, pas un pouce de notre territoire », M. Jules Favre avait rendu toute négociation impossible; de même à la fin de janvier, pour dire à la France et au monde : « Nous avons combattu jusqu'à notre dernier morceau « de pain », M. Jules Favre allait être obligé de tout céder au prince de Bismark, afin d'obtenir pour une population de deux millions d'âmes de quoi vivre le lendemain....

PERTES A LA BATAILLE DE MONTRETOUT-BUZENVAL

(19 janvier 1871).

NOMS	GRADES	OFFICIERS			TROUPE		
		TUÉS	BLESSÉS	DISPARUS	TUÉS	BLESSÉS	DISPARUS
COLONNE DE GAUCHE (général VINOY).							
BRIGADE NOEL.							
1er bataillon du 139e régiment de ligne.							
Officiers		»	3	»	»	»	»
Troupe		»	»	»	18	84	»
4e bataillon de la Loire-Inférieure.							
Officiers		»	»	18	»	»	»
Troupe		»	»	»	»	»	325
Francs-tireurs des Ternes.							
Junnemann	Capitaine	1	»	»	»	»	»
Catalan	do	»	1	»	»	»	»
Giroux	Lieutenant	»	★ 1	»	»	»	»
Guillon	do	1	»	»	»	»	»
Troupe	. . . . . .	»	»	»	3	4	3
Totaux		2	2	»	3	4	3

★ Ce signe indique que l'officier est mort des suites de ses blessures.

| | | OFFICIERS ||| TROUPE |||
NOMS	GRADES	TUÉS	BLESSÉS	DISPARUS	TUÉS	BLESSÉS	DISPARUS
\multicolumn{8}{l}{**2e régiment de garde nationale mobilisée** (lt-colonel MARTIN DU NORD).}							
7e bataillon. — Gardes		»	»	»	»	5	»
6e — —		»	»	»	5	13	1
34e bataillon { Lauders	Capitaine	»	1	»	»	»	»
Castères	Ss-lieutenant	1	»	»	»	»	»
Gardes		»	»	»	4	16	2
36e bataillon. — Gardes		»	»	»	1	6	1
Totaux		1	1	»	10	40	4
\multicolumn{8}{c}{BRIGADE MADELOR.}							
\multicolumn{8}{c}{**Régiment de la Vendée.**}							
1er bataillon { Lorieau	Cap.-adj.-maj.	»	1	»	»	»	»
Valette	Lieutenant	1	»	»	»	»	»
Pouponneau	do	»	1	»	»	»	»
Couthuis	Ss-lieutenant	»	1	»	»	»	»
Troupe		»	»	»	10	27	»
2e bataillon. — Troupe		»	»	»	2	10	»
3e bataillon { De Béjarry	Chef de baton	»	1	»	»	»	»
Troupe		»	»	»	1	5	»
Totaux		1	4	»	13	42	»
\multicolumn{8}{l}{**4e régiment de garde nationale mobilisée** (lieutenant-colonel BIXIO).}							
40e bataillon		»	»	»	»	»	»
84e bataillon { Gérard	Ss-lieutenant	»	1	»	»	»	»
Gardes		»	»	»	2	19	4
97e bataillon { Maugas	Capitaine	»	1	»	»	»	»
Lecerf	Lieutenant	»	1	»	»	»	»
Gardes		»	»	»	1	10	2
98e bataillon		»	»	»	»	»	»
Totaux		»	3	»	3	29	6

NOMS	GRADES	OFFICIERS			TROUPE		
		TUÉS	BLESSÉS	DISPARUS	TUÉS	BLESSÉS	DISPARUS
BRIGADE BALÈTE.							
2e bataillon de la Drôme.							
Peloux............	Capitaine	»	★ 1	»	»	»	»
Mobiles...........	....	»	»	»	3	23	»

* Ce signe indique que l'officier est mort des suites de ses blessures.

4e bataillon des Côtes-du-Nord.							
Mobiles................		»	»	»	1	7	»
5e bataillon du Loiret.							
Mobiles................		»	»	»	2	6	»
3e bataillon de Seine-et-Marne.							
Mobiles................		»	»	»	»	4	»
Carabiniers parisiens.							
Seveste............	Lieutenant	»	★ 1	»	»	»	»
Troupe...........	....	»	»	»	»	4	»

★ Ce signe indique que l'officier est mort des suites de ses blessures.

3e régiment de garde nationale mobilisée (lieutt-colonel DESIGNOLLE).

8e bataillon. — Gardes.........		»	»	»	1	11	»
10e — —		»	»	»	2	8	»
54e — —		»	»	»	»	1	»
179e — —		»	»	»	»	15	»
Totaux............		»	»	»	3	35	»

NOMS	GRADES	OFFICIERS			TROUPE		
		TUÉS	BLESSÉS	DISPARUS	TUÉS	BLESSÉS	DISPARUS
BRIGADE MOSNERON-DUPIN.							
3ᵉ bataillon d'Ille-et-Vilaine.							
Officiers..................		»	2	»	»	»	»
Troupe....................		»	»	»	12	50	»
6ᵉ régiment de garde nationale mobilisée (lieutenant-colonel MOSNERON-DUPIN).							
12ᵉ bataillon. — Gardes.........		»	»	»	2	7	»
13ᵉ { Chazot.......	Lieutenant	»	1	»	»	»	»
bataillon. { Gardes....	....	»	»	»	2	19	»
111ᵉ bataillon. — Gardes..........		»	»	»	»	3	»
113ᵉ — —		»	»	»	2	5	9
Totaux...........		»	1	»	6	34	9
DIVISION COURTY.							
Bataillon de francs-tireurs.							
Lécuyer (du 126ᵉ).....	Chef de bᵒⁿ	»	1	»	»	»	»
Régnaud (du 124ᵉ).....	Capitaine	»	1	»	»	»	»
Frère (du 123ᵉ).......	dᵒ	»	1	»	»	»	»
Giraud (du 125ᵉ).....	Lieutenant	»	1	»	»	»	»
Troupe............	....	»	»	»	25	46	»
Totaux...........		»	4	»	25	46	»

DÉFENSE DE PARIS.

NOMS	GRADES	OFFICIERS			TROUPE		
		TUÉS	BLESSÉS	DISPARUS	TUÉS	BLESSÉS	DISPARUS

BRIGADE AVRIL DE LENCLOS.

123ᵉ régiment de ligne.

NOMS	GRADES	TUÉS	BLESSÉS	DISPARUS	TUÉS	BLESSÉS	DISPARUS
Troupe		»	»	»	»	9	6

124ᵉ régiment de ligne.

NOMS	GRADES	TUÉS	BLESSÉS	DISPARUS	TUÉS	BLESSÉS	DISPARUS
Deffuas	Capitaine	»	★1	»	»	»	»
Debure	Cap. adj.-maj.	»	»	1	»	»	»
Glück	Capitaine	»	1	»	»	»	»
Dode	dº	»	1	»	»	»	»
Hochley	Sˢ-lieutenant	»	★1	»	»	»	»
Poupier	dº	»	★1	»	»	»	»
Troupe		»	»	»	8	32	»
Totaux		»	5	1	8	32	»

* Ce signe indique que l'officier est mort des suites de ses blessures.

5ᵉ régiment de garde nationale mobilisée (lieut.-colonel BONDONNEAU).

	NOMS	GRADES	TUÉS	BLESSÉS	DISPARUS	TUÉS	BLESSÉS	DISPARUS
5ᵉ bataillon.	Tasseur	Chef de batᵒⁿ	»	1	»	»	»	»
	Brochard	Capitaine	1	»	»	»	»	»
	Besland	dº	»	1	»	»	»	»
	Tabourot	dº	»	1	»	»	»	»
	Thermes	Médecin-maj.	»	1	»	»	»	»
	Champeaux	Lieutenant	»	1	»	»	»	»
	Morlane	Sˢ-lieutenant	1	»	»	»	»	»
	Gardes		»	»	»	7	36	»
11ᵉ bataillon. — Gardes			»	»	»	8	22	1
58ᵉ — —			»	»	»	2	15	»
86ᵉ bataillon.	Huvet	Cap. adj.-maj.	1	»	»	»	»	»
	Peussot	Capitaine	»	1	»	»	»	»
	Gardes		»	»	»	1	4	12
	Totaux		3	6	»	18	77	13

INDICATIONS DIVERSES	OFFICIERS			TROUPE		
	TUÉS	BLESSÉS	DISPARUS	TUÉS	BLESSÉS	DISPARUS
BRIGADE PISTOULEY.						
125ᵉ régiment de ligne.						
. . . .	»	»	»	»	»	»
126ᵉ régiment de ligne.						
. . . .	»	»	»	»	»	»
34ᵉ régiment de garde nationale mobilisée (lieutenant-colonel **TONGAS**).						
42ᵉ bataillon	»	»	»	»	»	»
102ᵉ —	»	»	»	»	»	»
120ᵉ —	»	»	»	»	»	»
133ᵉ —	»	»	»	»	»	»

DÉFENSE DE PARIS.

INDICATIONS DIVERSES		OFFICIERS			TROUPE		
		TUÉS	BLESSÉS	DISPARUS	TUÉS	BLESSÉS	DISPARUS
ENSEMBLE DES PERTES DE LA COLONNE DE GAUCHE (Général VINOY).							
Division DE BEAUFORT.	1er bataillon du 139e de ligne.	»	3	»	18	84	»
	4e bon de la Loire-Inférieure.	»	»	18	»	»	325
	Bon des francs-tirrs des Ternes.	2	2	»	3	4	3
	2e régiment de garde nationale mobilisée.	1	1	»	10	40	4
	Régiment de la Vendée.	1	4	»	13	42	»
	42e régimt de garde nationale mobilisée	»	3	»	3	29	6
	2e bataillon de la Drôme.	»	1	»	3	23	»
	4e — des Côtes-du-Nord.	»	»	»	1	7	»
	5e — du Loiret.	»	»	»	2	6	»
	3e — de Seine-et-Marne.	»	»	»	»	4	»
	Carabiniers parisiens.	»	1	»	»	4	»
	3e régiment de garde nationale mobilisée.	»	»	»	3	35	»
Colonne MOSNERON-DUPIN.	3e bataillon d'Ille-et-Vilaine.	»	2	»	12	50	»
	6e régiment de garde nationale mobilisée.	»	1	»	6	34	9
Division COURTY.	Bataillon de francs-tireurs.	»	4	»	25	46	»
	123e régiment de ligne.	»	»	»	»	9	6
	124e — —	»	5	1	8	32	»
	5e régiment de garde nationale mobilisée.	3	6	»	18	77	13
	125e régiment de ligne.	»	»	»	»	»	»
	126e — —	»	»	»	»	»	»
	34e régimt de garde nationale mobilisée.	»	»	»	»	»	»
Génie.		»	»	»	»	2	»
Artillerie.		»	»	»	»	1	»
Totaux partiels.		7	33	19	125	529	366
TOTAUX D'ENSEMBLE.		59			1020		

COLONNE DU CENTRE (général DE BELLEMARE).

BRIGADE VALENTIN.

109ᵉ régiment de ligne.

NOMS	GRADES	OFFICIERS			TROUPE		
		TUÉS	BLESSÉS	DISPARUS	TUÉS	BLESSÉS	DISPARUS
Landrut	Lᵗ-col. commᵗ le régᵗ	»	1	»	»	»	»
Daguillon	Chef de bᵒⁿ	»	1	»	»	»	»
Hardel	Capitaine	1	»	»	»	»	»
Malignon	do	»	1	»	»	»	»
Santa-Maria	do	»	1	»	»	»	»
Serranier	Lieutenant	1	»	»	»	»	»
De Morin	do	»	1	»	»	»	»
De Richoufftz	Sˢ-lieutenant	1	»	»	»	»	»
Chiez	do	1	»	»	»	»	»
Boitel	do	»	1	»	»	»	»
Valindru	do	»	1	»	»	»	»
Pellé	do	»	1	»	»	»	»
Grimal	do	»	»	1	»	»	»
Troupe		»	»	»	60	404	»
Totaux		4	8	1	60	404	»

16ᵉ régiment de garde nationale mobilisée
(lieutenant-colonel DE BRANCION).

NOMS	GRADES	TUÉS	BLESSÉS	DISPARUS	TUÉS	BLESSÉS	DISPARUS
69ᵉ bataillon. — Gardes		»	»	»	4	18	1
71ᵉ bataillon { Piron	Aide major	»	★ 1	»	»	»	»
{ Gardes		»	»	»	5	18	»
A reporter		»	1	»	9	36	1

★ Ce signe indique que l'officier est mort des suites de ses blessures.

DÉFENSE DE PARIS.

	NOMS	GRADES	OFFICIERS			TROUPE		
			TUÉS	BLESSÉS	DISPARUS	TUÉS	BLESSÉS	DISPARUS

16ᵉ régiment de garde nationale mobilisée (suite).

	NOMS	GRADES	TUÉS	BLESSÉS	DISPARUS	TUÉS	BLESSÉS	DISPARUS
	Report..........		»	1	»	9	36	1
72ᵉ bataillon.	Lacomme....	Cap. adj.-maj.	»	1	»	»	»	»
	Conchet......	Capitaine	1	»	»	»	»	»
	Hersant......	dᵒ	»	★1	»	»	»	»
	Sara.........	Lieutenant	1	»	»	»	»	»
	Buy.........	Sˢ-lieutenant	1	»	»	»	»	»
	Gardes...		»	»	»	11	50	1
78ᵉ bataillon.	Saugé.......	Chef de batᵒⁿ	»	1	»	»	»	»
	Touraille....	Capitaine	1	»	»	»	»	»
	Caron.......	Lieutenant	»	1	»	»	»	»
	Junat.......	dᵒ	1	»	»	»	»	»
	Gardes...		»	»	»	9	53	1
	Totaux..........		5	5	»	29	139	3

★ Ce signe indique que l'officier est mort des suites de ses blessures.

110ᵉ régiment de ligne.

NOMS	GRADES	TUÉS	BLESSÉS	DISPARUS	TUÉS	BLESSÉS	DISPARUS
Bernard..........	Chef de bᵒⁿ	»	★1	»	»	»	»
Mangin...........	Capitaine	1	»	»	»	»	»
Cassou...........	dᵒ	1	»	»	»	»	»
De Laumière.......	dᵒ	1	»	»	»	»	»
D'Aubignosc.......	dᵒ	»	1	»	»	»	»
Delmotte.........	Sˢ-lieutenant	»	1	»	»	»	»
Dupuy...........	dᵒ	»	1	»	»	»	»
Troupe.........		»	»	»	9	68	47
Totaux..........		3	4	»	9	68	47

★ Ce signe indique que l'officier est mort des suites de ses blessures.

	NOMS	GRADES	OFFICIERS			TROUPE		
			TUÉS	BLESSÉS	DISPARUS	TUÉS	BLESSÉS	DISPARUS

18e régiment de garde nationale mobilisée (lieutenant-colonel LANGLOIS).

	NOMS	GRADES	TUÉS	BLESSÉS	DISPARUS	TUÉS	BLESSÉS	DISPARUS
35e bataillon.	Savignol	Chef de b^{on}	»	1	»	»	»	»
	Faivre	Capitaine	1	»	»	»	»	»
	Goeb	d°	1	»	»	»	»	»
	Mandemant	S^s-lieutenant	1	»	»	»	»	»
	Gardes	. . . .	»	»	»	6	24	1
116e bataillon.	Langlois	Lieut^t-colonel	»	1	»	»	»	»
	Ambacher	Lieutenant	1	»	»	»	»	»
	Debacker	d°	1	»	»	»	»	»
	Gardes	. . . .	»	»	»	9	41	1
211e bataillon.	Baldenveck	Capitaine	»	1	»	»	»	»
	Guillaumont	Lieutenant	»	1	»	»	»	»
	Cossiaux	S^s-lieutenant	»	1	»	»	»	»
	Jourdain	d°	»	★ 1	»	»	»	»
	Versini	d°	»	1	»	»	»	»
	Gardes	. . . .	»	»	»	13	67	8
212e bataillon.	Annaud	Capitaine	»	1	»	»	»	»
	Armand	d°	»	1	»	»	»	»
	Gardes	. . . .	»	»	»	22	58	5
	Totaux		5	9	»	50	190	15

BRIGADE FOURNÈS.

4e régiment de zouaves.

	NOMS	GRADES	TUÉS	BLESSÉS	DISPARUS	TUÉS	BLESSÉS	DISPARUS
1er bataillon.	Bories	Capitaine	»	»	1	»	»	»
	Gallangau	d°	»	★ 1	»	»	»	»
	Gaillac	d°	1	»	»	»	»	»
	A reporter		1	1	1	»	»	»

★ Ce signe indique que l'officier est mort des suites de ses blessures.

			OFFICIERS			TROUPE		
\	NOMS	GRADES	TUÉS	BLESSÉS	DISPARUS	TUÉS	BLESSÉS	DISPARUS

4e régiment de zouaves (*suite.*)

	Report.		1	1	1	»	»	»
2e bataillon.	Paquin	Capitaine	»	1	»	»	»	»
	Darribère	do	1	»	»	»	»	»
	Darnaud	do	»	1	»	»	»	»
	Pithois	do	1	»	»	»	»	»
	Monteil	Lieutenant	1	»	»	»	»	»
	Couriol	do	»	1	»	»	»	»
	Tavernier	do	»	1	»	»	»	»
	Boissounoux . . .	Ss-lieutenant	1	»	»	»	»	»
3e bataillon.	Ballue	Chef de bon	»	1	»	»	»	»
	Revin	Capitaine	»	1	»	»	»	»
	Abd-el-Kader . .	do	»	1	»	»	»	»
	Larcher	Lieutenant	»	1	»	»	»	»
	Troupe		»	»	»	30	115	8
	Totaux		5	9	1	30	115	8

11e régiment de garde nationale mobilisée (lieutenant-colonel **DUVAL**).

24e bataillon.	Duboscq	Lieutenant	»	★ 1	»	»	»	»
	Gardes . . .	. . . . .	»	»	»	2	24	1
94e bataillon. — Gardes			»	»	»	2	8	1
107e — —			»	»	»	»	23	»
183e bataillon.	Boudin	Chef de bon	»	1	»	»	»	»
	Gardes . . .	. . . . .	»	»	»	6	35	5
	Totaux		»	2	»	10	90	7

★ Ce signe indique que l'officier est mort des suites de ses blessures.

Régiment de Seine-et-Marne.

Officiers	1	9	»	»	»	»
Troupe	»	»	»	31	126	24

NOMS	GRADES	OFFICIERS			TROUPE		
		TUÉS	BLESSÉS	DISPARUS	TUÉS	BLESSÉS	DISPARUS

14ᵉ régiment de garde nationale mobilisée (lieut.-colonel DE RANCY).

50ᵉ bataillon. — Gardes........		»	»	»	»	9	»
51ᵉ bataillon. { Marin......	Capitaine	»	1	»	»	»	»
{ Gardes....	......	»	»	»	2	8	2
52ᵉ bataillon. { Gerbaulet....	Capitaine	»	1	»	»	»	»
{ Granger.....	Lieutenant	»	1	»	»	»	»
{ Gardes....	......	»	»	»	7	54	10
200ᵉ bataillon. — Gardes........		»	»	»	1	12	»
TOTAUX........		»	3	»	10	80	12

BRIGADE COLONIEU.

136ᵉ régiment de ligne.

Suillot...........	Chef de bᵒⁿ	1	»	»	»	»	»
Blanc...........	dᵒ	»	1	»	»	»	»
Germain........	Lieutenant	»	★ 1	»	»	»	»
Passemard.......	dᵒ	»	★ 1	»	»	»	»
Routier de Grandval...	Sˢ-lieutenant	1	»	»	»	»	»
Orsini...........	dᵒ	»	★ 1	»	»	»	»
Masson..........	dᵒ	»	★ 1	»	»	»	»
Troupe..........	......	»	»	»	74	192	24
TOTAUX........		2	5	»	74	192	24

★ Ce signe indique que l'officier est mort des suites de ses blessures.

9ᵉ régiment de garde nationale mobilisée (lieut.-colonel DE CRISENOY).

17ᵉ bataillon. { D'Estourmel....	Sˢ-lieutenant	1	»	»	»	»	»
{ Gardes....	......	»	»	»	2	9	»
A reporter.........		1	»	»	2	9	»

DÉFENSE DE PARIS.

NOMS	GRADES	OFFICIERS			TROUPE		
		TUÉS	BLESSÉS	DISPARUS	TUÉS	BLESSÉS	DISPARUS
	**9ᵉ régiment de garde nationale mobilisée** (*suite*).						
Report		1	»	»	2	9	»
82ᵉ bataillon. { Coppin	Lieutenant	»	»	1	»	»	»
{ Gamond	Sᵗ-lieutenant	»	1	»	»	»	»
{ Gardes		»	»	»	8	38	15
105ᵉ bataillon. { Tresch	Lieutenant	»	1	»	»	»	»
{ Gardes		»	»	»	8	41	5
127ᵉ bataillon. { Lecombe	Sᵗ-lieutenant	»	1	»	»	»	»
{ Gardes		»	»	»	»	6	»
Totaux		1	3	1	18	94	20
	**Régiment du Morbihan.**						
Troupe		»	»	»	»	6	»
	**10ᵉ régiment de garde nationale mobilisée** (lieutenant-colonel GERMA).						
18ᵉ bataillon. — Gardes		»	»	»	1	6	»
19ᵉ — —		»	»	»	2	3	1
83ᵉ — —		»	»	»	1	8	»
85ᵉ —		»	»	»	»	»	»
Totaux		»	»	»	4	17	1
	BRIGADE HANRION.						
	**135ᵉ régiment de ligne.**						
Duvergier de Cuy	Capitaine	»	1	»	»	»	»
Thierry	Lieutenant	»	1	»	»	»	»
A reporter		»	2	»	»	»	»

NOMS	GRADES	OFFICIERS			TROUPE		
		TUÉS	BLESSÉS	DISPARUS	TUÉS	BLESSÉS	DISPARUS
135e régiment de ligne (*suite*).							
Report		»	2	»	»	»	»
Prévost (officier d'ordonn^{ce} du général Hanrion) . . .	S^s-lieutenant	»	1	»	»	»	»
Troupe		»	»	»	8	27	»
Totaux		»	3	»	8	27	»
1er régiment de mobiles de la Seine (1er, 2e, 3e, 4e bataillons).							
. . . .		»	»	»	»	»	»
20e régiment de garde nationale mobilisée.							
. . . .		»	»	»	»	»	»

BRIGADE VALETTE.

		OFFICIERS			TROUPE		
		TUÉS	BLESSÉS	DISPARUS	TUÉS	BLESSÉS	DISPARUS
4e régiment de mobiles de la Seine (10e, 11e bataillons).							
Mobiles		»	»	»	»	10	»
1er bataillon du Finistère.							
. . . .		»	»	»	»	»	»
5e bataillon d'Ille-et-Vilaine.							
. . . .		»	»	»	»	»	»

INDICATIONS DIVERSES	OFFICIERS			TROUPE		
	TUÉS	BLESSÉS	DISPARUS	TUÉS	BLESSÉS	DISPARUS
4ᵉ bataillon de la Vendée.						
. . . .	»	»	»	»	»	»
21ᵉ régiment de garde nationale mobilisée.						
. . . .	»	»	»	»	»	»
Artillerie de la colonne de Bellemare.						
Thoyot (3ᵉ du 9ᵉ) . . . . . Sˢ-lieutenant	»	1	»	»	»	»
Génie de la colonne de Bellemare.						
De Foucauld . . . . Lieutᵗ colonel	»	1	»	»	»	»
Lenclos. . . . . Capitaine	»	1	»	»	»	»
Troupe	»	»	»	3	9	»
Totaux (1)	»	2	»	3	9	»

(1) Dans ce total sont compris 5 soldats du génie auxiliaire.

ENSEMBLE DES PERTES DE LA COLONNE DU CENTRE
(Général DE BELLEMARE).

INDICATIONS DIVERSES		OFFICIERS			TROUPE		
		TUÉS	BLESSÉS	DISPARUS	TUÉS	BLESSÉS	DISPARUS
Brigade VALENTIN.	109e régiment de ligne....	4	8	1	60	404	»
	16e régimt de garde nationale mobilisée.........	5	5	»	29	139	3
	110e régiment de ligne....	3	4	»	9	68	47
	18e régimt de garde nationale mobilisée.........	5	9	»	50	190	15
Brigade FOURNÈS.	4e régiment de zouaves....	5	9	1	30	115	8
	11e régimt de garde nationale mobilisée.........	»	2	»	10	90	7
	Régiment de Seine-et-Marne.	1	9	»	31	126	24
	14e régimt de garde nationale mobilisée.........	»	3	»	10	80	12
Brigade COLONIEU.	136e régiment de ligne....	2	5	»	74	192	24
	9e régiment de garde nationale mobilisée.........	1	3	1	18	94	20
	Régiment du Morbihan....	»	»	»	»	6	»
	10e régimt de garde nationale mobilisée.........	»	»	»	4	17	1
Brigade HANRION.	135e régiment de ligne....	»	3	»	8	27	»
	1er régt de mobiles de la Seine.	»	»	»	»	»	»
Brigade VALETTE.	4e régt de mobiles de la Seine.	»	»	»	»	10	»
	1er bataillon du Finistère...	»	»	»	»	»	»
	5e — d'Ille-et-Vilaine.	»	»	»	»	»	»
	4e — de la Vendée...	»	»	»	»	»	»
	21e régimt de garde nationale mobilisée.........	»	»	»	»	»	»
Artillerie.............		»	1	»	»	»	»
Génie...............		»	2	»	3	9	»
TOTAUX partiels......		26	63	3	336	1567	161
TOTAUX D'ENSEMBLE......		92			2064		

NOMS	GRADES	OFFICIERS			TROUPE		
		TUÉS	BLESSÉS	DISPARUS	TUÉS	BLESSÉS	DISPARUS

COLONNE DE DROITE (général DUCROT).

ÉTAT-MAJOR GÉNÉRAL.

De Lesseps, lieutenant de mobiles, officier d'ordonnance du général Ducrot, blessé.

DIVISION FARON.

Bataillon de francs-tireurs.

Troupe.		»	»	»	»	6	»

BRIGADE DE LA MARIOUSE.

35ᵉ régiment de ligne.

Barbier.	Capitaine	»	★ 1	»	»	»	»
Troupe	. . . . .	»	»	»	17	23	»
	Totaux.	»	1	»	17	23	»

★ Ce signe indique que l'officier est mort des suites de ses blessures.

42ᵉ régiment de ligne.

. . . .		»	»	»	»	»	»

Régiment de Seine-et-Oise.

. . . .		»	»	»	»	»	»

	NOMS	GRADES	OFFICIERS			TROUPE		
			TUÉS	BLESSÉS	DISPARUS	TUÉS	BLESSÉS	DISPARUS
	**19ᵉ régiment de garde nationale mobilisée** (lieut.-colonel DE ROCHEBRUNE).								
48ᵉ bataillon.	Merlet.......	Sˢ-lieutenant	»	1	»	»	»	»
	Gardes...	....	»	»	»	5	15	2
140ᵉ bataillon.	De Rochebrune.	Lieutᵗ colonel	1	»	»	»	»	»
	Sourdon.....	Capitaine	1	»	»	»	»	»
	Rousseau....	Sˢ-lieutenant	»	1	»	»	»	»
	Gardes...	....	»	»	»	13	40	2
190ᵉ bataillon.	Jacquot......	Sˢ-lieutenant	»	1	»	»	»	»
	Gardes...	....	»	»	»	5	15	1
214ᵉ bataillon.	Pizani.......	Lieutenant	»	1	»	»	»	»
	Gardes...	....	»	»	»	»	3	»
		Totaux......	2	4	»	23	73	5

BRIGADE LESPIAU.

121ᵉ régiment de ligne.

....	»	»	»	»	»	»

122ᵉ régiment de ligne.

....	»	»	»	»	»	»

25ᵉ régiment de garde nationale mobilisée (lieut.-colonel CHARPENTIER).

96ᵉ bataillon. — Teissière, sˢ-lieutenant.	»	1	»	»	»	»
144ᵉ —	»	»	»	»	»	»
145ᵉ — Gardes.........	»	»	»	»	1	»
228ᵉ —	»	»	»	»	»	»
Totaux.........	»	1	»	»	1	»

DÉSIGNATIONS DIVERSES	OFFICIERS			TROUPE		
	TUÉS	BLESSÉS	DISPARUS	TUÉS	BLESSÉS	DISPARUS

DIVISION DE SUSBIELLE.

Bataillon de francs-tireurs.

. . . .	»	»	»	»	»	»

BRIGADE LECOMTE.

115ᵉ régiment de ligne.

Troupe.	»	»	»	»	6	»

116ᵉ régiment de ligne.

Troupe.	»	»	»	1	4	»

53ᵉ régiment de garde nationale mobilisée (lieut.-colonel DELAMARCHE).

Bᵒⁿ de volontaires de Montrouge : Gardes.	»	»	»	9	28	7
90ᵉ bataillon. — Gardes	»	»	»	1	6	»
160ᵉ — —	»	»	»	»	3	»
161ᵉ —	»	»	»	»	»	»
Totaux.	»	»	»	10	37	7

BRIGADE RAGON.

117ᵉ régiment de ligne.

Troupe.	»	»	»	2	7	»

NOMS	GRADES	OFFICIERS			TROUPE		
		TUÉS	BLESSÉS	DISPARUS	TUÉS	BLESSÉS	DISPARUS

118ᵉ régiment de ligne.

. . . .		»	»	»	»	»	»

23ᵉ régiment de garde nationale mobilisée (lieutenant-colonel CATOIS).

91ᵉ bataillon. — Gardes		»	»	»	»	2	»
157ᵉ —		»	»	»	»	»	»
207ᵉ bataillon. { Bayle	Sˢ-lieutenant	1	»	»	»	»	»
{ Gardes . . .	. . . . . .	»	»	»	1	3	»
222ᵉ bataillon. — Gardes		»	»	»	»	1	»
TOTAUX		1	»	»	1	6	»

51ᵉ régiment de garde nationale mobilisée (lieut.-colonel DESFORGES).

53ᵉ bataillon. — Gardes		»	»	»	»	3	»
150ᵉ —		»	»	»	»	»	»
182ᵉ —		»	»	»	»	»	»
227ᵉ — Gardes		»	»	»	»	1	»
TOTAUX		»	»	»	»	4	»

DIVISION BERTHAUT.

Bataillon de francs-tireurs.

N.	Lieutenant	1	»	»	»	»	»
Troupe	. . . . . .	»	»	»	7	41	19
TOTAUX		1	»	»	7	41	19

BRIGADE BOCHER.

119ᵉ régiment de ligne.

NOMS	GRADES	OFFICIERS			TROUPE		
		TUÉS	BLESSÉS	DISPARUS	TUÉS	BLESSÉS	DISPARUS
Gérodias	Capitaine	1	»	»	»	»	»
Canu	dº	1	»	»	»	»	»
Minda	dº	»	1	»	»	»	»
Nury	dº	»	1	»	»	»	»
Gontin	Lieutenant	1	»	»	»	»	»
Troupe		»	»	»	38	77	»
Totaux		3	2	»	38	77	»

120ᵉ régiment de ligne.

NOMS	GRADES	TUÉS	BLESSÉS	DISPARUS	TUÉS	BLESSÉS	DISPARUS
Montheil	Capitaine	1	»	»	»	»	»
Lebonnois	dº	1	»	»	»	»	»
De Milhau-Carlat	Cap. adj.-maj.	»	1	»	»	»	»
Bonaffe	Lieutenant	1	»	»	»	»	»
Chanet	dº	»	1	»	»	»	»
Mercier	dº	»	1	»	»	»	»
Troupe		»	»	»	23	89	»
Totaux		3	3	»	23	89	»

17ᵉ régiment de garde nationale mobilisée (lieutenant-colonel IBOS).

NOMS	GRADES	TUÉS	BLESSÉS	DISPARUS	TUÉS	BLESSÉS	DISPARUS
43ᵉ bataillon. — Gardes		»	»	»	3	8	»
44ᵉ — —		»	»	»	»	3	1
106ᵉ bataillon { Decujis	Médecin-maj.	»	1	»	»	»	»
Petion	Sˢ-lieutenant	»	★ 1	»	»	»	»
Gardes		»	»	»	10	36	4
A reporter		»	2	»	13	47	5

★ Ce signe indique que l'officier est mort des suites de ses blessures.

| | | OFFICIERS ||| TROUPE |||
NOMS	GRADES	TUÉS	BLESSÉS	DISPARUS	TUÉS	BLESSÉS	DISPARUS
	**17ᵉ régiment de garde nationale mobilisée** (*suite*).							
Report		»	2	»	13	47	5
136ᵉ bataillon. { Boularon	Chef de bat^{on}	1	»	»	»	»	»
Bègue	Capitaine	»	1	»	»	»	»
Gardes . . .		»	»	»	7	26	6
193ᵉ bataillon. — Gardes		»	»	»	4	30	»
Totaux		1	3	»	24	103	11
	**Régiment du Loiret (37ᵉ mobiles).**							
De Monbrison	Colonel	1	»	»	»	»	»
Delquié	Capitaine	»	1	»	»	»	»
De Murat	dº	1	»	»	»	»	»
Rouillé	Lieutenant	»	1	»	»	»	»
Lesourd	dº	»	1	»	»	»	»
De Geffrier	Sˢ-lieutenant	1	»	»	»	»	»
Imbaut	dº	»	1	»	»	»	»
Troupe		»	»	»	19	61	»
Totaux		3	4	»	19	61	»
	**Régiment de la Seine-Inférieure (50ᵉ mobiles).**							
Delarue	Capitaine	»	1	»	»	»	»
Troupe		»	»	»	2	13	»
	**8ᵉ régiment de garde nationale mobilisée** (lieut.-colonel DE MARCILLAC).							
15ᵉ bataillon. — Gardes		»	»	»	»	1	»
16ᵉ — —		»	»	»	1	3	»
131ᵉ — —		»	»	»	»	2	»
165ᵉ — —		»	»	»	»	7	1
178ᵉ — —		»	»	»	»	»	»
Totaux		»	»	»	1	13	1

ENSEMBLE DES PERTES DE LA COLONNE DE DROITE
(Général DUCROT).

INDICATIONS DIVERSES	OFFICIERS			TROUPE		
	TUÉS	BLESSÉS	DISPARUS	TUÉS	BLESSÉS	DISPARUS
État-major général...............	»	1	»	»	»	»
Division FARON. — Bataillon de francs-tireurs..	»	»	»	»	6	»
Division FARON. — 35ᵉ régiment de ligne....	»	1	»	17	23	»
Division FARON. — 42ᵉ — —	»	»	»	»	»	»
Division FARON. — 19ᵉ régimᵗ de garde nationale mobilisée........	2	4	»	23	73	5
Division FARON. — 121ᵉ régiment de ligne....	»	»	»	»	»	»
Division FARON. — 122ᵉ — —	»	»	»	»	»	»
Division FARON. — 25ᵉ régimᵗ de garde nationale mobilisée........	»	1	»	»	1	»
Division DE SUSBIELLE. — Bataillon de francs-tireurs..	»	»	»	»	»	»
Division DE SUSBIELLE. — 115ᵉ régiment de ligne....	»	»	»	»	6	»
Division DE SUSBIELLE. — 116ᵉ — —	»	»	»	1	4	»
Division DE SUSBIELLE. — 53ᵉ régimᵗ de garde nationale mobilisée........	»	»	»	10	37	7
Division DE SUSBIELLE. — 117ᵉ régiment de ligne....	»	»	»	2	7	»
Division DE SUSBIELLE. — 118ᵉ — —	»	»	»	»	»	»
Division DE SUSBIELLE. — 23ᵉ régimᵗ de garde nationale mobilisée........	1	»	»	1	6	»
Division DE SUSBIELLE. — 51ᵉ régimᵗ de garde nationale mobilisée........	»	»	»	»	4	»
Division BERTHAUT. — Bataillon de francs-tireurs...	1	»	»	25	44	»
Division BERTHAUT. — 119ᵉ régiment de ligne....	3	2	»	38	77	»
Division BERTHAUT. — 120ᵉ — —	3	3	»	23	89	»
Division BERTHAUT. — 17ᵉ régimᵗ de garde nationale mobilisée........	1	3	»	24	103	11
Division BERTHAUT. — Régiment du Loiret.....	3	4	»	19	61	»
Division BERTHAUT. — — de la Seine-Inférʳᵉ.	»	1	»	2	13	»
Division BERTHAUT. — 8ᵉ régiment de garde nationale mobilisée........	»	»	»	1	13	1
Artillerie...............	»	»	»	1	6	»
Génie	1	»	»	3	5	»
Totaux partiels......	15	20	»	190	578	24
TOTAUX d'ensemble......		35			792	

INDICATIONS DIVERSES	OFFICIERS			TROUPE		
	TUÉS	BLESSÉS	DISPARUS	TUÉS	BLESSÉS	DISPARUS
TROUPES DE MARINE.						
Denis, chef d'escadron d'artillerie de marine, blessé à la redoute des Gibets...	»	1	»	»	»	»
Foillard, enseigne de vaisseau, commandant une batterie..........	»	1	»	»	»	»
Fournier, lieutenant de vaisseau, commandant le train blindé.........	»	1	»	»	»	»
Matelots du train blindé......	»	»	»	1	4	»
Totaux.......	»	3	»	1	4	»

RÉCAPITULATION DES PERTES.

	TUÉS	BLESSÉS	DISPARUS	TUÉS	BLESSÉS	DISPARUS
Colonne de gauche (général Vinoy)....	7	33	19	125	529	366
— du centre (général de Bellemare).	26	63	3	336	1567	161
— de droite (général Ducrot)....	15	20	»	190	578	24
Troupes de marine..........	»	3	»	1	4	»
Totaux..........	48	119	22	652	2678	551
		189			3881	
TOTAL GÉNÉRAL.......			4070			
Se décomposant ainsi :						
Armée active et Mobiles.........		128			2485	
Garde nationale mobilisée......		61			1396	

ENSEMBLE DES PERTES DE LA GARDE NATIONALE MOBILISÉE

INDICATIONS DIVERSES		OFFICIERS			TROUPE		
		TUÉS	BLESSÉS	DISPARUS	TUÉS	BLESSÉS	DISPARUS
Colonne de gauche.	2e régiment	1	1	»	10	40	4
	42e —	»	3	»	3	29	6
	3e —	»	»	»	3	35	»
	6e —	»	1	»	6	34	9
	5e —	3	6	»	18	77	13
	34e —	»	»	»	»	»	»
Colonne du centre.	16e régiment	5	5	»	29	139	3
	18e —	5	9	»	50	190	15
	11e —	»	2	»	10	90	7
	14e —	»	3	»	10	80	12
	9e —	1	3	1	18	94	20
	10e —	»	»	»	4	17	1
	21e —	»	»	»	»	»	»
Colonne de droite.	19e régiment	2	4	»	23	73	5
	25e —	»	1	»	»	1	»
	53e —	»	»	»	10	37	7
	23e —	1	»	»	1	6	»
	51e —	»	»	»	»	4	»
	17e —	1	3	»	24	103	11
	8e —	»	»	»	1	13	1
TOTAUX		19	41	1	220	1,062	114
			61			1396	
TOTAL GÉNÉRAL					1457		

PERTES DES ALLEMANDS A LA BATAILLE DE MONTRETOUT-BUZENVAL
(19 janvier 1871).

	INDICATIONS DIVERSES	OFFICIERS			TROUPE		
		TUÉS	BLESSÉS	DISPARUS	TUÉS	BLESSÉS	DISPARUS
	Vᵉ corps.						
9ᵉ DIVISION.	Régiment d'infanterie nº 58..	1	2	»	18	67	56
	— — nº 59..	2	6	»	17	96	»
	— — nº 47..	1	6	»	8	50	1
	Régᵗ de grenad. du Roi nº 7.	1	1	»	14	58	1
	Bataillon de chasseurs nº 5.	»	5	»	13	53	6
	1ᵉʳ régᵗ de dragons de Silésie.	»	»	»	»	1	1
	1ʳᵉ division montée d'artillerie.	»	»	»	»	6	»
	Détachement sanitaire....	»	»	»	»	3	»
10ᵉ DIVISION.	Régiment d'infanterie nº 37..	1	6	»	14	65	»
	— — nº 50..	2	4	»	18	76	»
	3ᵉ division montée d'artillerie.	»	»	»	»	2	»
	Détachement sanitaire....	»	1	»	»	»	»
	Réserve d'artillerie.........	»	»	»	»	2	»
	Bataillon de pionniers.......	»	»	»	»	2	»
	Totaux.........	8	31	»	102	431	65
	XIᵉ corps.						
21ᵉ DIVISION.	Régiment d'infanterie nº 88..	»	1	»	1	12	»
	Bataillon de pionniers....	»	»	»	»	1	»
	Totaux.........	»	1	»	1	13	»
	Division de Landwehr de la garde.						
	2ᵉ régiment de grenadiers.........	»	»	»	»	1	»

INDICATIONS DIVERSES	OFFICIERS			TROUPE		
	TUÉS	BLESSÉS	DISPARUS	TUÉS	BLESSÉS	DISPARUS
IVe corps.						
Artillerie	»	»	»	2	8	»

RÉCAPITULATION DES PERTES.

Ve corps	8	31	»	102	481	65
XIe corps	»	1	»	1	13	»
Division de landwehr de la garde	»	»	»	»	1	»
IVe corps	»	»	»	2	8	»
Totaux partiels	8	32	»	105	503	65
Totaux d'ensemble		40			673	
TOTAL GÉNÉRAL			**713**			

CHAPITRE V.

CONSÉQUENCES DE LA JOURNÉE DU 19 JANVIER.

Le Gouvernement apprend les événements de la journée du 19.

Dans la soirée du 19, les membres du Gouvernement avaient reçu communication officielle de la situation.

Séance du 19 Janvier.

(Jeudi, 10 heures du soir.)

« M. le général Schmitz apporte des dépêches du
« Mont-Valérien qui annoncent une défaite complète de
« l'aile gauche, obligée d'abandonner ses positions et de
« quitter Montretout.

« M. le général gouverneur demande par la même
« dépêche qu'on publie cette nouvelle.

« Le Conseil hésite à publier cette dépêche sans plus
« amples renseignements. A la demande du secrétaire
« général de l'Intérieur, il consent à en envoyer un ex-
« trait seulement aux journaux.

« MM. Jules Favre, Ferry et Le Flô se rendent au
« Mont-Valérien pour voir M. le général Trochu.

« Le Conseil reste en permanence en les attendant.
« Ces messieurs rentrent au Conseil à 4 heures du matin.

« M. J. Favre confirme l'échec militaire de la soirée.
« Il déclare que le Gouverneur considère que c'est la fin
« du siége, vu le manque de vivres.

« M. Picard observe qu'il a encore pour 14 jours de
« vivres.

« M. Jules Favre indique le découragement du géné-
« ral Trochu, qui se refuse désormais à l'offensive. Il y
« aurait donc lieu de le remplacer.

« M. le général Le Flô dit qu'il est prêt à commander
« aux hommes de se faire tuer, mais il n'entrevoit pas
« d'autre résultat possible. M. Jules Favre propose de re-
« prendre l'offensive dans deux jours.

« M. Jules Simon répond qu'il n'y a plus assez de
« temps pour cela ; on ne peut dépasser dimanche, il
« faut tenir compte du temps nécessaire au ravitaille-
« ment.

« M. Arago croit qu'il faut se battre jusqu'au jour où
« l'on devra prévenir la population qu'elle n'a plus que
« pour huit jours de vivres.

« M. G. Pagès propose d'ajourner toute résolution
« après la lecture des dépêches.

« M. Jules Favre déclare qu'en présence de l'échec
« des trois forces militaires unies à la garde nationale, il
« faut changer de système : il faut associer la ville de
« Paris à l'action du Gouvernement, attendu que la ville
« de Paris seule peut décider qu'on doit continuer la
« résistance.

« M. Simon reconnaît que cela va sans dire, mais son
« avis est d'organiser immédiatement la journée de de-
« main ; il faut prendre ses précautions contre un mou-
« vement et appeler les maires.

« Le Conseil demande à connaître immédiatement la
« dépêche que l'on vient de recevoir de M. Gambetta.

« M. Jules Favre lit cette dépêche, qui accuse Paris
« d'inaction, et exige qu'un mouvement militaire soit
« fait avant le 25 ; sans quoi les dépêches antérieures de
« M. Jules Favre seront livrées à la publicité pour
« dénoncer la vérité à la France.

« M. J. Simon s'élève contre le ton menaçant de cette
« dépêche ; c'est, suivant lui, une injustice qui s'ajoute
« aux malheurs, et qui permet de pressentir dès à pré-

« sent sur qui l'on voudra se décharger de la respon-
« sabilité des revers.

« M. J. Favre lit une autre dépêche de M. de Chau-
« dordy qui réclame avec insistance sa présence à Lon-
« dres, malgré les moyens que M. de Bismark a em-
« ployés pour l'empêcher.

« M. J. Favre déclare que la dépêche Gambetta com-
« mande des résolutions fermes qui rétablissent la vérité
« et l'exactitude des situations.

« M. Ferry fait observer que Gambetta, en dépei-
« gnant lui-même les efforts et les insuccès de Chanzy,
« explique par cela même les efforts et les insuccès de
« Paris.

« Une note sur les faits de la journée est rédigée
« pour l'*Officiel*. »

La nouvelle du désastre se répand dans Paris.

Dès l'après-midi on sentait déjà à Paris que les choses allaient mal; partout on rencontrait des gardes nationaux débandés revenant chez eux, des bataillons en désordre regagnant leurs quartiers.

Les dépêches du champ de bataille, successivement affichées, furent connues le soir par les journaux :

« Mont-Valérien, 19 janvier, 10 heures 10 matin.

« *Gouverneur au Ministre de la guerre et au général Schmitz.*

« Concentration très-difficile et laborieuse pendant une nuit obscure. Retard de deux heures de la colonne de droite (1). Sa tête arrive en ligne en ce moment. Maisons Béarn, Armengaud et Pozzo di Borgo immédiatement occupées. Long et vif combat autour de la redoute de Montretout. Nous en sommes maîtres ; la colonne Bellemare a occupé la maison du Curé et pénétré par brèche dans le parc de Buzenval. Elle tient le point 112, le plateau 155. Elle va attaquer la maison Craon. La colonne de droite soutient vers les hauteurs de la Jonchère un vif combat de mousqueterie. Tout va bien jusqu'à présent. »

---

(1) Nous avons expliqué à qui doit incomber ce retard.

« Mont-Valérien, 10 heures 32.

« *Officier d'ordonnance au Ministre de la guerre.*

« Montretout occupé par nous à 10 heures ; l'artillerie reçoit l'ordre d'occuper le plateau à côté et de tirer sur Garches. Bellemare entre dans Buzenval, attaque maintenant vers la Bergerie. Fusillade très-vive, brouillard intense ; observations très-difficiles. Je n'ai pas encore entendu un coup de canon prussien.

« Pour copie conforme :
« *Le Ministre de l'Intérieur par intérim,*
« Jules Favre. »

« Mont-Valérien, 10 heures 50.

« *Gouverneur au Ministre de la guerre et au général Schmitz, au Louvre.*

« Un épais brouillard me dérobe absolument les phases de la bataille. Les officiers porteurs d'ordres ont de la peine à trouver les troupes. C'est très-regrettable, et il me devient difficile de centraliser l'action comme je l'avais fait jusqu'ici. Nous combattons dans la nuit.

« Pour copie conforme :
« *Le Général chef d'état-major général,*
« Schmitz. »

« 6 heures soir.

« La bataille engagée en avant du Mont-Valérien dure depuis ce matin. L'action s'étend depuis Montretout à gauche, jusqu'au ravin de la Celle-Saint-Cloud à droite.

« Trois corps d'armée formant plus de cent mille hommes et pourvus d'une puissante artillerie sont aux prises avec l'ennemi. Le général Vinoy, à gauche, tient Montretout, et se bat à Garches ; le général Bellemare et le général Ducrot ont attaqué le plateau de la Bergerie et se battent depuis plusieurs heures au château de Buzenval.

« Les troupes ont déployé la plus brillante bravoure, et la garde nationale mobilisée a montré autant de solidité que de patriotique ardeur.

« Le Gouverneur commandant en chef n'a pu faire connaître encore les résultats définitifs de la journée. Aussitôt que le Gouvernement les aura reçus, il les communiquera à la population de Paris. »

« *Amiral commandant 6ᵉ secteur à général Le Flô.*

« A la tombée du jour, nos troupes en vue du 5ᵉ secteur occupent Montretout avec de l'artillerie, les hauteurs au-dessus de Garches, et une partie à droite dans Saint-Cloud.

« De fortes réserves sont au repos depuis midi sur les contreforts de Garches et de la Fouilleuse, vers la Seine. Les derniers ordres du Gouverneur, qui était au Mont-Valérien avec le général Vinoy, pour le tir de nos bastions, sont de tirer énergiquement sur le parc de Saint-Cloud et la vallée de Sèvres, au-dessus de laquelle s'élève une fumée continue depuis deux heures.

« Pour copie conforme :

« *Le Ministre de l'intérieur par intérim,*

« Jules Favre. »

« 6 heures 50 du soir.

« Notre journée, heureusement commencée, n'a pas eu l'issue que nous pouvions espérer. L'ennemi, que nous avions surpris le matin par la soudaineté de l'entreprise, a, vers la fin du jour, fait converger sur nous des masses d'artillerie énormes avec ses réserves d'infanterie.

« Vers trois heures, la gauche, très-vivement attaquée, a fléchi. J'ai dû, après avoir ordonné partout de tenir ferme, me porter à cette gauche, et à l'entrée de la nuit un retour offensif des nôtres a pu se prononcer. Mais la nuit venue et le feu de l'ennemi continuant avec une violence extrême, nos colonnes ont dû se retirer des hauteurs qu'elles avaient gravies le matin.

« Le meilleur esprit n'a cessé d'animer la garde nationale et la troupe, qui ont fait preuve de courage et d'énergie dans cette lutte longue et acharnée.

« Je ne puis encore savoir quelles sont nos pertes. Pas de prisonniers. J'ai appris que celles de l'ennemi étaient fort considérables.

« Général Trochu.

« Pour copie conforme :

« *Le Ministre de l'intérieur par intérim,*

« Jules Favre. »

« Mont-Valérien, le 20 janvier 1871, 3 heures 30 matin.

« *Gouverneur à général Schmitz, au Louvre.*

« Le brouillard est épais, l'ennemi n'attaque pas. J'ai reporté en arrière la plupart des masses qui pouvaient être canonnées des hauteurs, quelques-unes dans leurs anciens cantonnements.

« Il faut à présent parlementer d'urgence à Sèvres pour un armistice de deux jours, qui permettra l'enlèvement des blessés et l'enterrement des morts.

« Il faudra pour cela du temps, des efforts, des voitures très-solidement attelées et beaucoup de brancardiers.

« Ne perdez pas de temps pour agir dans ce sens.

« Pour copie conforme :

« *Le Ministre de l'intérieur par intérim,*

« Jules Favre. »

Exaspération de la population

« Des brancardiers, des voitures, du temps, un ar-« mistice pour relever les blessés, enterrer les morts... » Ces mots jetèrent dans la ville la plus profonde stupeur... Certes, on n'avait pas compté sur un grand succès, mais on ne s'attendait pas à un dénouement si triste, si lugubre. Le récit de la bataille commenté, dénaturé par les gardes nationaux qui affluaient dans Paris, jeta les esprits même les plus modérés dans un état violent de surexcitation et de colère.

Bien que l'on sentît qu'on touchait à la crise suprême, crise que venait de précipiter un nouvel et inutile désastre, l'opinion affolée n'y voulait pas croire ; elle se raidissait devant l'inexorable fatalité. Elle rêvait de moyens inconnus, de procédés inouïs pour se délivrer ou pour se venger.

Les militaires, les généraux, tous ceux qui pouvaient juger, disaient la partie perdue, la chute assurée. Paris répondait aux généraux : « Vous êtes des traîtres, » aux militaires : « Vous êtes des lâches! »

Plus que jamais la sortie torrentielle de *300,000 hommes*, soldats, gardes nationaux, citoyens sans armes était ardemment, violemment réclamée. « Quelques-uns,
« dit M. Jules Favre, voulaient s'y faire accompagner
« par leurs femmes et leurs enfants. »

« On verrait, disait le *Réveil*, de quoi est capable le
« peuple livré au merveilleux instinct de son génie tra-
« ditionnel. On verrait si la science et l'industrie seront
« en peine d'improviser jusqu'au dernier moment des
« armes irrésistibles.

« Les Parisiens n'attendront pas follement l'épuise-
« ment de leurs dernières ressources et la destruction
« de leurs moyens de défense; le fusil d'une main, la
« pioche de l'autre, ils commenceront par saper par la
« base les redoutables fortifications qui les menacent. Un
« officier du génie disait récemment au conseil qu'avec
« 100,000 hommes armés de pioches et de pelles, il se
« faisait fort de percer les lignes prussiennes. Eh bien !
« ce qui était possible hier l'est encore aujourd'hui. Tout
« le monde se mettra à la besogne civique. En quatre
« jours, nous aurons fait *50 lieues de tranchées*, qui,
« poussées sur vingt points différents, feront éclater le
« cercle qui nous entoure... »

Et, comme l'a dit le général Trochu, la foule n'était pas seule à avoir ces folles pensées; « le Gouvernement
« les avait à des degrés divers. »

<small>M. Jules Favre et le général Trochu.</small>

A ce peuple en délire, M. Jules Favre et ses amis désignèrent le général Trochu, devenu le *bouc émissaire* de la situation.

« A partir de la bataille de Buzenval, la population, la
« presse, la garde nationale, le Gouvernement se pro-
« noncèrent contre moi, dit le général Trochu, d'une
« manière définitive; l'idée qui prévalut était celle-ci :
« Il faut sortir avec toutes les masses organisées et non

« organisées qui sont à Paris. Et ce n'est pas seulement
« la foule qui était dans ces sentiments. Le Gouverne-
« ment, à des degrés divers, y était tout entier ; il était
« pressé de livrer la grande bataille définitive. Je décla-
« rai qu'il y avait là un crime militaire à commettre, et
« que je ne le commettrais pas.

« C'était devenu à mon tour, pour moi comme pour le
« général Ducrot, un cas de conscience militaire. »

M. Jules Favre et ses amis, en renversant celui qu'ils avaient élevé, il n'y avait pas cinq mois, à la première magistrature du pays, obéissaient consciemment ou inconsciemment à un double sentiment de crainte ; ils redoutaient à la fois une nouvelle révolte de la population parisienne et une rupture violente avec le Gouvernement de Bordeaux.

Pour M. Jules Favre, le remplacement du général Trochu « est la nécessité la plus pressante de toutes celles
« qui accablent le Gouvernement. » (1)

Quant à M. Simon, il croit qu'il importe d'éviter un *mouvement populaire* contre le général Trochu. Or, pour cela, il faut trouver un moyen de faire connaître sa démission à la population.

« Il incline également à un nouvel effort ; sa convic-
« tion est que Paris peut vivre QUELQUES JOURS SANS
« PAIN ; il croit même qu'il le doit pour sauver son hon-
« neur, après *la lettre lugubre et accusatrice* de
« M. Gambetta... »

En effet, ce dernier, qui n'avait cessé d'annoncer des succès et des victoires, qui n'avait cessé de surexciter des espérances irréalisables, qui n'avait cessé de traiter la France et Paris comme un « peuple d'enfants » à qui on n'ose pas dire la vérité, s'était laissé tout d'un coup

<small>Objurgations de M. Gambetta.</small>

---

(1) Voir plus loin les procès-verbaux.

aller aux plus violentes accusations, semblant ainsi avoir déjà la pensée de vouloir tout rejeter sur les autres.

« Vous voyez, écrivait-il à M. Jules Favre, s'approcher
« tous les jours de vous, de la France, de la République,
« l'horrible catastrophe, et vous vous résignez en gémis-
« sant. Vous avez laissé passer l'heure et l'occasion
« favorables pour une victorieuse trouée, et, avec les
« intentions les plus pures, vous tomberiez comme ceux
« qui sont tombés à Sedan et à Metz. Si vous étiez
« sortis le 7 janvier, Chanzy, au lieu d'un échec sur
« la ligne du Mans, aurait probablement compté un
« triomphe.

« Si vous sortiez aujourd'hui, demain, après-demain,
« profitant du moment où les Prussiens ont dégarni leurs
« lignes pour opposer 200,000 hommes à Chanzy,
« 100,000 hommes à Bourbaki, vous réussiriez en-
« core... »

Puis, après avoir exposé la situation et le plan stratégique à sa fantaisie, après avoir donné en exemple « la bonne méthode » des Prussiens « destituant leurs « généraux battus, Von der Than et Werder » (Werder, en ce moment, qui repoussait les héroïques efforts de Bourbaki)... M. Gambetta ajoutait d'un ton menaçant : « Pendant toutes ces luttes, que fait Paris? Rien. La
« population supporte stoïquement les obus des Prus-
« siens. Mais on se demande, non-seulement en France,
« mais en Europe, ce que fait la population militaire.
« Cependant le temps vous presse ; qu'attendez-vous
« pour agir?

« Autour de vous, tout le monde vous en adjure ! Je
« vous ai envoyé mon vote, je viens de vous exposer
« les nécessités de la situation, je vous ai fait connaître
« l'opinion générale, unanime dans le sens d'un effort
« immédiat. Retarder plus longtemps, quel que soit le

« prétexte d'une pareille faiblesse, serait un acte coupable
« contre le pays, *contre la République*. Même indirecte-
« ment, je ne veux pas m'y associer.

« En conséquence, si le 23 je n'ai pas reçu une dé-
« pêche nous annonçant qu'une sortie *sans esprit de*
« *retour* est engagée avec tous vos moyens, je ferai
« connaître la vérité tout entière (1). »

Devant ces objurgations, on décide qu'on fera une nouvelle hécatombe..., que Paris « vivra sans pain ». En vain on représente l'épuisement moral et physique des troupes, la déplorable attitude de la garde nationale ; rien n'y fait ; il semble qu'il suffit *de destituer un général* pour décréter la victoire...

---

(1) « C'était toujours la même histoire, écrit M. Charles de Mazade. Si Chanzy avait été battu, c'est qu'on l'avait laissé accabler ; c'est qu'on avait permis aux Prussiens de dégarnir leurs lignes. On ne faisait rien à Paris ! Par une théorie toute nouvelle d'art militaire, par une singulière interversion des rôles, c'était maintenant à l'armée parisienne de porter secours aux armées de province. M. Gambetta affirmait que c'était son devoir d'être « une armée d'opération extérieure, une armée « de secours capable de prendre la campagne. » Voilà un homme se disant ministre de la guerre, ayant la vanité de présider à des opérations militaires, qui se berçait de ces contes, et les envoyait à de malheureux assiégés, aux prises avec l'ennemi depuis quatre mois. Ai-je besoin de rappeler que tout ce que disait M. Gambetta n'était qu'un tissu de fictions ? Chanzy n'avait pas eu 200,000 hommes sur les bras ; il avait eu affaire à la seule armée de Frédéric-Charles, à moins de 100,000 hommes, et c'était déjà beaucoup trop. Manteuffel n'avait pas 100,000 hommes ; il en avait 62,000, et c'était plus qu'il n'en fallait avec les soldats de Werder, — de Werder destitué, — pour mettre à mal l'armée de l'Est, laissée sans soutien à Dijon et sans vivres à Besançon. De toutes ces forces, qui étaient à postes fixes autour de Paris depuis la première heure, le VIe corps à Choisy-le-Roi, le IIe corps bavarois à Meudon, le XIe corps à Sèvres, le Ve corps entre Saint-Cloud et Bougival, le IVe corps à Argenteuil, la Garde prussienne à Gonesse, le XIIe corps saxon sur la Marne, les Wurtembergeois à Villiers, pas un détachement de quelque importance n'avait quitté les lignes ».

(*La Guerre de France.*)

DESTITUTION DU GÉNÉRAL TROCHU.

M. Jules Favre se rend au Mont-Valérien dans la nuit du 19 au 20 pour inviter le général Trochu à donner sa démission.

Dès la nuit du 19, M. Jules Favre s'était rendu au Mont-Valérien pour inviter le général Trochu à donner sa démission ; tout au moins à abdiquer le commandement en chef de l'armée... « La retraite du général Trochu, dit M. Jules Favre, était alors un sacrifice préalable absolument indispensable. L'opinion à cet égard était aussi unanime que menaçante... »

« Il était indispensable, ajoute l'auteur du *Simple Récit*, que le Gouvernement se réunît dès le lendemain matin... Nous demandâmes au général de laisser le ralliement à un de ses lieutenants et de venir délibérer avec nous. »

Le lendemain 20 janvier avait lieu une séance extraordinaire au Ministère de l'intérieur. (Le général Trochu absent.)

Séance du jeudi 20 janvier.

« Midi et demi, terminée à 2 heures et demie.

« M. Jules Favre annonce que M. le général Trochu
« télégraphie qu'on n'attaque pas ; il ajoute qu'il fau-
« drait deux jours d'armistice pour enterrer les morts
« et les blessés.

« M. Jules Favre lit également une dépêche dans
« laquelle M. de Chaudordy annonce les désastres du
« général Chanzy : 10,000 prisonniers, 50,000 fuyards ;
« il se reforme entre Laval et Alençon.

« M. Jules Favre précise la situation ; elle est extrême.
« Que dire aux maires ?

« M. Ferry n'est pas d'avis d'associer les maires à un
« gouvernement qui ne semblerait plus les appeler que

« pour se décharger sur eux. Il faut, suivant lui, leur
« parler des subsistances qui deviennent la clef de voûte
« de la résistance. Il faut d'ailleurs opter entre deux
« partis à prendre : tâcher de trouver un nouveau gé-
« néral capable de tenter un nouvel effort, ou recon-
« naître que cet effort, encore possible, est devenu
« inutile, et alors le dire franchement. Son avis est de
« tenter ce nouvel effort destiné à *convaincre* la garde
« nationale de son impuissance.

« M. Picard pense qu'il faut utiliser les forces consi-
« dérables de Paris pour un nouvel effort, et pour des
« négociations. Il demande la démission du général Tro-
« chu et le choix d'un nouveau général, après avoir
« consulté les généraux. Enfin, il faut négocier immé-
« diatement avec l'ennemi, et discuter les conditions
« sous la menace de nouveaux efforts en cas d'exigences
« inacceptables. Il lui paraît indispensable de traiter
« avant qu'on se soit vu arracher de la main le dernier
« tronçon d'arme. Pour cela M. Jules Favre doit se
« rendre au quartier général prussien avec un autre de
« ses collègues, à moins qu'il ne préfère se rendre im-
« médiatement à Londres pour y stipuler pour Paris et
« pour la France.

« M. Arago ne peut partager l'opinion de M. Picard ;
« il n'est pas d'avis qu'on profite d'un sauf-conduit, soit
« pour se rendre à la Conférence, soit pour aller tâter
« l'ennemi à Versailles. Il voit d'ailleurs une contradic-
« tion entre la nomination d'un nouveau général, les
« préparatifs de nouvelles attaques et l'ouverture des
« négociations. La journée d'hier ne lui paraît pas assez
« caractérisée pour être acceptée comme échec suprême.
« Il faut donc qu'un nouveau général prépare une nou-
« velle tentative.

« Abordant à un autre point de vue la question des

« négociations à entamer, M. Arago n'admet pas que le
« Gouvernement de la Défense nationale compromette
« la France entière en se livrant à des négociations qui
« ne permettraient pas de séparer le sort de Paris de
« celui du reste du pays. La capitulation ne saurait donc
« être traitée par le Gouvernement; c'est la ville de
« Paris qui doit être seule consultée; elle seule a man-
« dat pour cela. Donc son avis est qu'on livre une der-
« nière bataille, et qu'ensuite la ville donne ses pouvoirs
« pour une capitulation.

« M. Jules Simon partage cet avis. Il croit des élec-
« tions difficiles, mais il croit qu'il faut demander aux
« maires de représenter Paris. Le Gouvernement ne
« peut se laisser saisir par l'ennemi en tant que Gou-
« vernement; il doit disparaître avant ce moment, afin
« de réserver par sa retraite tous les droits de la France.
« Il incline également à un nouvel offort. Sa conviction
« est que Paris peut *vivre quelques jours sans pain;*
« il croit même qu'il le doit pour sauver son honneur,
« après *la lettre lugubre et accusatrice de M. Gambetta.*

« M. Jules Favre objecte les souffrances que le Gou-
« vernement ne sera pas seul à supporter; il engage à
« laisser de côté les questions de sentiment pour appré-
« cier les faits.

« M. Simon insiste en faisant valoir de nouveau la
« dépêche de M. Gambetta.

« M. Garnier-Pagès rappelle que son avis a toujours
« été que le Gouvernement disparût en restituant à la
« province sa liberté d'action et en appelant Paris à
« traiter pour Paris. Il ne croit pas cependant que les
« maires puissent accepter cette mission, qui lui semble
« exiger des élections spéciales. Tout dépend d'ailleurs
« de la durée des subsistances; son opinion est que le
« commandement en chef soit modifié avec l'agrément

« du général Trochu. Enfin, il se déclare opposé à la
« présence de M. Jules Favre à la Conférence; sa con-
« viction est que M. Gambetta n'appelle M. Jules Favre
« à cette Conférence que pour le faire sortir de Paris,
« afin que la République se trouve plus fortement repré-
« sentée en province.

« A cet égard M. Garnier-Pagès renouvelle sa pro-
« position tendant au départ de Paris de trois ou quatre
« membres du Gouvernement, destinés à aller transfor-
« mer la Délégation en Gouvernement complet.

« M. Magnin se prononce pour un nouvel effort et
« pour le remplacement du général Trochu. Il est con-
« vaincu que le Gouvernement de la Défense nationale
« doit disparaître et que Paris doit capituler comme ville
« et non comme capitale. Il faut consulter la population
« et que trois délégués soient désignés pour traiter.
« Quant à la question des subsistances, elle est suffi-
« samment connue, on ne peut dépasser la fin du mois.

« M. Jules Favre demande combien il faudra de temps
« pour faire des élections et pour traiter.

« M. Magnin répond que quelque hâte que l'on y mette,
« sa conviction est qu'on aura à supporter quelques
« jours de famine.

« M. Dorian est également convaincu que le Gouver-
« nement ne peut traiter, mais il avoue que la façon dont
« il sera pourvu à l'administration de Paris l'embarrasse.
« Il constate l'accord unanime du Conseil pour remplacer
« le général Trochu, mais il voudrait connaître le gé-
« néral capable de le remplacer, et savoir à l'avance de
« lui, ce qu'il pense d'une nouvelle tentative; car, s'il
« n'y a plus rien à faire, il n'y a plus rien à changer.

« M. Ferry pense que le Gouvernement, après avoir
« choisi un nouveau général, ne doit pas avoir l'air
« d'user de l'élection comme d'un moyen de se décharger.

« Le vote du 3 novembre l'ayant plus spécialement
« constitué, le Gouvernement de Paris doit négocier en
« réservant les droits de la France ; c'est là son devoir
« étroit ; les élections lui en imposeraient la tâche, qu'il
« subirait alors sans dignité ; son avis est celui de
« M. Picard : combattre et négocier en même temps,
« sauf à faire usage du sauf-conduit. Quant aux maires,
« ils ne doivent pas être consultés, et tout doit se faire
« avec une extrême discrétion, afin de ne pas désorga-
« niser la défense.

« M. Garnier Pagès voudrait aussi consulter les maires
« et constituer par l'élection un groupe de quarante à
« cinquante personnes dont les membres du Gouverne-
« ment pourraient faire partie. Il persiste à craindre
« que la Prusse ne contraigne le Gouvernement à des
« préliminaires de paix qui engageraient la France.

« M. Jules Favre reçoit à ce moment une dépêche du
« commandant du 2ᵉ secteur (Belleville) qui lui annonce
« que les membres du club Favier doivent se réunir en
« armes pour marcher sur l'Hôtel-de-Ville.

« M. Jules Favre exprime l'espoir que le remplace-
« ment du général Trochu calmerait l'agitation.

« M. Simon fait observer que c'est encore bien plus
« un négociateur qu'un général qu'il faut, et à cet égard
« nul n'offre de plus sérieuses garanties que le général
« Trochu.

« M. Ferry propose le général Le Flô.

« MM. Jules Favre et Picard n'acceptent pas.

« M. Jules Favre met aux voix la question de savoir s'il
« faut des élections.

« Oui : MM. Garnier-Pagès, Magnin, Dorian, Arago.

« Non : MM. Jules Favre, Ferry et Picard.

« M. Simon déclare qu'il ne votera pour l'élection que
« si les maires y consentent.

« M. Jules Favre déclare que le Gouvernement doit
« conserver le pouvoir à moins que les maires ne con-
« sentent à l'en décharger. Si le Gouvernement décide
« qu'il ne veut pas traiter, ce sera l'autorité militaire qui
« traitera. Son avis serait d'envoyer dès demain au
« quartier général prussien pour y faire valoir les res-
« sources de Paris et de la France. On pourrait obtenir
« ainsi que Paris rendrait un fort et serait désarmé sans
« être occupé. Pendant l'armistice on procèderait à l'élec-
« tion d'une Assemblée. Enfin si ces conditions étaient
« refusées on tenterait un suprême effort.

« M. Simon déclare que si l'on pose ces conditions, on
« ne sera point obéi par Paris.

« M. Picard reconnaît qu'on ne peut traiter pour la
« France, mais qu'on peut préparer le nouveau gouver-
« nement de la France.

« M. Arago signale le danger d'arrêter le mouve-
« ment des armées françaises pendant l'armistice et
« les élections.

« M. Picard croit, au contraire, que cet armistice serait
« très-utile aux armées.

« MM. Simon et Arago déclarent qu'ils ne sauraient
« accepter ces conditions.

« M. Jules Favre insiste sur le manque de vivres.

« MM. Simon et Magnin répondent que l'on vivra
« avec de la viande de cheval.

« MM. Jules Favre et Picard se refusent, même
« éventuellement, à soumettre la population à la famine.

« M. Ferry *fixe l'ordre du jour de la séance qui va*
« *avoir lieu avec les maires.*

« M. Cresson demande quelle doit être l'attitude de
« la répression en vue d'une émeute.

« M. le général Le Flô croit que cette émeute sera

« faite par une portion infime de la population ; il faut
« l'écraser par tous les moyens imaginables.

« M. Jules Favre demande au moins que des mesures
« soient prises.

« M. Le général le Flô répond qu'il faut appeler la
« garde nationale, qui est intéressée à l'ordre.

« La séance est levée à 2 heures 1/2. »

Convocation des maires.

Convocation des maires par M. J. Favre au Ministère des affaires étrangères.

Ce même jour 20 janvier, M. Jules Favre convoqua les 20 maires au Ministère des affaires étrangères, où les membres du Gouvernement (compris le général Trochu) les attendaient. Là M. Jules Favre exposa la situation : il fit voir qu'en comptant les réserves que la guerre pouvait mettre à la disposition de la population, on aurait à manger jusqu'au 1er février. « Arrivé à ce terme, les habitants et la garnison n'auraient plus un grain de blé.... »

La défaite du Mans est annoncée.

Il communiqua ensuite la dépêche annonçant la défaite de Chanzy au Mans dans la journée du 11 janvier.

Le général Trochu répond aux maires lui demandant une nouvelle sortie en masse.

Le général Trochu, prenant la parole après M. Jules Favre, s'étendit assez longuement sur la situation militaire ; puis, répondant aux maires qui lui proposaient de tenter une grande sortie avec la garde nationale, il leur dit :

« J'ai tenté une grande sortie avec la garde nationale contrairement à l'opinion de tous mes généraux. Après l'essai fait à Buzenval, je suis bien forcé de reconnaître qu'ils avaient raison de repousser une pareille entreprise et je suis fortement résolu à ne plus la renouveler. »

L'un des maires s'écria alors avec violence : « Il faut que le Gouverneur donne sa démission. »

« Dans les circonstances présentes, répliqua le géné-
« ral, personne ne peut abandonner volontairement son
« poste, mais vous pouvez me destituer. Seulement je
« vous ferai remarquer qu'il ne faut point d'interrègne
« dans le commandement militaire. Il faut donc immé-
« diatement me remplacer : or, vous n'avez que trois
« hommes en situation : c'est le général Le Flô, ici pré-
« sent, ministre de la guerre. » — « Je ne puis accepter,
« dit le ministre. » — « C'est ensuite le général Du-
« crot, mais je dois vous déclarer qu'il a à l'endroit de la
« garde nationale des idées encore plus arrêtées que
« moi ; par conséquent, comme vous voulez opérer votre
« sortie avec la garde nationale, il faut nécessairement
« l'écarter.

« Il ne reste donc que le général Vinoy. En consé-
« quence, je vous engage à le nommer, sans même le
« consulter, car il pourrait bien refuser. »

Les maires, rejetant loin d'eux l'idée de la capitulation, déclarèrent « qu'ils se refusaient à donner d'autre concours que celui du désespoir. Ils étaient prêts à mourir, ils préféraient les horreurs de la famine à l'humiliation d'une soumission ; ils parlaient de s'ensevelir tous sous les ruines de la cité ; ils nous adjuraient, dit M. Jules Favre, d'essayer encore un suprême effort offensif. La garde nationale le réclamait. Elle venait de prouver qu'elle était capable de se battre avec bravoure ; elle voulait qu'on la conduisît de nouveau contre l'ennemi, qu'elle était sûre de vaincre. Quant à la population, elle était résignée à souffrir. Si le pain lui manquait, elle vivrait avec de la viande de cheval, avec des grains d'avoine concassés : elle aimait mieux mourir de faim que de honte. »

M. Jules Favre promit aux maires de réunir dès le lendemain un conseil de guerre « pour le consulter sur

Les maires déclarent qu'ils veulent s'ensevelir sous les ruines de la cité.

la possibilité d'une nouvelle action offensive, promettant de l'ordonner si un seul officier la jugeait praticable.

Le soir nouvelle séance. Le général Trochu n'apparaît que vers le milieu de la séance.

Séance du 20 janvier.

« 10 heures du soir.

« M. Jules Favre demande au Conseil de décider s'il accepte la démission de M. le général Trochu comme général en chef.

« M. le général Le Flô fait observer que M. le géné-
« ral Trochu n'exerce pas un commandement en chef ;
« il n'est chargé que de la défense intérieure, les sorties
« doivent être confiées à un autre général. Quant à la
« nouvelle sortie projetée, il faut bien la méditer, car
« il ne faut pas faire une folie et faire tuer du monde
« sans objet et sans résultat. Son avis est donc qu'on
« peut ne pas enlever au général Trochu le titre de
« gouverneur.

« Le Consegé déclare qu'il n'a jamais songé à deman-
« der au général Trochu sa démission de gouverneur
« de Paris.

« M Picard demande qu'on annonce dès demain à
« l'*Officiel* que M. le général Trochu abandonne le com-
« mandement en chef.

« M. le général Le Flô pense qu'il faut nommer de
« suite ce nouveau commandant en chef ou ne rien dire.

« M. Simon croit qu'il importe d'éviter un mouve-
« ment populaire contre le général Trochu ; or, pour
« cela, il faut trouver un moyen de faire connaître sa
« démission à la population.

« M. Jules Favre propose d'annoncer à l'*Officiel* que

« M. le général Trochu, restant gouverneur de Paris,
« donne sa démission de général en chef. Cette publi-
« cation n'aurait lieu qu'avec son assentiment.

« Quant à l'expédition nouvelle, il s'y déclare opposé,
« car, en ce qui le concerne, il traiterait immédiatement.
« Cependant, il n'insiste pas, le Conseil s'étant prononcé
« à la majorité en faveur de cette expédition, considérée
« comme nécessaire pour répondre aux vœux de la popu-
« lation. Il propose qu'on examine quel général pourrait
« commander cette sortie, et comment elle se ferait ; il
« provoque à cet égard l'avis de M. le général Le Flô.

« M. le général Le Flô déclare qu'il avait d'abord
« songé à cette dernière action héroïque, mais il recon-
« naît qu'elle est devenue plus difficile que jamais.

« M. le général Trochu (1) dit qu'il ne peut citer que
« des noms ; il indique le général Vinoy pour exercer le
« commandement en chef.

Le général Trochu prend part à la discussion.

« M. le général Le Flô fait observer qu'il faut que les
« gens qui exécuteront cette sortie soient résolus à per-
« cer les lignes, coûte que coûte. Si l'on en trouve 50,000,
« il n'en pourra passer que 25,000 ; il faut donc un homme
« jeune à la tête de ces troupes.

« M. Picard considère que cette sortie ne devrait pas
« être un abandon de Paris, mais un moyen de délivrance.

« M. G. Pagès partage cet avis ; il demande s'il ne
« serait pas possible de se rendre encore maître du
« fleuve en aval.

« M. Picard examine les moyens de former ce corps
« de sortie.

« M. le général Trochu dépeint l'attitude à la fois éner-
« gique et étonnée de la garde nationale devant l'ennemi.

---

(1) Il est vraisemblable que le général Trochu est arrivé au cours de la séance, car certains propos reproduits dans la première partie de ce procès-verbal n'ont pu être tenus en sa présence.

« Ce n'est pas là une troupe aguerrie sur laquelle on
« puisse compter absolument.

« Il cite des officiers et des soldats tués par des gardes
« nationaux effarés. Il ne faut donc pas se laisser aller
« aux illusions de sentiment. Il y a, suivant lui, dans la
« garde nationale des individualités remarquables et une
« masse d'une inexpérience des plus périlleuses.

« M. le général Clément Thomas déclare que *les ba-*
« *taillons les plus calmes ont tenu le plus solidement,*
« *tandis que les plus fous de bruyant héroïsme ont été*
« *les plus faibles au feu.*

« Il lit son ordre du jour.

« M. le général Trochu, exprimant son appréciation à
« l'égard d'une nouvelle sortie, croit que cette sortie doit
« être frappée de stérilité et qu'elle peut même se trans-
« former en gros désastre. Et cependant ce nouvel
« effort, il faut en chercher les moyens et, les ayant
« trouvés, il faut les tenter.

« M. Arago insiste sur la nécessité de ces derniers
« combats destinés à préserver l'époque actuelle d'injustes
« appréciations de l'histoire.

« M. Clément Thomas trouve qu'il ne faut pas s'ex-
« poser à finir par un désastre ; il croit que désormais
« l'honneur est satisfait.

« M. J. Favre demande s'il faut convoquer pour
« demain MM. Le Flô, Vinoy, Fournès et de Bellemare.
« On doit avoir une solution à présenter aux Maires. Je
« demande si l'on ne pourrait pas réclamer de ces
« Messieurs leur avis écrit sur la possibilité d'une pro-
« chaine action.

« M. le général Trochu observe que ces officiers seront
« déjà suffisamment surpris et qu'ils refuseront certaine-
« ment cette déclaration.

« Le Conseil décide que M. le général Le Flô con-

« voquera chacun de ces officiers, qui seront interrogés
« demain séparément, à 2 heures, au Ministère des
« affaires étrangères.

« M. J. Favre trouve qu'il suffirait que ces Messieurs
« fussent simplement interrogés par deux membres du
« conseil : MM. Garnier-Pagès et Arago.

« M. Arago déclare que le Gouvernement a le droit de
« vouloir continuer la lutte ; par conséquent il n'a pas à
« interroger, mais à ordonner.

« M. le général Trochu répond que certainement les
« généraux obéiraient, et lui tout le premier, pourvu que
« l'ordre fût écrit.

« M. Picard constate qu'en effet le droit du Gouverne-
« ment existe, mais il engage à ce qu'on l'éclaire avant
« de l'exercer.

« On lit les dépêches confirmant la déroute complète
« de l'armée de Chanzy.

« M. J. Favre se rend auprès de M. le général Trochu
« qui a quitté le Conseil ; il va lui rappeler que d'après
« l'offre qu'il en a faite dans la journée devant les mai-
« res, il serait peut être bon d'annoncer demain qu'il a
« donné sa démission de général en chef.

« M. J. Favre revient et annonce qu'à sa grande sur-
« prise, le général lui a répondu que ses qualités de
« Gouverneur, de président du Conseil et de Général en
« chef étaient solidaires les unes des autres, et qu'il ne
« quitterait pas l'une sans abandonner les autres.

« Le Conseil constate que c'est là une situation nouvelle
« qui le place dans un grand embarras vis-à-vis des
« maires... »

La séance est levée.

Suivant la décision prise la veille au Gouvernement, les généraux Vinoy, de Bellemare, Fournès et quelques autres furent convoqués le 21 janvier à la réunion des

Conseil de guerre tenu par les généraux ; ils déclarent toute résistance impossible.

maires. Deux membres du Gouvernement étaient présents, MM. J. Simon et Jules Favre.

« Messieurs, dit-on aux généraux, nous comptons sur « vous pour faire une grande opération ; que pourrions-« nous faire ?

« Nous n'avons qu'une chose à faire, dit le général « Vinoy, c'est de continuer la défense des forts et de « tâcher de ne point les laisser prendre par l'ennemi. « Quant à faire des sorties nous n'en voyons pas la possibilité. »

Les autres généraux se prononcèrent de la même manière.

Devant ces conclusions les maires et quelques membres du Gouvernement proposèrent de consulter « des « officiers d'un grade moins élevé. » Il fut convenu que le lendemain matin 22, on réunirait chez M. Jules Simon, des colonels, des chefs de bataillon, des capitaines et « qu'on leur poserait les questions que les généraux venaient de résoudre... » Un certain nombre de maires sont désignés pour assister à cette délibération.

Sous la pression des maires le Gouvernement révoque le général Trochu

« Toutefois, dit M. J. Favre, cette satisfaction ne leur « suffisait pas, ils insistèrent avec la plus grande éner-« gie pour que le général Trochu se retirât ; et le Gou-« vernement, pressé par les représentants de la muni-« cipalité, vota la révocation du général Trochu comme « commandant de l'armée de Paris.

Les maires viennent au Louvre signifier au général Trochu qu'il ait à se retirer.

« Le général Trochu revenait de Saint-Denis, où, dit « le vice-amiral La Roncière, il avait montré une témérité « que pouvaient *seuls expliquer* peut-être les événe-« ments qui se passaient au même instant à l'Hôtel de « Ville, quand il reçut la visite des maires venant lui « signifier la décision prise le matin à son égard et lui « demander d'y consentir. Le général Trochu refusa, « déclarant qu'il ne donnerait pas sa démission, parce

« qu'il se croyait lié par le mandat qu'il avait reçu le
« 3 novembre.

Le général Trochu refuse de donner sa démission.

« Les maires de Paris, écrit le général Trochu dans
« son livre, me dirent avec la plus grande courtoisie,
« — et je crois que c'est notre honorable collègue M. Va-
« cherot qui portait la parole, — les maires de Paris
« me dirent que ma situation n'était plus possible; ils
« m'invitèrent à donner ma démission. Je répondis que
« je ne la donnerais pas. J'étais là, vis-à-vis de ma dé-
« mission, dans le système où j'étais depuis six mois
« devant les épreuves qui m'accablaient. Je ne voulais
« *pas me retirer.* » (*Une page d'histoire contemporaine.*)

Le général Trochu est destitué par le Gouvernement de la Défense nationale.

Mais, sur ces entrefaites, M. le général Trochu ayant
appris que sa destitution était discutée depuis près d'un
mois par les membres du Gouvernement, entra immédiatement dans la salle où ses collègues étaient en
séance, et il leur dit :

« Vous êtes le Gouvernement, vous avez le droit de
« me destituer et de me remplacer. »

« Je fus destitué..., je fus remplacé, dit le général
« Trochu dans son discours à l'Assemblée nationale
« (juin 1871)... On n'a pas manqué de croire dans le
« public que c'était un arrangement entre collègues pour
« me faire sortir d'embarras, en raison d'une proclama-
« tion que j'avais faite quelques semaines auparavant,
« et dans laquelle j'avais dit : « Le Gouverneur de Paris
« ne capitulera pas. » Eh bien ! non ! Ce ne fut pas un
« arrangement, ce fut une véritable destitution, con-
« sentie sans observation par le général en chef. C'est
« ainsi que s'explique ma retraite militaire, et peut-être
« qu'après cinq mois *de martyre*, je méritais un autre
« traitement. »

Tous les détails de cette longue et pénible discussion
entre le général Trochu et ses collègues se trouvent

relatés dans le compte rendu ci-joint de la séance du 21 janvier, 10 heures du soir :

Séance du 21 janvier.

« M. le général Trochu annonce qu'il vient du Conseil
« des maires. Il signale le changement de ton étrange
« des dépêches de M. Gambetta. Il les qualifierait dure-
« ment, en ce qui le concerne, si elles n'étaient l'œuvre
« d'un patriotisme aveugle poussé jusqu'à la passion.

« Il déclare qu'il vient d'apprendre seulement à l'ins-
« tant que certains membres du Conseil délibéraient déjà
« depuis un mois sur son remplacement. Il regrette
« d'avoir été maintenu dans l'ignorance de ces disposi-
« tions, car il aurait pu se retirer à temps et le Conseil
« aurait pu trouver un successeur devenu maintenant
« presque impossible. Il n'y met point d'amour-propre,
« mais, discuté par les plus sensés des maires, discuté
« par le Conseil, on doit comprendre qu'il lui est impos-
« sible de rester. Il demande donc à se retirer, afin que
« le Conseil puisse délibérer.

« M. Garnier-Pagès observe au général que jamais il
« n'a été question de le mettre de côté, mais simplement
« de le remplacer dans le commandement d'une expédi-
« tion dans laquelle il n'avait pas confiance.

« M. le général Trochu déclare que sa résolution de
« se retirer est irrévocable. Il demande qu'on annonce
« sa retraite en supprimant le titre de Gouverneur qui
« n'est pas républicain, et qui ne sert à rien. Un simple
« général en chef suffit. S'il a consenti à prendre la pré-
« sidence du Conseil, c'était pour amener l'armée au
« Gouvernement du 4 septembre.

« M. Simon fait voir l'intérêt capital, selon lui, à ce
« que le général Trochu reste au Conseil; jamais les
« maires n'ont entendu ne plus avoir le général comme
« Gouverneur de Paris, ils ont voulu simplement le
« suppléer comme général dans une expédition nouvelle

« au succès de laquelle il ne croyait pas. Il croit sincè-
« rement que le devoir du général est de se résoudre,
« en restant, à un sacrifice qui le grandira dans l'opinion,
« qui ajoutera à la reconnaissance qu'on lui doit et aug-
« mentera encore la grande affection que tous les mem-
« bres du Conseil ont pour lui.

« M. Jules Favre insiste à son tour, rappelant les faits.

« M. le général Trochu répond qu'il a toujours été
« impatient de ne plus être ni Gouverneur ni président
« du Conseil. Il ajoute que son autorité étant discutée
« par l'opinion, il ne peut la garder. Mais il croit, en
« effet, qu'il ne doit pas abandonner le Gouvernement ;
« cela aurait mauvais air et lui coûterait ; mais il ne
« doit plus y conserver non plus sa situation privilégiée.
« Il ne faut pas que, simple général, il reste président
« du Conseil ; ce poste doit appartenir à M. Jules Favre,
« surtout au point de vue de ce qui reste à faire. Quant
« à sa position de Gouverneur, elle lui a toujours trop
« répugné pour qu'il tienne à la conserver.

« Le Conseil insiste pour que le général conserve la
« position de Gouverneur, au moins quant à présent.

« M. le général Trochu répond que le général en chef
« ne sera rien si lui reste Gouverneur ; ce sera, dit-il,
« comme un poussin que j'aurai sous mon aile. Il est,
« en effet, divisionnaire depuis quinze ans, il est le doyen
« de son grade, ce qui militairement mettra les généraux
« nouveaux dans une fausse position vis-à-vis de lui.

« M. Simon demande au général Trochu si le général
« Vinoy et autres obéiront au nouveau commandant en
« chef sans son concours.

« M. le général Trochu répond que cet embarras est
« la conséquence fatale de la situation fausse qu'il a si-
« gnalée.

« M. Simon trouve que la difficulté de trouver un

« général en chef devient insurmontable par le seul fait
« de la suppression du Gouverneur de Paris, car le
« nouveau général pourra refuser, et Paris sera alors
« livré à l'émeute, qui est aussi menaçante pour lui que
« l'ennemi et que la faim.

« M. Pelletan fait appel au dévouement du général
« Trochu ; il lui demande vingt-quatre heures seulement
« pour conjurer l'émeute ; il lui propose donc de dire
« seulement qu'à partir du 22 janvier les fonctions de
« Gouverneur de Paris seront indépendantes de celles
« de général en chef.

« M. le général Trochu consent, afin de parer aux éven-
« tualités de demain ; mais il persiste à vouloir aban-
« donner une position qui lui est insupportable. Du
« reste, il perd son rôle de défenseur de Paris en per-
« dant le commandement.

« M. Simon répond que le Conseil veut toujours consi-
« dérer le général comme le défenseur de Paris.

« M. Picard demande que, par ballon, on donne ordre
« direct au général Chanzy de faire sur Paris le mou-
« vement auquel Gambetta l'a forcé de renoncer.

« M. le général Trochu répond que Gambetta l'a assez
« accablé pour qu'il ne puisse être suspect à son endroit ;
« eh bien ! il est forcé de déclarer que Gambetta a eu
« dans cette occasion cent fois raison.

« M. le général Trochu ajoute qu'il va se trouver
« déchargé d'un grand fardeau, car il voit qu'il aurait
« été obligé de capituler si d'ici à cinq jours on n'a pas
« trouvé vingt jours de vivres.

« Puisqu'on lui enlève son commandement, c'est bien
« le moins qu'on le décharge de la responsabilité ; il en-
« tend ne plus rester lié quand on le délivre.

« MM. les généraux Le Flô et Clément Thomas de-
« mandent qu'on les remplace également.

« M. le général Clément Thomas dit que puisqu'on obéit aux exigences de la rue, il faut y céder jusqu'au bout.

« Le Conseil se livre à une longue discussion relative au meilleur moyen d'annoncer la séparation du titre de général en chef de celui de Gouverneur.

« Le général Trochu propose pour général en chef le général Vinoy.

« Il est convaincu que ce général ne fera pas le nouvel effort désiré ; mais, comme personne ne le fera, autant vaut prendre ce vieux divisionnaire qui possède encore un certain prestige sur l'armée.

« M. Garnier-Pagès combat vivement ce choix.

« Le Conseil décide de mettre aux voix la nomination, dès ce soir, sans même le consulter, du général Vinoy.

« MM. Trochu, Le Flô, Ferry votent pour.

« MM. Garnier-Pagès, Arago, Picard, Simon, Magnin, Dorian, contre.

« A ce moment, M. Arago, qui vient d'être averti, annonce qu'un charbonnier habitant le boulevard Mazas, accourt pour lui apprendre qu'une foule armée vient d'envahir la prison de Mazas et de rendre à la liberté les prisonniers, parmi lesquels se trouve Flourens.

« Le Conseil, en présence de cette situation, déclare annuler toute la délibération qui précède ; il se presse autour du général Trochu.

« Le Conseil examine les dispositions à prendre ; avis est envoyé à la Préfecture de police. »

Séance levée à 2 heures et demie du matin.

Comme on le voit par le compte rendu de cette séance, on était encore à se débattre sur le nom du général Vinoy, accueilli d'assez mauvaise grâce « par cette éter- « nelle raison que c'était un nom suspect à la République

Événements qui ont déterminé la prompte nomination du général Vinoy.

« et aux Républicains ». Quand tout à coup on apprenait que Flourens venait d'être délivré, que l'agitation augmentait d'instant en instant, qu'une nouvelle révolte allait éclater... Aussitôt tous les doutes cessent, toutes les objections tombent; on se hâte de nommer le général Vinoy, sans le consulter; on court le réveiller pour lui faire prendre connaissance du commandement dont il se trouve investi par la lettre ci-jointe, écrite séance tenante :

Lettre de M. Jules Favre au général Vinoy.

« *M. Jules Favre à M. le général Vinoy.*

« Paris, 22 janvier, 2 heures matin.

« Le Gouvernement de la Défense nationale ayant décidé ce soir que le commandement en chef serait désormais distinct des fonctions de président du conseil du Gouvernement, vous a nommé commandant en chef de l'armée de Paris en remplacement de M. le général Trochu. Le Gouvernement aurait voulu vous prévenir avant de disposer ainsi de vous, mais l'extrême urgence et les circonstances particulières que j'aurai l'honneur de vous expliquer, l'ont obligé à prendre sa résolution sur l'heure. D'ailleurs, il connaît depuis longtemps votre patriotisme et votre dévouement; il y compte, et sait qu'en vous appelant à commander en chef, il ne peut confier à de meilleures mains les intérêts de notre brave armée.

« Veuillez agréer, Monsieur le Général, l'assurance de ma haute considération.

« *Le Vice-Président,*
« Jules Favre. »

La première pensée du général Vinoy fut de ne pas accepter. Il se rendit au ministère de la Guerre pour porter son refus; mais sur les instances du général Le Flô et apprenant le nouveau péril qui menaçait Paris, « il n'hésita plus à se charger d'un rôle qu'on avait « hésité à lui confier », et il se mit immédiatement en mesure de tenir tête à l'émeute qui allait venir dans quelques heures se briser contre les grilles de l'Hôtel de Ville.

Le jour même, il adressait la proclamation suivante à l'armée :

Le général Vinoy à l'armée de Paris.

« Le Gouvernement de la Défense nationale vient de
« me placer à votre tête ; il fait appel à mon patriotisme
« et à mon dévouement. Je n'ai pas le droit de me sous-
« traire. C'est une charge bien lourde. Je n'en veux
« accepter que le péril, et il ne faut pas se faire d'illu-
« sion.

« Après un siége de plus de quatre mois, glorieuse-
« ment soutenu par l'armée et par la garde nationale,
« virilement supporté par la population de Paris, nous
« voilà arrivés au moment critique.

« Refuser le dangereux honneur du commandement
« dans une semblable circonstance, serait ne pas répondre
« à la confiance que l'on a mise en moi. Je suis soldat et
« ne sais pas reculer devant le danger que peut entraî-
« ner une grande responsabilité.

« A l'intérieur, le parti du désordre s'agite, et cepen-
« dant le canon gronde ; je veux être soldat jusqu'au
« bout. J'accepte ce danger, bien convaincu que le
« concours des bons citoyens, celui de l'armée et de la
« garde nationale, ne me feront pas défaut pour le main-
« tien de l'ordre et du salut commun. »

Le *Journal officiel* complétait ce document par les lignes suivantes :

« Le Gouvernement de la Défense nationale a décidé
« que le commandement en chef de l'armée de Paris
« serait désormais séparé de la présidence du Gouver-
« nement.

« M. le général de division Vinoy est nommé comman-
« dant en chef de l'armée de Paris.

« Le titre et les fonctions de Gouverneur de Paris
« sont supprimés.

« M. le général Trochu conserve la présidence du
« Gouvernement. »

Réunion des officiers subalternes chez M. J. Simon, ministre de l'instruction publique.

L'éloignement du général Trochu ne changeait pas la situation... elle était toujours la même ; on le voyait bien par cette réunion militaire tenue, sur la demande des maires, au Ministère de l'instruction publique, dans la matinée du 22 janvier, dont nous donnons deux comptes rendus, l'un de M. Tirard, maire du X° arrondissement, l'autre de M. le lieutenant-colonel Vosseur.

Procès-verbal de la séance du 22 janvier 1871, au Ministère de l'instruction publique.

« A cette réunion assistaient le général Lecomte, plusieurs officiers supérieurs, des membres du Gouvernement, et des Maires de Paris.

« Après un exposé de M. Jules Simon, chacun de MM. les officiers est appelé à faire connaître son opinion sur les opérations militaires qui pourraient être entreprises.

« M. le général Lecomte demande que les avis soient exprimés, comme il est d'usage dans les conseils de guerre, en commençant par les grades les moins élevés.

« M. Bourgeois, chef d'escadron, est absolument contraire à une grande action ; elle serait désastreuse, et, dans tous les cas, stérile au point de vue du déblocquement, mais même au point de vue de l'honneur militaire, auquel elle n'ajouterait rien. Il pense, au contraire, qu'on devrait harceler l'ennemi par des opérations simultanées et assez fréquemment répétées pour l'inquiéter sérieusement ; l'on devrait chercher à profiter de ces attaques répétées pour se maintenir dans les positions conquises, au lieu de battre chaque fois en retraite, s'y retrancher, et enfin, tenter un dernier effort au cas où une armée de secours nous arriverait de province.

« M. Bourgeois fait le plus grand éloge de la tenue de la garde nationale à Buzenval.

DÉFENSE DE PARIS.

« M. le colonel Warnet s'associe à l'opinion du préopinant ; il repousse l'idée de livrer une grande bataille. Les officiers généraux n'inspirent pas une suffisante confiance à l'armée. Les chefs sont jeunes, nouveaux pour leurs soldats. L'armée manque de cohésion. — Sans doute la garde nationale est pleine d'élan, mais elle manque d'expérience, et l'on ne peut pas compter sur sa solidité.

« M. le colonel Boulanger n'est pas non plus d'avis de tenter une grande action. Les petites attaques dont il vient d'être parlé et qui eussent été excellentes dès le début, lui paraissent tardives. Son régiment est excellent. Je le tiens dans ma main, dit le colonel, et il est prêt à se faire tuer avec moi, mais, comme le reste de l'armée, il est fatigué, découragé, et je doute que la garde nationale soit capable de supporter seule un grand choc.

« M. le colonel Colonieu. — Les petites sorties ne feront que satisfaire les ambitions et les vanités personnelles. Elles sont sans résultat. Une opération gigantesque bien conduite et sans rien livrer au hasard aurait eu quelque chance de réussite ; mais il ne faut plus y songer aujourd'hui. Les Prussiens sont formidablement retranchés dans leurs positions ; ils occupent une double ligne qu'il faudrait franchir, et en supposant qu'on pût faire une trouée, il faudrait soutenir le choc de leur cavalerie, qui ne manquerait pas de se jeter sur notre armée, exténuée par l'effort qu'elle aurait fait. — Je suis prêt, s'écrie le colonel, à me jeter avec mes hommes au-devant de l'armée ennemie, si l'on veut tenter de nouveaux efforts, mais je crains que ce ne soit un inutile sacrifice de l'armée et de la garde nationale, au profit des gredins qui n'attendent que leur écrasement pour se livrer au pillage et à la dévastation.

« M. le colonel de Brancion (garde nationale) fait l'historique de la journée de Buzenval-Montretout et se livre à d'amères critiques contre la direction des opérations de cette journée. Le général en chef n'avait pris aucune mesure sérieuse ; l'artillerie est restée hors de portée de l'ennemi sans que rien ait été tenté pour la mettre en position. L'on a inutilement sacrifié un grand nombre de gardes nationaux et de soldats, sans que jamais on ait eu la pensée de tirer un parti quelconque de cette attaque. Aujourd'hui, il n'y a plus qu'à se faire tuer pour l'honneur, dit le colonel en terminant.

« M. le colonel Germa (garde nationale) se livre, comme le précédent orateur, à de violentes récriminations contre la direction des opérations militaires de la journée de Buzenval. Jamais plus d'insouciance n'a été jointe à plus d'incapacité. Contrairement aux avis précédemment exprimés, M. Germa pense qu'il est impossible de songer à la capitulation sans une nouvelle tentative de débloquement; mais il faudrait retirer le commandement aux chefs incapables qui nous ont perdus : bien conduite, bien organisée, une dernière et héroïque tentative pourrait nous sauver.

« M. le général Lecomte examine la situation de l'armée française au delà de Paris, et constate que nous n'avons à espérer aucun secours en temps utile. Je suis Lorrain, dit le général, mon pays est occupé par l'ennemi, et pour de longues années peut-être; nul plus que moi n'a donc intérêt à chasser cet ennemi de notre territoire, mais que pouvons-nous en l'état actuel des choses? Le manque de vivres nous impose une prompte capitulation. Les petites sorties seront donc sans utilité; elles ne feront que nous affaiblir, et elles entretiendront la population dans la pensée d'une prolongation de résistance possible, tandis qu'il faut l'habituer peu à peu à la résignation que commande notre douloureuse situation. (L'émotion du général gagne l'auditoire.)

« Pas d'efforts inutiles, dit-il en terminant, *et traitons avec l'ennemi, tandis que nous avons encore la main sur le pommeau de l'épée* (textuel).

« Le colonel Colonieu et divers autres officiers reprennent encore la parole et confirment leurs précédentes déclarations.

« Ce court procès-verbal ne donne qu'une imparfaite idée de la physionomie de cette réunion. La vie de ceux qui parlent ne compte pour rien dans les opinions qu'ils expriment. Ils sont prêts à tous les sacrifices. Un souffle patriotique règne dans l'atmosphère, mais ce n'est plus ce patriotisme irréfléchi des premiers jours du siége. C'est la réalité qui se dresse devant les yeux de chacun, et qui impose aux plus résolus le rude devoir de la résignation et du sacrifice.

« Cette séance a été l'une des plus émouvantes auxquelles le soussigné ait assisté pendant le siége.

« *Signé* : P. TIRARD, *maire du Xe arrondissement.* »

Récit du conseil de guerre présidé par M. Jules Simon, le 22 janvier, par le lieutenant-colonel Vosseur.

« Les officiers convoqués étaient :
« Le général Lecomte ;
« Les colonels d'infanterie Lespiau, Boulanger, Colonieu ;
« Les lieutenants-colonels d'état-major Warnet, Vosseur ;
« Le chef d'escadron d'état-major Bourgeois ;
« Deux colonels de la garde nationale sédentaire, dont l'un

était M. de Brancion ; je ne me rappelle pas le nom du second.

« Je crois que deux de ces officiers avaient été convoqués par erreur ; au lieu du général Lecomte, on pensait avoir le commandant de brigade Comte, et au lieu du commandant Bourgeois, le lieutenant-colonel d'état-major Beaugois.

« Tous ces officiers de l'armée appartenaient, d'ailleurs, à la deuxième armée.

« La réunion devait avoir lieu en présence des membres du Gouvernement et des maires de Paris. La convocation, faite par M. Jules Simon, était pour le Ministère de l'instruction publique, à une heure. Le jour fixé était le 22 janvier, ce même jour où un mouvement séditieux se produisait à l'hôtel de ville.

« Aussi, peu de membres du Gouvernement furent présents ; il n'y eut que MM. Dorian et Jules Simon, et les maires de Paris firent en partie défaut; ils furent au nombre de sept ou huit, je crois ; entre autres, je puis citer MM. Tirard, Bonvallet, Clémenceau, de Salligny, Arnaud (de l'Ariége).

« L'objet de la réunion était de poser cette question : Y a-t-il quelque effort militaire, quelque sortie possible à tenter ?

« Chacun était invité à répondre librement, suivant sa conscience, en commençant par les plus jeunes de grade.

« Le commandant Bourgeois conclut en quelques mots qu'il doutait du succès de toute entreprise ayant pour objet de rompre les lignes d'investissement. Warnet émit le même avis.

« Avant de répondre, je demandai à M. Jules Simon, comme élément nécessaire de la question, l'état des approvisionnements en vivres, et les mesures prises pour assurer le ravitaillement de la capitale ; quels étaient les délais indispensables pour les arrivages de grains, et combien de jours encore Paris avait à vivre. M. le Ministre me répondit qu'il n'y avait plus que pour huit ou dix jours de subsistances, et qu'il fallait compter un temps à peu près égal pour être certain de voir venir les premiers convois de vivres. L'usine Cail, où se faisaient des moutures, et les moulins de Saint-Denis, sous le feu des Prussiens, pouvaient réduire encore le chiffre fixé pour notre alimentation.

« Je répondis, en conséquence, au Ministre, que, partageant d'ailleurs l'avis émis par mes deux camarades, je considérais qu'il n'y avait plus lieu de traiter aucune question militaire, puisque nos jours de vivres étaient ainsi comptés, et que la raison politique et sociale commandait de ne pas courir risque d'affamer Paris, fût-ce vingt-quatre heures.

« Les autres officiers de l'armée eurent tous une opinion conforme. M. de Brancion ajouta cette considération, que Buzenval avait montré que, dans la garde nationale, les cœurs vraiment patriotes, représentés par quelques personnalités de rang social plus élevé, savaient se faire tuer, mais que la foule qui composait les bataillons de marche restait en arrière ; que si de nouveaux efforts devaient être tentés, la fraction honorable payerait encore de sa personne, laissant derrière elle, pour l'insurrection et le pillage, la majeure partie composée d'éléments viciés.

« Bref, tous furent unanimes pour reconnaître qu'il n'y avait plus rien à tenter, que la partie était perdue, que le rôle militaire devait céder la place à la diplomatie.

« Tel est, en résumé, le compte rendu de cette petite séance, qui avait lieu au Ministère de l'instruction publique, pendant que la fusillade se faisait entendre à l'Hôtel-de-Ville.

« *Signé* : P. Vosseur. »

CHAPITRE VI.

INSURRECTION DU 22 JANVIER.

<small>Les troubles de la rue.</small>

Pendant que se tenaient ces conférences, ces conciliabules, ceux qui n'avaient vu dans le siége qu'un moyen d'assurer la Révolution et de vivre sans travailler, se concertent, s'entendent pour prolonger quand même la situation...

Les mêmes criminels qui, au 8 octobre et au 31 octobre, ont failli renverser le Gouvernement, vont de nouveau reparaître en scène. Ils se croient cette fois assurés du succès, car ils comptent sur les souffrances chaque jour plus vives, plus cruelles d'une population en délire pour l'entraîner tout entière à leur suite.

Depuis le 19 janvier, les clubs, les journaux démagogiques n'avaient cessé d'appeler le peuple aux armes.

Le club de la Dame-Blanche donnait rendez-vous à tous ses adhérents pour le 22 sur la place de Grève...

« Les gardes nationaux devaient s'y rendre en armes,
« les femmes devaient accompagner leurs maris pour
« protester contre la mauvaise qualité du pain. »

Au club de l'École-de-Médecine, un orateur s'était écrié comme péroraison :

« Qu'aucun de vous ne sorte sans avoir juré de rem-
« plir le devoir impérieux qui s'impose à tous de ren-
« verser un gouvernement qui nous trahit. »

Le journal l'*Alliance républicaine* faisait son appel habituel :

« Au peuple de Paris.

« Les revers continus de l'armée de Paris, le défaut
« de mesures décisives, l'action mal dirigée succédant à
« l'inertie, un rationnement insuffisant, tout semble cal-
« culé pour lasser la patience....

« Et cependant le peuple veut combattre et vaincre.

« S'y opposer serait provoquer la guerre civile que les
« Républicains entendent éviter.

« En face de l'ennemi, devant le danger de la patrie,
« Paris assiégé, isolé, devient l'unique arbitre de son
« sort.

« A Paris de choisir les citoyens qui dirigeront à la fois
« son administration et sa défense.

« A Paris, de les élire, non par voie plébiscitaire ou
« tumultuaire, mais par scrutin régulier.

« L'*Alliance républicaine* s'adresse à l'ensemble des
« citoyens,

« Invoque le péril public,

« Demande que dans quarante-huit heures les élec-
« teurs de Paris soient convoqués, afin de nommer une
« assemblée souveraine de deux cents représentants,
« élus proportionnellement à la population.

« Demande encore que le citoyen Dorian constitue la
« commission chargée de faire les élections.

« Vive la République une et indivisible !!! »

Dès le 21 au matin, des rassemblements se forment sur la place de Grève, mais ils sont promptement dissipés et tout rentre dans l'ordre. Devant cet échec, les journaux, les clubs renouvellent leurs exhortations, leurs appels.

« Pendant deux jours, s'écrie un orateur de la salle
« Favier, pendant deux jours nous vous avons *appelés*
« *aux armes* pour renverser le Gouvernement infâme de
« l'hôtel de ville. Chaque fois vous avez répondu :
« Tous ! Tous !... et vous étiez bien mille ou douze
« cents... Combien en est-il venu ce matin à l'Hôtel-de-
« Ville? Je vais vous le dire, car j'y étais. Nous n'étions
« pas quarante. (Cris : C'est une honte!)

« Ce n'est pas Belleville qui a donné, c'est le 13ᵉ ar-
« rondissement... Belleville qui se vante d'être le cratère
« de la Révolution, Belleville se déshonore, Belleville
« abdique ! » (1)

Les Bellevillois vont délivrer Flourens à Mazas.

Pour diriger et conduire l'émeute, il fallait un homme ayant déjà fait ses preuves ; Flourens, le héros du 31 octobre, était tout indiqué ; les Bellevillois vont le chercher à Mazas.

Le directeur de la prison était un sieur Bayet, nommé depuis le 4 septembre. Dès le matin du 21, le préfet de police, M. Cresson, l'avait fait appeler en lui enjoignant d'exercer la plus grande surveillance. En même temps, il dirigeait sur Mazas, pour relever le poste, deux compagnies du 5ᵉ bataillon, sur lesquelles on croyait pouvoir compter ; mais au milieu de la journée, M. Cresson fut

---

(1) Un autre citoyen, qui a été à l'Hôtel-de-Ville à 3 heures, mais qui a cru devoir se replier lorsque les mobiles ont menacé le peuple, déclare qu'il croyait voir Belleville couvert de barricades. Qu'a-t-il vu? Des citoyens et des citoyennes qui se promenaient comme des « *fainéants* ». Est-ce ainsi qu'on se délivre des tyrans et qu'on sauve la patrie? *Ah! Belleville, vous savez parler, mais vous ne savez pas agir!!!*

prévenu que la garde montante, qui s'était dirigée sur Mazas, n'avait pu occuper le poste de la prison, lequel avait été déjà relevé dans la matinée par un bataillon des plus suspects.

Très-inquiet, le préfet de police court chez le général Clément Thomas : « Général, dit-il, voici ce qui se passe,
« il y a là un fait étrange, il faut qu'il soit vidé et com-
« plétement éclairci. Je vous demande de faire enlever
« et arrêter au besoin le poste tout entier établi à Mazas. »

Aussitôt le général Clément Thomas envoie un de ses officiers à la prison avec les deux compagnies du 5ᵉ bataillon, désignées par M. Cresson ; après quelques pourparlers, les gardes nationaux venus le matin sont remplacés sans coup férir.

On pouvait croire tout terminé, mais dans la nuit, les mêmes gardes qui avaient rendu le poste revinrent avec deux bataillons et demandèrent qu'on les laissât entrer.

Le directeur de la prison fit introduire deux officiers délégués.

« Nous représentons, lui dirent-ils, le Comité républi-
« cain en permanence pour le salut de la Patrie.

« Nous venons réclamer la mise en liberté de nos
« amis. Si dans cinq minutes, vous ne nous les avez
« rendus, nous forcerons les portes de Mazas. »

Au lieu de repousser par la force ces émeutiers, le sieur Bayet fait ouvrir les portes à deux battants, soi-disant pour haranguer la multitude... Il est bousculé ; les Bellevillois se précipitent et envahissent de toutes parts la prison : Flourens, Pillot, Meillet, Baüer sont délivrés et portés en triomphe aux cris de : Vive la Commune (1) !

---

(1) « Je fis, dit M. Cresson, arrêter immédiatement le directeur de Mazas ; je le fis livrer à la justice militaire, IL FUT ACQUITTÉ ».

Flourens s'installe dans la mairie de Belleville, où, en quelques instants, disparaissent 2,000 rations de pain et de vin destinées aux malheureux du quartier. — Un épicier du voisinage est pillé.

Au milieu de cette orgie, apparaît tout à coup une compagnie de douaniers, envoyée par le général Clément Thomas pour dégager la maison municipale. Les Bellevillois, la plupart ivres, déguerpissent et abandonnent à la hâte la position. Flourens se retire, déclarant qu'on n'est pas en nombre, mais qu'on reviendra...

Journée du 22 janvier. Tout le monde pressentait qu'une bataille allait avoir lieu ; seul le Gouvernement ne voyait rien.

Le 21, M. le Préfet de police était allé trouver le général Vinoy pour lui faire part de ses craintes, et, sur ses instances réitérées, il avait fini par obtenir que deux divisions d'infanterie entreraient dans Paris.

« Autour de moi, dit M. Cresson, je ne trouvais
« qu'incrédulité. Le 22 au matin, on disait dans le
« Gouvernement que les précautions demandées par le
« Préfet de police étaient inutiles, ridicules; qu'il n'y
« aurait rien ; on niait l'existence du mouvement, et on
« disait que je voyais à travers un voile d'inquiétudes. »

La matinée du 22 commença d'une manière assez calme, les émeutiers reprenaient haleine... après s'être rassemblés et comptés, ils commencèrent à descendre des faubourgs sur l'Hôtel-de-Ville :

A midi la foule est énorme sur la place de Grève. Le colonel Vabre, chargé, depuis le 31 octobre, de la défense de l'édifice municipal, fait rentrer ses sentinelles, et reste dehors avec le commandant de Legge et l'adjudant-major Bernard.

Bientôt débouche un bataillon de Montmartre, qui traverse les attroupements en criant : Vive la Commune ! Des officiers se détachent...; ils viennent demander au colonel Vabre de les autoriser à parler à M. Jules Ferry.

M. Chaudey accède... les délégués sont introduits...—
« Ils réclament la Commune, la démission du général
« Trochu, la transmission des pouvoirs militaires à l'au-
« torité municipale; mais au fond leur but était, dit un
« témoin, de s'assurer des préparatifs de défense qui
« pouvaient avoir été faits dans l'intérieur du palais. »

On promet de soumettre leur demande; les délégués retournent auprès de leurs hommes, qui les invectivent, les insultent....

« Le Gouvernement se défie du peuple, s'écrient-ils;
« il s'entoure d'une garde prétorienne, il veut égorger
« les gardes nationaux. »

Sur ces entrefaites, arrive une deuxième bande, « dirigée par le commandant Baconnet, et accompagnée de M. Léo Meillet ». Elle détache de nouveaux délégués... ils sont introduits; mêmes demandes, mêmes réponses.

Les cris, les injures redoublent; la foule s'agite de plus en plus. « C'étaient des vociférations inouïes qui
« s'entre-croisaient, des courants de « sang impur »
« qui s'entre-choquaient en tous sens.... »

Enfin, Jules Alix débouche avec une troisième bande, qui envoie également une députation, à la tête de laquelle se trouvait un nommé Montel, orateur habituel de la rue de Lyon. Cet énergumène fait un long discours, dans lequel il demande tout simplement le commandement en chef de l'armée de Paris. « Il y a en moi,
« dit-il, l'étoffe d'un Kléber, d'un Marceau. »

Cependant, « Blanqui est au café du Gaz, rue de
« Rivoli, 33, prêt à profiter des circonstances si les
« choses tournent en faveur de l'insurrection; il est là
« avec des officiers de la garde nationale. On se presse
« autour de lui, on lui demande des ordres. Bientôt,

« informé de l'arrivée du 101ᵉ bataillon, qui venait de
« déboucher sur la place, il sort suivi de ceux qui l'en-
« tourent. » (Instruction sur Blanqui. — Rapport du
juge d'instruction.)

Les gardes du 101ᵉ, dirigés par un homme en bourgeois, se déploient en tirailleurs, mettent genou en terre, et font feu sur MM. Vabre, de Legge, Bernard; ce dernier tombe, la tête fracassée et les deux bras percés de balles.

MM. Vabre, de Legge, sur lesquels on ne cesse de tirer, parviennent à rentrer dans le Palais : les mobiles voyant leurs chefs lâchement fusillés, ripostent vivement du haut des fenêtres de la salle Saint-Jean : en un instant la place est vidée...

Cependant, les maisons d'angle de la place et de l'avenue Victoria, ainsi que le bâtiment de l'Assistance publique, sont encore occupés par les insurgés, d'où ils lancent contre la façade de l'édifice une grêle de balles et des petites bombes dites orsiniennes. La lutte menaçait de se prolonger, quand débouchent au pas de charge et tambour battant la garde républicaine et les sergents de ville; le général Dargentolle et M. Cresson sont à leur tête : une barricade, établie sur le quai avec des voitures, est enlevée.... l'avenue Victoria, les quais, toute la Cité, sont occupés sans résistance; sur le pavé de la place gisaient une vingtaine de blessés, quelques-uns atteints mortellement, parmi ces derniers, Sapia, Chataignaud et Fontaine, tous trois membres de l'Internationale.

On fit quelques prisonniers dans les maisons voisines, notamment un capitaine, qui, déjà, avait jeté képi, sabre et ceinturon. Cet officier du 101ᵉ bataillon, nommé Serizier, prit plus tard une part criminelle à l'insurrection du 18 mars et fut un des assassins des dominicains d'Arcueil.

« Ce coquin, dit M. le capitaine Mauduit, me fit des
« protestations au moment où je le saisissais, et m'af-
« firma qu'il avait une importante communication à faire
« au Gouvernement. Je l'emmenai à l'Hôtel-de-Ville. Il
« s'avança en agitant un mouchoir blanc. Je le présen-
« tai à M. Jules Ferry, qui se promenait dans la salle
« du Trône avec Vabre, de Legge et Gourlant.

« A la vue de Serizier, le colonel Vabre et le com-
« mandant de Legge s'écrièrent : « Voilà celui qui a
« commandé le feu, qui a fait assassiner Bernard ! »
« Serizier ne trouva pas une parole pour protester contre
« cette accusation. Le colonel Vabre voulait le faire pas-
« ser immédiatement par les armes. M. Jules Ferry s'y
« opposa et le fit transférer à Vincennes.... »

Pendant ces déplorables scènes, le Gouvernement était en permanence. « A chaque minute, raconte M. Ju-
« les Favre, lui parvenaient d'inquiétants messages. A
« la première nouvelle d'une attaque à main armée,
« M. Jules Ferry nous quitta et courut à son poste, où
« il fit bravement son devoir. Nous écoutions en silence
« les détonations de la fusillade, lorsqu'un chef de divi-
« sion de la Ville, M. Pelletier, insista pour être admis
« auprès de nous. Il avait, nous disait-il, une commu-
« nication très-grave à nous faire. En effet, sa figure
« trahissait une vive émotion.

Le Gouvernement pendant l'émeute.

« La commission chargée de l'alimentation, nous
« dit-il, a commis une erreur sur la quantité des farines
« qui sont à sa disposition. Elle n'a pu en réunir pour
« après-demain que 3,000 quintaux. Il lui en faut au
« moins 5,600. Je viens vous faire part de son anxiété
« et de la mienne, et prendre vos ordres.

« Il n'y a pas de mots dans la langue humaine qui

« puissent peindre l'effet de ces paroles. A quelques pas
« de nous la guerre civile, à quelques heures la fa-
« mine..., Paris, à son lever, n'ayant pas même son
« rationnement de 300 grammes de pain par adulte, de
« 150 par enfant. On refit les calculs, on repassa les
« états : la sentence était irrévocable.

« Elle aurait été exécutée, et Dieu seul peut savoir
« avec quels désastres, si M. le Ministre de la guerre
« n'avait consenti à laisser entamer les réserves desti-
« nées à son armée, et à prolonger de deux ou trois
« jours le délai pendant lequel il fallait faire vivre Paris
« pour le ravitailler. Là, le coup était terrible ; il
« n'y avait pas d'intelligence si rebelle qu'il ne dût
« toucher... »

Le coup était double, en effet : d'une part la famine
était annoncée, de l'autre on venait d'apprendre, par l'insurrection de la journée, ce que pouvaient les excitations
des journaux, des clubs, et combien chimérique était
l'espoir de les désarmer à force de concessions.

Nouvelle faiblesse du Gouvernement. Va-t-on, cette fois, punir exemplairement ces hommes criminels, qui, au 8 octobre, au 31 octobre comme au 22 janvier, nous ont attaqués par derrière pendant que nous faisions face à l'ennemi ? Va-t-on en finir avec ces scélérats, si longtemps impunis, qui n'ont cessé de paralyser, de déshonorer nos efforts ?... Non !...

Parce que ces hommes du 8 octobre, du 31 octobre, du 22 janvier, ont fait le coup d'État prussien du 4 septembre, parce que sans ces hommes le Gouvernement de la Défense nationale n'aurait jamais existé...! tous étaient solidaires..., tous étaient plus ou moins dans la position de M. Emmanuel Arago vis-à-vis de Félix Pyat, lequel lui écrivait après le 31 octobre : « Quel malheur que je sois ton prisonnier, tu aurais été MON AVOCAT !... »

A la vérité, on prend quelques mesures de rigueur, telles que la suppression des clubs et de deux journaux, mais on hésite à faire main-basse sur les principaux fauteurs de désordre : un des membres du Gouvernement prend fait et cause pour un meneur signalé par M. Cresson..., « parce que la personne désignée a passé la journée à son Ministère avec les colonels appelés à se prononcer sur une nouvelle sortie, et qu'il y a tenu les meilleurs discours.... »

MM. Arago, Magnin, Dorian s'opposent à l'arrestation de Delescluze et Félix Pyat, rédacteurs en chef des deux journaux le *Réveil* et le *Combat*, qui, le lendemain de la journée de l'insurrection, s'exprimaient en ces termes :

« Nous ne savons encore les événements que produira
« la journée qui commence ; mais nous ne doutons pas
« que des flots de la population qui va tout à l'heure se
« presser autour de l'Hôtel-de-Ville, il ne sorte des ré-
« solutions dignes de la cause sacrée que nous avons à
« soutenir. Nous espérons que ces résolutions ne ren-
« contreront ni contradiction ni obstacle, et que la rai-
« son et le droit n'auront pas à s'aider du secours de la
« force.... Au demeurant, Paris demande son droit : il
« saura le conquérir. » — « Delescluze. »

(*Réveil* du 23, paru le 22.)

« Si tu les laisses faire, ô peuple (les généraux de
« l'Empire), les meilleurs des tiens, ceux qui veulent
« défendre Paris, tomberont, ou iront rejoindre leurs
« frères dans les marais de la Sprée... En attendant,
« meurs de faim ou de balles *françaises*, et que les
« bourreaux te tuent et te mangent pour se rendre en
« meilleur état au marchand... »

(*Combat* du 23 janvier, publié le 22.)

« On parle de répression sévère... Ce langage est ce
« qu'il y aura de plus méprisable et de plus odieux dans
« l'histoire de ces tristes journées.

« Ce n'est pas la première fois, en effet, que la vérité
« est ainsi travestie ; mais jamais aux plus mauvais
« jours de l'Empire, on ne l'a travestie avec autant
« d'impudence et d'ignominie ; ce sont les Tartuffes de
« l'assassinat. » — « Félix Pyat. »

(Le *Combat,* publié le 23.)

Malgré MM. Arago, Magnin et Dorian, l'arrestation de Félix Pyat et Delescluze fut décidée ; le premier n'a jamais pu être trouvé. Quant à Delescluze, quatre jours après son arrestation, M. Cresson recevait une ordonnance de non-lieu le concernant (1) ; mais la lecture des

---

(1) « Je fis, dit M. Cresson, mander le secrétaire général de la préfecture de police, M. Léon Renault, et je le chargeai d'aller trouver le général Vinoy, et de lui dire que s'il connaissait l'ordonnance de non-lieu, je donnais ma démission, et que je quitterais la préfecture de police à l'instant même, et que s'il ne la connaissait pas, je le priais de vouloir bien retirer cette ordonnance.

« Le général Vinoy m'écrivit pour me remercier d'avoir compris que le général Soumain qui était un vieillard avait été surpris. Il me dit qu'il le remplaçait, et qu'il brûlait l'ordonnance de non-lieu, afin de n'en pas laisser trace. Il n'y avait que ces personnages qui pouvaient savoir cela : le général Soumain, le préfet de police, le général Vinoy et M. Renault.

« Le soir, je me présentai au Gouvernement ; le garde des sceaux, M. Arago, vint à moi, et me dit dans un langage familier et intime que je reproduis parce qu'il est photographique : — « Tu as fait quelque « chose de très-grave. » — « Mais qu'ai-je donc fait ? » — « Tu as re- « fusé d'exécuter une ordonnance de non-lieu du ministre de la guerre. » Je répondis au garde des sceaux : « Qu'est-ce qui t'a dit cela ? Je te « le demande comme préfet de police. » Il me dit alors que le général Soumain avait remis une copie de l'ordonnance de non-lieu à un de ses amis, et que cet ami la lui avait apportée... Je demandai alors au Conseil, continue M. Cresson, si je devais obéir au garde des sceaux ou au général Vinoy. Le Conseil fut d'avis que je devais obéir au général gouverneur, et M. Delescluze demeura en prison.

« Le lendemain, Rochefort signalait à l'indignation publique la conduite du préfet de police. « Ces procédés n'appartiennent, disait-il, à au-

procès-verbaux en dira plus long que nous ne voulons et pouvons en dire.

Séance du 22 janvier, au Ministère de l'intérieur.

« 9 heures du soir.

« M. Jules Favre propose un décret qui supprime les
« clubs. Une discussion s'engage sur les considérants
« de ce décret.

« M. le général Trochu demande que les périls (?)
« soient désignés et stigmatisés.

« M. Cresson déclare qu'il est prêt à faire fermer le
« club Favier; il n'y aura pas grand mérite, parce que
« l'immense majorité de la population demande une
« répression prompte et vigoureuse.

« M. Clément Thomas répond que le général Callier,
« qui n'est certes pas un homme timide, a cependant
« déclaré que dans son secteur (deuxième, Belleville),
« il manquait de moyens de faire fermer les clubs.

« M. le général Trochu met aux voix la fermeture
« des clubs.

« Le Conseil décide la fermeture à l'unanimité.

« M. J. Favre indique que la question est maintenant
« de savoir si M. le Préfet de police doit se rendre immé-
« diatement sur les lieux pour faire fermer les clubs.

« cun ordre judiciaire; ceux qui y ont recours se mettent eux-mêmes
« hors la loi. »

« Peu de temps après, le 8 février, Delescluze était nommé représentant à l'Assemblée nationale. Il sortait de prison pour aller siéger à Bordeaux. Ce jour-là, M. Cresson ne crut pas pouvoir rester préfet de police; il donna sa démission. Dans son administration de trois mois, *il s'était fait honneur par son courage et son dévouement* ». (Commission d'enquête sur les actes du Gouvernement de la Défense nationale.)

Nous sommes heureux de reproduire ces quelques lignes de la Commission d'enquête, lignes si honorables pour M. Cresson, lequel, pendant son court passage aux affaires, a toujours et partout fait son devoir.

« M. Cresson se déclare prêt à agir, bien qu'il n'en
« juge pas l'utilité à l'heure avancée de la soirée.

« Le Conseil décide que les clubs seront fermés de-
« main et leurs locaux occupés.

« M. Cresson indique les cinq clubs à fermer. Il pro-
« pose de décréter que les clubs sont fermés en vertu
« de l'état de siége.

« M. Arago considère cette déclaration indispensable,
« afin que le droit de réunion ne soit pas mis en cause.

« M. Le Flô demande si l'on va laisser subsister le
« journal le *Réveil*?

« M. Cresson lit des passages de ce journal qui sont
« à son avis décisifs; ils constituent un appel à l'insur-
« rection et une accusation de trahison contre le Gou-
« vernement. Il en dit autant du *Combat* dont il lit un
« article signé Félix Pyat. Enfin, il demande à être au-
« torisé à arrêter MM. Delescluze et Félix Pyat.

« M. Simon rappelle qu'il demande l'arrestation de
« ces Messieurs depuis deux mois.

« M. Cresson indique que ses rapports dénoncent
« M. Clémenceau comme coupable de menées auxquel-
« les il a peine à croire.

« M. Simon déclare que M. Clémenceau a passé la
« journée à son Ministère avec les colonels appelés à
« se prononcer sur une nouvelle sortie, et qu'il y a
« tenu les meilleurs discours.

« M. Cresson annonce que le calme semble rétabli;
« les projets sont renvoyés au lendemain; mais les me-
« neurs commencent à gagner les soldats; il serait bon
« de prendre des mesures pour isoler ces derniers.

« Le général Vinoy répond que ces ordres sont don-
« nés. Il demande un décret qui institue une cour mar-
« tiale, sans quoi il sera obligé de faire fusiller sur place
« sans jugement.

« M. Ferry observe qu'une cour martiale est inutile;
« ce sont les conseils de guerre qui doivent juger.

« M. Cresson propose un décret qui érige un conseil
« de guerre composé de magistrats destinés à suppléer
« les officiers retenus par leur service militaire.

« M. le général Trochu croit qu'il faudrait instituer de
« nouveaux conseils de guerre.

« M. Cresson appuie l'organisation d'une cour mar-
« tiale qui jugerait sommairement.

« M. le général Vinoy fait remarquer que cette orga-
« nisation est indispensable, car le capitaine du 101e
« de la garde nationale arrêté aurait dû être fusillé im-
« médiatement.

« M. Ferry répond que ce capitaine prétend ne point
« avoir commandé le feu comme on l'en accuse; il a été
« arrêté lorsqu'il se présentait en parlementaire, pour
« faire cesser le feu.

« M. Arago fait des observations quant aux arresta-
« tions demandées de MM. Delescluze et Félix Pyat.
« Il croit ces Messieurs coupables, mais ils n'ont ce-
« pendant pas commis d'acte, ils ont simplement écrit
« des articles. Or, on ne peut les atteindre qu'en sup-
« primant leurs journaux. Ils ne peuvent être atteints di-
« rectement qu'en vertu de la complicité morale, et c'est
« là ce que pour son compte il a combattu toute sa vie.
« Leur crime, c'est leur journal; qu'on le leur enlève,
« mais on ne peut faire plus.

« M. Pelletan pense au contraire, d'après les articles
« en question, qu'il y a complicité directe, attendu que
« ce n'est pas une théorie qui a été soutenue, mais que
« c'est un acte coupable qui a été recommandé.

« M. le général Trochu résume le débat : la suppres-
« sion des clubs et des deux journaux est acceptée; la
« discussion porte seulement sur les arrestations.

« M. Arago fait remarquer au surplus que ces arres-
« tations ne sont pas des actes du Gouvernement, il
« s'étonne même qu'on le consulte à cet égard.

« M. Cresson reconnaît l'exactitude de l'observation ;
« aussi ne consulte-t-il le Conseil qu'afin de n'être pas
« désavoué ensuite par lui.

« M. le général Trochu déclare ne pas comprendre
« cette discussion. Le Gouvernement est, dit-il, entre
« deux ennemis, l'un en dehors, l'autre en dedans. La
« population de Saint-Denis, bombardée, va accourir et
« consommer nos derniers vivres ; nous sommes donc à
« la dernière extrémité ; il faut choisir maintenant la
« mort et la choisir au moins honorable.

« Les arrestations sont mises aux voix.

« Votent pour : Trochu, J. Favre, Ferry, Pelletan,
« Picard, Le Flô ;

« Votent contre : Arago, Dorian, Magnin ;

« M. Garnier-Pagès s'abstient.

« Les arrestations sont décidées.

« M. J. Favre fait approuver le décret de suppression
« du *Réveil* et du *Combat*.

« M. Cresson propose de nouveau un décret pour la
« création d'une cour martiale.

« M. Arago déclare qu'on ne peut faire juger les faits
« d'aujourd'hui par une cour martiale qui ne sera cons-
« tituée que demain.

« M. Hérold consulté rappelle qu'un décret antérieur
« permet de rendre ce décret exécutoire à partir de sa
« promulgation.

« M. Picard craint de constituer une juridiction spé-
« ciale et terrible ; il ne la votera que si on lui affirme
« qu'elle est indispensable.

« M. Ferry partage cette opinion ; une cour martiale

« ne lui paraît pas plus susceptible de rapidité que les
« conseils de guerre.

« M. Vinoy rappelle que les conseils de guerre ne
« condamnent pas ; il considère une cour martiale comme
« indispensable, sans quoi il sera obligé de faire exé-
« cuter sans jugement. Le danger lui semble imminent
« et ne permet pas l'attente.

« M. le général Trochu trouve que les cours martiales
« ont le grand inconvénient de ne pas pouvoir graduer
« les peines : elles acquittent ou elles condamnent; or
« elles ne condamnent pas pour ne pas faire exécuter ;
« il rappelle à cet égard l'expérience que l'on vient de
« faire avec les conseils de guerre, dont on n'a pu obte-
« nir ni célérité ni vigueur.

« Le conseil abandonne l'idée de constituer une cour
« martiale ; il décide l'établissement de conseils de
« guerre qui devront statuer immédiatement.

« M. Ferry fait le récit des événements qui se sont
« passés vers 2 heures sur la place de l'Hôtel-de-Ville.

« Des gardes nationaux armés se sont précipités sur la
« place en venant de la rue du Temple. Une première
« députation s'est présentée, conduite par un officier
« révoqué nommé Montel, qui prétendait avoir en lui
« l'étoffe d'un Kléber ou d'un Marceau, et qui deman-
« dait le commandement en chef. On voyait M. Sappia
« en bourgeois parmi les derniers groupes armés. Bien-
« tôt le feu a commencé du milieu de la foule et des
« maisons qui font face à l'Hôtel-de-Ville. On a tiré sur
« le colonel Vabre, commandant de l'Hôtel-de-Ville, et
« sur les trois officiers qui l'accompagnaient, parmi les-
« quels était l'adjudant-major Bernard, qui a été atteint.
« Ces messieurs voulant rentrer, le concierge a fermé la
« porte par terreur, laissant ces officiers exposés au feu
« continu du dehors. Enfin un marin a franchi la grille,

« pénétré dans l'Hôtel-de-Ville par une des petites fenê-
« tres basses, et a ouvert la porte; le colonel Vabre a pu
« rentrer avec ses officiers. — On a tiré sur la salle de
« la République des deux maisons contiguës aux annexes
« de l'Hôtel-de-Ville. On a retrouvé, après le combat,
« des traces de balles explosibles et des fragments de
« bombes. Sappia a été tué par le feu de l'Hôtel-de-Ville.
« Les gendarmes sont arrivés par l'avenue Victoria;
« les maisons ont été fouillées, et l'on a trouvé douze de
« ces misérables qui y étaient restés. »

<small>Après le 22 janvier le général Ducrot se démet de son commandement.</small>

L'émeute de la rue apaisée, tout le monde tourna ses regards vers la seule issue possible : la capitulation.

Mais cette idée, au lieu d'être envisagée avec la résignation du sacrifice, la résolution du devoir accompli, jetait les esprits même les plus sages, même les mieux trempés, dans un état de prostration qui ne peut être comparé qu'à l'enthousiasme irréfléchi des premiers jours du siége.

C'est ainsi que l'on vint proposer au général Ducrot de se sauver en ballon « parce que le général Vinoy avait de bonnes raisons pour penser que les Prussiens étaient fortement excités contre l'ancien commandant du 1er corps de l'armée du Rhin... qu'ils ne lui pardonneraient pas d'avoir manqué à sa parole en s'évadant après Sedan, et que, suivant toute probabilité, la première clause de la capitulation serait la livraison dudit général. »

Naturellement, repoussant bien loin une pareille proposition, le général Ducrot se rendit immédiatement chez le général Trochu, pour lui faire part de cet incident, et lui déclarer que, contrairement à certains projets antérieurement formés, il était irrévocablement décidé à ne pas quitter Paris.

Au lendemain du combat de Buzenval, alors que le

Gouvernement avait jugé que le rôle militaire de l'armée de Paris était terminé, et qu'il ne nous restait plus d'autre perspective qu'une fatale capitulation, le général Trochu en s'épanchant avec le général Ducrot, son ami et dévoué collaborateur, lui avait dit :

« Si notre rôle est fini ici à Paris, il n'en est peut-être
« pas de même pour la France ; si elle résiste à l'acca-
« blement que va produire la funeste nouvelle de la
« prise de sa capitale, si quelques succès favorisent les
« opérations de Bourbaki dans l'Est, la continuation de
« la lutte est encore possible... et, dans tous les cas,
« cette perspective déterminera peut-être nos implaca-
« bles ennemis à se montrer moins exigeants dans les
« conditions qu'ils prétendent nous imposer....

« Tu n'as plus rien à faire ici, et je pense que tu
« serais plus utile au dehors ; je t'engage donc très-fort
« à profiter du premier départ de ballon pour quitter
« Paris avant que la capitulation ne soit un fait ac-
« compli. »

Le général Ducrot répondit qu'il était prêt à partir, si l'on croyait que sa présence pouvait encore être utile au dehors ; que cependant il doutait fort que la lutte pût se continuer après la reddition de la capitale ; qu'il lui répugnait de se soustraire par une nouvelle évasion au sort de son armée, que ce serait certainement confirmer les injustes accusations et les calomnies qui avaient cours. Le général Trochu répondit qu'un homme de cœur ne devait pas se laisser arrêter par de si misérables considérations, que le général Ducrot était trop au-dessus de pareilles accusations pour en être atteint, etc., etc...

Bref, le général pensa sérieusement à se lancer dans une nouvelle entreprise. Mais, dès les premières négociations, M. Jules Favre avait rapporté les plus sinistres nouvelles concernant la situation de nos armées de province ; tout en faisant la part de l'exagération intéressée de nos adversaires, ce qu'ils annonçaient était trop vraisemblable pour nous laisser la moindre illusion, et dès lors le général Ducrot considéra comme un devoir de partager le sort de ses frères d'armes.

Les propositions du général Vinoy avaient achevé de le confirmer dans ces idées, et c'est ce qu'il exposa au général Trochu, en lui faisant connaître qu'il était fermement résolu à partager le sort commun. Il ajouta qu'il allait se démettre de son commandement, devenu inutile et illusoire, puisqu'on devait fusionner les trois armées en une seule, et il pria le général Trochu de faire régulariser sa situation par le Ministre de la guerre.

Le général Trochu, approuvant cette résolution, promit d'entretenir le général Le Flô de cette affaire, le jour même.

Rentré à son quartier général, le général Ducrot fit communiquer à ses troupes l'ordre suivant :

« En exécution des ordres du général Vinoy, nommé
« commandant en chef de l'armée de Paris, par décret
« du Gouvernement de la Défense nationale en date du
« 21 janvier 1871, l'état-major général de la 2ᵉ armée
« est dissous. Les officiers généraux et autres qui en
« font partie recevront ultérieurement de nouvelles des-
« tinations, ou avis de leur mise en disponibilité. » (1)

---

(1) Voir aux pièces justificatives nᵒˢ XV et XVI, le récit concernant la proposition de se sauver en ballon, faite au général Ducrot par le général Vinoy, les lettres et notes échangées entre le quartier général allemand et le général Ducrot, relativement à son évasion de Pont-à-Mousson.

LIVRE XV

FIN DU BOMBARDEMENT

CHAPITRE PREMIER.

DERNIERS JOURS DU BOMBARDEMENT.

La bataille du 19 janvier n'avait apporté aucun arrêt dans la marche des travaux de siége de l'ennemi.

Les trois attaques Sud, Est, Nord de la capitale se poursuivaient avec une régularité et une gravité progressives :

Attaque Sud.

Le fort d'Ivry souffre beaucoup dans cette dernière période du siége, il ne peut répondre au feu de l'ennemi, qu'en étant appuyé par des batteries extérieures...., dans la nuit du 23 au 24 janvier, on en construit de nouvelles, près de la gare de Clamart et dans le parc du lycée de Vanves. L'avant-poste de la maison des Jésuites aux Moulineaux, tient toujours, mais est très-menacé. Attaque du Sud.
Fort d'Ivry.

Cependant le 26 au soir, à moins d'un accident aussi improbable qu'imprévu, le fort d'Ivry peut encore offrir une résistance durable et solide, ainsi que le constate la dépêche ci-jointe :

« Les magasins de la cantine 2-3 ont souffert, mais leurs voûtes ne sont pas atteintes ; la brèche des casemates

16 et 17 a augmenté, mais sans compromettre le succès de la place. Les murs de masque des casemates 27, 9, 22, sont crevés. Sur la face gauche du bastion 4, l'ennemi semble vouloir pratiquer une brèche, mais la maçonnerie n'est entamée que sur une épaisseur de 60 à 70 centimètres. »

Fort de Vanves.

Le fort de Vanves écrasé sous les feux plongeants des batteries de la Plâtrière, de la Renommée, de Clamart, tire des secours efficaces des batteries de position et de l'enceinte. (8e secteur.)

Pendant cette dernière période, le feu de l'ennemi fut suspendu par suite de l'explosion d'un magasin à poudre de la batterie de gauche de Châtillon (23 janvier). « Ce coup heureux provenait d'une batterie du 7e secteur, servie par les mobiles du Pas-de-Calais. Le 21 janvier, la même batterie avait fait sauter le magasin à poudre du Moulin-de-Pierre. »

La garnison du fort, assez bien abritée, éprouvait des pertes relativement peu sensibles....

Trois ou quatre tués ou blessés par jour en moyenne... Les casernes étaient en ruines, mais le rempart se trouvait presque intact et à la date du 26 janvier « le fort pouvait faire encore une bonne résistance... »

Fort de Montrouge.

Le fort de Montrouge, poursuivant énergiquement la lutte, continuait à rendre coup pour coup..... sa situation défensive était cependant difficile, il souffrait surtout de la batterie de l'Hay qui le prenait d'écharpe.

A la date du 23, le Journal du siége donnait les détails suivants : « Les blindages établis devant nos magasins à vivres, dans la cour du bastion 4, sont pulvérisés. Les voûtes de casemates sont entamées et les sacs à terre avec lesquels nous avons constitué un blindage intérieur, ne peuvent donner une protection suffisante à nos vivres, au milieu desquels les obus pénètrent. Le mur de ce bastion a maintenant une large brèche et du côté du fossé les pierres du mur forment rampe..., »

Le 24 au soir, la brèche signalée était réparée, grâce à l'activité des défenseurs et du chef du génie lieutenant-colonel Lévy,.... « Nos réparations sont terminées, télégraphiait le commandant Amet... nous sommes prêts.. »

Dans la journée du 25, le général en chef ayant fait proposer un renfort de 150 artilleurs de la garde nationale, le commandant du fort refusait en ces termes : « Je suis l'interprète des sentiments de mes hommes en vous demandant qu'on nous laisse l'honneur de défendre Montrouge... Ces artilleurs nous seront plus utiles aux batteries voisines : nous serions reconnaissant au général de ne pas nous les envoyer. »

« Les pertes éprouvées par la garnison du fort étaient assez nombreuses, en raison de la vivacité de la défense ; toutefois, elles ne dépassèrent pas une moyenne de sept à huit tués ou blessés par jour... »

Le 26, le fort eut une caserne incendiée, l'autre démolie,... mais les escarpes étaient en bon état. « Le seul endroit qui avait cédé avait été promptement réparé.... » Plus encore que Vanves et Issy, Montrouge, à la date du 26, pouvait donc poursuivre la lutte.

Le fort de Bicêtre, qui n'avait reçu que quelques obus depuis le commencement du bombardement, continue à soutenir Montrouge, en tirant sur les batteries de l'Hay et de Bagneux.

Le fort d'Ivry, réduit plus encore que Bicêtre à l'inaction, surveille les travaux exécutés par les Prussiens sur la hauteur de Montmesly...

Les Hautes-Bruyères et Saquet, les avancées de Bicêtre et d'Ivry, prennent au contraire une part assez vive à la défense,...

Des Hautes-Bruyères surtout, à qui l'ennemi « fit

Bicêtre et Ivry.

l'honneur d'une attaque en règle », on répondit énergiquement jusqu'au dernier jour, au feu des batteries de l'Hay, Chevilly, Bagneux.

A la droite, les avant-postes de la Maison Millaud eurent fort à souffrir, mais les Allemands, tenus en respect par le tir de Montrouge et des Hautes-Bruyères, ne parvinrent jamais à nous les enlever.

<small>Bastions de l'enceinte Sud.</small> Les bastions de l'enceinte Sud prirent également sur certains points part à la lutte..... en particulier ceux du 7ᵉ secteur (le 68ᵉ et le 75ᵉ), qui firent sauter, ainsi que nous l'avons dit plus haut, deux magasins à poudre... Pendant le jour, l'ennemi prenait généralement comme objectif le rempart, la nuit il tirait de préférence dans l'intérieur de la ville... « Dans les nuits du 23 au 24, du 24 au 25, le bombardement causa quelques dommages... le 8ᵉ secteur eut particulièrement à souffrir... un grand incendie se déclara dans une fabrique de papier et on eut de la peine à éteindre le feu.... »

Cependant le bombardement de la ville, des remparts, des forts et des avancées était pour ainsi dire inefficace... « le seul progrès qu'on put relever dans l'attaque pendant les cinq derniers jours, consista dans l'ouverture d'une batterie à la station de Meudon et dans quelques atteintes nouvelles à l'enceinte » (1). Les Moulineaux, Maison Millaud, Hautes-Bruyères, Moulin-Saquet, Port-à-l'Anglais, n'avaient même pas été entamés, nos avant-postes n'avaient pas reculé depuis le 13 octobre... quant à nos forts, sauf quelques dégradations intérieures, ils étaient, nous venons de le voir, preque aussi solides qu'avant le bombardement.

Du reste, les pertes en hommes éprouvées chaque jour peuvent donner une idée du peu de résultat obtenu.

---

(1) Général Vinoy.

Pour la garde des tranchées.... 10 hommes.
Fort d'Ivry................ 7 à 8 —
— Vanves................. 7 à 8 —
— Montrouge............. 7 à 8 —
— Pour les batteries de l'enceinte............. 5 à 6 —

Total..... 26 à 34 hommes.

Le fort de Charenton, dont les avant-postes étaient poussés jusqu'à Créteil, ne fut pas attaqué, ni au commencement ni à la fin du bombardement. Fort de Charenton.

Le fort de Vincennes, qui, avec les redoutes de Gravelle et de la Faisanderie, forme un camp retranché protégé par la Marne, commença à être bombardé le 23 janvier. « A midi, les batteries de Villiers se mirent à tirer à toute volée sur Vincennes, et parvinrent à jeter une dizaine d'obus dans l'arsenal du fort neuf... A 4 heures du soir, la redoute de la Faisanderie ouvrit son feu contre cette batterie, et parvint à en débarrasser le fort. Fort de Vincennes.

« Le 25, à 4 heures du soir, le feu de la Faisanderie et des ouvrages extérieurs du fort de Nogent était très-vivement activé contre les batteries de Villiers, contre Cœuilly et les bifurcations des routes de Provins et de Chennevières. »

En résumé, le fort de Vincennes et ses défenses avancées ne furent en aucune manière endommagés par le feu de l'ennemi.

Le fort de Nogent continue à essuyer le feu des batteries de Noisy-le-Grand, de Villiers, de Bry. Le 23 janvier, « l'ennemi démasque deux nouvelles batteries, à 3,500 mètres environ de Bry-sur-Marne... » Le 26 janvier, après un mois de bombardement, le fort n'a subi Fort de Nogent.

aucune avarie sérieuse des batteries adverses, dont la plus avancée est à 3,500 mètres.

Fort de Rosny. — Très-vivement bombardé pendant les derniers jours de décembre, le fort de Rosny n'a plus à supporter, à la fin du siége, que le feu des seules batteries de Drancy... « Le danger devient même si peu menaçant, que, dans la journée du 23 janvier, on peut sans inconvénient désarmer les batteries du château de Montereau, situé tout auprès des murs du fort, et répartir ses pièces sur d'autres positions moins sûres... »

Fort de Noisy. — Le fort de Noisy, où l'amiral Saisset a établi son quartier général, est devenu, grâce à de nombreux travaux, une des positions les plus redoutables de la défense... De solides batteries, construites entre Noisy et Nogent, deux autres batteries situées au-dessus des Carrières, concourent très-activement à donner au feu du fort une supériorité marquée sur celui de l'ennemi... Cette supériorité est telle, « qu'en présence des faibles résultats obtenus contre les forts de Rosny, de Noisy et de Nogent », on peut considérer, à la fin de janvier, l'attaque terminée sur ces différents points...

Fort de Romainville. — Le fort de Romainville ne subit aucune attaque, grâce à sa position élevée. Son observatoire, admirablement organisé, avec des repères excellents, voyait et signalait à tout instant les mouvements de l'ennemi.

Attaque du Nord, Saint-Denis.

Le commandement de Saint-Denis avait une organisation tout à fait distincte... Depuis le mois de novembre, l'amiral La Roncière, ayant sous ses ordres un corps d'armée spécial, avait à défendre Saint-Denis, ses trois forts, le fort d'Aubervilliers, la pointe de la Courneuve et la Croix-de-Flandre.

Le camp retranché de Saint-Denis, formant un grand saillant au Nord de Paris, était un point d'attaque désigné; aussi l'amiral n'avait-il cessé de perfectionner la défense en reliant les forts au moyen de tranchées et de solides batteries...

<small>Description et Garnison des forts autour de St-Denis au moment du bombardement. Fort de la Briche.</small>

« Le fort de la Briche, objectif des batteries ennemies établies à Épinai, Enghien, Montmorency, Villetaneuse, Butte-Pinçon et Pierrefitte, — « est défendu par 190 artilleurs de la marine, 44 soldats du génie, 190 matelots-fusiliers, et 3 compagnies du 128e. Total, 901 hommes. Ce fort, commandé par le lieutenant-colonel Tafanel, est relié à celui de la Double-Couronne par un chemin couvert... »

<small>Double-Couronne</small>

« Le fort de la Double-Couronne n'est pas, à proprement parler, un fort, c'est une ligne de fortifications ouverte à la gorge, couvrant la ville de Saint-Denis, et coupée par trois portes donnant accès aux routes du Havre, de Calais, de Gonesse, lesquelles routes se rejoignent à l'intérieur à une patte d'oie, à 100 mètres en arrière des fortifications. Ce fort est battu de front par les batteries allemandes de la Butte-Pinçon et de Pierrefitte. Ses courtines sont enfilées par les batteries de Stains et du Bourget, à l'Est, et par celles d'Enghien, d'Epinai et de Montmorency, à l'Ouest. Le chef de bataillon Zeler commande la Double-Couronne ; le 135e de ligne, colonel Boisdenemetz, y tient garnison ; l'artillerie de la marine et les matelots-canonniers arment ses pièces... »

« Le chemin couvert dont il est parlé plus haut se continue à l'Est du fort, et est coupé par deux batteries de deux pièces chacune, la batterie du Crould et celle de Marville ; il s'arrête à la route de la Courneuve, près du fort de l'Est... »

« A partir de la Double-Couronne, une digue, longeant ce chemin, retient une inondation formée des eaux du

Crould et du Rouillon, et qui s'étend jusque près de Dugny. »

Fort de l'Est. « Le fort de l'Est est commandé par le colonel Sentupery. L'artillerie de marine et quelques matelots-canonniers servent les pièces. »

Fort d'Aubervilliers. « Le fort d'Aubervilliers est commandé par le colonel Tryon. Ses batteries sont également servies par l'artillerie de marine. »

Attaque.

Le 21 janvier, à 8 heures 45 du matin, les batteries ennemies, formant une vaste circonférence autour de Saint-Denis, ouvrent le feu.

Fort d'Aubervilliers. Le fort d'Aubervilliers, présentant un front très-large, « échappe par sa grande dimension aux effets redoutables de la concentration de l'artillerie... »

Le 23, le feu de l'ennemi n'est pas très-vif.

Le 24 et le 25, il s'accentue davantage. Le fort reçoit, dans chacune de ces journées, 100 obus, mais les pertes sont insignifiantes.

« En définitive, par le bombardement d'Aubervilliers et des lignes de la Courneuve établies en avant du fort, on perdit tout au plus de 4 à 5 hommes tués ou blessés par jour... »

Fort de l'Est. « Le fort de l'Est, solidement bâti et bien commandé, ne souffrit que très-peu du bombardement, qui fut cependant dirigé sur lui avec une très-grande profusion de projectiles... Le 23, il reçut 470 obus restés dans l'intérieur de ses murs, 244 le lendemain, 360 le surlendemain 25, et 359 le 26. Pendant la nuit, le feu était moins vif : 23 obus tombèrent dans la nuit du 23 au 24, et 174 le lendemain. Pendant la troisième nuit 158, et 136 pendant la quatrième. En somme, pendant quatre fois vingt-quatre heures, près de 2,000 obus atteignirent le fort pour blesser en tout 27 hommes et en tuer un, démonter une pièce et défoncer quelques abris. »

Le 26, la situation du fort de l'Est était la suivante, d'après la note résumée de son commandant : Le tir de l'ennemi continue à être violent par intervalles ; pendant le jour il le dirige sur les remparts, pendant la nuit sur la porte du fort...

« Les escarpes sont à peu près intactes, la défense n'est pas compromise à ce point de vue, mais les parapets et les terre-pleins sont labourés et le service de l'artillerie et du génie rendu très-difficile à cause des aspérités.... »

Fort de la Double-Couronne

A la Double-Couronne le bombardement est des plus vifs. Le 22 il tombe 3 obus par minute, un abri occupé par des hommes du 135ᵉ est défoncé par un obus ; 13 hommes sont blessés.

Le 23, le fort reçoit 4,000 projectiles, « et cependant il n'y a que 6 hommes tués ou blessés dont trois officiers.... »

Le 24, le feu de l'ennemi continue à être violent... deux affûts de pièces de marine sont mis hors de service.... les maisons voisines de la Double-Couronne sont écrasées. « On répond par bordées au tir de l'ennemi pendant une partie de la journée. »

Le 25, le bombardement se poursuit : cinq affûts de marine sont avariés.

La journée du 26 est la plus terrible... plusieurs abris sont défoncés... les poudrières sont menacées... le chiffre des tués et blessés monte à 10... « nombre assez considérable pour une aussi petite garnison. Le personnel de l'artillerie est réduit à deux titulaires... »

Le commandant supérieur du fort, le chef de bataillon Zeler, donne l'exemple d'un stoïque courage... il maintient tout le monde à son poste...

« Le 26 au soir, malgré ce feu épouvantable, « les défenses proprement dites du fort, notamment les escarpes, ont encore une solidité rassurante. »

<small>Fort de la Briche.</small> Dans la journée du 22, le fort de la Briche est le point de mire principal de l'ennemi; le pont-levis est endommagé... 800 obus tombent en vingt-quatre heures... « Plusieurs Allemands s'avancent isolément jusqu'à petite distance... des coups de fusils les dispersent... »

« Le 23, l'ennemi établit des batteries dans nos anciennes tranchées de Villetaneuse et d'Épinai que nous avons abandonnées : les quatre batteries de Deuil et de Montmorency d'un côté, deux à la Butte-Pinçon de l'autre, croisent leur feu contre le fort... »

« Plus de 1,000 obus l'attaquent dans les vingt-quatre heures. L'ennemi envoie des reconnaissances assez près du fort... Elles sont repoussées par la mousqueterie... »

Le 24 et le 25, le feu de l'ennemi cause de sérieuses avaries...

Le fort s'endommage de plus en plus, malgré l'activité des réparations qui se font la nuit... Les travaux d'approche des Prussiens sont à 800 mètres.

Le 26, une nouvelle batterie établie dans la nuit par l'ennemi au Temps-Perdu, à 800 mètres du fort, ouvre son feu... « Par suite des avaries continuelles que subit notre artillerie, il ne reste, le soir, que quatre pièces à opposer aux six batteries d'Enghien, de Montmorency et de Deuil, et six pièces pour lutter contre deux batteries fixes et deux batteries volantes de la Butte-Pinçon... les dégradations à l'escarpe commencent à s'accentuer... » La situation du fort était, comme on le voit, assez grave... mais non compromise, ainsi que l'établit l'extrait suivant, tiré des *Opérations du corps du génie allemand* pendant le siège :

« Dans le projet d'attaque, avant de décider si l'on tenterait un assaut de vive force contre les deux forts (Briche et Double-Couronne), on devait attendre l'effet que produiraient les nouvelles batteries de siège, et voir notamment si elles réussiraient à éteindre le feu de l'artillerie ennemie et à ouvrir de larges brèches praticables... mais on demandait, dans tous les cas, l'ouverture d'une deuxième *parallèle à 300 mètres des forts...* » (On n'en était encore qu'à la première parallèle....)

« Le projet ne se dissimulait pas, continue le récit allemand, que l'ouverture de la deuxième parallèle à bonne portée des obus et des balles des chassepots coûterait des pertes considérables... Lors même qu'on n'aurait pas reculé devant ces sacrifices, il n'était pas certain que la prise des deux forts entraînerait la conquête immédiate de Saint-Denis; on devait s'attendre à des combats acharnés et sanglants avant de pouvoir franchir sur un petit nombre de digues battues par le canon du fort de l'Est, le terrain inondé, qui sépare la ville de la fortification, et dans tous les cas, la ville, une fois abandonnée par les habitants, les maisons de la lisière extérieure mises en état de défense et les barricades multipliées pouvaient opposer de grands obstacles aux colonnes d'assaut, si la garnison se montrait énergique... Enfin, dans l'hypothèse même de la prise de la ville, il restait toujours douteux qu'on réussit à construire et à conserver des batteries de bombardement contre Paris dans des positions battues à gauche par le fort de l'Est à 1,200 et 1,500 mètres, à droite par les batteries dominantes de Saint-Ouen à 2,100 mètres, et en face par les fronts Nord de l'enceinte qui s'étendent en ligne droite sur une longueur de 4,500 mètres, et qui suffisaient, à eux seuls, pour éteindre le feu du petit nombre de pièces que l'on possédait. » (*Opérations du génie allemand.*)

Saint-Denis. La ville même de Saint-Denis eut beaucoup à souffrir... De même qu'à Strasbourg, la cathédrale de Saint-Denis, la basilique de la vieille Monarchie Française, semblait être le point de mire des batteries allemandes... Les coups sur la ville se succédaient de minute en minute; la mairie et le quartier général furent couverts d'obus... La nuit, les Allemands arrivaient avec des batteries volantes assez près des remparts et tiraient des bordées; mais toujours repoussées, ces vaines attaques n'aboutirent à aucun résultat.

L'amiral de La Roncière, dont le quartier général était à Saint-Denis, ne cessait de se multiplier devant le danger; « raffermissant les chancelants et réduisant à leur juste valeur les exagérations trop facilement accueillies par la population civile, jusqu'aux derniers jours il résista fermement au milieu des plus grandes appréhensions et des plus sérieux périls. »

Le 26, l'amiral résumait ainsi la situation :

« Le tir sur la Briche et la Double-Couronne aug-
« mente de violence : le Briche souffre beaucoup dans
« son matériel : trois cents travailleurs y réparent la
« nuit les dégâts du jour. La Double-Couronne est
« moins abîmée, mais l'insuffisance des abris rend le
« séjour plus dangereux... la glace des fossés est sou-
« vent projetée en mitraille sur toute la fortification...
« Un service très-pénible est de casser la glace dans les
« fossés. Il est nécessaire sur les rigoles de la Briche et
« du Crould, sans cela on pourrait les enlever... Les
« marins seuls peuvent faire ce service : les ouvriers
« civils refusent de travailler si près du feu... Sur
« toutes les défenses de Saint-Denis, chacun fait no-
« blement son devoir... »

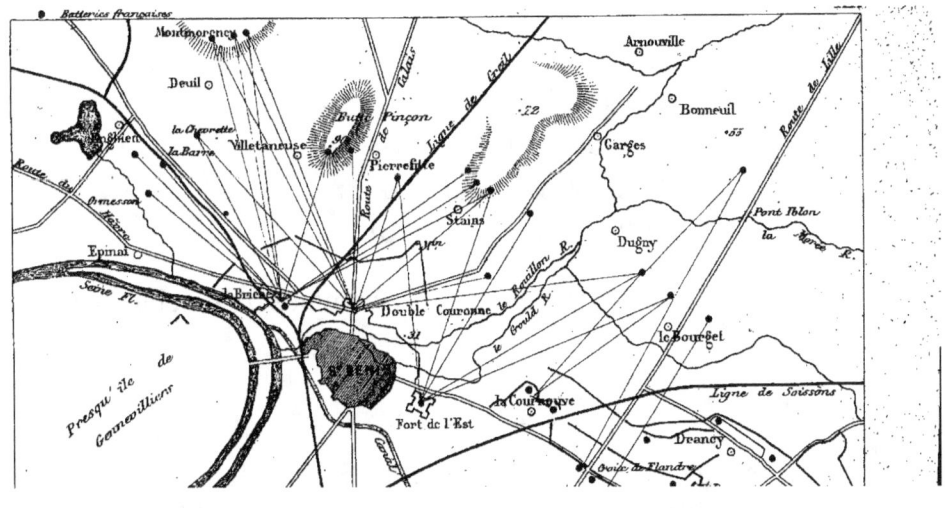

En résumé, il n'y avait que le fort de la Briche qui pouvait donner des inquiétudes... mais non de véritablement sérieuses, car l'ennemi, ainsi qu'il le dit lui-même, n'était nullement en mesure de donner l'assaut.

Au moment de la capitulation, l'attaque de Saint-Denis, quoique plus menaçante que celle du Sud et de l'Est surtout, était donc loin d'être aussi avancée qu'on le croyait généralement... Les pertes en hommes étaient également relativement faibles, ainsi qu'on peut le voir par le tableau suivant :

Moyenne des pertes journalières pour la défense du Nord :

Drancy. . . .	5 hommes.
Aubervilliers. .	2
Fort de l'Est. .	6
Double-Couronne	10
La Briche . .	6
Total . . .	29 hommes tués ou blessés

MONT-VALÉRIEN.

A gauche du camp retranché de Saint-Denis s'élevait le mont Valérien. Grâce à sa position formidable, il fut à l'abri du bombardement...

« De temps en temps, les batteries de la Jonchère ouvraient le feu sur Rueil; il fut particulièrement violent dans les journées des 24 et 25 janvier... »

Dès le 22, l'observatoire du fort signala les nombreux incendies de Saint-Cloud... « La villa Mathieu fut atteinte la première... Depuis ce jour, les incendies se renouvelèrent incessamment, et une fumée noire et épaisse s'étendit sur les maisons en ruines de Saint-Cloud comme un vaste et funèbre rideau. Le village de

Incendie de Saint-Cloud.

Garches fut détruit avec la même régularité. L'armistice ne suspendit pas ces actes de destruction sans objet, même après sa *conclusion.* »

FIN DU BOMBARDEMENT, SES CONSÉQUENCES ET CONCLUSIONS.

Le 26 janvier, à 7 heures du soir, le général Vinoy, commandant en chef, recevait de M. Jules Favre, vice-président du Conseil et ministre des affaires étrangères, l'ordre de faire cesser le feu sur toute la ligne, à partir de minuit...

« Je suis tombé d'accord avec M. de Bismark, sur les principales conditions de l'armistice, écrit M. Jules Favre, et il a été convenu d'honneur entre nous deux que le feu cesserait des deux côtés, sur tous les points, à partir de minuit. » Le général Vinoy télégraphiait immédiatement sur tous tous les points : « Suspension d'armes : à minuit, cessez le feu. Exécutez rigoureusement cet ordre; accusez réception... »

Le 26 janvier, à minuit précis, Paris tirait son dernier coup de canon contre les armées allemandes !

Comme on a pu le voir par cet exposé succinct des derniers jours du bombardement, l'ennemi n'avait pu réellement entamer la grande forteresse Parisienne... elle ne tombait, elle ne rendait les armes qu'en perdant les derniers moyens de vivre... ce résultat final, le blocus seul l'eût amené !...

Le bombardement, l'attaque régulière n'ont, en réalité, pas hâté d'une heure la reddition de la Capitale de la France : c'est qu'autant l'investissement et le blocus de Paris ont été bien conçus et rapidement exécutés, autant la dernière partie du siége ou attaque proprement dite a été hésitante et pleine de tâtonnement...

Le choix des fronts d'attaque a été changé trois fois : l'assiégeant a d'abord eu comme objectif le front Est, puis le front Sud, et enfin le front Nord qui était le seul véritablement indiqué (1). Encore, d'après le propre dire des ingénieurs allemands, la prise même de Saint-Denis ne devait pas amener la chute immédiate de Paris : « Dans l'hypothèse de la prise de Saint-Denis il était toujours douteux que l'on réussît à construire et à conserver des batteries de bombardement contre Paris, dans des positions battues par le fort de l'Est et par le front Nord de l'enceinte... » (*Opérations du génie allemand*). Néanmoins il n'est pas douteux que la prise de ce grand faubourg de Paris eût produit un effet moral des plus considérables et eût sans doute amené une prompte reddition. Il fallait donc concentrer tous les efforts, tous les moyens d'action sur ce point d'attaque au lieu de les disperser sur un front immense allant de Saint-Cloud à la butte d'Orgemont, par les plateaux de Châtillon, de Villiers... le Raincy, Pont-Iblon et Pierrefitte...

Quant au bombardement, destiné sans doute à contraindre la ville à se rendre, il était d'avance frappé de la plus complète impuissance.

La pluie des obus allemands, si violente qu'elle fût,

---

(1) « L'attaque de front Est, dit le livre des *Opérations du génie allemand*, devait présenter surtout un caractère défensif. » On ne comprend pas trop ce que cela veut dire... Était-ce pour arrêter toute offensive de notre part de ce côté? Mais à la fin de décembre, après le Bourget, les Allemands savaient bien que nous n'étions guère en mesure de prendre une sérieuse offensive sur aucun point du périmètre, surtout du côté du Raincy, un des points les plus forts des lignes d'investissement. — Dans tous les cas, l'attaque du Sud ne saurait être considérée comme une fausse attaque... « Le 9 octobre, dit le récit allemand, le Roi décida que l'attaque principale aurait pour objectif les forts d'Issy, de Vanves et de Montrouge, » et, le 26 janvier, cette attaque, ainsi que l'établissent les rapports des commandants des forts, était, nous l'avons vu, bien peu avancée.

n'aurait jamais pu submerger le grand océan Parisien... efficace pour les petites places de guerre, appelées justement « nids à bombes », le bombardement est sans danger pour de très-grandes villes, surtout quand elles sont défendues par une ceinture de forts ou camp retranché.

Il est donc permis de dire que le plan définitif d'attaque, plan que l'ennemi avait pu mûrir pendant plus de trois mois, n'a pas été à hauteur des grands succès précédemment obtenus... quoi qu'il en soit, de l'exposé que nous avons donné, journée par journée, des opérations et travaux d'attaque, on peut tirer certains principes généraux d'un intérêt tout particulier pour l'attaque et la défense des places.

ATTAQUE.

1° En examinant le tracé général des travaux de toute nature, exécutés autour de Paris par les assiégeants, il est à remarquer que la plupart des positions adoptées dans la ligne d'investissement avaient pour but d'amener les assiégés exécutant des sorties, à s'engager dans un rentrant, dans une gorge, c'est-à-dire entre plusieurs feux convergents.

Tels étaient au nord les ouvrages : Le Crould, Dugny, Blanc-Mésnil, Nonneville et la Voirie ; cette grande ligne de défense formait un immense front bastionné avec le Bourget comme demi-lune.

Le mur de Longboyau, les défenses de la Bergerie dessinaient un vaste rentrant que nous n'avons jamais pu enlever, malgré les plus vaillants efforts....

2° Les travaux de l'ennemi étant généralement masqués derrière des arbres ou des maisons, « les Allemands les plaçaient assez loin en arrière pour empêcher les coups pointés sur le rideau d'atteindre les défenseurs du parapet ou de l'épaulement... »

« Leurs batteries n'avaient plus aucune de ces embrasures qui fournissent à l'adversaire un point de mire très-distinct et un but favorable... Les ouvrages n'avaient plus ces arêtes saillantes et ces formes régulières qui les dénoncent à l'œil de très-loin... parfois, enfin, des terres remuées à quelques cents mètres en avant d'une batterie, trompaient les officiers d'artillerie de la place, car ils croyaient leurs projectiles efficaces quand ils les voyaient tomber sur les terres remuées, qui se confondaient à l'œil avec l'épaulement des batteries ennemies... » (1).

3° Ces lignes d'investissement, si habilement construi-

---

(1) « Il y avait, ainsi que le remarque l'amiral La Roncière, une extrême diversité d'ouvrages. Il conclut de là que toute latitude a été laissée aux officiers allemands pour le tracé et le système de construction à adopter... Le caractère général de ces travaux, c'est qu'ils n'ont exigé que peu de monde, et qu'ils sont pour la plupart enterrés, et, par conséquent, peu visibles sur le terrain... « Les batteries allemandes étaient très-supérieures à celles de l'artillerie française, à raison *surtout de la science du terrain* qui a *présidé au soin de leur emplacement*... » « Ces ouvrages ne se recommandent ni par leur étendue, ni par un aspect formidable, ni par la perfection d'exécution. Si on les regarde de la nacelle d'un ballon, ils rappellent plutôt les quelques terrassements laissés par les hordes barbares qui envahirent les Gaules aux ve et xe siècles, que les travaux dus aux ingénieurs des armées de notre temps... Mais si l'on s'en approche, si l'on suit leur tracé sur le terrain, on s'aperçoit bien vite qu'ils sont dus à une connaissance très-exacte des localités, et à une observation très-judicieuse des ressources qu'elles fournissent, soit comme relief, soit comme accidents naturels ou artificiels. Les murs, les fossés, les carrières, les fondrières, les sentiers creux, les chaussées, sont autant d'obstacles artificiels dont ils ont su profiter avec une rare sagacité... Des précautions infinies sont prises non-seulement pour cacher les hommes, mais pour dissimuler les ouvrages mêmes à l'assaillant. Aussi est-il arrivé que pendant des actions qui duraient plusieurs heures, on n'apercevait pas l'ennemi, bien qu'on reçût son feu... Forcé dans quelques positions avancées, il battait en retraite sans qu'on le vît disparaître... Cette manière de combattre commençait toujours par exaspérer nos troupes, et **finissait par les décourager**. »

tes, étaient généralement placées assez loin des ouvrages de la place, à 3,000 ou 4,500 mètres, afin qu'elles aient peu à redouter les feux de l'artillerie de gros calibre... « Partout où elles furent approchées davantage, il est résulté de graves inconvénients. On provoquait par là l'ennemi à des attaques continuelles, presque toujours couronnées de succès, qui augmentaient la confiance des défenseurs et affaiblissaient à la longue le moral des troupes d'investissement » (*Opérations du corps du génie allemand.*)

4° L'ennemi s'est servi avec grand avantage des pièces de petit calibre de 9°, de 12° et même de 15°, qu'il installait, quand il y avait nécessité, derrière des épaulements, des fossés disposés en conséquence... « Cette artillerie de position n'avait pas à engager la lutte avec l'artillerie des ouvrages; elle devait uniquement se tenir prête à intervenir dans toute action de vigueur engagée par l'ennemi... »

« 5° On n'a construit sous Paris qu'un nombre très-limité de redoutes ; même les ouvrages décorés de ce nom n'étaient-ils guère que de simples tranchées défensives de fort profil enveloppant un point donné de terrain... » (1)

---

(1) Dans l'état actuel des armes, et en présence de la portée considérable du fusil d'infanterie, il est hors de doute qu'il faut s'attacher à diminuer la hauteur du but visible à l'ennemi, ainsi que *la profondeur de* l'espace à protéger, attendu que la probabilité d'atteindre une zone donnée croît très-rapidement avec la hauteur et la profondeur de cette zone... D'un autre côté, si l'on réfléchit que c'est surtout l'infanterie qu'il faut couvrir contre les feux; que des redoutes isolées ne peuvent procurer ce couvert qu'à une faible partie des troupes... que ce couvert demande un temps considérable; qu'enfin, les redoutes enchaînent les garnisons à un point fixe du terrain, et sont exposées aux feux convergents d'artillerie et de mousqueterie, on comprend qu'il n'y a plus désormais qu'une seule forme de retranchements qui satisfasse à toutes les conditions... Cette forme, c'est la tranchée avec ses divers profils depuis la tranchée

6° Les corps d'armée ont été généralement tenus sur les mêmes positions pendant toute la durée de l'investissement.

7° En se conformant à ces principes généraux, il a suffi généralement à l'armée allemande d'une division par 7,500 mètres (un mille) pour garder la ligne d'investissement. La réserve, formée habituellement par l'autre division, était cantonnée à 7 et à 8 kilomètres (un mille en arrière), en dehors de la zone d'action de pièces à longue portée, et l'ennemi a toujours eu le temps de faire arriver au moment opportun des troupes sur le point menacé.

DÉFENSE.

1° Devant la puissance et la portée des feux d'artillerie, il faut éloigner les forts de la place de manière à éviter tout bombardement et rendre plus difficile l'investissement.

2° L'ancien système bastionné ne peut plus être employé ; il doit être modifié dans son tracé et son profil, il y aura lieu de se rapprocher du système polygonal, c'est-à-dire de la *ligne droite* par la suppression des *faces* et des *flancs* qui sont pris d'enfilade et de revers... On suppléera au défaut de flanquements dans les fossés par des caponnières ou ouvrages casematés (1).

---

de bataille jusqu'à la tranchée de siége, dont le parapet est en état de résister aux gros calibres de l'artillerie de place.

Les lignes étendues de tranchées auront quelques points d'appui. En général, on les trouvera dans le terrain même : ce seront les maisons, les villages, les bois, etc.

(1) Pour les flanquements, on devra utiliser les canons à balles... qui remplaceront avec avantage le feu de la mousqueterie... On emploiera également les mitrailleuses pour entraver les progrès des tranchées de l'assiégeant, en « tirant non contre les tranchées achevées, mais seulement contre les parties en voie d'exécution... »

3° Diminuer la largeur du fossé qui permet le tir en brèche à grande distance; surélever la contrescarpe de manière à en faire une masse couvrante... (1).

4° Les feux de l'artillerie et de la mousqueterie venant partout chercher le défenseur, il est de toute nécessité de placer hommes et canons sous des casemates...

5° Faire le plus grand usage des ouvrages de contre-approche... Ces ouvrages, déjà mis en pratique par le général Meunier au siége de Mayence en 1793, par le général Totleben à Sébastopol, ont permis à Paris de résister au déploiement des forces énormes de l'attaque. Ils ont suppléé dans une large mesure à la faiblesse relative de notre système de fortification permanente... (2).

En présence de ces changements apportés dans l'attaque et la défense, on en conclut :

1° Qu'il faut raser toutes nos petites places encore existantes, afin d'éviter de les voir succomber à un court bombardement ;

2° Que le nombre des nouvelles places entourées de grands camps retranchés ne peut être considérable; car

---

(1) « La largeur donnée jusqu'ici au fossé du corps de place permet au projectile oblong, franchissant la crête du chemin couvert dans la branche descendante de la trajectoire, de frapper la muraille du rempart assez bas pour faire brèche. » Dans nos nouveaux forts, on a diminué la largeur du fossé, on a élevé la contre-escarpe, qui, seule, est murée généralement, du moins, dans la partie où le mur d'escarpe a été construit, on l'a isolé des remparts comme Carnot l'avait proposé. « Les forts ne sont plus, pour ainsi dire, que des batteries de nouvelle forme, munies de leurs canons à grande portée. »

(2) Outre ces ouvrages de contre-approche, il y aurait lieu de construire des tranchées offensives, qui permettraient d'aller chercher l'assiégeant au milieu de ses propres travaux d'attaque... En Crimée, les Russes ont construit de ces tranchées qui nous ont fait éprouver de grandes pertes. Bien *enfilés* des *ouvrages en arrière*, ces boyaux ne peuvent être occupés par les assiégeants, car ils n'y trouveraient aucun couvert contre les feux de la place...

si on multipliait outre mesure ces colossaux engins dont quelques-uns atteignent jusqu'à près de trente lieues de circonférence, toutes nos ressources en hommes, en argent, en matériel se trouveraient absorbées... Au lieu d'être un accroissement de force, ces places deviendraient bientôt une cause de faiblesse et de ruine.

sion multipliée. Les mesures ont — (...)les ôtant
quelques-uns également jusqu'à — au-dessus du
circonférence. Toutes nos ressources (...) unies, en argent, en matériel se trouveraient absorbées. Au lieu
d'être un accroissement de force, ces (...) deviendraient
bientôt une cause de faiblesse et de ruine.

LIVRE XVI

L'ARMISTICE

CHAPITRE PREMIER.

CHOIX DU NÉGOCIATEUR.

« La bataille de Buzenval avait donné le signal de la fin de la défense militaire ; l'échec de l'émeute du 22 janvier, en laissant un peu de liberté au Gouvernement, rendait une négociation possible ; l'épuisement complet des vivres la rendait nécessaire. Il ne restait plus qu'à s'armer de tout son courage pour aller chercher à Versailles le dernier mot de cette longue, douloureuse et sanglante épreuve, que Paris supportait vaillamment depuis cent vingt-cinq jours bien comptés. »

En 1815, la fermeté, l'habileté du duc de Richelieu, eurent une influence décisive sur le traité de Paris. Bien que les circonstances fussent presque aussi terribles qu'en 1871, notre habile négociateur, grâce à son caractère, sa personnalité, obtint, sur les premières ouvertures faites à M. de Talleyrand, un adoucissement, une atténuation inespérée, inattendue. — Il est donc permis de dire qu'en janvier 1871, un mandataire, plus expérimenté ou plus sympathique, eût obtenu davantage que le négociateur de Ferrières...

Le général Trochu paraissait désigné.... « On a pu

Choix du négociateur.

« apprécier, dit M. Chaper, le prestige qu'exerce la pa-
« role du général.... Ses ennemis eux-mêmes l'ont tou-
« jours reconnu ; aucun de ceux qui s'y sont dérobés
« plus tard n'a pu nier qu'il ne l'eût éprouvé d'abord.
« — M. Jules Favre ne possédait pas au même degré
« ce don rare et précieux, précieux surtout pour qui
« vient défendre des vaincus sans avoir d'autre res-
« source que son éloquence. C'était une raison pour
« faire choix de M. le général Trochu.... »

Il y avait une autre raison, raison péremptoire, décisive, en faveur du choix du Gouverneur de Paris comme
négociateur : c'est qu'on n'allait pas à Versailles pour
conclure un traité, mais une *convention militaire*, et
que pour faire cette convention, il fallait des connaissances militaires.

Ce que l'on allait discuter, c'était un armistice :
« Quelles villes, quels départements, quelles zones, quels
cours d'eau, quelle ligne de montagnes allait-on conserver ou abandonner à l'ennemi ?... Que pouvait-on demander pour nos armées, nos garnisons, etc.?... »

Assurément M. Jules Favre n'était pas compétent :
il le dit lui-même : « Je m'étais trouvé placé, dès le
« principe, dans une position aussi dangereuse qu'anor-
« male; je ne suis pas militaire, et cependant je me
« trouvais forcé de débattre des questions que je ne
« connaissais pas, et j'étais exposé à commettre des
« fautes qui auraient pu compromettre l'armée.... »

Et puis, ne savait-on pas, quand ce ne serait que par
l'entrevue de Ferrières, que M. Jules Favre n'était pas
tenu, à l'état-major ennemi, aussi bien qu'à la chancellerie, en très-haute estime.... Son passé politique, la part
active prise dans nos révolutions successives, n'étaient
guère faits pour le relever aux yeux des représentants
d'une nation essentiellement autoritaire.

N'était-il pas le premier de ceux que M. de Bismark appelait un peu crûment « *les messieurs du pavé ?* »

« Le général Trochu se serait présenté, avec des titres incontestables à un autre accueil. Général en chef d'une armée vaincue, mais non sans gloire ; gouverneur d'une place de guerre qui succombait, mais à la famine, il venait d'accomplir un fait d'armes que tout le monde avait à l'avance considéré comme impossible ; la défense de Paris, prolongée pendant quatre mois et demi, donnait au général Trochu plus qu'à personne, le droit de parler avec autorité au nom de l'armée, au nom de la France.

« Et le vainqueur n'aurait pas perdu sans doute une occasion de s'honorer lui-même en le traitant avec égards. Le général avait reçu plus d'une fois des avis indirects, mais précis, l'assurant que son mérite, sa bravoure, étaient tenus en estime par les chefs de l'armée ennemie, et que d'honorables conditions lui seraient faites quand il voudrait les demander (1). »

Persuadé que le général Trochu avait pour traiter plus d'aptitude, plus de renom, plus d'autorité, que M. Jules Favre, le général Ducrot l'avait instamment supplié d'aller à Versailles à la place d'un homme « dont tous les antécédents étaient faits pour nous rendre le vainqueur plus hostile encore.... » Mais rien n'y fit (2).

---

(1) Voir au tome II l'entretien du docteur Sarazin et de M. de La Grangerie avec un officier allemand pendant l'armistice accordé pour l'enlèvement des morts de Champigny.

(2) On ne saurait arguer l'article 625 du règlement du service des places. A la vérité, il dit : Le commandant supérieur ne sort jamais de la place pour parlementer; il n'en charge que des officiers dont la fermeté, la présence d'esprit et le dévouement lui sont personnellement connus. — Mais ce même article dit également : Le Gouverneur décide SEUL de l'époque où la place doit capituler. Le Gouverneur n'ayant pas décidé *seul* le moment de capituler, le règlement, violé dans sa partie essentielle, pouvait être également violé dans une question non capi-

C'était, du reste, à qui se déroberait à l'amertume du dénoûment. Le général Trochu comptait sur le général Vinoy, le général Vinoy sur le Gouvernement, le Gouvernement sur la population, laquelle devait élire des mandataires qui se seraient présentés et auraient parlé au nom de la ville de Paris.

« Les maires représentèrent au Gouvernement que la
« responsabilité de la crise revenait à ceux qui avaient
« eu le pouvoir en main et qui avaient voulu l'exercer
« sans partage. Le Gouvernement, jusqu'à la dernière
« heure, ayant prétendu tout diriger, prendre sur lui
« toute responsabilité, il lui appartenait d'assumer seul
« les conséquences d'événements qu'il pouvait, à bon
« droit, s'imputer. — La prétention de rejeter sur d'au-
« tres, sur des maires ou des délégués, le poids des
» négociations, était inacceptable.... »

Jules Favre est désigné pour aller à Versailles.

Enfin, après plusieurs conférences avec les représentants de la municipalité, il fut décidé que M. Jules Favre irait à Versailles. — Depuis quelque temps déjà, M. le ministre des affaires étrangères s'attendait à remplir « ce « rôle d'*Eustache de Saint-Pierre* », dont il parlait dans le Conseil.

Quant à M. de Bismark, il espérait beaucoup se trouver de nouveau, sur le terrain diplomatique, avec son interlocuteur de Ferrières.... Il avait tout fait pour arriver à pareil résultat. A propos de la délivrance du sauf-conduit demandé par l'Angleterre pour permettre à M. Jules Favre de se rendre à la conférence de Londres, nous avons vu qu'il suspendit pendant douze jours la délivrance de ce sauf-conduit... Enfin, quand il s'était

---

tale, surtout quand l'intérêt de l'armée était en jeu. Enfin, quand M. Jules Favre partait pour Versailles, le général Trochu, depuis la veille, n'était plus que le président d'un *Gouvernement civil*.

décidé à l'envoyer, il avait écrit une lettre à notre ministre des affaires étrangères, dans laquelle il lui disait :
« Assurément, votre présence sera BIENTÔT plus utile à
« PARIS qu'à Londres. »

Certes, c'était un lourd fardeau pour M. Jules Favre que de se rendre à Versailles ; il devait lui en coûter d'accomplir cette œuvre douloureuse ; il devait lui sembler dur, lui qui avait fait la révolution du 4 septembre, parce que 80,000 hommes avaient été vaincus à Sedan par 230,000 hommes, d'aller remettre à une armée de 200,000 hommes la place de Paris et son armée de 400,000 hommes !

Nous verrons si sa fermeté, son habileté, ont été à la hauteur de la mission qu'il se laissait imposer.

M. Jules Favre ne voulant pas paraître devant M. de Bismark avec une insurrection derrière lui, comme M. Thiers le 31 octobre, attendit que l'émeute du 22 janvier fût complètement étouffée pour entrer en pourparlers avec Versailles ; mais une fois qu'il sut qu'un prochain soulèvement de la rue n'etait plus à craindre, il écrivit au grand chancelier pour lui demander une entrevue, sans attendre les dernières délibérations du Gouvernement, toujours occupé à discuter « ce qu'il pouvait ou ne pouvait pas faire. »

Aussitôt l'insurrection étouffée, M. Jules Favre demande une entrevue à M. de Bismark.

Le jour même, le Conseil se réunissait à 11 heures du matin pour décider de quelle manière M. Jules Favre devait entamer les négociations.

Lundi 23 janvier, midi 45.

Séance du Gouvernement au Ministère de l'Intérieur.

« M. le général Trochu indique les difficultés faites
« ce matin à l'officier qu'il a envoyé en parlementaire.
« M. Jules Favre, abordant les conditions de sa mis-

« sion près de l'ennemi, exprime quels poignants senti-
« ments il éprouve. Il ajoute que son secrétaire a reçu
« une lettre de l'un des rédacteurs..., qui émet l'avis
« déjà soutenu hier au soir par M. Garnier-Pagès.

« M. Jules Favre expose les conditions des négocia-
« tions préliminaires : élections, dépôt des armes, mais
« leur conservation ; la garnison se retirant avec ses
« armes.

« M. le général Trochu considère cette dernière con-
« dition comme des plus difficiles ; car en supposant, par
« impossible, que l'on autorise la sortie de la garnison
« avec ou sans armes, que deviendra-t-elle? Sera-t-elle
« autorisée à reprendre les armes contre la Prusse? Il
« sera impossible d'exiger le serment de tous les sol-
« dats, et, d'un autre côté, l'ennemi ne consentira pas
« à augmenter le nombre des prisonniers transportés en
« Allemagne.

« M. Pelletan pense que les Prussiens chargeront
« Paris de nourrir et de désarmer l'armée qu'ils laisse-
« ront dans la ville.

« M. Garnier-Pagès ne voudrait pas que M. Jules Favre
« considérât la démarche à entreprendre comme une
« dernière et suprême tentative. Il voudrait, au con-
« traire, que cette démarche eût simplement pour but
« de préparer les élections, et qu'elle ne prît point un
« caractère définitif. Il est convaincu que la Prusse de-
« mandera au Gouvernement de traiter pour la France :
« c'est alors que M. Jules Favre devra alléguer la ques-
« tion du manque de droit du Gouvernement, afin d'ar-
« river ainsi à des élections. Quant à la question de Pa-
« ris, elle viendra après, et l'on ne s'engagera pas ainsi
« immédiatement dans la voie de la capitulation.

« Il supplie M. Jules Favre de ne pas se laisser en-
« traîner par la question de cœur et de sentiment ; de ne

« point se laisser dominer par ses craintes, qui le pla-
« ceraient sur un déplorable terrain, en face d'un diplo-
« mate très-fin, très-froid, et résolu à épier toutes les
« impressions pour en profiter.

« M. Picard annonce que certains renseignements
« tendent à faire croire que M. de Bismark n'est pas à
« Versailles. Son avis est de laisser se produire les pré-
« tentions de l'ennemi, en leur opposant une grande fer-
« meté d'attitude ; l'essentiel, pour lui, c'est d'empêcher
« l'ennemi d'entrer dans Paris.

« M. Arago croit également qu'il faut connaître d'abord
« les intentions de la Prusse. M. Jules Favre n'a rien à
« stipuler ni à proposer.

« M. Picard engage à considérer les choses à un point
« de vue plus pratique.

« M. Simon déclare qu'il a entendu seulement qu'on
« tâterait l'ennemi, et non pas qu'on lui ferait des pro-
« positions qui engageraient la situation et le Gouver-
« nement.

« M. Picard considère comme impossible de fixer à
« M. Jules Favre des bases précises qui pourraient en-
« traver son action. Il croit les Prussiens très-embar-
« rassés, car ils sont en présence d'un nouveau Mexi-
« que, et il prie M. Jules Favre de s'en souvenir, en
« faisant preuve de fermeté. Quant à lui, il dirait à la
« Prusse que toute paix durable ne sera assurée que
« par une pacification légalement et sagement faite,
« après des élections et suivant une entente commune.

« M. Ferry répond qu'il n'entend pas qu'on parle de
« conditions de paix.

« M. Simon pense que Jules Favre ne doit se rendre
« à Versailles que pour écouter, après avoir préalable-
« ment entendu l'opinion de ses collègues. Il n'aura
« donc à prendre aucun engagement décisif. Comme

« MM. Garnier-Pagès et Picard, il ne voit d'autre issue
« et d'autre moyen de fonder la République, que la con-
« stitution d'une Assemblée, *attendu qu'il préfère même*
« *la monarchie à une dictature ou à une République*
« *autoritaire;* parce qu'au moins avec une monarchie
« on sait ce qu'on a, et les idées libérales et démocra-
« tiques restent entières.

« Il croit que les conditions imposées à Paris sont
« très-dures. Son avis est de ne pas discuter avec les
« sacrifices d'argent ; il préfère surtout une solution
« prompte. Il lui semble impossible, même dans de
« simples conversations, de consentir à aucune cession
« territoriale.

« C'est ce que seule peut faire une assemblée. *Enfin,*
« *il craint que l'ennemi ne réclame des objets d'art*
« *comme dépouilles opimes.* QUANT A L'ARMÉE ET A LA
« GARDE NATIONALE, *il conseille de se* MONTRER TRÈS-
« LARGE A CET ÉGARD, *car il y a là de dures nécessités*
« *de guerre à subir, dût-on faire prisonniers jusqu'aux*
« *officiers de la garde nationale* (1).

« M. le général Clément Thomas répond que leur
« nombre est de 28,000.

« M. Simon ajoute qu'il peut même se faire que l'on
« exige le renvoi des restes de l'armée dans ses foyers.
« Dans ce cas, il ne suffirait pas de répondre que les
« pouvoirs font défaut au Gouvernement ; il faudrait en-
« core démontrer que les moyens d'exécution lui man-
« queraient. Il croit enfin qu'il faut faire sonner bien
« haut la volonté de se battre qui anime le peuple de

---

(1) On voit qu'avant tout M. Jules Simon est *un délicat d'esprit.* Il semble faire bon marché de l'armée, de la marine, *même des* officiers de la garde nationale; mais la livraison de quelques tableaux, de quelques statuettes, lui arrache le cœur !

« Paris, dût-il renverser pour cela le Gouvernement
« existant.

« M. Jules Favre résume à son tour ses propres
« idées ; lui aussi veut les élections, mais espérer les
« obtenir sans consentir la capitulation de Paris lui
« semble une chimère. Il ne pourra statuer immédiate-
« ment et seul, mais il pourra être convenu que les
« conditions seront débattues par une commission spé-
« ciale.

« M. Picard ne voudrait même pas que rien fût décidé
« pour Paris.

« M. Jules Favre déclare qu'exiger cela lui paraîtrait
« tellement en dehors de la situation de Paris vis-à-vis
« de l'ennemi qu'il ne consentirait pas à se charger de
« le faire en face d'un ennemi qui ne le prendrait pas
« au sérieux.

« M. Arago déplore de nouveau, en présence de ces
« paroles, qu'on se laisse entraîner par un zèle de cœur,
« à faire une démarche à l'égard de laquelle l'histoire
« se montrera très-sévère.

« L'ouverture qui semble ressortir du dernier para-
« graphe de la lettre de M. de Bismark lui paraît un
« piége ; il ne comprend pas qu'on y cède autrement
« qu'en évitant soigneusement de faire connaître à M. de
« Bismark ce qu'on serait disposé à consentir.

« M. Garnier-Pagès déclare que c'est aussi là son
« avis.

« M. Arago insiste pour que cette démarche, qu'il
« persiste à considérer comme fatale, ne donne pas lieu
« au moins à des paroles qui engagent le Gouvernement.

« M. Ferry n'accepte pas cette appréciation qui sem-
« ble méconnaître la solidarité de tous les membres du
« Gouvernement en fait de responsabilité.

« M. Arago proteste de son côté contre cette appré-

« ciation ; puisqu'il endosse la responsabilité d'une dé-
« marche qu'il désapprouve, c'est bien le moins qu'il ait
« le droit d'exprimer librement son opinion.

« M. le général Trochu fait observer qu'en supposant
« que MM. Arago et Magnin aient raison, le Gouver-
« nement se trouve entre une faute politique ou un
« crime à commettre; car après-demain on manquera
« de farine, et si l'on refuse la capitulation, la population
« mourra de faim.

« Si l'on veut persévérer sans entamer de pourparlers,
« il faut dire la vérité à la population et la consulter. Il
« faut, enfin, prendre une résolution, et, dès à présent,
« faire connaître les embarras résultant des subsistances.

« M. Dorian croit qu'il faut attendre que la démarche
« soit faite avant de faire ces révélations.

« M. Magnin répète qu'il promet de nourrir la popula-
« tion jusqu'au 27 ; il ne faut donc pas s'exagérer le
« danger. Quant à la démarche, la solidarité invoquée
« par le général Trochu l'a touché, et, quoi qu'il arrive,
« il ne se séparera pas de ses collègues. Cependant il
« ne voudrait pas que M. Jules Favre s'aventurât dans
« des déclarations qui engageraient le Gouvernement et
« la France. Il demande donc que son mandat soit étroi-
« tement délimité.

« M. le général Trochu constate qu'il est d'un intérêt
« contestable de discuter des conditions encore incon-
« nues ; il croit donc utile de résumer la discussion au
« point de vue de la portée précise de la mission de
« M. Jules Favre :

« 1° Constater la situation des subsistances, après la
« démarche, devant la population ;

« 2° M. Jules Favre ne se présentera pas *en vain-*
« *queur*, mais pas non plus en vaincu accablé. C'est un
« homme libre qui vient fermement défendre son pays ;

« 3° Comme M. Jules Favre se trouve en face de
« l'homme d'État le plus dangereusement habile, le plus
« violent et le plus faux, il observera les plus grandes
« précautions de langage et d'attitude ;

« 4° Il déclarera que le Gouvernement ne croit pas
« devoir continuer des efforts sanglants auxquels la po-
« pulation est encore cependant résolue, à ce point qu'un
« instant de doute sur les intentions du Gouvernement
« a suffi pour motiver une émeute. Ajouter que pour
« éviter une plus longue effusion de sang, M. Jules
« Favre est venu demander quelles sont les intentions à
« l'égard de Paris, sans que pour cela il ait la pensée de
« traiter de la paix ni du reste de la France ;

« 5° Aborder la possibilité du ravitaillement de Paris
« et de ses conditions ; armistice pour Paris seulement,
« afin de ne pas entraver le mouvement de Bourbaki.

« M. Jules Favre fait observer qu'on demandera que
« cet armistice soit général.

« M. le général Trochu persiste à croire qu'un seul
« armistice peut être consenti et ne s'étendre qu'aux
« lignes d'approvisionnement sur Paris.

« M. Dorian observe que Bourbaki doit être lui-même
« un obstacle au ravitaillement de l'ennemi, et que celui-ci
« pourra peut-être exiger que cet obstacle soit aussi levé
« pour lui.

« M. le général Trochu reconnaît que c'est là une
« difficulté, mais il n'en persiste pas moins à croire que
« M. Jules Favre ne doit parler d'armistice que pour
« Paris, soit à la rigueur si on l'exige absolument, à
« consentir à ce que cet armistice s'étende au reste de
« la France.

« M. Jules Favre craint que le seul fait de l'armistice
« de Paris suffise pour ébranler l'action de Bourbaki ; il

« ne pourrait, d'ailleurs, s'engager, à cet égard, sans
« consulter la Délégation de Bordeaux.

« M. Picard croit que le Gouvernement aurait le droit
« d'imposer sa volonté à la Délégation, qui n'est qu'une
« minorité dans le Gouvernement.

« M. le général Trochu reconnaît que la reddition de
« Paris accablera les armées de province sous le coup
« moral et sous le nombre; aussi se range-t-il à l'idée de
« *rendre l'armistice général.* »

(Séance levée à 2 heures et demie du soir.)

<small>Aussitôt que M. Jules Favre reçoit la réponse de M. de Bismark, il se rend à Versailles.</small>

Le 24 janvier, à 5 heures, M. Jules Favre recevait la réponse de M. de Bismark rapportée des avant-postes de Sèvres par M. le capitaine d'Irrisson. Le prince chancelier attendait notre négociateur le lendemain matin ou le soir même. M. le ministre des affaires étrangères voulut partir aussitôt. « Averti par des informations
« multipliées que le bruit de mon départ avait transpiré,
« raconte M. Jules Favre, et que des gardes nationaux
« voulaient s'y opposer de vive force, M. d'Irrisson ne
« voulut point suivre la route ordinaire. Nous passâmes
« par le bois de Boulogne. A six heures, nous étions
« au pont de Sèvres, et, après une assez longue attente
« sous un hangar déchiré par les boulets, nous montions
« dans une petite barque s'avançant péniblement au
« milieu des glaçons que charriait encore la rivière sur
« laquelle les flammes de l'incendie de Saint-Cloud
« jetaient leur sinistre lueur.

« Arrivés sur la rive gauche, les officiers allemands
« vinrent au-devant de moi. Ils semblaient croire que
« je me rendais à Londres, je ne les désabusai point...
« Ils m'aidèrent à franchir deux fortes barricades qui
« défendaient la ville de Sèvres, l'une à l'entrée de la
« grande rue, l'autre à la hauteur de l'ancienne manu-

« facture de Sèvres. Une voiture m'attendait au delà ;
« je me mis immédiatement en route. Je fus conduit
« directement à l'hôtel de Mme de Gessé, que M. de Bis-
« mark occupait à Versailles, rue de Provence ; il était
« huit heures du soir lorsque nous arrivions... »

CHAPITRE II.

COUP D'ŒIL RÉTROSPECTIF SUR NOTRE SITUATION DIPLOMATIQUE AU MOMENT OU M. JULES FAVRE ENTRE EN CONFÉRENCE AVEC M. DE BISMARK.

C'était l'entretien commencé à Ferrières, le 18 septembre 1870, que M. Jules Favre venait renouer à Versailles, le 24 janvier 1871.

Depuis cette époque, de graves événements s'étaient passés...

Nous l'avons déjà dit, dans le courant du récit, si la France eût déposé ses armes après Sedan, si elle eût fait comme l'Autriche après Sadowa, comme la Prusse après Iéna et Auerstadt, elle eût manqué à ses vieilles traditions militaires, à son glorieux passé...

En 1813, en 1814, alors que les débris de nos armées vaincues se retiraient sur la patrie épuisée, alors que l'Alsace, la Lorraine, la Franche-Comté, les Flandres, la Navarre, le Béarn étaient envahis, avons-nous mis bas les armes ? « Je veux bien traiter, disait Napoléon Ier,
« mais sur la frontière et non au sein de nos provinces
« désolées par un essaim de barbares. »

Et sans l'incapacité des uns, la mollesse des autres, les combats de Saint-Dizier, Brienne, Champaubert, Montmirail, Château-Thierry, Vauchamps, Nangis, Montereau, Soissons, Craonne, Laon, Reims, auraient rendu à la France délivrée toute sa grandeur et sa puissance.

La France de 1870 qui, sans avoir à son actif Marengo, Austerlitz, Iéna, Wagram, Friedland, la Moscowa, avait : Isly, Alma, Inkermann, Tchernaïa, Sébastopol, Magenta, Solférino, Palikao, Puebla ; la France qui avait réduit la Russie, bousculé l'Autriche, dont les Aigles avaient plané triomphantes sur la grande muraille de la Chine et au sommet des Cordillières, devait-elle se soumettre après un mois de lutte !

La France devait-elle se courber devant l'envahisseur auquel elle avait porté de si rudes coups à Wissembourg, Reischoffen, Spikeren, Borny, Rezonville, Gravelotte, Sedan, où ses soldats avaient toujours lutté contre des forces doubles ou triples ? Non ! En faisant, après Sedan, une paix hâtive, la France manquait à Elle-même ; elle ne le devait pas, elle ne le pouvait pas !

Funestes résultats du 4 septembre au point de vue diplomatique

Mais il est bien évident que l'acte criminel du 4 septembre, sans changer nos obligations morales, modifiait profondément la situation de notre malheureuse Patrie, surtout au point de vue diplomatique...

Avant le 4 septembre l'Europe était disposée à intervenir pour faire respecter notre territoire.... C'est M. Jules Favre qui nous l'apprend lorsque pour justifier sa circulaire du 6 septembre, « *pas un pouce de notre* « *territoire, pas une pierre de nos forteresses* », il dit : « En l'écrivant, je répondais au sentiment unanime de la Nation, je vais plus loin, à celui de l'*Europe entière*. Les représentants de toutes les puissances m'avaient donné l'assurance que leurs Gouvernements n'adhéreraient jamais à un traité qui mutilerait la France... »

La circulaire est du 6, c'est donc le 5 que M. Jules Favre recevait cette assurance, soit 12 heures après le 4 septembre, c'est-à-dire à un moment où les représentants des puissances ne pouvaient qu'exposer les idées, les dispositions de leurs Gouvernements antérieurement au 4 septembre; ils ne connaissaient évidemment pas encore alors l'influence que cette Révolution allait avoir sur leur souverain.... Or, il est avéré que les dispositions de la Russie, de laquelle dépendait la décision de toutes les autres puissances, fut profondément modifiée par l'émeute du 4 septembre...

Avant le 4 septembre, le Tzar avait dit au général Fleury, notre ambassadeur à Saint-Pétersbourg : « Le moment venu je parlerai haut pour l'intégrité du territoire... »

... Après le 4 septembre, l'Impératrice intercède généreusement pour la France Républicaine auprès du Tzar, en lui rappelant sa promesse... « Le Tzar répond, dit « M. Walfrey, en exprimant le regret que les CIRCONS- « TANCES EUSSENT MODIFIÉ L'ÉTAT DE CHOSES auquel l'Im- « pératrice faisait allusion... »

Et plus nous nous enfonçons dans la République, plus nos chances diplomatiques diminuent....

Encouragé par lord Lyons, M. Jules Favre veut, avant de laisser engager la lutte sous les murs de Paris, faire une tentative suprême. « Il devait être précédé au camp prussien par une sorte de lettre d'introduction de l'Angleterre, exprimant modestement le vœu de voir bientôt cesser l'effusion du sang et le calme se rétablir en Europe au moyen d'une paix également honorable pour les deux partis. » *Vaines tentatives de M. Jules Favre à Ferrières.*

Croyant naïvement que le roi Guillaume de Prusse faisait exclusivement la guerre à l'empereur Napoléon III et non à la France, convaincu que la chute de l'Empire avait suffisamment désintéressé l'Allemagne, et que les armées du vieil Empire Germanique étaient venues en France pour y faire proclamer LA RÉPUBLIQUE, M. Jules Favre espère désarmer son hautain et rusé vainqueur

en le remerciant d'avoir délivré la France du JOUG TYRANNIQUE qui l'oppressait depuis dix-huit ans. « J'épuisai,
« dit-il dans son récit de l'entrevue de Ferrières, toutes
« les raisons qui pouvaient me donner de l'espoir : justement fière des succès qui dépassaient toutes ses prévisions, la Prusse hésiterait à les compromettre dans
« une lutte nouvelle. Cette courte campagne suffisait à
« sa gloire et lui permettait de replacer au fourreau
« *l'épée devant* LAQUELLE *l'Europe s'inclinerait* désormais... Elle trouvait ainsi le moyen de rendre à l'agriculture, au commerce, à la vie sociale les nombreux
« citoyens dont le devoir avait fait des soldats; elle ajoutait au prestige de la victoire celui de la sagesse et de
« la modération. Elle attirait à elle toutes les sympathies, *même celles de la France*, REDEVENUE MAITRESSE
« D'ELLE-MÊME. Alors s'ouvrirait pour le monde une
« ère jusque-là inconnue, la science et la liberté unissant étroitement les peuples, et notre chère patrie
« instruite par le malheur, réformant ses institutions,
« donnant libre carrière à son génie, pouvait encore
« prétendre à de glorieuses et prospères destinées...
« — Quelle occasion plus belle, disait M. Jules à M. de
« Bismark, de vous attacher notre nation, en la traitant
« aujourd'hui non comme une vaincue, mais comme
« une alliée naturelle entraînée un instant dans une voie
« *fausse* qu'elle abandonne... Que voulez-vous de plus?
« vous avez établi votre prépondérance au détriment de
« la nôtre; vous avez conquis, aux yeux du monde, une
« gloire militaire qui peut satisfaire le plus ambitieux. »
Etc., etc.

M. de Bismark qui, *au dire* de M. Jules Favre, « considérait son interlocuteur comme un négociateur *fort indigne de lui, tout en ayant la politesse de ne pas le laisser voir,* » répondit :

« Ne me parlez pas de tout cela... Ce sont des va-
« leurs qui ne sont pas *cotées* chez nous... Strasbourg
« est une menace perpétuelle contre nous... C'est la
« clef de *notre maison et nous la voulons*... »

« *Livrer Strasbourg*, dit M. Jules Favre, était une
humiliation que Paris n'aurait jamais consenti à subir...
Si nous l'avions proposé, le lendemain nous eussions
tous été renversés (1)... »

A Bordeaux, M. Jules Favre a été beaucoup plus net,
plus explicite : il a avoué que quelque temps après Sedan, il eût été POSSIBLE DE FAIRE LA PAIX MOYENNANT UNE
TRÈS-MINIME CESSION DE TERRITOIRE.

Voici cette déclaration :

« Et je ne vous cacherai pas, Messieurs, qu'à Fer-
« rières, il m'eût été possible d'engager des négocia-
« tions à *des conditions* moins cruelles que nous pou-
« vions craindre.

« A Ferrières, en effet, M. DE BISMARK M'AVAIT PARLÉ
« D'UNE PAIX POSSIBLE AU PRIX DE LA CESSION DE STRAS-
« BOURG ET DE SA BANLIEUE, et je ne sais si ma CONSCIENCE
« ne me reprochera pas de n'avoir pas saisi l'occasion
« qui m'était offerte... » (2)

Ainsi, de l'aveu même de M. Jules Favre, au début
du Gouvernement du 4 septembre on pouvait traiter en
cédant à la Prusse Strasbourg et sa banlieue seulement.

On peut donc dire que sans le 4 septembre, qui a
complétement modifié les sentiments des puissances
étrangères à notre égard, les conditions de paix eussent
très-probablement encore été meilleures.

---

(1) L'intérêt dynastique semble ici dominer quelque peu l'intérêt patriotique.

(2) M. Jules Favre a prononcé ces paroles devant le 8e Bureau de
l'Assemblée Nationale.

Propositions possibles au 31 octobre et après Champigny.

Après l'entrevue de Ferrières, ce n'est plus seulement Strasbourg et sa banlieue, mais l'Alsace tout entière et deux milliards que l'Allemagne nous demande.

« Aujourd'hui la paix vous coûtera, dit M. Thiers, au 31 octobre, l'Alsace et 2 milliards; plus tard, indépendamment des maux et des souffrances de la guerre, la paix vous coûtera l'Alsace, la Lorraine et 5 milliards... »

Au 31 octobre, nous avions la révolution à l'intérieur de Paris, nous avions éprouvé un échec au Bourget, Metz et son armée venaient de succomber, l'armée de Paris ne s'était pas encore fait complétement connaître dans une grande action militaire, nous étions donc dans une situation diplomatique très-désavantageuse... mais après Champigny, cette situation s'était sensiblement améliorée...

Les journées des 30 novembre et 2 décembre avaient relevé l'honneur de nos armes, et si nous n'avions pas remporté une victoire décisive, au moins avions-nous appris à l'ennemi qu'il y avait à Paris une véritable armée, avec laquelle il fallait désormais sérieusement compter... Si à cette époque l'on eût écouté les avances de l'ennemi, nous aurions eu très-probablement des conditions plus avantageuses qu'au 31 octobre. — Comme nous l'avons expliqué dans le courant du récit, nous nous fondions, pour croire à une ouverture de la part de l'ennemi, non-seulement sur la lettre du général de Moltke au général Trochu, lettre conçue d'une façon assez énigmatique pour avoir l'air de laisser comprendre ce qu'on ne voulait pas dire, mais encore sur l'entretien de notre médecin en chef, le docteur Sarazin, de M. de La Grangerie, chef des ambulances de la presse, avec les officiers allemands lors de l'armistice convenu pour l'enterrement des morts.

« Pourquoi, disaient les officiers allemands, le général

« Trochu, que nous estimons tous, ne s'adresse-t-il pas
« au roi, il obtiendrait sûrement des conditions très-
« honorables... »

Mais le Gouvernement de la Défense nationale ne voulut rien entendre; il déclara, dans la séance du 6 décembre, « *qu'accepter la proposition du général* « *ennemi serait accepter un armistice, faire le premier* « *acte d'une capitulation, subir une humiliation sur la-* « *quelle il serait honteux de finir.* »

C'est en vain que le général Ducrot leur dit : « Vous avez l'air de m'accuser de faiblesse, parce que je vous propose d'entrer en pourparlers avec l'ennemi; d'examiner ses conditions; c'est vous qui êtes faibles, parce que vous avez cédé sans raison au courant de l'opinion publique, trompée et affolée... Vous nous conduirez fatalement à une capitulation sans conditions. *Vous nous* MENEZ LA CORDE AU COU *aux Prussiens*. Moi, au contraire, je défends les véritables intérêts de Paris et du pays tout entier. Aujourd'hui, nous pourrions traiter honorablement avec l'ennemi, car nous avons relevé l'honneur des armes; Paris a rempli noblement son devoir de capitale. Nous avons encore des munitions, des vivres, des éléments de résistance, des armées à l'extérieur; mais arrivera fatalement un moment où nous n'aurons plus de vivres, plus d'armée, plus de ressources d'aucune espèce, et alors nous serons obligés de nous rendre à merci, et nous perdrons tout le bénéfice d'une lutte qui n'est pas sans gloire.... »

Le moment où nous allions nous rendre à merci, la corde au cou, était arrivé.

Le général Ducrot prédit au Gouvernement que puisqu'on n'a pas voulu traiter après Champigny, on sera bientôt forcé de se présenter à l'ennemi la corde au cou.

CHAPITRE III.

NÉGOCIATIONS. — TRAITÉ POUR UN ARMISTICE DE
VINGT ET UN JOURS.

Première journée.

(Lundi soir, 23 janvier.)

<small>M. Jules Favre est introduit auprès de M. de Bismark.
—
1re journée.</small>

C'est dans ces conditions que M. Jules Favre se présentait à M. de Bismark, le 23 janvier, à 8 heures du soir.

« J'ai été tout de suite introduit dans un petit salon,
« au premier étage de l'hôtel, dit M. Jules Favre. Le
« comte est venu m'y trouver au bout de quelques mi-
« nutes, et l'entretien a de suite commencé.

« J'ai dit que je venais le reprendre où je l'avais
« laissé à Ferrières ; que si, en fait, la situation avait
« changé, en droit elle restait la même, et nous impo-
« sait à l'un et à l'autre de faire tout ce qui était en
« notre pouvoir pour arrêter la guerre ; que je venais
« l'éclairer sur la véritable situation de Paris, n'ayant
« de mandat que pour Paris, et ne pouvant en rien
« engager la France ; qu'après plus de quatre mois de
« siége, de souffrances et de privations, Paris, loin
« d'être abattu, était plus que jamais exalté et décidé à
« une résistance à outrance.

« Je lui en donnai pour preuve la retraite du général
« Trochu, forcé par l'opinion d'abandonner son comman-
« dement, parce qu'il avait pensé qu'il était maintenant
« difficile de livrer des actions offensives ; que cette opi-
« nion était si violente, si unanime, que, pour avoir été

« soupçonné de ne la point partager, le Gouvernement
« avait été exposé à une sédition facilement réprimée,
« mais dont il fallait tenir grand compte comme symp-
« tôme moral; que, dans une telle situation, il était à
« craindre qu'une population, exaspérée par le bombar-
« dement et par le sentiment patriotique, ne continuât
« longtemps encore une lutte dans laquelle, des deux
« parts, étaient sacrifiées de précieuses existences ; que
« je venais savoir de lui quelles seraient ses conditions
« dans le cas où Paris mettrait bas les armes, car la
« connaissance de ces conditions, si elles étaient accep-
« tables, pourrait amener une solution moins san-
« glante.... »

M. de Bismark, après avoir écouté froidement tout au long M. Jules Favre, lui dit brusquement :

« Vous arrivez trop tard, nous avons traité avec votre
« Empereur; comme vous ne pouvez ni ne voulez vous
« engager pour la France, vous comprendrez sans peine
« que nous cherchions le moyen le plus efficace de ter-
« miner la guerre.... »

Le coup était porté ; de toutes les catastrophes, la plus redoutée, pour le principal auteur du 4 septembre, était le retour de l'Empire; l'homme qui s'était emparé du pouvoir de par les défaites de la Patrie, pouvait bien croire que d'autres étaient prêts à ressaisir l'autorité suprême en s'étayant sur les victoires de l'ennemi.

Sans s'arrêter au trouble de son interlocuteur, M. de Bismark poursuivit :

« Vous avez amené par votre fait cet état de choses
« facile à prévoir, et qu'il eût été aussi sage que simple
« d'éviter. Votre erreur a été de croire qu'après la capi-
« tulation de Sedan, il vous était possible de refaire des
« armées ; les vôtres étaient complétement détruites, et
« quel que soit le patriotisme d'une nation, elle ne peut

« improviser des armées. Au commencement de la cam-
« pagne, nous avons trouvé le troupier français avec
« toute sa valeur.

« Aujourd'hui, ceux que vous nous opposez ne man-
« quent ni de courage ni d'abnégation, mais ce sont des
« paysans et non pas des soldats ; ils ne peuvent tenir
« contre nos troupes dès longtemps aguerries et façon-
« nées au métier des armes.... S'il suffisait de donner
« un fusil à un citoyen pour en faire un soldat, ce serait
« une grande duperie que de dépenser le plus clair
« de la richesse publique à former et à *entretenir des*
« *armées permanentes*. Or, c'est encore là qu'est la
« vraie supériorité, et c'est pour l'avoir méconnue que
« vous en êtes à la situation actuelle.... Vous vous êtes
« honorés grandement par une résistance qu'à l'avance
« je savais parfaitement inutile, et qui n'a été qu'un acte
« d'amour-propre national. Maintenant, nous sommes
« bien décidés à finir la guerre, et nous voulons pour
« cela chercher le moyen le plus direct et le plus sûr.
« Ne trouvant pas en vous *un gouvernement régulier*,
« nous le cherchons ailleurs, et nous sommes en négo-
« ciations *assez avancées* avec celui qui, à nos yeux,
« représente la tradition et l'autorité. Nous n'avons, à
« cet égard, aucun parti pris, et nous sommes en face de
« trois combinaisons : l'Empereur, le Prince Impérial avec
« une Régence, ou le prince Napoléon, qui se présente
« aussi. Nous avons également la pensée de ramener
« le Corps législatif, qui représente le gouvernement
« parlementaire. Après sa dispersion, une commission
« a été formée, à la tête de laquelle se trouve M. X...,
« qui, je crois, est un honnête homme et un personnage
« considérable. Nous pourrions nous entendre avec
« lui : le Corps législatif traiterait directement la ques-
« tion ; on ferait nommer une Assemblée qui la traite-

« rait elle-même. Elle nommerait ainsi son Gouverne-
« ment, et nous aurions un pouvoir avec lequel nous
« pourrions conclure, etc., etc... »

Évidemment, il n'y avait aucune négociation d'entamée au point de vue des trois combinaisons dont parle
M. de Bismark ; mais ayant là une arme redoutable
entre les mains, il en frappait tout d'abord son adversaire, lequel, étourdi, assommé par ce coup de mas-
sue, perdait la raison, et n'avait plus seulement la pensée de se défendre... Chaque fois que M. de Bismark
voulait agir vigoureusement sur son interlocuteur, il re-
nouvelait cette scène.... A Ferrières, lorsque le grand
chancelier avait parlé d'un retour possible de l'Empire,
M. Jules Favre, effaré, s'était écrié : « Mais nous ne
« voulons pas de l'Empire ; nous ne le laisserons pas
« s'installer. » — « Oh! l'armée saura bien vous y con-
« traindre. »

Devant ce spectre de l'Empire, de nouveau évoqué à
Versailles, M. Jules Favre ne peut contenir son trouble,
son effroi. « J'ai exprimé à M. de Bismark, dit-il dans
« son livre, toute ma surprise qu'il pût songer encore à
« renouer avec la famille Impériale. L'impopularité qui
« la repousse est telle, que je considère l'hypothèse de
« son retour comme une chimère. Ce retour amènerait
« infailliblement des déchirements intérieurs et le prompt
« renversement de la dynastie. »

« — Ceci vous regarderait, m'a répondu le comte ;
« un gouvernement qui provoquerait chez vous la guerre
« civile nous *serait plus avantageux que préjudiciable.* »

« — Je l'ai arrêté en lui faisant observer que, même
« en écartant tout sentiment d'humanité, une telle doc-
« trine était inadmissible ; que la solidarité unissait les
« nations européennes ; qu'elles avaient toutes intérêt à
« ce que l'ordre, le travail et la richesse fussent main-

« tenus parmi elles, et qu'on ne saurait accepter un
« système ayant pour conséquence d'entretenir un foyer
« d'agitation au centre de l'Europe. Au surplus, ai-je
« dit, puisque nous parlons de la possibilité de consti-
« tuer un gouvernement, je ne saurais comprendre pour-
« quoi vous n'appliqueriez pas les principes qui nous
« régissent, en laissant à la France le soin de prononcer
« sur elle-même par une Assemblée librement élue. C'est
« là précisément la solution que j'ai toujours poursui-
« vie, que je regrette amèrement de n'avoir pu faire
« prévaloir. Je viens aujourd'hui encore vous demander
« les moyens de l'appliquer. »

« — Je n'y répugnerais pas autrement, a répliqué le
« comte, mais je la crois maintenant tout à fait impos-
« sible. Gambetta a partout fait régner la terreur. A
« vrai dire, il n'est maître que du Midi ; dans le Nord,
« les populations sont plus près de vous que de lui. Mais
« là où il commande, il n'est obéi que par la violence.
« Chaque commune est sous le joug d'un comité imposé
« par lui. Dans de telles conditions, les élections ne
« seraient pas sérieuses. D'ailleurs, plusieurs de vos
« départements sont devenus des solitudes. Un grand
« nombre de villages ont entièrement disparu ; dans cet
« état de ruine et de décomposition, il serait impossible
« de consulter des citoyens par les voies ordinaires. Ne
« pouvant faire une Assemblée, nous devons, si nous
« en voulons une, la prendre toute faite. »

« — Je me suis récrié, en lui disant qu'il traçait un
« tableau de fantaisie ; que malheureusement je recon-
« naissais toute l'étendue des dévastations de la guerre,
« mais que je n'admettais à aucun point de vue le régime
« de terreur établi par Gambetta. Il a, au contraire,
« partout maintenu l'exécution des lois. Il a certaine-
« ment excité le sentiment patriotique ; mais en cela il

« n'a fait que son devoir, et ce devoir serait celui de
« l'Assemblée chargée de vider toutes ces questions.

« Pressé par M. de Bismark sur la combinaison de
« la réunion du Corps législatif, j'ai dit que je ne
« pouvais ni de près, ni de loin, m'y associer. Je la trou-
« vais moins mauvaise que le retour d'un Bonaparte au
« milieu de bataillons allemands, mais je croyais que
« les membres de l'ancien Corps législatif, par toutes
« sortes de raisons évidentes, seraient absolument dé-
« pourvus d'autorité, à ce point que je doutais qu'ils
« osassent siéger; que le Gouvernement actuel, dispa-
« raissant forcément, laisserait à la Prusse toute la res-
« ponsabilité de pareils expédients; que je ne pouvais
« donc m'attacher à une idée autre que celle de la réunion
« d'une Assemblée élue dans les conditions ordinaires.

M. Jules Favre repousse l'idée de M. de Bismark et demande la réunion d'une nouvelle Assemblée librement élue.

« Ce point posé, je revenais à la situation de Paris, et
« je désirais connaître, si on voulait me le dire, les
« conditions qui lui seraient faites, s'il avait le malheur
« de se rendre.

« — Il m'est difficile de les préciser toutes, m'a dit le
« comte, parce qu'ici la question militaire domine la
« question politique. »

« — Je lui ai demandé de s'expliquer, s'il le voulait,
« sur le sort de la garnison, de la garde nationale, et sur
« l'entrée de l'armée prussienne à Paris. »

M. Jules Favre demande des explications sur le sort de la garnison, de la garde nationale, etc.

« — Ce sont précisément des points sur lesquels nous
« ne sommes point encore fixés, le Roi, M. de Moltke et
« moi, m'a-t-il répondu. La garnison de Paris doit être
« prisonnière d'après les lois de la guerre, mais la trans-
« porter en Allemagne serait dans l'état des choses un
« gros embarras. Nous consentirions à ce qu'elle restât
« prisonnière à Paris. *Quant à la garde nationale, elle*
« *doit être désarmée et ce ne sera qu'après son désar-*
« *mement complet* que nous accorderons à Paris la

M. de Bismark veut désarmer la garde nationale

« faculté de se ravitailler. Quant à l'entrée des troupes
« allemandes dans Paris, je reconnais qu'elle n'est pas
« sans inconvénient, et si j'étais seul à décider, je me
« contenterais de la possession des forts. Pour ces forts,
« nous prendrons des otages : les maires, les rédacteurs
« de journaux, les membres du Gouvernement; ils nous
« précéderont dans les forts, pour être sûrs qu'ils ne
« soient pas minés. »

M. de Bismark demande les otages pour précéder ces troupes dans les forts qu'il croit minés.

« — J'ai interrompu le comte en lui disant que nous
« ne méritions pas une telle humiliation, et que si nous
« lui donnions notre parole, il pouvait entrer partout
« sans crainte. « Au surplus, ai-je ajouté, je suis prêt, de
« ma personne, à vous précéder partout. Je m'offre, et
« je suis sûr que mes collègues penseront comme moi,
« pour otage de toutes les résolutions qui seront arrê-
« tées en commun. »

« — Le comte a repris : — « Je vous concèderais la
« non-entrée dans Paris, mais le Roi et le parti militaire
« y tiennent. C'est la récompense de notre armée. Quand,
« rentré chez moi, je rencontrerai un pauvre diable
« marchant sur une seule jambe, il me dira : La jambe
« que j'ai laissée sous les murs de Paris, me donnait le
« droit de compléter ma conquête; c'est ce diplomate, qui
« a ses membres, qui m'en a empêché. Nous ne pouvons
« nous exposer à froisser à ce point le sentiment public.
« Nous entrerons à Paris, mais nous ne dépasserons
« pas les Champs-Élysées, et nous y attendrons les évé
« nements; nous laisserons armés les soixante bataillons
« de la garde nationale qui ont été primitivement cons-
« titués et qui sont animés de sentiments d'ordre. »

M. Jules Favre discute les demandes formulées par M. de Bismark.

« J'ai combattu chacune de ces idées, et notamment
« celle qui concerne l'occupation de Paris; j'ai dit au
« comte que c'était une question qui n'admettait aucun
« tempérament. Paris devait être ou non occupé, ou

« occupé entièrement. La Prusse ne trouverait pas un
« pouvoir civil qui consentît à gouverner avec les canons
« et les corps ennemis aux Champs-Élysées. Si j'insis-
« tais pour que l'armée n'entrât pas à Paris, c'était par
« deux raisons. D'abord je voulais éviter à Paris la dou-
« leur de voir l'armée allemande dans ses murs, et je
« croyais que la concession qui l'en éloignerait aurait
« dans l'avenir les conséquences les plus heureuses ;
« puis j'étais épouvanté du contact des soldats allemands
« et de la population parisienne. Celle-ci était dans une
« telle irritation que ce contact pouvait donner lieu aux
« incidents les plus terribles, dont, pour ma part, je ne
« prendrais jamais la responsabilité. Je ne voyais donc
« aucune alternative entre l'un ou l'autre de ces partis :
« occuper Paris en entier et le gouverner, l'administrer
« comme une ville conquise, ou n'y pas entrer. Dans le
« premier cas, le Gouvernement s'effaçait complétement,
« le vainqueur opérait le désarmement, prenait posses-
« sion de la cité et se chargeait de sa police, ainsi que
« des grands services publics. Dans le second cas, les
« forts seuls étaient occupés, un Gouvernement nommé
« par Paris se chargeait de le gouverner, on lui donnait
« toutes les facilités pour le ravitaillement, et la garde
« nationale conservait ses armes. Quant à la ville, elle
« payait une contribution de guerre, un armistice était
« conclu, des élections appelaient une Assemblée qui se
« réunirait à Bordeaux et qui trancherait la question de
« la paix ou de la guerre, ainsi que celle du Gouverne-
« ment. En dehors de ces conditions, je ne voyais aucune
« conclusion possible. Paris continuerait à se battre, et
« s'il n'était ni secouru, ni assez fort pour repousser
« l'ennemi, il se rendrait à discrétion : la Prusse s'en
« arrangerait comme bon lui semblerait.

« Le comte m'a prié de lui mettre ces idées par écrit. M. Jules Favre

<small>fait un résumé de son entrevue qu'il remet au grand chancelier</small>

« Je lui ai répondu que cela me paraissait tout à fait
« inutile.

« — C'est pour moi, a-t-il répliqué, pour me per-
« mettre d'en causer avec le Roi, et me fournir des
« arguments. »

« — Je vous donne ce que vous me demandez, lui
« ai-je répondu. Je le livre à votre honneur personnel,
« non que j'aie aucune répugnance à écrire ce que je
« dis, — je voudrais que Paris tout entier assistât à
« notre entretien, il serait juge des sentiments que j'y
« apporte; — mais comme nous sommes en conversa-
« tion, et non encore en négociation, je ne puis, en ma
« qualité officielle, paraître livrer des bases qui, plus
« tard, peuvent ne pas être acceptées. »

« Le comte l'a compris : — « Ce sera pour moi seul,
« m'a-t-il dit; c'est ma parole de gentilhomme qui le
« garantit. »

« J'ai pris un crayon; j'ai résumé en quelques lignes
« ce que je viens d'exposer, et nous nous sommes quit-
« tés à onze heures. » (23 janvier.) (*Simple Récit*,
tome II.)

JOURNÉE DU 24 JANVIER.

<small>M. Jules Favre s'abouche de nouveau avec M. de Bismark.</small>

Le lendemain, à une heure, l'entretien était repris :
Le premier mot de M. Jules Favre est pour la chose
qui semble le préoccuper le plus. « Je ne voulais pas,
« dit-il, laisser dans le vague l'éventualité d'une
« *manœuvre bonapartiste*; je priai donc M. de Bis-
« mark, s'il n'y voyait pas d'inconvénient, de préciser ce
« qu'il m'avait dit la veille à ce sujet, et de me faire
« connaître si nous avions à nous en préoccuper. »

M. de Bismark ayant déclaré que s'il parvenait à
s'entendre avec le Gouvernement de la Défense, il ne

songerait plus à entrer en pourparlers avec le parti bonapartiste, M. Jules Favre aborda immédiatement les points essentiels de l'armistice. Mais cette menace de l'Empire, toujours suspendue sur la tête de notre plénipotentiaire, n'a pas peu contribué, sans doute, à lui enlever une partie de son calme et de son sang-froid...

Toutes les questions relatives à la durée de l'armistice, à la convocation de l'Assemblée, à l'entrée des Prussiens à Paris, à la livraison de l'armement, etc., etc., déjà discutées la veille, sont reprises de nouveau.

La durée de l'armistice fut sans trop de difficultés fixée à trois semaines...

« Le débat, dit M. Jules Favre, fut plus vif et plus
« prolongé sur les questions qui touchaient à l'entrée
« dans Paris, au désarmement de la garde nationale,
« au sort de nos prisonniers, et il ne nous fallut pas
« moins de trois journées de controverses, d'allées et
« venues de chez M. de Bismark chez le Roi, et de
« chez le Roi chez M. de Bismark, pour aboutir à une
« solution.

M. de Bismark insiste pour le désarmement de la garde nationale

« M. de Bismark insistait pour l'internement des
« troupes et des mobiles dans les camps de Gennevilliers
« et de Saint-Maur, et le désarmement de la garde na-
« tionale.

« — Vous ne savez pas ce que vous faites, disait le
« grand chancelier : vous ne songez pas au danger qu'il
« y a à laisser des troupes désarmées, désœuvrées, en
« contact avec une population démoralisée, surexci-
« tée.... Vous ne voyez pas qu'aucun gouvernement
« n'est possible, ne restera debout, dans une ville aussi
« profondément troublée que Paris, tant que 300,000 ci-
« toyens sans discipline, animés de passions démago-
« giques, resteront en armes. »

M. Jules Favre répondit qu'il savait fort bien ce qu'il faisait ; qu'il avait confiance dans la population parisienne, qu'il ne condamnerait pas la garde nationale à l'humiliation de déposer les armes, etc.

Le 24, à 10 heures du soir, M. Jules Favre, de retour à Paris, rendait compte à ses collègues du résultat de ses conférences dans la séance ci-jointe :

Séance du 24 janvier, au Ministère de l'Intérieur.

Mardi, 10 heures soir.

« M. Jules Favre rend compte de son entrevue avec
« M. de Bismark ; les renseignements fournis sont des
« plus tristes : les armées de province sont battues et
« en complète déroute sur tous les points, suivant les
« affirmations de M. de Bismark.

« Chanzy serait poursuivi, Laval occupé, et l'armée
« en retraite sur Rennes.

« Faidherbe, battu à Saint-Quentin, se serait retiré à
« Lille avec Gambetta, qui s'est rendu probablement
« près de lui pour le pousser en avant.

« Bourbaki serait encore en plus mauvaise situation,
« *menacé qu'il est par les deux armées de Manteuffel*
« *et du général Werder.*

« M. Jules Favre fait le récit de son voyage. Parti
« hier soir avec le capitaine d'Irrisson, à 5 heures et de-
« mie, il est parvenu à 8 heures au pont de Sèvres, qui
« n'est défendu que par deux faibles barricades ; il n'a
« remarqué aucune trace de défense sur la route de
« Versailles, sauf quelques murs crénelés entre Cha-
« ville et Sèvres. Il est arrivé vers 9 heures du soir
« chez M. de Bismark, et il donne lecture au Conseil de

« la conversation qu'il a eue avec lui et qu'il a dictée
« en rentrant.

« Cette première conversation a duré trois heures et
« demie.

« Il en résulte trois points de désaccord : 1° sur l'oc-
« cupation de Paris ; 2° sur le désarmement de la garde
« nationale ; 3° sur les élections.

« M. Jules Favre apprend au Conseil que, dans une
« nouvelle entrevue, la question de la garde nationale a
« été vivement débattue.

« M. de Bismark s'était imaginé que les soixante ba-
« taillons de garde nationale formés par l'Empire ne
« demanderaient pas mieux que de se joindre à l'armée
« prussienne pour maintenir l'ordre et pour faire la po-
« lice dans Paris.

« M. Jules Favre a répondu que ces soixante batail-
« lons avaient autant de patriotisme que les autres, et il
« n'a pas admis de distinction dans la garde nationale.

« On n'a pu se mettre ensuite d'accord à l'endroit de
« l'occupation de Paris ; mais M. de Bismark a consenti
« à ajourner les négociations entamées, et ayant pour
« but de reconstituer le Corps législatif de l'Empire sans
« recourir à de nouvelles élections ; à cet égard, il a de-
« mandé l'avis de M. Jules Favre.

« Celui-ci a répondu qu'une Assemblée déjà discré-
« ditée, mais reconstituée par la Prusse, provoquerait
« une résistance désespérée, et amènerait une nouvelle
« révolution.

« M. de Bismark a observé qu'un tiers des soldats
« prisonniers étaient décidés à défendre l'Empire, comme
« DES PRÉTORIENS QU'ILS SONT ; qu'un autre tiers est répu-
« blicain ou orléaniste ; enfin, un troisième tiers indiffé-
« rent. Nous amènerons avec nous, a-t-il dit, le *tiers*
« *bonapartiste*, et il nous aidera à mater les autres.

« M. Jules Favre déclare avoir d'ailleurs à se louer
« de la courtoisie de M. de Bismark, qui lui a fait appor-
« ter à manger SUR LE COIN DE LA TABLE DEVANT LA-
« QUELLE ILS DISCUTAIENT, ET QUI L'A SERVI LUI-MÊME
« EN RENVOYANT LES DOMESTIQUES.

« M. Jules Favre fait part des étranges révélations
« de M. de Bismark sur les négociations déjà entamées
« avec M. le marquis de X..., sur le caractère duquel
« M. de Bismark lui a demandé son propre avis.

« Un nouveau rendez-vous fut fixé pour aujourd'hui
« une heure.

« M. de Bismark a déclaré consentir à un armistice
« de trois semaines, avec élections et reddition de Paris.
« En même temps, il a annoncé un bombardement à
« outrance, qui serait intolérable. L'armée de Paris
« serait prisonnière et divisée en deux corps; quant aux
« officiers qui excitent leurs hommes à la guerre, ils
« seront internés à Saint-Denis. Enfin, à l'égard de la
« garde nationale, il manifeste la crainte qu'elle ne
« s'égraine en province pour y fomenter la continuation
« de la lutte.

« Après avoir reconnu que le grand honneur et le
« grand titre de gloire dans cette guerre, c'était qu'une
« grande ville comme Paris s'était défendue en main-
« tenant l'ordre, il a fini par consentir à ce que la
« garde nationale restât dans Paris *en y conservant ses*
« *armes* (1).

« Cependant, il insistait toujours sur l'occupation de

---

(1) Ceci est en contradiction avec le propre récit de M. Jules Favre, disant qu'il a combattu trois jours pour obtenir que le désarmement de la garde nationale n'eût pas lieu (page 393). « Le débat fut beaucoup plus vif sur la question qui touchait à l'entrée dans Paris, au désarmement de la garde nationale. Il ne nous fallut pas moins de trois journées de controverses, d'allées et venues de chez M. de Bismark chez le Roi, de chez le Roi chez M. de Bismark, pour aboutir à une solution. » (*Simple Récit.*)

« Paris. Sur l'observation qu'on ne pourrait mettre les
« troupes allemandes en présence de cette population
« pleine de patriotisme et armée, M. de Bismark a ré-
« pondu : Eh bien ! laissons au temps le soin d'apaiser
« ces colères, et quand ces deux populations auront été
« plus en relation l'une avec l'autre, les préventions
« disparaîtront.

« Il a ajouté : Mais êtes-vous sûr que vous serez obéi
« en province ?

« M. Jules Favre lui a répondu franchement : Non,
« mais il s'est offert d'aller lui-même en province pour
« faire arrêter les hostilités.

« M. de Bismark ne consent d'ailleurs à ne point
« occuper Paris pendant l'armistice qu'à la condition
« que tous les forts lui soient livrés, l'armement des
« remparts livré ou détruit, les officiers internés à Saint-
« Denis, et les troupes cantonnées ailleurs. Quant au
« ravitaillement, il ne peut qu'amener la libre circula-
« tion des chemins de fer du Nord et d'Orléans.

« M. le général Trochu croit à l'exagération des désas-
« tres des armées de province. Leur désarroi est ce-
« pendant probable. Il indique la nécessité d'avertir la
« population, encore pleine d'illusions, afin d'éviter des
« crises.

« M. Ferry est d'avis de tout dire à la population
« de Paris quant aux armées, et tout lui faire entendre
« quant aux vivres ; le plus grand danger pour Paris,
« c'est l'incertitude.

« M. Clément Thomas croit qu'il faut faire aussi con-
« naître la situation des vivres d'une façon exacte.

« M. Ferry pense que Paris ne s'attend pas même
« aux conditions qui laissent ses armes à la garde na-
« tionale. Les plus ardents parmi les maires ont déclaré

« eux-mêmes qu'il ne fallait tenter une sortie suprême
« qu'en cas de conditions honteuses.

« M. Picard, en présence du manque de subsistan-
« ces, est d'avis d'accepter les conditions. Il cherche le
« moyen de prévenir la population; il se demande s'il
« ne faut pas recourir pour cela à une élection. Cepen-
« dant, si les élus doivent compromettre les négocia-
« tions, il pense que le Gouvernement ferait encore
« mieux de tout prendre sur lui. L'armistice couvrira
« la capitulation; *le maintien de l'armement de la garde*
« *nationale sauvegardera l'honneur*. Il faut donc avertir
« la population immédiatement après la conclusion du
« traité, afin d'éviter les troubles.

« M. Picard signale, de plus, la gravité du danger
« d'avoir dans Paris une armée sans armes, à côté
« d'une garde nationale armée : cela pourrait entraîner
« des désordres qui motiveraient l'entrée de l'ennemi,
« sous prétexte d'y rétablir l'ordre.

« M. Simon déclare que quelque dures que lui sem-
« blent encore les conditions de la Prusse, il les consi-
« dère cependant *comme inespérées,* et il en examine
« les raisons; il les accepte donc. Il craint, toutefois,
« que la connaissance exacte de l'état des subsistances
« ne rende M. de Bismark plus exigeant. Il redoute,
« de plus, que l'ordre soit troublé, car la population
« ne peut se décider à voir l'exacte vérité de la situa-
« tion; elle ne trouve pas avoir encore assez fait, et
« elle critique le mode de défense, ainsi que tout ce qui
« touche aux actes du Gouvernement.

« M. Simon engage donc M. Jules Favre à rassem-
« bler les journalistes autour de lui, et à leur dire la
« vérité, afin qu'ils aident le Gouvernement à rensei-
« gner la population, sans cependant instruire trop

« M. de Bismark sur une situation qu'il doit encore
« ignorer.

« M. Arago partage l'appréciation de M. Simon rela-
« tivement aux sentiments de Paris. La population croit
« qu'on possède encore des vivres, et lui-même pense
« qu'on en a plus qu'on ne le suppose. Il faut donc ren-
« seigner Paris sur la situation des subsistances et des
« armées; mais il craint que le Gouvernement ne puisse
« avoir son assentiment sans un dernier effort. Dans
« tous les cas, il lui paraît indispensable que la ville
« nomme ses mandataires pour capituler.

« M. Simon demande qu'on fasse également connaître
« le temps assez considérable nécessaire pour le ravi-
« taillement.

« M. Pelletan considère aussi les choses comme ines-
« pérées, mais il se demande comment les faire accep-
« ter; une élection lui paraît de nature à tout compro-
« mettre.

« Le Gouvernement doit assumer rapidement toute
« la responsabilité sans consulter la population.

« M. Jules Favre indique que la conséquence de
« l'inacceptation des conditions serait la famine et le
« bombardement à outrance, tandis qu'il a obtenu la
« conservation de ses armes pour la garde nationale; il
« ne désespère même pas d'obtenir cette condition pour
« une partie de l'armée.

« Quant à la difficulté pour l'ennemi du désarmement
« de la garde nationale, M. de Bismark lui a dit que
« rien ne lui serait plus facile, attendu qu'il ne donne-
« rait un morceau de pain que contre la remise d'une
« arme entière ou brisée. Il croit qu'il faut encore voiler
« le manque de subsistances, mais accuser les désastres
« de province, et mettre ainsi en relief l'impossibilité
« et l'inutilité pour Paris de soutenir encore le siége.

« Son avis est d'avertir les maires immédiatement, et
« de retourner dès demain à Versailles. Il faut faire le
« traité, et appeler la population à le ratifier, si cela est
« nécessaire.

« M. Clément Thomas insiste pour que l'on con-
« voque les journalistes.

« M. Garnier-Pagès reconnaît qu'il n'espérait pas
« ces conditions; il est donc d'avis de les accepter. Ce
« qui lui paraît capital, c'est l'armistice avec les élec-
« tions; il désirerait qu'il fût nettement stipulé que les
« troupes allemandes n'entreront pas dans Paris.

« M. Jules Favre répond qu'elles n'y entreront pas
« pendant l'armistice, on ne lui a rien promis pour la
« suite, bien qu'il espère qu'elles n'y entreront jamais.

« M. Garnier-Pagès demande s'il ne serait pas pos-
« sible d'obtenir également que tous les forts ne fussent
« pas occupés.

« M. Jules Favre déclare l'avoir demandé et s'être vu
« nettement refuser.

« M. Garnier-Pagès n'est pas d'avis d'annoncer les
« nouvelles de province. M. de Bismark a refusé de com-
« muniquer les journaux français, c'est, sans doute,
« parce que ceux-ci ne confirmaient pas ses allégations.
« Son avis est de traiter sauf ratification; il craint que
« consulter les maires et les journalistes, ce soit tout
« faire manquer; il engage donc de ce côté à observer
« une grande réserve.

« M. le général Le Flô est généralement d'avis d'ac-
« cepter les conditions; elles laissent intact l'honneur
« de Paris et de l'armée, bien que celle-ci en reçoive
« seule une certaine tache; il les accepte donc, mais
« avec douleur comme soldat.

« M. Magnin se demande, en examinant les conditions
« faites, si la France sera bien libre dans ses délibé-

« rations. Cette Assemblée ne sera-t-elle pas là pour
« sanctionner seulement les exigences de la Prusse?

« Une autre objection : c'est que le Gouvernement va
« traiter pour la France, et que si elle ne ratifie pas le
« traité, l'ennemi, maître des forts, sera maître de
« Paris. Il persiste donc à croire que Paris ne saurait
« être ainsi engagé, puis consulté après.

« M. Pelletan fait observer qu'il s'agit de savoir si,
« oui ou non, Paris peut continuer à se défendre.

« M. Jules Favre : Mais, enfin, que stipuleriez-vous?

« M. Magnin déclare qu'il ne pourrait donner sa si-
« gnature pour livrer les forts, car ce n'est pas là un
« armistice, c'est une capitulation. Il observe, d'ailleurs,
« que n'étant que simple ministre il n'a pas le droit de
« voter.

« M. Dorian reconnaît la terrible situation de Paris,
« mais il n'en trouve pas moins grave de traiter sans le
« consulter. Il est persuadé que Paris, bien renseigné,
« admettrait le traité; mais si on ne le renseigne pas,
« si on ne le consulte pas, il renversera le Gouverne-
« ment dans une émeute. La population se berce encore
« d'illusions à l'endroit des subsistances, et dès demain,
« à l'annonce des négociations, quantité de vivres cachés
« vont se montrer et contribuer à la maintenir dans
« l'erreur.

« M. Magnin insiste également pour qu'on se fasse
« autoriser à traiter.

« M. le général Vinoy considère les conditions comme
« inespérées, et cependant il est convaincu que la Prusse
« désire de son côté ardemment la paix. La défense
« énergique de Paris et la formation des armées de
« province ont certainement puissamment contribué à
« adoucir les conditions de M. de Bismark. Il y a donc
« eu grand avantage, à son avis, à combattre résolû-

« ment jusqu'ici, mais la continuation de la lutte à Pa-
« ris lui paraît impossible, et il voudrait voir s'inscrire
« ceux qui persistent à réclamer de nouveaux efforts
« militaires. D'ailleurs le manque de vivres coupe court
« à tout.

« M. le général Vinoy signale l'humiliation qui ré-
« sulterait pour l'armée de la clause qui lui enlève ses
« armes en les laissant à la garde nationale.

« M. le général Clément Thomas fait observer que si
« la gendarmerie est comprise dans l'armée, *il ne res-*
« *tera avec des armes que cette armée de la garde*
« *nationale qui est aussi imparfaite au point de vue de*
« *l'ordre qu'en face de l'ennemi, car s'il y a de bons*
« *bataillons, il y en a aussi de mauvais.* Il cite à cet
« égard des bataillons qu'on n'oserait jamais faire mar-
« cher pour le maintien de l'ordre ; il demande donc
« qu'on obtienne de la Prusse que deux divisions au
« moins restent armées dans Paris.

« M. le général Trochu croit que la Prusse a hâte de
« voir finir la guerre et en particulier le siége de Paris.
« Il pense, comme M. Garnier-Pagès, que M. de Bis-
« mark possède tous les journaux qu'il a refusé de
« communiquer, et qu'il exagère les défaites, ainsi qu'il
« a déjà fait ; cependant le fond de ses allégations doit
« encore être vrai. Après avoir examiné la situation de
« Chanzy, Bourbaki et Faidherbe, il en conclut que s'il
« ne paraît pas possible que Bourbaki passe en Suisse,
« il n'en est pas moins certain que sa situation est mau-
« vaise en général, parce qu'il a toujours pensé qu'elle
« devait ressembler à celle de l'armée de Paris.

« Son avis est donc d'accepter les conditions, mais
« pas avec trop de précipitation ; aussi ne juge-t-il pas
« qu'il faille aller dès demain à Versailles. Il croit im-
« portant de prévenir, sinon de consulter Paris qui est

« déjà informé des négociations par les indications du
« ministère des affaires étrangères.

« Il vaut donc mieux renseigner complétement la po-
« pulation, attendre l'effet produit et n'aller à Versailles
« qu'après-demain, car il est évident que M. de Bismark
« nous tâte avec une sorte de bonhomie qui constitue
« sa principale habileté. Il cherche à nous effrayer et
« par l'exagération des mauvaises nouvelles et par la
« menace d'un bombardement aggravé. Déjà ce soir ils
« ont bombardé le 3e secteur, et ils viennent d'envoyer
« des projectiles du Bourget.

« M. Picard insiste, au contraire, pour négocier le
« plus tôt possible; il croit que cette hâte de traiter peut
« être motivée près de M. de Bismark par la hâte qu'a
« encore la population de combattre. Tout retard lui
« semblerait un danger et une faute.

« M. le général Trochu répond : Vous serez renversé
« demain avant d'avoir pu conclure votre traité, ou
« plutôt vous aurez été obligé de réprimer l'émeute. Il
« vaut donc mieux prévenir Paris de manière à lui
« faire tout soupçonner, à lui faire comprendre les voya-
« ges de Versailles, pour ensuite traiter avec M. de
« Bismark une quantité de points laissés indécis ou
« suspendus, notamment l'occupation de Paris et le
« cantonnement de l'armée dans la boucle de la Marne
« et dans la presqu'île de Gennevilliers, humiliée, sans
« armes et sans secours pour son alimentation, comme
« sans ordre et sans dignité.

« M. Picard croit que si l'on avertit Paris on fait soi-
« même, avant le traité, l'émeute que l'on veut éviter.
« Si on laisse planer l'incertitude, l'émeute ne se fera
« qu'après, si elle se fait; si on laisse à l'ennemi le
« temps de saisir le prétexte d'un événement quelcon-
« que, le traité est perdu, car il fera ce qu'il a fait avec

« M. Thiers le 31 octobre, et il reprendra ce qu'il a
« promis.

« M. le général Vinoy partage cette opinion; si l'on
« tarde, il croit à l'émeute. La Prusse craint encore
« Bourbaki; elle craint qu'il ne franchisse le Rhin et
« qu'il ne soit rejoint par les 300,000 prisonniers.
« Peut-être ne voudra-t-elle plus rien dans quelques
« jours.

« M. Ferry est d'avis de ne pas perdre un instant,
« mais il est de l'avis du général Trochu quant à la
« publicité; car c'est le seul moyen d'éviter l'émeute;
« il faut détruire les illusions.

« M. Cresson croit indispensable de traiter avant de
« prévenir la population de ce qu'on a fait, car on ne
« pourrait s'expliquer nettement comme il le faudrait.
« Il faudrait donc se borner à l'insertion à l'*Officiel* et
« dans les journaux d'une note très-brève destinée à
« faire connaître le travail qui se fait sur l'état des
« subsistances.

« M. Ferry pense que cette note serait dérisoire.

« M. Jules Favre déclare que s'il se rend de nouveau
« à Versailles, il lui faudra un militaire et un financier.

« Le Conseil repousse cette demande.

« M. Simon craint qu'une émeute ne soit tentée
« demain.

« M. Ferry engage à dire toute la vérité dès demain
« aux maires et aux journalistes.

« M. Picard consent à ce que ces Messieurs soient
« informés, mais par un autre que M. Jules Favre qui
« ne peut s'expliquer sur des négociations engagées.

« L'insertion à l'*Officiel* est mise aux voix.

« Pour : MM. Trochu et Ferry.

« Contre : Tout le reste du Conseil. »

(Séance levée à 2 heures et demie du matin.)

JOURNÉE DU MERCREDI 25 JANVIER.

Séance du Gouvernement au Ministère de l'Intérieur.

Mercredi, 25 janvier, 1 heure et demie.

Séance du Gouvernement (Mercredi 25 janvier).

« M. Jules Favre témoigne de nouveau son regret de
« retourner seul à Versailles ; il demande que MM. Tro-
« chu et Picard viennent avec lui.

« M. Picard croit que M. Jules Favre doit simplement
« ne pas fixer, quant à présent, la contribution de
« guerre de Paris.

« M. Jules Favre déclare qu'on lui a déjà demandé
« une somme énorme, un milliard. Il a répondu que
« c'était là une contribution dépendante d'un traité gé-
« néral qu'il ne pouvait conclure.

« M. Simon fait remarquer que c'est là demander
« quatorze fois les contributions annuelles de Paris.

« M. le général Trochu croit qu'il faut faire observer
« que Paris est ruiné par ses efforts.

« M. Picard trouve que 400 millions serait déjà un
« chiffre considérable. Le dépasser serait réaliser une
« spoliation absolue ; il demande donc que la discussion
« de cette indemnité de guerre soit renvoyée à l'examen
« d'une commission mixte.

« M. Simon partage cette opinion.

« M. Picard demande qu'on fasse observer que si l'on
« demande trop, on enlèvera les moyens de payer en
« atteignant le cours des billets de banque. On a payé
« jusqu'ici à l'aide du crédit (Bons du Trésor) ; or, briser
« cet instrument, c'est tuer la poule aux œufs d'or.

« M. Simon approuve en disant que le groupe bona-
« partiste constitue en dehors un véritable foyer de

« haine et d'anéantissement contre Paris. Il faudrait
« savoir, en outre, si la contribution de guerre portera
« sur Paris seul ou sur tout le département de la Seine.

« M. Picard demande qu'on obtienne que les forts ne
« soient pas occupés par les Prussiens jusqu'au complet
« payement de l'indemnité, car tant que Paris sera ainsi
« enserré par l'ennemi, il ne pourra reprendre sa pros-
« périté.

« M. Jules Favre lit un projet de convention préparé
« par lui et qui établit un armistice sur toute la ligne
« militaire pendant trois semaines et à partir d'un jour
« à fixer.

« M. Picard est d'avis de brusquer les choses et de
« raccourcir les délais, sauf à obtenir ensuite une pro-
« longation.

« Cet armistice aura pour but de permettre l'élec-
« tion d'une Assemblée qui aura à statuer sur la paix ou
« sur la guerre. Enfin, cette Assemblée se réunirait
« dans la ville de Bordeaux.

« M. Jules Favre fait remarquer que M. de Bismark
« a soulevé contre Bordeaux les mêmes objections que
« contre Bourges, mais il les a levées, parce qu'il croit
« le danger beaucoup plus grand dans une petite ville.

« Le Conseil se prononce en faveur de Bordeaux.

« M. Jules Favre annonce qu'il n'a rien dit de l'Alsace
« et de la Lorraine. Le Conseil décide qu'il ne faut point
« en parler.

« M. Ferry déclare qu'il s'agit pour l'instant de sa-
« voir si ces provinces voteront.

« M. Picard se demande s'il n'y a pas autant d'intérêt
« à ne pas avoir à l'Assemblée de représentants pour
« ces deux pays; son avis est donc de garder également
« le silence à cet égard.

« M. Simon est d'avis de ne pas soulever la question,

« mais de se préparer pour le cas où elle viendrait à
« naître.

« M. le général Trochu demande, dans ce cas, ce qu'il
« faudra faire.

« M. Picard pense qu'il ne faudra pas faire d'un refus
« un cas de rupture.

« M. Simon est de cet avis, mais il ne peut admettre
« qu'un et même mode d'élection.

« M. Jules Favre donne lecture de l'article relatif à
« la remise à la Prusse de tous les forts de Paris avec
« leur armement.

« Le Conseil est d'avis de ne livrer ainsi qu'une partie
« de ces forts.

« M. le général Trochu croit qu'on pourrait certaine-
« ment réserver Vincennes qui n'est pas un fort; on
« pourrait limiter la condition à tous les forts de la
« défense extérieure (seize forts avec annexes).

« M. Jules Favre demande si le matériel de guerre
« doit comprendre aussi les vivres renfermés dans ces
« forts.

« MM. Trochu et Vinoy répondent négativement. Les
« forts n'ont que vingt jours de vivres chacun; une
« commission mixte pourrait être chargée de la prise de
« possession des forts.

« M. Jules Favre lit l'article 4 relatif au désarmement
« de l'enceinte qui devra être désarmée, et dont les
« pièces devront être descendues dans la rue des rem-
« parts. Les garnisons se retireront dans Paris après
« avoir déposé les armes.

« M. le général Trochu est d'avis de ne pas consentir
« à ce désarmement; il serait dit seulement : Les garni-
« sons rentreront dans Paris.

« M. Jules Favre indique que M. de Bismark ne vou-
« drait pas que la troupe rentrât dans Paris, dans la

« crainte qu'elle ne se saisît des armes de la garde na-
« tionale pour se jeter sur les forts.

« M. le général Trochu répond : Hélas! j'ai honte de
« le dire, l'armée, loin de se saisir de nouvelles armes,
« abandonnera volontiers les siennes pour acclamer la
« paix.

« M. Jules Favre demande le chiffre de l'effectif des
« troupes. MM. les généraux déclarent ne pas être en
« état de le lui fournir.

« M. le général Trochu est d'avis de demander le
« maintien de l'armement à Paris de trois divisions de
« 8,000 hommes chacune.

« M. Jules Favre se déclare prêt à s'offrir en otage
« pour garantir l'honneur de l'armée et lui conserver
« son armement; il ajoute qu'il trouverait plus grand et
« plus utile de dire à la garde nationale que le Gouver-
« nement se remet entre ses mains, et il est persuadé
« qu'on *n'aurait point à s'en repentir.*

« M. le général Clément Thomas craint que la garde
« nationale ne renferme dans son sein tous les *ferments*
« *de discorde* qui peuvent agiter la cité.

« M. Jules Favre fait observer qu'il s'agira d'une
« transaction absolument exclusive de toutes passions po-
« litiques. Il a d'ailleurs peur d'échouer sur le maintien
« de l'armement pour une partie de la garnison de
« Paris.

« M. le général Trochu regrette vivement qu'on n'ait
« point exigé que la garde nationale fût dissoute et réor-
« ganisée de façon à en éliminer tous les éléments per-
« turbateurs. Il ne croit pas pour son compte le gouver-
« nement possible avec cette garde nationale.

« Le CONSEIL REPOUSSE UNANIMEMENT CE REGRET ET
« CETTE APPRÉCIATION.

« M. Pelletan demande que les officiers ne soient pas

« séparés de leur troupe, laissée à l'abandon et livrée au
« désordre le plus absolu.

« M. Jules Favre résume la discussion; il essaiera
« d'obtenir le maintien à Paris de trois divisions armées;
« si on lui refuse, il demandera le maintien de la gen-
« darmerie et des troupes assimilées dans le but d'ordre
« intérieur.

« M. le général Trochu indique qu'en ce qui concerne
« le désarmement, les armes pourraient être déposées
« dans un lieu désigné, sans que les troupes soient as-
« treintes à cette douloureuse cérémonie du défilé devant
« l'ennemi.

« Il pose également la question des moyens de cir-
« culation.

« M. Picard répond que la circulation sera maintenue
« libre, sauf les mesures indispensables à l'exécution
« des conventions faites : liberté de navigation et des
« voies ferrées pour le ravitaillement, ainsi que pour la
« sortie et l'entrée des habitants.

« Le conseil approuve cette solution.

« M. Garnier-Pagès demande, pour éviter tout désor-
« dre, que Paris soit appelé à ratifier le traité. Il est
« convaincu que Paris acceptera, et, en le consultant,
« on coupe court à toute tentative de troubles.

« M. Arago émet le même avis.

« M. le général Trochu déclare s'opposer de toutes ses
« forces à cette proposition qui remet à son avis tout en
« question. Il ne s'agit point ici d'une question politique,
« il s'agit de la vie de femmes et d'enfants qu'on ne
« peut livrer à la famine; il faudrait alors les consulter
« aussi.

« M. Arago persiste à croire que le Gouvernement de
« la défense nationale est sans droit pour traiter; sa mis-
« sion prend fin avec la possibilité de la défense. Il

« rappelle qu'on a toujours reconnu l'impossibilité de
« traiter pour la France. Le Gouvernement de la dé-
« fense nationale doit être le gouvernement qui se bat,
« mais qui ne peut traiter. Or, par l'armistice, on en-
« gage la situation puisqu'on livre les forts. Il ne se re-
« connaît pas le droit de faire ce qu'il appelle un coup
« d'État.

« M. Jules Favre répond que le matin même les maires
« ont semblé satisfaits et désireux de voir conclure vite
« sans consulter la population.

« M. Garnier-Pagès dit qu'en fait de diplomatie, il est
« toujours d'usage de faire ratifier par le souverain ;
« or, le souverain en ce moment, c'est le *peuple de*
« *Paris,* dont il faut réserver l'acceptation.

« M. Ferry objecte que la population ne voudra pas
« se prononcer par un vote.

« M. Pelletan déclare avec animation qu'il faut savoir
« accepter la défaite comme on aurait certainement
« accepté la victoire. La situation ne serait autrement
« ni vraie, ni franche ; il faut éviter l'affaiblissement
« moral qui en serait la conséquence.

« M. Jules Favre se retire pour rédiger le formu-
« laire des pouvoirs qui doivent lui être confiés.

« Le Conseil décide la publication à l'*Officiel* des nou-
« velles prussiennes du journal de Versailles, en pres-
« crivant toutefois d'indiquer avec soin l'origine de ces
« nouvelles.

« M. le général Trochu demande s'il faut publier l'état
« des subsistances.

« MM. Garnier-Pagès et Picard croient que cette pu-
« blicité nuirait aux opérations.

« M. Jules Favre rentre en séance ; il demande s'il faut
« stipuler que pendant l'armistice l'armée prussienne
« ne pourra entrer dans Paris ; cela ne voudrait-il pas

« dire que les Prussiens pourraient y entrer ensuite ?

« M. Picard croit voir dans la rédaction prussienne
« une nouvelle preuve d'habileté ; c'est une menace à
« l'adresse de l'Assemblée, afin de peser sur ses déli-
« bérations ; il croit donc qu'il faudra simplement dire :
« L'armée prussienne n'occupera que les forts.

« M. Ferry pense qu'il faut dire nettement les choses ;
« quant à lui, le sort de Paris, en fût-il le député, ne
« pèserait nullement sur ses déclarations s'il voyait la
« France prête et capable d'une nouvelle résistance.

« M. Duprez, directeur des affaires étrangères, pré-
« sente au Conseil la formule des pleins pouvoirs
« donnés à M. Jules Favre.

« Le Conseil décide que les ministres ne signeront
« pas les pouvoirs remis à M. Jules Favre.

« Le Gouvernement ne signe d'ailleurs ces pouvoirs
« que sauf ratification par lui des conventions à inter-
« venir.

« MM. Garnier-Pagès et Arago déclarent qu'ils ne se
« décident à signer ces pouvoirs que parce qu'ils ne
« veulent en aucune façon se séparer de leurs collègues,
« surtout dans ces instants suprêmes. Ils considèrent
« comme un devoir de partager avec eux ces dernières
« responsabilités et ces derniers dangers.

« M. Jules Favre quitte le Conseil pour se rendre à
« Versailles. »

(Séance levée à 5 heures et demie du soir.)

Il est à remarquer que dans cette séance du 25 janvier
M. Jules Favre est, au sujet de la garde nationale, en
contradiction complète avec le général Trochu et le général de la garde nationale Clément Thomas : « Le gé-
« néral Trochu regrette vivement, est-il dit dans cette
« séance, qu'on n'ait point *exigé que la garde nationale*
« *fût dissoute* et réorganisée de façon à en éliminer

<small>Observation
sur la
séance du 25</small>

« tous les éléments perturbateurs. Il ne croit pas pour
« son compte de gouvernement possible avec cette garde
« nationale armée...... »

Le général Clément Thomas fait observer « qu'il ne
« restera avec des armes que cette armée de garde
« nationale qui est aussi imparfaite au point de vue
« de l'ordre qu'en face de l'ennemi, car s'il y a de
« bons bataillons, il y en a aussi de mauvais... Il cite à
« cet égard des bataillons qu'on n'oserait jamais faire
« marcher pour le maintien de l'ordre, etc., etc.... »

JOURNÉE DU JEUDI 26 JANVIER.

M. Jules Favre confère de nouveau avec M. de Bismark, contrairement à l'opinion des généraux Trochu, Clément Thomas, il insiste pour que la garde nationale conserve ses armes.

De retour à Versailles, le 26, M. Jules Favre, contrairement à l'opinion des généraux Trochu et Clément Thomas, insiste plus que jamais en faveur de la garde nationale. Quitte à sacrifier les troupes de ligne et de la mobile, il veut à tout prix conserver les armes à la garde nationale... Est-ce parce qu'il croit qu'elle a plus honorablement combattu? Évidemment non ! mais parce qu'il la sait plus acquise aux idées républicaines que l'armée.

Devant la résistance de M. de Moltke et du grand chancelier qui insistent pour le désarmement de la garde citoyenne, le Ministre des affaires étrangères se sert d'un argument péremptoire. « Entrez dans Paris, leur dit-il,
« quand nous n'aurons plus de pain, nous vous en ou-
« vrirons les portes, vous ferez de nous ce que bon vous
« semblera.... »

M. de Bismark, devant la résistance de M. Jules Favre, consent à laisser les armes à la garde nationale.

Après trois jours de discussion, M. de Bismark finit par consentir, et l'*honneur* de la garde nationale fut sauf ; *elle conserva ses armes.* Le grand chancelier accordait en outre une division d'infanterie à laquelle on permettait d'ajouter la gendarmerie et la garde républicaine jusqu'à concurrence de 3,500 hommes.

M. Jules Favre, en refusant

« Si l'on en croit les notes de M. Dréo, dit M. le

« comte Daru, le comte de Moltke avait offert de laisser
« à la troupe ses armes, mais à la condition formelle que
« la garde nationale déposerait les siennes. Cette propo-
« sition aurait été refusée par le plénipotentiaire français ;
« M. Jules Favre nie qu'elle lui ait jamais été faite... »

de laisser désarmer la garde nationale, enlève à la cause de l'ordre une partie de ses moyens d'action.

La vérité pourrait être entre l'affirmation de M. Dréo
et la négation de M. Jules Favre. Il se peut très-bien
que M. de Bismark ait offert trois divisions de l'armée
à la condition que la garde nationale serait désarmée,
car il est bien évident qu'une fois le principe du désarmement de la garde nationale admis, il était matériellement impossible à une seule division d'infanterie de maintenir l'ordre dans une ville de deux millions d'âmes (1).

M. Jules Favre, pendant la Commune, a avoué qu'il s'é-
tait trompé, qu'il aurait mieux fait de laisser désarmer la
garde nationale, comme le lui proposait M. de Bismark ;
mais son repentir n'a pas été de longue durée. Dans sa
déposition devant la commission d'enquête parlementaire
sur l'insurrection du 18 mars, il s'exprime ainsi : « Si
« j'avoue que j'ai eu tort, c'est d'avoir dit, dans un
« grand mouvement d'indignation, que je demandais
« pardon d'avoir laissé ses armes à la garde nationale ;
« J'ÉTAIS RÉVOLTÉ.... Ces hommes, je savais de quels
« sacrifices ils étaient capables, je savais qu'ils s'étaient
« battus le 19 janvier ; il m'était douloureux de penser
« que la garde nationale eût *le déshonneur* d'être dé-
« sarmée ; je croyais qu'elle serait comme prisonnière
« et en conséquence je désirais qu'elle conservât ses
« armes. Quand j'ai vu que la garde nationale avait
« tourné ses armes contre nous, j'ai été indigné, *cela
« m'a peut-être entraîné trop loin....* »

Court repentir de M. Jules Favre.

---

(1) A la vérité, l'ordre eût été plus assuré avec la garde nationale
désarmée qu'avec la garde nationale armée, mais on ne pouvait raison-
ner sur cette hypothèse.

L'armée de l'Est mise hors de discussion par MM. Jules Favre et Bismark dans la journée du 26.

Absorbé sans doute par l'idée de sauver à tout prix l'honneur de la garde nationale, M. Jules Favre semble n'apporter qu'une attention secondaire à l'armée de l'Est... Cependant il n'ignore rien de sa *situation :* « Faidherbe, dit-il dans la séance du 25 au soir, battu à Saint-Quentin, se serait retiré sur Lille avec Gambetta; Bourbaki serait en plus *mauvaise situation, menacé qu'il est* par les armées de Manteuffel et du général de Werder. »

M. le général Trochu, parlant du général Bourbaki, dit, dans cette même séance du 25, que s'il ne lui paraît pas possible que l'armée de l'Est passe *en Suisse,* sa situation n'en est *pas moins mauvaise en général.*

Enfin, pendant l'entretien même du 26, la position désespérée de l'armée de l'Est est de nouveau révélée à M. Jules Favre par M. de Bismark, qui lui communique séance tenante une dépêche « disant que le *général*
« *Bourbaki était tué et que son armée n'avait plus de*
« *refuge qu'en Suisse.* »

Cette affreuse nouvelle même semble peu émouvoir M. Jules Favre, car, ce jour même 26, il décide avec M. de Bismark, que l'on attendra de plus AMPLES RENSEIGNEMENTS pour déterminer les conditions de suspension des hostilités dans l'Est.

Dans la journée du 26, M. de Bismark demande à M. Jules Favre un officier général pour traiter certaines questions militaires.

Dans ce même entretien du 26, quelques mesures militaires restant à prendre relativement à l'établissement de zones neutres, M. de Bismark dit à M. Jules Favre :
« Voici le moment où la présence d'un général devient
« indispensable. Nous autres nous ne connaissons que
« la règle. Le général qui doit débattre et signer une
« capitulation, c'est le chef d'état-major du général
« commandant en chef de l'armée française. Amenez-le
« demain avec vous. »

M. Jules Favre a donc décidé *seul*, sans le général de

Beaufort, venu avec lui à Versailles le 27, sans le général de Valdan, venu le 28, que l'on *ne s'occuperait pas de l'armée de l'Est et de Belfort* jusqu'à plus AMPLES RENSEIGNEMENTS.

Nous insistons sur ce point, car il s'agit de bien établir à qui seul revient l'acte inqualifiable, appelé par euphémisme « l'oubli de l'armée de l'Est ».

L'entente ultérieure sur les délimitations dans l'Est acceptée, MM. Jules Favre et de Bismark continuèrent à discuter divers points en litige relatifs au cantonnement de l'armée dans la presqu'île de Saint-Maur, à l'indemnité de Paris qui, tout d'abord élevée à 1 milliard, fut réduite à 200 millions.

Le grand-chancelier après avoir obtenu de M. Jules Favre le droit et les moyens d'accabler notre malheureuse armée de l'Est, daignait se montrer presque facile sur d'autres points de détail et de minime importance; il daignait même faire des concessions qui, habilement, rondement présentées, n'étaient pas sans contribuer à troubler M. Jules Favre et à lui faire lâcher la proie pour l'ombre. C'est ainsi que M. de Bismark, au moment même où il venait de nous arracher une armée, offrait gracieusement de faire cesser le feu quarante-huit heures avant la signature de l'armistice. (1)

Comme M. Jules Favre prenait congé de M. de Bismark, celui-ci lui dit tout d'un coup : « Je ne crois pas « qu'au point où nous en sommes une rupture soit pos- « sible; si vous y consentez, nous ferons cesser le feu ce « soir. — Je vous l'aurais demandé dès hier, répondit

M. de Bismark propose de faire cesser le feu.

---

(1) Condescendance qui n'empêchait pas l'état-major allemand, avant, pendant et après cet armistice, de brûler et rebrûler nombre de villages autour de ce même Paris, sur lequel s'étaient étendue la main protectrice du grand-chancelier impérial.

« M. Jules Favre ; ayant le malheur de représenter Pa-
« ris vaincu, je ne voulais pas solliciter cette faveur.
« J'accepte de grand cœur ce que vous m'offrez, c'est là
« première consolation que j'éprouverai dans notre in-
« fortune. Il m'était insupportable de penser que le sang
« coulait inutilement pendant que nous arrêtions ensem-
« ble les conditions d'une suspension d'hostilités. — Eh
« bien ! reprit le chancelier, il est entendu que nous
« donnerons réciproquement les ordres pour que le feu
« cesse à minuit. Veillez à ce que les ordres soient stric-
« tement exécutés. »

<small>M. Jules Favre, revenu à Paris le 26 au soir, donne l'ordre de faire cesser le feu.</small>

De retour à Paris, à 7 heures du soir, M. Jules Favre donna par écrit au commandant en chef l'ordre suivant :

« Je viens de Versailles ; je suis tombé d'accord avec M. de Bismark sur les principales conditions de l'armistice, et il a été convenu d'honneur entre nous deux que le feu cesserait des deux côtés sur toute la ligne à partir de minuit. Envoyez donc de suite l'ordre aux forts et aux secteurs afin qu'il parvienne à temps à tous les chefs de poste... »

Le général Vinoy envoya sur tous les points la notification suivante : « Suspension d'armes à minuit. Cessez le feu. Exécutez rigoureusement cet ordre ; accusez réception... »

Le 26, à minuit précis, était tiré le dernier coup de canon de la DÉFENSE DE PARIS !

Dans la séance du Gouvernement tenue à 9 heures et demie, il est donné un résumé de l'entretien de M. Jules Favre avec M. de Bismark dans la journée du 26.

Séance du 26 janvier, 9 heures et demie du soir.

« M. Jules Favre annonce qu'il aurait pu terminer dès
« aujourd'hui à Versailles, s'il avait eu un général avec lui.

« M. de Bismark a consenti qu'on cessât le feu par-

« tout à minuit, et il l'a déclaré avec une grande joie,
« pensant, a-t-il dit, qu'il allait enfin sauver la vie à
« beaucoup de braves gens.

« Cependant de grandes difficultés se présentent en-
« core quant aux diverses réglementations. Il s'agit
« d'établir une zone neutre. M. de Bismark réclame la
« place de Belfort, dont la possession n'est pour lui,
« dit-il, comme l'était celle de Strasbourg, qu'une ques-
« tion de jours.

« Enfin, d'après une dépêche reçue en sa présence,
« M. Jules Favre annonce que Bourbaki aurait été
« coupé et n'aurait plus de refuge qu'en Suisse.

« Il a été entendu que toutes les facilités seraient
« données pour les élections. Mais des difficultés se
« sont élevées à l'endroit du maintien de l'armement
« de trois divisions dans Paris. Après beaucoup de
« débats, M. de Bismark n'a admis qu'une division de
« 12,000 hommes ; encore voulait-il exiger comme com-
« pensation, le désarmement de *quantité égale de gardes*
« *nationaux*. M. Jules Favre déclare s'y être refusé et
« il a obtenu le maintien de l'armement pour la gen-
« darmerie et la garde républicaine jusqu'à concurrence
« de 3,500 hommes.

« M. Jules Favre ajoute que M. de Bismark, malgré
« sa protestation, demande Vincennes et Saint-Denis.
« Il demande, en outre, que les canons des remparts
« soient descendus dans les fossés.

« M. le général Trochu croit l'exécution de cette con-
« dition matériellement irréalisable.

« M. Jules Favre fait remarquer que les officiers prus-
« siens attachent une grande importance à l'enceinte,
« qu'ils trouvent bien plus dangereuse que les forts.
« M. de Bismark demande même que la circulation soit

« limitée à certaines portes, et que nul ne puisse fran-
« chir les lignes prussiennes sans sauf-conduit.

« M. Jules Simon soulève des objections contre cette
« dernière exigence.

« M. Jules Favre croit que M. de Bismark n'a mis
« en avant toutes les conditions les plus rigoureuses
« qu'après avoir longtemps assisté à un conseil de guerre.
« Il apprend qu'il a obtenu que les officiers conservent
« leurs armes et restent avec leurs troupes.

« Aussitôt après la signature des conventions, les me-
« sures de ravitaillement pourront être prises. A cet
« égard M. de Bismark s'est montré assez large, car
« avant même que ces conditions soient signées, il a
« autorisé le passage des agents de ravitaillement.

« Quant à l'indemnité de guerre, elle a été réduite de
« 1 milliard à 200 millions, sur une observation que
« Paris ne peut engager la France à aucun titre.

« M. le général Trochu signale l'intention manifeste
« des marins de ne pas rendre les forts, il a même reçu
« dans ce sens plusieurs pétitions signées par des offi-
« ciers de marine; c'est là, il le constate, une grave
« difficulté.

« M. Picard demande s'il n'y aurait pas moyen de
« donner satisfaction au sentiment d'honneur de ces bra-
« ves marins.

« M. le général Trochu considère comme indispensable
« de convaincre l'opinion publique ; c'est pour cela qu'il
« croit urgent de renseigner Paris sur l'état des subsis-
« tances. Il espère encore que le général Callier pourra
« obtenir de l'ennemi de meilleures conditions militaires.

« M. le général Clément Thomas est convaincu que
« s'il y a résistance de la part des forts, la moitié au
« moins de la garde nationale se mettra du côté de la
« marine.

« M. Jules Favre pense qu'il faudrait montrer la véri-
« table situation aux officiers de marine comme on l'a
« montrée déjà aux maires.

« M. le général Trochu insiste sur le danger des dis-
« positions de la marine, qui peuvent gagner jusqu'à l'ar-
« mée; il faudrait obtenir la conservation des armes.

« M. Garnier-Pagès demande si l'on ne pourrait pas
« faire sortir les marins des forts avec leurs armes.

« M. le général Vinoy répond que cela est d'autant
« plus facile qu'on peut faire entrer les marins dans la
« division à laquelle on conserve ses armes; son avis
« est de consulter à cet égard les commandants des
« forts.

« M. Ferry s'étonne d'entendre dire maintenant que
« l'armée peut arrêter les négociations, quand on n'a
« pas cessé de répéter jusqu'ici que l'armée ne voulait
« plus se battre; les officiers eux-mêmes nous ont sans
« cesse déclaré la même chose.

« M. le général Trochu répond que, sans doute, il en
« était ainsi, ce qui ne l'empêche pas de craindre l'in-
« fluence des marins sur les officiers.

« M. Ferry est d'avis d'annoncer au moins à l'*Officiel*
« que l'on négocie un armistice.

« MM. les généraux Trochu et Vinoy continuent à
« manifester leurs scrupules et leurs inquiétudes à
« l'endroit de l'armée.

« M. Jules Simon observe avec vivacité qu'il faut enfin
« savoir ce que veut l'armée. Quant à lui, il se refuse à
« croire que l'armée recule au moment où la lutte est
« demandée, et qu'elle fasse ensuite blanc de son épée
« quand elle voit cette lutte devenue impossible. Il rap-
« pelle à cet égard ce qu'ont sans cessé répété les géné-
« raux, et ce que lui ont déclaré à son Ministère, devant
« des maires, les commandants et les colonels, qui se

« sont écriés : « Tout est impossible, vous avez trop
« tardé, il faut aller à Versailles au plus vite », alors
« que tous les assistants leur demandaient des plans
« d'attaque et des projets de résistance énergique.

« M. Jules Favre lit un projet de note pour l'*Officiel*,
« pour indiquer les bases principales de l'armistice.

« Cette rédaction est rejetée après avoir été fondue
« avec celle présentée par M. Jules Simon.

« M. le général Callier est introduit.

« M. Jules Favre lui expose la situation et lui dit ce
« qu'on attend de son concours pour discuter et arrêter
« avec l'ennemi les conditions militaires.

« Après une courte et nouvelle discussion sur la ré-
« daction de la note à insérer à l'*Officiel*, M. le général
« Callier décline la mission qu'on veut lui confier, en
« disant qu'il sera bien plus utile à son secteur qu'à
« Versailles. De retour de cette mission, son comman-
« dement serait tout à fait impossible à Belleville.

« Le Conseil se rend à cette objection. Il désigne M. le
« général de Beaufort pour accompagner M. Jules Favre. »
(Séance levée à minuit et demi.)

JOURNÉE DU 27 JANVIER.

Dans la nuit du 26 au 27, le général de Beaufort recevait du Gouverneur le télégramme suivant : « Je me
« rendrai demain à 7 heures à votre quartier général
« pour une affaire très-importante. »

Aussitôt arrivé, le général Trochu dit au général de
Beaufort : « On est en pourparlers pour une convention.
« M. Jules Favre s'est déjà rendu deux fois à Versailles,
« mais il y a des questions militaires à traiter et on a
« jugé nécessaire d'adjoindre un général à M. Jules

« Favre. Le Gouvernement a pensé que vos antécédents, « votre position vous désignaient pour cette mission. « M. Jules Favre va arriver, vous partirez avec lui. »

Le général de Beaufort, après avoir énergiquement repoussé la mission qu'on lui proposait, finit, sur les vives instances du Gouverneur, par se décider à accompagner M. Jules Favre.

Sur les vives instances du Gouverneur le général de Beaufort accompagne M. Jules Favre à Versailles

Le 27, à 2 heures, s'ouvrait la conférence. Il y avait M. de Bismark, M. de Moltke, le général Podbiesky et deux ou trois autres officiers; de notre côté, M. Jules Favre, le général de Beaufort et son aide-de-camp, M. Calvet, dont nous allons reproduire le récit, qui, au dire du général de Beaufort, « *est d'une parfaite exactitude* ».

« Nous nous sommes réunis, messieurs, dit M. de « Bismark, pour discuter *bona fide* les préliminaires de « la convention établis depuis lundi, entre M. Jules-« Favre et moi. Je vais lire les divers articles de cette « convention, et chacun d'eux sera successivement dis-« cuté, puis adopté. »

La durée de l'armistice fixée à trois semaines

« L'article Ier portait sur l'armistice, dont la durée, « d'après les préliminaires, devait être de trois semai-« nes. M. Jules Favre fit observer que la province n'en « serait informée que dans deux ou trois jours; qu'il y « aurait donc lieu de prolonger, pour elle, la durée de « la suspension d'armes d'une quantité égale.

« Fixons le terme au 25 février, s'écria le général, ce « sera une loi générale. »

« Les Prussiens s'y refusèrent absolument. Il fut con-« venu que la suspension d'armes durerait vingt et un « jours, à partir de celui de la signature de la con-« vention.

« Vint ensuite la question des armées belligérantes « de province : chacune d'elles devait garder ses posi-

« tions et y rester. M. de Bismark demanda le tracé
« d'une ligne de démarcation qui éclairât complétement
« les chefs d'armée et leur permît d'éviter les rencon-
« tres. Cette proposition fut adoptée sans débat ; le
« général y donna son approbation, en ajoutant que les
« armées belligérantes ne pourraient se rapprocher de
« cette ligne de plus de dix kilomètres, ce qui mettait
« entre elles une zone neutre de cinq lieues de large,
« suffisante pour rendre les conflits impossibles. On
« passa immédiatement après à l'étude de la carte et au
« tracé de la ligne de démarcation.

« A l'Ouest, M. de Bismark, après avoir énuméré les
« villes occupées par les armées allemandes, proposa
« le cours inférieur de la Touques comme limite. Ce
« premier point fut accepté sans conteste, sauf condi-
« tions ultérieures pour le Havre.

« Le chancelier de l'Allemagne du Nord, se basant
« alors sur l'échec de Chanzy au Mans et sur sa retraite
« derrière la Mayenne, demanda l'occupation du dépar-
« tement de ce nom par les Prussiens. Le général s'éleva
« vigoureusement contre cette prétention, attendu que
« Chanzy occupait encore Laval, et après une légère
« discussion le cours de la Mayenne fut admis comme
« limite.

« Le général voulut ensuite, mais sans succès, rejeter
« les armées allemandes sur la rive droite de la Loire.
« MM. de Moltke et Podbieski, intervenant à ce sujet,
« affirmèrent que la rive gauche tout entière du bassin
« moyen de la Loire leur appartenait ; ils voulaient bien,
« disaient-ils, faire des concessions, mais ils ne pou-
« vaient abandonner la rive gauche du fleuve sans com-
« promettre l'occupation, par leurs troupes, des villes de
« Tours, Blois, Orléans, etc. L'état-major prussien fut
« inflexible sur ce point, qui était d'un intérêt capital

« pour lui. C'est alors que M. de Bismark, s'adressant
« au général, dit :

« Vous savez comme nous, général, que cette con-
« vention n'a d'autre but que de faciliter à la France les
« moyens de convoquer une Assemblée nationale qui
« devra décider de la suite des événements. S'il nous
« était démontré que cette Assemblée nous donnerait la
« paix, nous montrerions moins d'exigences et nous
« prendrions pour nos armées moins de précautions.

« Malheureusement, nous ignorons tous ici quelles
« seront les dispositions de vos députés, et vous ne de-
« vez point vous étonner que nous tenions à conserver
« l'avantage de nos positions, en prévision de la conti-
« nuation de la guerre. »

« Nul ne peut prédire l'avenir, Excellence, répondit
« M. Jules Favre, et il est impossible d'affirmer d'avance
« que l'Assemblée votera la paix ou la guerre; toute-
« fois, j'ai la conviction sincère que le premier acte de
« l'Assemblée nationale sera de voter la paix. »

« Devant cette opinion nettement formulée, M. de
« Bismark s'inclina.

« On reprit alors la carte, et on admit pour démarcation
« au Sud, une ligne qui, partant d'Angers, irait rejoindre
« à l'Est, vers Quarré-les-Tombes, le point de jonction des
« départements de la Côte-d'Or, de la Nièvre et de l'Yonne.

« A l'Est, l'état-major prussien proposa de laisser la
« question en suspens, jusqu'à ce qu'il reçût des com-
« munications officielles, dont il manquait complétement.

« Or, il ressortait des dépêches apportées à Paris par
« le dernier pigeon, que la situation de Bourbaki était
« très-périlleuse, par suite de l'échec qu'il venait d'éprou-
« ver à Héricourt, en essayant de débloquer Belfort.

« Le général s'éleva donc avec énergie contre la
« prétention des Prussiens. Il proposa de laisser à

« Bourbaki l'occupation du département du Doubs, en neutralisant les départements de la Haute-Saône et du Jura.

« Les deux armées sont peut-être en présence, dit M. de Moltke, sur le point d'en venir aux mains ; il serait donc impossible de les prévenir à temps. D'autre part, les conditions que vous faites à Bourbaki lui permettraient de se ravitailler et de recevoir des renforts, ce que nous ne pouvons admettre. »

« Comme l'a dit M. de Bismark, s'écria le général en se levant et se rapprochant du chef d'état-major prussien, nous traitons *bona fide*, et ne voulons point violer un territoire qui sera fait neutre, pour envoyer des renforts à Bourbaki. Laissez-lui au moins le département du Doubs pour vivre : toute la partie sud-ouest de ce département est très-montagneuse et presque improductive ; M. de Moltke le sait aussi bien que moi. »

« Sur les observations de M. de Bismark, la décision sur cette importante question fut renvoyée au lendemain 28 janvier.

« Des explications données par M. de Bismark, il devint constant pour nous que Faidherbe et son armée (ainsi que la nouvelle en était arrivée à Paris) avaient été rejetés sous les murs de Lille. On tomba d'accord presque immédiatement, et le cours de la Somme fut pris comme limite au nord.

« Dans l'article suivant, il était stipulé que le Havre resterait en dehors de l'occupation allemande, ainsi que le territoire environnant, dans un rayon de quatre kilomètres. Le général s'opposa formellement à la ratification de cette clause ridicule, qui condamnait les habitants du Havre à une vraie captivité dans les murs de leur ville, avec des soldats allemands pour

« gardiens. Malgré l'insistance des Prussiens, qui ne
« voulaient pas, disaient-ils, abandonner l'occupation de
« Bolbec, il obtint que la ligne de démarcation passât
« à vingt-quatre kilomètres des faubourgs du Havre.

« Cette question semblait vidée; sauf quelques diffi-
« cultés de détail, on s'était entendu sur tous les points.
« M. de Bismark fit alors observer à M. Jules Favre,
« que, par oubli, les préliminaires de la convention ne
« traitaient point des forces navales, auxquelles devait
« évidemment s'appliquer l'armistice. Il proposa comme
« ligne de démarcation le méridien de Dunkerque;
« M. Jules Favre accepta cette condition, qui devint un
« nouvel article de la convention.

Le méridien d Dunkerque sert de ligne (démarcation entre les forc navales.

« Sur l'observation de M. Jules Favre, que Bourges
« était un point plus central que Bordeaux, et en même
« temps une ville moins exaltée, M. de Bismark consen-
« tit à y voir transporter le siége de l'Assemblée.

M. de Bismar consent à ce que l'Assembl soit réunie à Bourge

« L'article suivant traitait de Paris. D'après les condi-
« tions préliminaires, les forts devaient être livrés à
« l'armée allemande, qui occuperait les villages de la
« banlieue et aurait des postes à toutes les portes de
« l'enceinte.

Les forts de Par doivent être livrés à l'armée allemande.

« Le général protesta avec véhémence contre ces con-
« ditions, qu'il n'accepterait jamais.

« Vous voulez donc amener des conflits, s'écria-t-il,
« et faire assassiner vos sentinelles? Qu'avez-vous be-
« soin de garder nos portes? Pas un homme n'a pu
« franchir vos lignes depuis le commencement du siége.
« Aujourd'hui, vous occupez les forts, votre cercle est
« plus resserré que jamais, et vous voulez nous empri-
« sonner! Jamais, je vous l'affirme, la population de
« Paris ne se résoudra à cette captivité. » (1)

---

(1) « Le général pouvait tenir ce langage énergique, car il avait laissé

Discussion relative à la zone neutre entre les forts de Paris.

« A ce langage énergique, M. de Moltke répondit par
« un compliment :
« L'armée de Paris est la meilleure que possède
« actuellement la France. Vous devez comprendre, gé-
« néral, que la prudence nous commande de prendre
« des précautions contre elle et d'empêcher qu'elle ne
« fonde entre nos mains pour aller renforcer celles de
« province. »

« Je vis alors une chose singulière : MM. de Moltke,
« de Bismark et Podbieski, réunis à l'écart et causant
« en allemand, calculèrent quelle pouvait être la hau-
« teur du rempart pour savoir s'il était possible de tirer
« de la ville sur les factionnaires prussiens. Le général,
« intervenant alors, leur dit que non-seulement on tire-
« rait des maisons voisines, mais encore des bastions
« latéraux ; que l'imprudence d'une mesure pareille était
« évidente, qu'il fallait renoncer à placer une sentinelle
« à nos portes.

Sur la demande du général de Beaufort les troupes ne sont pas casernées dans la presqu'île de Saint-Maur.

« Si l'armée vous gêne dans Paris, dit-il, prenez-la ;
« elle vous appartient, puisqu'elle est prisonnière de
« guerre. »

« M. de Moltke éleva alors la prétention d'en placer
« la moitié dans la presqu'île de Gennevilliers et l'autre
« dans celle de Saint-Maur ; les soldats y seraient
« campés.

« L'hiver était alors dans toute sa rigueur. Le général
« protesta au nom de l'humanité contre ce projet bar-
« bare, et refusa avec non moins d'indignation le bara-
« quement de la troupe que proposa ensuite M. de
« Moltke.

---

croire aux Prussiens que Paris avait encore pour six semaines de farine, tandis qu'il n'en restait plus que pour six jours. Ainsi s'expliquent les quelques concessions qu'on put arracher à l'état-major prussien. »

« C'est d'autant plus inadmissible, ajouta-t-il, que l'armistice serait terminé avant l'ouvrage. »

« M. de Moltke aimait évidemment à marchander. Battu sur ce point, il exigea la livraison de 500,000 fusils.

« Jamais le Gouvernement de la Défense nationale n'acceptera cette condition, lui dit M. Jules Favre. L'exécution en est impossible, car il faudrait désarmer la garde nationale. Nous préférons vous voir à Paris ; venez nous gouverner vous-mêmes. »

« C'était le meilleur argument qu'on pût employer, car les Prussiens ne redoutaient rien tant que la population de Paris. Il fut donc stipulé que la garde nationale, une division de 12,000 hommes prise dans l'armée active, un corps de 3,500 hommes formé avec la garde républicaine, les pompiers, les douaniers, etc., et tous les officiers de la garnison, conserveraient leurs armes.

Une division de 12,000 hommes et un corps de 3,500 hommes conservent leurs armes avec la garde nationale.

« M. de Bismark revint alors à la question de l'occupation du territoire situé entre les forts et l'enceinte ; il proposa de remettre la question au lendemain. Le général s'y opposa, et s'approchant de M. de Moltke, qui paraissait absorbé dans la contemplation de notre carte d'état-major :

Le général de Beaufort demande à ce que l'on établisse immédiatement la ligne de démarcation entre les forts et Paris.

« Vous savez aussi bien que nous, dit-il, monsieur de Moltke, que ces villages que vous voyez là, entre les forts et l'enceinte, sont encore occupés par leurs habitants ; ces malheureux trouvent à peine, au milieu de la dévastation qui les environne, de quoi suffire à leur propre existence. Ces villages forment d'ailleurs la banlieue immédiate de Paris. Leur imposer la charge d'une occupation militaire serait les condamner à la plus affreuse misère. »

« — Mais beaucoup de ces villages, répondit M. de

« Moltke, touchent les forts et en sont pour ainsi dire
« des dépendances. »

« Prenant alors un crayon, le général répondit :
« Ceux-là nous vous les abandonnons, mais nous vou-
« lons garder les autres ; à l'ouest, vos troupes ne dépas-
« seront pas la Seine, qui forme une excellente limite
« du Point-du-Jour à Saint-Ouen ; prenez Saint-Denis,
« mais Aubervilliers nous appartient. »

« En parlant ainsi, le général traçait vigoureusement
« au crayon, sur la carte du chef d'état-major général
« prussien, une ligne de démarcation qui comprenait
« les villages de Pantin, Montreuil, Fontenay-sous-Bois,
« Charenton et Vincennes, Ivry, Montrouge et Vanves,
« rasant le plus près possible tous les forts.

« Je ne réponds pas, ajouta le général, qu'il n'y ait pas
« quelques rectifications de détail à faire dans le tracé
« de cette ligne, mais ce sont là des questions peu im-
« portantes qui se décideront sur place, après la signa-
« ture de la convention.

« M. de Moltke admit le tracé général de cette ligne
« et emporta la carte dans une pièce voisine. En ren-
« trant cependant, il se récria à propos de Vincennes,
« dont il voulait occuper le château. Le général lui per-

Vincennes n'est pas livré aux Allemands. « suada que l'occupation de ce fort, dont la position est
« exceptionnelle, n'avait pour l'armée allemande aucune
« importance, tandis que la population parisienne tenait
« essentiellement à conserver Vincennes. Il l'emporta
« encore.

« J'anticipe un peu sur la suite de ce récit, pour
« joindre un document à l'appui de cette discussion.

« Pour éviter tout malentendu et conserver les avan-
« tages qu'il avait obtenus, le général, rentré le soir à
« son quartier général, et ne voulant pas revenir le len-

« demain à Versailles, expédia la dépêche suivante à
« M. Jules Favre :

« QUARTIER GÉNÉRAL.

« *Général de Beaufort à M. Jules Favre.*

« Neuilly, le 27 janvier, 9 h. 15 du soir.

« N'oubliez pas le traité par lequel, sur la carte de M. de Moltke, j'ai circonscrit, autour de Paris, la zone dans laquelle les Prussiens ne doivent pas pénétrer, du Point-du-Jour à Saint-Ouen ; la Seine forme la limite qui comprend ensuite Aubervilliers et tous les villages situés en arrière des forts de l'Est, Vincennes et Charenton. Sur la rive gauche, cette limite rase le plus près possible les forts et comprend tous les villages de la zone suburbaine.

« DE BEAUFORT. »

« La lecture de l'armistice, signé le lendemain et
« publié par le *Journal officiel*, montrera jusqu'à quel
« point ces conditions ont été observées.

« M. de Moltke n'ayant plus d'objections à faire, L'enceinte doit être désarmée.
« M. de Bismark continua sa lecture. Il fut convenu
« que l'enceinte serait désarmée de ses canons ; il était
« même stipulé dans les préliminaires que ces derniers
« seraient placés dans le fossé du corps de place. Le
« général démontra à M. de Moltke qu'il était aussi
« impossible de placer les 2,000 canons de l'enceinte
« dans les fossés, que de construire à Gennevilliers
« un baraquement pour 150,000 hommes. Il fut décidé
« que les pièces seraient démontées, laissées au pied
« du talus de banquette, dans la rue du rempart ; que
« leurs affûts seraient livrés aux Prussiens et trans-
« portés dans les forts qu'ils désigneraient à cet effet.

« Ainsi, nous devions livrer aux Prussiens toutes les
« armes des troupes actives, sauf celles de la division

« conservée, toute l'artillerie de campagne, et démonter
« notre artillerie de siége.

« M. de Bismark demanda alors si l'on fabriquait des
« fusils à Paris. Sur la réponse négative du général,
« il ajouta à la convention une clause qui interdisait,
« pendant l'armistice, l'introduction dans Paris d'ar-
« mes, de munitions et même d'engins servant à les
« fabriquer.

Les voies ferrées et fluviales sont affectées exclusivement au ravitaillement de Paris.

« Les voies ferrées et fluviales, sur la demande de
« M. de Bismark, furent spécialement affectées au ra-
« vitaillement de Paris, pour lequel les autorités prus-
« siennes étaient prêtes à donner toutes les facilités dé-
« sirables. Les routes furent réservées exclusivement
« aux convois et à la circulation des troupes allemandes.
« Les lignes du Nord et d'Orléans pouvaient être réta-
« blies en deux jours. Celle du Nord avait très-peu souf-
« fert, il n'y avait qu'un pont à réparer près de Creil.
« La ligne de Rouen, au contraire, était hors d'usage,
« et cela pour de longs mois, tant on l'avait ruinée.
« La ligne de Lyon avait moins souffert, mais exigeait
« huit ou dix jours de travaux.

« Bien que des navires eussent été coulés au-dessus
« de Rouen, le lit de la Seine pouvait être dégagé, et
« son cours utilisé pour le transport des denrées. Pour
« l'exécution de toutes ces réparations, le concours des
« ingénieurs et l'aide des soldats allemands furent cour-
« toisement offerts.

« A ce moment, les bases principales de la conven-
« tion étaient posées. Les derniers articles, presque
« exclusivement relatifs à des questions de détail, fu-
« rent lus par M. de Bismark et ratifiés immédia-
« tement.

Dissolution des corps francs.

« Le chancelier, en exigeant la dissolution des corps
« de francs-tireurs, avoua que les troupes allemandes

« avaient eu beaucoup à souffrir des attaques inces-
« santes de nos corps francs, surtout dans les Vosges,
« où ils avaient réussi à détruire un pont de chemin
« de fer.

« Telles furent les conditions de la convention qui a *Le général de Beaufort refuse de revenir le lendemain.*
« mis fin à la résistance de Paris. A 5 heures du soir,
« la discussion était terminée ; il ne restait plus qu'à
« s'entendre sur quelques points de détail et à signer.
« Or, le général ne voulait à aucun prix que le dernier
« acte important de sa vie militaire, si honorablement
« remplie, fût l'apposition de sa signature au bas de la
« capitulation de Paris. Sur l'observation de M. de
« Bismark, qu'il fallait revenir le lendemain pour s'en-
« tendre encore sur quelques points et signer (1) :

« Je considère ma rude mission comme terminée, dit
« le général ; c'est au chef d'état-major général de l'ar-
« mée de Paris qu'incombe le devoir d'apposer sa signa-
« ture au bas de la convention. »

« M. de Bismark s'inclina ; on se salua mutuel-
« lement, et nous reprîmes en voiture le chemin de
« Sèvres. »

De retour à Paris en même temps que le général de
Beaufort, M. Jules Favre rendait compte de l'entretien
que nous venons de raconter dans la séance ci-jointe.

Vendredi 27 janvier, 9 heures 45 du soir.

« M. Jules Favre annonce qu'il est parti ce matin
« pour Versailles avec le général de Beaufort. Il in-
« dique le détestable passage établi sur la Seine, à
« Sèvres, à l'aide d'un bateau troué de balles, et sans
« cesse sur le point d'être submergé. Il indique à cet

---

(1) Voir aux pièces justificatives n° XIX, le protocole du 26 janvier.

« égard avec tristesse combien il est frappé de notre
« incurie et de notre imprévoyance, en face d'un en-
« memi qui sait et prévoit tout.

« Dans son entrevue, à 2 heures, avec M. de Bis-
« mark, il a examiné chacune des conditions. Il a acquis
« la preuve que les Prussiens occupent presque la moi-
« tié de la France. Cependant, il est parvenu à déter-
« miner une zone neutre de 20 kilomètres ; la délimi-
« tation réservée pour être tracée ultérieurement du
« côté de Bourbaki, dont on prétend toujours que la
« situation est critique.

« Point de départ de l'armistice, le 28 ou le 27, sui-
« vant le jour de la signature ; armistice étendu à la
« marine.

« Il a proposé comme lieu de réunion de l'Assemblée,
« Bourges ; ce qui a été accepté par M. de Bismark,
« lequel a annoncé qu'une émeute, qu'on suppose être
« réactionnaire, avait éclaté le 21 dans cette ville.

« Quant à Saint-Denis et Vincennes, M. de Moltke a
« reconnu que la Prusse n'avait pas besoin de la ban-
« lieue, du moment qu'elle possédait les forts.

« M. le général de Valdan est introduit et désigné
« par le Conseil pour accompagner M. Jules Favre à la
« place du général de Beaufort.

« M. Jules Favre ajoute que M. de Moltke exigeait
« même que les sentinelles prussiennes fussent placées
« aux portes de Paris ; il n'a cédé que sur l'observation
« que tout serait abandonné en face de cette exigence,
« qui constituerait un outrage, et qui provoquerait
« chaque nuit à l'assassinat de ces sentinelles.

« Ce point ayant été réservé, on a continué à discuter
« la situation de la garnison. Il a été accordé que les
« officiers conserveraient leurs armes, et garderaient
« leurs troupes, cantonnées, après désarmement, dans

« la boucle de la Marne et dans la presqu'île de Gen-
« nevilliers.

« M. Jules Favre déclare avoir de nouveau insisté
« pour que la garnison tout entière conservât ses armes ;
« mais M. de Moltke lui a répondu qu'il ne pouvait con-
« sentir au maintien de l'armement des troupes *que si
« toute la garde nationale était désarmée.*

« M. Jules Favre ayant fait valoir l'impossibilité du
« baraquement, *a enfin obtenu que les troupes désar-
« mées resteraient dans Paris.*

« Messieurs les généraux déclarent que cette solution,
« excellente politiquement, est déplorable au point de
« vue militaire.

« M. le général Trochu reconnaît que continuer la
« guerre est impossible dans la situation où se trouve
« la France : l'armée, prisonnière de guerre, devra
« donc déposer les armes ; mais il voudrait que ces
« armes fussent déposées à Paris même, et transpor-
« tées ensuite dans les forts.

« M. le général Vinoy demande si l'on ne pourrait
« pas être autorisé sur parole à déposer les armes dans
« des magasins.

« M. Jules Favre, continuant son exposé, annonce
« qu'on a transigé en ce qui concerne le jet des canons
« dans les fossés ; les pièces seront retirées, et les affûts
« déposés dans les forts ; l'artillerie de campagne sera
« livrée à la Prusse, moins celle de la division res-
« tant armée, et celle appartenant à la garde nationale.

« M. de Moltke a fini par ne plus demander l'occu-
« pation que des villages situés sous les forts.

« Les chevaux d'artillerie ne seront pas livrés ; M. de
« Bismark les exigeait. Il ne les a abandonnés que sur
« l'observation que ces chevaux étaient la seule nour-
« riture de Paris.

« La garde nationale de la banlieue pourra se retirer
« dans Paris, si bon lui semble.

« M. le général Trochu demande ce qui a été convenu
« pour les communications télégraphiques et postales.

« M. Jules Favre répond que M. de Bismark lui a
« promis de résoudre ces deux questions à sa satis-
« faction.

« M. le général Trochu appelle l'attention sur la télé-
« graphie, indispensable pour les élections.

« M. Jules Favre déclare que la plus grande difficulté
« est de faire procéder à des élections dans la situation
« où se trouve la France. Cette difficulté, il faut pour-
« tant l'aborder, pour sauver la France. Que feront
« MM. Thiers, Grévy et de Talhouet?

« Déjà, M. l'amiral Fourrichon a discuté la délé-
« gation.

« Quant à l'indemnité de guerre, on demandait
« 500 millions; il a fait maintenir 200 millions seu-
« lement.

« M. de Bismark a terminé cette discussion vive et
« longue par une plaisanterie qu'il a qualifiée de sé-
« rieuse. Il a demandé qu'on lui livrât comme otages les
« journalistes, avec lesquels, a-t-il dit, on ne pourra
« jamais maintenir l'ordre pendant l'armistice.

« M. Garnier-Pagès demande dans quelle ville sera
« convoquée l'Assemblée; il déclare préférer Bordeaux.

« MM. Ferry, Pelletan, Dorian, se prononcent dans
« le même sens.

« M. Jules Favre fait observer qu'à Bourges on subi-
« rait une moins grande pression en faveur de la paix,
« mais il reconnaît que la ville ne pourrait suffire à
« loger les députés.

« La convocation à Bordeaux, mise aux voix, est
« adoptée.

« On annonce au Conseil que des groupes se forment
« à la rédaction du *Siècle*, et que l'on parle pour
« demain d'une grande manifestation sur la place de
« l'Opéra. Les amiraux prendraient la direction d'un
« mouvement de résistance à outrance.

« M. Ferry propose au Conseil l'approbation immé-
« diate des conditions apportées par M. Jules Favre.

« M. le général Trochu prie M. Jules Favre de sur-
« veiller attentivement la forme dans laquelle seront
« exposées ces conditions.

« M. Ferry signale avec émotion quel est le trouble
« plein d'angoisses patriotiques des chefs de bataillon ;
« il faut leur dire que le Gouvernement souffre de leur
« douleur, mais que l'honneur a été sauvegardé, et que
« jamais place de guerre n'a obtenu des conditions aussi
« dignes et aussi favorables.

« M. Garnier-Pagès indique la nécessité impérieuse
« qui exige que plusieurs membres du Gouvernement se
« rendent en province, pour y faire obéir les décisions
« prises, et pour combattre, au besoin, les menées mo-
« narchiques. Il propose de partir, et il croit que trois
« ou quatre membres du Gouvernement devraient en
« faire autant.

« M. Jules Favre croit que le grand péril et les
« grandes difficultés sont à Paris, ville assiégée sans
« l'être, et en proie à toutes les excitations. Il pense que
« la Délégation a, depuis quelque temps, abandonné
« Paris, et que M. Gambetta en a pris son parti ; aussi
« ne veut-il point d'élections, et s'y opposera-t-il très-
« probablement. Donc, suivant lui, tout est à faire à Pa-
« ris, et il demande, instantanément, qu'on nomme un
« ministre de l'intérieur, ses occupations au Ministère
« des affaires étrangères ne lui permettant pas de rem-
« plir convenablement cet intérim.

« M. le général Le Flô déclare que c'est l'armistice
« qui sauvera les armées de province désorganisées et
« battues. La France veut sortir de cette horrible situa-
« tion, et elle sait qu'elle n'en sortira que par la convo-
« cation d'une Assemblée.

« M. Jules Favre demande par quelle combinaison on
« pourrait quitter Paris sans le laisser dépourvu de
« gouvernement.

« M. Arago pense qu'il faut nommer un Conseil mu-
« nicipal.

« M. Jules Favre demande si les membres du Gou-
« vernement doivent accepter des candidatures de l'As-
« semblée nationale?

« Quels sont ceux qui iront en province, et quel gou-
« vernement établira-t-on à Paris?

« M. Picard trouve que ne pas être candidat ne lui
« paraît nullement résoudre la question d'absence de
« Paris. Suivant lui, au contraire, le suffrage universel
« doit être juge du Gouvernement.

« M. Jules Favre considère que la future Assemblée
« s'occupera, sans doute, fort peu de juger le Gouver-
« nement, en présence des grandes et douloureuses
« questions à traiter.

« M. Garnier-Pagès insiste en disant qu'il ne s'agit
« pas de partir pour aller siéger à l'Assemblée, mais
« bien pour se rendre en province, afin d'y prendre les
« mesures préparatoires destinées à combattre les me-
« nées des hommes qui n'attendent peut-être pas la réu-
« nion de l'Assemblée pour agir et faire triompher leurs
« idées monarchiques.

« M. Jules Favre continue à se montrer préoccupé de
« la difficulté de quitter Paris pour se rendre à l'As-
« semblée.

« M. Picard n'admet pas que les membres du Gou-
« vernement ne soient pas éligibles.

« M. Arago fait observer que si les membres du Gou-
« vernement ne sont pas éligibles, du jour où les dépu-
« tés de Paris seront élus, le Gouvernement n'aura plus
« aucun pouvoir. Il voudrait des élections municipales.

« M. Picard n'est pas d'avis de faire procéder à des
« élections municipales; mais il indique que l'Assem-
« blée nommera un pouvoir, et qu'en attendant, le
« Gouvernement laissera Paris entre les mains des dé-
« légués.

« Solution ajournée. »

JOURNÉE DU 28 JANVIER.

Le 28 au matin, le général de Valdan reçut l'ordre d'aller accompagner M. Jules Favre, pour régler avec l'état-major prussien les conditions de détail pour l'exécution de l'armistice en ce qui concernait les faits militaires pour Paris.

Le général de Valdan accompagne M. Jules Favre à Versailles.

« Je n'avais à m'occuper, dit le général de Valdan dans sa déposition, que de la ville de Paris, j'ignorais ce qui s'était passé en province. Quant à l'armée de l'Est, il n'en a été question que pour ajourner la décision. »

Ainsi, le 27, malgré les vives instances de M. le général de Beaufort, on ne parle de l'armée de l'Est que pour remettre la question au lendemain, et le lendemain, 28, devant le général de Valdan, appelé à remplacer le général de Beaufort, il n'en est pas question.

On convient de nouveau que la question relative à l'armée de l'Est sera encore ajournée.

« Il fut convenu, dit M. Jules Favre, que la détermination de la zone pour l'armée de l'Est serait faite lorsqu'on connaîtrait mieux les *positions respectives* des belligérants, et qu'alors cesseraient les hostilités. Le représentant de l'autorité militaire était près de moi, et ne fit aucune observation. »

Si M. le général de Valdan n'a pas fait d'observation, c'est qu'il ne savait pas, comme M. le vice-président du Conseil, « que l'armée de Bourbaki n'avait plus de refuge qu'en Suisse. » (1)

<small>Il est établi d'un commun accord que les opérations militaires continueront dans le Doubs, le Jura, la Côte-d'Or, indépendamment de l'armistice.</small>

Dans cette même journée du 28, tout en consentant à excepter l'armée de l'Est de l'armistice, M. Jules Favre demanda que le tracé des lignes de démarcation entre les armées belligérantes, dans les départements du Doubs, du Jura et de la Côte-d'Or, fût effectué aussitôt que les parties contractantes seraient renseignées *sur la situation des opérations militaires* en cours d'exécution... Mais il fut ajouté, *d'un commun accord*, la disposition suivante : « Les opérations militaires continueront dans le Doubs, le Jura, la Côte-d'Or, INDÉPENDAMMENT DE L'ARMISTICE, jusqu'au moment où l'on se sera mis d'accord sur le tracé réservé à une entente ultérieure des lignes de démarcation... »

Ainsi, d'une part, il est dit que *la détermination de la zone neutre aura lieu dans l'Est aussitôt que l'on sera renseigné sur la situation des opérations militaires;* de l'autre, qu'en attendant ces informations, les opérations engagées continueront indépendamment de l'armistice...

« Évidemment, les généraux allemands n'avaient qu'à
« se conformer à la seconde partie; ils n'avaient pas à

---

(1) M. Ulric Perrot. — La veille, on avait ajourné les négociations, parce que, disait-on, on ne savait pas où était l'armée de l'Est. N'a-t-on pas parlé devant vous des nouvelles qu'on en avait reçues?

M. le général de Valdan. — Non, monsieur.

Voir aux pièces à l'appui n° XVIII, déposition du général de Valdan devant la Commission d'enquête.

« tenir compte d'une autre clause formulée en vue d'une
« situation *qui n'existait pas.* » (1)

Le général de Valdan, dans cette même conférence, demanda, conformément aux instructions pressantes du général Trochu, le maintien d'une seconde division pour la conservation de l'ordre intérieur.

Le général de Valdan demande une seconde division d'infanterie dans Paris. M. de Moltke refuse.

M. le général de Moltke demeura sur ce point inflexible. On convint que les forts seraient occupés par les Allemands le lendemain, 29, à 9 heures du matin; on stipula la manière dont cette occupation se réaliserait; on régla les routes par lesquelles il serait permis de sortir de Paris et d'y entrer; on détermina enfin les détails d'exécution relativement à la remise des armes.

« Tout étant convenu, le traité fut signé. Il était 11 heures et quart du soir. M. le comte de Bismark, s'adressant alors à M. Jules Favre, lui dit : « Avez-
« vous un cachet? C'est l'habitude des chancelleries que
« pour des actes de cette importance, il y ait apposition
« de cachets. » M. J. Favre répondit : « Je n'en ai pas. »
Mais il tira une bague : « Cela vous suffit-il? — Parfaitement, » répondit M. de Bismark.

M. Jules Favre signe le traité d'armistice (2).

Les cachets mis, le négociateur français manifesta le désir de faire parvenir à Bordeaux la nouvelle de la conclusion de l'armistice. Il demanda deux sauf-conduits, l'un pour un membre du Gouvernement, l'autre pour un officier qu'il se proposait d'envoyer près de la Délégation.

« M. de Bismark m'offrit alors, dit M. J. Favre, d'ex-
« pédier une dépêche télégraphique à Bordeaux. Nous
« rédigeâmes ensemble, en présence du général de
« Valdan, cette dépêche. M. de Bismark la contre-

M. Jules Favre envoie une dépêche à Bordeaux dans laquelle il annonce l'armistice et ne fait pas mention de l'exception relative à l'armée de l'Est.

---

(1) Rapport du comte Daru.
(2) Voir aux pièces justificatives n° XX, la convention du 30 janvier.

« signa et se chargea de la faire parvenir à sa destina-
« tion. »

Elle était ainsi conçue :

Nous signons aujourd'hui un traité avec M. de Bismark. Un armistice de vingt et un jours est convenu; une Assemblée est convoquée à Bordeaux pour le 12 février. Faites connaître cette nouvelle à toute la France. Faites exécuter l'armistice, convoquez les électeurs pour le 8 février. Un membre du Gouvernement va partir pour Bordeaux.

Signé : J. FAVRE.

M. le comte de Bismark contresigna cette dépêche pour l'expédition.

La dépêche ainsi formulée ne mentionnait aucune exception et signifiait, par conséquent, que l'armistice était applicable à *toutes les armées, à celles de l'Est,* aussi bien qu'à celles de la Loire et du Nord.

« Je prends la responsabilité de cette dépêche, dit
« M. J. Favre dans sa déposition, mais je vous déclare
« qu'en ce moment j'étais dans un très-grand état de
« trouble.

« Je ne sais pas si M. de Bismark m'a dicté cette
« dépêche, mais je l'ai écrite avec une humiliation
« amère que rien ne peut rendre. Ecrire ainsi sous les
« yeux de cet homme, c'était horrible ! »

Dans une lettre annexée à sa déposition et adressée au président de la Commission, M. J. Favre a donné une autre explication de ce fait :

« Loin de croire nécessaire, a-t-il dit, de mentionner
« l'exception relative à l'armée de l'Est, je supposais

« qu'en annonçant l'armistice d'une manière générale,
« en donnant l'ordre de l'exécuter, l'armée de l'Est y
« était comprise; que la clause restrictive de la conven-
« tion disparaissait et que la délimitation de la zone
« resterait seule ajournée jusqu'au moment où l'on rece-
« vrait les informations attendues. Cette dépêche étant
« revêtue du contre-seing de M. de Bismark, l'armée
« de l'Est ne me paraissait plus menacée. »

A une heure du matin, M. J. Favre était de retour à Paris, où l'attendaient impatiemment les membres du Gouvernement.

M. Jules Favre revient à Paris dans la nuit du 28 au 29.

Il apportait le traité conclu et signé.

Il ne pouvait donner aucune nouvelle des armées de province. On lui avait assuré que les fils télégraphiques étaient coupés par les francs-tireurs et que les communications étaient complétement interrompues entre Versailles et Belfort. Il déploya les cartes sur lesquelles se trouvaient indiquées les parties de la France qui allaient être occupées par l'ennemi et les zones que l'on devait neutraliser. Il demanda au général Le Flô de vouloir bien se charger d'assurer l'exécution de cette partie de la convention.

Lecture fut ensuite donnée du texte du traité, tel qu'il venait d'être définitivement arrêté en vertu des pleins pouvoirs que le Conseil avait conférés à son négociateur. Puis M. J. Favre sollicita le départ immédiat pour Bordeaux d'un officier et d'un membre du Gouvernement pour assurer l'exécution de la convention hors de Paris.

Cependant M. Gambetta avait reçu, à 3 heures du matin, la dépêche laconique que M. J. Favre lui avait adressée de Versailles, et que M. le comte de Bismark avait expédiée à 11 heures 20 minutes du soir. Immédiatement, M. Gambetta avait fait connaître à la France

Le 29, à 3 heures du matin, M. Gambetta reçoit communication de la dépêche de M. Jules Favre il la

l'importante nouvelle qui lui était transmise et avait donné l'ordre à tous les généraux de suspendre les hostilités.

Quarante-huit heures s'écoulèrent, et pendant ce temps le Gouvernement resta muet, la Délégation demeura sans nouvelles de Paris. En vain elle télégraphia dans tous les sens, à tous nos agents, pour tâcher d'avoir des renseignements ; elle n'en obtint aucun. « Le membre du Gouvernement, dont on avait annoncé le départ, n'arrivait pas, et sa présence n'était signalée sur aucun point du chemin de fer. M. Gambetta s'en émut. » Il écrivit à M. J. Favre, le 30 janvier : « J'ai reçu le
« télégramme adressé par vous à la Délégation de Bor-
« deaux, le 28 janvier, à 11 heures 15 du soir, et par-
« venu à destination à 3 heures du matin ; le 29, nous
« l'avons porté sans commentaires, en le certifiant
« conforme, à la connaissance du pays tout entier ; de-
« puis lors nous n'avons rien reçu. Le pays est dans la
« fièvre, il ne peut se contenter de ces trois lignes. Le
« membre du Gouvernement dont vous nous annoncez
« l'arrivée, et dont vous ne nous avez pas dit le nom,
« n'est pas encore signalé par voie télégraphique, ni
« autrement, aujourd'hui 30 janvier, à 2 heures. Cepen-
« dant, il nous est impossible, en dehors de l'exécution
« pure et simple de l'armistice par les troupes et dont
« nous avons assuré le respect, de prendre les mesures
« administratives que comporte la convocation des élec-
« teurs, en l'absence de toutes explications de votre
« part et sans connaître le sort de Paris. »

La réponse à cette dépêche arriva à Bordeaux le 31 janvier, mais cette réponse était signée par M. de Bismark, et non par M. J. Favre ; elle était datée de Versailles, 12 heures 15 du matin, et conçue dans les termes suivants :

« Votre télégramme à M. J. Favre, qui vient de quit-
« ter Versailles, lui sera remis demain matin à Paris.
« A titre de renseignement, j'ai l'honneur de vous com-
« muniquer ce qui suit : L'armistice conclu le 28 du-
« rera jusqu'au 19 février. La ligne de démarcation,
« séparant les deux armées, part de Pont-l'Évêque, etc.
« *Les hostilités continuent devant Belfort et dans le*
« *Doubs, le Jura et Côte-d'Or, jusqu'à entente.* As-
« semblée nationale à convoquer ; reddition de toute la
« population de Paris ; armée de Paris prisonnière de
« guerre, sauf effectif nécessaire pour maintenir sûreté
« intérieure ; la garde nationale reste armée. Les troupes
« allemandes n'entreront pas en ville pendant l'armis-
« tice. Paris ravitaillé. Circulation libre pendant les
« élections. »

Ainsi, M. J. Favre avait télégraphié, en termes généraux, qu'un armistice de vingt et un jours avait été conclu, et que cet armistice devait être exécuté partout. On
avait obéi à son ordre ; et voilà que M. de Bismark
écrit à M. Gambetta que les hostilités continuent *devant
Belfort, dans le Doubs, dans le Jura et dans la Côte-
d'Or jusqu'à entente ultérieure et définitive.*

Au même moment, M. le général Chanzy transmettait à la Délégation le texte même du traité, dont il
avait reçu communication du prince Frédéric-Charles,
et dans lequel on lisait :

« Art. 10. — Les opérations militaires, sur le ter-
« rain du Doubs, du Jura, de la Côte-d'Or, ainsi que
« le siége de Belfort, continueront, indépendamment de
« l'armistice. »

Cette nouvelle fut un coup de foudre pour M. Gambetta. L'armée de l'Est n'était pas comprise dans l'ar-

mistice! Il ne l'avait pas su! Il adressa immédiatement, à M. J. Favre, une lettre irritée :

« L'ajournement inexplicable, auquel votre télé-
« gramme ne faisait aucune allusion, des effets de l'ar-
« mistice, en ce qui touche Belfort et les départements
« de la Côte-d'Or, du Doubs et du Jura, donne lieu aux
« plus graves complications. Dans la région de l'Est,
« les généraux prussiens poursuivent leurs opérations
« sans tenir compte de l'armistice, alors que le minis-
« tre de la guerre, croyant pleinement aux termes de
« votre impérative dépêche, a ordonné à tous les chefs
« de corps français d'exécuter l'armistice et d'arrêter
« leurs travaux, ce qui a été exécuté RELIGIEUSEMENT
« PENDANT 48 HEURES. Il faut sur-le-champ fixer l'ap-
« plication de l'armistice à toute la région de l'Est et
« réaliser, comme c'est votre devoir, cette entente ulté-
« rieure dont parle la convention du 28 janvier. Entre-
« temps, nous autorisons les généraux français à con-
« clure des suspensions d'armes d'une durée nécessaire
« pour nous faire parvenir et nous communiquer les
« lignes de démarcation arrêtées ou proposées par eux.
« Je vous prie de me faire prompte réponse. »

CHAPITRE IV

COUP D'ŒIL SUR LA SITUATION DE L'ARMÉE DE L'EST

Maintenant que nous avons établi jour par jour les graves événements qui se sont succédé à Versailles, nous sommes forcément amené à dire un mot de la situation de l'armée de l'Est, afin de bien établir qu'elle pouvait retraiter tout entière sur Lyon, si à Versailles on avait seulement pensé à elle...

Le 27 janvier, à 3 heures du matin, le général Clinchant recevait l'ordre de prendre le commandement de l'armée de l'Est.

Suivant une décision prise antérieurement par le général Bourbaki, dans le conseil de guerre du 25, le nouveau commandant en chef de la 1re armée décide que l'on marchera sur Lyon par la route de Champagnole.

Le général auxiliaire Cremer, continuant à exécuter l'ordre qu'il avait reçu le 26, se porte sur Salins, point stratégique qui nous garantissait la route de Champagnole... mais devancé à Salins par l'ennemi, Cremer ne peut accomplir sa mission (1).

La route de Champagnole perdue, le général Clinchant donne ses ordres le 28 pour concentrer toute son armée autour de Pontarlier et retraiter par la route de la Mouthe, courant parallèlement au Jura (2). Cette route de la Mouthe ou de la Montagne, passant par Mouthe, la Chaux-Neuve, Foncine, Saint-Laurent, Saint-Claude, est très-bonne et praticable aux voitures... A la Chaux-Neuve se détache un chemin intérieur, très-bon pour l'infanterie et la cavalerie, qui traverse la Chapelle-des-Bois, Morez et Gex...

Ainsi, le 28 nous avons encore une très-bonne route, partout carrossable, qui, à 30 kilomètres de Pontarlier, se subdivisant en deux, permet un écoulement facile et rapide.

Pour tenir cette route, il suffit de garder les défilés de Bonnevaux, des Planches et de Morillon.

Le défilé de Bonnevaux fait communiquer la route de la Mouthe à celle de Champagnole-Pontarlier par Censeau, Bonnevaux et Vaux.

---

(1) Salins se trouve à la bifurcation de deux routes qui viennent aboutir à la route de Pontarlier à Champagnole.
(2) Voir croquis n° 20 *bis*.

Les défilés des Planches et de Morillon mettent en communication les deux mêmes routes par la grande voie Champagnole, Cise, Saint-Laurent, et par le chemin Syam, les Planches, Foncine-le-Bas.

Ce même jour, 28, le général Clinchant prescrit à Cremer d'aller occuper, sans retard, avec l'une de ses brigades et 700 cavaliers, les défilés ci-dessus désignés... ces points solidement gardés, la route de la Mouthe, protégée par une chaîne de montagnes presque infranchissable, se trouvait à l'abri de toute tentative.

Le général Clinchant apprêtait à se mettre en marche par le chemin e la Mouthe quand reçoit une dépêche M. Gambetta lui sant que vu l'armistice doit rester dans s positions.

Le 29, Cremer arrivait aux Planches; il devait immédiatement avertir le général Clinchant si l'état des routes permettait d'y engager l'artillerie. Dans le cas où il y aurait impossibilité, le commandant de la 1re armée devait laisser toute son artillerie sous la protection du fort de Joux, et filer avec son infanterie et sa cavalerie.

Le 29, dans l'après-midi, le général Clinchant, bien que n'ayant reçu aucune nouvelle de Cremer, allait se mettre en marche, en faisant commencer le mouvement par l'infanterie, quand il reçut une dépêche de M. Gambetta, annonçant la conclusion de l'armistice.

29 janvier.

Guerre au général Clinchant.

Un armistice de vingt et un jours vient d'être conclu par le Gouvernement de Paris. Veuillez, en conséquence, suspendre immédiatement les hostilités, en vous concertant avec le chef des forces ennemies en présence desquelles vous pouvez vous trouver.

Vous vous conformerez aux règles pratiques suivies en pareil cas.

Les lignes des avant-postes respectifs des forces en présence seront déterminées sur-le-champ et avec précision, par l'indication des localités, accidents de terrain et autres points de repère. Le procès-verbal constatant cette délimitation sera échangé et signé des deux commandants en chef ou de leurs représentants.

Aucun mouvement des armées, en avant des lignes ainsi déterminées, ne peut être effectué pendant toute la durée de l'armistice. Il en est de même du ravitaillement et de tout ce qui est nécessaire à la conservation de l'armée, qui ne peut non plus s'effectuer en avant desdites lignes.

Donnez également des instructions aux francs-tireurs, afin d'éviter toute difficulté ultérieure.

Comme le général Clinchant recevait cette dépêche, il apprenait que le général Dastugue qui tenait le défilé de Sombacourt au nord-ouest de Pontarlier sur la route de Salins, s'était laissé surprendre par l'ennemi, qu'il avait perdu la position et une partie de sa division.

<small>En même temps que la dépêche annonçant l'armistice, le général Clinchant recevait la nouvelle qu'une de ses divisions avait été attaquée à Sombacourt, au nord de Pontarlier</small>

Devant ces faits : armistice annoncé par le Gouvernement et attaque de l'ennemi, deux hypothèses étaient admissibles... ou le télégramme adressé de Versailles au général de Manteuffel, pour annoncer l'armistice n'était pas encore arrivé, ou le général de Manteuffel, bien que prévenu de l'armistice, avait attaqué Sombacourt afin de resserrer de plus en plus l'armée française dans ses cantonnements et augmenter ses difficultés de ravitaillement.

Le général Clinchant rend compte immédiatement au ministre de la guerre de l'affaire de Sombacourt et adresse une lettre par parlementaire au général Manteuffel pour faire cesser ces malentendus qui, à son avis, ne pouvaient être de longue durée. Néanmoins, craignant une nouvelle attaque de l'ennemi, il prend ses dispositions afin que sa dernière ligne de retraite par le chemin de la Mouthe ne soit pas coupée ; il envoie la division Ségard et une brigade de la division Cremer à Frasne pour couvrir la route du défilé de Bonnevaux.

<small>Le général Clinchant rend compte à l'affaire de Sombacourt à Gambetta et cherche à s'aboucher avec le général Manteuffel. Dans la crainte d'une nouvelle attaque le général Clinchant fait occuper le défilé de Bonnevaux qui donnait accès sur la route de la Mouthe.</small>

En réponse à la dépêche du général Clinchant, M. Gambetta « déclare que l'attaque du général de Manteuffel est une violation formelle de la convention signée à Versailles. » (1)

Réponse 1 général de Manteuffel général Clinchant.

Le 30 janvier, le général de Manteuffel répondait dans ces termes à la lettre du général Clinchant :

J'ai eu l'honneur de recevoir aujourd'hui, 30 janvier, pendant la marche, votre lettre d'hier datée de Pontarlier.

Son contenu doit renfermer, en partie du moins, une erreur, car selon la teneur de la communication officielle qui m'a été faite par le grand quartier général de Sa Majesté Royale, mon gracieux maître, à Versailles, il a été conclu, par suite de la capitulation de Paris, un armistice immédiat en ce qui concerne les armées de Paris, et commençant le 31 de ce mois, à midi.

Pour les première et deuxième armées de Sa Majesté, au contraire, l'armistice ne comprend pas les armées opérant dans les départements de la Côte-d'Or, du Jura et du Doubs, et j'ai à poursuivre mes opérations jusqu'à ce que j'aie obtenu un résultat décisif. Par suite, il ne m'est pas possible, pour le moment, de consentir aux propositions de Votre Excellence. Mais Votre Excellence me dit que vous avez mission pour traiter toutes les questions qui peuvent avoir rapport avec la convention passée devant Paris; j'y vois une possibilité d'arrêter ici la continuation de l'effusion du sang. Je m'y prêterai toujours volontiers. Si Votre Excellence est pénétrée de ce sentiment, si vous avez l'intention, après la résistance courageuse qu'a montrée l'armée française, de me faire des propositions qui répondent à la situation militaire du moment dans ce pays, je prie Votre Excellence de me les transmettre jusqu'à demain à Levier. Mais je dois répéter ici, encore une fois, pour éviter tout malentendu, qu'aucun armistice n'existe pour nous jusqu'à présent, et qu'ainsi, par cette correspondance entre Votre Excellence et moi, les opérations ne sont pas suspendues.

Signé : MANTEUFFEL.

---

(1) « La prétention du général Manteuffel, disait M. Gambetta, de discuter l'armistice et de refuser de l'appliquer à l'armée de l'Est, est la violation formelle de la convention signée à Versailles, dans laquelle il est dit que l'armistice est immédiat, et qu'il s'applique à toutes les armées de terre et de mer des deux puissances belligérantes.

« Signifiez-en bien le texte au général Manteuffel par parlementaire; et dressez procès-verbal, tant du retard et des difficultés soulevées, que de la réponse qui vous sera faite, et dénoncez-moi le tout. »

Dès que le général Clinchant reçut cette lettre, il essaya de conclure un armistice de trente-six heures, afin de laisser le temps aux deux Gouvernements de s'expliquer sur ce malentendu. Le 31, à 10 heures, le colonel d'état-major français Varaigne se présentait au quartier général ennemi.

Ci-joint le procès-verbal allemand de cette entrevue.

« Le chef d'état-major du 20ᵉ corps, colonel Varaigne,
« se présenta ce matin (31 janvier), à 10 heures, au
« quartier-général, à Villeneuve, au nom du général
« commandant l'armée française, général Clinchant,
« avec pleins pouvoirs de sa part pour traiter un armis-
« tice de trente-six heures avec le général commandant
« l'armée allemande du Sud, dans le but d'éclaircir dans
« ce temps, la différence d'opinion concernant l'étendue
« de l'armistice de vingt et un jours conclu à Versailles.

« L'armistice proposé de trente-six heures fut refusé,
« parce que le télégramme, parvenu au quartier géné-
« ral de l'armée du Sud, de la part du général comte de
« Moltke, *daté de 11 h. 10 min. du soir*, contient l'or-
« dre positif que les départements de la Côte-d'Or,
« du Jura et du Doubs sont exceptés de l'armistice, et
« que les opérations militaires de l'armée du Sud doi-
« vent être continuées jusqu'à leur décision.

« Le colonel Varaigne présenta les télégrammes par-
« venus au général commandant l'armée française, de
« la part de son Gouvernement, d'après lesquels il est
« d'avis que l'armistice comprend toute la France, et
« s'étend aussi aux armées opérant dans l'Est.

« En face de cette différence d'opinions, on ne par-
« vint pas à un arrangement. Cependant, pour éclair-
« cir la situation le plus vite possible, un télégramme
« chiffré fut adressé, de la part du quartier-général de
« l'armée du Sud, au général comte de Moltke, et le

« colonel se chargea de le faire parvenir à son adresse
« par la voie qui semblait la plus prompte, par Bor-
« deaux. En attendant, le colonel Varaigne fut averti
« qu'un retard dans les opérations de l'armée du Sud,
« jusqu'à l'arrivée de la réponse attendue ne pouvait
« avoir lieu.

« *Signé :* Le colonel Wartensleben.

« Le colonel Varaigne. »

Les Allemands, profitant du temps d'arrêt ordonné par le Gouvernement de Bordeaux, nous coupent notre dernière ligne de retraite.

Pendant tous ces pourparlers, l'ennemi continuant à faire marcher ses colonnes, se portait sur le défilé de Bonnevaux, de manière à nous couper notre dernière ligne de retraite.

Les officiers prussiens appartenant au corps ennemi placé en face la division Ségard et la brigade Cremer vinrent, le matin du 31, aux avant-postes, et causèrent avec nos officiers de l'armistice... armistice auquel ils croyaient sans doute comme nous... « mais bientôt rappelés à leurs corps, ces mêmes officiers allemands revinrent prévenir la division Ségard qu'ils avaient l'ordre d'attaquer. Malheureusement le général Ségard voulut éviter le combat ; il se retira et découvrit le défilé de Bonnevaux... »

Notre dernière ligne de retraite sur Lyon était enlevée, nous n'avions plus qu'à nous jeter en Suisse.

Le 31 au soir, l'armée de l'Est partit pour Verrières... Nos derniers soldats quittaient Pontarlier, le 1ᵉʳ février, quand l'ennemi s'y présenta ; il suivit la queue de nos colonnes et engagea avec l'arrière-garde un combat très-vif, près du fort de Joux. A six heures du soir, toutes nos troupes avec leur matériel se trouvaient en sûreté de l'autre côté de la frontière, et le général Clinchant télégraphiait à M. Gambetta :

« *Général Clinchant au Ministre de la guerre.*

« Je pars en Suisse avec l'armée et le matériel. Les
« Allemands ont continué les hostilités, malgré ma pro-
« testation, et menacé de me couper ma retraite même
« sur la Suisse. Avec la démoralisation de mes troupes,
« un désastre entraînant la perte de l'armée et de mon
« matériel était imminent. J'ai donc dû me résoudre à
« cette douloureuse extrémité, préférant conserver à la
« France des ressources qui lui seraient précieuses... »

Le 26, l'armée de l'Est, battue, s'est repliée sur *Résumé des faits* Besançon. M. de Bismark le sait et l'apprend à M. Jules Favre ; il lui dit que Bourbaki est mort, que nos troupes n'ont plus d'autre refuge que la Suisse : M. J. Favre ne se trouve pas suffisamment RENSEIGNÉ, il décide qu'il attendra pour déterminer les conditions de la suspension des hostilités dans l'Est... La pensée constante de sauver l'honneur de la garde nationale de Paris absorbait-elle M. Jules Favre au point de l'empêcher de songer à l'armée de l'Est battue.... sans vivres... au milieu des neiges... n'ayant plus de général et acculée à la Suisse ?

Cependant le général Clinchant succède au général Bourbaki le 27 (3 heures du matin)... le salut de l'armée lui paraît très-possible ; il la rassemble autour de Pontarlier... Le 29, il va s'engager sur la route *de la Mouthe*, quand il reçoit la dépêche de M. Gambetta lui annonçant l'armistice avec ordre de rester dans les positions occupées... Le mouvement de retraite est suspendu et l'on perd les trente heures d'avance que l'on avait sur l'ennemi... Au lieu de marcher, on reste, sur la foi de la dépêche de Bordeaux, autour de Pontarlier...

on échange des dépêches, des explications, le 29, le 30 et le 31. «.Si, comme je me disposais à le faire, « dit le général Clinchant, je m'étais mis en mouvement « le 29, j'aurais certainement accéléré la retraite de « mon infanterie par la Chapelle-des-Bois ou la Foncine, « suivant les circonstances, de manière à la rendre à peu « près assurée. Quant à l'artillerie et aux bagages, on « aurait pu les mettre à l'abri sous le canon du fort de « Joux. »

M. le général Borel, chef d'état-major de l'armée, et M. l'amiral Penhoat, confirment cette déclaration.

Cependant, durant ces trois jours, l'ennemi n'en continue pas moins ses opérations, il enveloppe partout nos troupes et ne leur laisse d'autre voie ouverte que celle de la Suisse...

Pourquoi M. Jules Favre qui, le 26, savait la position désastreuse de l'armée de Bourbaki, a-t-il consenti à accepter la proposition de suspendre toute décision relative aux belligérants dans la région Est ?

Pourquoi n'a-t-il pas tranché immédiatement cette question qui de toutes était la plus urgente ?

Enfin, pourquoi M. Jules Favre a-t-il écrit, dans son télégramme à M. Gambetta, le 28, *d'exécuter partout l'armistice*, quand une exception relative à l'armée de l'Est était stipulée dans l'acte même revêtu de sa signature???

. . . .
. .. .

M. Jules Favre écrivant, le 2 janvier, à M. Odo Russel qu'il renonçait à se « rendre à la conférence de Lon-
« dres, qu'il renonçait à accomplir ce grand devoir
« POUR UN AUTRE PLUS GRAND ENCORE, devant lequel toute
« considération s'effaçait », aurait dû être moins scrupu-

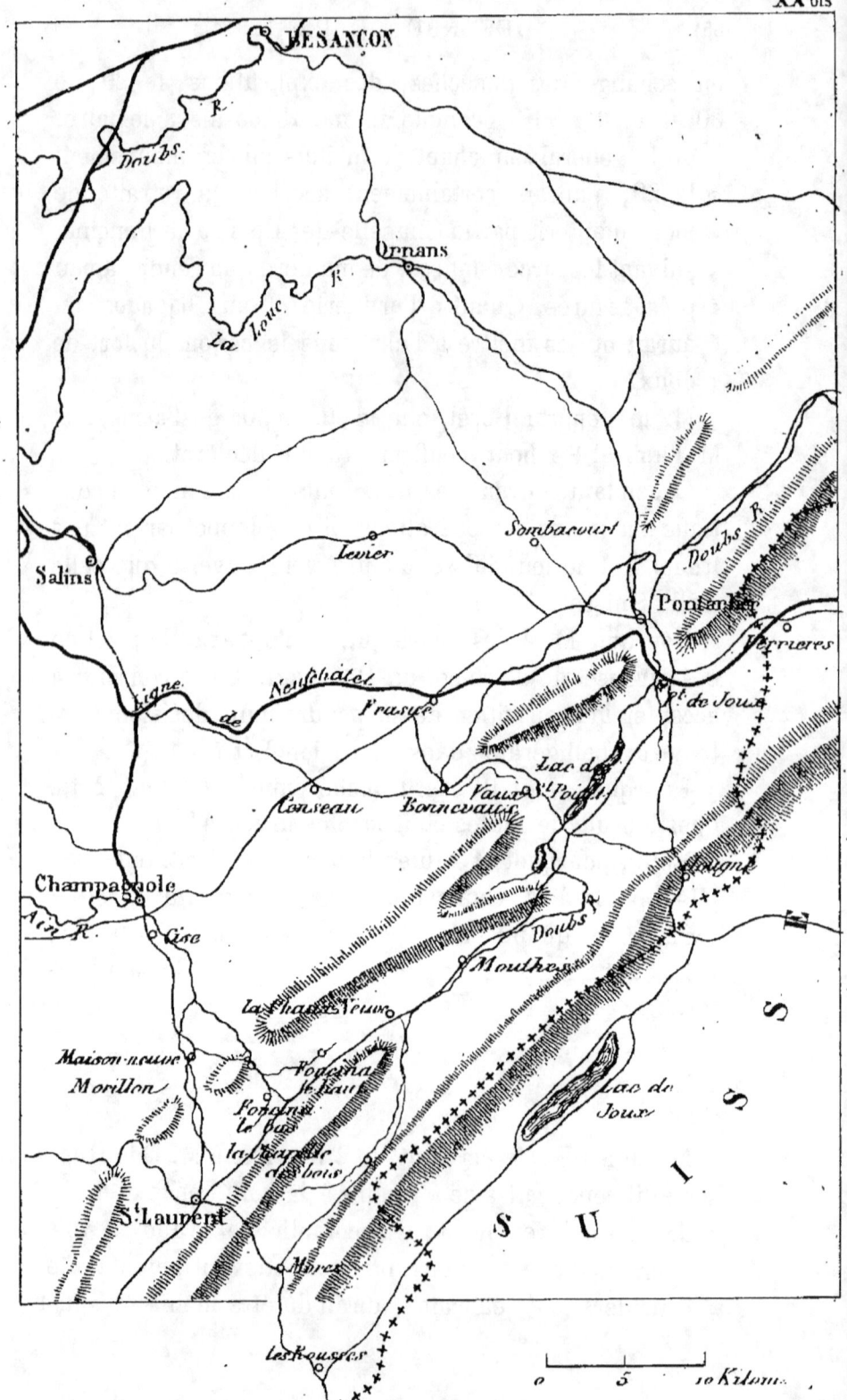

DÉFENSE DE PARIS.

leux.... Si alors il avait quitté Paris, nous n'aurions pas perdu une armée !!! (1)

Nous terminerons ce récit de l'armistice par le télégramme du roi Guillaume :

Versailles, 29 janvier 1871.

A l'Impératrice et Reine.

Hier soir, un armistice de trois semaines a été signé. Ligne et garde mobile prisonnières de guerre et internées dans Paris. Garde nationale sédentaire sera chargée du maintien de l'ordre. Nous occupons tous les forts. Paris reste cerné et pourra se ravitailler quand les armes seront rendues. Une Constituante sera convoquée à Bordeaux dans quinze jours. **Les armées en rase campagne conserveront leurs positions respectives et seront séparées par une ligne de démarcation.**

C'est la première récompense, pleine de grâce, pour le patriotisme, l'héroïsme et les grands sacrifices ; je bénis Dieu pour cette nouvelle grâce. Que la paix suive bientôt !

Signé : GUILLAUME.

« L'état-major allemand, *moins généreux* que le
« souverain, n'avait pas fait honneur à la parole royale.
« *Toutes les armées en rase campagne* n'avaient pas
« conservé, dans l'immobilité, leurs positions respec-
« tives, ainsi que le Roi l'avait annoncé et voulu » (2).

CHAPITRE V

L'ARMISTICE EST ANNONCÉ A PARIS.

L'armistice signé, il fallait le faire accepter à Paris et en province. Dès le 27 le Gouvernement l'avait annoncé par la note suivante, datée du 26 :

<small>Note du Gouvernement annonçant l'armistice.</small>

---

(1) Voir aux pièces justificatives n° XXI, les dépositions des généraux Bourbaki, Clinchant, Borel...

(2) Rapport du comte Daru.

« Tant que le Gouvernement a pu compter sur l'arrivée d'une armée de secours, il était de son devoir de ne rien négliger pour prolonger la défense de Paris. En ce moment, quoique nos armées soient encore debout, les chances de la guerre les ont refoulées, l'une sous les murs de Lille, l'autre au delà de Laval, la troisième opère sur la frontière de l'Est. Nous avons dès lors perdu tout espoir qu'elles puissent se rapprocher de nous, et l'état de nos subsistances ne nous permettra plus d'attendre.

« Dans cette situation le Gouvernement avait le devoir absolu de négocier. Les négociations ont lieu en ce moment.

« Tout le monde comprendra que nous ne pouvons en indiquer les détails sans de graves inconvénients.

« Nous espérons pouvoir les publier demain. Nous pouvons cependant dire dès aujourd'hui que le principe de la souveraineté nationale sera sauvegardé par la réunion immédiate d'une Assemblée ; que pendant cet armistice l'armée allemande occupera les forts, mais n'entrera pas dans l'enceinte de Paris ; que *nous conserverons notre garde nationale intacte* et une division de l'armée et qu'aucun de nos soldats ne sera emmené hors du territoire... »

État des esprits. La suspension des hostilités fut accueillie par la population avec émotion, mais cependant comme une fin prévue. Beaucoup trouvaient dans ce malheur attendu une compensation : « *L'armistice allait leur donner du pain et la liberté de renouer avec la France.* » En somme, contrairement aux craintes, aux terreurs des membres du Gouvernement qui s'étaient honteusement hâté de jeter au peuple cette basse flatterie : « *Nous conserverons intacte notre garde nationale* », Paris accueillit avec assez de calme la nouvelle de la fin de la résistance. Ce qui prouve une fois de plus que l'on aurait pu traiter plus tôt, d'autant plus que deux mois auparavant, on l'aurait fait dans de meilleures conditions (1).

A la vérité quelques troubles se produisirent sur certains points ; mais, provoqués par des agitateurs sans conséquence, ils n'eurent aucune suite... C'est ainsi que le 175ᵉ bataillon vint manifester devant l'Hôtel-de-Ville en criant : « A bas les traîtres ! » mais au bout d'une ou deux heures de vociférations, il se retira sans avoir provoqué le moindre mouvement populaire.

« Le soir, à 8 heures et demie, les rapports de la police constatèrent que l'attitude de la population était surtout résignée et que les tentatives de provocation et d'émeutes étaient demeurées inutiles. »

La nuit fut un peu plus agitée.

Trente-cinq chefs de bataillon s'étant réunis dans la salle du *Gaulois*, boulevard de Sébastopol, déclarèrent qu'ils n'acceptaient pas d'armistice. Ils élurent un nouveau commandant de la garde nationale, le sieur *Brunel* (2), chef du 107ᵉ bataillon, en lui donnant pour chef d'état-major un nommé Piazza. Espérant rallier à eux une partie de l'armée et surtout les marins, ils proposè-

---

(1) Lorsque le général Ducrot disait, après Champigny, à M. J. Favre, qu'il fallait faire connaître la vérité, qu'il fallait préparer la population de Paris à sa situation, et qu'alors elle comprendrait forcément la nécessité de traiter, M. le Ministre des affaires étrangères lui répondit : « Ah ! général, prenez garde aux fureurs populaires ! » On voit que la crainte ou la flatterie inspira la plupart des actes du Gouvernement de la Défense.

(2) La Commune *même* se servit peu de ce général de boulevard. Le 25 mars, elle le confirma dans ce grade ; le 28, il était élu membre de la Commune ; le 2 avril, mis en disponibilité comme général.

rent de se rendre au fort de l'Est trouver l'amiral Saisset pour le mettre à leur tête.

Le rappel fut battu à minuit à Belleville, dans le faubourg du Temple, dans le X⁰ et le XIII⁰ arrondissement, etc. A 1 heure le tocsin sonnait à Saint-Laurent, à l'église Bonne-Nouvelle, à Saint-Vincent-de-Paul.

Sur certains points, devant Saint-Laurent, à la mairie du Temple, quelques centaines de gardes nationaux se réunirent; mais ne sachant où aller, fatigués d'attendre, ils se dispersèrent peu à peu ; quelques officiers plus tenaces allèrent protester de la capitulation, qui chez Mme l'amirale Saisset, qui chez l'amiral Bosc, qui chez le général Ducrot... ils furent tous facilement éconduits (1).

Le lendemain matin, le préfet de police faisait arrêter sans la moindre difficulté Brunel et Piazza dans une

---

(1) Le général Ducrot, après s'être démis de son commandement, était venu s'établir rue Abbatucci... Au milieu de la nuit du 27 au 28, il fut brusquement réveillé par une députation d'officiers de la garde nationale... Introduits, l'un d'eux dit au général : « Nous sommes de braves gens qui ne demandons qu'à nous faire tuer pour sauver l'honneur de Paris. Nous ne pouvons nous résoudre à capituler.... Bourbaki n'est qu'à deux journées de marche de la capitale; les traîtres veulent se hâter de signer l'armistice avant son arrivée...

« — Vous êtes dans la plus profonde erreur, leur dit le général, l'armée de l'Est, loin d'être à deux jours de Paris, est acculée à la Suisse, et de désespoir le général Bourbaki s'est brûlé la cervelle.... Puisque vous êtes de braves citoyens, votre patriotisme doit vous commander le calme, la résignation; le moindre trouble dans la rue ne ferait qu'aggraver la situation déjà si difficile et si malheureuse.

« — Eh bien ! général, puisque nous n'avons pu résister seuls à l'envahisseur, il faut nous allier à tous nos frères d'Europe et faire une guerre à mort aux tyrans et à leurs satellites. Nous vous mettrons, général, à la tête de cette coalition des opprimés contre les oppresseurs; nous combattrons ensemble ces rois et ces empereurs qui partout écrasent le peuple. »

Le général les engagea de nouveau à rester calmes et les congédia.

N'est-il pas évident que ces hommes appartenaient à l'Internationale, et que, dans leur démarche, apparaissent les germes de l'insurrection du 18 mars ?

maison du boulevard du Prince-Eugène. Cette tentative d'insurrection, trop prématurée pour réussir, échoua donc complétement.

Le 28, l'*Officiel* paraissait avec cette proclamation :

Paris, le 28 janvier 1871.

Citoyens, la convention qui met fin à la résistance de Paris n'est pas encore signée, mais ce n'est qu'un retard de quelques heures.

Les bases en demeurent fixées telles que nous les avons annoncées hier :

L'ennemi n'entrera pas dans l'enceinte de Paris ;

La garde nationale conservera son organisation et ses armes ;

Une division de douze mille hommes demeure intacte ; quant aux autres troupes, elles resteront dans Paris, au milieu de nous, au lieu d'être, comme on l'avait d'abord proposé, cantonnées dans la banlieue ;

Les officiers garderont leur épée.

Nous publierons les articles de la convention aussitôt que les signatures auront été échangées, et nous ferons, en même temps, connaître l'état de nos subsistances.

Paris veut être sûr que la résistance a duré jusqu'aux dernières limites du possible ; les chiffres que nous donnerons en seront la preuve irréfragable, et nous mettrons qui que ce soit au défi de les contester. Nous montrerons qu'il nous reste tout juste assez de pain pour attendre le ravitaillement, et que nous ne pouvions prolonger la lutte sans condamner à une mort certaine deux millions d'hommes, de femmes et d'enfants.

Le siége de Paris a duré quatre mois et douze jours ; le bombardement, un mois entier. Depuis le 15 janvier, la ration est réduite à 300 grammes ; la ration de viande de cheval, depuis le 15 décembre, n'est que de 30 grammes. La mortalité a plus que triplé. Au milieu de tant de désastres, il n'y a pas eu un seul jour de découragement.

L'ennemi est le premier à rendre hommage à l'énergie morale et au courage dont la population parisienne tout entière vient de donner l'exemple. Paris a beaucoup souffert ; mais la République profitera de ses longues souffrances, si noblement supportées. Nous sortons de la lutte qui finit, retrempés pour la lutte à venir; nous en sortons avec tout notre honneur, avec toutes nos espérances, malgré les douleurs de l'heure présente. Plus que jamais, nous avons foi dans les destinées de la Patrie.

(*Suivent les signatures.*)

Le même jour, le général Clément-Thomas faisait afficher l'ordre suivant :

La nuit dernière, des officiers de la garde nationale ont tenté de réunir leur troupe et de prendre des dispositions militaires en dehors de tout commandement.

Le général, tout en ressentant aussi vivement la douleur patriotique qui les a égarés, ne saurait partager leurs illusions, et il a la douleur de prévenir la garde nationale qu'en cédant à de tels entraînements, elle compromettrait un armistice honorable et l'avenir de Paris et de la France entière.

Quelque douloureux qu'il puisse être pour un chef de calmer les ardeurs de la troupe placée sous son commandement, et de blâmer comme une faute les actes qu'elles inspirent, le commandant supérieur n'hésite pas à le faire dans cette circonstance.

Il rappelle à la garde nationale que de son attitude, du calme et de la dignité avec lesquels sera supportée la douleur qui nous atteint, dépendent aujourd'hui l'ordre dans Paris, dont elle va être la garnison, et le ravitaillement de cette grande ville, dont l'éternel honneur sera d'avoir prolongé la lutte au milieu des plus cruelles privations et jusqu'au complet épuisement de ses ressources.

Paris, 28 janvier 1871.

Le Général, commandant supérieur des gardes nationales de la Seine,

CLÉMENT-THOMAS.

Quelques heures auparavant, le général Clément-Thomas avait convoqué les plus exaltés des chefs de bataillon de la garde nationale, environ une cinquantaine, pour leur exposer la situation, et les engager à employer leur influence pour calmer les sentiments si irritables de la population parisienne.

Dès les premiers mots, le général est interrompu violemment par ces hommes, qui ne voyaient dans la capitulation que la fin de leurs grades, de leurs traitements.

Devant ces murmures, ces menaces, le général Clément-Thomas indigné ne peut se contenir... il s'écrie, en apostrophant les officiers par leurs noms : « Vous
« voulez combattre, mais pour cette lutte désespérée,
« faut-il compter sur vous, commandant, qui vous ca-
« chiez avec votre bataillon à Buzenval derrière un abri
« sûr?... Et vous, un tel, marcherez-vous demain,
« vous que j'ai vu de mes yeux refuser d'avancer au
« feu, malgré les ordres précis et répétés, et vous, si
« brave en paroles, ne vous ai-je pas rencontré blotti
« dans un fossé? » (1)

Le dernier mot sur la *furia patriotique* de la garde nationale devait être donné par celui qui la connaissait si bien!!! (2)

---

(1) Déposition de M. Ossude devant la Commission d'enquête parlementaire.

(2) Nous ne nous arrêterons pas sur les derniers événements de la *Défense de Paris*.

Tant que nous combattions, tant que nous étions face à face avec l'ennemi, nous avons pu décrire longuement nos malheurs, nos défaites, nos fautes; mais, l'épée au fourreau, dépeindre minutieusement nos hontes, nos humiliations, montrer nos soldats abandonnant leurs armes, livrant les canons, rendant les forts..., puis Paris envahi par les armées allemandes; et quelques jours après, le même Paris en proie à ces barbares, à ces malfaiteurs sinistres, vulgaires, qui ont obscurci l'honneur de la Défense sous un masque de boue et de sang..., cette triste tâche nous a paru, pour le moment du moins, au-dessus de nos forces...

Évidemment, pour compléter, parachever notre récit, il aurait fallu aller jusqu'à la Commune, *épilogue* naturel du siége; il aurait fallu établir que les hommes du 4 septembre et leurs successeurs sont et demeurent responsables du 18 mars; que c'est grâce à leur incurie, leur faiblesse, que l'insurrection communale, avortée aux 8 et 31 octobre, au 22 janvier, a fini par triompher..., mais nous remettons à une autre époque la tâche de parcourir cette douloureuse étape.

Livraison des forts.

Le 29, les forts sont livrés; l'armée rentre dans Paris.

Composition de la division laissée dans Paris.

La division de 12,000 hommes, que les stipulations de l'armistice autorisaient à conserver armée dans Paris, est composée de la manière suivante :

Général FARON, COMMANDANT.

Lieutenant-colonel Boudet, chef d'état-major.

1re *brigade*. — Général DE LA MARIOUSE :
    35e de ligne ;
    42e   d°
    4e bataillon des mobiles du Finistère.

2e *brigade*. — Général VALENTIN :
    109e de ligne ;
    110e   d°
    Régiment de fusiliers marins sous les ordres du capitaine de frégate Lamothe-Tenet.

3e *brigade*. — Général DAUDEL :
    113e de ligne ;
    114e   d°

À la date du 29 paraissait, à l'*Officiel*, le texte de la

En terminant, nous rappellerons le but que nous nous sommes proposé : couper court à tous les récits fantastiques et erronés, récits qui, en se propageant dans la presse, dans le public, préparaient une légende où les rôles de *l'armée, de la marine, de la garde nationale* étaient complétement intervertis.

Nous espérons avoir réussi ; et, à défaut d'autre résultat, nous sommes heureux d'avoir pu mettre en lumière bien des dévouements, bien des actes héroïques restés jusqu'à ce jour absolument inconnus.

Le tableau des pertes, annexé aux pièces à l'appui, établit que la *troupe de ligne* (infanterie, artillerie, génie, cavalerie) a perdu 1/5 de son effectif... mobiles, francs-tireurs 1/20, marins 1/21, gardes nationaux 1/166... Ces chiffres ont leur éloquence, et si l'on juge la tâche à la peine, ils montrent mieux que le plus brillant panégyrique la part de chacun à la défense de la Capitale, à cette grande œuvre de sacrifice, de dévouement, que nous avons essayé de raconter, sinon avec talent, du moins avec la plus scrupuleuse exactitude.

convention signée entre M. Jules Favre et M. de Bismark (1).

Le sacrifice était consommé : Paris avait capitulé!...

Après cent trente jours d'efforts généreux, de luttes acharnées, de privations douloureuses, nous nous rendions à merci!!!.....

Eût-il été possible d'éviter ce fatal dénoûment?

Nous n'hésitons pas à dire oui...

Et, pour le prouver, nous allons faire un résumé succinct des événements accomplis du 17 septembre 1870 au 29 janvier 1871.

---

(1) Voir aux pièces à l'appui, n° XX.

RÉSUMÉ

Le 17 septembre 1870, les uhlans étaient en vue de Paris ; ils précédaient de quelques heures seulement les armées allemandes ; celles-ci, dirigées avec l'ensemble mathématique et la précision dont les états-majors prussiens ont depuis longtemps le secret, celles-ci, disons-nous, allaient sans tâtonnements, sans hésitation, investir complétement, d'un seul coup, l'immense capitale de la France.

<small>Premières opérations de l'investissement.</small>

Dans ce but, deux longues colonnes défilaient devant les défenseurs de Paris, exécutant une marche de flanc des plus téméraires, « mais, disait l'ordre du quartier général allemand, un mouvement offensif de la garnison de Paris n'étant guère probable, la IIIe armée commencera sa marche sans attendre l'arrivée de l'armée de la Meuse. »

Sans doute, la garnison de Paris était bien faible encore et peu capable d'entreprendre de grandes opérations ; cependant, au milieu d'un ramassis d'hommes de toutes provenances, à peine armés et équipés, sans discipline ni instruction, il existait quelques groupes de soldats ayant une véritable valeur : tels étaient les gendarmes, les gardes de Paris, les marins et surtout la brigade Guilhem, composée des 35° et 42° régiments

<small>État de nos forces.</small>

d'ancienne formation. Ces braves gens réunis, bien dirigés et bien commandés, pouvaient produire, dès les premiers jours de la défense, une action vigoureuse, de nature à surprendre un ennemi téméraire et lui infliger un grave échec, qui aurait eu pour première conséquence de diminuer la confiance des assiégeants et de relever singulièrement celle des assiégés.

<small>Nécessité de tenter une action hardie pour contrarier l'investissement.</small>

Un pareil résultat pouvait avoir une si grande importance, qu'afin de l'obtenir, il fallait beaucoup risquer. Aussi, à la proposition faite par le Gouverneur d'évacuer tous les ouvrages extérieurs et de se borner à défendre nos remparts, le général Ducrot opposait-il immédiatement le projet d'une vigoureuse sortie, exécutée par le plateau de Châtillon, contre le flanc de la colonne qui défilait processionnellement autour de Paris, pour se rendre de Lagny à Versailles, en passant la Haute-Seine à Villeneuve-Saint-Georges et en suivant la vallée de la Bièvre.

<small>Forces insuffisantes données au général Ducrot pour le combat de Châtillon.</small>

Après une courte discussion, cette idée prévalut, mais l'état-major général n'ayant qu'une médiocre confiance dans le succès de l'entreprise, négligea singulièrement les détails de préparation et d'exécution. Le 14e corps en voie de formation, quelques groupes de mobiles de la Seine, des zouaves habillés et armés de la veille, une brigade de cavalerie composée d'éléments très-hétérogènes, douze batteries de campagne, furent mis à la disposition du général Ducrot, pour occuper les hauteurs de Montretout à Bagneux et manœuvrer contre le flanc de l'ennemi. Quant aux troupes d'élite, dont nous avons parlé plus haut, elles furent soigneusement conservées en réserve pour parer aux attaques de vive force contre le corps de place ou les forts, éventualités qui préoccupaient particulièrement le Gouvernement de la Défense nationale.

Cependant le 19, à 7 heures du matin, la lutte s'engage vive et acharnée.

Combat de Châtillon.

« La 9ᵉ division du Vᵉ corps ennemi, dit la relation
« allemande, assaillie à hauteur du Petit-Bicêtre, re-
« pousse l'attaque et continue sa marche de flanc sur
« Versailles ; mais l'ennemi se jette avec une telle rapi-
« dité sur les têtes de colonnes du IIᵉ corps bavarois qui
« accouraient au secours du Vᵉ corps, que la 9ᵉ division
« est obligée de faire front une seconde fois. Le combat
« est assez vif pour qu'on soit obligé de faire avancer la
« 10ᵉ division et la réserve d'artillerie du corps ; s'en-
« gagent également la 3ᵉ division bavaroise qui marche
« sur Sceaux, puis la 4ᵉ division qui marche sur Bourg-
« la-Reine. »

Malgré ces forces imposantes, nous gagnons du terrain ; déjà la division d'Hugues, qui était au centre, atteignait le Petit-Bicêtre, quand, à la droite, une partie des jeunes troupes de la division Caussade, prise de terreur panique, lâche pied et s'enfuit... Menacés d'être tournés, nous sommes obligés de reculer, et nous prenons position entre Fontenay-aux-Roses et Clamart, l'aile gauche et l'aile droite appuyées à ces deux villages, le centre à la redoute de Châtillon.

Le succès est arrêté par la fuite d'une partie de la divᵒⁿ Caussade.

Soutenus par nos forts, renforcés par les réserves qui étaient dans Paris, nous aurions pu tenir indéfiniment.

Mais par suite de folles terreurs ou d'ordres mal compris, nos troupes abandonnent le village de Clamart et les hauteurs de Bagneux... Nous ne tenons plus le plateau de Châtillon que par une redoute à peine ébauchée. Nous sommes sans vivres, sans eau, sans munitions, nous pouvons être complétement enveloppés d'un moment à l'autre... Dans ces conditions et sur l'avis pressant du chef d'état-major général du Gouverneur de

Paris, nous nous décidons à la retraite... A 5 heures du soir, nos dernières troupes rentrent dans Paris.

<small>Pendant que la vigueur de ce combat provoque chez les Allemands le plus vif étonnement, les Parisiens crient à la trahison.</small>

Les Allemands, qui croyaient la garnison incapable d'aucun effort sérieux, furent très-étonnés de cette pointe hardie, qui eût produit des résultats bien autrement importants si l'exécution eût été confiée aux troupes d'élite dont nous pouvions disposer et qui, ainsi que nous l'avons dit, furent laissées dans l'intérieur de Paris ou sur les remparts.

<small>Le Gouvernement pris de terreur, comme la population, fait évacuer les positions avancées.</small>

Mais l'impression des Parisiens, du Gouvernement fut toute autre... Devant l'émotion produite par le spectacle et les récits de quelques malheureux fuyards criant partout qu'on les avait trahis, que la défense était impossible, etc., le Gouvernement, revenant à sa première idée, se hâta de faire évacuer tous les postes encore occupés au delà de la ligne des forts.

Au bout de quelques jours, le général Trochu voyant l'ennemi hésiter à prendre pied sur ces hauteurs que nous lui avions abandonnées si facilement, se décide à sortir de la zone purement défensive et fait réoccuper quelques-uns des ouvrages avancés.

<small>Investissement complet.</small>

Mais déjà l'ennemi a pu compléter son investissement sans être en rien inquiété.

La IIIe armée s'établit depuis Bougival jusqu'à Choisy-le-Roi.

L'armée de la Meuse, reliée à la IIIe armée par la division wurtembourgeoise établie entre Seine et Marne, tient toute la région du Nord, depuis la Marne jusqu'à Saint-Germain.

A la IIIe armée, nous opposons, au sud, le 13e corps, réparti entre le plateau de Vincennes et le Point-du-Jour. A l'armée de la Meuse, nous opposons le 14e corps, du Point-du-Jour à Saint-Denis. Quelques corps, secondaires occupent les autres parties du périmètre.

Pendant que l'ennemi poursuit l'opération de l'investissement, nos jeunes troupes s'instruisent.

Le matériel d'artillerie se complète, la force de résistance des positions est augmentée.

Malheureusement, pendant que nous formons de toutes pièces cette armée régulière capable d'une action sérieuse, parallèlement à elle dans Paris, s'organise la garde nationale... Non la garde nationale composée de l'élite des citoyens présentant les garanties de discipline et de dévouement indispensables à toute force armée chargée dans une grande cité du maintien de l'ordre, de la protection des familles et des propriétés... Non! c'est la foule inconsciente, c'est ce que M. Thiers a appelé avec raison « la vile multitude », que l'on arme, que l'on équipe, que l'on habille et qui désormais va former une immense armée capable de tout pour le mal, absolument incapable de prêter un concours sérieux à l'armée régulière; — dans la lutte de tous les jours, elle constitue, au contraire, sur ses derrières, un ennemi aussi redoutable que celui qu'elle a devant elle.

Pendant que notre armée s'organise, la formation de la garde nationale est si mal conçue que, non-seulement elle est une cause de faiblesse, mais qu'elle provoque de nombreux soulèvements intérieurs.

Les désordres de la rue, conséquence forcée de cet armement universel, ont été nombreux... Nous ne parlerons que de ceux du 31 octobre et du 22 janvier.

La nouvelle de la reprise du Bourget, de la chute de Metz, de l'arrivée de M. Thiers, porteur des propositions des puissances, soulève dans la population la plus vive émotion.

31 octobre.

Ces trois faits habilement groupés déterminent un mouvement insurrectionnel conçu et dirigé par les hommes qui plus tard feront la Commune.

Les membres du Gouvernement réunis à l'Hôtel-de-Ville, sont cernés par l'émeute et y demeurent prisonniers... Blanqui, Flourens, à la tête de la garde nationale des faubourgs, sont un moment maîtres de la situation.

Pendant que l'on discute au Louvre pour savoir s'il faut transiger avec les sectaires de Blanqui, les mobiles bretons chassent les insurgés de l'Hôtel-de-Ville, et mettent fin à cette échauffourée en arrêtant les principaux meneurs... Mais au lieu de frapper exemplairement ces fauteurs de désordres, complices de l'étranger, les membres de la Défense les relâchent presque tous.

Quand on ne fait pas trembler l'émeute, on tremble bientôt devant elle, et l'indulgence du Gouvernement ne devait pas tarder à être justement récompensée...

22 janvier. Le 22 janvier, nouveau soulèvement fomenté par les graciés du 31 octobre... Les mobiles bretons ont encore une fois raison des gardes nationaux des faubourgs, en les fusillant des fenêtres de l'Hôtel-de-Ville...

Obligée de faire face en même temps à l'ennemi du dehors et à l'ennemi du dedans, la véritable armée (troupes de ligne et mobiles), se trouve ainsi avoir une partie de ses forces paralysées.

En réalité, la Défense fut donc plutôt affaiblie par la création de la garde nationale (1).

Phase de préparation. Assiégés et assiégeants emploient le temps qui s'écoule de la fin de septembre à la fin de novembre à compléter leurs moyens de défense et d'attaque. Les premiers tendent chaque jour à élargir de plus en plus le cercle d'investissement, les autres, au contraire, s'efforcent de le rétrécir et de le consolider. Il en résulte dans cette phase du siége, que l'on peut appeler phase de prépara-

---

(1) « A part quelques exceptions très-honorables, la présence des 355,955 gardes nationaux inscrits sur les contrôles équivalait en réalité à l'absence de 20,000 hommes de troupes régulières. » (SARREPONT.)

tion, une série d'engagements presque journaliers qui comprend sept combats :

23 septembre... Combat de Villejuif.
23   —   —   Stains-Pierrefitte.
30   —   —   Chevilly.
 8 octobre   —   La Malmaison.
13   —   —   Bagneux-Châtillon.
28   —   —   Prise du Bourget.
30   —   —   Combat du Bourget.

Au mois de novembre, nos troupes sont organisées, Paris est à même de faire tête partout à l'ennemi. Nous nous préparons alors à rompre le cercle d'investissement en nous jetant sur les lignes allemandes par la basse Seine, du côté d'Argenteuil. *Projet de sortie par la Basse-Seine.*

Nous allons entrer en action, quand nous apprenons le succès de Coulmiers, la marche de l'armée de la Loire dans la direction de Fontainebleau. Afin de répondre aux pressantes sommations de M. Gambetta, nous renonçons à percer par la basse Seine, opération préparée avec un soin extrême pendant cinq semaines, dont le succès nous paraissait presque assuré, et nous sommes forcés d'improviser en quelques jours une action vers le Sud.

Quoi qu'il en soit, à partir de la fin de novembre commence la période d'exécution. De la défensive nous passons à l'offensive. L'assiégeant renonçant à attaquer et semblant s'immobiliser dans ses lignes, nous, assiégés, nous allons chercher à forcer ses retranchements. *Période d'exécution.*

En moins de huit jours, la deuxième armée, avec tout son immense matériel, s'est retournée du nord au midi, s'est transportée de la presqu'île de Gennevilliers sur la rive droite de la Marne.... « Travail immense, à peine possible », dit le général Trochu.

Le 28 novembre, tout est prêt, quand un contre-temps funeste vient encore retarder et contrarier notre offensive. Une crue subite de la Marne ne permet pas de faire arriver l'équipage de ponts au point choisi pour le passage.

La journée entière est perdue.

L'ennemi, prévenu par nos mouvements de troupes, renforce les plateaux de Villiers et de Cœuilly.

<small>Bataille de Villiers.</small>

Cependant l'opération est reprise le 30 au matin, mais naturellement dans des conditions moins avantageuses.

Tout repose sur l'attaque simultanée des 1ᵉʳ et 2ᵉ corps, abordant de front les positions de Villiers et de Cœuilly, pendant que le 3ᵉ corps prendra à revers ces mêmes positions par Neuilly-sur-Marne et Noisy-le-Grand.

Malheureusement, ce mouvement tournant ne peut être exécuté en temps opportun... Lorsque le 3ᵉ corps entre en ligne, les 1ᵉʳ et 2ᵉ corps, épuisés par une lutte de plusieurs heures, sont incapables de concourir efficacement à la nouvelle attaque du parc de Villiers, qui ne peut être enlevé... Néanmoins, nous couchons sur le terrain conquis, à quelques mètres de l'ennemi.

<small>Journée du 1ᵉʳ décembre.</small>

La journée du 1ᵉʳ est occupée à refaire nos approvisionnements en vivres, en munitions, à fortifier nos positions, à réparer les désordres occasionnés par la lutte acharnée de la veille, etc.

<small>Bataille de Champigny.</small>

Le 2, l'ennemi prend l'initiative de l'attaque... Nos soldats, surpris, sont un moment ébranlés ; la panique jette jusqu'aux ponts de la Marne un certain nombre de fuyards.... Mais bientôt la résistance s'organise.... partout nous faisons tête à l'ennemi et gardons nos positions.

En résumé, le succès de cette journée nous appartient encore, mais succès passif, puisque nous n'avons pu conquérir les objectifs de Villiers et de Cœuilly.

Après les batailles de Villiers et de Champigny, efforts suprêmes d'une armée composée d'éléments bien faibles, bien disparates, il était possible d'atteindre le but que nous poursuivions, c'est-à-dire un traité honorable...

Possibilité de traiter après les glorieuses batailles de Villiers et de Champigny.

A ce moment, l'ennemi lui-même était fatigué par ces luttes acharnées autour de Paris, sur les bords de la Loire, dans le Nord, dans l'Est. Il comprenait que la guerre ne pouvait se continuer qu'au prix de nouveaux sacrifices, et le Souverain Allemand hésitait à les demander à ses peuples (1).

Mais le Gouvernement de la Défense, comme le sénat romain, ne veut traiter que lorsque l'ennemi sera chassé du territoire... Malgré les vives instances du général Ducrot, il repousse toute espèce de pourparlers, et proclame la lutte *à outrance*.

Le Gouvernement ne veut rien entendre.

Vers le milieu de décembre, nos troupes paraissant avoir repris quelque ressort, une nouvelle sortie par le nord est décidée...

Bataille du Bourget.

L'armée du général Ducrot s'établit entre Bondy et Saint-Denis; elle doit chercher à percer par le nord. Elle est appuyée, à gauche, par le corps de l'amiral La Roncière, qui donnera le signal de l'action en enlevant le Bourget; à droite, par le général Vinoy, agissant le long de la Marne...

De ce côté, la Maison-Blanche et la villa Evrard sont prises; mais le Bourget, malgré la vigueur de l'attaque, ne peut être conquis tout entier... Le général Ducrot,

---

(1) « Les Prussiens, dit M. Valfrey, étaient victorieux devant Paris et sur la Loire, mais ils emportaient de ces trois journées de luttes meurtrières l'impression que la résistance des Français n'était pas un vain mot, et que des sacrifices considérables devaient encore être demandés à l'Allemagne pour arriver au but qu'elle avait cru atteindre après la capitulation de Sedan et de Metz. »

voyant les renforts ennemis déboucher de partout, comprend qu'un plus long retard serait funeste, surtout pour les assaillants du Bourget, et, sans attendre le signal (1), il lance ses troupes en avant... La ferme de Groslay, la ligne du chemin de fer, sont enlevés. Nous nous apprêtions à poursuivre ce succès, sous la protection de notre artillerie, quand nous recevons l'ordre du Gouverneur de nous arrêter. L'opération sur le Bourget n'ayant pas réussi, la bataille se passe en une formidable canonnade de part et d'autre...

Bombardement de la ville.

Après le Bourget, les opérations du siége prennent une physionomie nouvelle.... L'ennemi, croyant le moment *psychologique arrivé*, bombarde nos forts.

Avron, dont la mise en état de défense a été contrariée par la rigueur de la température, est abandonné... Après avoir canonné, pendant plusieurs jours, nos forts de l'Est, l'ennemi concentre tous ses efforts vers le Sud... Mais là, comme sur le plateau de Romainville, les Allemands rencontrent la plus vive résistance... C'est alors que la ville même est bombardée. Les quartiers du Val-de-Grâce, du Jardin-des-Plantes, du Luxembourg, des Invalides, sont couverts d'obus... Ce bombardement irrite la population, sans l'abattre, et augmente plutôt qu'elle n'affaiblit la force de résistance.

Bataille de Montretout (19 janvier).

Le Gouvernement, poussé par l'opinion qui demande une sortie torrentielle, veut couronner la défense par une grande bataille... Après plusieurs discussions, l'attaque directe sur Versailles est résolue, en prenant pour base d'opération la forteresse du Mont-Valérien.

L'armée de sortie est divisée en trois colonnes. L'aile droite, avec le général Ducrot; le centre, avec le gé-

---

(1) Drapeau français hissé sur le sommet de l'église.

néral de Bellemare ; la gauche, avec le général Vinoy...

L'état-major général n'ayant pas donné aux colonnes des ordres de marche précis, un enchevêtrement épouvantable de troupes a lieu au pont d'Asnières, au pont de Neuilly, dans Courbevoie, de nombreux retards se produisent... l'attaque manque d'ordre et d'ensemble.

Cependant l'aile gauche s'empare de la redoute de Montretout occupée par une faible grand'garde de la 9ᵉ division. Au centre, le général de Bellemare enlève la maison du Curé et le château de Buzenval, mais il échoue devant le plateau de la Bergerie... L'aile droite battue de plein fouet par les batteries Saint-Michel, prise à revers par l'artillerie du 4ᵉ corps établie dans la presqu'île d'Argenteuil, attaque vigoureusement les positions ennemies : les premiers obstacles sont enlevés, mais les formidables défenses du Long-Boyau arrêtent nos soldats. Trois fois ils reviennent à la charge, trois fois ils sont refoulés par un feu meurtrier et presque à bout portant.

L'ennemi voyant que nous ne gagnons plus de terrain, prend à son tour l'offensive... Il est repoussé dans deux attaques successives.... partout nous nous maintenons sur nos positions.

Décousu de l'attaque.

La nuit venue, le général Trochu, craignant une nouvelle attaque, donne l'ordre de se retirer.

Malgré certains désordres occasionnés par la débandade de quelques bataillons de gardes nationaux, la retraite se poursuit sans être inquiétée.

Retraite.

Toutes les armées de secours qui tenaient la campagne en janvier étant battues ou détruites, les dernières forces militaires de Paris écrasées et les vivres épuisés, il ne restait plus qu'à capituler sans condition. Le Gouvernement, après avoir réprimé l'émeute du 22 janvier, est forcé de se rendre à merci, et la capitulation est conclue le 28 janvier.

Capitulation.

CONCLUSION GÉNÉRALE

De tous ces combats, de toutes ces batailles que nous venons d'esquisser à grands traits dans ce résumé succinct, que concluons-nous ?

En février 1871, alors que nous venions de remettre l'épée au fourreau, alors que Paris venait de rendre le dernier souffle de résistance, nous avons dit :

« Quand les passions seront calmées et que les faits seront mieux connus, l'histoire nous rendra justice ; elle dira ce qu'il y a eu de grandeur, de dévouement, dans cette défense d'une grande capitale qui comptait deux millions d'habitants et un bien petit nombre de soldats (1). »

Aujourd'hui que nous terminons le récit de cette longue et pénible lutte, nous ne nous rétractons pas...!

A Versailles, on prétend qu'à la nouvelle de la demande de l'armistice, un très-haut personnage « saisi d'une gaieté altière » se mit à siffler l'hallali en s'écriant : « La bête est à bas ! »... Oui, la bête était à bas, mais elle avait fait vaillamment tête pendant plus de quatre mois à l'Allemagne tout entière... jamais on n'avait osé l'aborder de front, en face... elle ne succombait même pas sous les coups, sous le feu, elle tombait épuisée, anéantie de fatigue et de faim.

Oui, Paris, malgré la faiblesse relative de ses fortifications « qui auraient dû venir au monde vingt ans plus tard »... Paris, malgré le peu de force réelle de son armée, où il y avait beaucoup d'hommes, mais peu de soldats... Paris, malgré l'immixtion constante de la politique dans les affaires militaires, malgré les désordres intérieurs,

---

(1) Lettre du général Ducrot au préfet de la Nièvre, février 1871.

les révoltes de la rue, Paris a fait son devoir, et le relevé exact des pertes que nous donnons aux pièces justificatives permet d'attribuer à chacun sa juste part dans cet ensemble de sacrifices et de dévouements. (1)

Pourquoi le succès n'est-il pas venu couronner tant d'héroïques efforts!!!

Parce qu'en dehors des causes que nous venons de signaler, causes secondaires qui ont eu leur importance, mais non une importance décisive, Paris ne pouvait rien sans les armées de secours...

« Paris, dit M. Thiers, n'avait qu'un rôle à remplir dans la défense nationale, fermer ses portes, arrêter l'ennemi, autant qu'il le pourrait et attendre... »

« L'armée, qui tenait la campagne, ayant été défaite, Paris ne pouvait, dit le général Frossard, être qu'une place de refuge. »

« L'armée de Paris, écrit le major Blume, n'avait qu'une chance pour ne pas trouver de notre côté la résistance la plus vigoureuse. C'était le cas où l'une des armées de province eût remporté quelque victoire et nous eût forcés à détacher d'importantes fractions de notre armée d'investissement... »

Comment se fait-il que ce rôle des armées de Province, signalé par l'écrivain militaire allemand, n'ait pas été rempli?

C'est que, pendant que Paris souffrait et luttait cha-

---

(1) Le total des pertes s'élève à 28,450 hommes pour les troupes de ligne, de mobile, de marine, de garde nationale; il se décompose de la manière suivante :

Troupes de ligne.	20,000 hommes	(1/5ᵉ de l'effectif).
Garde mobile et corps francs.	6,000 hommes	(1/20ᵉ de l'effectif).
Marine	650 hommes	(1/21ᵉ de l'effectif).
Garde nationale.	1,800 hommes	(1/116ᵉ de l'effectif).

Devant ces chiffres tout commentaire serait superflu... (Voir aux pièces justificatives n° I.)

que jour; au dehors on ne savait ni utiliser ni diriger les forces vives de la France.

Non-seulement on a mal employé les immenses ressources en soldats, en argent, que la Province donnait avec tant de dévouement, d'abnégation, de patriotisme, mais encore on est venu jeter le trouble, le désarroi, la confusion dans la défense même de la Capitale, que l'on se faisait fort de délivrer « en moins de trois semaines!!! »

L'armée de Paris est enserrée dans les lignes allemandes... depuis des semaines, des mois, elle étudie son terrain... par des attaques, des reconnaissances, des coups de main de chaque jour; cette armée a pu discerner le point faible des défenses qui l'étreignent; elle a pu s'apercevoir que la partie des lignes, vers la Basse-Seine, est relativement peu gardée... elle projette de percer de ce côté... elle dispose... elle prépare tout... elle accumule ouvrages sur ouvrages, batteries sur batteries... son matériel, ses équipages de ponts, ses impedimenta sont rassemblés au point convenu... Le Gouvernement de Tours est averti... La plus simple compréhension des choses militaires, le plus vulgaire bon sens même, indiquaient, ordonnaient à ce Gouvernement d'aider, coûte que coûte, cette tentative suprême!...

Non-seulement le Gouvernement de Tours ne veut pas porter ses armées dans la « *direction indiquée*, » non-seulement il ne veut pas concourir au plan convenu, mais encore il somme Paris d'abandonner son projet de sortie, de bouleverser de fond en comble la combinaison militaire autour de laquelle avait gravité pendant deux mois toute la défense, et de trouver immédiatement, en quelques jours, en quelques heures, un autre plan, qui lui permette d'accomplir le sien!!!

L'armée de Paris, enserrée de toutes parts, ne pouvant se mouvoir, au milieu de mille dangers, que dans un espace des plus restreints se rétrécissant chaque jour... bloquée, liée, garrottée, doit, abandonnant l'issue qu'elle a trouvée, se conformer exclusivement, servilement aux mouvements des armées du dehors, qui, libres et maitresses, peuvent se porter à l'Est et à l'Ouest, au Sud et au Nord !!!

D'une telle conduite nous connaissons le cruel et inénarrable résultat !

Oui, on peut le dire, tout le poids écrasant de la capitulation de Paris, de la défaite, de la ruine Nationale, doit retomber sur ceux qui n'ont pas craint de sacrifier la Patrie à de misérables préoccupations de personnes et de parti !...

DÉFENSE DE PARIS

PIÈCES JUSTIFICATIVES

DEFENSE OF PARIS

PIÈCES JUSTIFICATIVES

DÉFENSE DE PARIS

PIÈCES JUSTIFICATIVES

I

RÉSUMÉ GÉNÉRAL DES PERTES

DANS

LES COMBATS ET BATAILLES

DU

SIÉGE DE PARIS

TABLEAUX

PERTES DES TROUPES DE LIGNE

DANS LES COMBATS ET BATAILLES DU SIÉGE DE PARIS (1)

(Non compris les pertes journalières, reconnaissances, tranchées, bombardement)

DÉSIGNATION DES RÉGIMENTS	OFFICIERS	TROUPE	TOTAUX
Etat-major	16	»	16
Infanterie :			
42ᵉ régiment de ligne.	44	1,334	1,378
35ᵉ — —	40	1,305	1,345
110ᵉ — —	31	994	1,025
4ᵉ régiment de zouaves	45	901	946
109ᵉ régiment de ligne.	28	898	926
136ᵉ — —	21	692	713
119ᵉ — —	26	683	709
112ᵉ — —	17	673	690
117ᵉ — —	20	664	684
128ᵉ — —	17	655	672
122ᵉ — —	32	627	659
114ᵉ — —	31	618	649
107ᵉ — —	19	584	603
115ᵉ — —	21	495	516
125ᵉ — —	24	438	462
121ᵉ — —	26	418	444
124ᵉ — —	30	374	404
138ᵉ — —	8	365	373
123ᵉ — —	16	316	332
126ᵉ — —	19	284	303
113ᵉ — —	14	237	251
116ᵉ — —	13	225	238
120ᵉ — —	8	229	237
108ᵉ — —	6	214	220
111ᵉ — —	12	207	219
A reporter.	584	14,430	15,014

(1) Ces régiments sont placés suivant l'ordre des pertes.

DÉSIGNATION DES RÉGIMENTS	OFFICIERS	TROUPE	TOTAUX
Report	584	14,430	15,014
Infanterie (*suite*) :			
118ᵉ régiment d'infanterie	14	166	180
134ᵉ — —	8	110	118
139ᵉ — —	3	102	105
135ᵉ — —	9	95	104
105ᵉ — —	2	22	24
137ᵉ — —	»	10	10
106ᵉ — —	»	5	5
Chasseurs à pied	5	113	118
Éclaireurs du quartier-général de la deuxième armée.............	1	47	48
Francs-tireurs du mont Valérien.....	2	52	54
Cavalerie.................	9	75	84
Artillerie.................	40	679	719
Génie..................	8	60	68
Totaux...........	685	15,966	16,651

Ajoutant à ce total de 16,651 un sixième (1) en plus pour les pertes journalières dans les reconnaissances, services d'avant-postes, de tranchées, pendant le bombardement, on obtient, pour l'ensemble des *troupes de ligne*, une perte d'environ *20,000* hommes, tués, blessés ou prisonniers, pendant le siége de Paris.

Les troupes de ligne, infanterie, cavalerie, artillerie, génie, se montant à 100,000 hommes environ, les pertes représentent donc *le cinquième*.

(1) Cette proportion nous est donnée par l'examen des pertes totales des Allemands ; l'ensemble de leurs pertes journalières est environ le sixième des pertes aux différents combats ; par analogie, nous pouvons adopter la même proportion, faute de renseignements suffisants.

PERTES DES MOBILES ET FRANCS-TIREURS AUXILIAIRES

DANS LES COMBATS ET BATAILLES DU SIÉGE DE PARIS

(Non compris les pertes journalières, reconnaissances, tranchées, bombardement.)

DÉSIGNATION DES BATAILLONS	OFFICIERS	TROUPE	TOTAUX
18 bat^{ons} de la Seine, formant 6 régiments.	36	1,316	1,352
Vendée.	31	537	568
Côte-d'Or.	14	531	545
Seine-et-Marne.	18	359	377
Loire-Inférieure.	21	350	371
Loiret.	7	336	343
Seine-Inférieure.	17	247	264
Morbihan.	8	178	186
Finistère.	6	148	154
Indre.	2	97	99
Drôme.	3	26	29
Aube.	2	19	21
Côtes-du-Nord.	»	8	8
Tarn.	»	2	2
Seine-et-Oise (1).	»	2	2
Gardiens de la paix.	2	15	17
Légion du génie auxil^{re} de la garde nationale (2)	»	280	280
Francs-tireurs de la Presse.	13	226	239
Francs-tireurs des Ternes.	4	13	17
Tirailleurs de la Seine.	2	17	17
Francs-tireurs de Paris.	»	8	8
Légion des Amis de la France.	1	5	6
Carabiniers parisiens.	2	8	10
Éclaireurs Poulizac.	1	15	16
TOTAUX.	188	4,733	4,921

Ajoutant à ce total de 4,921 le 1/6 en plus pour les pertes journalières, nous trouvons, pour l'ensemble de la *mobile* et des corps auxiliaires, une perte d'environ 6,000 hommes, tués, blessés ou prisonniers, pendant le siége de Paris.

L'effectif de la garde mobile était de 115,000 hommes; ajoutant une dizaine de mille hommes pour les corps auxiliaires, on obtient un total de 125,000. La perte représente environ *le vingtième*.

---

(1) Les autres bataillons de mobiles présents à Paris et qui faisaient partie de la troisième armée : Hérault, Saône-et-Loire, Ain, Vienne, Aisne, Puy-de-Dôme, Somme, Marne, ont essuyé quelques pertes très-faibles dans leur séjour aux avant-postes, mais n'ont pas été engagés sérieusement.

(2) Pendant tout le siége.

PERTES TOTALES DE LA MARINE AU SIÉGE DE PARIS

DATES	LIEUX DES ENGAGEMENTS	OFFICIERS			TROUPE		
		TUÉS	BLESSÉS	DISPARUS	TUÉS	BLESSÉS	DISPARUS
24 sept.	Reconnaissance sortie de Montrouge..............	»	»	»	»	3	»
4 oct.	Reconnaissance sortie de Montrouge..............	»	»	»	»	1	»
8 —	Reconnaissance à Bondy....	»	»	»	1	»	»
14 —	Reconnaissance vers Avron...	»	»	»	1	10	»
15 —	Reconnaissance au-delà de Bondy	»	»	»	»	2	»
29 nov.	Combat de la Gare-aux-Bœufs..	»	»	»	»	8	»
30 —	à Bry-sur-Marne.........	»	1	»	»	»	»
Idem.	à Épinai.............	»	1	»	3	21	»
Idem.	à la Gare-aux-Bœufs.......	1	»	»	»	3	»
2 déc.	à Bry-sur-Marne.........	1	»	»	»	»	»
21 —	Bataille du Bourget........	5	3	»	34	217	»
Idem.	à Maison-Blanche (combat de Villa-Évrard).........	»	1	»	»	6	»
22 déc.	à Maison-Blanche.........	»	1	»	1	19	»
27 —	au plateau d'Avron........	»	10	»	8	42	»
Idem.	au fort de Rosny.........	»	»	»	»	2	»
Idem.	au fort de Noisy.........	»	»	»	»	2	»
28 déc.	au plateau d'Avron[1].......	»	3	»	3	19	»
29 —	au fort de Noisy.........	»	»	»	»	1	»
Idem.	au fort de Rosny et annexes..	»	»	»	3	10	»
Idem.	au fort de Nogent........	»	1	»	»	»	»
30 déc.	au fort de Rosny.........	»	»	»	»	2	»
5 janv.	au fort de Montrouge......	»	»	»	»	8	»
6 —	à Billancourt...........	»	»	»	»	2	»
Idem.	au fort de Montrouge......	»	»	»	1	4	»
7 janv.	au fort de Montrouge......	»	»	»	2	5	»
8 —	au fort de Rosny.........	»	»	»	»	3	»
Idem.	au fort de Montrouge......	»	1	»	»	12	»
9 janv.	Reconnaissance en avant d'Issy.	»	»	»	»	5	»
Idem.	au fort de Montrouge......	»	»	»	»	1	»
10 janv.	au fort de Montrouge......	»	1	»	2	3	»
11 —	dans les forts de l'Est.....	»	»	»	»	7	»
Idem.	au fort de Montrouge......	»	»	»	»	8	»
	A reporter.....	7	23	»	59	426	

DATES	LIEUX DES ENGAGEMENTS	OFFICIERS			TROUPE		
		TUÉS	BLESSÉS	DISPARUS	TUÉS	BLESSÉS	DISPARUS
	Report.	7	23	»	59	426	»
12 janv.	à la redoute de la Boissière. . .	1	»	»	»	»	»
Idem.	au fort de Montrouge.	»	»	»	3	3	»
13 janv.	Reconnaissance au Moulin-de-Pierre	»	1	»	1	2	»
Idem.	au fort de Montrouge.	»	2	»	»	5	»
15 janv.	au fort de Montrouge.	»	1	»	»	9	»
16 —	au fort de Montrouge.	2	1	»	6	4	»
17 —	au fort de Montrouge.	»	»	»	2	2	»
18 —	au fort de Montrouge.	»	»	»	»	7	»
19 —	Wagons blindés près de Nanterre	1	1	»	1	3	»
Idem.	à la redoute des Hautes-Bruyères.	1	»	»	»	5	»
Idem.	au fort de Montrouge.	»	2	»	»	13	»
20 janv.	au fort de Montrouge.	»	»	»	»	2	»
21 —	à Saint-Denis.	»	»	»	2	11	»
Idem.	au fort de Montrouge.	»	»	»	»	2	»
22 janv.	an bastion 73.	»	»	»	»	3	»
Idem.	au fort de Montrouge.	»	»	»	»	4	»
23 janv.	dans les forts de l'Est	»	»	»	1	7	»
Idem.	au fort de Montrouge.	»	1	»	»	7	»
24 janv.	au fort de Montrouge.	»	»	»	»	2	»
25 —	à la Briche.	»	1	»	»	3	»
Idem.	au fort de Montrouge.	»	»	»	»	4	»
26 janv.	au fort de Montrouge.	»	»	»	1	4	»
	TOTAUX.	12	33	»	76	528	»
		45 officiers			606 marins		
	TOTAL GÉNÉRAL. . .	**651**					

Les pertes totales de la marine au siége de Paris furent donc de *651* officiers et soldats (marins ou infanterie de marine). Sur un effectif de 15,000 hommes, la proportion est de 1/21.

DÉFENSE DE PARIS.

PERTES DE LA GARDE NATIONALE PENDANT LE SIÉGE DE PARIS

(Voir le tableau des pertes de Buzenval)

DÉSIGNATION DE L'ENGAGEMENT	OFFICIERS			TROUPE		
	TUÉS	BLESSÉS	DISPARUS	TUÉS	BLESSÉS	DISPARUS
Bataille de Buzenval...........	19	41	1	220	1,062	114
	61 officiers			1,396 gardes		
TOTAL..........	1457					

Ajoutant environ 250 hommes pour les pertes subies dans quelques reconnaissances et aux tranchées, on peut estimer à 1,800 hommes les pertes de la garde nationale pendant le siége.
Sur 300,000 hommes, c'est une proportion de 1/166.

GÉNÉRAUX TUÉS OU BLESSÉS PENDANT LE SIÉGE DE PARIS

NOMBRES	NOMS	GRADES	INDICATION DE L'ARME	TUÉS OU BLESSÉS	LIEUX DES COMBATS	DATES
1	Guilhem.......	G^{al} de brig.	Infanterie	Tué	L'Hay	30 sept.
2	De Susbielle....	*Idem.*	*Idem.*	Blessé	Châtillon	13 oct.
3	Renault.......	G^{al} de div.	Comm^t 2e corps	Tué	Champigny	30 nov.
4	Ducrot.......	*Idem.*	Comm^t 2e armée	Contus^{né}	*Idem.*	*Idem.*
5	De La Charrière..	G^{al} de brig.	.....	Tué	Montmesly	*Idem.*
6	Frébault......	— de div.	Artillerie	Blessé	Champigny	2 déc.
7	Boissonnet.....	— de brig.	*Idem.*	*Idem.*	*Idem.*	*Idem.*
8	Paturel.......	*Idem.*	Infanterie	*Idem.*	*Idem.*	*Idem.*
9	Blaise........	*Idem.*	*Idem.*	Tué	Villa-Evrard	21 déc.
10	Favé........	*Idem.*	Artillerie	Blessé	*Idem.*	*Idem.*

CHEFS DE CORPS TUÉS OU BLESSÉS AU SIÈGE DE PARIS

NOMBRES	NOMS	GRADES	INDICATION DU CORPS	TUÉS ou BLESSÉS	LIEUX DES COMBATS	DATES
1	Montaru	Lt-Colonel	17e de marche	Blessé	Châtillon	19 sept.
2	De Colasseau	Idem.	19e —	Tué	Idem.	Idem.
3	Martenot de Cordoux	Colonel	Gendarmie	Blessé	Idem.	Idem.
4	Miquel de Riu	Lt-Colonel	9e de marche	Idem.	Chevilly	30 sept.
5	Vanche	Idem.	14e —	Idem.	Châtillon	13 oct.
6	De Dampierre	Chef de bon	Aube	Tué	Bagneux	Idem.
7	Baroche	Idem.	12e mob. Seine	Idem.	Le Bourget	30 oct.
8	Boulanger	Lt-Colonel	114e ligne	Blessé	Champigny	30 nov.
9	Lourde-Laplace	Idem.	35e —	Idem.	Idem.	Idem.
10	Aubry	Idem.	Vendée	Idem.	Idem.	Idem.
11	Prévault	Idem.	42e ligne	Tué	Idem.	Idem.
12	Dupuy de Podio	Idem.	123e —	Idem.	Idem.	Idem.
13	Sanguinetti	Idem.	124e —	Idem.	Idem.	Idem.
14	De Grancey	Colonel	Côte-d'Or	Idem.	Idem.	2 déc.
15	De Vigneral	Idem.	Ille-et-Vilne	Blessé	Idem.	Idem.
16	Maupoint de Vandeuil	Lt-Colonel	121e ligne	Tué	Idem.	Idem.
17	De La Monneraye	Idem.	122e —	Idem.	Idem.	Idem.
18	Jourdain	Idem.	125e —	Idem.	Idem.	Idem.
19	Neltner	Idem.	126e —	Idem.	Idem.	Idem.
20	Tillet	Idem.	Morbihan	Blessé	Idem.	30 nov.
21	Tillet	Idem.	Idem.	Idem.	Le Bourget	21 déc.
22	Landrut	Idem.	109e ligne	Idem.	Buzenval	21 janv.
23	Langlois	Idem.	18e de marche	Idem.	Idem.	Idem.
24	De Rochebrune	Idem.	19e —	Tué	Idem.	Idem.
25	De Monbrison	Colonel	Loiret	Idem.	Idem.	Idem.

PERTES DES FRANÇAIS

DANS LES DIVERS COMBATS ET BATAILLES DU SIÉGE DE PARIS

(Non compris les pertes journalières, aux reconnaissances, tranchées, bombardement dans les forts, etc.)

DATES	LIEUX DES ENGAGEMENTS	OFFICIERS			TROUPE		
		TUÉS	BLESSÉS	DISPARUS	TUÉS	BLESSÉS	DISPARUS
17 sept.	Combat de Montmesly	»	2	»	5	50	»
18 —	Escarmouche de Dame-Rose	»	»	»	»	7	53
19 —	Combat de Châtillon	4	28	1	95	541	61
Idem.	Reconnaisce sur le plateau de Villejuif	1	»	»	12	48	»
23 sept.	Combat de Villejuif	»	»	»	15	55	»
Idem.	— de Pierrefitte-Stains	»	3	»	17	78	»
30 sept.	— de Chevilly	19	50	5	277	1676	93
Idem.	Reconnaissance vers Châtillon	»	»	»	3	21	»
Idem.	Combat de N.-D.-des-Mèches	»	2	»	7	38	»
13 oct.	— de Bagneux-Châtillon	5	9	»	82	312	8
21 —	Reconnaissance vers Champigny	»	4	»	3	23	6
Idem.	Combat de la Malmaison	6	23	1	139	331	41
30 oct.	— du Bourget	8	14	27	161	510	1881
29 nov.	— de l'Hay	9	16	4	139	737	85
Idem.	— de la Gare-aux-Bœufs	»	»	»	»	8	»
30 nov.	— de Montmesly	2	45	7	104	717	361
Idem.	— de la Gare-aux-Bœufs	3	»	»	30	70	»
Idem.	Prise d'Épinai	3	19	»	33	218	»
Id., 2 déc.	Batailles de Champigny	98	298	33	1568	5802	1683
21 déc.	Bataille du Bourget	8	20	3	209	655	88
Idem.	Combat de Villa-Evrard	1	6	3	20	102	70
Idem.	— de Stains	1	9	»	9	150	»
27-29 d.	Bombardement d'Avron	5	13	»	35	105	»
19 janv.	Bataille de Buzenval	48	119	22	653	2678	551
	Totaux partiels	221	680	106	3616	14,952	4981
	Totaux d'ensemble	1,007			23,529		
	TOTAL GÉNÉRAL	24,536					

Avec les pertes journalières, cela donne un total de 28,450 hommes environ pour les troupes de ligne, de mobile, de marine, de garde nationale, se décomposant comme suit :

Troupes de ligne.	20,000	(1/5e de l'effectif)
Garde mobile et corps francs.	6,000	(1/20e —)
Marine.	650	(1/21e —)
Garde nationale.	1,800	(1/166e —)
	28,450	

DÉFENSE DE PARIS.

TABLEAU RÉCAPITULATIF
DES
PERTES DES ALLEMANDS PENDANT LE SIÉGE DE PARIS

DATES	COMBATS	3ᵉ ARMÉE		ARMÉE DE LA MEUSE		TOTAL	
		Officiers	Troupe	Officiers	Troupe	Officiers	Troupe
16 sept.	. . . .	1	4	»	»	1	4
17 —	. . . .	1	33	»	»	1	33
Idem.	Combat de Montmesly. . .	4	58	»	»	4	58
18 sept.	. . . .	1	15	»	»	1	15
19 —	Combat de Châtillon. . . .	19	425	»	»	19	425
Idem.	— de Thiais-Chevilly. .	2	42	»	»	2	42
20 sept.	. . . .	»	1	»	2	»	3
21 —	. . . .	»	80	1	15	1	95
22 —	. . . .	1	13	»	2	1	15
23 —	Combat de Villejuif. . . .	7	78	»	»	7	78
Idem.	— de Pierrefitte-Stains.	»	»	4	102	4	102
24 sept.	. . . .	1	12	1	»	2	12
25 —	. . . .	1	13	»	4	1	17
26 —	. . . .	4	30	»	6	4	36
27 —	. . . .	»	1	1	14	1	15
28 —	. . . .	»	5	»	»	»	5
29 —	. . . .	»	14	2	21	2	35
30 —	Combᵗ de N.-D.-des-Mèches.	»	32	»	1	»	33
Idem.	— de Chevilly.	28	413	»	»	28	413
1ᵉʳ oct.	. . . .	»	17	»	2	»	19
2 —	. . . .	»	3	»	2	»	5
3 —	. . . .	»	7	»	1	»	8
4 —	. . . .	»	8	»	»	»	8
5 —	. . . .	2	13	»	3	2	16
6 —	. . . .	»	4	»	2	»	6
7 —	. . . .	5	27	»	4	5	31
8 —	. . . .	2	13	»	8	2	21
9 —	. . . .	»	5	»	2	»	7
10 —	. . . .	»	8	»	11	»	19
	A reporter.	79	1,374	9	202	88	1,576

DATES	COMBATS	3ᵉ ARMÉE		ARMÉE DE LA MEUSE		TOTAL	
		Officiers	Troupe	Officiers	Troupe	Officiers	Troupe
	Report.	79	1,374	9	202	88	1,576
11 oct.		»	12	»	2	»	14
12 —		»	6	»	6	»	12
13 —		»	10	»	1	»	11
Idem.	Combat Bagneux-Châtillon.	10	356	»	»	10	356
14 oct.		»	2	»	10	»	12
15 —		1	6	»	7	1	13
16 —		1	9	»	6	1	15
17 —		»	9	»	2	»	11
18 —		»	19	»	1	»	20
19 —		1	7	»	2	1	9
20 —		»	6	»	8	»	14
21 —	Combat de la Malmaison.	21	390	»	»	21	390
Idem.	— Plant-Champigny	1	65	»	1	1	66
22 oct.		»	8	»	6	»	14
23 —		»	1	»	»	»	1
24 —		»	5	»	4	»	9
25 —		»	1	»	1	»	2
26 —		»	»	1	»	1	»
27 —		»	3	»	»	»	3
28 —		»	8	»	»	»	8
Idem.	Prise du Bourget.	»	»	3	74	3	74
29 oct.		»	9	»	2	»	11
30 —		»	6	»	»	»	6
Idem.	Combat du Bourget.	»	»	35	433	35	433
31 oct.		»	8	»	5	»	13
1ᵉʳ nov.		»	4	»	7	»	11
2 —		»	2	»	»	»	2
3 —		»	1	»	»	»	1
4 —		»	2	»	1	»	3
5 —		1	4	»	»	1	4
6 —		»	2	»	»	»	2
7 —		»	3	»	»	»	3
8 —		»	6	»	1	»	7
9 —		»	3	»	»	»	3
	A reporter.	115	2,347	48	782	163	3,129

DÉFENSE DE PARIS.

DATES	COMBATS	3e ARMÉE		ARMÉE DE LA MEUSE		TOTAL	
		Officiers	Troupe	Officiers	Troupe	Officiers	Troupe
	Report.......	115	2,347	48	782	163	3,129
10 nov.	....	»	2	»	»	»	2
11 —	....	»	1	»	3	»	4
12 —	....	»	4	»	»	»	4
13 —	....	»	9	»	1	»	10
14 —	....	»	5	»	4	»	9
15 —	....	»	4	»	1	»	5
16 —	....	1	5	»	»	1	5
17 —	....	»	9	»	1	»	10
18 —	....	»	4	»	1	»	5
19 —	....	»	1	»	»	»	1
20 —	....	»	6	»	»	»	6
21 —	....	1	16	»	2	1	18
22 —	....	»	5	»	»	»	5
23 —	....	»	2	»	1	»	3
24 —	....	»	5	»	1	»	6
25 —	....	»	3	»	1	»	4
26 —	....	»	»	»	1	»	1
27 —	....	»	11	»	»	»	11
28 —	....	»	6	»	4	»	10
29 —	Combat de l'Hay......	6	134	»	»	6	134
Idem.	— de la Gare-aux-Bœufs.	»	18	»	»	»	18
Idem.	....	»	»	»	5	»	5
30 nov.	Batailles de la Marne....	29	780	29	877	58	1,657
Idem.	Combat de Montmesly....	14	362	»	»	14	362
Idem.	— de la Gare-aux-Bœufs.	5	79	»	»	5	79
Idem.	— d'Épinai.......	»	»	19	289	19	289
Idem.	....	2	44	»	»	2	44
1er déc.	....	»	2	»	4	»	6
2 —	Batailles de la Marne....	108	2,160	48	1,213	156	3,373
3 —	....	»	3	»	»	»	3
4 —	....	»	4	»	5	»	9
5 —	....	»	7	»	11	»	18
6 —	....	»	14	»	»	»	14
7 —	....	»	1	»	4	»	5
	A reporter.....	281	6,053	144	3,211	425	9,264

DATES	COMBATS	3ᵉ ARMÉE		ARMÉE DE LA MEUSE		TOTAL	
		Officiers	Troupe	Officiers	Troupe	Officiers	Troupe
	Report.	281	6,053	144	3,211	425	9,264
8 déc.	. . . .	»	3	»	1	»	4
9 —	. . . .	»	8	1	4	1	12
10 —	. . . .	»	»	»	3	»	3
11 —	. . . .	»	»	1	2	1	2
12 —	. . . .	»	2	»	1	»	3
13 —	. . . .	»	5	»	»	»	5
14 —	. . . .	»	3	»	»	»	3
15 —	. . . .	»	21	»	»	»	21
16 —	. . . .	1	1	»	1	1	2
17 —	. . . .	»	4	»	2	»	6
18 —	. . . .	»	17	»	»	»	17
19 —	. . . .	1	1	»	1	1	2
20 —	. . . .	1	7	»	16	1	23
21 —	Bataille du Bourget. . . .	»	»	9	436	9	436
Idem.	Combat de Villa-Evrard.	1	11	2	57	3	68
Idem.	— de Stains-Épinai . .	»	»	2	63	2	63
Idem.	. . . .	»	12	»	2	»	14
22 déc.	. . . .	»	2	»	1	»	3
23 —	. . . .	1	6	1	17	2	23
24 —	. . . .	»	3	1	8	1	11
25 —	. . . .	2	30	»	2	2	32
26 —	. . . .	»	16	»	8	»	24
27 —	. . . .	»	3	»	27	»	30
28 —	. . . .	»	23	»	7	»	30
29 —	. . . .	»	3	»	1	»	4
30 —	. . . .	»	3	»	21	»	24
31 —	. . . .	»	»	»	2	»	2
1ᵉʳ janv.	. . . .	»	2	»	1	»	3
2 —	. . . .	»	3	»	3	»	6
3 —	. . . .	1	6	»	8	1	14
4 —	. . . .	»	3	»	»	»	3
5 —	. . . .	4	39	»	18	4	57
6 —	. . . .	2	30	»	18	2	48
7 —	. . . .	3	24	»	5	3	29
	A reporter.	298	6,344	161	3,947	459	10,291

DÉFENSE DE PARIS.

DATES	COMBATS	3ᵉ ARMÉE		ARMÉE DE LA MEUSE		TOTAL	
		Officiers	Troupe	Officiers	Troupe	Officiers	Troupe
	Report.	298	6,344	161	3,947	459	10,291
8 janv.		1	53	»	2	1	55
9 —		»	25	»	2	»	27
10 —		2	24	»	8	2	32
11 —		2	32	»	8	2	40
12 —		»	16	»	8	»	24
13 —		2	11	»	17	2	28
14 —		1	19	»	2	1	21
15 —		2	34	»	20	2	54
16 —		2	23	»	1	2	24
17 —		2	34	»	17	2	51
18 —		1	27	»	5	1	32
19 —	Bataille de Buzenval.	40	662	»	11	40	673
Idem.		1	27	»	22	1	49
20 janv.		»	15	1	10	1	25
21 —		»	33	1	2	1	35
22 —		4	39	»	2	4	41
23 —		2	43	»	3	2	46
24 —		1	12	1	3	2	15
25 —		»	10	»	6	»	16
26 —		»	2	»	3	»	5
	Totaux.	361	7,485	164	4,099	525	11,584
	TOTAL GÉNÉRAL						12,109

I bis.

Pièces relatives à la conférence de Londres et au voyage projeté de M. Jules Favre.

Nous avons dit dans le courant du récit de la conférence de Londres que les journaux démagogiques combattaient le projet d'envoyer M. Jules Favre en Angleterre.

En voici les preuves :

Réveil du 14 janvier. — La France a pour ennemis tous les rois, toutes les aristocraties. Elle se suiciderait en leur demandant un secours dont elle n'a pas besoin, car elle possède tout ce qu'il lui faut, non-seulement pour se dégager de l'étreinte de Bismark, mais pour attirer à la démocratie tous les peuples du continent européen.

Nous protestons donc au nom de la dignité de la France, au nom de l'idée républicaine, contre toute participation du Gouvernement au congrès de Londres. Nous repoussons toute idée d'armistice et de paix, nous voulons la guerre à outrance, la résistance jusqu'au dernier homme et au dernier morceau de pain... La République française traitera quand elle sera victorieuse ; avant jamais... etc.

Le *Rappel* du 14 janvier. — ... Qu'est-ce que la République française irait faire à Londres ? Conférencer ? Et pourquoi ?.... Pourquoi la France serait-elle représentée dans ce congrès ?... Nous nous en moquons bien du congrès ! Hommes d'État, n'avez-vous point fait cette réflexion bien simple : Si la France est vaincue, l'Europe obéira aux ordres de la Prusse, malgré le congrès. Si la France est victorieuse, l'Europe obéira à la France, malgré le congrès... Et puis vous consentiriez à entrer par la porte entre-bâillée ? Vous introduiriez la République française dans la salle des conférences par le « couloir des artistes » ? Vous lui feriez monter l'escalier de service ? Elle viendra là comme une intrue... On lui donnera un tabouret. On la reléguera dans un coin..., etc. — Edouard LOCKROY.

Le *Rappel* du 15 janvier. — ... En allant à Londres, ce que vous représenteriez, ce serait la France vaincue ; tandis qu'en restant à Paris, ce que vous êtes, c'est la Révolution victorieuse. Et cela est si vrai, que la France, présente, ne peut rien à la conférence et que la conférence ne peut rien la France absente.

La France, en effet, est une puissance morale encore plus qu'une puissance matérielle, etc... Si bien qu'il vient de lui arriver, pour la seconde fois en ce siècle, de subir un échec immense qui s'est trouvé être pour elle un immense progrès : Sedan, après Waterloo, a été le désastre de ses bataillons et la victoire de ses idées... La Prusse lui a fait 80,000 soldats prisonniers, mais le 4 Septembre lui a délivré trente-huit millions de citoyens... Et puisqu'elle combattait contre elle-même, comment peut-on dire qu'elle a été vaincue !

A la table de ce congrès des représentants des rois, laissez vide la place de la République ; elle aura beau ne pas y être, elle leur apparaîtra et ils la « reconnaîtront », soyez tranquille, comme Macbeth reconnaît Banquo...

Nous croyons, nous affirmons, même dans cette crise extrême et terrible, que la France sortira triomphante de l'épreuve. Mais, que cet immanquable avenir soit lointain ou proche, il n'y a aujourd'hui que cette parole à envoyer aux représentants de la vieille Europe : Victorieuse, elle vous domine; vaincue, elle vous ignore. — Paul MEURICE.

Rappel du 16 janvier. — La bienveillance de l'Europe. — ... M. Jules Favre s'appuie sur ce qu'il appelle « les dispositions bienveillantes » des puissances neutres vis-à-vis de la France... Il paraît qu'aujourd'hui cette bienveillance nous est enfin accordée, mais ce n'est pas, hélas ! sans que nous l'ayons sollicitée, et si nous sommes exaucés sur ce point, c'est bien notre faute.

Au lieu de voir nos hommes d'Etat puiser dans nos malheurs mêmes les inspirations d'une indomptable arrogance, nous les voyons transiger timidement avec les puissances, tendre humblement la main...

Pendant quatre mois l'Europe a fait la sourde oreille... C'est que nous étions vaincus... Aujourd'hui l'Europe change de ton... Que s'est-il donc passé? Elle a cru s'apercevoir que nous n'avions plus contre nous le sort des armes... Chanzy a battu Frédéric-Charles, Faidherbe a battu Manteuffel, Cremer a battu Werder... C'est aussi simple que cela.

Eh bien! non, nous n'acceptons ni cette situation, ni cette bienveillance... Nous répudions avec indignation et mépris l'intervention de l'Europe... et son infâme bienveillance....

L'Europe monarchique n'existe plus pour nous... Nous sommes la grande République universelle... devant laquelle les rois doivent trembler... etc. — Charles Hugo.

L'*Ami de la France*, du 16 janvier, donne la statistique suivante :

Voici les principaux journaux politiques qui se prononcent en sens opposé sur cette grave question de notre participation à la conférence :

Contre : *Avenir national*. — *Siècle*. — *Opinion nationale*. — *Constitutionnel*. — *Gazette de France*. — *France*. — *Univers*.

Ajoutons : *Réveil*. — *Rappel*. — *Combat*, etc.

Pour : *Débats*. — *Temps*. — *Journal de Paris*. — *Moniteur*. — *Soir*. — *Français*. — *Patrie*. — *Vérité*.

L'*Ami de la France* emprunte à M. Pessard (du *Soir*) des réflexions fort justes à ce sujet : « Quoi ! l'Europe qui nous raillait, l'Europe qui nous donnait le coup de pied de l'âne, s'aperçoit tout à coup que notre présence est nécessaire à Londres. Elle devient gracieuse, elle nous salue, elle nous reconnaît, elle nous invite, et nous hésitons, sous le prétexte vraiment inouï qu'il tombe des obus à Paris. »

Le Club de l'École de médecine avait voté une protestation, dans laquelle il était dit que la maison de Jules Favre était rasée s'il quittait Paris. (V. *Combat* du 22 janvier.)

II

Rapport du Contre-Amiral Saisset.

Fort de Noisy, jeudi 6 octobre 1870.

Amiral,

Le moment me paraît venu de vous rendre compte de notre situation actuelle devant l'ennemi, en jetant un regard en arrière pour dire ce qu'elle était, ce qu'elle est devenue, ce qu'elle sera.

Lorsque, conformément à vos ordres, nos marins sont venus prendre possession des forts de *Romainville*, de *Noisy*, de *Rosny* et des redoutes de *Montreuil* et de la *Boissière*, il y a aujourd'hui cinquante jours, les forts étaient en mauvais état, non armés, les redoutes en ruines.

Il n'y avait aucune sécurité dans les approches des uns et des autres. Des attaques à main armée avaient lieu, la nuit, jusque sur les glacis des forts ; on n'était fermé nulle part.

Tout était à faire pour une défense sérieuse et, le 26 août, j'estimais qu'un ennemi audacieux pourrait nous surprendre et nous enlever sans coup férir.

Telle était notre situation.

Nos marins, en fournissant dix heures de travail par jour, et en courant la grande bordée la nuit pour bien se garder, renforcés plus tard par l'infanterie de marine, accomplirent, sous l'habile direction de MM. les officiers du génie, et sous celle des officiers de vaisseau, toujours si fidèles au devoir, tous les travaux d'urgence complémentaires, puis de détail, ordonnés pour assurer une défense sérieuse et efficace, relier les redoutes aux forts, enfin, relier complètement par des tranchées et chemins couverts, des caponnières et demi-caponnières *tous les fronts de l'Est et leurs ailes.*

En même temps, exerçant une active surveillance, par un tir précis et sans fréquence pour, selon les ordres, ménager les munitions, nous avons eu le soin de maintenir l'ennemi faisant ses cheminements d'investissement, entre *quatre mille* et *six mille mètres*, l'empêchant toujours de s'établir à *Avron*, *Villemonble*, *Bondy*, *Bobigny*, *Petit-Drancy* et d'y faire des ouvrages.

Neuf compagnies de ligne de renfort nous permirent d'occuper, d'une manière permanente, la lunette de Noisy, les redoutes de Montreuil et de la Boissière, et de fermer ainsi complètement la ligne des trois forts.

Ensuite l'envoi des mobiles du Nord que nous plaçâmes en potence du château de Montreau vers le plateau de l'Épine, où ils pratiquèrent des tranchées et s'établirent de manière à rendre bien difficile, sinon impossible, tout mouvement tournant; puis, établissant un cheminement en échiquier de quatre mètres de large à travers les murs de pêchers de Montreuil, directement de la redoute de la Boissière au plateau de la Capsulerie, nous nous mîmes en mesure de pouvoir rapidement porter une notable portion des compagnies de ligne, sur un des points en arrière de la ligne des mobiles du Nord, comme renfort.

Dans le cours de ces derniers travaux, des corps francs nous furent successivement adjoints : les éclaireurs de la Seine, les francs-tireurs des Lilas ; puis la défense du plateau de *Tilmont* fut confiée au colonel Reille, placé à la tête des mobiles du Tarn, de la Drôme et de vingt-cinq spahis ; et à notre aile gauche, les ouvrages de Pantin furent occupés par les mobiles du Finistère avec un bataillon des Côtes-du-Nord au village de Pantin.

Par les ordres du général Tripier, une ligne de tranchées avec cheminements vers la voie stratégique, reliant le fort de Rosny avec la redoute de Fontenay, et cette dernière au fort de Nogent, fut tracée et son exécution est en voie d'achèvement.

Enfin, l'occupation par de nouvelles compagnies de la ligne, depuis six jours, du village barricadé de Nogent-sur-Marne, rend toute tentative de l'ennemi, pour jeter un pont sur la Marne et effectuer une attaque de vive force par Nogent-sur-Marne, bien périlleuse pour lui ; toutes les dispositions prises par l'autorité supérieure me paraissent aussi habiles que complètes.

Tout en travaillant, nous nous sommes occupés de l'instruction de nos marins, de celle des soldats d'infanterie de marine, et nous avons porté nos soins sur celle des mobiles du Nord qui ont toutes nos sympathies, en mettant des instructeurs à leur disposition, en les pressant de s'exercer ; puis nos tirs à la cible faits en plaine, à trois balles par homme, nous avons procédé à des exercices devant l'ennemi, pour aguerrir chacun et nous rendre bien prêts à remplir toute mission.

Au 1er octobre, dans mon appréciation particulière, l'ennemi n'avait plus à songer à entreprendre quoi que ce soit contre nous, du canal de l'Ourcq, près des ouvrages de Pantin, à la route n° 144, près de Nogent-sur-Marne. Nous avons pu remarquer, depuis cette époque, que les mouvements des troupes effectués si fréquemment en septembre, n'avaient plus lieu et je reste assuré que la ligne de circonvallation qui nous investit d'ailleurs entièrement au moyen d'une tranchée appuyée sur cinq redoutes ou fortifications passagères ayant pour base l'occupation du *Bourget*, du *Blanc-Mesnil, Groslay*, l'ancien *parc du Raincy* (*à mi-hauteur de la forêt de Bondy*), ne contient pas aujourd'hui plus de cinq mille hommes d'infanterie, un régiment de uhlans et trente pièces d'artillerie.

Dans tout ce parcours, depuis quinze jours, nous n'avons jamais vu plus d'un bataillon ennemi faisant l'exercice, plus d'un escadron de cavalerie et plus de douze pièces attelées également à l'exercice dans le bas du Blanc-Mesnil. En outre, en fin septembre chaque jour nous pouvions compter le nombre de voitures composant des convois de vivres ou munitions qui se dirigeaient de ce dernier point vers Bonneuil et Garches. Pour nous, la concentration s'est opérée dans cette direction, ce fait ne se reproduisant plus.

Telle est devenue notre situation, *un simple investissement.*

Au 6 octobre, par les travaux exécutés au fort de Rosny, au fort de Nogent, le campement des mobiles du Nord dans une position presque perpendiculaire à cette direction, et en arrière du fort de Rosny, doit être déplacé. Je me propose de le porter en avant, toujours sous le feu du fort, mais faisant face vers Avron au lieu de faire face vers Fontenay-sous-Bois et en se rapprochant du chemin de fer de Mulhouse. L'occupation du village de Romainville par les éclaireurs à pied et à cheval de la Seine, en arrière de notre voie stratégique, a trop d'inconvénients. Leur voisinage facilitait des actes d'indiscipline à la répression desquels je me suis appliqué sans y réussir comme je l'aurais voulu. Je me propose de les porter en avant en vous adressant un rapport spécial à cet égard que je vous demanderai de vouloir bien placer sous les yeux du gouverneur de Paris.

J'estime qu'en arrière de la voie stratégique, il n'y a plus lieu de tolérer de corps francs d'aucune espèce. Ils doivent être, sans exception, aux avant-postes, en avant de nos lignes. Leurs habitudes de pillage, leur facilité à faire usage du revolver, leur indiscipline vis-à-vis de leurs chefs, rendent leur contact avec les troupes régulières trop dangereux. Ils se battent d'ailleurs bravement, ils ont la ration, nous leur donnons des munitions; leur place est au feu.

Nos travaux sont donc aujourd'hui à peu près complètement terminés; l'instruction des marins et des soldats d'infanterie de marine est bonne; les tirs à la cible ont été faits; tout nous invite à arriver à une nouvelle action, afin de ne pas laisser l'indiscipline et la démoralisation progresser par l'inaction.

Je vous ai demandé et vous avez bien voulu m'autoriser à entrer dans cette voie. Ce ne serait pas répondre à votre confiance et à votre bienveillant appui, si je tentais des actes imprudents, ou si j'arrivais à des agissements qui puissent aller à l'encontre des instructions du Gouverneur de Paris.

Je vous prie, Amiral, de vouloir bien prendre la carte de M. Bouquet de la Grye, intitulée : *Forts de Romainville, Noisy, Rosny*, et je vais suivre avec vous le détail de toutes les mesures que j'ai cru devoir ordonner *pour sortir d'une inaction trop complète, et permettre aux cultivateurs et maraîchers de pouvoir reprendre, sous notre protection, en avant de nos fronts, leurs travaux de culture.*

<small>Ouvrages de Pantin.</small>

Les mobiles qui occupent ces ouvrages sont très-bien commandés ; ils font des pointes sur *Bobigny*, d'autres fois sur *Bondy*; ils assurent parfaitement notre extrême gauche.

<small>Fort de Romainville.</small>

J'ai fait sortir de leurs anciennes positions, dans l'avancée de ce fort, deux compagnies d'infanterie de marine, qui campent actuellement à 1,500 mètres en avant de ce fort, sous tentes-abri. Ces deux compagnies fournissent chaque jour au génie militaire deux cents travailleurs, qui sont employés, sous sa direction, à établir des tranchées le long du canal de l'Ourcq, au pont du canal, sur la route de Bobigny, jusqu'au Moulin Brûlé de la Folie ; puis, sur le parcours de la voie ferrée de Strasbourg, jusqu'au chemin de Noisy-le-Sec à la voie ferrée.

Les soldats non employés aux travaux apprennent la garde des tranchées, le service des avant-postes, des éclaireurs ; les habitudes à suivre pour se défiler, bien se garder, rester masqués dans les plis de terrain. On se sait à 1,800 mètres de l'ennemi, on s'habitue à veiller.

A quatre heures, les travaux cessent ; on se replie militairement, et les deux compagnies se replient à leur campement, placé sous le feu du fort de Romainville, dans un rayon d'action très-effective.

Il y a donc sûreté complète, exercice excellent, en dehors des repas, on est toute la journée sous les armes ou au travail.

<small>Redoute de Noisy.</small>

La compagnie de ligne qui l'occupe garde sa position, s'exerçant, les travaux étant terminés. Elle a autour d'elle, à droite et à gauche, et surtout en arrière, les éclaireurs à pied et à cheval de la Seine, les francs-tireurs de la Seine, et les francs-tireurs des Lilas. Ces corps francs n'ont jamais travaillé à nos ouvrages, c'eût été chose difficile à les y amener. Leur devise me paraît être combattre et boire ; leur moralité, vivre en pillant. Il y a là engorgement. Dans un rapport spécial, je vous demanderai à porter tous ces reîtres en avant de la ligne du canal de l'Ourcq et du chemin de fer de Strasbourg à Bobigny et à Bondy. Leurs rangs s'y éclairciront au bénéfice de la société.

<small>Fort de Noisy.</small>

J'ai porté sous tentes-abri, avec défense de loger dans le village de Noisy-le-Sec, à 1,500 mètres en avant du fort de Noisy, *deux* compagnies d'infanterie de marine. Elles sortent de leur campement tout le jour, et vont aux travaux de tranchées, en arrière de la voie ferrée de Strasbourg, de la station de Noisy-le-Sec à la station de Bondy. Elles pratiquent, sous la direction du génie, un ouvrage défensif du passage à niveau de la station de Bondy, et reprennent à quatre heures le chemin de leur campement.

Les deux compagnies de ligne, qui étaient campées en arrière des redoutes, faute d'espace dans l'intérieur des redoutes, sont venues établir leurs bivouacs, dans la plaine, à droite du Merlan, sur la route qui va de Noisy-le-Sec à Rosny.

<small>Redoutes.</small>

Elles sont occupées dans le jour aux travaux de tranchées que le génie fait faire, de la station de Bondy au ruisseau desséché du Moleret, en arrière, à petite distance de la voie ferrée de Strasbourg, avec occupation du littoral de la voie.

Déjà, hier, sous la protection de ces deux compagnies, tous les cultivateurs sont venus à leurs champs, y ont travaillé, et une quinzaine de voitures sont venues charger, en toute sécurité, leurs récoltes de pommes de terre et de légumes de toute sorte.

Aujourd'hui, 6 octobre, deux compagnies du fort de Rosny vont camper sous les feux du fort, à 1,590 mètres en avant. Elles travailleront, à compter de demain, 7, aux tranchées, en arrière de la voie ferrée de Strasbourg, du Moleret au pont sauté du chemin de fer, sur un parcours de 600 mètres.

<small>Fort de Rosny.</small>

La carte n'est plus exacte aujourd'hui ; les défrichements de l'autre côté de la voie vont à 700 mètres ; il n'y a pas de surprise possible. La profondeur de la tranchée de la voie empêche l'ennemi de s'aventurer dans les bois du parc situés de ce côté ; en outre, un mur en fait le tour et borde la voie en ne laissant qu'un chemin de ronde entre lui et la voie.

J'ai prescrit que chaque jour un bataillon de mobiles du Nord vienne occuper le vieux château, dont les caves sont enfin vides ; le parc et les bois entourés de murs dont la portion extérieure, du côté de Villemomble, sera crénelée par les hommes de ce bataillon. Le nouveau campement de la mobile, en facilitant le prompt envoi de renforts sur la route de Villemomble, complétera toute sécurité.

Les nombreux champs de culture situés depuis le mur du parc jusqu'au Moleret, en arrière de la voie ferrée, feraient regretter de laisser les dispositions arrêtées incomplètes dans leur exécution. L'étude la plus attentive des localités me confirme dans cette pensée, que l'ennemi n'a jamais osé dépasser la bonne position de la maison à toits gris, poussant ses factionnaires jusqu'à la station de Villemomble, du chemin de fer de Strasbourg, à plus de 1,000 mètres du mur du parc, et de l'autre côté de la voie ferrée. Il ne peut venir à nous, de jour, sans se découvrir, et, la nuit, nous n'y sommes plus.

Tout ce que la prudence justifie, joint au désir bien décidé de ne jamais produire d'à-coup, même exceptionnel, a été calculé pour être utile aux paysans des localités, sans s'exposer aux agressions de l'ennemi, toujours maintenu entre 4,000 et 6,000 mètres de nous.

Notre œuvre a, jusqu'ici, porté très-haut, dans l'esprit de chacun, le savoir-faire et l'habileté exécutive de nos marins. Nous n'y faillirons pas.

J'arrive maintenant, Amiral, à la dernière des parties de la situation de notre objectif, *ce qu'elle sera*.

Je n'en dirai que quelques mots. L'étude des actions de l'ennemi nous a laissé voir : qu'il est lent et réfléchi dans ses résolutions, actif dans leur exécution; qu'il n'avance que par le cheminement, qu'il ne tente de frapper que quand il a fait tout ce qu'il fallait faire pour éviter nos atteintes pendant qu'il frappe et après qu'il a frappé; qu'il ne fait rien à découvert; enfin, s'il engage quelque action, ce n'est jamais qu'avec de bons tireurs retranchés, faisant promptement succéder l'artillerie à grande distance au jeu de sa mousqueterie, et qu'en résumé, on ne peut que perdre du monde sans fruit en marchant au combat selon nos règlements et notre caractère loyal et guerrier.

A la tactique de l'ennemi, il faut opposer la patience *et le cheminement;* remplacer son invisibilité par des surprises de nuit faciles à réaliser, après étude minutieuse de sa position pendant le jour, avec la longue-vue, dont il faut que chacun sache se servir. Tuer et ne pas être tué, voilà le secret de la stratégie actuelle.

S'il s'agit de prendre ou d'occuper des positions, ce n'est que par le cheminement qu'il faut le tenter; puis, arrivé à la distance favorable, se servir de tireurs exercés, ensuite de l'artillerie et rien que de l'artillerie, de manière à écraser l'occupant de la position. Cette situation d'esprit, qui m'est propre, vous démontre, Amiral, que toute action de ma part, quand vous m'y autoriserez, sera lente, mais sûre ; qu'aucune imprudence ne sera tentée : détruire l'ennemi en détail, par le cheminement, l'embuscade, la torpille, la surprise de nuit, tel est l'ensemble des mesures que je vous proposerai.

Si tout ce que vous avez bien voulu approuver jusqu'à ce jour a été mené à bien, sans la perte d'un seul homme, avec seulement quelques blessés, paraît mériter d'être pris en considération, je vous demanderai d'être autorisé à le continuer.

Le parcours de la voie stratégique est hors de toute atteinte.

La ligne de nos forts est hors de toute attaque.

La voie ferrée de Strasbourg, sur le parcours de la ligne de nos forts, va devenir un obstacle sérieux, difficile à franchir pour l'ennemi.

Sous notre protection, nos cultivateurs trouvant notre offensive limitée, succédant à la défensive, favorable à leurs travaux, reprennent confiance, et vont à leurs cultures.

Il faut continuer notre expansion à l'extérieur *par des cheminements* substitués à des actions directes, qui pourraient amener des pertes inutiles pour nous, sans profits appréciables.

Cheminer en avant, pour faire reculer encore l'ennemi, puis le *harceler nécessairement* de nuit, pour le détruire en détail, voilà ce que je vous demande.

Le succès certain, telle sera notre situation.

Je suis avec un profond respect,

Amiral,

Votre très-humble et obéissant serviteur,

Le contre-amiral commandant supérieur,

Signé : Saisset.

III.

Extrait des dépositions devant la Commission d'enquête, sur les actes du Gouvernement de la Défense nationale.

M. le général Schmitz. — Avant de parler du 18 mars, je demanderai à MM. les membres de la Commission un peu de bienveillance, et je vais leur faire comprendre pourquoi je fais cet appel. Vous n'ignorez pas que j'ai été l'objet des attaques les plus vives, les plus grossières, les plus injurieuses et les plus abominables, de la part de beaucoup de gens, attaques auxquelles je n'ai jamais répondu, et que j'ai complétement méprisées. Mais il y a des faits à propos desquels mon honneur est presque touché. Il s'agit de la soi-disant affaire de Châtillon. Je demande à la Commission, puisque ces documents doivent être publiés, de rétablir brièvement devant elle la réalité des faits, et de me disculper, je ne dirai pas des injures, mais des accusations qui ont été portées à cette époque-là contre moi, accusations qui ont trouvé de l'écho chez des personnes considérables.

M. le PRÉSIDENT. — Vous n'êtes pas en cause devant la Commission; nous ne vous interrogeons pas sur les accusations dont vous parlez; elles ne sont pas venues jusqu'à nous. Cependant, si vous le désirez...

M. le général SCHMITZ. — Eh bien, Messieurs, dans les derniers moments du siége, avant les affaires du mois de janvier, il y avait dans l'armée des dissentiments profonds sur la question de savoir ce qu'on devait faire. Il y avait deux partis extrêmement prononcés, l'un qui voulait continuer la résistance, et l'autre qui prétendait et disait, *peut-être avec juste raison, que les troupes étaient extrêmement fatiguées,* que les chefs ne pouvaient plus en tirer ce qu'ils devaient en attendre, et qu'il fallait se borner aux efforts faits dans les derniers temps.

Le général Trochu ne partageait pas cette opinion. Il résolut de faire ce qu'il appelait un dernier effort. Ce dernier effort avait d'abord été étudié sur un certain point; il devait être dirigé sur Châtillon. On devait donner le commandement au général Vinoy, et attaquer Châtillon, à droite, par la vallée de Bièvre, à gauche, par Bagneux, et battre ce village de front en même temps, avec l'aide des forts d'Issy, de Vanves et de Montrouge.

Cette affaire avait été résolue entre le général Vinoy et le général Trochu. J'assistai à ce petit conseil, où il fut convenu qu'on mettrait à la disposition du général Vinoy telles ou telles troupes. Le général Vinoy fit venir les officiers généraux qui devaient concourir à l'opération. Parmi eux, se trouvait le général de Maussion qui déclara qu'il ne croyait pas qu'on pût engager les troupes dans une opération comme celle-là, qu'elles seraient écharpées, abîmées, et qu'il ne voulait pas du tout y conduire son corps d'armée. Le général Vinoy vint trouver le général Trochu, et lui exposa sa position vis-à-vis des instruments qu'il allait avoir à sa disposition.

Le lendemain, le général Trochu réunit tous les officiers généraux au nombre de 28 dans son cabinet. L'affaire de Châtillon n'a donc jamais été qu'à l'état de projet, d'embryon, contrairement à ce qu'on a prétendu d'une manière extrêmement calomnieuse dans certains journaux, et voici ce qui l'a fait avorter. Le 28, ces messieurs se réunirent chez le général Trochu. On était arrivé à la dernière période du siége, il y avait un suprême effort à tenter, et le général leur parla en termes vifs pour en faire comprendre la nécessité.

Le général de Maussion se leva, et dit : « Quant à moi, je

considère que l'opération est mauvaise, et je ne voudrais pas en encourir la responsabilité. » Le général Berthaut dit que, quant à lui, il aimerait mieux une autre opération, par exemple une attaque dirigée sur le plateau de la Bergerie. Moi, qui avais toujours été contraire à l'opération de Châtillon, du moment où je vis qu'elle allait couler, je lui donnai le dernier coup en prenant la parole devant tous ces messieurs ; je leur dis que l'esprit de l'armée n'était plus à la résistance, que cependant la résistance n'était pas absolument impossible, que ce n'était pas après avoir armé comme on l'avait fait la garde nationale, après avoir dépensé des millions pour organiser des bataillons de volontaires, qu'il fallait dire à ces gens-là qui voulaient défendre leur ville : Nous n'avons pas besoin de vous ; que par conséquent il fallait faire un effort considérable ;— qu'il ne s'agissait pas là d'opinion publique, mais d'un sentiment grandement respectable, et qu'il fallait permettre à des individus qui avaient été bombardés, qui allaient être fusillés peut-être par les Prussiens, de défendre eux-mêmes leurs foyers et de concourir avec la troupe à cette défense.

Profitant de ce que je voyais l'auditoire assez ébranlé, et inclinant de mon côté, je développai le projet d'abandonner l'attaque sur Châtillon, et d'attaquer le plateau de la Bergerie. Je fis ressortir qu'on n'avait pas là de chances de désastres comme à Châtillon, et que cet effort, quelque considérable qu'il fût, ne nous amènerait pas à une situation trop mauvaise ; que, d'autre part, la situation de la Bergerie dominait celle de Versailles, et qu'on pouvait peut-être enlever cette dernière position par un effort désespéré. Sur vingt-huit officiers généraux, vingt-sept furent de mon opinion, et l'attaque sur le plateau de la Bergerie fut décidée. Si je vous ai donné ces détails, c'est afin qu'il soit bien entendu que jamais l'attaque de Châtillon n'a été décidée dans un conseil de guerre ; elle avait été présentée par le général Vinoy, et elle eût peut-être eu lieu, si le général de Maussion ne se fût refusé à y concourir. J'y avais toujours été opposé, malgré les instances du général Chabaud-Latour.

IV.

Rapport à M. le général Ducrot.

Besançon, le 16 avril 1877.

Mon Général,

Je viens de faire appel à mes souvenirs, et, ainsi que vous me le demandez, j'ai l'honneur de vous adresser le résumé de la conversation que j'ai eue, vers la fin du siége de Paris, avec M. le général Vinoy.

D'après la lettre du général Trochu, j'aurais dit *que les troupes sous mes ordres ne marcheraient pas;* je tiens à ce que vous soyez parfaitement éclairé sur le sens de cette phrase qui a été complétement dénaturé par le général Trochu.

Le 7 janvier, M. le général Vinoy me fit appeler à son quartier général avec le général d'Ubexi, commandant l'artillerie, pour me faire part de l'opération projetée sur Châtillon et qui consistait à s'emparer de la redoute par une attaque de nuit.

La position de Châtillon, occupée par l'armée allemande depuis le mois de septembre et sérieusement fortifiée par elle, domine des pentes escarpées, qui sont vues elles-mêmes des plateaux de l'Hay et de Meudon, également occupés par l'ennemi ; de ce dernier côté, l'assiégeant serrait de fort près le fort d'Issy, puisqu'il s'avançait jusqu'au Moulin-de-Pierre ; il aurait pris de flanc nos colonnes et en aurait complétement empêché le déploiement.

Le projet d'une attaque au grand jour contre la redoute de Châtillon n'était donc pas réalisable ; aussi s'était-on proposé de la faire attaquer de nuit.

Les troupes devaient s'ébranler le lendemain à 11 heures du soir.

Je me récriai aussitôt, car une attaque de nuit est la pire des attaques.

Possible avec une troupe peu nombreuse et d'élite, elle devient impraticable avec de fortes colonnes. Il s'agissait, en effet, de mettre en mouvement trois divisions d'infanterie et en outre un certain nombre de régiments de gardes nationaux.

Je m'appuyai pour prouver l'insanité de ce projet sur ce que j'ai vu en Crimée, où sur trois attaques sérieuses entreprises avec des troupes essentiellement d'élite (Monts Fedouchines, ouvrages blancs, cimetière), pas une seule n'a réussi. Tout le monde sait, en effet, que pour quelques hommes déterminés qui se portent en avant, le reste se perd ou s'embusque, fort heureux encore, si, tôt ou tard, pris de panique, il ne joint pas son feu à celui de l'ennemi en tirant sur les camarades.

C'est ce que j'ai vu se passer dans toutes les attaques de nuit auxquelles j'ai assisté ; aussi y suis-je, en principe, très-opposé, surtout lorsqu'il s'agit d'opérer sur une grande échelle.

Je terminai en disant que je n'acceptais pas la responsabilité d'une semblable opération, qui, à mon avis et par toutes ces raisons, n'avait pas la moindre chance de succès, et ne pouvait qu'être fatale aux troupes de la défense.

M. le général Vinoy leva alors la séance et alla rendre compte de notre entretien au général Trochu.

Le lendemain, tous les généraux de l'armée de Paris étaient convoqués chez le gouverneur pour assister à un grand conseil de guerre présidé par lui.

Prenant la parole, M. le général Trochu exposa sommairement son plan d'attaque sur Châtillon, ajoutant que l'opération avait dû être ajournée à la suite de mon entretien de la veille avec le général Vinoy, où je lui avais exprimé la crainte de n'être pas suivi des hommes que je commandais.

Je l'arrêtai aussitôt en lui faisant observer qu'il dénaturait mes paroles ; je pris à témoin M. le général Vinoy pour rétablir la vérité, puis, maintenant énergiquement ce que j'avais dit et ce que je pensais sur l'opportunité d'une attaque de nuit, j'ajoutai que le point d'attaque me paraissait des plus défectueux.

Chacun des généraux fut appelé à émettre son avis, puis on procéda au vote à l'effet de savoir si une attaque devait être tentée sur la redoute de Châtillon.

A l'unanimité le conseil se prononça contre, et par un deuxième vote, il décida qu'une tentative devrait être faite sur un autre point.

Ce point restait à déterminer. M. le général Berthaut, demandant la parole, émit l'avis d'une attaque sur le plateau de Garches, qui, bien que fortement occupé par l'ennemi, permettait aux troupes de la défense de se déployer librement et de prononcer une attaque en règle sur toute la ligne.

Son avis fut partagé par tous les généraux présents, et il fut décidé qu'une attaque serait faite sur la position de Garches.

Je vous remercie, mon Général, d'avoir bien voulu, avant de publier la lettre de M. le général Trochu, m'en donner connaissance, me permettant ainsi de vous signaler les divers incidents de ces deux séances, et en même temps de protester contre l'interprétation que M. le général Trochu a donnée à mes paroles.

Veuillez agréer, mon Général, l'assurance de mes respects.

Signé : Général DE MAUSSION.

V

Lettre de M. Cresson à M. le général Ducrot.

10 mars 1877.

Monsieur,

Je viens de parcourir le troisième volume de votre œuvre *la Défense de Paris*. J'y trouve mon nom, rencontré par vous, dans les procès verbaux du Gouvernement de la Défense Nationale qualifiés pièces justificatives, ou cités par extraits. Voulez-vous me permettre d'appeler votre attention sur la valeur véridique des renseignements que contiennent ces pièces ? Vous écrivez l'histoire ; vous êtes un honnête homme, cherchant la vérité, et voulant la dire : vous ne vous étonnerez donc pas d'une observation nécessaire.

Les prétendus procès-verbaux sont des notes prises au courant de la plume, sans mandat, sans contrôle, au milieu des séances agitées des nuits, par l'un des secrétaires du Gouvernement. Ils contiennent la vérité dans l'ensemble, parfois, souvent dans les détails ; mais souvent aussi ils sont fatalement incomplets, inexacts, dénaturés. Vous savez qu'ils n'ont jamais été connus de ceux contre lesquels on les interroge. Comment donc pourraient-ils devenir pour la gravité de l'histoire l'occasion d'un jugement ? Il sera certainement téméraire, s'il n'a pas trouvé d'autres vérification.

Je puis prendre l'un après l'autre ces procès-verbaux. J'affirme que presque tous contiennent des erreurs, des inexactitudes dans la rédaction de la phrase, dans la reproduction analysée de la pensée des interlocuteurs.

Ainsi, pour exemple, en ce qui me touche vous copiez en la soulignant, la proposition faite le 10 janvier « de transférer les prisonniers prussiens dans LES PRISONS BOMBARDÉES » ; ces neuf mots suffisent. Ils n'ont été, dans votre conviction, précédés d'aucune explication. L'homme qui a fait cette proposition est jugé par vous qui ne savez ni la cause, ni les circonstances, ni la suite. Vous soupirez avec une émotion indignée.

Pourquoi ne pas demander la vérité ? la voici : La grande Roquette était encombrée de prisonniers prussiens. L'état sanitaire, de nouvelles prises exigeaient leur déplacement ; cependant les prisons étaient partout pleines. La petite Roquette était visitée par moi et ne pouvait s'ajouter à la grande. Sainte-Pélagie était bombardée, ruinée en partie, évacuée ; la Santé recevait des obus en grand nombre ; il fallait transporter les détenus français quelque part, mais où ? et les prisonniers prussiens, où ?

Fallait-il un grand effort d'esprit pour comprendre que l'ennemi, averti directement ou indirectement du séjour des Prussiens à la Santé, détournerait son tir du quartier et surtout de la prison ? J'ai dit cela au Gouvernement. Je me suis expliqué complétement, mais le procès-verbal paresseux a cherché une forme brève, et il me fait par sa traduction de ma pensée, odieux et absurde.

Ma certitude sur l'effet de l'établissement des prisonniers prussiens à la Santé, était telle que malgré le refus hésitant des généraux, du Gouvernement, j'ai engagé ma responsabilité et j'ai agi. Lisez ma dépêche reproduite par l'enquête parlementaire, vous verrez que j'ai envoyé à la Santé tous les Prussiens et conduit à la Roquette tous les détenus parisiens. Le transport, fait la nuit, a eu, dès le jour, le meilleur résultat ; la Santé n'a plus reçu une seule bombe, et le quartier voisin a été plus épargné par le tir ennemi.

Vous le voyez, Monsieur, il est mal de faire juger un homme par une expression abrégée de sa pensée, ramassée ou découverte par un auditeur peu attentif, et trop souvent fatigué. Je vous affirme que l'historien digne de sa mission doit vérifier des documents de cette sorte.

Autre exemple. Les procès-verbaux résument à leur manière les faits énormes à propos desquels j'ai donné une première fois ma démission, le 15 novembre 1870, douze jours après ma nomination ; ils taisent aussi les raisons qui le 16 m'arrachaient le consentement à la reprendre.

L'enquête ne vous a-t-elle pas livré la lettre suivante écrite après ma sortie de la chambre du conseil, après mon refus persistant d'y rentrer ? Elle est datée du 15 novembre 1870, minuit et demi.

« Mon cher Préfet,

« Le Gouvernement, instruit par vous du scandale causé par
« la publication et l'exposition de caricatures qui blessent la
« décence publique et sont l'apologie d'actes criminels, m'a

« chargé de vous donner l'ordre de les saisir en vertu des lois
« sur l'état de siége qui permet d'interdire les publications dan-
« gereuses. Cette saisie est d'ailleurs commandée par les règles
« du droit commun, par le Code pénal, et la loi de 1819.

« Le Gouvernement vous remercie, en cela comme dans les
« autres parties de votre service, de votre vigilance et de votre
« activité. Vous savez combien je suis heureux de vous trans-
« mettre ce témoignage de sa confiance.

« Agréez, etc.

« Le ministre par intérim,
« Jules FAVRE. »

Cette lettre me donnait satisfaction ; elle est loin des prétendues explications fournies par le ministre. Mais elle-même n'a pas suffi : la confiance, l'avis, l'exemple du général Trochu qui n'avait point assisté à la séance et que je vis le matin, me décidèrent seuls à conserver des fonctions dont je n'ai connu que les charges, les chagrins et les dangers.

Je veux vous donner une dernière preuve matérielle choisie entre plusieurs, de l'inexactitude des procès-verbaux. Il ne s'agit pas d'un détail d'expression ; il s'agit d'une résolution, d'un vote du Gouvernement.

Aux pages 271 et 272 vous copiez : « J'ai demandé le renvoi
« devant le conseil de guerre des accusés du 31 octobre. » C'est vrai : le procès-verbal a raison.

Mais vous ajoutez que le Gouvernement a voté dans le sens de cette opinion. C'est faux, c'est une erreur, une inexactitude des procès-verbaux. Ne savez-vous pas ce que tout le monde sait ! la justice ordinaire a été dessaisie par l'autorité militaire, les conseils de guerre ont repris l'instruction, les conseils de guerre ont jugé.

Voilà l'exemple de la vérité des procès-verbaux.

Je n'aime pas le bruit, la réclame du journalisme. Je n'adresse qu'à vous ces observations qui vous paraîtront légitimes et que je ne puis multiplier ici ; mais je devais le faire. Je le devais à votre caractère, à la vérité et à ma dignité.

Veuillez agréer, Monsieur, l'assurance de ma considération très-distinguée.

Signé: CRESSON
Ancien Préfet de police.

VI

Réponse du général Ducrot à M. Cresson

12 mars 1877.

Monsieur,

J'ai l'honneur de vous accuser réception de votre lettre du 10 mars relative à la publication de mon troisième volume de *la Défense de Paris*. Il m'est impossible de répondre en ce moment à vos observations, absorbé que je suis par les travaux de la commission de classement, mais je le ferai avec le plus grand soin, aussitôt que je serai rendu à Bourges : Dès aujourd'hui je reconnais parfaitement avec vous que « si ces procès-verbaux « contiennent la vérité dans l'ensemble, parfois dans les détails, « ils peuvent aussi être quelquefois incomplets, inexacts, déna- « turés. »

Mais, contrairement à votre avis, je pense qu'ils sont d'autant plus rapprochés de la vérité qu'ils n'ont pas été revus et corrigés par les intéressés. C'est dans leur ensemble les véritables photographies, sans retouche, de ces séances dans lesquelles se sont discutées les destinées de notre malheureux pays.

La production de ces intéressants documents amenant tout naturellement des rectifications et les discussions qui en sont la conséquence, contribuent à faire connaître la vérité sur cette triste et intéressante période de notre histoire.

En ce qui touche les points que vous voulez bien me signaler, comme vous intéressant particulièrement, soyez certain que je m'empresserai de reproduire vos explications dans le quatrième volume dont la publication se fera prochainement ou dans une nouvelle édition.

Signé : Général Ducrot.

VII

Dispositions préparatoires en vue de la bataille du 19 janvier.

Dès à présent, il sera mis à la disposition de M. le général Noël : [Arrondissement du Mont-Valérien.]

1° Une batterie de 12 attelée, soit avec les attelages organisés par M. Ducros, soit avec les chevaux de réquisition qui étaient employés à l'équipage de pont, et dont le général Guiod dispose aujourd'hui;

2° Une section de mitrailleuses prise dans l'artillerie de la 3ᵉ armée;

3° Quelques pièces de 7, prises parmi les pièces douteuses que livre l'industrie journellement; les attelages et le personnel des mitrailleuses et des pièces de 12 seront cantonnés aux environs du rond-point des Bergères et du rond-point de Courbevoie, où M. le général Noël les aura sous la main.

Les pièces de 7 seront placées avec leurs munitions dans la redoute du Moulin-des-Gibets.

La veille du jour fixé pour la grande opération, huit bataillons de la garde nationale seront mis à la disposition de M. le général Noël :

Quatre bataillons cantonnés à Puteaux et à Suresnes, quatre bataillons aux environs du rond-point de Courbevoie.

L'on devra transporter à Nanterre ou à Courbevoie les bois nécessaires pour le rétablissement d'une passerelle sur le bras de la Seine entre la rive gauche et l'Ile du Chiars, à hauteur de Chatou.

Arrondissement de Gennevilliers. — La veille du jour fixé pour l'opération, le poste de la Folie, celui de Charlebourg seront renforcés chacun de deux bataillons de garde nationale.

Arrondissement de Saint-Denis. — Même date : quatre bataillons de garde nationale prendront position en face de l'île Saint-Denis, derrière le fort de la Briche.

Arrondissement d'Aubervilliers. — Même date : douze bataillons de garde nationale prendront position à Pantin.

Arrondissement de Noisy-le-Sec. — Même date : six bataillons de garde nationale prendront position à Noisy-le-Sec, six bataillons à Rosny.

Arrondissement de Nogent. — Même date : six bataillons de garde nationale prendront position à Fontenay-sous-Bois, six bataillons à Nogent.

Arrondissement de Créteil. — Même date : six bataillons de garde nationale prendront position à Maisons-Alfort, trois en arrière de Créteil, et trois dans la boucle de la Marne.

DEUXIÈME ARMÉE.

Artillerie.

Ordre.

En exécution des ordres du Gouverneur de Paris, trois colonnes d'opérations ont été placées sous les ordres de M. le général

Vinoy à gauche, le général Bellemare au centre et le général Ducrot à droite.

Dans la colonne de gauche se trouve la division Courty; dans la colonne du centre, la division Bellemare; dans la colonne de droite les divisions Susbielle, Berthaut et Faron. D'autres troupes seront adjointes à ces trois colonnes.

Chacune d'elles doit avoir dix batteries d'artillerie des calibres de 12, de 8, de 7 et des mitrailleuses. (Ci-joint le tableau de répartition de ces batteries.)

Les dix batteries attachées au corps Vinoy devront aller s'établir à Neuilly, près du pont, mercredi 18 courant, dans l'après-midi.

Les batteries attachées à la colonne du centre iront s'établir, ce même jour mercredi, au delà du pont de Neuilly, entre ce pont et le rond-point de Courbevoie.

Les dix batteries destinées à la colonne de droite iront s'établir aujourd'hui 17, à Asnières et dans les environs, sur la rive gauche de la Seine.

Toutes ces troupes devront être alignées en vivres jusqu'au dimanche 22 inclus, et en avoine jusqu'au vendredi soir.

Toutes les batteries ci-dessus désignées devront partir avec leur complet en servants; les batteries de 7, de 8 et de 12 devront atteler deux lignes de caissons. Les chevaux nécessaires seront pris de préférence dans les batteries de 4.

« Les colonels et lieutenants-colonels adjoints aux généraux commandant l'artillerie des colonnes n'ont pas de commandement spécial. Ils seront employés par les généraux suivant les besoins.

Les batteries attachées au service des batteries de position, et qui sont désignées pour partir, seront relevées par des batteries de 4.

Dans chaque corps d'armée et dans chaque service, l'officier le plus élevé en grade, ou à égalité de grade, l'officier le plus ancien, prendra le commandement des batteries restantes, sous les ordres de M. le colonel Lucet (rue de Paris, 85, à Pantin), qui exercera le commandement supérieur de l'artillerie.

Les batteries désignées pour faire partie des corps Vinoy et Bellemare se mettront immédiatement en relations avec MM. les généraux Princeteau et d'Ubexi pour recevoir leurs instructions.

Les Lilas, le 17 janvier 1871.

Le général commandant l'artillerie de la 2e armée,

Signé : FRÉBAULT.

VIII

FORTERESSE
du
MONT-VALÉRIEN.

Le Commandant.

Le 22 février 1872.

Mon Général,

Il n'a pas été conservé dans les archives de la forteresse copie des dépêches adressées au général Trochu pendant son séjour des 19 et 20 janvier 1871; ainsi il ne m'est pas possible de vous reproduire les termes du télégramme que, dès le matin, vous adressiez du Moulin-des-Gibets au Gouverneur; mais mes souvenirs, qui sont très-nets à ce sujet, me rappellent les faits tels qu'ils se sont passés; j'affirme leur exactitude.

Le Gouverneur arriva le 19 à sept heures du matin sur le plateau de la forteresse, au moment même où partait la troisième fusée, signal indiqué pour le commencement des opérations. Il venait à l'instant de recevoir l'avis que les divisions du général Ducrot n'étaient point arrivées à leur point de concentration désigné. Comme l'attaque devait commencer par la gauche sur Montretout, le Gouverneur ordonna sur-le-champ au commandant de Lemud de se rendre près du général Noël pour lui prescrire de différer son attaque jusqu'à un nouveau signal. Le commandant de Lemud fit le trajet avec une remarquable rapidité, mais n'arriva cependant pas à temps pour retarder le mouvement, qui fut exécuté avec un très-vigoureux élan.

Veuillez agréer l'assurance des sentiments respectueux avec lesquels j'ai l'honneur d'être, mon Général, votre très-dévoué serviteur.

Le lieutenant-colonel commandant la forteresse du Mont-Valérien,

LOCHNER.

IX

Rapport du général Ducrot sur les opérations de la colonne de droite à la bataille de Buzenval.

DÉFENSE DE PARIS.

DEUXIÈME ARMÉE.

État-major général.

21 janvier 1871.

Monsieur le Gouverneur,

En attendant les rapports détaillés de mes généraux de division, j'ai l'honneur de vous adresser un rapport sommaire sur les opérations exécutées dans la journée d'avant-hier par les troupes qui formaient la colonne de droite, sous mon commandement.

Conformément à vos ordres, ces troupes devaient être arrivées aux lieux de rendez-vous à 6 heures, et j'avais fait, à cet égard, les recommandations les plus expresses, prévoyant bien que le long espace à parcourir, le mauvais état des chemins, l'obscurité de la nuit et le nombre considérable de troupes de toutes armes à faire mouvoir en même temps, sur un très-petit nombre de voies, ne pouvaient manquer d'amener de l'encombrement, et, par suite, des à-coups dans la marche. Malheureusement, ces incidents se sont produits dans des proportions encore plus considérables qu'il n'était permis de le supposer.

La division Susbielle, cantonnée à Saint-Ouen et Clichy, c'est-à-dire à l'extrême droite de notre ordre de bataille, a été arrêtée pendant plusieurs heures au chemin de fer d'Asnières par des trains amenant de Pantin et de Romainville les troupes des divisions Courty et Faron, trains qui se sont trouvés eux-mêmes fort en retard par des causes qui me sont encore inconnues.

La division Faron, qui devait marcher derrière la division Susbielle sur la rive gauche de la Seine, par l'unique voie praticable pendant la nuit, pour se rendre à Nanterre, la division Faron, dis-je, a subi les conséquences du retard de la division Susbielle.

La division Berthaut était partie d'Asnières de très-bonne heure et était venue se masser à 3 heures, sur le bas-côté droit de l'avenue de Neuilly à Courbevoie ; là, elle s'est trouvée arrêtée par un encombrement considérable occasionné par le croisement des colonnes d'infanterie du centre et des colonnes d'artillerie de la colonne de gauche. Les commandants des brigades de Miribel et Bocher ont fait des efforts inouïs pour percer, et sont parvenus à faire passer, par petites fractions, la majeure partie de leurs troupes; mais il en est résulté un morcellement tel que les régiments ne sont arrivés que successivement et à de grands intervalles près de la maison Crochard, fixée pour le lieu de leur rendez-vous. C'est à peine si à 10 heures, la formation de la brigade Miribel était terminée; le 120ᵉ de la brigade Bocher, commençait à se former, mais le 119ᵉ ne paraissait pas encore. Néanmoins, j'avais mis le temps à profit pour placer sur le plateau de la Maison brûlée, au-dessus de la Malmaison, et en avant de la maison Crochard, la majeure partie de mon artillerie qui avait pu devancer l'infanterie en faisant un long détour dans la plaine par Charlebourg et la Folie. A ce moment, l'ennemi occupait déjà en force la Malmaison, le ravin de Saint-Cucufa sur notre flanc droit, la maison du garde, la porte de Long-Boyau et les bois de la Jonchère sur notre front. Comme il était urgent cependant d'appuyer le mouvement du général de Bellemare qui était déjà très en avant sur les crêtes à gauche du parc de Buzenval, j'ordonnai au général Berthaut de laisser le régiment de la Seine-Inférieure et le 8ᵉ régiment de la garde nationale pour maintenir l'ennemi sur la droite et faire avancer le colonel Miribel avec le régiment du Loiret pour tourner par la gauche la maison du garde et la porte du Long-Boyau.

En même temps, le général Bocher se portait avec le 120ᵉ en avant et vers la gauche, de manière à déborder tout à fait les positions de l'ennemi en se reliant avec la brigade Valentin qui formait la droite de la colonne Bellemare.

Le régiment du Loiret et le 120ᵉ ont exécuté leur mouvement avec une grande vigueur et dans un ordre parfait, et malgré la résistance très-vive de l'ennemi, le régiment du Loiret est parvenu à s'approcher à quelques pas de la maison du garde et du mur ouest du parc de Buzenval; mais il lui a été impossible de débusquer l'ennemi de la maison du garde et du mur qui, sur toute sa longueur, était crénelé à deux étages. Le 120ᵉ s'est approché de la partie sud-ouest du même mur, mais lui aussi a été arrêté vers la partie de la crête qui fait face à la plaine de Garches, où l'ennemi était solidement établi derrière de larges tranchées et de nombreux abatis.

La situation était donc fort difficile, car, d'une part, nous avions l'ennemi en force sur notre flanc droit, sur notre front, et même, en un point, sur nos derrières.

A plusieurs reprises, cette situation difficile a amené du trouble et même quelques reculades parmi nos troupes. Il a fallu, pour maintenir la position, faire entrer en ligne successivement la totalité des troupes de la division Berthaut et la majeure partie des troupes de la division Faron.

De son côté, la division Susbielle, malgré le tir des nombreuses batteries ennemies qui, vers la fin de la journée, étaient venues prendre position sur les hauteurs de Carrières-Saint-Denis et de Chatou, et faisaient converger leurs feux sur notre droite, maintenait l'ennemi en avant de Rueil et le refoulait dans le parc de la Malmaison et dans le ravin qui descend de Saint-Cucufa.

En résumé, à la fin de la journée, au moment où la nuit se faisait complétement, nous tenions toujours la partie ouest du parc de Buzenval et les crêtes en face du plateau de Garches; l'ennemi n'avait pu nous faire céder un pouce du terrain conquis, nos blessés et nos morts avaient été enlevés et nous étions en mesure de passer la nuit dans cette situation; mais il est évident qu'au jour elle serait devenue fort critique, car, pendant toute la journée le commandant Faverot qui, avec deux escadrons et quelques pièces légères, avait observé les bords de la Seine d'Argenteuil à Chatou, le commandant Faverot, dis-je, m'avait signalé le passage de nombreuses colonnes d'infanterie, d'artillerie et de cavalerie venant du Nord et marchant dans la direction de Saint-Germain. L'ennemi devait donc se trouver en mesure, dans la matinée du 20, de prononcer un mouvement offensif très-vigoureux sur notre droite, et il n'aurait pas manqué d'établir sur les hauteurs de la Jonchère une nombreuse artillerie qui aurait écrasé toutes nos réserves massées sur le plateau entre la Fouilleuse, Buzenval et la maison Crochard. Il ne nous restait d'ailleurs aucun espoir d'enlever de vive force la triple ligne de retranchements que l'ennemi a établie avec tant de soin de la Jonchère à la maison Craon.

Lorsque vous nous avez donné l'ordre de la retraite, je me suis concerté avec le général Bellemare, nous avons replié tous nos avant-postes dans le plus grand ordre entre 1 heure et 2 heures du matin, et toutes nos troupes étaient rentrées dès hier dans leurs cantonnements.

L'attitude des troupes a été excellente; infanterie de ligne et garde nationale ont rivalisé de vigueur dans quelques moments difficiles. Si parfois il s'est produit certains troubles, quelques tireries désordonnées, c'est la conséquence inévitable de l'inexpérience et de l'agglomération qui, malgré tous nos soins et nos efforts, s'est produite fatalement sur quelques points.

Aussitôt que j'aurai reçu les rapports des généraux de division, j'aurai l'honneur de vous signaler les corps et les individus qui se sont plus particulièrement distingués. Dès à présent, cependant, je puis citer en première ligne, le 19ᵉ régiment de garde nationale, dont le brave colonel Rochebrune a été tué ; le 37ᵉ régiment des mobiles du Loiret si vigoureusement enlevé par les colonels de Miribel et de Monbrison (ce dernier malheureusement a été blessé très-grièvement), enfin, le 120ᵉ de ligne qui, à plusieurs reprises, a donné l'exemple de l'ordre parfait et du plus grand calme au milieu du trouble et des hésitations qui se sont produits parfois sur quelques points de la ligne de bataille. Notre artillerie a éteint le feu des pièces que l'ennemi avait établies sur le plateau de la Jonchère, et a tiré avec beaucoup de précision sur la maison du garde. Le génie a fait sauter plusieurs murs par la dynamite, et le lieutenant Baud a été tué avec plusieurs de ses sapeurs au pied du mur crenelé où il allait faire placer les pétards.

Je ne connais pas encore le chiffre de nos pertes, mais il est considérable.

Veuillez agréer, Monsieur le Gouverneur, l'assurance de mon respectueux dévouement.

Le Général commandant en chef la deuxième armée.

DUCROT.

X

Dépêches relatives à la bataille de Buzenval.

Moulin-des-Gibets du Mont-Valérien. N° 408, 25 mots, 19 janvier 1871 à 7 h. 40 m. — Transmis aux Gibets 7 h. 43 m.

Gouverneur à général Ducrot, Moulin-des-Gibets.

Combien de temps vous faut-il pour vous grouper? Voilà un bien long retard. — P. O. BIBESCO.

Moulin-des-Gibets du Mont-Valérien. N° 411, mots 42, 19 janvier 1871 à 8 h. 40 m. — Transmis aux Gibets 8 h. 45 m.

Gouverneur à général Ducrot, Moulin-des-Gibets.

J'ai envoyé des officiers au rond-point de Courbevoie pour activer le mouvement. Restez où vous êtes, et que vos troupes arrivent le plus tôt possible à la maison Crochard.

P. O. BIBESCO.

Maison-Brûlée du Mont-Valérien, le 19 janvier 1871 à 10 h. 12 m. — Transmis à la Maison-Brûlée 10 h. 17 m.

Gouverneur à général Ducrot, Maison-Brûlée.

Nous sommes maîtres de la redoute de Montretout et maisons annexes, du point 112, du plateau 155, du château et hauteurs de Buzenval. Bellemare marche sur la maison Craon et vous attend pour agir sur la Bergerie. Tout va très-bien jusqu'à présent. — P. O. N. BIBESCO.

Moulin-des-Gibets du Mont-Valérien. N° 414, mots 67, 19 janvier 1871 à 9 h. 10 m. — Transmis aux Gibets 9 h. 15 m.

Gouverneur à général Ducrot, Moulin-des-Gibets.

Le commandant Faivre arrive à Montretout; le combat est très-vivement engagé sans résultat apparent. Bellemare a bien réussi, sans grand effort; il occupe la maison du curé et est entré dans le parc de Buzenval par une brèche. Il a mis Valentin à sa droite pour vous suppléer; appuyez-le dès que vous le pourrez. — P. O. N. BIBESCO.

Pour Maison-Brûlée, 2 h. 55 m.

Commandant Faverot à général Ducrot, Maison-Brûlée.

Les locomotives blindées n'ont pu tenir contre batteries prussiennes qui tiraient à 90 degrés; elles ont été criblées. Capitaine blessé, se fait panser; lieutenant attend des ordres; mais les machines sont en mauvais état.

Mon Général,

Voici ce que m'écrit Benoît-Champy, qui est entre Argenteuil et Colombes. Moi je suis à Nanterre, où les obus nous inquiètent; mais j'ai défilé mon détachement et j'y reste.

Colombes, 2 h. 30 m.

Des troupes sortent du fond d'Argenteuil, venant de Cormeil : infanterie, cavalerie, artillerie, ces deux derniers corps au trot.

J'ai été le long de la Seine, en amont et en aval de Bezons, en laissant derrière le peloton.

Reconnu un mouvement d'artillerie sur le haut de Carrières-Saint-Denis. Les petits postes tirent sur nous sans résultat.

Le passage des troupes vient de cesser. J'observe et j'attends s'il en vient d'autres. Charlebourg et la Folie tirent sans résultat. Si on avait du canon à Colombes, on les éreinterait ; nos tirailleurs font feu sans résultat.

G. Benoit-Champy.

P. S. — J'attendrai ici le retour des deux autres pelotons, sauf contre-ordre de votre part, étant à la porte de notre cantonnement.

A la première nouvelle vous recevrez nouvelle estafette.

Le défilé des troupes de renfort a duré une heure trente minutes.

On ne voit pas une batterie, mais elles sont sur les crêtes et changent de place à chaque coup.

Votre très-respectueux,

Faverot.

3 heures et demie.

Pour Maison-Brûlée, 26 mots, le 19, à 3 h. 45 m.

Gouverneur à général Ducrot, Maison-Brûlée.

Donnez-moi des nouvelles. Comment, pendant la nuit, pourrez-vous renouveler vos munitions à l'aide de vos caissons de cartouches ?

DÉFENSE DE PARIS

DEUXIÈME ARMÉE

État-major général.

Le général de Bellemare a reçu l'ordre de renforcer votre gauche et il envoie sur les crêtes six bataillons.

J'attends encore un instant si le Gouverneur répond à la dépêche transmise par le poste de Fouilleuse au Mont-Valérien.

P. Vosseur.

3 h. 45.

Fouilleuse du Mont-Valérien, le 20, à 1 h. 20 matin.

*Gouverneur à général Ducrot et général Bellemare,
à la Fouilleuse.*

C'est à la gauche, où je m'étais porté, que la retraite a été désordonnée; Noël a déclaré que Montretout n'était pas tenable et l'évacuation des positions s'est faite après la nuit, dans la confusion.

Il y a là, encore en ce moment, beaucoup d'artillerie et de voitures embourbées dans les chemins devenus impraticables. Faites votre retraite cette nuit. Je souhaite que la tranchée en avant de la forteresse et celle de la Maison-Brûlée soient tenues demain matin; à gauche, il y a une brigade de la division Courty qui n'a pas été engagée, je l'ai laissée autour de la Briqueterie, protégeant l'artillerie que j'ai là.

XI

Extrait de l'historique de la 2e division (Berthaut) du 1er corps du 18 au 20 janvier 1871.

18 Janvier. — La division est à Asnières.

Deux régiments de la garde nationale mobilisée de Paris (le 8e, colonel de Marcillac, et le 17e, colonel Ibos), sont adjoints à la division pour les opérations qu'elle doit exécuter. Ils n'arrivèrent à Asnières qu'à 7 heures du soir.

Le général commandant la division se rend à 9 heures chez le général commandant la deuxième armée pour prendre ses instructions. Il rentre vers minuit et donne immédiatement les ordres de départ. La division se met en marche à 2 heures du matin.

RAPPORT SUR L'AFFAIRE DU 19 JANVIER (DIVISION BERTHAUT).

A 2 heures du matin, la division se met en marche dans l'ordre suivant : la 2e brigade, qui devait former la droite de l'attaque, marchait la première, ayant en tête le bataillon des francs-tireurs de la division, et entre les deux régiments, le 8e régiment de garde nationale.

La 1re brigade, qui devait attaquer à gauche le château de Buzenval, marchant ensuite, ayant également le 17e régiment de garde nationale entre ses deux régiments.

Le génie civil et militaire était divisé en deux sections qui marchaient derrière le 1er bataillon de chaque brigade.

En raison du temps nécessaire pour exécuter les ordres qui n'avaient pu être communiqués que vers 11 heures et demie du soir, et de la difficulté de réunir des troupes dans une nuit très-obscure, il n'avait pas été possible à la division de commencer son mouvement plus tôt, malgré le zèle et l'activité déployés en cette circonstance par les généraux de brigade, les chefs de corps et les officiers d'état-major.

La division avait, du reste, plus que le temps nécessaire pour se porter avant le point du jour sur les positions indiquées si elle avait trouvé les routes à peu près libres. Mais malheureusement un premier retard fut occasionné, à Asnières même, par des batteries qu'on m'a dit appartenir à la division *Faron* et qui sont venues obstruer les routes près du pont du chemin de fer et ont obligé deux régiments à défiler homme par homme. La 2e division, arrivée à hauteur de la mairie de Courbevoie, trouva les rues du village complétement encombrées par des troupes dont la plus grande partie appartenait à la divison *de Bellemare* qui était elle-même arrêtée par d'autres troupes d'infanterie et surtout de l'artillerie obstruant toute la route du Pont-de-Neuilly au rond-point de Courbevoie.

Ce n'est que vers 8 heures du matin que la division put déboucher du rond-point de Courbevoie; mais il fut impossible de continuer à suivre l'itinéraire tracé, l'artillerie occupant toujours la route de Nanterre.

Le chemin vicinal qui va du pont du chemin de fer de Versailles vers Nanterre se trouvant libre en ce moment, le général commandant la 2e division crut pouvoir en profiter. La division prit donc la route de Bezons, passa sous le pont du chemin de fer et s'engagea sur le chemin de Nanterre. M. le général *Faron*, qui était arrivé pour prendre le même chemin, mais dont la division devait rester en réserve, voulut bien arrêter sa tête de colonne pour laisser défiler la 2e division.

Vers 10 heures, la tête de colonne de la 2e brigade arrivait sur ses positions. Pour couvrir la droite, le général de division fit placer immédiatement le 8e régiment de garde nationale dans le Bois-Préau et la ville de Rueil jusqu'à la route de Bougival, et un bataillon de la Seine-Inférieure dans la partie supérieure du parc de la Malmaison et sur les pentes qui dominent ce parc. Il établit les autres bataillons sur les pentes qui descendent vers le parc de Richelieu; vers 10 heures et demie ces bataillons sont déployés sur le plateau pour contenir une colonne ennemie qui s'avançait de la Jonchère vers le ravin de Long-Boyau.

DÉFENSE DE PARIS. 427

Les bataillons de la 1ʳᵉ brigade étaient établis au fur et à mesure de leur arrivée sur les pentes à gauche de la maison Crochard. En même temps, pour appuyer la droite, M. le lieutenant-colonel *Ladvocat* fit porter sur le plateau deux sections de mitrailleuses auxquelles furent adjointes un peu plus tard deux batteries de 12.

Notre droite se trouvait donc suffisamment assurée. D'un autre côté, l'ennemi ne prononçant pas son attaque, et paraissant y avoir renoncé, et la division *Susbielle* et la division *Faron* de réserve ne pouvant tarder à arriver sur le terrain de l'action, le général commandant la 2ᵉ division pensa qu'il pourrait sans danger exécuter son mouvement en avant pour se porter sur le parc de Buzenval où apparaissaient déjà les tirailleurs de la colonne du centre (général *de Bellemare*); il en fit demander l'autorisation à M. le général commandant en chef.

Vers 11 heures et demie, les deux brigades formant chacune une colonne se portèrent en avant, la 1ʳᵉ brigade, commandée par M. le général *Bocher* (un bataillon du 119ᵉ et le 120ᵉ, deux bataillons du 119ᵉ ayant été placés par ordre à la gauche de l'artillerie), partant de la gauche de la maison Crochard, marcha directement vers le château de Buzenval, passa par la grille du château, traversa le parc, gravit les pentes boisées, et se porta à travers bois, sur les murs sud et sud-ouest du parc, sur le plateau de Garches, en face de la Bergerie. Une portion du mur fut enlevée et les créneaux retournés contre l'ennemi, mais une autre portion où, par la disposition des murs, des créneaux, les Allemands donnaient des feux croisés, ne put être enlevée, et l'on dut se borner à embusquer des tirailleurs en face, au milieu des taillis. Toutes les tentatives faites contre ces murs, à diverses reprises et avec la plus grande énergie, furent inutiles. Les troupes firent des pertes sérieuses. Vers le plateau, il existait quelques brèches dans le mur, mais elles étaient obstruées et couvertes par de vastes abatis, en arrière desquels se trouvaient des tranchées d'où les ennemis faisaient un feu très-meurtrier. On ne put passer.

Le 8ᵉ régiment de garde nationale avait été laissé en réserve, en arrière du château.

A droite, la 2ᵉ brigade (colonel *de Miribel*), après avoir laissé un bataillon de la Seine-Inférieure et le 17ᵉ régiment de garde nationale pour la garde du Bois-Préau, du Monte-Maria, et des batteries d'artillerie, se portait également, avec le bataillon de francs-tireurs de la division en tête, sur le parc de Buzenval, entrait dans le parc par les brèches faites dans le mur à droite du château, et faisant à droite, se portait en face des murs qui séparent ce parc de celui de Long-Boyau. Cette brigade ne fut pas plus heureuse que la première. Elle se trouva en face de murs derrière lesquels l'ennemi était solidement établi et faisait sur les assaillants un feu des plus vifs. On ne put faire brèche dans le mur, et toutes les attaques, bien que faites avec le plus grand entrain par les troupes (officiers et soldats) restèrent inutiles.

Dans l'espérance de tourner le mur, M. le colonel *de Miribel* porta un bataillon du Loiret sur la porte de Long-Boyau, dont il chercha à s'emparer. Mais l'ennemi occupait très-fortement ce point et surtout la maison du garde ainsi que les murs qui donnaient des feux croisés. M. le colonel *Miribel* fit faire des trous dans les murs du parc de Buzenval faisant face au mur qu'on voulait enlever, poster des hommes dans le petit fossé en avant, mais il fut toujours impossible d'enlever le mur du parc de Long-Boyau, les forces de l'ennemi augmentant à chaque instant.

A l'intérieur du parc de Buzenval, on faisait toujours les plus grands efforts contre les murs du parc de Long-Boyau, mais toujours sans résultat.

Outre les troupes de la 2e division, d'autres troupes furent encore dirigées sur ce point, soit par M. le général commandant la 2e division, soit par M. le général commandant en chef, notamment partie des 109e et 110e de ligne, deux bataillons du 35e de ligne, les 10e et 11e bataillons de garde mobile de la Seine (colonel Dautrement) et le 17e régiment de la garde nationale.

Vers 3 heures 1/2, le bataillon de la Seine-Inférieure qui avait été laissé à la garde des batteries d'artillerie fut rappelé par le général commandant la 2e division, et vint relever le 37e régiment de garde mobile du Loiret dans les positions qu'il occupait dans le parc de Buzenval. Les deux bataillons du 119e de ligne qui étaient restés vers le Monte-Maria et la Malmaison rejoignirent la division au commencement de la nuit.

A la tombée du jour, le feu cessa, et les troupes reçurent l'ordre de s'établir au bivouac. Les ordres furent également donnés pour l'exécution des travaux de défense qui devaient nous assurer la possession des positions occupées.

A 11 heures du soir, le général commandant la 2e division reçut l'ordre d'évacuer la position. Toutes les mesures de détail furent prises immédiatement. A minuit le mouvement commençait par les corps étrangers à la 2e division bivouaqués à Buzenval. La tête de colonne fut dirigée vers la ferme de la Fouilleuse en arrière de laquelle on devait se reformer, pour, de là, rejoindre chacun ses cantonnements. Le mouvement, commencé à minuit, était fini à 2 heures 1/2 du matin à Buzenval.

Jusqu'au moment où les dernières troupes eurent quitté le parc de Buzenval, un rideau de tirailleurs resta en face de l'ennemi, dont les sentinelles placées à fort petite distance derrière les murs, n'avaient cessé pendant toute la nuit de tirailler sur nos postes et sur nos bivouacs, et qui continuaient même encore à tirer lorsque toutes nos troupes avaient évacué le parc.

Trois compagnies du 120ᵉ de ligne ont formé l'arrière-garde; à 2 heures 1/2 elles avaient atteint la route qui va de la Malmaison à Saint-Cloud où elles restèrent pendant quelque temps en position, afin d'assurer la retraite et de recueillir les hommes isolés qui pouvaient être restés en arrière. Il faut dire, en effet, que beaucoup d'hommes isolés de divers corps avaient cherché des abris dans les bâtiments du château ou au milieu des bosquets du parc, et qu'il était très-difficile de les faire partir.

Bien que l'arrière-garde ait fait rentrer de force tous ceux qui ont pu être découverts, il est bien à craindre que quelques retardataires n'aient été faits prisonniers le lendemain matin.

La marche des colonnes par une nuit noire et sur un terrain détrempé a été extrêmement pénible; plusieurs d'entre elles se sont égarées; cependant tout le monde a rejoint ses cantonnements.

L'attitude des troupes de la division a été excellente. Une partie des gardes nationaux du 17ᵉ régiment se sont vigoureusement conduits; mais je dois dire que le plus grand nombre a été pris plusieurs fois de panique et a entraîné dans sa retraite des soldats de différents corps qu'on a pu toutefois ramener sur les positions.

Les pertes de la division ont été :

1ʳᵉ *Brigade* :
    119ᵉ Régiment de ligne : 2 Officiers tués, 2 blessés ; — 1 homme tué, 63 blessés, 23 disparus.
    120ᵉ Régiment de ligne : 2 Officiers tués, 3 blessés ; — 15 hommes tués, 48 blessés, 55 disparus.

2ᵉ *Brigade* :
    37ᵉ Régiment de mobiles (Loiret) : 1 Officier tué, 6 blessés, 1 disparu ; — 11 hommes tués, 57 blessés, 11 disparus.
    50ᵉ Régiment de mobiles : 1 Officier blessé ; — 13 hommes blessés, 1 disparu.

Génie auxiliaire : 2 blessés.

Francs-tireurs : 1 Officier tué ; — 7 hommes tués, 41 blessés, 19 disparus.

Garde nationale :
   8ᵉ Régiment, 1 homme tué, 3 blessés.
   17ᵉ Régiment, 1 Officier tué, 4 blessés ; — 20 hommes tués, 41 blessés, 40 disparus.

Total... 8 officiers tués, 16 blessés, 1 disparu ; — 55 hommes tués, 318 blessés, 149 disparus.

Soit 547 hommes.

XII

Extrait de l'historique de la division Faron (18 et 19 janvier. — Buzenval.)

Le *18 janvier*, la brigade *Comte* reste pour occuper les positions de Bobigny, les deux Drancy-Groslay, les Alouettes, et se relier à la brigade *Reille* qui occupe Bondy ; elle est renforcée par de la garde nationale mobilisée.

La brigade *la Mariouse* comprenant le 35ᵉ, le 42ᵉ et le 60ᵉ mobile (Seine-et-Oise) et la brigade Lespiau comprenant le bataillon des francs-tireurs, le 121ᵉ et le 122ᵉ, s'embarquent à partir de 7 heures du soir par détachements de 1,200 hommes à la station du chemin de fer de Belleville-Villette pour se rendre à Courbevoie. Ces troupes s'établissent en débarquant en colonne par brigade parallèlement à la route de Courbevoie à Bezons, la gauche au pied de la station, où elles passent le reste de la nuit au bivouac.

Deux régiments de la garde nationale mobilisée, le 19ᵉ (lieutenant-colonel de Rochebrune) et le 25ᵉ (lieutenant-colonel Charpentier) sont mis sous les ordres du général Faron. Ces deux régiments arrivent au rond-point de la Garenne le 19 au matin, un peu avant le jour, ils sont affectés, le 19ᵉ à la brigade la Mariouse et le 25ᵉ à la brigade Lespiau.

Une partie de l'artillerie du corps de réserve, comprenant les 12ᵉ et 15ᵉ batteries du régiment d'artillerie de marine, la 22ᵉ batterie du 4ᵉ d'artillerie et les réserves divisionnaires d'infanterie sous les ordres de M. le lieutenant-colonel Briens, se rendent à Asnières.

Les ambulances du corps de réserve et la partie légère des services administratifs viennent passer la nuit au bivouac.

Le *19 janvier*, la brigade *la Mariouse* et la brigade *Lespiau* se mettent en mouvement à 6 heures du matin. Avant le jour ces troupes étaient massées en avant du chemin de fer de Versailles, à cheval sur la route de Bezons, et prêtes à suivre la division *Susbielle* pour aller prendre position en arrière de la caserne de Rueil, à gauche de la route de Cherbourg. Leur marche a été retardée par les divisions *Berthaut* et *Susbielle* qui n'avaient pu effectuer leur mouvement pendant la nuit. Elles ont dû attendre que la route fût dégagée. C'est vers neuf heures du matin seulement qu'elles ont pu commencer leur mouvement.

Vers 11 heures la brigade *la Mariouse* contournant par la gauche le village de Rueil, prend position en avant de la maison Crochard, dans l'ordre suivant :

A droite les trois bataillons du 35ᵉ déployés, à gauche et sur la même ligne les quatre bataillons du 19ᵉ régiment de Paris également déployés sur la hauteur faisant face au château de Buzenval. Le 42ᵉ en arrière dans un pli de terrain.

Cette ligne était un peu en arrière des troupes de la division Berthaut, qu'elle devait soutenir et qui était déjà aux prises avec l'ennemi.

Vers 1 heure de l'après-midi, la brigade Lespiau, qui s'était d'abord établie derrière la caserne de Rueil, a été portée en avant. Elle est venue se former à l'extrémité du village de Rueil, étendant sa gauche vers la Maison-Brûlée, son bataillon de francs-tireurs derrière la maison Crochard. Au moment où le dernier bataillon de cette brigade quittait sa première position près de la caserne de Rueil, l'ennemi dirigeait sur ce point le feu d'une batterie qui était venue s'établir sur les hauteurs bordant la rive droite de la Seine, entre Carrières-Saint-Denis et Chatou.

Pour soutenir l'attaque de la division *Berthaut* sur Buzenval, le général *Faron* fait avancer le 35ᵉ de ligne et le 19ᵉ régiment de Paris. Ces deux régiments se dirigent en bon ordre sur le parc et entrent immédiatement en action. Le 2ᵉ bataillon du 35ᵉ parvient à gagner la crête en avant du château, le 19ᵉ de Paris oblique à droite et se dirige vers le point défendu avec le plus de ténacité par l'ennemi, du côté de Long-Boyau. Ce régiment de garde nationale mobilisée s'est porté en avant avec ordre, résolution et entrain. Plusieurs fois repoussé, il revient toujours à la charge et ne s'arrête que devant un obstacle matériel infranchissable. Dans cette attaque, son colonel, M. de Rochebrune, a été tué. Il est mort glorieusement, l'épée à la main, à la tête de sa troupe.

Vers 4 heures ce régiment, après avoir épuisé ses munitions, reçoit l'ordre de se retirer en arrière.

A ce moment le 60ᵉ mobiles (Seine-et-Oise) entre en action pour renforcer les points les plus faibles de la ligne d'attaque.

Pendant que ces trois régiments de la réserve sont aux prises avec l'ennemi dans le parc de Buzenval, le général Faron fait porter en avant les autres corps. Le 42e et les francs-tireurs prennent une ligne de bataille en avant de la maison Crochard, tandis que les 121e, 122e, sont placés derrière cette maison, à mi-pente.

Vers 4 heures, deux bataillons du 121e sont portés sur la droite de la batterie de la maison Crochard, en face du ravin de Saint-Cucufa. Le 3e bataillon de ce régiment est placé dans le parc qui avoisine celui de Bois-Préau, pour relier notre droite avec la division Susbielle et observer ce qui peut arriver du côté de la Malmaison.

Les trois batteries de la réserve, ainsi que les caissons contenant les munitions d'infanterie, sous les ordres du lieutenant-colonel Briens, sont partis d'Asnières à 3 heures du matin. Par suite de l'encombrement des routes, elles n'ont pu arriver derrière la caserne de Rueil qu'à huit heures. Vers 9 heures ces batteries ont été portées de Rueil sur les hauteurs en avant de la Maison-Brûlée et de la maison Crochard. Elles avaient pour mission de battre le château de Buzenval, les bois environnants, ceux de la Jonchère et la porte de Long-Boyau. Quelques coups de canon ont été tirés sur cette porte, et la 12e batterie (canons à balles), placée en avant des 15e et 22e batteries, dans le chemin creux qui va de la Malmaison à Saint-Cloud, dirige son feu de manière à déloger l'ennemi du bois à droite de la porte de Long-Boyau. Cette porte n'ayant pu être enlevée, les deux batteries de 12 la couvrent de feux depuis 3 heures jusqu'à la nuit.

Les ambulances de la réserve sont établies vers la gauche du village de Rueil, où elles sont très à portée de recevoir les blessés que les brancardiers et les cacolets vont recueillir.

La nuit venue, le feu cesse des deux côtés. Des ordres sont donnés pour faire bivouaquer les troupes dans leurs positions. Les trois batteries de la réserve se rallient en arrière sur les hauteurs de la Maison-Brûlée. Le bataillon des francs-tireurs et le 42e bivouaquent à côté pour les soutenir.

Vers 11 heures du soir, le général *Faron* reçoit verbalement du général *Ducrot*, à la maison Crochard, l'ordre de faire replier successivement les divers régiments lorsque les troupes des divisions Susbielle, Berthaut et Bellemare se seront retirées. Des dispositions sont prises pour protéger le mouvement et assurer la retraite.

Les deux régiments de Paris, 19e et 25e, se retirent les premiers et rentrent dans Paris par la route de Cherbourg.

Vers 3 heures du matin, après le départ des divisions *Susbielle* et *Berthaut*, la réserve commence à se replier, prête à s'arrêter et à tenir tête à l'ennemi. Malgré l'obscurité et la nécessité de se diriger à travers champs sur un sol détrempé, le mouvement se fait avec ordre et précision. L'ennemi, fort éprouvé sans doute par toute une journée de lutte et par des pertes sérieuses, ne tente rien pour nous inquiéter.

Les différents corps rentrent à leurs bivouacs de la veille en passant entre le Mont-Valérien et le moulin des Gibets. Au jour toutes les troupes étaient rentrées, à l'exception des trois batteries d'artillerie, du 42e et des francs-tireurs, qui ne rentrent que dans la matinée.

Nos pertes sont évaluées à 258 hommes environ hors de combat et 9 chevaux.

Dans cette journée, les 19e et 25e régiments de Paris ont fait preuve de discipline, d'obéissance et d'élan. Le 19e, brillamment conduit par le brave colonel *de Rochebrune*, s'est porté à l'attaque des positions ennemies, fortifiées d'une façon formidable, avec une vigueur peu commune.

XIII

Extrait de l'historique de la légion du génie auxiliaire de la garde nationale.

Comme nous l'avons vu au premier volume, page 122, le *corps auxiliaire du génie*, créé par décret du 24 août 1870, avait été modifié par un arrêté du Gouvernement de la Défense nationale en date du 7 novembre; le corps prit alors le titre de *légion du génie auxiliaire de la garde nationale*. Chaque compagnie, forte de 200 hommes en moyenne, dut fournir une compagnie de guerre de 100 hommes.

La légion fut divisée en deux bataillons et chaque bataillon en compagnies mères ou permanentes et compagnies de guerre. Le colonel dut rester à Paris pour régler le service administratif et pourvoir aux compléments des effectifs de guerre; le lieutenant-colonel dut commander les huit compagnies de guerre et prit le service à la fin de novembre.

Parti de Paris avec 1,543 hommes, il y rentra le 24 janvier 1871 avec 965 hommes. Sur les 578 manquant, plus de la moitié étaient atteints de maladies; 280 environ avaient disparu, comme blessés, tués ou pris.

Pendant toute la durée du siége, les compagnies de guerre furent placées sous les ordres du général Tripier.

---

28 novembre 1870. — Ordre est donné par le général Tripier de mettre à la disposition du général commandant la deuxième armée sept compagnies du génie auxiliaire, savoir :

4 compagnies du 1er bataillon, 3 du 2e bataillon, total : 756 hommes, y compris les officiers.

Ces compagnies sont campées à 1 heure après-midi sur le plateau de Vincennes, en arrière de la redoute de la Faisanderie, le 29 novembre.

Le colonel et le lieutenant-colonel se rendent à 11 heures du matin à l'ordre, à l'état-major du général Tripier, Grande-Rue, à Nogent.

---

30 novembre. — Les sept compagnies sont dirigées à 7 heures du matin en avant du viaduc du chemin de fer, sur la route de Villiers, avec l'ordre de suivre les mouvements de l'artillerie de réserve établie sur le même point.

A 1 heure et demie, l'artillerie de réserve opérant un mouvement de retraite par le pont de bateaux jeté entre Joinville et Nogent, les sept compagnies suivent ce mouvement.

Mais, à 3 heures et demie, le général Tripier donne l'ordre de diriger trois compagnies sur le plateau au-dessous de Villiers.

Ces compagnies, 1re, 2e et 5e, se mettent en marche à 4 heures, dirigées par le lieutenant-colonel. Arrivées à 6 heures sur le plateau, elles commencent des travaux de tranchées depuis le chemin de fer jusqu'au mur du parc, situé en amont du pont de bateaux établi au-dessous de Bry.

Le lieutenant-colonel jugeant que ces travaux, par leur étendue, ne pouvaient être terminés dans la nuit, demande deux autres compagnies, qui arrivent sur le terrain à 11 heures du soir.

De plus, il est demandé par le commandant du génie Guyot une petite tête de pont au débouché du pont de bateaux en face du plateau, et une batterie sur le plateau même, en avant des tranchées. Ces ouvrages sont terminés à 6 heures et demie du matin, et les compagnies se replient sur leur cantonnement, où elles arrivent à 8 heures et demie.

1er décembre. — Les sept compagnies restent au campement. Le colonel et le lieutenant-colonel se rendent au quartier général du général Tripier, à midi. Sur son ordre, une reconnaissance est faite au-dessus du Four-à-Chaux par plusieurs officiers du génie, les commandants de Bussy et Guyot, le colonel et le lieutenant-colonel du corps auxiliaire. Cette reconnaissance s'avance jusqu'aux deux batteries prussiennes (abandonnées), situées au delà du Four-à-Chaux. Elle dépasse le parc situé au-dessus de Champigny par la route de la Queue-en-Brie; sur ce point elle est dirigée par le général de la Mariouse. Elle est reçue par quelques coups de feu des avant-postes prussiens.

Le soir, l'ordre est donné de diriger à la pointe du jour les sept compagnies sur Champigny.

---

2 décembre. — A 7 heures du matin, les compagnies 1, 2, 3 et 4 se dirigent, en effet, sur Champigny par le pont de Joinville; arrivées au débouché du village, elles sont arrêtées par des soldats débandés (mobiles et troupes de ligne), qui se retirent en désordre. Les obus ennemis arrivent jusqu'au débouché du village.

Le lieutenant-colonel du génie auxiliaire fait ranger ses hommes en bataille en travers de la route avec ordre d'arrêter le flot des fuyards, et au besoin de tirer sur ceux qui voudraient passer outre. Cette attitude permet à quelques gendarmes faisant le service de la prévôté de rallier les troupes débandées et de recomposer les corps des deux côtés de la route.

En même temps le lieutenant-colonel envoie un officier afin de hâter l'arrivée des trois autres compagnies, et fait faire une tranchée avec flanquements en dehors du village de Joinville pour donner un point d'appui en cas de retraite.

Les trois autres compagnies arrivent sur le terrain à 8 heures et demie; l'une d'elles est envoyée à la ferme du Tremblay pour la fortifier et la créneler; une autre à Poulangis, à la gauche de Joinville, et la 3e est réunie aux 4 premières arrivées. Deux de ces cinq compagnies sont conduites en avant pour protéger les tirailleurs à la gauche et à la droite de la route montant à Champigny; les trois autres sont dirigées entre la route et la Marne, en avant d'une batterie de mitrailleuses, bientôt remplacée par une batterie de 8, pour faire des épaulements et une tranchée en zig-zag, allant de la Fourche jusqu'aux premières maisons de Champigny. Ces travaux sont activement dirigés de midi jusqu'à la nuit.

A 2 heures et demie, le lieutenant-colonel reçoit du général Tripier l'ordre de diriger les sept compagnies à la nuit tombée sur Champigny, où des instructions seront données.

A 6 heures ces compagnies font la soupe en bas du village.

A 7 heures, le commandant de Bussy demande au lieutenant-colonel deux compagnies pour appuyer une reconnaissance en haut de Champigny ; ces deux compagnies se dirigent, à 7 heures et demie, vers le centre du village. Le commandant de Bussy, le lieutenant-colonel du génie auxiliaire et quelques officiers, précédés d'un peloton de cinq hommes du génie auxiliaire, s'avancent jusqu'à 100 mètres environ du chemin descendant du Four-à-Chaux au pont par la rue principale du village. Là, ils sont accueillis par des coups de fusil. Les Prussiens occupent encore le haut du village ; il est décidé qu'on se retranchera au point du chemin transversal sus-indiqué, et que l'on fortifiera solidement la tranchée du pont.

Toutes les compagnies du génie auxiliaire sont réunies à 9 heures et demie. Ces travaux sont commencés et terminés à 5 heures du matin.

Les hommes, épuisés de fatigue, reçoivent, à 7 heures, l'ordre de se retirer. A 9 heures du matin, tout le monde est rentré dans le campement. Une compagnie ayant laissé des outils de rechange dans une maison au-dessus de la Fourche, côté de la Marne, va les reprendre au milieu des corps prussiens qui commencent à descendre dans la plaine.

---

12 décembre. — A 7 heures du matin, les compagnies du génie auxiliaire sont divisées en deux sections. Les premières sections sont conduites sur le plateau d'Avron pour établir près du parc d'Avron une batterie dirigée sur le Raincy ; elles construisent en même temps une tranchée-abri prolongeant cette batterie sur le bord du plateau.

A midi, les premières sections sont relevées par les deuxièmes, qui continuent le travail jusqu'à 4 heures et demie.

---

13 décembre. — A 7 heures du matin, les huit compagnies de marche campées à Rosny se rendent sur le plateau d'Avron pour continuer le travail commencé la veille, et pour commencer une tranchée-abri destinée à former une ligne de retraite à l'extrémité occidentale du plateau. Les quatre premières compagnies se rendent au travail de la batterie face au Raincy, et les quatre dernières restent à la tranchée formant retraite, qui est tracée par le lieutenant-colonel sur les indications du général Tripier.

14, 15, 16 décembre. — Même travail.

17 décembre. — Quatre compagnies se rendent à Pantin ; les autres continuent les travaux d'Avron.

18 décembre. — On achève la batterie et les tranchées du plateau d'Avron.

Les compagnies réunies à Pantin exécutent des tranchées aux environs de Bobigny.

19 décembre. — Une tranchée est établie pour relier le cimetière de Bobigny à la redoute du Petit-Drancy.

Dans l'après-midi, on consolide les ponts jetés provisoirement sur le canal de l'Ourcq, afin de les rendre praticables à l'artillerie ; on débarrasse en même temps le chemin de halage des troncs d'arbres qui obstruent le passage.

20 décembre. — Toutes les compagnies sont occupées à assurer le passage des troupes sur le canal de l'Ourcq, entre Pantin et Bondy, soit pour l'infanterie, soit pour l'artillerie. Les ponts déjà établis provisoirement sont consolidés ; d'autres ponts sont faits ; les voies qui y aboutissent sont améliorées et rendues praticables pour les charrois et les piétons.

Le travail se poursuit une partie de la nuit.

21 décembre. — A 5 heures du matin, les compagnies sont échelonnées le long du canal avec des torches, pour guider les troupes se rendant à Drancy.

A 10 heures, sur l'ordre du général Tripier, trois compagnies se rendent à Drancy, au moment de l'action, et sont immédiatement placées à la gauche du village, vers le Bourget, pour creuser une longue tranchée-abri pour infanterie et artillerie, se dirigeant entre le Bourget et le fort d'Aubervilliers, et pour établir une redoute au delà de Drancy.

22 décembre. — A la nuit, les compagnies commencent une parallèle allant de la pointe ouest du parc de Drancy vers le fort de l'Est ; malgré la terre gelée, elles exécutent 750 mètres de tranchée.

23 décembre. — A 3 heures, les compagnies partent pour Drancy sous la conduite du lieutenant-colonel, qui trace une tranchée du parc jusqu'au cimetière. Le travail se termine à 1 heure du matin.

24 décembre. — De 3 heures à la nuit, quatre compagnies vont fortifier le poste de la ferme de Groslay.

25 décembre. — Toutes les compagnies passent la journée à retrancher Groslay et à relier ce poste aux positions voisines par des tranchées.

26 décembre. — Deux compagnies travaillent à abriter les batteries à l'est de Drancy; les autres compagnies poussent avec activité la défense de Groslay.

27 décembre. — Continuation des travaux à l'est de Drancy et à la ferme de Groslay ; une tranchée est établie pour relier cette ferme au petit bois voisin.

A midi, deux compagnies se rendent à Bondy pour y exécuter des travaux de défense.

28 et 29 décembre. — Même travail.

30 décembre. — Même travail jusqu'à 1 heure. 300 hommes sont dirigés sur le plateau de Noisy.

31 décembre. — Les quinze compagnies cantonnées à Pantin montent sur le plateau entre les forts de Rosny et Noisy pour perfectionner les tranchées, établir des abris pour les troupes et monter une batterie faisant face au Raincy et une traverse pouvant servir de batterie, défilant le plateau des rues d'Avron.

DÉFENSE DE PARIS.

Deux compagnies passent la nuit aux forts de Noisy et de Romainville pour remplir des sacs à terre.

1er janvier 1871. — Neuf compagnies continuent les batteries et traverses entre les forts de Rosny et Noisy. L'ennemi tire continuellement pour inquiéter les travailleurs.

Le soir, deux compagnies montent au fort de Noisy réparer les avaries de la journée.

---

2 janvier. — On poursuit les travaux sur la route stratégique. Une compagnie est occupée toute la nuit au fort de Noisy.

---

3 janvier. — Même travail. La nuit, une compagnie construit une batterie pour trois pièces au sud du fort de Noisy.

---

4 janvier. — On termine les traverses-abris des batteries.

---

5 janvier. — Établissement le long de la tranchée de la route stratégique d'embrasures isolées avec épaulement pour six pièces de position, entre le fort de Noisy et la redoute de Montreuil.

Des travailleurs sont donnés à l'amiral Saisset pour aider à l'achèvement d'une batterie masquée sur le sommet du plateau.

Les batteries commencées sur toute la ligne de la tranchée sont terminées, sauf les embrasures, et plusieurs des abris blindés peuvent être occupés par la troupe.

---

6 janvier. — On poursuit les travaux de la route stratégique; le tir des Allemands est très-violent sur toute la ligne.

---

7 janvier. — Deux compagnies vont faire des tranchées au Petit-Drancy; les autres travaillent entre les forts.

8 et 9 janvier. — On poursuit les travaux au Petit-Drancy et sur le plateau; le tir de l'ennemi inquiète vivement nos hommes.

Le soir, sur l'ordre du Gouverneur, la 5e compagnie du 1er bataillon, capitaine Beulet, est envoyée au fort de Montrouge.

---

10 janvier. — On termine les abris et tranchées de la route stratégique; une compagnie va à la redoute de Fontenay construire des abris.

---

11 janvier. — On commence une caponnière entre les forts de Noisy et de Romainville; les tranchées sont approfondies.

Le tir de l'ennemi est d'une grande précision.

---

12 janvier. — Continuation des travaux au Petit-Drancy et sur le plateau.

Une compagnie va renforcer le blindage de l'abri de la redoute de la Boissière qui a été bouleversé par un obus.

---

13 janvier. — La 6e compagnie du 1er bataillon, capitaine Jarrient, est envoyée au fort de Montrouge. Deux compagnies renforcent les abris blindés des redoutes de la Boissière et de Noisy.

14, 15, 16 janvier. — Continuation des travaux au Petit-Drancy, sur la route stratégique et dans les redoutes.

---

17 janvier. — Cinq compagnies sont envoyées à Courbevoie pour être mises à la disposition des divisions Faron, de Bellemare, de Susbielle, Berthaut, Courty.

---

18 janvier. — Les six autres compagnies sont dirigées sur Neuilly avec l'état-major pour suivre le quartier général du général Tripier.

19 janvier. — Une compagnie va au Mont-Valérien ; les autres établissent des épaulements de batterie sur le plateau des Gibets ; elles descendent ensuite à Rueil.

La 2ᵉ compagnie du 1ᵉʳ bataillon fait des brèches au mur de Buzenval et a 5 blessés.

La 1ʳᵉ compagnie du 2ᵉ bataillon, employée sur la gauche à un travail de tranchée, a plusieurs blessés.

La 6ᵉ compagnie du 2ᵉ bataillon, attachée à la division Courty, travaille aux épaulements de la redoute de Montretout, sous un feu des plus nourris.

Les autres compagnies, attachées aux divisions, restent toute la soirée sur le champ de bataille.

20 janvier. — Les compagnies se cantonnent à Neuilly.

21 janvier. — Elles démolissent les barricades pour faciliter le passage des troupes.

24 janvier. — Elles rentrent à Paris.

XIV

Journal des marches et opérations de la deuxième armée.

3 janvier. — Le bombardement a toujours continué et a été très-violent sur Bondy et sur Rosny ; l'ennemi tire sur Drancy et Bobigny.

Bondy, qui est devenu intenable, n'est plus occupé en avant que par des troupes d'observation ; toute l'artillerie en a été retirée.

4 janvier. — Le bombardement a été moins intense sur les forts de Nogent, de Noisy et de Rosny ; il a continué sur Bondy et Drancy.

L'ennemi ouvre le feu sur les forts du sud de Paris, et quelques obus arrivent dans Paris.

5 janvier. — L'ennemi continue à bombarder le sud de Paris; le feu est moins vif vers l'Est et se réduit à quelques coups par heure.

Bondy et Drancy sont toujours l'objectif des projectiles prussiens.

Tout ce feu cause fort peu de mal.

---

6 janvier. — Dans la nuit, le feu, qui a presque cessé vers l'Est, a continué sur les forts du Sud y compris Montrouge et même Bicêtre, à raison de 30 coups par heure.

A 8 heures du matin, il redouble d'intensité et un grand nombre d'obus arrivent en ville et causent quelques dégâts.

La population reste très-calme.

---

7 janvier. — Petite attaque sur Bondy par des tirailleurs ennemis en patrouille; on leur tue quelques hommes. Le bombardement continue très-lent vers l'Est, mais assez vif vers le Sud. Les obus provenant des batteries prussiennes du Sud arrivent en grand nombre dans la ville. Mais les dégâts sont peu considérables. Peu de personnes tuées, quelques blessés.

Des corvées de travailleurs sont fournies entre les forts de Rosny et de Noisy pour l'établissement de tranchées et de batteries commencées depuis quelque jours.

---

8 janvier. — Dans la matinée, l'ennemi a redoublé son feu sur Drancy et Bondy de manière à rendre ces deux villages inhabitables, mais ce feu fait peu de mal.

Dans la journée les forts de Noisy, Bondy, Romainville et les batteries nouvelles établies entre les forts ouvrent leur feu sur les batteries prussiennes qui, après avoir répondu faiblement, finissent par se taire. Le général fait cesser le feu.

Vers 8 heures, un obus arrive dans le village de Romainville et blesse trois hommes malades.

---

9 janvier. — Toujours la même situation. L'ennemi continue son bombardement, mais le feu est très-peu intense vers l'Est et paraît beaucoup plus violent au Sud.

Les obus arrivent toujours dans la ville, mais la population est calme.

On continue à travailler aux tranchées et aux batteries nouvellement établies.

---

10 janvier. — Dans la nuit du 9 au 10, une reconnaissance faite par les éclaireurs du commandant Poulizac, fait sauter deux maisons sur le chemin de fer de Soissons et s'empare de casques, de couvertures, etc.

Une autre reconnaissance faite par les francs-tireurs de la réserve sous les ordres du commandant Deloffre, s'empare de deux Saxons.

Sur le plateau d'Avron, une reconnaissance de la division de Bellemare ne rencontre personne.

Le bombardement continue toujours très-intense sur les forts du Sud et sur la ville (rive gauche), plus lent sur les forts de l'Est qui reçoivent toujours quelques obus.

Bondy, Drancy et la ferme de Groslay sont aussi l'objet de l'attaque de l'artillerie ennemie.

Les dégâts causés par le bombardement sont peu considérables; cependant le quartier de l'Odéon et les quartiers voisins commencent à souffrir. Peu de blessés.

---

11 janvier. — Continuation du bombardement. Rien de particulier à signaler en dehors des incidents ordinaires. C'est toujours le sud de la ville qui reçoit le plus de projectiles de l'ennemi.

---

12 janvier. — Dans la nuit le bombardement du Sud a diminué considérablement d'intensité, mais en revanche il augmente dans de grandes proportions contre les forts de Nogent et de Rosny, la redoute de la Boissière. Quelques morts et quelques blessés dans cette dernière.

Dans la nuit, reconnaissance sur le plateau d'Avron par les zouaves de la division Bellemare, qui font 5 prisonniers.

Parmi les morts de la redoute de la Boissière se trouve le commandant Odiardi du 136e qui commandait le bataillon de garde et qui a été tué pendant son sommeil dans l'abri où il s'était placé.

13 janvier. — Dans la journée le bombardement a continué sur les deux Drancy, la ferme de Groslay, Bobigny, Bondy et les forts de l'Est. Mais il a été plus fort dans le Sud. L'ennemi a travaillé sur les pentes du plateau d'Avron. Le service des bataillons de marche laisse à désirer.

---

14 janvier. — Hier au soir vers 10 heures, une forte patrouille prussienne s'est avancée pour inquiéter nos travaux près la Suiferie, sur la route de Flandre. Prévenu par les sentinelles l'officier du génie qui dirigeait les travailleurs leur fit momentanément abandonner leur ouvrage pour les conduire dans les tranchées en arrière. L'ennemi profita de ce mouvement pour diriger une vive fusillade sur ces hommes; aucun ne fut atteint. Les troupes de ligne et la garde nationale qui garnissaient les tranchées à droite et à gauche, ripostèrent immédiatement et le feu devint bientôt d'une extrême vivacité.

Les Prussiens se replient, protégés d'une part par des pièces de campagne amenées derrière le chemin de fer de Soissons, les pièces de siége situées du côté de Dugny et dont les obus étaient dirigés contre nos tranchées, la barricade de la route de Flandre et la Suiferie; d'autre part par un feu de mousqueterie très-violent provenant des troupes qui occupaient le Bourget.

Malgré la vivacité du feu, nous n'avons eu que 4 blessés et un officier contusionné.

Cette première attaque ne dura guère qu'une demi-heure, mais à deux reprises différentes entre 11 heures et 11 heures 1/2.

L'ennemi, craignant probablement une attaque, recommence la fusillade, mais chaque fois seulement pendant quelques minutes. A minuit tout était terminé.

Le feu d'Aubervilliers et celui de la batterie de la Croix de Flandre sur le Bourget ont puissamment contribué a arrêter la marche de l'ennemi.

Dans la journée, les batteries établies entre les forts de Noisy, Rosny et Nogent reçoivent leur armement, et lorsque les batteries ennemies ont ouvert leur feu, elles ont riposté, ainsi que les forts, pendant deux heures, mais la brume qui était très-intense, a bientôt mis fin à ce combat d'artillerie.

---

15 Janvier. — Dans la nuit, de fortes reconnaissances sont envoyées en avant de toute notre ligne de l'Est.

Sur la gauche, les éclaireurs du commandant Poulizac, partis vers une heure du matin, se portent vers le chemin de fer de Soissons et sur la ferme de Nonneville. Cette opération ne produit aucun résultat ; les avant-postes ennemis ayant donné trop tôt pour que le but pût être atteint.

Les troupes du colonel Reille ont fait une reconnaissance très-bien conduite en avant de Bondy et de Merlan ; elles étaient disposées en trois colonnes : celle de gauche sous les ordres du commandant de Peslouan, se dirigea vers les deux petites maisons blanches et la maison grise en avant de Bondy ; parvenue à ces maisons malgré la fusillade, elle a essayé de les faire sauter avec la dynamite, mais elle n'a pu y réussir. La colonne du centre, commandant Barbe, et la colonne de droite, commandant de Foucault, se portent par les bois vers la maison dite de Mayeux, y surprennent un poste de Saxons et font trois prisonniers. Vers la droite, deux colonnes se portent sur le plateau d'Avron, l'une par le Nord, vers Villemomble, l'autre par les pentes Sud-Ouest : la première sous les ordres du colonel Conti, formée de deux bataillons de francs-tireurs, quelques sapeurs et artilleurs et un petit détachement de marins, fait sauter une portion des murs du parc de Beauséjour, la fusillade et les batteries de Raincy et de Gagny leur tuent un homme et en blessent quatre.

La seconde, sous les ordres du colonel de Conchy, aborde le plateau par le Sud et ne rencontre personne, mais à l'extrême droite une patrouille rencontre une patrouille à Neuilly-sur-Marne et fait un prisonnier.

Dans la journée, le bombardement des forts de l'Est et des villages de Bondy, Drancy, etc., est beaucoup moins violent.

Il continue avec vivacité contre les forts du Sud et la partie avoisinante de la ville.

---

16 janvier. — Dans la nuit du 15 au 16, vers 10 heures, une fusillade assez vive s'engage en avant du Bourget entre nos grand'gardes et une forte reconnaissance prussienne, qui est vigoureusement repoussée ; la fusillade dure environ une demi-heure.

Vers 2 heures, autre alerte du côté de Bondy et de Rosny ; tir plus vif des batteries prussiennes ; seulement, ce sont des pièces de petit calibre.

Dans la journée, rien de remarquable.

Le tir des batteries ennemies continue, mais sans faire beaucoup de mal.

Nos forts et nos batteries ripostent assez vigoureusement pendant quelque temps.

---

17 janvier. — Le feu ennemi s'est ralenti cette nuit, sans cesser cependant; le bombardement continue sur le front du Sud.

A 10 heures, après la soupe du matin, les divisions Susbielle et Berthaut quittent leurs cantonnements, et vont s'établir, la 1re, à Clichy-Saint-Ouen, la 2e à Asnières. La division de Bellemare part également à la même heure pour aller à Courbevoie. Chacune de ces divisions emmène une compagnie du génie auxiliaire; 10 batteries d'artillerie de 12, de 8, de 7, de mitrailleuses, partent également, et viennent se placer à Asnières et à la Garenne.

Ces divisions, n'emmenant que les disponibles, ont avec elles douze à quinze cents outils.

---

18 janvier. — Le quartier général se transporte à la porte Maillot. A quatre heures du soir, la brigade La Mariouse, de la division Faron, prend le chemin de fer à la Villette, et vient s'établir entre Asnières et Courbevoie, le long du chemin du Grand-Vainqueur.

Dans la journée, 10 batteries d'artillerie prennent leurs cantonnements à Courbevoie, entre le pont de Neuilly et le rond-point, et 10 autres à Neuilly.

A 7 heures du soir, la division Courty prend le chemin de fer et vient s'établir à Puteaux. Toutes ces troupes reçoivent des vivres jusqu'au 22 inclus, et de l'avoine jusqu'au 20.

La division Courty est mise provisoirement sous les ordres du général Vinoy, ainsi que 10 batteries; 10 autres batteries et la division de Bellemare doivent se trouver au centre, sous les ordres directs du Gouverneur.

Vers la fin de la journée, les régiments de la garde nationale mobilisée dont les numéros suivent viennent se réunir aux divisions, savoir :

A la division Susbielle :
    Brigade Ragon, le 53e régiment de Paris.
    Brigade Lecomte, le 23e régiment de Paris.

A la division Berthaut :
    Brigade Bocher, le 17e régiment de Paris.
    Brigade Miribel, le 8e régiment de Paris.

DÉFENSE DE PARIS.

A la division Faron :
Brigade La Mariouse, le 19ᵉ régiment de Paris.
Brigade Lespiau, le 25ᵉ régiment de Paris.

Toutes ces troupes reçoivent l'ordre de se tenir prêtes à prendre les armes dans la nuit.

A partir de ce jour, 18 janvier, M. le général d'Exea prend le commandement de toutes les forces échelonnées de la Marne à Aubervilliers, et comprenant la division Mattat du 2ᵉ corps, la brigade Reille, la brigade Comte, de la division Faron, et 14 bataillons de la garde nationale mobilisée, plus un grand nombre de batteries. A 10 heures du soir, le général en chef réunit les généraux qui doivent opérer sous ses ordres, et leur donne ses dernières instructions.

---

19 janvier. — Dès 2 heures du matin, d'après les instructions du général Ducrot, les troupes devant former la colonne de droite sous ses ordres se mettaient en mouvement; mais le long espace à parcourir, le mauvais état des chemins, l'obscurité de la nuit, et le nombre considérable de troupes à faire mouvoir en même temps sur un très-petit nombre de voies, ont amené un encombrement derrière de larges tranchées et de nombreux abatis.

La situation était donc fort difficile, car, d'une part, nous avions l'ennemi en forces sur notre flanc droit, sur notre front, et même, en un point, sur nos derrières. A plusieurs reprises, cette situation difficile a amené du trouble et même quelques reculades parmi nos troupes.

Il a fallu, pour maintenir la position, faire entrer en ligne, successivement la totalité des troupes de la division Berthaut, la majeure partie des troupes de la division Faron.

De son côté, la division Susbielle maintenait l'ennemi en avant de Rueil, et le refoulait dans le parc de la Malmaison et dans le ravin qui descend de Saint-Cucufa, malgré le tir de nombreuses batteries ennemies, qui, vers la fin de la journée, étaient venues prendre position sur les hauteurs de Carrières-Saint-Denis et Chatou, et faisaient converger leur feu sur notre droite.

A la fin de la journée, au moment où la nuit se faisait complétement, nous tenions toujours la partie ouest du parc de Buzenzal et les crêtes en face du plateau de Garches. L'ennemi n'avait pu nous faire céder un pouce du terrain conquis ; nos blessés et nos morts avaient été enlevés, et nous étions en mesure de passer la nuit dans cette situation ; mais il est évident qu'au jour elle serait devenue critique, car, pendant toute la journée, le commandant Faverot, qui, avec deux escadrons, les éclaireurs Franchetti et quelques pièces légères, avait observé les bords de la Seine d'Argenteuil à Chatou, avait signalé de nombreuses colonnes d'infanterie, d'artillerie et de cavalerie venant du Nord, et marchant dans la direction de Saint-Germain. L'ennemi devait donc se trouver en mesure, dans la matinée du 20, de prononcer un mouvement offensif très-vigoureux sur notre droite, et il n'aurait pas manqué d'établir sur les hauteurs de la Jonchère une nombreuse artillerie qui aurait écrasé toutes nos réserves, massées sur le plateau, entre Buzenval, la Fouilleuse et la maison Crochard. Il ne nous restait d'ailleurs aucun espoir d'enlever de vive force la triple ligne de retranchements que l'ennemi a établie avec tant de soins de la Jonchère à la maison Craon.

Lorsque le Gouverneur a eu donné l'ordre de la retraite, le général Ducrot et le général de Bellemare se sont entendus, et ont replié les avant-postes dans le plus grand ordre, entre 1 heure et 2 heures du matin, et toutes nos troupes étaient rentrées, ce matin, dans leurs cantonnements.

L'attitude des troupes a été excellente. L'infanterie de ligne et la garde nationale ont rivalisé de vigueur dans quelques moments difficiles, et si parfois il s'est produit certains troubles, quelques tireries désordonnées, c'est la conséquence inévitable de l'inexpérience et de l'agglomération, qui, malgré tous nos soins et tous nos efforts, s'est produite fatalement sur quelques points. Nos pertes ont été de 29 officiers tués ou blessés, 664 hommes de troupes tués, blessés et disparus. Dans ces chiffres sont compris 7 officiers de la garde nationale et 212 gardes nationaux.

---

20 janvier. — Le bombardement des forts du Sud, qui avait à peu près cessé dans la journée du 19, a recommencé, mais faiblement, dans la nuit; mais le matin il a été très-violent contre les forts du Sud, principalement contre le fort d'Issy.

Pendant deux heures, suspension d'armes vers le lieu du combat du 19, et enlèvement de quelques blessés.

Dans la nuit du 19 au 20, deux compagnies du 114e de ligne, placées à la ferme de Groslay, se sont laissées enlever, à l'exception d'un sergent et de 23 hommes.

---

21 janvier. — Le Gouverneur de Paris donne sa démission

de commandant en chef de l'armée, mais reste comme président du Gouvernement de la Défense nationale.

Le général Vinoy est nommé commandant en chef de l'armée de Paris.

Le bombardement de Saint-Denis et des forts de l'Est, de la Briche et de la Double-Couronne commence avec la plus grande violence.

Armistice du côté de Buzenval pour l'enlèvement des morts. On craint un mouvement dans Paris; et la brigade Lecomte, de la division Susbielle, ainsi que la brigade Fournès, de la division Bellemare, sont prêtes à prendre les armes. Cette dernière vient se cantonner à Neuilly, près de la porte Maillot.

22 janvier. — Dans la nuit du 21 au 22, les portes de la prison Mazas sont forcées, et Flourens et plusieurs autres détenus sont mis en liberté.

Le bombardement a continué, surtout vers le Sud et vers Saint-Denis.

La brigade Fournès entre dans Paris et campe près de la place de la Concorde. Quatre bataillons de la brigade Lecomte vont s'installer près de l'église Saint-Augustin; la division Courty se porte aux Champs-Élysées, près du palais de l'Industrie; ces troupes sont accompagnées de leur artillerie.

Armistice du côté de Buzenval pour achever l'enlèvement des morts.

Vers 2 heures, tentative du parti avancé sur l'Hôtel de Ville; fusillade de 25 minutes. Cinq morts et une trentaine de blessés.

Vers 5 heures, toutes les troupes qui étaient entrées dans Paris se portent en dehors des fortifications, à l'exception de la division Courty.

23 janvier. — Dans la nuit, vers 2 heures, un bataillon du 115e de ligne quitte Clichy et va occuper la prison de Mazas; un autre bataillon se porte aux Tuileries pour garder le parc d'artillerie.

Le bombardement vers le Sud a été lent, mais continu. Les forts du Sud ont continué leurs tirs sur les batteries ennemies, et la poudrière prussienne de la batterie de gauche de Châtillon a sauté.

Au Nord, le bombardement de Saint-Denis a été d'une extrême violence.

24 janvier. — Toujours le bombardement augmente d'intensité pendant la nuit, surtout du côté de Saint-Denis.

A 10 heures, après la soupe du matin, la division Faron quitte ses cantonnements du côté de Courbevoie, pour se rendre, une brigade à la gare du Nord, l'autre à la gare de Strasbourg.

Le bombardement est devenu très-violent sur Saint-Denis, mais se ralentit vers le Sud. L'ennemi travaille à de nouvelles batteries.

A 8 heures du soir, le 136e de ligne et les mobiles du Morbihan, de la brigade Colonieu (division Bellemare), prend le chemin de fer pour aller se cantonner à Bagnolet.

---

25 janvier. — Le tir de l'ennemi s'est ralenti sur toute la ligne, mais Saint-Denis et les forts qui le défendent sont encore violemment bombardés.

A 9 heures, après la soupe du matin, la brigade Fournès, de la division Bellemare, quitte Neuilly pour aller prendre ses cantonnements à Montreuil.

La deuxième armée est pour ainsi dire dissoute; le soir, le général Ducrot quitte son commandement.

---

26 janvier. — ORDRE GÉNÉRAL. — En exécution des ordres du général Vinoy, nommé commandant en chef de l'armée de Paris par décret du Gouvernement de la Défense nationale, en date du 21 janvier 1871, l'état-major général de la deuxième armée est dissous.

Les officiers généraux et autres qui en font partie recevront ultérieurement de nouvelles destinations ou avis de leur mise en disponibilité.

XV

Incident relatif à l'évasion du général Ducrot à Pont-à-Mousson.

Aussitôt que le général Ducrot apprend la nomination du général Vinoy comme

Dès qu'avait été connue la nomination du général Vinoy comme commandant en chef, le général Ducrot s'était empressé de lui envoyer son premier aide de camp pour lui offrir son concours dévoué, non pas contre les ennemis de l'extérieur, car il n'y avait plus d'illusions possibles, tout était bien fini de ce côté;

mais contre les ennemis intérieurs, dont l'audace augmentait en proportion de nos désastres.

commandant en chef, il va lui offrir son concours.

N'ayant pas trouvé le général en chef, le commandant s'était adressé à son chef d'état-major, et lui avait communiqué les offres de service du général Ducrot en le priant de vouloir bien les transmettre au général Vinoy.

Dans la soirée du 21 et la matinée du 22, quelques mouvements de troupe furent exécutés par les corps appartenant à la deuxième armée, et cantonnés soit dans l'avenue de Neuilly, soit entre Saint-Ouen et ladite avenue, c'est-à-dire à quelques pas du quartier général de ladite armée. Ces mouvements étaient exécutés en vertu d'ordres émanant du nouveau général en chef ou de son état-major, et transmis directement aux chefs de division, sans que le commandant de la deuxième armée en eût même été avisé. Mais, comme ces mouvements de troupe étaient motivés par la nécessité de se mettre en mesure contre certaines tentatives de désordre qui se préparaient dans l'intérieur de Paris, et qui se produisirent même dans la journée du 22, le général Ducrot pensa que s'il n'avait pas été averti, c'était le résultat d'un oubli, conséquence de la précipitation que les états-majors avaient dû apporter dans l'exécution d'ordres très-urgents. Il laissa donc s'exécuter les mouvements prescrits, et prit lui-même certaines dispositions pour que toutes les troupes placées à sa portée se tinssent prêtes à marcher au premier avis.

Dans l'après-midi du 22, de nouveaux mouvements se produisirent en vertu d'ordres émanant du général en chef et transmis directement aux généraux de division. La brigade Fournès entre dans Paris et campe près de la place de la Concorde; quatre bataillons de la brigade Lecomte vont s'établir près de l'église Saint-Augustin; la division Courty se poste aux Champs-Elysées, près du Palais-de-l'Industrie; ces troupes sont accompagnées de leur artillerie.

Ces mouvements de troupe considérables s'étaient exécutés sans que le commandant en chef de la deuxième armée en eût même été prévenu; il n'était plus possible d'admettre que ce manque à toutes les règles de la hiérarchie fût le résultat de négligences ou d'oublis involontaires.

Le général Ducrot ne pouvait accepter une pareille situation, et, dès le 23 au matin, il se rendit chez le général Vinoy, qui venait de transporter son quartier général au Louvre. Le général en chef lui ayant dit que ses offres de concours lui avaient été transmises par son chef d'état-major, le général Ducrot répéta au général Vinoy qu'il était entièrement à sa disposition; que, s'il croyait pouvoir l'utiliser dans l'intérêt du maintien de l'ordre, il pouvait en toutes circonstances compter sur son concours empressé ; mais que si, par suite de nouvelles combinaisons, le général en chef jugeait à propos de supprimer le commandement de la deuxième armée, il ne devait être arrêté par aucune question de personnalité, et que dans le cas où l'armée aurait à lutter contre les implacables ennemis de la société, il ne réclamerait d'autre faveur que l'autorisation de venir se joindre à l'état-major du général en chef, au moment de l'action.

Le général Vinoy remercia très-cordialement, disant qu'en effet par suite de la situation nouvelle qui nous était faite, la division des forces militaires de Paris en trois armées devenait absolument inutile, qu'il avait l'intention de tout fusionner en une seule armée, que le travail se préparait dans les bureaux, et qu'il serait bientôt communiqué à l'armée par la voie de l'ordre.

Le général Ducrot fit observer au général en chef que la deuxième armée avait joué un rôle assez important dans la défense de Paris, pour que sa dissolution ne passât pas inaperçue et qu'elle fût l'objet d'un ordre spécial ; que, d'ailleurs, mis en possession de son commandement par un décret du Gouvernement de la Défense nationale, il ne pouvait en être dépossédé que par un nouveau décret ; qu'il était donc indispensable qu'il lui fût donné avis de sa mise en disponibilité par une lettre ministérielle. Le général Vinoy promit de donner satisfaction sur ces deux points.

Le général Vinoy propose au général Ducrot de se sauver en ballon.

Le 23, dans la soirée, le colonel Franceschetti, commandant le régiment des mobiles de Seine-et-Marne, se présenta au quartier général de la Porte-Maillot, chargé de la part du général Vinoy d'une communication importante pour le général Ducrot ; celui-ci était chez le général Trochu.

Connaissant les relations du général Ducrot avec son chef d'état-major, général Appert, le colonel Franceschetti se décida à transmettre, par l'intermédiaire de ce dernier, la communication dont il était chargé, et le soir, vers dix heures, le général Appert, accompagné du docteur Sarazin, se présenta chez le général Ducrot pour lui faire part de cette importante communication.

Le colonel Franceschetti avait exposé au général Appert qu'étant fort lié avec le général Vinoy, celui-ci l'avait pris comme intermédiaire pour faire au général Ducrot, pour lequel le colonel Franceschetti professait le plus profond dévouement, la communication suivante :

« Le général Vinoy avait de bonnes raisons pour penser que
« les Prussiens étaient fort excités contre le général Ducrot,
« qu'ils ne lui pardonnaient pas d'avoir manqué à sa parole en
« s'évadant après Sedan, et que, suivant toutes probabilités, la

« première clause de la capitulation serait la livraison dudit gé-
« néral. Le général Vinoy avait dû charger Franceschetti de pré-
« venir son camarade, en ajoutant qu'il était parfaitement résolu
« à repousser cette exigence injuste, mais que de ce refus,
« pouvaient naître de sérieuses difficultés qui compromettraient
« peut-être les résultats des premiers pourparlers et rendraient
« tout arrangement très-difficile. Le général Vinoy priait donc
« instamment le général Ducrot de quitter Paris, soit en profitant
« du départ d'un ballon, soit en se dissimulant dans quelque loge-
« ment ignoré, de manière à écarter cette première cause d'em-
« barras ; il l'en priait vivement plus encore dans un intérêt
« général que dans son propre intérêt. »

Cette communication paraissait avoir fait une profonde impres- *Le général Appert et le docteur Sarazin supplient le général Ducrot de se conformer à l'avis donné par le général Vinoy.*
sion sur le général Appert et sur le docteur Sarazin ; ils insistè-
rent près du général Ducrot pour le déterminer à suivre le conseil
du général Vinoy ; ils invoquèrent la haine bien connue des
Prussiens contre lui ; les menaces souvent proférées, disant qu'il
y aurait réellement folie à compter sur la générosité et l'honnêteté
de ses implacables ennemis.

Le général Ducrot répondit à ces bons avis que le soin de son *Le général Ducrot déclare qu'il ne partira pas ; si besoin est, il ira demander à l'état-major allemand de lui donner des juges.*
honneur lui imposait le devoir d'écarter toute démarche qui
pourrait donner un semblant de confirmation aux injustes accusations formulées par les Allemands et confirmées par les propos
imprudents ou calomnieux d'ennemis personnels, qu'il s'était faits
en assez grand nombre par sa trop grande franchise et la vivacité de son caractère ; se soustraire à la captivité, alors que l'on
semblait redouter les menaces des Prussiens, c'était évidemment
confirmer ces accusations ; aussi le général tenait-il essentiellement à partager le sort de l'armée, et au premier mot qui serait
prononcé par les Allemands à son sujet, il s'empresserait de se
livrer avec les quelques officiers de son état-major, qui étaient
dans la même situation ; il demanderait des juges, et les conditions dans lesquelles il se trouvait au moment de l'évasion
étaient si nettes, si faciles à déterminer qu'il ne pourrait y avoir
aucune inquiétude sur le résultat du jugement.

A cela le général Appert et le docteur Sarazin opposaient l'injustice, la violence, la cruauté des Allemands ; les menaces si
souvent formulées contre le général Ducrot pendant le cours du
siège, notamment après les combats de la Marne ; ils invoquaient
ses devoirs de père de famille... Le général Ducrot répliquait
qu'il puisait précisément dans ces sentiments, dans l'amour de
sa femme et de ses enfants le courage nécessaire pour faire son
devoir jusqu'au bout et résister à toute velléité de faiblesse ;
qu'à défaut d'autre héritage, il voulait laisser à sa famille une

mémoire respectée et honorée; sa résolution était donc inébranlable.

Nouvelles instances du colonel Franceschetti.

Dès sept heures du matin, le 24, le colonel Franceschetti se présentait chez le général Ducrot, ayant appris l'insuccès des démarches tentées pendant la nuit; il venait essayer de faire comprendre les graves motifs qui avaient déterminé le général Vinoy à faire transmettre un sage et prudent avis à un camarade dont il trouvait la situation très-compromise.

En effet, le colonel Franceschetti recommença tous les raisonnements déjà présentés; il fit même entrevoir que vraisemblablement le général Vinoy avait quelques données plus positives que celles mises en avant pour redouter les injustes prétentions des Allemands au sujet du général Ducrot... « Je vous remercie

Nouveau refus du général.

« beaucoup, mon cher Colonel, dit le Général, de l'intérêt que
« vous mettez à vous acquitter de la mission dont vous avez
« bien voulu vous charger; veuillez donc vous rendre près
« de M. le général Vinoy, lui dire que je suis profondément
« touché de la sollicitude que lui inspire ma personne, que je
« l'en remercie de tout mon cœur, mais ne manquez pas d'ajou-
« ter que votre démarche a obtenu un résultat absolument
« opposé à celui qu'en espérait M. le général Vinoy; car, du
« moment où il peut y avoir un doute pour une question qui
« intéresse à un si haut degré mon honneur, je tiens essen-
« tiellement à ce qu'elle soit traitée à fond. Mais que le général
« soit sans inquiétude, je ne serai ni pour lui, ni pour la ville
« de Paris, la cause d'aucun embarras; au premier mot pro-
« noncé par les Allemands à mon sujet, je m'empresserai
« d'aller me présenter à eux et je réclamerai des juges. — Merci
« donc encore une fois, n'insistez pas davantage, ce serait
« inutile. »

Le général Ducrot se rend chez le général Trochu pour ui faire part de cet incident.

Le général se rendit immédiatement chez le général Trochu; des motifs particuliers lui faisaient un devoir d'informer son ami de la démarche qui venait d'être tentée par le général Vinoy et de la résolution qu'elle lui avait inspirée.

L'entretien avec le général Trochu se trouve relaté *in extenso* dans le courant du récit. Nous faisons suivre ce document de pièces relatives à l'évasion du général Ducrot; le lecteur aura ainsi toutes les données nécessaires pour juger la question : question déjà complètement mise à jour dans le livre de *La Journée de Sedan*.

XVI

Pièces relatives à l'évasion du général Ducrot.

Évadé dans la nuit du 11 au 12 septembre, le général Ducrot, en arrivant à Chagny dans la nuit du 12, envoyait à sa famille le télégramme suivant :

Chagny, 13 septembre 1870.

« *Madame Ducrot, à Pougues-les-Eaux.*

« Je me suis échappé des mains des Prussiens. Je suis libre
« de ma personne, libre de tout engagement. J'arriverai cette
« nuit à Chazelles. »

Arrivé en Nivernais, dans la nuit du 13 au 14, il venait d'embrasser sa femme et ses enfants lorsqu'il reçut un télégramme du général Trochu qui l'invitait à se rendre immédiatement à Paris. Trois heures après, il partait par la voie de Bourges, celle de Fontainebleau étant déjà coupée. Le 15 au matin, il était à Paris ; le 16, il prenait le commandement des 13e et 14e corps ; le 17, il visitait, avec le gouverneur de Paris, les hauteurs qui s'étendent de Montretout à Bagneux, et jugeant qu'il fallait au moins tenter de les défendre, il s'installait dans la soirée, avec le 14e corps, sur les hauteurs de Châtillon.

Dans la journée du 18, prévenu par ses reconnaissances de la présence des Prussiens à Villeneuve-Saint-Georges et Choisy-le-Roi, il prenait la résolution de les attaquer pendant leur marche téméraire sur Versailles, par le ravin de la Bièvre.

Dans ce but il livrait, le 19, le combat de Châtillon, qui, s'il eût été heureux, aurait certainement retardé de plusieurs semaines l'investissement de Paris, et permis de mettre en sérieux état de défense toutes ces positions importantes sur lesquelles les travaux n'étaient encore qu'ébauchés.

Lettre du colonel Robert, chef de l'état-major général du 1ᵉʳ corps, à M. le général Ducrot.

Stettin (Poméranie), 21 février 1871.

Mon général,

J'ai fermé hier la lettre que je vous ai adressée avant d'avoir terminé les renseignements que je désirais vous donner; je tenais avant tout à ce que cette lettre partît sans plus de retard. Je viens compléter aujourd'hui les indications et explications nécessaires.

Nous avions lu dans les journaux, pendant la première quinzaine d'octobre, et notamment dans le *Times*, l'*Indépendance* et quelques journaux allemands, l'accusation que l'on faisait peser sur vous à propos de votre retour en France. Comme j'avais ici avec moi tout notre état-major du 1ᵉʳ corps, je réunis ces messieurs, et nous résolûmes de protester contre cette accusation, nous qui savions combien elle était mal fondée, et qui étions vos témoins d'autant plus dignes de foi, que nous nous trouvions depuis plus d'un mois déjà tout à fait séparés de vous et tout à fait libres de nous taire, si nous n'eussions rien eu à dire pour votre justification. Notre première idée fut d'envoyer des réponses aux journaux signées de nous tous; mais nous avions pris en arrivant ici l'engagement d'honneur (qui demeure encore maintenant) de ne recevoir et de n'envoyer aucune correspondance autrement que par l'intermédiaire du commandant militaire de Stettin. Nous dûmes donc en référer à ce commandant; dès lors nous eûmes l'idée de donner à notre démarche un caractère plus sérieux que celui qui résulterait d'une simple réponse aux journaux, et nous résolûmes de déposer une protestation signée de nous entre les mains du général commandant la forteresse de Stettin, avec prière de la transmettre au commandant supérieur de l'armée allemande.

Nous demandâmes, moi, Corbin et Rouff, une audience au général, M. de Freiholl (maintenant décédé). Je remis entre ses mains notre protestation collective et la minute en allemand et en français de la note que nous demandions à faire insérer dans les journaux. Nous eûmes une assez longue conversation avec le général, par l'intermédiaire du capitaine Rouff, qui parle l'allemand. Il fut bienveillant, nous engagea à ne rien écrire dans les journaux, parce que ce serait ouvrir une polémique interminable et présentant de grands inconvénients. (Nous dûmes comprendre que son conseil était un ordre.) Il ajouta que vous sauriez bien répondre vous-même sans doute. Quant à la protestation, il vit aussi des inconvénients, nous dit-il, à la transmettre au ministre de la guerre à Berlin ; mais en résumé il ne nous la rendit point et la conserva. Enfin, lorsque j'eus insisté pour que Rouff lui expliquât bien les termes de la capitulation, d'une part, et ceux du sauf-conduit, de l'autre, et tout ce que vous aviez fait pour dégager rigoureusement votre parole, il fut conduit à dire que si les choses étaient ainsi, il pensait qu'il se serait cru autorisé à faire comme vous. J'appuyai sur le texte de la capitulation qui partage les officiers en deux catégories, l'une (art. 2) composée de ceux qui rentraient en France, en signant *le revers*, avec armes, chevaux et bagages, et qui devenaient *libres sur parole, hic et nunc ;* l'autre (art. 5) composée de ceux qui, n'ayant pas voulu du bénéfice de l'article 2, demeuraient, une fois enclos dans la prison d'Iges, des *prisonniers gardés,* exposés aux coups de fusil en cas de tentative d'évasion. C'est dans cette seconde catégorie que nous avons, vous et nous, été compris, et dont nous ne sommes sortis (nous qui n'avons pu nous échapper) qu'après notre arrivée ici, en signant un nouvel engagement d'honneur. Ce n'est que transitoirement et uniquement pour le trajet de Glaire à Pont-à-Mousson, que nous sommes devenus prisonniers sur parole, et nous sommes *redevenus prisonniers gardés,* au moment où, après nous être rendus tous à la gare à l'heure prescrite, nous nous sommes mis pour la *seconde fois* (l'ayant déjà fait une première fois sur la place de l'Hôtel-de-Ville) à la disposition de l'autorité allemande, dans une gare gardée par des sentinelles qui avaient chargé leurs armes devant nous. Voilà ce que nous avons expliqué au général de Freiholl, et ce que contenait en substance notre protestation dont, au surplus, je compte vous envoyer une copie certifiée par moi. Je ne crois pas me tromper en pensant que notre protestation aura été envoyée au ministre ; mais dans le cas contraire, elle a dû rester ici aux archives de la commandature puisqu'on ne nous l'a pas rendue.

Voilà, mon général, les renseignements que je tenais à vous donner. Mme Ducrot a été précédemment informée sommairement de la démarche que nous avons faite et peut-être aura-t-elle pu déjà vous en donner avis. Les signataires sont, avec moi, Corbin, Rouff, Peloux, de Sancy, de la Noüe, Achard, d'Aupias, des Roches et de Lissac.

La protestation est en date du 14 octobre.

Adieu, mon général, je vous adresse encore cette lettre à Paris, sans trop savoir si ce n'est pas plutôt à Bordeaux qu'elle devrait être envoyée. Je vous prie d'agréer l'assurance de mon respectueux attachement.

Le colonel ROBERT.

Lettre de M. le colonel Robert (1), *chef de l'état-major général du 1ᵉʳ corps, à M. le général de Freiholl, commandant la place de Stettin.*

Stettin, le 14 octobre 1870.

Monsieur le Général,

M. le général de division Ducrot, ancien commandant en chef du 1ᵉʳ corps de l'armée du maréchal de Mac Mahon, a été accusé dans quelques journaux, d'après des renseignements venus, disent-ils, de Ferrières, d'avoir manqué à sa parole d'honneur après la capitulation de Sedan, en rentrant en France au lieu de se constituer prisonnier en Allemagne, comme il l'avait promis. De nouveaux commentaires à la charge de cet officier général viennent de se produire dans le journal de Stettin du 11 octobre, en réponse, à ce qu'il paraît, à une note rectificative insérée dans un journal français.

Les officiers qui, sous mes ordres, ont en dernier lieu composé l'état-major général du 1ᵉʳ corps d'armée et qui sont présents à Stettin, se sont émus avec moi de ces accusations réitérées publiées contre leur ancien chef, et nous avons considéré comme un devoir d'honneur et de conscience de protester sans plus tarder contre elles, en apportant ici le témoignage des faits qui sont à notre connaissance et qui disculpent le général Ducrot des imputations dont il est l'objet.

Les faits sont consignés dans une note ci-jointe.

J'ai l'honneur de vous prier, Monsieur le général, tant en mon nom personnel qu'au nom des officiers signataires de cette note, de vouloir bien la soumettre, avec ma présente lettre, au commandant supérieur de l'armée allemande.

Nous vous prions en même temps de nous permettre de faire insérer dans le journal de Stettin et dans l'*Indépendance belge*, une autre note dont nous mettons le texte sous vos yeux.

Agréez, etc.

Signé : Colonel ROBERT.

---

(1) Aujourd'hui général Robert, sénateur.

Protestation des officiers de l'état-major général du 1ᵉʳ corps.

Les officiers soussignés ayant en dernier lieu composé l'état-major général du 1ᵉʳ corps d'armée, protestent contre les accusations dont M. le général Ducrot est en ce moment l'objet dans plusieurs journaux et motivent leur protestation par les faits qu'ils attestent :

1º M. le général Ducrot ne fut point autorisé, comme le furent plusieurs généraux, à se rendre librement dans un délai et par un itinéraire déterminé, en passant par la Belgique, dans la ville d'Allemagne qui lui serait désignée comme lieu de captivité, mais il lui fut permis seulement (comme à tous les autres généraux qui demeurèrent quelque temps avec les troupes dans la presqu'île de Glaire) de se rendre librement, sur parole, de Glaire à Pont-à-Mousson, avec ordre d'y arriver à jour et à heure fixes, en marchant avec ses officiers d'état-major, et en se faisant suivre de quelques domestiques, de quelques chevaux et de bagages portés sur des voitures ;

2º L'engagement écrit qui lui fut alors imposé le constituait *prisonnier sur parole d'une manière essentiellement temporaire*, et seulement pour le trajet de Glaire à Pont-à-Mousson, où il devait se mettre à la disposition du commandant militaire, lui, son état-major et sa suite, le 11 septembre vers midi ;

3º Le général Ducrot, nous l'affirmons, a rempli de point en point cet engagement. Non-seulement il s'est rendu avec nous à Pont-à-Mousson, non-seulement il s'y est mis comme nous à la disposition du commandant militaire en envoyant un de ses officiers d'ordonnance (qui parlait la langue allemande) présenter et rendre le sauf-conduit qui lui avait été remis à Glaire, mais encore, après avoir reçu, par l'intermédiaire de cet officier d'ordonnance, l'ordre de se rendre vers une heure et demie à la gare du chemin de fer, il s'est réellement rendu, *tenue militaire*, dans cette gare, où nous l'avons vu pendant que le départ du convoi qui devait nous emmener se préparait par les soins d'un commissaire allemand. Ce convoi, qui contenait un grand nombre de soldats prisonniers et de blessés, et qui était d'une longueur exceptionnelle, n'est d'ailleurs parti que vers quatre heures. Un poste militaire, *dont les armes avaient été chargées devant nous*, faisait alors un service de surveillance dans la gare et aux alentours.

Là se bornent les faits que nous pouvons attester avec certitude, car au moment où le départ du train était enfin prochain, nous sommes montés à la hâte dans une voiture de troisième classe qui nous a été désignée et nous n'avons plus revu M. le général Ducrot.

Il résulte pour nous de ces faits que si M. le général Ducrot, à partir de ce moment, a pu, soit à Pont-à-Mousson, soit ailleurs, tenter et accomplir une évasion qui devait être assez difficile et qui n'était pas sans périls, c'est qu'il pouvait se considérer comme *ayant cessé d'être prisonnier sur parole,* pour devenir *prisonnier surveillé.*

Stettin, 14 octobre 1870.

Ont signé :

Le colonel ROBERT, ex-chef d'état-major du 1ᵉʳ corps; le commandant CORBIN, ex-sous-chef ; ROUFF, capitaine d'état-major; PELOUX, capitaine d'état-major; ACHARD, capitaine d'artillerie; DES ROCHES, lieutenant du 10ᵉ dragons; D'AUPIAS, lieutenant du 11ᵉ chasseurs ; De SANCY, lieutenant d'état-major; De LANOUE, lieutenant d'état-major; De LISSAC, lieutenant du 16ᵉ bataillon de chasseurs ; officiers ayant composé l'état-major-général du 1ᵉʳ corps.

Pour copie :

Le colonel ROBERT.

Au moment où la convention du 28 janvier fut signée, le général Ducrot se trouvait sans commandement; il avait été mis en disponibilité lors de la réorganisation de toutes les forces militaires de Paris en une seule armée, sous le commandement en chef du général Vinoy.

Lorsque l'état-major et le ministre de la guerre établirent les listes des prisonniers de guerre, le général Ducrot ne fut compris sur aucune et l'observation en fut faite par M. le comte de Bismark dans une conversation qu'il eut avec M. Jules Favre, le 9 du mois de février.

Toutefois, M. de Bismark admit comme parfaitement fondée la raison donnée par M. Jules Favre, à savoir, que le général Ducrot n'avait pas été considéré comme prisonnier, parce qu'il n'appartenait plus à l'armée active au moment de la signature de la convention.

Le comte de Bismark ajouta :

« Tant mieux, cela simplifie les choses, parce que nous pour-

« rions avoir une question délicate à régler avec le général Du-
« crot au sujet de son évasion, après la capitulation de Sedan. »

Aussitôt que le général Ducrot eut connaissance de ce double fait, c'est-à-dire, de son omission sur la liste des prisonniers et de la persistance de M. de Bismark à mettre en doute la régularité de sa situation, comme prisonnier évadé, il adressa au major général de l'armée allemande la lettre suivante :

Paris, 10 février 1871.

Mon Général,

J'apprends à l'instant, par M. Jules Favre, qui a eu, à ce sujet, une conversation avec M. le comte de Bismark, que je ne suis pas compris sur la liste des prisonniers de guerre.

Il est vrai que j'ai été mis en disponibilité le 26 janvier, c'est-à-dire antérieurement à la convention du 28, mais je ne saurais me retrancher derrière une subtilité réglementaire pour bénéficier d'une disposition aussi imprévue.

Je tiens à honneur de partager le sort de l'armée que j'ai commandée pendant toute la durée du siége, et je prie Votre Excellence de vouloir bien faire ajouter mon nom à ceux des officiers portés sur la liste qui est entre ses mains.

Cette formalité remplie, je prie Votre Excellence de vouloir bien me donner les moyens de comparaître le plus tôt possible devant un conseil de guerre ou un tribunal d'honneur pour statuer sur la question de mon évasion après la capitulation de Sedan, évasion au sujet de laquelle j'ai vu avec douleur que, malgré les explications très-nettes que j'ai fournies, des doutes sont restés dans l'esprit des officiers de l'armée allemande.

Je réclamerai le même droit pour quatre officiers de mon état-major qui sont dans la même situation que moi ; ce sont : MM. le comte de Chabannes, chef d'escadron d'état-major ; le commandant Bossan, chef d'escadron d'état-major ; le baron Faverot de Kerbreck, chef d'escadron de cavalerie ; le capitaine de Gaston, officier d'ordonnance.

Veuillez agréer, mon général, l'assurance de ma haute considération.

Le général DUCROT,
Ex-général en chef de la deuxième armée de Paris.

Le général Ducrot eut soin de faire porter cette lettre au quartier général prussien, par le commandant Faverot de Kerbreck et le capitaine de Gaston, précisément cités dans ladite lettre.

Leur présence n'amena aucune observation de la part de l'état-major allemand, et dès le lendemain, le général Ducrot recevait de M. le comte de Moltke la réponse à sa lettre.

A Son Excellence l'ex-commandant de la deuxième armée de Paris, M. le général de division A. Ducrot.

J'ai l'honneur de répondre très-respectueusement à la lettre que Votre Excellence a bien voulu m'adresser hier, que, suivant le vœu qui y est exprimé, le nom de Votre Excellence sera porté sur la liste des prisonniers de guerre de Paris. — En conséquence de la proposition que fait ensuite Votre Excellence, le conseil de guerre demandé sera réuni aussitôt que cela sera pratiquement possible, et Votre Excellence sera avertie de l'époque de cette convocation par le ministre de la guerre et de la marine, le général d'infanterie de Roon.

Avec une haute considération, je suis, très-respectueusement,

Comte de Moltke,
Général d'infanterie et chef d'état-major général de l'armée allemande.

Le général Ducrot répliqua immédiatement à M. le général de Moltke dans les termes suivants :

A Son Excellence le comte de Moltke, général d'infanterie, chef d'état-major général de l'armée allemande.

Paris, 14 février 1871.

J'ai l'honneur d'informer Votre Excellence que je me rends à Bordeaux pour siéger à l'Assemblée nationale. Je me tiendrai à la disposition du conseil de guerre annoncé, lorsqu'il paraîtra possible à Son Excellence Monsieur le Ministre de Roon de le convoquer.

Veuillez agréer, mon général, l'assurance de ma haute considération.

Le général de division, A. Ducrot.

Ce fut M. le comte de Bismark qui répondit à cette seconde lettre.

DÉFENSE DE PARIS.

Versailles, 17 février 1871.

Monsieur le Général,

En réponse à votre gracieuse lettre du 14 de ce mois à Son Excellence Monsieur le général de Moltke et qui me l'a remise, j'ai l'honneur de vous répondre, avec le plus profond respect, que jusqu'ici les officiers français prisonniers de guerre qui ont prié Sa Majesté l'Empereur et Roi de leur permettre d'aller à Bordeaux, ont reçu la présente lettre. — Et pour cette raison, je vous offre un même écrit puisque, selon votre désir, vous avez été compris parmi les officiers français prisonniers.

Veuillez agréer, Monsieur le Général, l'assurance de ma considération la plus distinguée.

Comte de BISMARK.

Le général Ducrot a vainement attendu qu'il fût pratiquement possible de réunir le conseil de guerre annoncé par M. le général de Moltke. Ne voulant pas cependant laisser subsister l'ombre d'un doute sur la parfaite loyauté de sa conduite, il a demandé à soumettre les faits relatifs à son évasion à l'examen de la commission instituée par la loi que l'Assemblée nationale a votée dans la séance du 8 août 1871. A la suite de cet examen, le président de la commission, l'honorable général Changarnier, a adressé au général Ducrot la lettre suivante :

Monsieur le Général Ducrot, à l'Assemblée nationale.

Versailles, 16 septembre 1871.

Cher Général,

La commission nommée par l'Assemblée nationale, en exécution de la loi votée le 8 août 1871, a entendu les explications que vous avez spontanément cru devoir lui donner au sujet de votre évasion après la capitulation de Sedan. Elle vous félicite, cher Général, d'avoir tenu à honneur de reprendre les armes dès qu'il vous a été possible de vous soustraire à la surveillance de l'ennemi, dont vous étiez le *prisonnier gardé*.

Croyez, cher Général, à mes sentiments d'affectueuse estime.

Le Président,
CHANGARNIER.

XVII

Affaire du 22 janvier 1871

Les révolutionnaires de Paris avaient tiré deux conclusions des événements du 31 octobre : La première, que l'insurrection n'avait pas été mûrement combinée et que les différents partis avaient eu tort de se diviser ; la seconde, qu'avec le gouvernement actuel l'impunité leur était acquise en cas d'insuccès.

L'Hôtel de Ville était toujours le point de mire. Plusieurs fois dans les clubs, la question de le reprendre avait été agitée. Connaissant l'influence morale que les officiers de mobiles avaient sur leurs hommes, et sachant que la propagande révolutionnaire ne pouvait faire d'adeptes chez nous, les futurs communards songèrent à nous séparer de nos compagnies, et résolurent de nous enlever la nuit.

Rien n'était plus facile : les hommes étaient casernés à la caserne Napoléon, et le corps d'officiers logé au bâtiment militaire au numéro 1 de l'avenue Victoria. L'Hôtel de Ville n'étant plus occupé que par les deux compagnies de service et une compagnie des employés du chemin de fer du Nord, pouvait facilement être enlevé par surprise.

Notre situation à l'Hôtel de Ville s'était modifiée depuis le 31 octobre : le 3ᵉ bataillon des mobiles du Finistère était seul chargé du service ; deux compagnies y montaient la garde, et une troisième aux deux annexes, l'Assistance publique et l'Octroi ; nous étions donc de garde toutes les vingt-quatre heures. Le bataillon de l'Indre avait quitté la caserne Napoléon dans les premiers jours de novembre ; il fut remplacé par celui de l'Ain, qui n'y resta que quelques jours ; mon bataillon resta donc seul chargé du service de l'Hôtel de Ville.

Vers la mi-janvier, deux bataillons vinrent loger à la caserne Napoléon ; ces deux bataillons, qui avaient perdu les deux tiers de leur effectif dans les différents combats livrés sous les murs de Paris, assistèrent encore à l'affaire de Buzenval et revinrent à la caserne Napoléon le 21 janvier.

Le colonel Vabre, ancien commandant d'un bataillon de garde nationale de Clichy-la-Garenne, avait été nommé gouverneur de l'Hôtel de Ville en remplacement du colonel Chevaillaud.

Les fonctions de gouverneur de l'Hôtel de Ville étaient complétement indépendantes du préfet de la Seine ; néanmoins, comme membre du gouvernement de la Défense nationale,

M. Jules Ferry avait une autorité et une influence considérables sur le colonel Vabre.

Le commandant de Legge, prévenu qu'on voulait l'enlever ainsi que ses officiers pendant la nuit, avait fait placer quatre sentinelles au pied de l'escalier de notre logement, et avait fait percer une communication entre notre maison et l'Assistance publique, où se trouvait une de nos compagnies de service. A partir de ce moment, notre position devint intolérable. Les rapports de police sur la situation des clubs arrivaient directement à l'Hôtel de Ville ; les agents, peu au courant de leurs nouvelles fonctions, fournissaient des renseignements très-exagérés. Toutes les nuits, les rapports affirmaient qu'à tel club on avait décidé de descendre en masse sur l'Hôtel de Ville. Les officiers, qui n'étaient pas de garde cette nuit-là, étaient réveillés par des gens effarés qui venaient crier dans l'escalier et devant leurs portes :

« Belleville descend, Montmartre descend, la barrière d'Italie
« descend en armes; vite, faites lever vos hommes et prenez vos
« postes de combat à l'Hôtel de Ville! »

Mais, entre les décisions prises dans les clubs et leur mise à exécution, il y avait un pas immense; les clubistes se payaient surtout de mots, et songeaient bien plus à gagner leur lit quand ils étaient dans la rue qu'à tenter un coup de main sur l'Hôtel de Ville, où ils savaient courir les chances d'être mal reçus. En résumé, une dizaine d'ivrognes descendaient sur la place, on s'empressait de les mettre au poste, et nous restions l'arme au pied, attendant toute la nuit des communards qui ne venaient jamais.

Ces alertes, qui avaient pour base une grande exagération, avaient fini par fatiguer le moral de nos hommes. Insultés tous les jours dans les rues par les gardes nationaux, réveillés toutes les nuits par de fausses alertes, nos mobiles étaient dans un état de surexcitation nerveuse qui fatiguait beaucoup leur constitution ; aussi, nous vîmes en peu de temps les cas de maladie se succéder avec une rapidité effrayante ; sur cent soixante et dix hommes que j'avais dans ma compagnie, mon effectif était réduit à quatre-vingts. C'est dans cette fâcheuse disposition que nous trouva le 22 janvier.

L'échec de Buzenval fut le prétexte de l'émeute.

Une foule immense était réunie le 22 janvier sur la place de l'Hôtel-de-Ville. Les groupes étaient très-animés ; des propos menaçants nous arrivaient à travers les grilles; les sept compagnies du bataillon étaient à leur poste de combat :

La 1re occupait la porte donnant vis-à-vis le caserne Napoléon ;

La 2e, la salle du Trône ;

La 3e, la porte de gauche de l'Hôtel de Ville donnant sur la place ;

La 4e, l'Assistance publique et l'Octroi ;

La 5e, le rez-de-chaussée des cuisines et le jardin donnant sur le quai ;

La 6e, la porte de l'Hôtel donnant sur la grande place ;

La cour d'honneur et l'entresol de la façade.

Dès la veille, les groupes qui s'étaient formés sur la place de l'Hôtel de Ville, l'animation de quelques déclamateurs, et les menaces de certains énergumènes, nous avaient fait supposer une attaque pour ce jour-là ; mais, vers 8 heures du soir, les groupes se dispersèrent peu à peu. Vers 9 heures, le commandant de Legge m'envoya au Ministère de la Guerre prévenir le général Le Flô qu'il pensait que l'attaque aurait probablement lieu au sortir des clubs, entre minuit et une heure ; mais que, de toute façon, elle était imminente pour le lendemain. Le ministre me répondit que toutes les dispositions étaient prises depuis la veille, et que deux bataillons de mobiles du Finistère étaient arrivés à l'Hôtel-Dieu, prêts à nous soutenir.

Le général Vinoy, qui se trouvait en ce moment au Ministère, me dit : « Faites-moi prévenir au pavillon Caulaincourt à la « moindre tentative d'émeute, et je vous envoie immédiatement « un escadron de cavalerie pour balayer la place, et si cela « ne suffit pas, je ferai établir des mitrailleuses sur le pont « d'Arcole. »

J'assurai à ces messieurs que notre bataillon ne broncherait pas, et que l'on pouvait compter sur lui ; mais que notre résistance ne suffirait pas, qu'il faudrait étouffer l'insurrection en faisant saisir, s'il était possible, les chefs, et les faire fusiller séance tenante ; que, de toute façon, il fallait surtout éviter le renouvellement des faiblesses du pouvoir du 31 octobre.

Je sortis du Ministère convaincu que toutes les précautions étaient prises ; les événements vinrent démentir nos prévisions, et dans la journée du lendemain, tout fut livré à l'imprévu.

L'ordre avait été donné au Ministère de la Guerre de faire rentrer une partie de la division Blanchard, restée à Villejuif ; je ne sais pour quelle cause ces troupes n'arrivèrent à Paris que le 22 janvier à huit heures du soir, quand tout était terminé.

La nuit du 21 se passa sans encombre ; mais le 22, vers dix heures du matin, les scènes de la veille recommencèrent avec plus d'intensité ; à la simple inspection des figures et à certains mouvements de la foule, il était facile de voir que l'attaque était proche. Le colonel Vabre fit rentrer les sentinelles en dedans des grilles pour les soustraire à la fureur populaire : bientôt il les fit rentrer dans l'Hôtel de Ville même. Il resta avec le commandant de Legge, l'adjudant-major Bernard, et deux ou trois autres officiers, essayant de calmer, à travers la grille, la fureur des manifestants, qui vociféraient en voyant les précautions prises contre eux et des têtes de mobiles à toutes les fenêtres.

Pour calmer leur irritation, le colonel donna l'ordre de faire retirer les hommes des fenêtres, de fermer ces dernières, ainsi que les portes. Alors, une délégation, sur la demande des émeutiers, demanda à être introduite près de M. Ferry. Cette proposition, qui n'aurait dû être acceptée que par un roulement de tambour ou les sommations régulières, fut reçue par M. Ferry; le colonel Vabre accompagna cette délégation jusqu'auprès de M. Ferry. Son véritable but était de constater l'état de la défense intérieure; elle entra par la porte que j'étais chargé de défendre. Après quelques promesses échangées entre elle et M. Ferry, la délégation revint par le même chemin ; partout elle n'avait trouvé que des hommes armés sur son passage, partout des gens disposés à se faire hacher plutôt que de céder la place.

Aussi, dès son arrivée devant la foule, les cris, les menaces, les plaintes, se succédèrent ; les officiers étaient appelés les Bretons à Trochu, les janissaires du pouvoir. Les hermines que nous portions tous à nos képis, en signe de ralliement, avaient surtout le talent de les exaspérer; nous représentions alors les défenseurs des droits divins, et les grossières injures pleuvaient sur nos têtes.

Mais la grande tactique était de dire que le Gouvernement se défiait du peuple, et conservait à l'Hôtel de Ville des soldats pour l'égorger ; la garde nationale seule devait faire notre service, et notre place était aux avant-postes.

M. Ferry, voulant encore faire appel à la conciliation, accepte une nouvelle délégation. Le colonel Vabre venait de faire retirer une partie des hommes; il conduisit lui-même les seconds délégués à M. Ferry.

Cette seconde délégation ayant constaté des forces suffisantes encore pour résister à une attaque, la foule redoubla ses cris, ses insultes et arriva peu à peu au paroxysme de la rage. Ces misérables, parmi lesquels nous reconnaissions du reste nos vieilles connaissances du 31 octobre, faisaient peur à voir ; ils se précipitaient comme des fous furieux sur notre grille, hurlant des insultes les plus grossières, écumant comme des bêtes fauves, en un mot, essayant sur nous tous les moyens d'intimidation.

Ma porte que j'avais tenue entr'ouverte, malgré les ordres réitérés du colonel, était surtout l'objet de leur colère. La condescendance qu'on avait montrée jusque-là pour eux, m'exaspérait; mes hommes partageaient mes sentiments et ils voyaient aux menaces que nous échangions avec eux que nous n'étions pas disposés à les laisser entrer. Le colonel nous donna l'ordre de fermer la porte et la fit fermer à clef.

Je restai donc quelque temps sans savoir ce qui se passait dehors ; puis l'adjudant-major Bernard vint me demander un fusil déchargé pour le montrer à la foule et faire voir que nous n'avions pas de sentiment hostile contre elle ; le fusil fut montré avec beaucoup de soins à la meute affolée qui voulait bien faire la curée, mais sans danger pour elle-même.

Quelques instants après, on vint me prévenir qu'une troisième délégation allait venir, qu'il fallait masser toutes nos compagnies dans les couloirs et les galeries vitrées, pour que Messieurs les délégués ne pussent voir les mobiles armés sur leur passage ; ma porte fut de nouveau ouverte pour le passage de cette troisième délégation et refermée à sa sortie ; dans cette délégation se trouvait Mégy.

N'ayant rencontré personne sur son passage, elle rentra au milieu de la foule et un des délégués fut envoyé prévenir le Comité de la situation.

Ce comité se trouvait réuni au premier étage du café du Gaz, à l'angle de la rue de Rivoli et de la rue de la Coutellerie ; il était composé de tous les chefs de la future Commune. Ces Messieurs étaient là très-près du centre de l'action, à l'abri des balles de l'Hôtel de Ville et ayant des facilités de toute nature pour s'esquiver en cas d'insuccès.

Le membre de la dernière délégation ayant exposé au Comité la situation défensive de l'Hôtel de Ville, ils décidèrent que l'attaque n'aurait lieu que lorsque les bataillons de Belleville, de la Villette, de Bercy, de Montrouge, de la barrière d'Italie seraient tous arrivés. Mais le Comité compta là encore, sans l'imprudence de la foule et surtout sans son impatience. En effet, un bataillon de Belleville déboucha par la rue du Temple, aux cris de : Vive la Commune ! Ces cris furent répétés par la foule et les cinq ou six bataillons déjà réunis. Un officier du 101e bataillon (barrière d'Italie) fit avancer sa compagnie contre la grille et croyant que le signal était donné, il commanda le feu. L'adjudant-major de notre bataillon qui était appuyé sur la grille et essayait de faire entendre raison à ces énergumènes, tomba foudroyé par cette décharge ; il avait les deux bras brisés et une balle à la tête. Le colonel Vabre et le commandant de Legge se jetèrent à plat-ventre et ne furent pas touchés ; deux officiers qui les accompagnaient se sauvèrent par la porte de gauche et la fermèrent derrière eux : ils rentrèrent à l'Hôtel de Ville, déclarant que le colonel Vabre, le commandant de Legge et l'adjudant-major Bernard étaient tués.

Le capitaine Gourlaouen et le capitaine Le Stinuf, commandant, l'un dans la salle du Trône, l'autre à l'entresol, c'est-à-dire, des deux côtés de la porte d'honneur, ripostèrent immédiatement. C'est grâce à l'énergie et à la décision de ces deux officiers que le colonel Vabre et de Legge durent la vie; si ces officiers avaient tardé un seul instant de commander le feu, ces deux Messieurs eussent été à la seconde décharge infailliblement assassinés. A la riposte rapide de l'Hôtel de Ville, les insurgés songèrent immédiatement à se mettre à l'abri; ils lancèrent néanmoins contre les fenêtres et les portes des bombes Orsini. Ces bombes, de la forme d'une orange contenaient dix à douze cheminées de fusil à piston et chaque cheminée était couverte d'une capsule; en éclatant contre la porte de droite, ces bombes faisaient croire qu'on voulait enfoncer cette porte à coups de haches. Les hommes massés derrière la porte et affolés par les coups de fusil qu'ils entendaient partout, tirèrent à travers la porte, qui n'offrit plus dix minutes après que l'aspect d'un crible.

Aux premiers coups de feu, je me précipitai à la fenêtre du concierge et, devant moi, je vis le corps de Bernard étendu sur le trottoir ; j'établis immédiatement des hommes à cette fenêtre et fis tirer sur les fuyards; puis, je montai à l'entresol et de la fenêtre à gauche de la statue de Henri IV, je me rendis compte exactement de la situation.

La place de l'Hôtel de Ville était jonchée d'hommes couchés, les uns de peur, les autres morts ou blessés. Les gardes nationaux s'étaient établis derrière de grands tas de terre jaune, derrière le socle de pierre de chaque reverbère et tiraient sur nous à courte distance; de l'avenue Victoria surtout partait un feu très-violent. Bientôt même ils s'établirent aux fenêtres de la place et occupèrent les numéros 1 et 2 de l'avenue Victoria; du quai Le Pelletier, de la rue de Rivoli, de la rue de la Poterie, ils tiraient aussi sur nous. Le numéro 1 de l'avenue Victoria était un bâtiment militaire qui servait de logement aux officiers du bataillon.

Le colonel Vabre et le commandant de Legge, revenus de leur première émotion, essayèrent de gagner la porte gauche de l'Hôtel de Ville; ils trouvèrent naturellement cette porte fermée. Dans leur préoccupation, ils ne songèrent pas que la porte des pompes et celle du télégraphe, donnant toutes deux sur le trottoir où ils étaient, étaient toujours ouvertes; ils se mirent, comme ils purent, à l'abri, l'un dans l'encoignure de la porte gauche, l'autre dans une guérite. Un des concierges de l'Hôtel de Ville et un marin venu là par hasard se trouvaient prisonniers comme eux entre ces deux murs de feu; néanmoins, ils eurent le courage d'aller chercher le corps de Bernard, de le charger sur leurs épaules et de le mettre à l'abri à côté du commandant de Legge dans la guérite.

Vingt minutes s'étant écoulées dans cette affreuse position, le concierge, songeant à la porte des pompes, transporté Bernard dans une petite salle attenant à la salle des pompes et vint prévenir le colonel Vabre qu'il pouvait rentrer par là.

De mon poste d'observation où je dirigeais le feu de quelques hommes, je ne comprenais pas que la compagnie de service aux annexes ne nous vînt pas en aide. Placée comme elle était, ayant vue sur le quai, sur la place, sur l'avenue Victoria par deux portes sur la rue de Rivoli et la rue de la Coutellerie, elle pouvait faire un mal énorme aux insurgés.

Voulant en avoir le cœur net, le capitaine Martineau et moi, nous nous engageâmes dans le souterrain qui passe sous la place de l'Hôtel de Ville, mais, arrivés à la seconde grille, nous la trouvâmes fermée; cette compagnie avait donc ses communications coupées avec le reste du bataillon. J'appris plus tard que les officiers ont empêché leurs hommes de tirer parce qu'ils n'en avaient pas reçu l'ordre; pareil fait se présenta pour la compagnie de garde dans le jardin du côté du quai.

En rentrant dans la cour d'honneur, nous trouvâmes le colonel Vabre, qui, croyant à la mort du commandant de Legge et de Bernard, accusait les officiers du bataillon d'avoir fermé les portes sur eux et de les avoir laissé assassiner par les insurgés. Pour mon compte, j'avais inutilement essayé à l'aide de mon revolver de faire sauter la serrure de ma porte et j'avoue que les croyant tués, je n'avais songé qu'à établir la défense le plus vigoureusement possible et à prendre les précautions nécessaires pour résister jusqu'au moment où les renforts viendraient.

Nous perdîmes du temps en récriminations de part et d'autre, le colonel ne pouvant retrouver les clefs du souterrain et tout se passant en paroles, je repris mon poste d'observation à la fenêtre gauche de la statue de Henri IV. La fusillade continuait toujours aussi vive, nos hommes tiraient avec plus de sang-froid et les feux de l'avenue Victoria se reculaient d'instant en instant. Sapia venait d'être tué derrière une pissotière de l'avenue.

Sans grand danger désormais pour les combattants qui étaient presque tous à l'abri, la fusillade menaçait de s'éterniser, quand tout d'un coup débouche par le quai Le Pelletier le général Dargentolle au grand galop de son cheval; il s'arrête au milieu des balles et avec son képi fait signe de cesser le feu. Ses deux aides de camp le suivent et bientôt arrive au pas gymnastique un bataillon de gendarmerie à pied, puis, enfin, un escadron à cheval; le premier se mit en bataille devant l'Hôtel de Ville, interceptant l'avenue Victoria, le second sur la place du côté du quai.

A la vue du général arrivant aussi crânement, la fusillade cesse. La rue de Rivoli seule était occupée par la foule qui n'avait pas pris une part active au combat, et qui attendait dans les rues adjacentes le moment où son parti serait vainqueur pour prendre part à la curée.

Des cris de : Vive la Commune ! étant partis de la foule qui envahissait petit à petit la place, le général fit avancer un tambour, et la foule, devant les sommations faites, se retira immédiatement et se rejeta dans la rue de Rivoli. Le colonel Vabre fit alors sortir les deux bataillons de la Vendée qui étaient dans la caserne Napoléon et les fit barrer la place du côté de la rue de Rivoli ; au même moment, des voitures d'ambulance débouchèrent de tous les côtés à la fois et enlevèrent les morts et les blessés.

Je descendis à la grille avec le lieutenant de Cathelineau, et je vis les insurgés, qui s'étaient couchés de peur, se sauver rapidement du côté de la rue de Rivoli. Quelques personnes arrivèrent à la grille ; un chef d'ambulance et un jeune chirurgien-major de l'armée vinrent nous offrir leurs services ; je fis passer ce dernier par dessus la grille, ce fut lui qui donna les premiers soins à l'adjudant-major Bernard. Un individu blond, jeune et portant toute sa barbe, vint aussi nous demander à parler aux membres du Gouvernement. Ce monsieur, parfaitement mis, du reste, me parut très-exalté ; je lui répondis brutalement que les membres du Gouvernement avaient dans ce moment autre chose à faire que de parler au premier venu ; il me demanda alors à voir le gouverneur de l'Hôtel de Ville, je lui fis la même réponse. Cet individu m'ayant alors demandé mes nom et prénoms, me dit, après que je les lui ai eu déclinés : « Capitaine, je vous rends « responsable du sang que vous venez de verser et de l'assas-« sinat commis sur vos frères. » J'allais le faire arrêter, malgré la grille qui nous séparait, quand l'aide de camp du général Dargentolle vint me prier de lui donner des renseignements ; je regrette d'autant plus de ne pas avoir fait saisir cet individu, que je crois qu'il a joué un rôle important dans la Commune du 18 mars. Du reste, lui-même a raconté ce fait dans le numéro du *Combat* du 24 ou du 25 janvier.

Me rappelant alors que plusieurs insurgés avaient tiré des fenêtres de notre logement au numéro 1 de l'avenue Victoria, je pris quelques hommes, et, m'étant fait ouvrir une grille, je traversai la place pour aller fouiller cette maison.

Dans ce moment, le général Dargentolle fit demander un officier pour avoir des renseignements; je lui expliquai rapidement les préliminaires de l'attaque, le but de l'émeute et la façon dont elle avait échoué; puis je demandai au général l'autorisation de fouiller le numéro 1, en le prévenant que chaque maison contenait beaucoup d'émeutiers qui n'avaient pas eu le temps de fuir.

Le général m'y autorisa et me prévint en même temps de me tenir à sa disposition pour lui donner d'autres renseignements sur les faits qui venaient de se passer.

En pénétrant dans le numéro 1, je pris avec moi des gendarmes, et nous fîmes dans les différents étages treize prisonniers; parmi ceux-ci se trouvait un officier insurgé. Je fis conduire ces hommes au poste de l'Hôtel de Ville; quant à l'officier, qui n'avait cessé de protester de ses bonnes intentions, il me pria de le mettre en communication avec un membre du Gouvernement, ayant, disait-il, des communications importantes à faire. Il s'était déjà séparé de son képi, de son ceinturon et de son sabre, mais le temps ne lui avait pas permis de se défaire des autres insignes de son grade. En traversant avec moi la place de l'Hôtel de Ville, il craignait probablement de recevoir un coup de fusil, car il ne cessait d'agiter son mouchoir blanc en regardant les fenêtres de l'Hôtel de Ville.

Je pénétrai avec lui par la porte de gauche, après avoir passé par-dessus la grille, qui n'était pas encore ouverte de ce côté; là, je le confiai à un de mes camarades pour le conduire à M. Ferry. Ce dernier se trouvait alors dans la salle du Trône avec le colonel Vabre, le commandant de Legge, le capitaine Gourlaouen et l'adjudant-major Saint-Aignan. A la vue du prisonnier, MM. Vabre et de Legge s'écrièrent en même temps : « Voilà « celui qui a commandé le feu; c'est lui qui a fait tirer sur nous « et sur Bernard. » Déconcerté par cette apostrophe, à laquelle son audace ne s'était pas attendue, l'officier insurgé balbutie des dénégations; mais le colonel Vabre fait signe à Saint-Aignan de l'emmener et de le passer par les armes. Alors M. Ferry s'approcha de M. Vabre et le supplia de ne pas faire fusiller cet homme; il lui demanda même sa parole d'honneur, et lui assura que la mort de cet individu aurait les conséquences les plus désastreuses pour le Gouvernement de la Défense nationale. M. Vabre céda.

Cet officier insurgé nous avait déclaré, au moment de son

arrestation, se nommer Serizier, capitaine au 101e bataillon, barrière d'Italie. On l'emmena au poste de l'Hôtel de Ville, et le lendemain il fut expédié à Vincennes. Le lendemain, M. Ferry dit au colonel Vabre : « Eh bien, vous pouvez être content, je viens de « recevoir l'avis que votre prisonnier d'hier a été fusillé à Vin- « cennes. J'aime mieux que ce soit là qu'ici ; on nous aurait tou- « jours reproché cela, si l'exécution avait eu lieu à l'Hôtel de « Ville, tandis qu'à Vincennes c'est une cour martiale qui l'a jugé « et exécuté. »

Il serait curieux de savoir comment Serizier, mené à Vincennes et fusillé le lendemain, se trouve, deux mois après, commandant de son même bataillon, et ensuite assassin des dominicains d'Arcueil. Le bruit avait bien couru au bataillon qu'on l'avait fait évader en route, mais rien n'était venu confirmer ce fait.

En somme, la conduite de M. Ferry fut la même qu'au 31 octobre. Sa condescendance pour l'émeute a manqué de nous être fatale. Sa faiblesse au 31 octobre nous a valu le 22 janvier, et son manque d'énergie au 22 janvier nous a conduits fatalement au 18 mars. Cette faiblesse, ou plutôt cette condescendance, était tellement connue des officiers du bataillon, que, plusieurs fois, dégoûtés du service que nous faisions à l'Hôtel de Ville dans ces conditions, j'ai fait, au nom de mes camarades, plusieurs tentatives pour faire rejoindre à notre bataillon le régiment qui était à Villejuif. Le ministre de la guerre s'y refusa toujours.

La division Blanchard arriva vers 8 heures du soir ; le général Vinoy, qui venait d'être nommé Gouverneur de Paris, fit occuper toutes les maisons de la place par les bataillons de mobiles de cette division, et à 10 heures du soir, tout était rentré dans le calme.

Signé : Henry DE MAUDUIT,
Capitaine de la 6e compagnie du 3e bataillon du Finistère.

XVIII

Déposition de M. le général de Valdan.

M. le comte DARU, président. — Général, vous avez accompagné, le 28, M. Jules Favre, quand il s'est rendu à Versailles pour débattre avec l'état-major prussien les conditions militaires qui devaient trouver place dans le traité d'armistice. Voulez-vous nous dire ce que vous savez de cette partie de la négociation ?

M. le général DE VALDAN. — J'ai eu, non pas à traiter, mais à faire exécuter les détails relatifs à Paris. Quant à la province, je ne savais pas le premier mot de ce qui s'y était passé. Aussi, ne me suis-je occupé que des différents détails qui concernaient la reddition des forts.

M. LE PRÉSIDENT. — Vous n'avez pas eu à vous occuper de la détermination des zones neutres entre les armées allemandes et françaises ; il n'en a pas été question devant vous ?

M. le général DE VALDAN. — Si, mais ce travail avait été fait avant moi par M. Jules Favre, assisté du général de Beaufort.

M. LE PRÉSIDENT. — Veuillez nous dire ce qui s'est passé pendant votre visite à Versailles.

M. le général DE VALDAN. — Nous sommes arrivés à Versailles d'assez bonne heure. Nous nous sommes rendus chez M. de Bismark ; après déjeuner, M. de Bismark nous a lu les conditions qui avaient été arrêtées la veille ; c'étaient les conditions générales de l'armistice. Quand cela a été lu, il nous a dit : « Nous allons aller chez M. de Moltke pour régler les affaires militaires. » Nous y sommes allés, en effet, M. Jules Favre, M. de Bismark et moi. M. de Bismark a repris les conditions d'armistice et il les a lues de nouveau ; quand cela a été fini, nous avons commencé à régler les détails militaires.

M. LE PRÉSIDENT. — Il n'y a pas eu de débat ; on a lu purement et simplement la convention ?

M. le général DE VALDAN. — Elle avait été arrêtée la veille, il n'y a pas eu de débat sur les détails militaires relativement à la reddition des forts et à la détermination des zones neutres autour de Paris.

M. LE PRÉSIDENT. — Cependant M. Jules Favre et M. de Beaufort nous ont déclaré que dans la journée du 27, on n'avait décidé ni la question de la zone neutre autour des forts, ni la question de la neutralisation des lignes de l'armée de l'Est ; qu'on avait renvoyé au lendemain la solution de ces deux questions ?

M. le général DE VALDAN. — Autant que je puis me le rappeler, la question de l'Est a encore été réservée le 28 ; ce n'est que quelques jours plus tard que cette question a été abordée, lors de la reddition de Belfort.

M. LE PRÉSIDENT. — Aviez-vous des pouvoirs suffisants pour traiter ?

M. le général DE VALDAN. — J'avais les pouvoirs généraux pour traiter des questions militaires relatives à l'armée de Paris. On m'a dit : « Vous allez accompagner M. Jules Favre, et vous réglerez avec l'état-major prussien les conditions de détail pour l'exécution de l'armistice en ce qui concerne les faits militaires, pour Paris, bien entendu. »

On m'a dit entre autres choses : « Vous chercherez à obtenir que Vincennes ne soit pas remis à l'autorité prussienne, et que nous ayons deux divisions au lieu d'une. »

M. LE PRÉSIDENT. — Vous n'aviez donc à vous occuper que de la ville de Paris ?

M. le général DE VALDAN. — De rien autre ; j'ignorais ce qui s'était passé en province. Le Gouvernement pouvait le savoir, pour moi je ne le savais pas.

M. LE PRÉSIDENT. — Le Gouvernement ne vous en a pas donné connaissance ?

M. le général DE VALDAN. — Pas du tout.

M. LE PRÉSIDENT. — M. le général Vinoy n'a-t-il pas été invité à se rendre à Versailles, ainsi que M. le général Trochu ?

M. le général DE VALDAN. — Je l'ignore. Voici seulement ce qui m'a été raconté. Lorsque le gouvernement prussien a demandé un général, M. le général Trochu aurait dit : « Cette mission me revient ; je la remplirai, quelque pénible qu'elle soit. » Cependant ses collègues du Gouvernement lui auraient dit : « Il ne convient pas que vous y alliez, parce que vous êtes notre président, le chef du Gouvernement. Par conséquent vous ne pouvez pas traiter directement. »

Le général Trochu s'est rendu à ces raisons, et on a jeté les yeux sur le général Callier, qui avait déjà été employé dans différentes missions diplomatiques. Le général Callier a refusé net. On s'est adressé au général de Beaufort ; on ne lui a pas demandé si cela lui convenait, on lui a donné un ordre, comme à moi.

On m'a prévenu le 27 au soir de me rendre au Conseil du Gouvernement, j'y suis allé à 10 heures du soir, et l'on m'a dit ce que je viens de répéter : « Vous réglerez les conventions militaires qui découlent des articles de l'armistice ; nous vous recommandons entre autres choses de ne pas céder Vincennes et de tâcher d'avoir deux divisions à Paris. » J'ai échoué pour les deux divisions, mais j'ai obtenu Vincennes.

M. LE PRÉSIDENT. — Racontez-nous les conversations que vous avez eues avec M. de Moltke au sujet de la mission ainsi limitée que vous aviez reçue.

M. le général DE VALDAN. — Il y a d'abord la première annexe relative à cette reddition des forts.

Nous avons réglé la manière dont ils seraient rendus le lendemain matin. Ils devaient l'être à 9 heures ; nous avons ensuite passé à la délimitation de la zone neutre entre l'enceinte de

Paris et les forts. Il a été convenu, je crois, que la ligne neutre passerait à 500 mètres en avant de chaque fort.

On a réglé les différentes routes par lesquelles il serait permis de sortir de Paris, quels laissez-passer seraient nécessaires pour pouvoir profiter de la permission de sortir. Cela nous a tenus toute la journée.

M. LE PRÉSIDENT. — Le désarmement a-t-il été stipulé ce jour-là ?

M. le général DE VALDAN. — Oui.

M. LE PRÉSIDENT. — Qu'a-t-on dit sur le désarmement ?

M. le général DE VALDAN. — Le désarmement était écrit dans l'armistice.

M. LE PRÉSIDENT. — Il n'a pas été discuté devant vous ?

M. le général DE VALDAN. — Non.

M. LE PRÉSIDENT. — Dans le procès-verbal du Conseil du Gouvernement, qui s'est tenu le 28 au soir, il est dit que M. de Moltke aurait offert à M. Jules Favre de laisser armées les troupes, s'il consentait au désarmement de la garde nationale ?

M. le général DE VALDAN. — Je ne me rappelle pas cela ; c'était une question décidée et écrite dans l'armistice. Je n'ai eu à m'occuper que de la manière dont les armes seraient rendues.

Pendant près d'une heure j'ai lutté pour avoir deux divisions. Je n'osais pas dire qu'il nous en fallait une de plus pour maintenir l'ordre ; je savais bien ce qui devait nous arriver un jour ; je savais très-bien que la majeure partie de la garde nationale était composée des soldats de l'émeute.

M. LE PRÉSIDENT. — Ainsi, devant vous, la question du désarmement n'a pas été débattue ; on n'a pas offert de laisser armées des troupes en plus grand nombre, à la condition que la garde nationale serait désarmée ?

M. le général DE VALDAN. — Non.

M. DE RAINNEVILLE. — Comment cette convention du désarmement aurait-elle été passée, puisqu'elle a été faite en dehors de M. le général de Valdan, et que M. le général de Beaufort nous a déclaré, qu'en ce qui le concernait, il ne s'en était pas mêlé ?

M. le général DE VALDAN. — J'ai débattu toutes les questions relatives à la reddition des forts et à la détermination des zones autour des forts, rien de plus.

M. CHAPER. — Ce sont là des annexes, mais avez-vous signé l'armistice ?

M. le général DE VALDAN. — Non ! je n'ai rien signé ; M. Jules Favre a signé l'armistice ; je n'ai pas signé l'annexe non plus.

L'armistice a été signé devant moi ; je vois encore la scène ; il y a eu un incident particulier. M. de Bismark a dit à M. Jules

Favre : « Avez-vous un cachet? c'est l'habitude des chancelleries que pour des actes de ce genre il y ait apposition de cachets. » M. Jules Favre a répondu : « Je n'ai pas de cachet. » Il a tiré une bague. « Cela vous suffit-il ? » « Oui », a dit M. de Bismark.

M. LE PRÉSIDENT. — M. Jules Favre a envoyé une dépêche à M. Gambetta pour lui annoncer la conclusion de l'armistice. Cette dépêche a-t-elle été contresignée par M. de Bismark ?

M. le général DE VALDAN. — Je n'étais pas là. J'ai eu avec M. de Moltke énormément de difficultés. J'ai été obligé de retourner auprès de lui pour certain nombre de détails qui n'avaient pas été traités. M. Jules Favre m'a quitté aussitôt que M. de Moltke a eu consenti à nous laisser Vincennes. Le reste, je l'ai fait seul; c'était la détermination des zones neutres et la manière dont les forts seraient rendus.

M. LE PRÉSIDENT. — C'est tout ce que vous avez fait, vous n'avez eu à traiter que ces deux points ?

M. le général DE VALDAN. — Oui, Monsieur le Président.

M. LE PRÉSIDENT. — Vous n'avez rien discuté ?

M. le général DE VALDAN. — Rien.

M. LE PRÉSIDENT. — J'insiste sur cette journée du 28. Vous arrivez à Versailles, la capitulation est arrêtée, vous n'avez pas d'autre mission que de déterminer les dispositions applicables à Paris; d'obtenir la conservation de Vincennes, d'avoir deux divisions au lieu d'une, et de régler les détails relatifs à la reddition des armes et des forts?

M. le général DE VALDAN. — Parfaitement. Quant aux affûts, on nous avait d'abord dit de les rendre dans les forts, puis on a consenti à ce que les canons et affûts fussent seulement éloignés des remparts. Mais auparavant les canons attelés devaient être transportés dans les forts.

M. LE PRÉSIDENT. — Avez-vous su à Versailles des nouvelles de l'Est ?

M. le général DE VALDAN. — M. de Moltke a été très-réservé, comme toujours. — L'idée qui m'est restée, c'est que le Gouvernement comptait encore sur l'armée de l'Est.

M. LE PRÉSIDENT. — Ce jour-là?

M. le général DE VALDAN. — Ce jour-là; c'est pourquoi on l a exceptée de l'armistice, ainsi que Belfort.

J'ai entendu dire : « Nous réserverons l'armée de l'Est, parce que Bourbaki pourrait très-bien être plus heureux que nous ne l'avons cru jusqu'ici. »

M. LE PRÉSIDENT. — Est-ce dans le trajet de Paris à Versailles que M. Jules Favre vous aurait tenu ce langage ?

M. le général DE VALDAN. — Probablement, je ne me rappelle pas le moment; mais ce ne peut être que là.

M. LE PRÉSIDENT. — Ainsi le 28, on avait encore des espérances pour l'armée de Bourbaki et pour la délivrance de Belfort?

M. le général DE VALDAN. — Oui. C'est du moins l'impression que j'en ai retenue.

M. ULRIC PERROT. — Il n'en a pas été question devant les autorités prussiennes?

M. le général DE VALDAN. — Non.

M. ULRIC PERROT. — La veille on avait ajourné les négociations, parce que, disait-on, on ne savait pas où était l'armée de l'Est; n'a-t-on pas parlé devant vous des nouvelles qu'on en avait reçues?

M. le général DE VALDAN. — Non, Monsieur.

M. LE PRÉSIDENT. — Assistiez-vous à la séance du Conseil du Gouvernement où l'on a rendu compte de cette conférence?

M. le général DE VALDAN. — Oui, Monsieur.

M. LE PRÉSIDENT. — Que s'est-il passé? N'a-t-on pas dit que M. de Moltke avait offert de laisser les fusils à l'armée à condition qu'on ne les laisserait pas à la garde nationale?

M. le général DE VALDAN. — Nous aurions accepté.

M. DE RAINNEVILLE. — Les militaires, oui; mais M. Jules Favre?

M. le général DE VALDAN. — Je n'ai rien su de cela.

M. LE PRÉSIDENT. — Dites-nous ce que vous vous rappelez. Quelles ont été les déclarations de M. Jules Favre devant les membres du Gouvernement?

M. le général DE VALDAN. — Je suis très-embarrassé, je vous assure, je n'ai pas recueilli mes souvenirs; mais je me rappelle parfaitement que lecture a été faite de l'armistice.

M. LE PRÉSIDENT. — En même temps il a été donné des détails sur la manière dont les choses, pendant votre conférence avec M. de Bismark et M. de Moltke, s'étaient passées?

M. le général DE VALDAN. — Je ne me le rappelle pas. D'ailleurs, je suis resté très-peu de temps au Conseil. Il était plus de minuit et il fallait envoyer des ordres à tous les commandants des forts, pour que la reddition puisse s'en faire à l'heure convenue. J'avais ordre de rentrer au quartier général. C'est ce que je fis après avoir rendu compte de ma mission.

M. LE PRÉSIDENT. — Avez-vous eu plusieurs conférences avec M. de Moltke?

M. le général DE VALDAN. — Ainsi que je l'ai raconté, nous sommes allés à Versailles le 28 janvier; après avoir été chez

M. de Bismark, nous nous sommes rendus chez M. de Moltke. M. Jules Favre m'a quitté pendant la séance, après le règlement des principaux détails militaires ; je ne l'ai retrouvé que le soir.

M. LE PRÉSIDENT. — Vous n'avez plus rien à nous dire ?

UN MEMBRE. — N'êtes-vous pas retourné le 29 à Versailles ?

M. le général DE VALDAN. — Non, Monsieur.

LE MÊME MEMBRE. — Quel jour y êtes-vous retourné ?

M. le général DE VALDAN. — Vous dire quel jour, je ne me le rappelle pas. Je crois que c'était le 1er février.

M. CHAPER. — Quelles questions avez-vous agitées lorsque vous y êtes retourné ? N'était-ce pas la délimitation des zones de l'armée de l'Est ?

M. le général DE VALDAN. — Cela n'était pas possible. Nous ne connaissions pas encore les positions des armées.

M. CHAPER. — Saviez-vous le 28 quelle était la triste situation de l'armée de l'Est ? Saviez-vous que le général Bourbaki s'était tiré un coup de pistolet ? Saviez-vous que l'armée était acculée sur les frontières de la Suisse ?

M. le général DE VALDAN. — C'est le 1er février que M. de Bismark a lu devant moi à M. Jules Favre une dépêche qu'il venait de recevoir, annonçant l'entrée en Suisse de 80,000 hommes de l'armée de l'Est.

A la suite de l'armistice, il convenait de régler différentes questions d'un grand intérêt pour nous, comme le rapatriement des prisonniers, la circulation sur les chemins de fer, le transport de vivres pour Paris, etc., etc. Ces questions et d'autres m'ont appelé plusieurs fois à Versailles, ainsi que M. Jules Favre, et c'est pendant la négociation d'une de ces conventions que la nouvelle nous a été donnée.

M. LE PRÉSIDENT. — C'était sans doute le 1er février ; tâchez de vous rappeler ce qui s'est passé dans cette conférence. Vous arrivez chez M. le comte de Bismark. Il vous raconte que 80,000 hommes sont entrés en Suisse. Ne savez-vous rien de plus ?

M. le général DE VALDAN. — Non, Monsieur. M. de Bismark nous a lu une dépêche télégraphique qu'il venait de recevoir. J'accompagnai plusieurs fois M. Jules Favre pour régler certains petits détails militaires au sujet desquels M. de Moltke désirait me parler ; je ne sais pas au juste le motif qui a amené M. Jules Favre à Versailles ce jour-là. Si je le savais, je le dirais à la Commission.

M. ULRIC PERROT. — M. Jules Favre aurait rendu compte, dès le 26, au Conseil, que M. de Bismark lui aurait donné des nouvelles mauvaises ?

M. le général DE VALDAN. — Je ne me rappelle pas ce détail.

M. Ulric Perrot. — Ceci s'est passé le 26.

M. le général de Valdan. — Je n'y étais pas.

M. le Président. — Le 1ᵉʳ février, vous n'aviez plus, ce me semble, besoin de déterminer la zone neutre dans l'Est, puisque l'armée du général Bourbaki était en Suisse.

M. Ulric Perrot. — Vous dites que vous retourniez à Versailles pour déterminer la zone neutre. Quelle zone?

M. le Président. — Les dates vont se fixer. Je vais tâcher de les rappeler à votre souvenir.

C'est le 28, à 11 heures un quart du soir, que M. Jules Favre expédie à M. Gambetta une dépêche dans laquelle il était dit : « L'armistice est signé. » Cette dépêche arrive le 29 à M. Gambetta qui, immédiatement, donne des ordres à tous les chefs d'armées. Ces ordres reçus, le général Clinchant s'arrête.

Le 30, le général Manteuffel parut devant nos lignes; on lui annonça qu'il y avait un armistice. Il répondit que l'armée de l'Est était exceptée de cet armistice. Deux jours plus tard, nos troupes étaient refoulées en Suisse.

Si donc M. de Bismark vous a dit : « Votre armée est refoulée en Suisse, » il ne peut vous l'avoir dit que le 1ᵉʳ février.

M. le général de Valdan. — C'est, en effet, le 1ᵉʳ février que la nouvelle nous en a été donnée par M. de Bismark lui-même.

M. Ulric Perrot. — La nouvelle de la mort du général Bourbaki?...

M. le Président. — Cette nouvelle est du 26 ; celle de la retraite de l'armée en Suisse est du 1ᵉʳ février.

M. le général de Valdan. — Je ne puis préciser le jour où M. de Bismark nous a lu la dépêche qui annonçait ce nouveau désastre.

M. le Président. — Étiez-vous là quand M. de Bismark a annoncé à M. Jules Favre la mort du général Bourbaki?

M. le général de Valdan. — Non, Monsieur.

M. Ulric Perrot. — C'est le 25 que le général Bourbaki s'est brûlé la cervelle, et c'est le 26 que M. de Bismark l'a dit à M. Jules Favre. Avez-vous entendu dire que le général Bourbaki se fût brûlé la cervelle?

M. le général de Valdan. — Non, Monsieur. C'est le 29, je crois, qu'il en a été question entre MM. Jules Favre et Bismark, et, le 29, je ne suis pas allé à Versailles.

M. le Président. — Vous n'avez pris aucune note sur ces grands événements pour les rappeler à votre souvenir?

M. le général de Valdan. — Si, Monsieur, j'avais, en effet, recueilli des notes; mais elles ont été égarées lors du 18 mars.

M. le Président. — Il était important pour vous, après les actes auxquels vous avez été mêlé, de fixer ces souvenirs.

M. le général de Valdan. — Vous ne vous imaginez pas la vie qu'à cette époque on m'imposait. N'oubliez pas que j'étais chef d'état-major de toutes les armées de Paris, et que je consacrais toutes les journées et une partie des nuits à un service dont il est impossible de se rendre compte.

M. le Président. — Enfin est venu le moment où il a dû être question de la délimitation des zones pour l'armée de l'Est.

M. le général de Valdan. — La ligne de l'armée de l'Est a été délimitée plus tard.

M. le Président. — Quand et comment?

M. le général de Valdan. — Par une convention faite entre M. de Bismark et M. E. Picard, ministre des affaires étrangères par intérim, qui faisait passer la ligne neutre dans le milieu du département de la Côte-d'Or; Dijon était occupé par l'armée prussienne; la ligne devait remonter la Seine jusqu'à la limite de l'arrondissement de Beaune, suivre le département de la Côte-d'Or jusqu'à celui du Jura, dont une partie était occupée par l'ennemi. Cette portion du département était bornée aussi par une ligne tracée à 10 kilomètres de Lons-le-Saulnier jusqu'à l'arrondissement de Saint-Claude qu'elle contournait jusqu'à la frontière.

Cette convention a été faite avec une carte qui m'a été présentée par M. de Bismark, sur laquelle se trouvaient indiquées les positions occupées par l'armée prussienne.

M. le Président. — Ces lignes de délimitation étaient fixées à Versailles?

M. le général de Valdan. — Je pense que M. E. Picard avait une délégation du Gouvernement pour cette opération.

M. le Président. — Était-ce vous ou M. E. Picard qui fixiez cette délimitation? Il ne devait pas vous être facile, dans l'ignorance où vous étiez de la position des armées, de régler de pareilles questions?

M. le général de Valdan. — Je n'avais aucune espèce de document, j'étais obligé de m'en rapporter entièrement aux renseignements que me fournissaient les généraux allemands.

M. Ulric Perrot. — Et les cartes sur lesquelles vous fixiez ces délimitations étaient fournies par les généraux allemands?

M. le général de Valdan. — Oui, monsieur.

M. Ulric Perrot. — Et lorsque M. de Bismark vous disait: « Nos troupes sont ici; les vôtres sont là », vous vous en rapportiez à lui?

M. le général de Valdan. — Oui, monsieur.

Un Membre. — Vous pouviez être facilement trompé.

M. le général DE VALDAN. — Je n'ai fait qu'obéir aux ordres qui m'étaient donnés. On me disait : « Demain vous partez pour Versailles », et en route on me disait : « Voici ce que vous allez faire. »

M. ULRIC PERROT. — M. le général Trochu ne vous a-t-il pas donné des instructions avant votre départ?

M. le général DE VALDAN. — Une fois M. le général Trochu m'a fait prier de passer chez lui.

M. ULRIC PERROT. — A quelle date ?

M. le général DE VALDAN. — C'était le 13 février.

M. LE PRÉSIDENT. — Dans la réunion du Gouvernement du 31 janvier, on discutait la situation de l'armée de l'Est et les responsabilités qui pouvaient en résulter; on décida M. Jules Favre, malgré sa fatigue, à retourner à Versailles pour s'occuper de l'armée de Bourbaki. M. Jules Favre partit. L'avez-vous accompagné dans ce voyage?

M. le général DE VALDAN. — Non, monsieur.

M. ULRIC PERROT. — M. Jules Favre retournait le 31 au soir à Versailles. Vous rappelez-vous y être retourné avec lui?

M. le général DE VALDAN. — Nous sommes toujours partis le matin.

M. le comte DARU. — Vous êtes donc partis le 1er février ?

M. CHAPER. — Ou le 31 janvier ?

M. le général DE VALDAN. — Le 1er février.

M. le comte DARU. — Vous avez donc accompagné ce jour-là M. Jules Favre? M. le général Trochu vous avait-il parlé de la situation de l'armée de l'Est? Que vous en avait-on dit?

M. le général DE VALDAN. — Le général ne m'a pas parlé de la situation de l'armée de l'Est; il m'a remis une note adressée par lui à M. Ernest Picard, ministre des affaires étrangères par intérim, avec prière de lui communiquer et de m'en pénétrer moi-même pour la neutralisation du chemin de fer de Nevers dont une partie passe dans le département de la Côte-d'Or. « Il faut, m'a-t-il dit, qu'on nous laisse cette portion du chemin de fer, et il faut l'avoir. » Il ne m'a pas dit autre chose.

M. le comte DARU. — Les Prussiens, quand vous êtes arrivé, ne vous ont-ils pas annoncé que l'armée française était refoulée sur le territoire suisse?

M. le général DE VALDAN. — Oui, M. de Bismark nous l'a dit.

M. le comte DARU. — Eh bien! alors, comment discutiez-vous, le 1er février, le tracé des lignes de délimitation, quand l'armée française n'existait plus?

M. CHAPER. — Il y avait encore le Sud.

M. le général DE VALDAN. — Oui, il y avait encore le Sud ; et puis il fallait bien établir les limites que les Prussiens ne devaient pas franchir.

M. le comte DARU. — Quand vous êtes arrivés, quelles étaient les prétentions des Prussiens ?

M. le général DE VALDAN. — Tout ce qu'ils ont demandé, on le leur a donné. Les limites ont été fixées et déterminées par eux.

M. DE SUGNY. — Ces limites ont été imposées ?

M. le général DE VALDAN. — Parfaitement, voilà la vérité. On a dit : « Nous voilà à Lons-le-Saulnier, eh bien, la ligne passera à 10 kilomètres en avant de Lons-le-Saulnier. »

M. CHAPER. — Est-ce à cette époque que Belfort a été rendu ?

M. le général DE VALDAN. — C'est plus tard.

M. CHAPER. — Je posais la question, parce que je ne sais pas l'époque précise où la convention relative à cette place a été conclue.

M. le général DE VALDAN. — Belfort a été rendu plus tard ; c'est le 13 février qu'il a été question de cette reddition avec l'autorité prussienne.

M. ULRIC PERROT. — Je trouve dans les procès-verbaux du Conseil du Gouvernement un débat relatif à Garibaldi.

Vous avez dû avoir à traiter cette question de Garibaldi.

M. le général DE VALDAN. — Moi, je ne me suis pas occupé de Garibaldi.

M. CHAPER. — Je reviens à Belfort, parce que la question est importante. Quel jour, dans quels termes a-t-il été convenu que Belfort serait rendu ?

M. le comte DARU. — On pourrait appeler le colonel Denfert ?

M. CHAPER. — Parfaitement, mais le colonel Denfert n'a vu et su que ce qui s'est passé dans Belfort même ; nous aurions surtout besoin de savoir ce qui s'est passé à Versailles ; quel jour, dans quels termes a été consenti l'abandon de Belfort aux Prussiens, puisque dès les premiers jours où l'on a traité de l'armistice, on avait exclu l'armée de l'Est à cause de Belfort. M. de Valdan se rappelle-t-il à quelle époque les hostilités ont cessé autour de Belfort ? Au moment où vous avez délimité la zone dont vous venez de parler, Belfort a-t-il été compris d'une manière quelconque dans cette négociation ?

M. le général DE VALDAN. — Non, non, je ne me suis pas occupé de Belfort à l'époque du 1er février.

M. CHAPER. — A cette époque, il n'y a que vous et M. Jules Favre qui vous soyez occupés de cette question. C'est un point sur lequel nous avons omis de demander des renseignements à M. Jules Favre.

M. le général DE VALDAN. — Voici ce qui s'est passé. M. de

Bismark, au moment où nous allions le quitter, dit à M. Jules Favre : « Voyons, voulez-vous me rendre Belfort ? je vous donnerai les honneurs de la guerre. » M. Jules Favre a refusé. — « Non, a-t-il dit. Je ne sais pas ce qui se passe à Belfort. Je ne puis rien faire sans avoir des renseignements précis. Je vais demander l'envoi d'un officier dans la place, et d'après ce qui me sera dit, nous agirons. » — Un peu plus tard, M. de Moltke m'a dit : « — Belfort nous coûte cher. » — Je me rappelle, en effet, qu'à ce moment la garnison avait repoussé une attaque de l'ennemi. — « Cette affaire, reprit M. de Moltke, nous coûte 500 hommes. » Quant à la date, je ne me la rappelle pas, mais je sais que plus tard, le 13 février, M. Picard, remplaçant M. Jules Favre au ministère des affaires étrangères, est allé à Versailles pour offrir Belfort.

M. Chaper. — M. Picard !

M. le général de Valdan. — Oui, je suis allé pour cela à Versailles avec M. Picard.

M. Chaper. — Alors, vous pouvez nous dire ce qui s'est fait ce jour-là ?

M. le général de Valdan. — C'était, comme je viens de le dire, le 13 février. J'avais remis à M. Picard la note du général Trochu ; après en avoir pris connaissance, M. Picard me dit : « M. de Bismark avait demandé Belfort et M. Jules Favre l'a refusé. Mais aujourd'hui nous acceptons les propositions de M. de Bismark : voilà assez de sang répandu inutilement ; il faut maintenant acquiescer aux propositions qui nous ont été faites. » Je me rappelle qu'en chemin de fer, M. Picard m'a montré une lettre qui venait du colonel Denfert... Dans cette lettre on avouait qu'on ne pouvait plus lutter, que les pièces d'artillerie dont on disposait étaient d'une portée bien inférieure à celles de l'ennemi, que très-probablement il faudrait finir par se rendre ; on craignait que l'un des forts qui dominent la ville, je ne sais plus son nom...

M. Chaper. — Les Perches.

M. le général de Valdan. — On craignait que ce fort ne fût pris ; la lutte ne pourrait plus alors durer longtemps, d'autant que les approvisionnements en projectiles étaient diminués dans une proportion considérable. Voilà le sens de la lettre que M. Picard me montra en chemin de fer. Il me dit : « Il faut que nous en finissions pour Belfort. Nous allons arriver comme si nous ne savions rien de ce qui s'y passe, et nous allons tâcher de tirer le meilleur parti possible de la situation. » Quand nous nous trouvâmes en présence de M. de Moltke, il nous dit : « Maintenant, Belfort nous coûte trop cher ; la garnison sera prisonnière. »

Nous avons répondu : « Ce ne serait pas loyal! Pourquoi ne pouvez-vous pas faire maintenant ce que M. de Bismark nous proposait il y a quinze jours? Nous venons vous demander l'exécution pure et simple des promesses de M. de Bismark. » La discussion dura quelque temps, puis enfin, M. de Moltke finit par accepter les conditions qui avaient été offertes par M. de Bismark.

M. le comte Daru. — Qu'est devenue la garnison?

M. le général de Valdan. — La garnison s'est retirée avec armes et bagages et avec les archives de la place jusqu'aux avant-postes français qui se trouvaient les plus rapprochés.

M. le comte Daru. — Vous ne pouvez pas vous rappeler la date de cette convention?

M. le général de Valdan. — C'était le 13 février.

M. le comte Daru. — Eh bien! nous vous prierons, en recueillant vos souvenirs, de mettre partout, dans votre déposition, la précision qui est nécessaire quand vous vous relirez. Il est important que vous complétiez ce que vous avez dit, autant que vous le pourrez, parce que votre déposition manque de détails.

M. le général de Valdan. — Oh! quant à moi, je n'ai fait qu'obéir. Je ne trouve pas que j'aie une responsabilité quelconque; je ne peux même pas en avoir. Je n'ai fait qu'exécuter les ordres qu'on m'a donnés. On m'a dit : « Allez là! » j'y suis allé. — « Vous allez délimiter les zones autour de Paris ». — J'ai délimité les zones autour de Paris. Maintenant, quant à la frontière de l'Est, elle a été arrêtée en dehors de moi. Je n'y suis pour rien.

M. Chaper. — Permettez-nous cependant de vous faire remarquer qu'à Belfort, vous avez obtenu pour la garnison les honneurs de la guerre.

M. le général de Valdan. — Mon Dieu! j'ai assisté à la convention et j'ai appuyé de mon mieux, quand il le fallait, ainsi que j'ai déjà eu l'honneur de le dire à la Commission. Je n'ai jamais été considéré, ni par le Gouverneur, ni par l'état-major prussien, comme un négociateur. J'avais mission d'aider le plénipotentiaire dans les questions militaires de ma compétence et pas d'autres. La preuve en est dans la rédaction de la note remise à moi par le général Trochu et qui est adressée au ministre des affaires étrangères, note que je joins à ma déposition; la preuve en est encore dans le projet de dépêche télégraphique ci-joint, écrit par M. Ernest Picard et qui m'a été rendu par M. de Bismark. Je le répète, j'appuyais le ministre dans les questions purement militaires.

M. Chaper. — Sans doute, et permettez-moi d'ajouter que si par hasard vous n'aviez pas pu obtenir, pour la garnison, les honneurs de la guerre, votre responsabilité y serait, jusqu'à un certain point, engagée.

M. le général DE VALDAN. — Pourtant si M. de Moltke n'avait pas voulu, qu'est-ce que nous aurions pu faire ?

M. CHAPER. — Vous avez prouvé qu'on pouvait faire quelque chose, puisque, en définitive, vous avez obtenu cette concession.

M. le général DE VALDAN. — Nous nous trouvions très-heureux quand nous pouvions arracher quelque concession.

M. CHAPER. — C'est un mérite que vous avez eu.

M. le comte DARU. — Je vous engage, général, à préciser les faits autant que vous le pourrez en revoyant votre déposition, et à ne rien laisser d'incertain.

M. ULRIC PERROT. — Le 5 février, il est encore question de Belfort dans le Conseil du Gouvernement : « Le général Le Flô accepterait la sortie de la garnison de Belfort. »
Est-ce que vous êtes allé à Versailles avec le général Le Flô, le 5 ?

M. le général DE VALDAN. — Non, je n'y suis pas allé.

M. le comte DARU. — Combien de fois vous êtes-vous rendu à Versailles ?

M. le général DE VALDAN. — Une douzaine de fois.

M. le comte DARU. — Toujours avec M. Jules Favre ?

M. le général DE VALDAN. — Non, pas toujours avec lui, aussi avec M. Picard et avec M. Thiers, et quelquefois seul, particulièrement quand il a été question de faire évacuer Versailles par l'armée prussienne, pour permettre à l'Assemblée de siéger.

M. le comte DARU. — M. Picard a-t-il été plusieurs fois à Versailles ?

M. le général DE VALDAN. — Deux fois à ma connaissance, la première avec moi, comme je vous l'ai dit.

M. le comte DARU. — Et la seconde fois ?

M. le général DE VALDAN. — C'était, je pense, à l'occasion du payement des 210 millions de la ville de Paris.

M. le comte DARU. — Vous avez accompagné M. Thiers quand on a réglé les conditions de la paix ?

M le général DE VALDAN. — Oui, j'étais là.

M. le comte DARU. — Nous vous rendons votre liberté.

(Séance du 28 juin 1872.)

ANNEXE A LA DÉPOSITION DE M. LE GÉNÉRAL DE VALDAN.

Note pour le Ministre des Affaires étrangères par intérim.

LL. EE. le général comte de Moltke et le comte de Bismark savent dans quelles conditions de bonne foi M. Jules Favre, assisté du général de Valdan, a traité devant eux de l'armistice. Il ignorait, par suite des rigueurs de l'investissement de Paris, ce que faisaient les troupes françaises du dehors et où elles étaient. Le temps et les moyens manquaient absolument pour prendre des informations à cet égard. Il en résulte que le tracé de délimitation des zones à occuper ou à neutraliser a été fait selon des vues dont l'armée allemande devait avoir le principal bénéfice. L'occupation d'Abbeville, de Dieppe, de Fécamp, etc., que le négociateur français aurait pu contester, a été la conséquence de cette situation.

Les mêmes raisons d'ignorance et d'impossibilité ont déterminé l'ajournement admis au sujet de l'armistice pour les départements de l'Est comme pour les troupes qui s'y trouvaient. Et ce fait singulier s'est produit, qu'un armistice qui devait être nécessairement généralisé, est devenu partiel au grand préjudice des intérêts français qui étaient en cause. Les troupes allemandes en ont profité pour s'étendre à leur gré dans tous les sens, occuper les positions où il leur a convenu de s'établir, interrompre par une sorte d'investissement les communications de la place de Besançon avec le dehors, menacer directement Auxonne ; interdire, après l'occupation de Dijon, l'usage de la portion du chemin de fer de Chagny à Etang (conduisant à Nevers) sur une longueur de trois kilomètres environ qui appartiennent au département de la Côte-d'Or. Il en résulte qu'outre le préjudice évident que souffrent les intérêts militaires français, les populations des départements du Doubs, du Jura et de la Côte-d'Or sont soumises au régime le plus difficile et le plus gênant. Il y a là une question de justice que, sans nul doute, S. E. le comte de Moltke ne se refusera pas à prendre en considération ; mais en admettant qu'il l'envisage avec toute la rigueur que permet la lettre de la convention du 28 janvier, il reconnaîtra que la reddition de Belfort, autorisée par le Gouvernement, doit être le point de départ de la solution de ces difficultés ; que l'armistice doit être immédiatement étendu aux trois départements précités ; qu'enfin la délimitation des zones et points à occuper ou à neutraliser doit être faite équitablement, pour les intérêts en cause, par voie de concert entre les chefs des troupes allemandes et françaises présents sur les lieux.

Une question plus considérable encore que celle qui précède impose au Gouvernement le devoir étroit de demander justice pour les populations à M. de Bismark. Depuis que l'armistice a été promulgué, non-seulement les réquisitions de l'armée prussienne ont eu leur cours, mais des contributions extraordinaires de guerre, dépassant pour les départements et les communes leurs revenus de plusieurs années, leur ont été imposées avec menace d'exécutions militaires, s'il n'était déféré aux ordres y relatifs dans un délai défini. Outre que ces exigences violentes jetteront infailliblement les populations dans le désespoir et la guerre à outrance, elles sont absolument contraires au droit des gens, et puisqu'elles ont pour sanction l'exécution militaire, elles maintiennent en réalité l'état de guerre en plein armistice.

Le 13 février.

Le Président,
Signé : Général Trochu.

A M. le comte de Bismark, à Versailles.

Monsieur le Comte,

Je prie Votre Excellence de faire parvenir télégraphiquement au commandant de Belfort l'autorisation de son Gouvernement ainsi conçue :

« Le commandant de Belfort est autorisé, vu les circonstances, à consentir la reddition de la place.

« La garnison sortira avec les honneurs de la guerre, emportera les archives de la place. Elle ralliera le poste français le plus voisin. »

Pour le Ministre des Affaires étrangères,
Signé : Ernest Picard.

XIX

Protocole du 26 janvier 1871.

DÉSARMEMENT DE PARIS.

Lignes de démarcation des deux armées. — Reddition des forts et redoutes. — Remise de l'armement et du matériel.

Art. 1ᵉʳ. — *Lignes de démarcation devant Paris.*

Les lignes de démarcation seront formées du côté français par l'enceinte de la ville.

Du côté allemand :

1º Sur le front Sud : la ligne partant de la Seine, à l'extrémité nord de l'île de Saint-Germain, longera l'égout d'Issy et continuera entre l'enceinte et les forts d'Issy, de Vanves, de Montrouge, de Bicêtre, d'Ivry, en se tenant à une distance d'environ 500 mètres des fronts des forts, jusqu'à la bifurcation des routes de Paris au Port-à-l'Anglais et d'Alfort ;

2º Sur le front Est : Depuis le dernier point indiqué, la ligne traversera le confluent de la Marne et de la Seine, longeant ensuite les lisières de l'ouest et du nord du village de Charenton pour se diriger directement à la porte de Fontenay en passant par le rond-point de l'Obélisque. Puis la ligne se dirigera vers le nord jusqu'à un point à 500 mètres à l'ouest du fort de Rosny et au sud des forts de Noisy et Romainville, jusqu'à l'endroit où la route de Pantin touche au bord du canal de l'Ourcq.

La garnison du château de Vincennes sera d'une compagnie de 200 hommes et ne sera pas relevée pendant l'armistice ;

3º La ligne continuera jusqu'à 500 mètres au sud-ouest du fort d'Aubervilliers, le long de la lisière sud du village d'Aubervilliers et du canal Saint-Denis, traversant ce dernier à 500 mètres au sud de la courbe, gardant une distance égale au sud des ponts du canal et se prolongeant en droite ligne jusqu'à la Seine ;

4º Sur le front ouest : à partir du point où la ligne indiquée touche à la Seine, elle en longera la rive gauche en amont jusqu'à l'égout d'Issy.

De légères déviations de cette ligne seront permises aux troupes allemandes autant qu'elles seront nécessaires pour établir leurs avant-postes de la manière qu'exige la sûreté de l'armée.

Art. 2. — *Passage de la ligne de démarcation.*

Les personnes qui auront obtenu la permission de franchir les avant-postes allemands ne pourront le faire que par les routes suivantes :

> Route de Calais ;
> — Lille ;
> — Metz ;
> — Strasbourg, porte de Fontenay ;
> — Bâle ;
> — Antibes ;
> — Toulouse.

Puis enfin sur les ponts de la Seine, comprenant celui de Sèvres, dont la reconstruction est permise :

> Pont de Neuilly ;
> — Asnières ;
> — Sèvres ;
> — Saint-Cloud ;

Art. 3. — *Reddition des forts et redoutes.*

La reddition s'opérera dans la journée du 29 janvier 1871, à partir de 10 heures du matin, et de la manière suivante :

Les troupes françaises auront à évacuer les forts et le territoire neutre, en laissant dans chacun des forts le commandant de place, le garde du génie, le garde d'artillerie et le portier-consigne.

Aussitôt après l'évacuation de chaque fort, un officier de l'état-major français se présentera aux avant-postes allemands, afin de donner les renseignements qui pourraient être demandés sur ce fort, ainsi que l'itinéraire à suivre afin de s'y rendre.

Après la prise de possession de chaque fort, et après avoir donné les renseignements qui pourront lui être demandés, le commandant de place, le garde du génie, le garde d'artillerie et le portier-consigne rejoindront à Paris la garnison du fort.

Art. 4. — *Remise de l'armement et du matériel.*

Les armes, pièces de campagne et le matériel seront remis aux autorités militaires allemandes dans un délai de quinze jours, à partir de la signature de la présente convention, et déposés, par les soins des autorités françaises, à Sevran. Un état d'effectif de l'armement et du matériel sera remis par les autorités françaises aux autorités allemandes avant le 4 février prochain.

Les affûts des pièces qui arment les remparts devront être également enlevés avant cette époque.

Versailles, 26 janvier.

Le Chef d'état-major général
de l'armée de Paris,

De Valdan

Le Chef d'état-major général
des armées allemandes,

De Moltke.

XX

Déposition de M. le général Borel.

M. Saint-Marc Girardin, président. — M. Perrot voudra bien vous adresser des questions.

M. Perrot. — J'ai divisé les questions pour éviter les pertes de temps ; je vous interrogerai successivement sur chacune d'elles.

La première question porte sur la première évacuation d'Orléans.

M. le général Borel. — Qu'est-ce que vous appelez la première évacuation d'Orléans ? Il y en a eu quatre. Je ne pense pas que vous parliez de cette première évacuation par les troupes qui se sont retirées pour rentrer ensuite. Il y a eu une deuxième évacuation à l'époque où le général de Polhès commandait ; une troisième, lorsque le général de la Motterouge est venu prendre le commandement de l'armée, et, enfin, une quatrième, après la grande affaire des 3 et 4 décembre.

M. Perrot. — Celle que j'appelle la première est celle qui a eu lieu quand le général de la Motterouge commandait.

M. le général Borel. — Voici ce qui a eu lieu au sujet de cette évacuation. Mais, permettez-moi d'abord de faire une réserve pour ainsi dire personnelle. Pendant toute la guerre, je n'ai rempli que les fonctions de chef d'état-major. Un chef d'état-major est l'homme du commandant supérieur, du général en chef ; il reçoit ses confidences : sa responsabilité est couverte par celle du général en chef. Vous comprendrez donc toute la réserve que je dois mettre dans mes réponses aux questions qui me seront faites. Je tâcherai, cependant, autant que possible, d'éclairer la Commission.

Voici quelle était la situation, lorsque j'ai été appelé.

Le général de Polhès avait pris le commandement, pendant que le 15ᵉ corps était en voie de formation. Il s'organisait une division à Vierzon, une à Bourges et une à Nevers. La formation de ces divisions a dû commencer seulement dans la deuxième quinzaine de septembre, et elle s'est prolongée beaucoup plus tard, parce qu'une partie des corps arrivaient d'Afrique et qu'ils n'étaient pas complétement prêts. Pendant ce temps le général de la Motterouge, comme commandant du 15ᵉ corps, était dans l'inaction, parce que ses troupes n'étaient pas organisées. On avait pris pour commander à Orléans le général de Polhès, commandant la division territoriale à Bourges.

Aussitôt après la chute de Strasbourg les Prussiens ont fait un grand mouvement en avant : ils ont traversé les Vosges et se sont portés du côté de Besançon et de Dijon ; ils ont fait aussi un mouvement du côté d'Orléans.

Jusque-là on s'était borné à couvrir les abords de cette ville par une brigade de cavalerie qui avait suffi. Plus tard, lorsque l'ennemi fut devenu plus menaçant, le général de Polhès fut envoyé avec un régiment de mobiles qui appartenait au 15ᵉ corps, plus quelques troupes du 15ᵉ corps, et enfin des mobiles des départements environnants. C'étaient des soldats de toutes façons, qui se trouvaient dans de très-mauvaises conditions. Le général est arrivé à Orléans dans les derniers jours de septembre. Il a cru être menacé par des forces supérieures, il n'a pas pensé pouvoir tenir, il s'est retiré.

On m'a envoyé à Orléans pour savoir ce que c'était que cette affaire. J'ai trouvé le général de Polhès rentré à Orléans : ce n'était qu'une panique. Pour nous débarrasser de la cavalerie ennemie, que nous croyions n'être que des fourrageurs, il fut convenu qu'on mettrait à la disposition du général de Polhès toute la cavalerie du 15ᵉ corps, deux régiments qui étaient à Beaugency, et trois régiments du général Michel, plus deux régiments de la brigade Nansouty, qu'on réunirait ces neuf régiments à l'improviste, qu'on les ferait appuyer par l'infanterie qu'on pourrait avoir et qu'on chercherait à dégager la plaine. Si ce mouvement s'était exécuté, on aurait pu parfaitement réussir ; mais cela n'aurait pas duré longtemps. Ce mouvement ne s'est exécuté que le 6 ou le 7 octobre. Il a réussi à Toury dans un engagement qui nous a été très-favorable, et l'ennemi a reculé. Alors nous avons donné l'ordre d'occuper Pithiviers. Ce n'est qu'à partir du 7 que le général de la Motterouge a reçu l'ordre de partir pour Orléans, afin d'y prendre la direction des opérations.

M. Ulric Perrot. — Je crois même que c'est le 8 octobre.

M. le général Borel. — Peut-être même le 8. Je n'ai pas pu

consulter mes notes ; j'ai eu toutes mes archives brûlées à Paris, chez mon officier d'ordonnance, M. de Villeneuve, le fils d'un des maires de Paris.

M. le comte DARU. — En effet, sa maison a été brûlée à fond ; il n'en reste pas une pierre.

M. le général BOREL. — Je vous prie de remarquer cette chose : le général de la Motterouge n'a reçu le commandement que le 7. Notre intention était de faire occuper Pithiviers, Fontainebleau, de porter cette cavalerie en avant d'Orléans. L'ennemi, ayant su qu'il se formait une armée du côté de la Loire, a été assez inquiet, et il a fait un mouvement pour prendre Orléans, à la suite de la capitulation de Strasbourg. Nous n'avons été prévenus de ce mouvement que le 8 ou le 9. Ce n'est que lorsque la cavalerie du général Reyau est allée à Pithiviers que nous avons connu le mouvement qui se préparait du côté d'Étampes, et l'orage qui venait fondre sur Orléans. Le général est arrivé à Pithiviers probablement le 8, et, ce jour-là, nous avons donné l'ordre de faire venir les troupes du 15e corps, ou du moins deux divisions du 15e corps ; car les autres divisions devaient être portées du côté de Gien pour couvrir notre droite. Lorsque le général Reyau nous a appris que l'ennemi était en force du côté d'Orléans, nous avons donné des ordres par le télégraphe pour faire arriver toutes ces troupes. Il s'en fallait beaucoup qu'elles fussent organisées : on les fit venir telles quelles. Ces troupes ont commencé à arriver à Orléans dans la journée du 9. Le combat (1) doit être du 9 et l'évacuation d'Orléans du 10, si je ne me trompe. Enfin, c'est un jour de plus.

M. PERROT. — C'est le 11 que le combat a eu lieu.

M. le général BOREL. — Alors ce n'est que le 10. Le combat de Toury est du 7.

M. PERROT. — Pour vous rappeler les dates, je vous dirai que le général de la Motterouge a été appelé à Tours le 8, et le 8 au soir, en revenant, il a reçu la nouvelle dont vous parlez.

M. le général BOREL. — Ce n'est qu'à la suite de notre voyage à Tours que le général de la Motterouge a donné des ordres écrits pour faire arriver à Orléans les troupes du 15e corps. Sur les nouvelles reçues le 9 au soir, de Pithiviers, on réitéra les ordres par le télégraphe pour hâter leur arrivée.

Les premières troupes commencèrent à arriver dans la journée du 9, et furent portées à l'ouest de la forêt d'Orléans, partie entièrement découverte.

---

(1) L'évacuation a eu lieu le 11, après deux jours de combat.

Précédemment, toutes nos forces en infanterie avaient été envoyées dans la forêt pour la défendre.

Le 10, à neuf heures du matin, le général Reyau, qui venait de Pithiviers avec sept régiments de cavalerie et environ douze cents tirailleurs algériens, fut attaqué à Arthenay par des forces considérables. Nos troupes ont été rejetées dans la forêt, et il s'en est suivi beaucoup de désordre. La cavalerie est rentrée dans Orléans en même temps que l'artillerie. Nous sommes allés le soir pour rétablir un peu d'ordre, et surtout pour organiser la défense de la forêt. Malheureusement toutes ces précautions ont été inutiles. L'ennemi a commencé son mouvement le lendemain : la résistance a été à peu près nulle.

Le 11, pendant que nous étions à recevoir, à Orléans, les troupes qui y arrivaient, — il était arrivé trois bataillons dans la matinée, — on est venu nous apporter la nouvelle, vers les onze heures, que les Prussiens étaient devant Orléans. Le général de la Motterouge, avec les trois bataillons qui venaient d'arriver, se trouvait dans les faubourgs où il a pu maintenir sa position, jusqu'au soir. Sans cela les Prussiens seraient entrés dans la journée même à Orléans.

Nous avons profité de la nuit pour évacuer Orléans et battre en retraite. La première journée nous sommes arrivés à la Ferté. Nous nous sommes arrêtés là, et le lendemain nous avons pris position de manière à pouvoir tenir. Le général de la Motterouge est resté dans cette position pour reformer son corps d'armée.

Remarquez ceci : le général de la Motterouge a été surpris par le mouvement de l'ennemi, qui était préparé d'avance, et qu'il n'a connu que par son exécution. Nous n'avions pas la moitié de nos forces réunies, lorsque l'ennemi a marché sur Orléans. Il était impossible de prendre les mesures qu'on aurait prises si on avait eu toutes ces troupes sous la main pour s'opposer à l'entrée de l'ennemi. Si nous avions eu les deux divisions du 15e corps dans ce moment-là, je doute que l'ennemi eût pu entrer dans Orléans. Malheureusement nous n'avions que la moitié de ces troupes, et encore! De plus, arrivant à Orléans et ne connaissant pas le terrain, elles étaient dans des conditions de défense très-mauvaises.

M. le comte Daru. — Combien l'ennemi avait-il de monde?

M. le général Borel. — Il a dû déboucher sur Orléans avec 25 ou 30,000 hommes.

M. le comte Daru. — C'était à peu près le nombre d'hommes que vous aviez?

M. le général Borel. — Nos divisions étaient plus fortes que cela. Elles se composaient de deux brigades chacune et chaque brigade de trois régiments. Il fallait compter par division de 15 à 18,000 hommes. Nous aurions eu de 30 à 35,000 hommes, si tout avait été réuni, tandis que nous n'en avions guère qu'une douzaine de mille. En comptant tout ce qui était arrivé, nous n'avions pas 12,000 combattants.

M. Perrot. — C'est le chiffre que donne le général de la Motterouge.

M. le général Borel. — Oui, appartenant au corps d'armée. Maintenant, en dehors de cela, il y avait bien, en avant d'Orléans, quelques troupes, un régiment de mobiles; mais ces mobiles étaient armés de mauvais fusils et ils ont été mis immédiatement en déroute. On ne pouvait pas compter sur eux.

Nous avons été attaqués par des forces considérables et surpris en plein mouvement. Ce n'était pas la faute du commandant si l'on était surpris, attendu que le commandement ne lui avait été donné que trois jours auparavant et que le général n'avait pas eu le temps de prendre ses précautions et de donner des ordres.

M. Perrot. — Vous n'avez connu le mouvement de l'ennemi que lorsqu'il vous a attaqués?

M. le général Borel. — Rien ne nous avait prévenus. Le général de la Motterouge est arrivé le 8 à Tours, et ce n'est qu'en revenant de Tours qu'il a eu connaissance du mouvement de l'ennemi. Le général de la Motterouge arrivait pour prendre le commandement. On a donné immédiatement des ordres par le télégraphe pour faire venir des troupes, mais cela a été insuffisant.

M. Perrot. — Maintenant, général, il y a un fait qui est venu à notre connaissance. On a dit que, dans cette retraite, on avait laissé les troupes dans la forêt.

M. le comte Daru. — On a même cité un chiffre fabuleux : on a dit que 20,000 hommes avaient été oubliés dans la forêt d'Orléans.

M. le général Borel. — Voici ce qu'il y a eu. Je vous ai dit que la défense d'Orléans devait se faire surtout dans la forêt. Eh bien, on avait placé là quelques troupes d'infanterie : c'étaient des mobiles et des gardes nationaux. Quant aux 20,000 hommes, le chiffre est considérablement exagéré. D'après mes souvenirs, c'était le général Morandy qui commandait ces troupes, et le général Morandy pouvait avoir de 4 à 5,000 hommes. Ces forces étaient là pour couvrir la forêt afin que notre droite ne fût pas surprise. Le général Morandy et le général Reyau étaient allés à Pithiviers, où ils eurent connaissance, dans la journée du 9, du mouvement des Prussiens. Le général Reyau partit dans la nuit avec sa cavalerie, emmenant avec lui 1,200 tirailleurs algériens qui étaient ce que le général Morandy avait de meilleur.

Je le répète, le général Morandy n'avait avec lui que 4 à 5,000 hommes. C'étaient des hommes et pas des soldats. Maintenant, quand le mouvement de retraite s'est opéré, il n'a pas été donné d'ordres au général Morandy. Mais il faut dire que le général Morandy avait entendu, pendant deux jours, le canon et aurait dû au moins chercher à savoir ce qui se passait. Il nous aurait rendu un très-grand service s'il ne s'était pas tenu dans une immobilité complète à Loury, où il était. Nous n'avions pas de télégraphe à notre disposition pour le prévenir.

M. Perrot. — Le général de la Motterouge est-il responsable de l'abandon du général Morandy ?

M. le général Borel. — Le général Morandy était, sans doute, sous les ordres du général de la Motterouge, cela est incontestable. Quand le général Morandy a compris la situation, il s'est retiré comme il a voulu. Il n'avait pas assez de monde avec lui pour se battre, mais il pouvait s'en aller facilement.

M. Perrot. — Pourriez-vous nous donner votre avis sur une opinion formulée par le général Martin des Pallières, à savoir que, dans la situation où se trouvait le 15e corps, alors en préparation, il était imprudent de provoquer les Prussiens en installant le quartier-général à Orléans, puisqu'on n'était pas en mesure de résister à une attaque sérieuse si elle venait à se produire.

M. le général Borel. — Ceci est une opinion à mon avis fort discutable. D'abord, le commandant n'avait pas à débattre de telles questions. C'était un ordre qu'il avait reçu. La conséquence presque inévitable d'une troupe sur un point est d'y appeler des troupes ennemies, ne serait-ce que pour surveiller ses mouvements; sans compter que l'on est sollicité de tous les côtés par les habitants, qui demandent tous des détachements pour les garantir des excursions de l'ennemi.

M. Perrot. — L'armée était-elle en état de prendre l'offensive ? N'avait-elle pas, au contraire, besoin de se former, d'attendre ?

M. le général Borel. — A ce moment-là on pouvait parfaitement se porter sur Orléans. Je suis convaincu, malgré l'effort considérable de l'ennemi, que si tout le 15e corps avait été là, nous aurions pu tenir dans cette position. Maintenant, à mon avis, Orléans est une position détestable; Orléans n'est pas une base d'opération. On nous a forcés de rester à Orléans, parce qu'on voulait se rapprocher de Paris. Orléans est une très-mauvaise base, parce qu'elle a derrière un fleuve qui n'est pas un appui. En outre, cette base est mauvaise parce qu'elle tomberait d'elle-même si l'ennemi venait à déboucher de Gien ou de Nevers. Enfin, Orléans est trop éloigné de Paris pour faire une opération rapide sur ce dernier point.

Il y avait un motif pour nous faire aller à Orléans. Dans ce moment, le Gouvernement était à Tours.

Un des grands reproches que le Gouvernement ne cessait de faire aux commandants militaires, c'était qu'on n'était pas en sécurité à Tours; et, en nous portant sur Orléans, nous donnions cette sécurité qui manquait au Gouvernement. Cette question de Tours nous a été fort préjudiciable. Si le Gouvernement n'eût pas été là, nous aurions été bien plus maîtres de nos mouvements, et je crois que nous aurions pu agir beaucoup plus facilement.

M. Perrot. — La bataille de Coulmiers eut lieu le 9, et, d'après la déposition du général Martin Des Pallières, elle ne devait avoir lieu que le 11. Le général Martin Des Pallières nous a dit qu'il s'était mis en mouvement de manière à arriver le 11 sur le terrain, et le 9, étant en marche, suivant les ordres qu'il avait reçus, il aurait été fort étonné d'entendre le canon.

M. le général Borel. — Lorsqu'on a dû faire le mouvement, le général des Pallières devait venir en amont par la rive droite et non par le bas, du côté d'Orléans. Ces mouvements combinés sont toujours difficiles et délicats. Fort difficiles, parce qu'il faut arriver à un même moment. Lorsqu'on fait des plans de cette façon, on calcule à peu près les difficultés qu'on peut rencontrer, la distance à parcourir, les résistances qu'on peut trouver, et l'on fixe, autant que possible, le temps nécessaire.

Eh bien! le mouvement du général Des Pallières avait été calculé de manière à avoir un jour d'avance sur nous, et ce jour d'avance, lorsqu'on lui a donné l'ordre, il pouvait l'avoir si les événements s'étaient produits comme nous le pensions. Lorsque nous nous sommes portés en avant, nous ne pensions pas rencontrer la bataille à Coulmiers. Nous pensions nous battre sous les murs d'Orléans, soit à une étape plus loin. Si nous avions fait une étape de plus, le général Des Pallières arrivait juste à point. Seulement nous avons rencontré l'ennemi qui a eu parfaitement raison de ne pas vouloir accepter la bataille près d'Orléans. Dans le cas où il aurait été battu, il était pris.

M. Perrot. — Un point controversé, c'est celui-ci : après la bataille de Coulmiers, l'armée avait à se décider si elle resterait à Orléans ou bien si elle poursuivrait sa victoire et mettrait en déroute l'armée bavaroise.

M. le général Borel. — Il est incontestable qu'après la bataille de Coulmiers on s'est arrêté. Voici, d'après mon opinion, ce qui a fait qu'on n'a pas poursuivi le mouvement. Il y a eu d'abord le mauvais temps. Vous direz : Ce n'est pas une raison. Cependant ce jour-là, il est arrivé des rafales de neige avec un vent du nord qui rendaient le mouvement excessivement difficile, et que les routes étaient presque impraticables; quant à marcher en plein champ c'était complétement impossible.

Il y avait donc un premier obstacle matériel. D'un autre côté, il y avait une très-grande préoccupation, lorsqu'on s'est porté sur Coulmiers : la présence d'un corps ennemi, évalué à dix ou douze mille hommes, qu'on disait être du côté de Chartres. Nous craignions l'arrivée de ce corps, qui pouvait avoir eu connaissance de notre mouvement, et qui pouvait, par conséquent, d'un moment à l'autre, faire jonction avec le corps du général de Thann, avec les Bavarois. Cette préoccupation nous a été bien funeste le jour de Coulmiers. Par une méprise inexplicable, la cavalerie, qui était sous les ordres du général Chanzy, a cru apercevoir des colonnes ennemies sur la route de Chartres, et comme on était toujours très-inquiet de l'arrivée de l'ennemi par cette route, on a pensé que c'était lui qui arrivait. Ces troupes étaient des nôtres, des francs-tireurs. Cela a arrêté le mouvement, empêché de compléter la journée, et peut-être empêché de battre complétement le général de Thann. Par suite de cette méprise, le général Chanzy n'a pas pu donner le dernier coup de collier, tout à fait à la fin, parce qu'il a dû réserver ses forces pour faire face à l'ennemi qui aurait pu menacer sa gauche. Le général de Thann a quitté ses positions, on ne peut pas dire qu'il fût en déroute. C'était une bataille nouvelle à recommencer avec vingt mille hommes de plus qui devaient renforcer l'ennemi. Je n'expose ici que mes idées personnelles.

M. Perrot. — Ainsi, il y avait de très-bonnes raisons pour ne pas se porter en avant?

M. le général Borel. — Oui, certainement. Je crois que si on s'était porté en avant, par le fait, comme l'ennemi était encore loin, on aurait beaucoup augmenté le désordre de l'armée du général de Thann, on aurait pu prendre quelques canons; mais quel eût été le résultat définitif? Je suppose qu'on eût poursuivi le général de Thann. On aurait fait quelques prisonniers et pris quelques canons. Cela est incontestable. Mais étions-nous en force pour arriver jusqu'à Paris, et pour contraindre l'ennemi à débloquer Paris? Je ne le crois pas.

M. Perrot. — Vous répondez à la question que j'allais vous poser.

M. le général Borel. — A ce moment-là, nous n'étions pas

en forces avec les éléments dont nous disposions, pour débloquer Paris.

M. PERROT. — Aviez-vous, à l'armée de la Loire, des renseignements sur ce qu'on faisait à Paris et sur l'assistance qu'on pouvait en attendre ?

M. le général BOREL. — Aucun.

M. PERROT. — Pour faire un mouvement, il aurait fallu le combiner avec une opération partant de Paris.

M. le général BOREL. — Pour moi, je ne crois pas que ce fût une chose indispensable ; cela aurait mieux valu incontestablement, mais si une armée avait été assez forte pour pouvoir repousser d'abord les armées qui étaient du côté de la Loire et arriver jusqu'à l'armée qui était autour de Paris, on l'aurait su dans Paris incontestablement, parce qu'il se serait produit un mouvement chez l'ennemi et que la place aurait fini par le savoir. Il n'était donc pas indispensable de combiner son mouvement avec Paris ; mais évidemment, si l'on avait pu combiner le mouvement, cela aurait été bien plus avantageux. Maintenant, combiner un mouvement avec une place investie, et de laquelle on ne reçoit des nouvelles que d'une manière tout à fait incertaine, est fort difficile.

M. PERROT. — Vous avez pu savoir que le général Trochu faisait ses dispositions pour sortir de Paris ; le Gouvernement devait savoir que le général Trochu n'était pas prêt à venir à son aide du côté de la Marne.

M. le général BOREL. — Le Gouvernement a cru, dans ce moment, — du moins c'est mon opinion, — que le général de Thann était à Orléans avec des forces peu considérables, et qu'avec les moyens dont on disposait on pouvait chasser l'ennemi, obtenir un succès et se rapprocher de Paris. C'est pour ces motifs qu'on a exécuté le mouvement dont nous venons de parler. Quant à pousser ce mouvement jusqu'à Paris, c'était excessivement difficile dans ce moment ; c'était, à mon avis, même impraticable. Dans tous les cas, c'était une étape qu'on pouvait faire de ce côté et dont on pouvait profiter au besoin.

Mais je le répète, ce n'est pas par Orléans qu'on aurait dû aller, ayant pour objectif Paris ; on aurait dû se porter du côté de Chartres. D'abord nous étions plus près, nous avions un chemin de fer et une ligne de retraite par la Bretagne ; Orléans était trop loin et de plus on avait le danger d'un fleuve derrière soi. On a dit qu'on voulait faire un nouveau Sébastopol d'Orléans ; c'était là une grande et dangereuse illusion. On ne peut faire une défense comme on en avait fait une à Sébastopol, partout où on le désire ; il ne suffit pas d'avoir des canons, il faut avoir des positions sur lesquelles on puisse s'appuyer. Or, les positions sont très-mauvaises à Orléans.

M. le comte Daru. — Combien aviez-vous de monde à Coulmiers ?

M. le général Borel. — Les troupes qui ont combattu à la bataille de Coulmiers se composaient de deux divisions du 15ᵉ corps, deux divisions du 16ᵉ, plus dix régiments de cavalerie. Les deux divisions du 15ᵉ corps pouvaient, à elles deux, compter environ 35,000 hommes; le général Chanzy pouvait en avoir autant; et avec la cavalerie, nous pouvions avoir de 70,000 à 75,000 hommes; je ne pense pas que nous en eussions davantage. Je ne compte pas les divisions du général Des Pallières qui étaient arrivées, mais qui n'ont pas combattu; elles étaient très-nombreuses et devaient compter 28,000 hommes au moins, si ce n'est 30,000.

M. Collet. — Combien y avait-il de troupes engagées?

M. le général Borel. — Il y a eu trois brigades du 15ᵉ corps, toutes les troupes du général Chanzy, excepté une brigade qui n'a pas donné, parce qu'elle était placée à l'extrême gauche pour surveiller la route le long de la Loire.

M. Perrot. — A combien se montaient les forces prussiennes?

M. le général Borel. — Les Bavarois pouvaient avoir 35,000 hommes.

M. Perrot. — Vous estimez que les Bavarois, se sentant trop faibles, se sont retirés?

M. le général Borel. — Oui; ils ont abandonné Orléans.

M. Perrot. — Ils n'ont pas été mis en déroute?

M. le général Borel. — Non; mais il est évident qu'on aurait pu y réussir. Je suis convaincu qu'on les aurait complétement défaits sans ce malheureux mouvement de la cavalerie qui a retenu le général Chanzy et l'a empêché de donner le dernier coup de collier. Pendant la bataille, l'ennemi cherchait à gagner du terrain pour s'en aller; c'est par la gauche qu'il fallait faire un effort; malheureusement la gauche n'a pas donné, parce qu'elle craignait elle-même d'être attaquée par des troupes qui, disait-on, arrivaient.

M. Perrot. — Après la bataille de Coulmiers, il a été tenu un conseil dans lequel on a débattu les opérations à faire ultérieurement?

M. le général Borel. — Il y a eu un conseil de guerre le 12 novembre, si je ne me trompe. Dans ce conseil, on a discuté cette question : Faut-il se porter en avant immédiatement? Je dois dire qu'en ce moment on était menacé de l'arrivée du prince Frédéric-Charles. On s'est demandé s'il fallait se porter en avant avec les troupes dont on disposait pour tenter un effort. Les uns étaient d'avis de se porter en avant immédiatement après la bataille de Coulmiers; d'autres — et c'est la majorité — étaient d'avis que nous n'avions pas de forces suffisantes pour arriver jusqu'à Paris. Cette opinion avait bien sa valeur; on s'est décidé à rester à Orléans, en fortifiant deux positions, dont l'une en avant de la forêt et l'autre autour d'Orléans même.

M. Perrot. — Permettez-moi d'insister sur un point. Avez-vous entendu discuter devant vous la question de retourner à Salbris?

M. le général Borel. — Non.

M. Perrot. — M. de Freycinet a déclaré qu'il avait dû peser sur le commandant en chef pour l'empêcher de retourner à Salbris après la victoire de Coulmiers, et il a invoqué votre témoignage.

M. le général Borel. — Je ne crois pas qu'il ait été question du retour à Salbris après la bataille de Coulmiers. Voici comment je puis expliquer ce fait : dans les discussions qui ont eu lieu, on a discuté la valeur de la position d'Orléans. J'avoue que j'ai émis alors l'opinion que je viens d'émettre, c'est qu'Orléans était une position détestable, et que j'en aurais préféré une autre.

Maintenant, que le général d'Aurelle ait dit que Salbris serait meilleur, comme position, c'est très-possible ; mais qu'il ait exprimé l'idée de ramener l'armée à Salbris, je ne me le rappelle pas, et cela n'avait pas de raison d'être dans ce moment.

M. Perrot. — M. le général d'Aurelle nous a donné, sur ce fait, une explication très-naturelle. Il a dit que dans une conversation où l'on discutait l'hypothèse où l'armée ne réussirait pas et serait attaquée par des forces supérieures, il proposait le mouvement de retraite sur Salbris.

M. le général Borel. — C'est ce qui a dû avoir lieu.

M. Perrot. — Ainsi vous n'avez point entendu discuter devant vous la question de se retirer sur Salbris après la bataille de Coulmiers?

M. le général Borel. — Je ne me rappelle pas l'avoir entendu.

M. Perrot. — Après la bataille de Coulmiers, il y a eu une période pendant laquelle l'armée s'est fortifiée devant Orléans; elle a eu une série d'opérations à effectuer, soit par sa droite, soit par sa gauche. Le Gouvernement n'avait-il pas pris la direction des opérations?

M. le général Borel. — Ce n'est pas discutable. La question

que vous me posez est, permettez-moi de le dire, très-délicate ; je vais tâcher cependant d'y répondre.

Lorsqu'on s'est décidé à rester à Orléans, on s'est dit : Il faut s'y fortifier, faire un camp retranché et se préparer à marcher sur Paris. Comme ce qui nous avait empêchés de marcher sur Paris, c'était que nous n'avions pas des forces assez considérables, on réunit à l'armée de la Loire tous les moyens dont on pouvait disposer pour réaliser cet objectif. C'est à ce moment qu'on fit venir le 20e corps, formé avec des troupes de diverse nature, chargées d'abord de la défense dans l'Est, dans les Vosges ; puis envoyées vers Besançon, et ramenées enfin à Dijon. En second lieu, on fit venir le 18e corps, qui avait été formé du côté de Nevers. Ces deux corps ont été envoyés directement par les ordres du Gouvernement en avant de Gien ; c'est par Gien qu'ils ont débouché ; puis on les a portés sur la droite de la forêt d'Orléans. Pendant quelque temps, jusqu'au moment où nous nous sommes portés en avant, ces corps, je le répète, ont reçu directement des ordres du Gouvernement ; les copies des dépêches étaient communiquées au général d'Aurelle. C'est ainsi que le combat de Beaune-la-Rolande a été livré par le Gouvernement. Le général d'Aurelle, sous les ordres duquel on avait placé ces deux corps, n'en était pas satisfait ; et à ce propos vous avez pu avoir entre les mains un échange de correspondances entre le général et le Ministère, dans lesquelles le Ministère disait : « C'est très-bien ; vous me reprochez de donner des ordres, eh bien, donnez-moi un plan, je l'exécuterai ; mais si vous ne me donnez pas de plan, je suis obligé de donner des ordres. »

Voilà à peu près le sens de cette correspondance.

M. PERROT. — Un mot encore sur les opérations qui se sont faites par le Gouvernement.

N'y a-t-il pas eu au combat de Beaune-la-Rolande des ordres adressés au 15e corps, qui ont eu une influence fâcheuse ? N'a-t-on pas disposé d'une partie des troupes du général Des Pallières ?

M. le général BOREL. — Non. Le général Des Pallières occupait une position au centre de la forêt d'Orléans ; il commandait le 15e corps, et avait conservé le commandement de la première division, où il n'avait pas été remplacé.

Cette première division avait pour mission de garder la forêt, et de relier les 18e et 20e corps aux 15e et 16e ; mission très-difficile d'abord, parce que l'espace à couvrir était beaucoup trop étendu, et, en second lieu, parce qu'il n'y avait pas unité de commandement.

M. PERROT. — A ce moment, il y a eu un projet de se porter sur Pithiviers; le général Des Pallières devait en être chargé. N'y a-t-il pas eu à ce sujet divers ordres et contre-ordres?

M. le général BOREL. — Le combat de Beaune-la-Rolande a eu lieu le 27 ou le 28 novembre; à ce moment, l'ennemi faisait une pointe du côté du Mans; il avait tourné les défenses d'Orléans et les défenses de la position de la forêt de Marchenoir. Cela a été, du reste, sa tactique pendant toute la campagne, et son but était surtout de menacer Tours; ses éclaireurs ont même été à une journée de marche de Tours. Il paraît que c'est pour arrêter ce mouvement qu'on a décidé de frapper un coup vers notre droite.

Le combat de Beaune-la-Rolande a été livré dans ce but. Est-ce à lui qu'il faut attribuer l'arrêt qui s'est produit, justement dans ce même moment, dans la marche des Prussiens vers l'Ouest? C'est possible.

M. PERROT. — Il s'est établi une controverse au sujet du combat de Beaune-la-Rolande. Les uns l'ont regardé comme un succès, les autres comme un échec. Que faut-il en penser?

M. le général BOREL. — Ce combat a été comme beaucoup d'autres. On n'avait pas de troupes solides pour donner le dernier coup de collier. Nos jeunes gens, commandés par des officiers peu expérimentés, combattaient courageusement, mais on n'avait pas de troupes assez bonnes pour s'emparer des positions. On se canonnait toute la journée, et, le soir, on se retirait, ainsi que l'ennemi.

Ce qu'il y a de certain, c'est que l'ennemi a quitté Beaune-la-Rolande le soir, et que nous n'y sommes pas entrés.

M. PERROT. — N'est-ce pas deux jours après que nous nous sommes retirés?

M. le général BOREL. — Le soir même.

M. PERROT. — C'est le surlendemain qu'on a envoyé au général Crouzat la dépêche si poignante dont vous avez eu connaissance?

M. le général BOREL. — Pour moi, le général Crouzat n'a pas été jugé sainement dans ce moment; on a été plus que sévère à son égard.

Le 20e corps était un mélange de francs-tireurs, de gardes mobiles et de quelques corps réguliers à demi formés. Les troupes, après avoir manœuvré et combattu dans les Vosges et autour de Besançon, sous les ordres du général Cambriels, avaient été portées d'abord sur la Saône, et plus tard, vers Gien.

Le général Crouzat, par sa fermeté, sa vigueur, son intelligence, avait fini par faire donner à ce corps beaucoup de consistance, et j'étais fort étonné de trouver ce corps dans un pareil état, surtout avec les éléments qui le composaient. Ce ne sont pas les succès qu'il avait eus dans l'Est qui avaient donné à ce corps de la force morale; on le devait uniquement au général Crouzat. J'ai beaucoup regretté que ce général fût jugé d'une manière aussi sévère.

M. Perrot. — La dépêche était plus que sévère.

M. le général Borel. — Plus tard, on lui a enlevé le commandement; il a dû y avoir contre lui un rapport exagéré, sinon mensonger. D'où est parti ce rapport? Ce n'est certes pas de nous.

M. le Président. — La dépêche venait de Tours?

M. le général Borel. — Elle venait de Tours deux ou trois jours après; par conséquent, il a fallu qu'il fût donné des renseignements sur le général Crouzat. D'où venaient ces renseignements? voilà ce que je ne puis dire.

M. Perrot. — Le général d'Aurelle a parlé du désespoir du général Crouzat à la réception de cette dépêche, qui le déshonorait.

M. le général Borel. — D'autant plus qu'au commencement il avait reçu une dépêche élogieuse.

M. Perrot. — Ainsi une dépêche d'éloges était suivie d'une dépêche injurieuse.

M. le comte Daru. — C'est quelque fonctionnaire civil qui aura fourni des renseignements faux sur le général Crouzat. Savez-vous qui?

M. le général Borel. — Je l'ignore; si je le savais, je le dirais.

M. de Rainneville. — Y avait-il des commissaires civils dans le corps du général Crouzat?

M. le général Borel. — Je ne sais pas.

M. le comte de Rességuier. — A cette occasion, je vous demanderai quelle était dans votre pensée l'action de l'élément civil dans les opérations militaires?

M. le général Borel. — On s'est beaucoup exagéré cette action. Il y a eu un fait dont j'ai parlé tout à l'heure et sur lequel je ne crois pas devoir insister, pour lequel je vous renvoie aux correspondances échangées entre le général d'Aurelle et le Ministre. L'élément civil donnait d'excellents renseignements et quelquefois fort utiles; seulement, quelquefois aussi, ces messieurs, quoique fort intelligents, étaient tout à fait dans le faux. Ainsi, quand ils nous donnaient 25,000 hommes, ils nous disaient : Vous avez 25,000 soldats. Il faut rendre justice à l'administration de la guerre du 10 octobre, elle a rendu de très-grands services et a fait tout ce qu'il était matériellement possible de faire.

Elle a été souvent pour nous sévère et même injuste, mais ce n'est pas une raison pour que nous ne lui rendions pas justice; je doute, je le répète, qu'aucune administration ait pu faire plus que ce qu'elle a fait. Tout ce qui était matériellement possible de faire, elle l'a fait, mais il y avait un côté sur lequel elle ne pouvait rien. Il y a un homme qui, sous le titre modeste de délégué à la guerre, a rendu d'immenses services dont on ne lui est point reconnaissant, parce qu'il n'a pas réussi. Depuis cet homme s'est effacé : c'est à lui que nous devons l'improvisation de nos armées, auxquelles manquaient la force morale, la discipline, l'instruction militaire, la confiance en soi et l'organisation que la tradition seule peut nous donner.

M. LE PRÉSIDENT. — Quel est le nom de celui que vous voulez désigner?

M. le général BOREL. — M. de Freycinet.

M. le comte DE RESSÉGUIER. — Général, comment expliquez-vous l'éloge que vous venez de faire de l'administration civile avec les accusations si graves qu'elle portait, au risque de déshonorer un chef de corps?

M. le général BOREL. — Je vous dis que cette administration a été très-dure pour nous, même injuste; ce n'est pas une raison pour être à notre tour injustes envers elle. Comme improvisation d'armées, comme création, je doute qu'une administration quelconque eût pu faire autant qu'elle a fait.

M. PERROT. — Pensez-vous qu'il y ait une distinction à faire entre ces deux choses : organiser une armée et la diriger de son cabinet?

M. le général BOREL. — Ceci, je ne l'approuve point; elle n'était plus dans son rôle.

M. PERROT. — Avait-elle la prétention de diriger les opérations militaires?

M. le général BOREL. — Cette prétention, on ne peut pas la nier, les dépêches sont là; je suis obligé de m'arrêter sur ce point.

M. PERROT. — N'y a-t-il pas eu un autre corps d'armée dirigé directement par le Ministère, le 17e corps?

M. le général BOREL. — Le 17e corps ne faisait pas partie de l'armée de la Loire; par conséquent le Ministère s'en était réservé la disposition. Le 17e corps a été formé sur la gauche, et nous était fort utile au moment où nous étions menacés par des forces considérables. Le Ministère s'en est réservé la disposition, tant qu'il a été menacé du côté de Tours par cette pointe du duc de Mecklembourg, qui a été du côté du Mans. Lorsque le mouvement de retraite s'est effectué, il a mis ce corps à notre disposition ; je crois que c'est vers le 29 ou le 30.

A ce moment, il n'y avait plus à craindre pour Tours... Pardon, je me trompe ; ce corps faisait partie de l'armée de la Loire ; seulement le Ministère avait cru pouvoir l'employer pour parer ce mouvement qui avait lieu dans l'Ouest : il y a même une pointe qui a été faite par le général de Sonis ; cette pointe n'a pas été heureuse, parce qu'après un succès, il a battu en retraite, se croyant menacé par des forces qui arrivaient du côté de Paris ; il en est résulté un peu de désordre.

M. PERROT. — Arrivons à la bataille d'Orléans.

M. le général BOREL. — Le 30, dans la journée, le général d'Aurelle reçut du ministre de la guerre une dépêche télégraphique annonçant l'arrivée de nouvelles très-importantes de Paris et prescrivant de donner des ordres pour se tenir prêt à se porter en avant.

Le soir du même jour, M. de Freycinet arriva au quartier général avec M. de Serres. Il y eut un conseil de guerre auquel étaient présents les généraux d'Aurelle, Chanzy et Borel, MM. de Freycinet et de Serres.

Les nouvelles apportées par le délégué de la guerre étaient que Paris avait dû faire un grand effort, que le général Ducrot, avec des forces considérables, était en marche sur Melun et Fontainebleau. La conséquence toute naturelle était qu'il fallait se porter immédiatement en avant pour donner la main à Ducrot. Tout le monde fut d'accord sur ce point.

Mais comment devait se faire ce mouvement? Telle fut la question qui restait à discuter par le conseil.

Le délégué du Ministre, après avoir développé qu'en raison de la direction prise par le général Ducrot, Pithiviers s'imposait à nous comme objectif, proposait de faire attaquer ce point par les 15e et 16e corps, et de faire faire par les 18e et 20e corps une attaque parallèle dans la direction de Montargis. Sur les observations qui furent faites, on renonça à cette attaque parallèle, à laquelle on substitua une attaque concentrique de toutes les forces de l'armée contre la position de Pithiviers, qui avait une très-grande importance pour nous.

Mais avant d'aller plus loin, il est nécessaire d'indiquer la disposition de nos forces.

Le 18e et le 20e corps, qui formaient notre droite, étaient à droite de la forêt d'Orléans ; une division du 15e corps était échelonnée sur la lisière de la forêt. Les 15e et 16e corps à gauche de la forêt s'étendaient depuis Chevilly jusqu'au delà de Saint-Peravy. En face, le 17e était plus à gauche, et en arrière, vers

Ouzouer-le-Marché. Notre front s'étendait donc sur une longueur de trente à trente-cinq lieues.

Les nouvelles de l'ennemi étaient assez vagues. Nous savions que seule l'armée du prince Frédéric-Charles était arrivée ; nous savions que nous avions sur tout notre front du monde devant nous, mais sans pouvoir préciser ce qu'il y avait. Enfin, le duc de Mecklembourg, après avoir poussé une pointe très-hardie vers l'Ouest, revenait rapidement vers l'Est, et les avant-postes du général Chanzy étaient déjà en contact avec sa tête de colonne.

L'attaque concentrique sur Pithiviers présentait de grandes difficultés. En effet, cette ville se trouve située vis-à-vis le milieu de la forêt d'Orléans, qui a une étendue de vingt lieues, et comme les deux grandes masses de notre armée se trouvaient à droite et à gauche de cette forêt, on mettait ces deux grosses masses dans la nécessité de faire une marche de flanc pour se mettre en ligne devant le point d'attaque.

La réunion devant Pithiviers ne pouvant se faire qu'en avant de la forêt, en raison de l'état impraticable des routes qui traversent la forêt du nord au sud, ne valait-il pas mieux profiter de la forêt pour masquer ses mouvements, se concentrer sur un point et déboucher tous en masse par un point quelconque, mais de préférence par la route d'Orléans à Paris? Telle fut l'opinion mise en avant par un des membres du conseil. Cette opinion fut combattue par le délégué du Ministre.

D'après M. de Freycinet, non-seulement il fallait passer par Pithiviers pour donner la main à Ducrot arrivant par la forêt de Fontainebleau, mais il fallait faire le mouvement le plus tôt possible, avant que Ducrot fût écrasé, non-seulement par les forces qui l'avaient suivi de Paris, mais encore par celles du prince Charles, que le délégué du Ministre croyait en marche contre lui. En faisant le mouvement en arrière de la forêt, on perdait au moins deux jours; et quelle responsabilité ne pèserait pas sur l'armée si, pendant ce temps, Ducrot, entouré de tous côtés, était détruit ou fait en entier prisonnier! C'est probablement la conviction où l'on était au Ministère de la marche du prince Charles vers Ducrot, qui lui avait fait croire que l'armée de la Loire n'avait devant elle qu'un rideau de troupes.

Telles furent les considérations qui, il faut le dire, n'étaient pas sans quelque portée, qui déterminèrent la résolution du conseil, résolution conforme aux propositions du délégué du Ministre, sauf la modification d'une attaque concentrique au lieu d'une attaque parallèle.

Le plan adopté, il restait à prendre les mesures pour assurer son exécution. C'est là une affaire de détail qui vous regarde, nous dit M. de Freycinet, lequel repartit immédiatement pour Tours.

Malheureusement ce point de détail est devenu, par le fait, l'affaire capitale, ainsi qu'on va le voir.

Le général Chanzy, qui était à l'extrême gauche, avait donc à faire un mouvement de flanc pour se porter vers Tivernon et Toury. Il eût été imprudent d'entreprendre cette marche avant d'avoir repoussé les forces ennemies qui étaient devant lui. Avec l'assentiment du général en chef, il se porta donc en avant le 1er décembre et réussit ce jour-là, après une belle affaire, à repousser ce qu'il avait devant lui. Cela ne suffit pas pour le dégager, il fallut recommencer le lendemain, pour se débarrasser des troupes du prince de Mecklembourg, qui venaient de l'ouest et arrivaient en toute hâte. Pour ce nouvel effort, qui devait l'éloigner du 15e corps, le général Chanzy demanda et obtint que les deux divisions du 15e corps, qui étaient à sa droite, fissent un mouvement en avant, et sur ses indications, ces deux divisions furent dirigées, le 2 au matin, l'une en avant d'Arthenay, entre les routes de Chartres et de Paris, et l'autre à droite de la route de Paris, vers Ruan, positions malheureusement bien excentriques et bien éloignées des troupes du 16e corps.

Le général Chanzy fut moins heureux que la veille. Dès neuf heures du matin, sa 3e division qui formait sa droite, fut mise dans le plus grand désordre et rétrograda vers Orléans. Cette division était à peine formée; le général Morandy, qui la commandait, était arrivé depuis deux ou trois jours seulement et était sans état-major. Cet échec partiel fut d'autant plus grave pour le commandant du 16e corps, que l'ennemi était plus nombreux que la veille. A midi, non-seulement le général Chanzy fut obligé d'arrêter le mouvement en avant, mais il dut songer à se replier, ne pouvant pas tenir devant les forces toujours croissantes qu'il avait devant lui.

Ce ne fut que dans ce moment que la division Peytavin, du 15e corps, put entrer en ligne en s'emparant du village de Poupry.

C'était trop tard pour le général Chanzy, dont le sort était déjà décidé sur le champ de bataille de Loigny.

Si dans ce moment le commandant en chef avait eu sous la main les deux divisions du 15e corps pour faire un effort sur la gauche de l'ennemi, peut-être aurait-on pu avoir un beau succès; malheureusement la division Martineau, qu'on avait appelée en toute hâte de Ruan, ne put arriver qu'à la nuit à Artenay.

Après ce grave échec, le 16ᵉ corps, malgré l'appui des troupes du 17ᵉ, avait été obligé de rentrer dans ses positions. Quel parti avait à prendre le commandant en chef? Devait-il attaquer avec les deux divisions du 20ᵉ corps, comme le demandait le général Chanzy, qui avait de très-graves préoccupations sur une attaque possible de l'ennemi et qui craignait de ne pouvoir le contenir? Évidemment non! Il eût été même imprudent de rester à Artenay, où il était en flèche avec deux divisions. En conséquence, il donna l'ordre aux troupes des 15ᵉ et 16ᵉ corps de venir reprendre les positions défensives, qu'on avait étudiées et fortifiées en avant d'Orléans, et prescrivit aux commandants des 18ᵉ et 20ᵉ corps de faire une forte démonstration en avant de leur front; et comme des renseignements certains, reçus pendant la nuit, faisaient connaître qu'on avait entendu la marche de très-fortes colonnes, en avant de la forêt, se dirigeant de Pithiviers vers l'Ouest, le général Des Pallières fut invité à se rapprocher de Chevilly.

L'instruction du général en chef était d'accepter la bataille sur la position défensive qu'on avait préparée en avant d'Orléans et sur laquelle on avait établi des batteries de gros calibre servies par la marine.

La retraite ordonnée fut très-bien exécutée par les 16ᵉ et 17ᵉ corps, qui, du reste, furent très-peu attaqués, et par la division Martineau, chargée de faire l'arrière-garde du 15ᵉ corps. Cette division, sur laquelle l'ennemi concentra tous ses efforts, eut à livrer un combat des plus violents; elle s'est admirablement battue, peut-être même trop bien battue, car elle aurait eu plus d'avantage à reprendre ses positions défensives que de combattre pied à pied, comme elle l'a fait en rase campagne et en mettant près de huit heures pour faire six kilomètres.

A la tombée de la nuit, lorsque les batteries de la marine ne furent plus d'aucun secours pour lutter contre l'artillerie ennemie, les Prussiens firent un grand effort sur Chevilly, repoussèrent nos troupes épuisées par un combat qui avait duré toute la journée, et finirent par s'emparer de la tête de la forêt, ainsi que des deux batteries de la marine.

Pendant que la division Martineau se battait avec tant d'acharnement, le général Des Pallières, qui était à Chilleurs-aux-Bois, et qui avait reçu l'ordre d'appuyer vers Chevilly, fut attaqué lui-même en avant de Chilleurs; après une lutte d'artillerie inégale, et à laquelle il dut renoncer après un feu d'une demi-heure, il donna l'ordre à ses troupes de rentrer dans la forêt et de se diriger vers Chevilly, mouvement qui exigeait un long détour et qui se changea, par la suite des événements, en une retraite sur Orléans dans des conditions tout à fait désavantageuses.

Le 3, au soir, voici donc quelle était notre situation :

Chanzy, épuisé par les combats du 1er et du 2 décembre, et on pouvait croire aussi par la journée du 3, avait repris son ancienne position de Saint-Péravy, laissant entre sa droite et le 15e corps un large intervalle ouvert.

Le 15e corps, après les plus grands efforts qui lui avaient causé des pertes très-sensibles, n'avait pu conserver la lisière de la forêt d'Orléans.

Dans cette situation, il devenait impossible de défendre la position avancée d'Orléans; il fallait se résigner à se replier sur Orléans même.

Vous me demanderez peut-être pourquoi les 18e et 20e corps n'ont pas été utilisés. Ces corps, qu'on avait laissés dans leurs positions pour attendre le moment de l'attaque concentrique, se trouvaient séparés du reste de l'armée par toute la longueur de la forêt d'Orléans, c'est-à-dire environ dix-huit lieues; ils étaient trop loin pour agir en temps utile, avec d'autant plus de raison que la forêt était impraticable et qu'ils étaient obligés, pour arriver au secours des corps engagés, de venir passer par Orléans, à moins de marcher bravement sur Pithiviers et de là sur les derrières de l'ennemi; très-beau mouvement, sans doute, mais à condition de réussir. Or, la qualité de nos troupes ne nous a jamais permis de compter avec certitude sur le succès.

Le 3 au soir, nous rentrions au quartier-général. Je fis part au commandant en chef de ma manière de voir. J'avais vu la première évacuation d'Orléans, et l'opération recommençait absolument dans les mêmes conditions. Pour moi, ma conviction était que nous ne tiendrions pas, et qu'Orléans tomberait fatalement le lendemain. Je dis qu'il n'y avait qu'une chose à faire ; dire immédiatement la vérité, en informant le Gouvernement.

Le général d'Aurelle de Paladines a donc envoyé au Gouvernement une dépêche l'informant qu'il croyait ne pas pouvoir défendre Orléans. Grande colère du Gouvernement! Le général d'Aurelle persiste; il dit qu'il est sur les lieux et à même d'apprécier la situation. Quant à moi, je trouvais qu'il n'y avait pas autre chose à faire qu'à battre en retraite.

On arrive à Orléans à neuf heures; je me suis séparé du général en chef, pendant une heure environ, pour aller au télégraphe. Pendant ce temps-là, il crut devoir changer d'opinion. Après avoir vu les officiers de marine qui commandaient des batteries autour d'Orléans, il écrivit au Gouvernement qu'il se décidait pour une défense à outrance, et que les ordres étaient donnés. J'avoue que je n'ai jamais partagé sa confiance; l'événement a prouvé que je n'avais que trop raison. Le soir, il a fallu commencer la retraite.

L'affaire se passa donc ainsi : on devait agir sur Pithiviers, afin de se rapprocher de Fontainebleau. Pour cela, il y avait un mouvement préparatoire qu'a voulu faire le général Chanzy pour se porter en avant ; ce mouvement préparatoire est devenu l'action principale.

M. le comte DARU. — Combien les Prussiens avaient-ils de monde ? Vous, vous aviez cent quatre-vingt mille hommes.

M. le général BOREL. — Les 18e et 20e corps ont été complétement immobilisés ; ils n'ont rien fait.

M. le comte DARU. — Ces corps avaient-ils du monde devant eux ?

M. le général BOREL. — Ils croyaient avoir du monde devant eux, car dans la journée d'Arthenay on a donné l'ordre à ces corps de se porter en avant ; ils ont fait une simple reconnaissance ; on avait ordonné de faire de ce côté-là une grande démonstration.

M. ULRIC PERROT. — Général, au moment où cette attaque a eu lieu, n'a-t elle pas été faite dans des conditions un peu précipitées, et n'était-elle pas déterminée par les nouvelles qu'on avait reçues de Paris ?

M. le général BOREL. — Sans aucun doute.

M. ULRIC PERROT. — Si on n'avait pas été poussé par cette considération, peut-être aurait-on pris le temps de concentrer ses forces ?

M. le général BOREL. — Pour moi, cela me paraissait indispensable : je l'ai demandé avec insistance.

M. ULRIC PERROT. — Le Gouvernement n'a-t-il pas commis une erreur grave, en croyant qu'au lieu de trouver l'armée prussienne avec toutes ses forces à Pithiviers, on n'allait y rencontrer qu'une armée battant en retraite ? Il y a eu des dépêches du Gouvernement qui disaient au général en chef : « Ne craignez pas de vous porter en avant, vous ne trouverez qu'un masque ; le prince Frédéric-Charles est obligé d'aller combattre le général Ducrot ; il n'y a pas de forces devant vous. » Toutes les forces de l'armée prussienne étaient, au contraire, devant lui.

M. le général BOREL. — Cela s'explique par la conviction où était le Gouvernement que l'archiduc Charles avait porté la plus grande partie de ses forces contre le général Ducrot.

M. ULRIC PERROT. — Voici la dépêche :

« J'ai tout lieu de croire que ce sera une feinte pour masquer un mouvement vers l'Est ; ne vous laissez pas déconcerter par la vivacité de l'attaque, mais croyez que vous pouvez sans danger pousser l'ennemi vigoureusement. »

M. le général BOREL. — De quelle date est cette dépêche?

M. ULRIC PERROT. — Du 30 novembre.

M. le général BOREL. — Le 30, nous savions parfaitement bien que nous avions devant nous l'armée du prince Frédéric-Charles, et, en outre, celle de Mecklembourg, qui avait fini son opération, et qui arrivait de notre côté; mais on assurait que le prince Frédéric-Charles rétrogradait vers Ducrot.

UN MEMBRE. — A quel moment l'armée du prince Frédéric-Charles est-elle arrivée sur la Loire?

M. le général BOREL. — Au plus tard, elle a dû commencer à arriver le 25; à Beaune-la-Rolande, on s'est trouvé en face du prince Frédéric-Charles en personne, et c'était le 29.

M. ULRIC PERROT. — Cette attaque sur Pithiviers avait un côté défavorable. On la dirigeait sur le point de concentration de l'armée prussienne.

M. le général BOREL. — Ce n'est pas à ce point de vue-là qu'on a fait une faute. Pithiviers était bien le point de concentration des Prussiens; mais avec les forces dont nous pouvions disposer, quatre corps d'armée, nous pouvions parfaitement l'attaquer. D'ailleurs, ce point n'est pas si mal choisi; c'est un nœud de routes, d'où on se jette immédiatement dans la forêt de Fontainebleau, et on était persuadé que c'était par là qu'arriverait le général Ducrot. Par conséquent, au point de vue stratégique, Pithiviers était bien choisi. Au point de vue de l'attaque, il y avait une marche de flanc à faire, et c'était là le point délicat. Malheureusement, on n'a pas réfléchi qu'en préparant cette attaque, on faisait éclore l'action principale; c'est ce qui est arrivé.

M. ULRIC PERROT. — Voici une autre dépêche du 2 décembre :

« Je ne crois pas que vous trouviez à Pithiviers, ni ailleurs, de résistance prolongée. Selon moi, l'ennemi cherchera uniquement à masquer son mouvement vers le nord-est pour aller à la rencontre de Ducrot. La colonne à laquelle vous avez eu affaire hier, et peut-être aujourd'hui, n'est sans doute qu'une fraction isolée qui cherche à vous retarder; mais, je vous le répète, le gros doit filer sur Corbeil. »

M. le général BOREL. — Ces renseignements étaient complétement erronés; nous avons su, le 2 au soir, par les prisonniers que nous avions faits, que le prince Frédéric-Charles était là.

M. ULRIC PERROT. — J'insiste sur ce point, général, parce que, comme il arrive dans une déroute, chacun cherche à mettre la faute sur son voisin. Il est évident que les dépositions des membres du Gouvernement tendent à faire croire que ce sont les chefs de l'armée qui se sont trompés dans cette affaire. Or, des dépêches, qui sont positives, constatent que le Gouvernement était complétement dans l'erreur sur l'importance du combat à livrer.

M. le général BOREL. — Pourquoi les forces étaient-elles trop dispersées? Parce qu'on a imposé pour ainsi dire l'emplacement des corps d'armée qui étaient à notre droite. Le Ministre était convaincu que c'était sur Pithiviers qu'il fallait porter le point d'attaque; en effet, Pithiviers est le nœud des routes de ce pays, et il y avait la forêt de Fontainebleau à côté; on n'a pas voulu retirer des forces de ce côté-là, afin de pouvoir donner la main à Ducrot. La préoccupation du Gouvernement était celle-ci : l'armée de Paris va faire un mouvement et se porter sur la forêt de Fontainebleau; c'est pour cette raison qu'on n'a pas voulu rappeler les forces qui étaient à droite, et qu'on a voulu, au contraire, porter la gauche sur la droite par un mouvement en avant de la forêt. Ce mouvement, je l'aurais compris et je l'ai demandé, mais je l'aurais fait derrière la forêt; tandis qu'en le faisant en avant, nécessairement on se trouvait vis-à-vis de l'ennemi, et cette affaire de détail amenait l'action générale.

M. Ulric PERROT. — Ceci confirme ce que je vous demandais au commencement, à savoir : si la division Des Pallières, qui avait été écartée du centre pour se rallier avec le 18e et le 20e corps au moment de la bataille d'Orléans, ne se trouvait pas trop loin pour pouvoir concourir à l'action.

M. le général BOREL. — Il a été attaqué lui-même; il avait 22 ou 24,000 hommes; je ne sais pas quelles forces il a pu avoir devant lui, nous n'avons pas eu de rapports; mais il avait une position très-importante, qui était la forêt.

M. Ulric PERROT. — Le général Martin Des Pallières nous a dit qu'il avait reçu l'ordre de se replier sur la position qu'occupait le général en chef; qu'il allait commencer sa retraite, mais que les routes transversales étant défoncées, il ne pouvait retirer son artillerie et ses bagages que par des routes qui convergeaient vers Orléans, pour ensuite remonter vers la position qu'occupait le général en chef. Ce mouvement de la droite à la gauche aurait livré son artillerie et ses bagages à une attaque de l'ennemi; et, pour l'éviter, il avait dû tenir dans la position pendant un certain nombre d'heures pour protéger son artillerie et ses bagages. Ainsi l'ennemi ne put pas attaquer ses queues de colonne. Voilà comment il nous a présenté l'opération.

M. le général BOREL. — La veille au soir, nous avons su que des forces considérables allaient nous attaquer. Je ne me rappelle pas exactement les instructions qui ont pu être données au général Martin Des Pallières, qui, dans tous les cas, a reçu l'ordre d'appuyer vers sa gauche.

M. Ulric Perrot. — Il a rejoint le lendemain le général en chef?

M. le général Borel. — Oui, il l'a rejoint le soir même, si je me rappelle bien.

M. le Président. — Ce point est suffisamment développé.

M. Ulric Perrot. — Pensez-vous, général, que la retraite d'Orléans fût une chose absolument obligée?

M. le général Borel. — Pour moi, c'était une chose obligée. Nous n'avions pas, dans les deux corps qui se trouvaient à l'extrême droite, une confiance illimitée. Le 20e corps, sans doute, était composé de troupes mieux soudées; mais le 18e corps était tout à fait de nouvelle formation. Pouvait-on espérer que lorsque le 15e et le 16e corps n'avaient pas pu tenir tête à l'armée prussienne, ces deux corps nouveaux pourraient nous délivrer en passant à travers la forêt? Je n'y ai jamais compté.

Je crois que la retraite était le seul parti à prendre. La retraite fut ordonnée : Chanzy reçut l'ordre de se porter sur la forêt de Marchenoir; le 15e corps devait se retirer sur Salbris; le 16e et le 20e corps du côté de Gien; on faisait ainsi une retraite divergente pour ne pas encombrer les routes et laisser libre celle d'Orléans à Vierzon; une division du 15e corps devait suivre la route qui longe la Loire.

Le mouvement de l'ennemi a été celui-ci : après avoir occupé Orléans, il a continué ses opérations offensives du côté de Chanzy; il n'a envoyé qu'une reconnaissance du côté du 15e corps. Le général Chanzy a soutenu une lutte très-considérable dans laquelle je n'ai pas à entrer; je n'étais pas son chef d'état-major et je n'étais pas sur les lieux.

M. Ulric Perrot. — M. le général d'Aurelle de Paladines nous a dit qu'au moment où il avait été relevé de son commandement, il avait donné des ordres pour que l'armée pût se concentrer de l'autre côté de la Loire, ayant son centre à Salbris, et pouvant reprendre l'offensive au bout de deux jours; et que le Gouvernement a jugé opportun de faire trois corps d'armée opérant indépendamment les uns des autres.

M. le général Borel. — On s'était arrêté à Salbris. Le 15e corps pouvait se concentrer là; le 18e et le 20e corps avaient passé la Loire à Sully, et se trouvaient du côté de Châteauneuf et de Gien. On aurait parfaitement bien pu reconstituer l'armée du côté de Salbris, mais vous savez ce qui s'est passé à Salbris. Nous y sommes arrivés le 7, et l'on devait y rester le 8; il y avait à Salbris à peu près tout le 15e corps, moins une partie de la division Peytavin, qui avait reçu l'ordre de marcher le long de la Loire. Le 15ᵉ corps était dans un très-grand désordre, attendu qu'il avait marché très-vite, et que les troupes avaient combattu pendant trois jours. On voulait s'arrêter pour se constituer. Le 7 au soir, le général d'Aurelle a reçu l'avis de son changement; on lui avait donné le commandement d'un camp stratégique, il n'a pas accepté; on lui demandait de rester à Salbris pour guider le général Des Pallières par son expérience; mais le général d'Aurelle n'a pas accepté, et il ne le pouvait pas, devant la destitution brutale dont il était l'objet, et surtout après la note inqualifiable insérée par le Gouvernement au *Journal officiel*.

Le 8 au soir est arrivée à Salbris une reconnaissance peu nombreuse, à ce qu'il paraît, mais qui a causé une panique. Le 15ᵉ corps est parti sur Vierzon, sur Bourges, et surtout sur Argent.

Le jour même de cette malheureuse affaire de Salbris, le 18ᵉ et le 20ᵉ corps ont cherché à passer de la rive gauche de la Loire sur la rive droite, à Gien; il y eut un engagement heureux en avant de Gien, c'était une simple reconnaissance sans importance. Le soir même où le général d'Aurelle avait été remplacé, j'ai reçu une autre destination : je reçus l'ordre de me rendre auprès du général Bourbaki pour être son chef d'état-major; de sorte que, le 8 au matin, je partis pour Gien. Je suis arrivé au moment où cette affaire venait d'avoir lieu; on en était très-satisfait.

Lorsque l'on reçut la nouvelle de ce qui s'était passé à Salbris et du départ du 15ᵉ corps, on a cru qu'il y avait de ce côté des forces considérables, et alors on pouvait croire que c'était l'armée prussienne qui continuait son mouvement sur Salbris. On ne pensait pas que le 15ᵉ corps se fût retiré devant une simple reconnaissance de 2,500 hommes, et on supposait des forces plus grandes. On s'est donc décidé à quitter Gien et à battre en retraite sur Bourges.

M. Ulric Perrot. — A la suite de la bataille d'Orléans, il y a un fait d'une certaine importance : ce sont des demandes qu'a faites le général Chanzy pour être secouru, l'impossibilité où le général Bourbaki était de le faire, et enfin l'insistance du Gouvernement.

M. le général Borel. — Le Gouvernement a été très-hésitant et le général Bourbaki aussi; nos troupes étaient dans un état tel que par un temps de neige il était impossible de les mettre en mouvement.

M. Ulric Perrot. — Savez-vous dans quelle proportion l'armée prussienne a passé sur la rive gauche?

M. le général Borel. — Il a passé tout au plus un corps d'armée sur la rive gauche, et ce corps d'armée a suivi plutôt le long de la Loire, et n'a envoyé qu'une simple reconnaissance sur la grande route de Vierzon ; le gros de l'armée ennemie était devant Chanzy.

Je ne sais pas si ce corps était complet; il était peut-être de 20 à 22,000 hommes, pas beaucoup plus.

M. Ulric Perrot. — Le général Bourbaki croyait à un mouvement plus considérable; d'après les renseignements qu'il recevait, il croyait avoir devant lui 70,000 hommes.

M. le général Borel. — On craignait de rencontrer des forces considérables, et si l'on en avait rencontré, on n'était pas en état de se battre. C'est l'état de désordre de l'armée qui l'a empêché de pousser en avant.

A mes yeux, il était matériellement impossible de rien tenter ; nos hommes étaient dans un état épouvantable, les routes étaient couvertes de traînards. Je l'ai dit au ministre de la guerre, et nous lui avons demandé de rester quatre ou cinq jours en place pour nous reconstituer; il fallait que les hommes pussent retrouver leurs corps. Nous n'avions pas l'autorisation de cantonner, les hommes couchaient à la belle étoile, ou ils allaient dans les fermes voisines à droite ou à gauche, et on ne les retrouvait plus.

M. Ulric Perrot. — Comment expliquez-vous que le 15e corps ait été mis en plus grand désordre que le 16e qui paraissait avoir combattu au moins autant?

M. le général Borel. — Par une raison toute simple, c'est que le 16e corps s'est battu le 1er et le 2 décembre; mais le 3, le 4, le 5, il n'a rien fait; ce n'est guère que le 7 ou le 8 qu'il a été attaqué; il a battu en retraite, mais il a eu un mouvement assez long à faire, pas de courses assez fortes pour se désorganiser. En arrivant à Marchenoir il a trouvé un corps d'armée frais qui venait à son secours. Tandis que le 15e corps est parti le 1er, a combattu le 2, le 3, le 4; le 4 au soir il fait une marche de nuit; le 5, le 6 et le 7 il marche; le 8, il a voulu se reposer, et le 8 au soir arrive cette reconnaissance prussienne: alors il est allé jusqu'à Arson. De sorte que pendant dix jours il n'a pas cessé de combattre et de marcher, et malheureusement de marcher en retraite et en perdant du monde.

M. Ulric Perrot. — Ne croyez-vous pas que l'hésitation qui a eu lieu à Orléans, quand on a dit que l'on évacuerait, puis que l'on n'évacuerait pas, a jeté un certain désordre dans l'armée ?

M. le général BOREL. — Si l'on avait pris un parti un peu prompt, on aurait eu un peu moins de désordre, cela est certain. Au fur et à mesure que les troupes arrivaient dans Orléans, on aurait pu ne garder que celles nécessaires à la défense de la place, tandis que le départ a eu lieu pendant la nuit, ce qui a naturellement entraîné plus de désordre.

M. Ulric PERROT. — Je voudrais appeler aussi votre attention sur cette espèce de capitulation qui a eu lieu à Orléans. Avez-vous quelques détails à nous donner sur ce point ?

M. le général BOREL. — Absolument aucun. La capitulation était indispensable. Voici ce qui est arrivé : Les hommes se sont très-bien battus, et tant qu'on a vu clair on s'est maintenu autour d'Orléans, grâce à des batteries de marine, dont le feu très-puissant a empêché l'armée et l'artillerie prussiennes de s'avancer. Mais la nuit venue, cette artillerie n'a pas pu nous protéger, et nos hommes ont été démoralisés. J'ai fait le tour d'Orléans; on plaçait des régiments dans les fortifications; une demi-heure après il n'y avait plus personne. Les troupes prussiennes s'étaient avancées; si elles avaient eu de l'audace, elles seraient entrées dans la ville et la capitulation était inévitable.

M. Ulric PERROT. — Personnellement, vous n'avez pas su quels avaient été les motifs qui ont déterminé le général d'Aurelle à changer de résolution ?

M. le général BOREL. — Je n'étais pas là lorsqu'il a changé de résolution. J'ai trouvé les mesures prises et les ordres donnés quand je suis arrivé. Mais voici, je crois, ce qui s'est passé : On avait fait autour d'Orléans des fortications que l'on avait fait armer de batteries de marine très-puissantes..

Cette position d'Orléans est malheureusement trop vantée, et ces fortifications, pour moi, n'avaient de valeur que comme tête de pont et pour permettre aux troupes de se défendre un instant afin de donner aux autres le temps de s'en aller. Je crois que le général d'Aurelle, sur l'avis des officiers de marine, a pensé qu'il était possible de se défendre plus longtemps: cela n'était pas possible, on eût été écrasé par les projectiles.

M. Ulric PERROT. — N'est-ce pas aussi sur l'influence de dépêches très-pressantes du Gouvernement que le général d'Aurelle s'est déterminé à rester à Orléans?

M. le général BOREL. — Il n'y a que le général d'Aurelle qui pourrait vous répondre à cet égard.

M. Ulric PERROT. — Permettez-moi de revenir sur un point. Il paraît, d'après les récits qui nous ont été faits, que le 18e et le 20e corps avaient des forces considérables devant eux, lorsqu'ils ont été obligés de reculer après les affaires de Beaune-la-Rollande.

M. le général BOREL. — Toute l'armée prussienne a défilé devant eux?

M. Ulric PERROT. — Il y a eu, après le premier jour de la bataille d'Orléans, un mouvement de concentration de l'armée prussienne sur Pithiviers, pour venir renforcer l'attaque centrale.

Or, on s'est demandé si l'on avait eu le sentiment de cette concentration de l'ennemi, et si le 18e et le 20e corps n'auraient pas pu suivre les Prussiens dans leur mouvement.

M. le général BOREL. — Je ne crois pas que ces deux corps, composés comme ils l'étaient, fussent en état de suivre une armée victorieuse qui nous avait forcés à la retraite. Pour moi, s'ils avaient osé faire cela, ils se seraient exposés à voir l'armée prussienne se retourner contre eux, et ils n'étaient pas assez solides pour pouvoir le risquer.

Du moment que la droite n'avait pas pu combattre en même temps que la gauche; du moment que celle-ci battait en retraite, la droite était insuffisante; il aurait fallu que ces corps eussent apporté leur appui dans la journée.

M. Ulric PERROT. — L'offensive a été prise d'une manière imprévue; c'est ce qui a empêché la concentration de se faire.

M. le comte DARU. — Général, vous ne nous avez pas encore parlé des opérations de l'armée de l'Est, auxquelles vous avez pris part.

M. le général BOREL. — J'ai été beaucoup moins mêlé à ces opérations. Jusque-là j'avais assisté à tous les conseils de guerre; à partir de ce moment je n'ai plus vu de Ministre, je n'ai plus fait partie des conseils de guerre; les ordres de mouvements m'arrivaient tout rédigés, et je n'avais qu'à les transmettre. Je ne suis donc pas à même de vous donner des détails.

M. le comte DARU. — Permettez-nous cependant de vous adresser quelques questions.

Nous voudrions savoir quelle était la situation de M. de Serres à l'arrivée du général Bourbaki; quels étaient ses pouvoirs et quel a été son rôle.

M. le général BOREL. — Quels étaient ses pouvoirs? je l'ignore. Quant à son rôle, je l'ai vu souvent. M. de Serres, à ma connaissance, est un homme très-intelligent, qui avait un certain flair militaire. Seulement il manquait de la connaissance des détails; ce qui faisait qu'il croyait toujours que lorsqu'on a un certain nombre d'hommes, on a un certain nombre de soldats. Je crois que pour toutes les choses militaires, il a dû travailler avec le général en chef ; je ne sais pas dans quelle mesure, et il est impossible de vous répondre à cet égard. Je l'ai trouvé vis-à-vis de moi très-réservé, mais je dois lui rendre cette justice que dans les choses de détail et d'exécution, pour les approvisionnements, les munitions, il nous était d'un très-grand secours.

M. le comte DARU. — Quels obstacles paralysaient l'action de l'armée de l'Est ?

M. le général BOREL. — Le général en chef seul pourrait vous répondre.

Je vous répète que dans l'armée de l'Est il n'y a pas eu de conseils de guerre. Le Ministre a vu le général en chef à Bourges, je ne crois pas qu'il l'ait revu depuis. Quant à moi, j'ai vu le Ministre, mais je ne lui ai pas parlé de ces opérations.

Quant aux ordres de mouvement, ils étaient conçus en dehors de moi, et je les recevais par l'aide de camp du général.

M. le comte DARU. — Le plan de la campagne de l'Est a-t-il été arrêté à Bourges ou à Nevers ?

M. le général BOREL. — Je n'en sais rien, mais c'est probablement à Bourges ; car je ne m'expliquerais pas que l'on fût venu à Nevers si ce n'était pas pour aller dans l'Est.

M. le comte DARU. — Le général Bourbaki acceptait-il volontiers ce plan qui lui fut imposé ?

M. le général BOREL. — Je ne crois pas que ce plan lui fût imposé.

Je dois même dire que ce plan est venu à la connaissance de l'armée et a été accueilli avec beaucoup de faveur. C'était un peu tard, il est vrai, pour se porter dans l'Est, mais on pouvait encore obtenir de grands résultats. Le général Werder n'avait dans ce moment que trente mille hommes devant Dijon, et à peu près autant à Belfort. On pouvait donc espérer, en se jetant sur lui avec quatre corps d'armée, le battre, dégager Belfort et inquiéter ensuite la ligne d'opérations de l'ennemi par Nancy.

Mais pour réussir il fallait marcher très-rapidement, afin d'attaquer l'ennemi avant qu'il fût concentré et de ne pas lui laisser le temps de recevoir des renforts. Malheureusement, notre mouvement fut très-lent. Les transports par chemins de fer exigèrent trois fois plus de temps qu'on n'avait d'abord supposé. D'un autre côté, il faisait un froid de douze à quinze degrés, beaucoup d'hommes avaient les pieds gelés, beaucoup de chevaux périrent de froid. Les chemins étaient couverts de verglas et de neige, très-glissants pour les chevaux, et tout cela nous a beaucoup retardés. L'ennemi était bien plus mobile que nous, parce qu'il était mieux organisé, mieux discipliné et qu'il vivait sur le pays, ce qui lui permettait de ne pas traîner à sa suite des convois de vivres d'autant plus considérables que les voitures pouvaient à peine porter le tiers de leur chargement habituel. Avec toutes ces difficultés, nous avions beaucoup de peine à faire des étapes de quatre lieues.

La rapidité de marche n'était pas la seule condition à remplir. Il y en avait une autre inhérente à toute combinaison militaire. Le meilleur plan à la guerre n'a de valeur qu'autant qu'il réussit, et la première condition de réussite est de pouvoir venir à bout de la résistance de l'ennemi sur le champ de bataille.

Malheureusement, nous avons échoué dans la tentative de trois jours que nous avons faite à Héricourt. Le premier jour nous avons eu beaucoup d'espoir. Pendant que les 15e, 20e et 24e corps attaquaient de front la ligne ennemie, depuis Montbéliard jusqu'à Héricourt, le général Billot avait reçu l'ordre de déboucher sur la droite des troupes allemandes et de tâcher de les déborder.

Cet officier général avait avec lui, outre le 18e corps, la division Cremer, ce qui faisait un total d'environ 40,000 hommes et 120 pièces de canon.

On comprend facilement l'effet qu'aurait pu produire l'arrivée de forces aussi considérables si, comme nous l'avions espéré, elles parvenaient à déboucher vers les 2 ou 3 heures sur le champ de bataille. Malheureusement le chemin qu'elles avaient à parcourir était couvert de neige, et le général Billot, on ne peut pas lui en faire de reproche, n'a pu arriver qu'à la nuit en contact avec l'ennemi.

On remit l'affaire au lendemain; mais dans la nuit le général Werder, prévenu du danger qui le menaçait sur sa droite, a fait retrancher et garnir d'artillerie le Mont-Vaudois, position formidable déjà par elle-même, et que nos troupes n'ont pu enlever.

Après cette deuxième journée, il eût été plus prudent de se retirer. On se décida cependant à tenter un dernier effort le lendemain. Cette tentative n'eut pas plus de succès que celles des deux jours précédents, et l'on se décida, le soir même, à donner des ordres pour la retraite sur Besançon.

M. le comte DARU. — Vous nous avez dit qu'il était venu de Paris des troupes au secours de l'armée allemande.

M. le général BOREL. — Oui, le corps du général Manteuffel, après l'affaire de Paris du 26 janvier.

M. le comte DARU. — Vous voulez dire après l'affaire du 19, après la bataille de Buzenval.

M. le général BOREL. — Oui, c'est cela, du 19. Les Allemands avaien commencé par faire venir un détachement; puis il nous est arrivé, sur nos derrières, 45 ou 50,000 hommes. Les troupes ont été habilement postées de ce côté-là ; les Prussiens ont masqué le mouvement vers Garibaldi par quelques troupes qui se sont dirigées vers Dijon, mais jamais ils n'ont eu l'intention sérieuse de faire une attaque sur Dijon ; ils ont envoyé des troupes disposées en rideau, puis ils ont passé derrière.

M. le comte DARU. — Combien y avait-il de Prussiens dans l'armée de l'Est?

M. le général BOREL. — Il y avait le général Von Werder qui, dans le commencement, avait 55,000 hommes ; il lui est arrivé au moins 40,000 hommes de renfort. Ce qu'ils ont fait dans ce moment-là est prodigieux. Il avait donc à peu près 90,000 hommes. Nous avions sur nos derrières à peu près 65,000 hommes qui nous suivaient, et à peu près 30 ou 35,000 hommes qui descendaient du côté de Paris.

M. le comte DARU. — Vous aviez donc à peu près 120,000 hommes devant vous.

Vous avez dit que l'encombrement des chemins de fer avait empêché l'approvisionnement de Besançon. Est-ce que des mesures pour empêcher cet encombrement n'avaient pas été ordonnées ?

M. le général BOREL. — Je ne crois pas que des mesures aient été ordonnées. Il faut dire cependant que l'encombrement des chemins de fer a été un obstacle sérieux.

D'après les déclarations de M. l'intendant en chef, depuis l'arrivée de l'armée dans l'Est, les chemins de fer avaient à peine suffi pour transporter le personnel, le matériel et la consommation journalière des vivres. Il en est résulté que pour la ville et la garnison de Besançon, la présence de l'armée dans l'Est a eu, au sujet des vivres, toutes les conséquences d'un blocus. En effet, depuis la fin de décembre la ville de Besançon n'a pas reçu une seule balle de farine. Ce fait est d'autant plus grave que l'on n'avait fait avant aucun approvisionnement, ni pour la ville ni pour la garnison.

Ce manque de vivres a été la cause déterminante de la décision prise par le commandant en chef de s'éloigner de Besançon.

M. Ulric PERROT. — Est-il à votre connaissance que les opérations de l'armée de Garibaldi aient été mal dirigées, et qu'elles aient causé votre insuccès?

M. le général BOREL. — Je ne connais pas personnellement cette question, mais enfin l'opinion générale de l'armée est que les troupes de Garibaldi auraient pu et auraient même dû nous protéger contre le mouvement tournant de l'ennemi. Elles ne l'ont pas fait, elles se sont contentées de défendre Dijon, faisant valoir cela comme une victoire ; c'est ce qu'on peut appeler une victoire négative s'il en fut jamais. (*Séance du 19 décembre 1871.*)

M. le général BOREL. — Je dois expliquer à la commission pourquoi j'ai tenu à être entendu ce matin par elle. Je suis obligé de me rendre à Paris au Ministère de la guerre pour prendre part à des travaux relatifs à l'organisation de l'état-major.

M. le comte DARU, président. — Parfaitement, général. Nous continuerons les quelques questions relatives à l'armée de l'Est et à l'armistice.

Voudriez-vous nous dire à quelle heure vous avez reçu la dépêche télégraphique de M. Gambetta annonçant l'armistice et dans quels termes cette dépêche était conçue ?

M. le général BOREL. — Quant aux termes, je ne me les rappelle pas exactement maintenant. Tous mes renseignements ont été perdus ; toutes les archives de l'armée de l'Est ont été brûlées avec l'hôtel de ville de Villeneuve-Bargemont le 18 mars. Je ne me rappelle pas les termes précis de cette dépêche de M. le ministre de la guerre ; ce document doit se trouver dans les archives de l'administration, car c'est une pièce officielle.

M. le PRÉSIDENT. — A quelle heure l'avez-vous reçue ?

M. le général BOREL. — L'heure exacte, je ne pourrais pas vous l'indiquer d'une façon précise, mais je ne crois pas me tromper en disant qu'elle a été reçue dans la soirée, probablement vers les quatre heures. Dans la journée, nous avions eu connaissance de l'armistice par les journaux suisses. Le sous-préfet de Pontarlier voulait faire publier cette nouvelle dans la ville. Le général Clinchant s'y est opposé.

« C'est encore une manœuvre de guerre des Prussiens, disait-il. Ne publions pas cette nouvelle avant d'avoir reçu la dépêche officielle. »

Cette dépêche arriva ; il était presque nuit, et elle exerça une influence fâcheuse sur la troupe. Au moment où cette dépêche nous parvint, le sous-préfet, voulant la faire publier, faisait battre le rappel pour appeler la population et lui dire : « Il y a armistice. » Le général faisait battre de son côté le rappel, parce qu'on se battait dans des villages qui sont à deux ou trois lieues de Pontarlier. On s'attendait à une attaque des Prussiens, de sorte que nos soldats, en prenant les armes, nous demandaient : « Mais, enfin, pourquoi se battre ? Qu'est-ce que cela veut dire, puisque l'armistice est signé ? » Je me rappelle que cela se passait à la tombée de la nuit, et par conséquent la dépêche est arrivée le soir.

M. le Président. — Je vous fais cette question, parce que nous avons l'heure où cette dépêche est partie de Bordeaux le 29 janvier, et nous tenions à savoir à quelle heure elle était arrivée.

M. le général Borel. — Aussitôt que nous avons eu connaissance de cette dépêche, on a envoyé un officier au village de Chaffois, où l'on se battait. Les Prussiens étaient arrivés jusqu'à l'endroit où se trouvait la division Thornton. On a fait cesser le feu de notre côté, et les Prussiens en ont profité pour s'emparer des villages que nous défendions encore. Nous étions déjà très-resserrés, et lorsque nous avons su qu'un armistice était conclu, comme il devait y avoir une certaine zone neutre entre les deux armées, nous avons dû nous préoccuper de perdre le moins de terrain possible, puisque nous étions déjà presque acculés à la frontière. Aussi avons-nous donné des ordres pour que nos troupes se portassent le plus loin possible en avant, afin de conserver du terrain. On envoya au général Manteuffel un officier en parlementaire, le colonel Cheval, je crois, pour donner à l'ennemi communication de l'armistice. Cet officier partit le soir. Le général Manteuffel lui fit savoir que l'armistice ne concernait pas l'armée de l'Est. Cette réponse nous parvint le lendemain matin d'assez bonne heure. On envoya un autre officier au général Manteuffel pour lui dire qu'il y avait probablement un malentendu et pour lui communiquer la dépêche officielle que nous avions reçue. Probablement, disions-nous, il y a une erreur, et nous vous demandons une suspension d'armes de trente-six heures pour savoir à quoi nous en tenir.

Le général Manteuffel ne répondit pas tout de suite. Pendant ce temps nous avons cherché à amener nos troupes le plus en avant possible. Enfin, le général Manteuffel fit répondre qu'il était parfaitement certain que l'armistice ne s'appliquait pas à l'armée de l'Est, qu'en conséquence il continuait ses mouvements; de sorte que si nous ne retirions pas les troupes qui étaient en avant, il allait immédiatement les attaquer.

M. le Présidnnt. — Quelles étaient les troupes dans cette position?

M. le général Borel. — Il y avait tout le corps du général Billot, et une division qui se trouvait en avant de Pontarlier. Le corps du général Billot se trouvait tout à fait à la droite sur le Doubs et en avant du Doubs; de plus, il y avait toute une brigade de réserve commandée par le général Pallu; puis la division Thornton; enfin, une brigade de la division du général Cremer. Voilà toutes les troupes qui se trouvaient en avant de Pontarlier et qu'on a dû faire rentrer précipitamment dans leurs positions autour de Pontarlier.

M. LE PRÉSIDENT. — Je vous demande de vouloir bien préciser quelle a été pour l'armée de l'Est la conséquence de l'oubli commis en ne la prévenant pas qu'elle n'était point comprise dans l'armistice?

M. le général BOREL. — Les conséquences de cet oubli ont été celles-ci : d'abord de nous faire perdre quarante-huit heures, tout au moins trente-six heures. Le projet du commandant en chef, le général Clinchant, était de tacher de nous glisser par le sud, soit du côté du Lons-le-Saulnier, soit du côté du fort des Rousses. Nous avons dû arrêter nos mouvements ; nous étions, comme je vous l'ai dit, remontés le plus en avant possible pour ne pas perdre de terrain, et nous avons dû revenir en arrière. La perte de temps et la perte de l'avance du terrain ont donc eu des conséquences très-graves. Je crois que, sans cela, nous aurions pu faire passer, sinon la totalité de l'armée, du moins une portion, et avec celle-ci nous aurions occupé les défilés assez solidement pour permettre à toute l'armée de passer.

M. LE PRÉSIDENT. — Ainsi cette erreur nous a coûté l'armée de l'Est ?

M. le général BOREL. — Je crois qu'il aurait pu s'en sauver une bonne partie tout au moins. Nous aurions peut-être sacrifié une partie de notre artillerie, mais il y a certainement une grande partie de l'armée qui aurait pu passer.

M. LE PRÉSIDENT. — Les Prussiens n'ont-ils pas profité de cette situation pour faire prisonniers des généraux et un corps de troupes?

M. le général BOREL. — Le seul exemple que j'en connaisse, c'est celui de la division Thornton. Dans la journée où l'armistice nous a été signifié, vers deux heures du soir, les Prussiens ont surpris la première division du 15ᵉ corps qui était à Sombacourt, en avant de Chaffois. Cette division s'est laissée surprendre ; elle avait cependant été prévenue de l'arrivée de l'ennemi. Toujours est-il que les Prussiens l'ont enveloppée et faite prisonnière à peu près tout entière, avec l'artillerie et les généraux.

M. le PRÉSIDENT. — Était-ce une division forte ?

M. le général BOREL. — Non, elle avait eu un effectif faible, et de plus elle était très-affaiblie.

M. le PRÉSIDENT. — Qui la commandait ?

M. le général BOREL. — Elle était commandée par le général Dastugue.

M. le PRÉSIDENT. — Était-elle de huit ou dix mille hommes ?

M. le général Borel. — Oh! il n'y en avait pas tant que cela. J'ajouterai que quand cela s'est passé, nous ne connaissions pas encore l'armistice. L'ennemi pouvait le connaître; pour moi, c'est incontestable, mais il faut reconnaître que comme de son côté il savait que l'armistice ne concernait pas l'armée de l'Est, il était pleinement dans son droit.

Où l'ennemi n'a pas été généreux, c'est à Chaffois où se trouvait la division Thornton. Cette division se défendait dans le village, lorsqu'arriva un officier du quartier général apportant la nouvelle de l'armistice. Comme on donnait l'ordre de faire cesser immédiatement toutes les hostilités, cet ordre avait dû être communiqué au général Thornton qui avait fait cesser le feu. L'ennemi en profita pour se lancer dans le village qu'il occupa, en ne laissant à nos troupes que deux ou trois maisons, et en désarmant nos soldats. On protesta contre cette manière d'agir, contre cette prise de possession abusive. Je dois dire, pour rendre hommage à la vérité, que les armes furent rendues le lendemain. Mais il n'est pas moins vrai que l'ennemi garda ces positions que nous avons perdues, parce qu'à la nouvelle de l'armistice nous avions dû cesser le feu.

M. le Président. — La dépêche télégraphique de Bordeaux portait : « Un armistice de 21 jours vient d'être conclu par le Gouvernement de Paris. Veuillez, en conséquence, suspendre immédiatement les hostilités en nous concertant avec le chef des forces ennemies, en présence desquelles vous pouvez vous trouver. »

M. le général Borel. — C'est ce qui a été fait. Nous entendons le canon; on se battait à deux lieux de nous. Aussitôt la dépêche reçue, on a envoyé un officier pour faire cesser le feu. Cet officier arrive, alors que nous étions encore en possession du village. Notre feu cessa et immédiatement l'ennemi, profitant de l'occasion, s'empare des positions. Voilà ce qui s'est passé.

M. le Président. — Que sont devenues ces troupes? L'ennemi les a t-il poursuivies?

M. le général Borel. — L'ennemi, comme je vous l'ai dit, les a gardées comme prisonnières pendant la nuit; mais le lendemain on a rendu les armes et on a laissé les troupes rentrer.

Tout cela se passait pendant que nous avions envoyé un premier officier au général Manteuffel pour lui donner connaissance de l'armistice. Vers trois heures, nous n'avions pas encore la réponse qui n'est arrivée que vers quatre heures. Dans la matinée, nous avions eu connaissance par des avant-postes, à gauche de Chaffois, près des villages où était la brigade de la division Cremer, que l'armistice ne concernait pas l'armée de l'Est.

Nos troupes avaient été prévenues par un officier ennemi, d'une manière officieuse, mais pas officielle, qu'elles eussent à s'en aller ou bien qu'on allait les attaquer ; elles nous en avaient informé immédiatement. C'est sur cette double nouvelle, nous venant et du général Manteuffel et de Chaffois, que le général Clinchant envoya au commandant prussien un autre officier pour lui demander une suspension d'armes de 36 heures, afin de pouvoir s'entendre, croyant toujours qu'il y avait erreur. Pendant tout ce temps nous avons conservé nos positions autant que possible.

M. le Président. — Vous ne savez pas dans quels termes était conçue la réponse du général Manteuffel ?

M. le général Borel. — A cet égard, je ne pourrais pas vous répondre. Du reste, le général Clinchant doit avoir cette dépêche; elle ne faisait pas partie des archives de l'armée de l'Est, de l'état-major, et il doit l'avoir conservée. Mais je me rappelle à peu près en substance que cette réponse disait qu'il y avait erreur de notre part, qu'un armistice avait bien été conclu, mais que l'armée de l'Est en avait été exclue.

M. le Président. — Vous avez reçu cette réponse le lendemain 30, à la fin de la journée ?

M. le général Borel. — Oui, et immédiatement nous avons pris des mesures et donné des ordres pour faire replier tout le monde sur Pontarlier et pour revenir en deçà des défilés.

M. le Président. — Étiez-vous poursuivis par les Prussiens ?

M. le général Borel. — L'ennemi nous a laissés assez tranquilles. Il n'y a pas eu de gros engagements.

M. le Président. — C'est le 31 janvier qu'a eu lieu ce mouvement ?

M. le général Borel. — Oui, autant que je puis me rappeler.

M. Perrot. — Le général Clinchant nous a fait le récit de cette retraite dans les plus grands détails et nous a laissé toutes les pièces.

M. le général Borel. — Alors je ne crois pas avoir besoin d'insister, car mes renseignements seraient tout à fait concordants avec ceux du général Clinchant, avec lequel j'étais parfaitement d'accord.

M. le Président. — Combien cette retraite de Pontarlier aux Verrières a-t-elle duré de temps ?

M. le général Borel. — La retraite a commencé vers les deux

ou trois heures du soir. Il a fallu d'abord dégager les routes et faire passer l'artillerie et les bagages de l'armée, et ce n'est que le soir que l'opération a commencé. Elle s'est continuée nécessairement toute la nuit. Puis toutes les routes se sont trouvées encombrées, et rien ne pouvait plus marcher. Aussi l'entrée en Suisse n'a pu se faire que sur les six heures du matin. A partir de la frontière suisse, tout a pu s'écouler facilement. On avait laissé, comme arrière-garde, à Pontarlier, le général Billot avec le 18e corps, plus la réserve générale d'armée.

Le général Billot a quitté Pontarlier, avec son corps d'armée, à peu près à neuf heures ou dix heures du matin. Toute l'artillerie était parvenue à passer, mais malheureusement une grande quantité de bagages du convoi civil est restée entre les mains de l'ennemi.

L'ennemi voyant cela, a tâché de recueillir d'autres colonnes et a fait une triple attaque. Il nous a attaqué directement par la route de Pontarlier à Verrières, puis du côté sud du lac, et enfin il a cherché à nous couper le chemin du côté de la montagne. Mais le combat le plus violent s'est livré à Cluse même. L'ennemi y a perdu énormément de monde ; quant à nous, nos pertes ont été de 6 à 700 hommes.

Nous avions là fort heureusement de bonnes troupes, provenant d'anciens régiments et qui ont parfaitement tenu.

M. Perrot. — Je voudrais demander au général des renseignements sur quelques faits qui ont précédé celui-là.

D'abord, dans quelle mesure l'inaction du général Garibaldi a-t-elle porté préjudice à l'armée de l'Est ?

Si le général Garibaldi avait arrêté pendant plusieurs jours le général Manteuffel, en serait-il résulté pour l'armée de l'Est la possibilité de se tirer d'embarras ?

M. le général Borel. — Pour moi cela est incontestable. Je n'examine pas ici si le général, avec les moyens dont il disposait, pouvait arrêter l'ennemi ; ceci est une chose qui peut être discutée. Quant à moi, je n'ai aucun élément de discussion là-dessus. Mais il est incontestable que si le général Garibaldi, avec les forces dont il disposait, avait pu arrêter l'ennemi, l'armée de l'Est aurait eu toutes les facilités possibles pour se retirer du côté de Lons-le-Saulnier et même de Dijon.

Le mouvement de l'ennemi a été celui-ci : il est descendu du nord ; il a masqué Dijon par une fausse attaque et il a continué sa route sans s'arrêter et sans se préoccuper de Dijon. Je le répète, je ne sais pas ce que pouvait faire le général Garibaldi, mais il est incontestable que, si ses forces étaient suffisantes, il pouvait, non-seulement repousser les quelques régiments qui attaquaient Dijon, mais rejeter l'ennemi, qui descendait dans le sud et le forcer à s'arrêter. L'ennemi n'aurait pu passer ni la Saône, ni le Doubs.

M. Perrot. — D'après les faits, aurait-il suffi que l'ennemi fût arrêté quelques jours pour que l'armée de l'Est fût sauvée ?

M. le général Borel. — Evidemment. Voici quelle était à peu près la situation.

Lorsque nous sommes arrivés à Baume-les-Dames, nous avons eu connaissance du mouvement et de l'approche de l'ennemi, qui menaçait ainsi de couper nos communications, non seulement avec Dijon, mais avec Lons-le-Saulnier, et de nous enlever la seule voie ferrée qui nous restait.

Le général Bourbaki alors donna l'ordre à la première division du 15e corps, commandée par le général Dastugue, de se porter, en toute hâte, à l'ouest de Besançon. Ces troupes furent même transportées en chemin de fer afin d'aller plus vite, pour tâcher d'arrêter les colonnes ennemies le long du Doubs. Elles sont arrivées le soir, presque en même temps que les éclaireurs ennemis ; mais démoralisées qu'elles étaient par notre retraite, elle n'ont guère tenu et elles ont été obligées de se replier sur les hauteurs. L'ennemi a donc pu opérer son mouvement pour couper le chemin de fer.

M. Perrot. — J'ai ici la chronologie des faits. Le 19, ordre au 24e corps de passer sur la rive gauche du Doubs, à Baume-les-Dames ; le 21, envoi de la division Dastugue à la gare de Mouchard.

M. le général Borel. — Parfaitement. Toute l'armée a dû arriver à Besançon le 23 ou le 24.

M. Perrot. — Le général est arrivé le 23.

M. le général Borel. — Eh bien ! l'armée est arrivée le 24, et quelques troupes seulement sont arrivées le 23. La division Dastugue a été envoyée pour garder la gare de Mouchard, mais elle n'a pas pu tenir. Eh bien, si l'armée prussienne avait été retenue pendant quatre jours seulement par Garibaldi, il y a de très-grandes probabilités que nous aurions pu conserver cette ligne de chemin de fer ; et enfin, en nous donnant six jours au maximum, certainement dans six jours nous pouvions être complétement hors de danger, hors de la portée de l'ennemi.

M. Perrot. — Il y a eu, ce jour-là, je crois, une défaillance : un poste, qui devait être occupé et qui était signalé comme ayant une certaine importance, a été abandonné par le 24e corps.

M. le général Borel. — L'abandon des positions occupées par le 24e corps sur la rive gauche du Doubs était une chose très-grave, parce que l'ennemi pouvait se porter désormais sur la route de Pontarlier et nous couper la dernière voie de communication qui nous restait pour sortir de Besançon. Je suis forcé d'avouer que je ne pouvais pas m'expliquer comment le 24e corps n'avait pas conservé des positions aussi formidables et aussi faciles à défendre. Ce n'est qu'à Pontarlier que j'ai eu l'explication de ce fait par le général commandant en chef le 24e corps, qui m'a montré la dépêche du commandant en chef de l'armée qui lui avait prescrit ce mouvement, dépêche qui n'avait pas été transmise par mon intermédiaire.

M. Perrot. — Y a-t-il eu un ordre pour reprendre ces positions ?

M. le général Borel. — Oui, on a donné l'ordre au général Bressolles de reprendre ces positions. Mais vous pensez bien qu'elles étaient plus difficiles à reprendre qu'à garder. Et puis, il était bien difficile de ramener du côté de l'ennemi des troupes qui s'en allaient du côté de la Suisse ou qui battaient en retraite, et pour leur faire attaquer des positions formidables qu'on venait d'abandonner. Aussi il y eut une simple démonstration qui ne produisit rien.

L'ennemi pouvait avoir de 15 à 20,000 hommes, pas davantage, et le général Bourbaki pensait, avec raison, qu'en jetant sur 15 ou 20,000 hommes une partie de l'armée, on parviendrait à les écraser et à les jeter dans le Doubs. C'est dans cet ordre d'idées qu'on a donné au général Billot l'ordre de passer sur la rive gauche pour faire un mouvement, long d'abord, parce qu'il fallait traverser la ville de Besançon, et ensuite parce qu'il fallait monter une rampe couverte de verglas, d'autant plus glissante qu'il y avait un charroi très-considérable ; puis les bagages ont encore retardé ce mouvement du 18e corps, qui a reçu l'ordre de revenir à Besançon. Bref, ce mouvement du général Billot, qui devait se faire très-rapidement, s'est fait assez lentement. Il l'a fait évidemment aussi vite que possible ; seulement je vous explique pourquoi il n'a pas pu le faire plus rapidement. A la suite de cela, le soir, le général Bourbaki est allé voir le général Billot. Il s'impatientait de ne pas voir arriver ses troupes, et c'est ce soir-là qu'en rentrant à Besançon, le général s'est tiré un coup de pistolet.

M. Perrot. — Vous avez eu une conférence à Château-Farines ?

M. le général Borel. — Je sais qu'il y a eu une conférence à Château-Farines, mais je n'ai pas assisté à cette conférence.

M. Perrot. — Alors vous ne pouvez pas nous donner de renseignements sur ce point.

Dans la déposition que vous avez faite, vous avez parlé de

la bataille de Coulmiers et la résolution prise de rester à Orléans, des raisons qu'on avait fait valoir pour ou contre cette résolution. Je voudrais vous demander si, à l'état-major, vous avez eu connaissance de ce fait, que j'ai vérifié moi-même à Rambouillet. C'est que, peu de jours après la bataille de Coulmiers, le 15, je crois, les Prussiens ont fait partir de Versailles un corps d'armée, qui est arrivé à Chartres. Avez-vous eu connaissance de ce fait? On disait que nous aurions pu nous porter en avant pour attaquer le duc de Mecklembourg et l'écraser, avant qu'il ne reçût des renforts. Or, on aurait rencontré ce corps d'armée qui venait à son aide.

M. le général BOREL. — Je doute qu'on ait su d'une manière exacte l'envoi de ce corps. Nous étions assez mal renseignés, et tout ce que nous savions, c'était qu'il y avait un corps à Chartres. Je sais que, plus tard, il était venu des renforts de Paris. Je ne peux pas préciser davantage.

Il y a eu un mouvement que je ne puis m'expliquer encore parfaitement : c'est un mouvement de l'ennemi, pendant que nous étions à Orléans, et que le prince Frédéric-Charles arrivait avec son armée. Ses têtes de colonnes commençaient à peine à arriver du côté de Montargis que vous avez vu ce grand mouvement exécuté par le prince de Mecklembourg qui s'est prolongé jusque du côté du Mans.

M. PERROT. — Même à quelques lieues de Tours.

M. le général BOREL. — En effet, il y a eu des reconnaissances jusqu'à quelques lieues de Tours. Il a fallu qu'on envoyât des renforts au prince de Mecklembourg pour qu'il pût exécuter un pareil mouvement.

M. PERROT. — J'ai été moi-même trouver le maire de Rambouillet, parce que j'avais eu connaissance du mouvement, et que, sur ses registres, il avait consigné tous les mouvements qui se sont faits. Eh bien, le 15, il y a eu un corps d'armée qui a couché à Rambouillet; il se composait de 10 à 12,000 hommes venant de Versailles, marchant sur Chartres.

M. le général BOREL. — Je ne m'explique pas ce mouvement-là. Était-il pour nous attirer de ce côté, pour nous empêcher d'approcher de Paris et nous prendre par les deux flancs? Je ne le sais pas. Mais ce qui est certain pour moi, c'est que le prince de Mecklembourg a dû nécessairement recevoir des renforts pour l'exécuter.

M. PERROT. — Maintenant, après l'expédition de Beaune-la-Rolande, il y a eu une proclamation qui avait pour objet d'exalter la conduite qu'avait tenue le 18e corps, sur un rapport dont je n'ai pu trouver la trace. Le général Crouzat, qui commandait en chef, nous a parlé de ce rapport. En avez-vous eu connaissance ?

M. le général BOREL. — Ce rapport n'est pas venu à l'état-major général. A-t-il existé ? je n'en sais rien.

M. PERROT. — M. de Freycinet, dans les appendices de son livre, dit qu'il a existé.

M. le général BOREL. — Ce rapport n'est pas passé par l'état-major général ; je ne me rappelle pas en avoir eu connaissance.

M. PERROT. — J'ai transcrit un extrait de ce rapport officiel, et M. de Freycinet dit qu'il a existé.

M. le général BOREL (après avoir lu). — Je n'ai aucun souvenir d'avoir lu un pareil rapport. Le général Crouzat nous a écrit plusieurs fois, je me le rappelle, pour rendre compte de ses opérations ; mais je ne me rappelle pas avoir reçu ce rapport du 18ᵉ corps.

M. PERROT. — Le général Crouzat a déclaré ne pas l'avoir fait.

Maintenant, le 30 novembre, le jour où on a pris l'offensive, il y a eu une conférence à laquelle vous assistiez avec quelques généraux.

M. le général BOREL. — Oui, avec le général en chef, le général Chanzy, M. de Freycinet et M. de Serres.

M. PERROT. — Il y a eu, dans cette conférence, une discussion sur le danger que pouvait présenter l'entrée immédiate en action ?

M. le général BOREL. — L'entrée immédiate en action, d'après la situation qui nous était faite, ne pouvait guère être retardée.

M. PERROT. — Il est évident que de la part de l'élément militaire, il y a eu une résistance à agir dans les conditions où ces affaires ont été menées.

M. le général BOREL. — Je vous ai dit les observations qui avaient été faites. En somme, lorsqu'on est dans un conseil ainsi formé, chacun émet son opinion. Je ne puis dire que le général en chef ait fait de la résistance ; à la suite de l'exposition de chacun des plans, chacun a fait ses observations et on est revenu à celui dont je viens de vous parler. Tous les généraux ont pris part à la discussion. Le danger de ce mouvement tournant n'échappa pas au général Chanzy. Il est incontestable que si on avait pu réunir toute l'armée en masquant le mouvement de manière à n'être pas dérangé, nous aurions eu davantage de chances de réussite ; mais dans notre situation, ce mouvement de concentration présentait un très-grand danger que nous pressentions, mais dont nous ne voyions pas toutes les conséquences.

M. Perrot. — Est-ce que vous n'aviez pas le sentiment que Pithiviers était le centre de réunion des Prussiens?

M. le général Borel. — Pithiviers est évidemment un point stratégique important; c'est le nœud de toutes les routes; mais je le répète, Pithiviers se trouvait mal placé à cause de la forêt d'Orléans, dont toutes les routes étaient impraticables.

M. le Président. — Nous n'avons plus de questions à adresser au général, et nous savons qu'il est obligé de retourner immédiatement à Paris. Nous ne voulons pas abuser de son temps et nous le remercions des renseignements qu'il vient de nous donner. (*Séance du 4 juin* 1872.)

Déposition de M. le général Bourbaki.

M. le Président. — Veuillez, général, nous dire comment vous êtes sorti de Metz. Vous nous parlerez ensuite des opérations militaires auxquelles vous avez pris part comme commandant d'un des corps d'armée.

Le général Bourbaki. — Le 24 septembre 1870, j'étais allé au fort Saint-Julien, dans le voisinage duquel avait eu lieu un petit engagement dont je voulais me rendre compte.

Je rentrai chez moi vers six heures. Au moment où je descendais de cheval, on me dit que le maréchal Bazaine me faisait chercher partout depuis midi, pour une affaire qui paraissait très-pressée, mais qu'on n'avait pas voulu laisser de lettre. « Il y a, me dit-on, un officier d'ordonnance qui court après vous. » Pendant que j'étais à me demander ce que cela pouvait signifier, je reçus un télégramme m'appelant chez le maréchal. J'allai chez lui; j'y rencontrai le colonel Boyer, son aide de camp, qui me dit: « Voilà un monsieur qui se promène avec le maréchal; le connaissez-vous? — Non. — Vous ne l'avez pas vu aux Tuileries? — Non. Quoique n'y ayant pas connu tout le monde, j'ai assez l'habitude de me rappeler les figures que j'ai vues, pour affirmer que j'ai, ou que je n'ai pas rencontré telle ou telle personne. Qu'est-ce que c'est que ce monsieur? — Je ne veux pas vous le dire, le maréchal vous le dira. » Le maréchal vint à moi avec cet étranger; il me dit: « Ecoutez M. Régnier. » C'était son nom. M. Régnier me développa le projet par lequel l'Impératrice pouvait traiter de la paix.

M. le comte Daru. — Pouvez-vous nous dire ce qu'était M. Régnier?

M. le général Bourbaki. — C'est l'auteur d'une brochure sur

un projet de traité de paix. Pour les uns, c'est un agent de M. de Bismark ; pour les autres, c'est un fou. Je l'écoutai ; il me dit : « L'Impératrice est seule ; elle a besoin de quelqu'un pour exécuter ce projet ; le maréchal Canrobert doit partir, ou vous. Le maréchal Bazaine vous demande si cela vous convient. »

A cette époque, l'armée de Metz était déjà perdue, elle n'avait presque plus de vivres, la ration de pain était réduite à 500 grammes ; il mourait déjà des chevaux à la corde. Nous espérions bien que la fin ne serait pas aussi triste qu'elle l'a été ; nous comptions percer les lignes prusiennes, nous ouvrir un passage, et au besoin nous réfugier en Belgique. Mais dans tous les cas, notre armée était perdue pour la France.

Le maréchal rentra ; il me dit : « On a beaucoup parlé politique ; ce n'est pas notre affaire. Je ne vois à cet homme aucune espèce de qualité pour traiter. Mais enfin, il y a peut-être quelque petite chose à faire. Seriez-vous disposé à accepter une mission auprès de l'Impératrice ? — Parfaitement, mais à trois conditions : c'est que vous me donnerez l'ordre écrit de partir, comme étant mon chef ; c'est que vous mettrez à l'ordre de la Garde demain, que je pars pour un temps limité, d'après vos ordres ; de plus, je vous demanderai de ne pas faire donner les troupes placées sous mon commandement jusqu'à mon retour. » Le maréchal Canrobert était là. Le maréchal Bazaine s'engagea, accepta ces trois clauses, et je partis.

Je n'étais pas arrivé en Belgique que déjà toutes ces espérances me semblèrent des rêves. Je me dis : — Il n'y a rien à faire, cependant il me faut aller jusqu'au bout. — Je me rendis à Chislehurst près de l'Impératrice qui ne m'avait pas fait demander le moins du monde, contrairement au dire du maréchal.

Au récit que je lui fis de l'état de l'armée et de l'occupation de la Lorraine, elle pleura beaucoup. Elle me dit qu'elle ne pouvait rien faire parce qu'elle paraîtrait entraver la défense nationale. Je reconnus la justesse de ses observations et je me décidai à rentrer à mon poste. Pour ne pas avoir d'obstacle, j'écrivis à lord Granville, le priant d'écrire au roi Guillaume que c'était par un subterfuge qu'on m'avait fait sortir de Metz et que je demandais instamment à y rentrer. Je disais par un subterfuge, parce que je croyais que ce M. Régnier avait des rapports avec M. de Bismark. Lord Granville obtint ce que je demandais. Dès que je me trouvai à Bruxelles, je priai le ministre de France, M. Taschard, de faire passer à Tours l'avis de mon voyage, d'informer la Délégation que j'allais rentrer à Metz. Je crus devoir prévenir le Gouvernement de l'état dans lequel se trouvait l'armée de Metz, et la lettre relative à cet objet fut enregistrée à la chancellerie. Je ne manquai pas de dire qu'on avait mangé quantité de chevaux, que ce qu'il en restait ne pourrait pas permettre d'atteler les batteries de combat, que les soldats n'avaient plus que 500 grammes de pain par jour et qu'on ne pourrait pas leur continuer cette ration plus d'un mois. La veille de mon départ de Metz, j'avais vu le général Changarnier et il m'avait dit : « Soyez sans inquiétude, on percera les lignes prusiennes, on s'ouvrira un passage. »

Le gouvernement de Tours étant ainsi prévenu par moi du péril extrême que courait Metz, je me hâtai de continuer ma route.

En arrivant dans le voisinage des lignes prusiennes, je fus obligé de m'arrêter ; le général commandant à Trèves me prévint qu'il avait ordre de ne pas me laisser passer. Je lui fis remarquer que le roi Guillaume m'avait autorisé à retourner à Metz, que l'assurance m'en avait été donnée en son nom par le premier ministre de la reine d'Angleterre, que le prince Frédéric-Charles était invité non-seulement à permettre mais à faciliter mon retour à mon poste. Le prince à qui j'en référai, me fit répondre qu'il allait écrire à ce sujet à Versailles. De Luxembourg, je lui adressai plusieurs autres télégrammes, sans plus de succès.

J'attendis ; puis voyant qu'il y avait mauvaise volonté, je fis semblant de m'en aller. Je m'arrêtai à Bruxelles, où je reçus l'ordre de rejoindre à Tours la Délégation du gouvernement.

Après m'être assuré qu'aucune réponse favorable n'était arrivée à Luxembourg depuis mon départ, et qu'il me devenait dès lors impossible de rentrer à Metz, je me décidai à répondre à cette invitation.

Je fus parfaitement accueilli par les membres de la Délégation du gouvernement, y compris M. Gambetta.

Je leur racontai comment les choses s'étaient passées. M. Gambetta me dit : « Vous allez prendre le commandement de l'armée de la Loire. — Je refuse, lui répondis-je, parce qu'il y a trois jours vous avez donné ce commandement au général d'Aurelle, mon ancien colonel. Je ne le désire pas d'ailleurs, d'autant plus que j'ai vu passer de côté et d'autre les éléments de cette armée. Elle m'a paru dans un état déplorable d'indiscipline ; les soldats marchent en désordre et les officiers semblent les suivre avec tristesse. Je vous demande autre chose, c'est d'aller dans le Nord. Là, j'aurai l'avantage de me rapprocher de l'armée de Metz, et s'il y a quelque chose à faire, je serai prêt.

Me voici arrivé à Lille. Je trouvai le pays dans une triste situation. On avait retiré des places fortes tous les canons rayés, susceptibles d'être utilisés pour la défense de Paris.

Il n'existait plus d'armement pouvant répondre à celui de l'ennemi, en cas de siége. On avait puisé dans les dépôts tous ce qui s'y trouvait, jusqu'au dernier homme, jusqu'au dernier habit, jusqu'au dernier fusil pour organiser l'armée de la Loire. Les arsenaux et les magasins étaient complètement vides.

Je me mis tout de suite à la besogne, et au bout d'une vingtaine de jours, j'avais formé mon petit corps d'armée. J'avais créé six batteries d'artillerie, deux escadrons de cavalerie et trois brigades d'infanterie aptes à marcher; enfin les places fortes se trouvaient à peu près armées et en état de défense, grâce au concours de l'amiral Fourichon, qui m'envoya soixante pièces de marine et trois mille fusiliers marins.

M. le comte DARU. — Quel était l'effectif de votre armée?

M. le général BOURBAKI. — A ce moment, il pouvait être de 15,000 hommes.

J'oubliais un détail : pendant que j'étais dans le Nord, je reçus une nouvelle offre de venir prendre le commandement d'un ou de plusieurs corps, avec mission de les rapprocher de Rouen, et de marcher de là sur Paris. Je répondis que j'étais prêt à le faire, seulement je demandai si l'on avait bien réfléchi à ceci : c'est qu'on me proposait une marche de flanc de soixante-quinze lieues avant d'arriver à Rouen, et que l'on avait dû préparer sur la route les ravitaillements nécessaires; qu'il fallait, en outre, que ces hommes fussent assez disciplinés pour supporter les fatigues et les privations, comme pour accepter le combat dans ces conditions. Enfin je demandai si l'on s'était bien entendu avec la garnison de Paris pour qu'elle fît une sortie. Il ne fallait pas, disais-je, se dissimuler une chose : c'est que quelque effort que la province essayât de faire, elle ne produirait pas une puissance aussi grande que celle qu'on pouvait trouver dans Paris; que cet effort devait être fait par 200,000 hommes qu'on pouvait prendre sur les 500,000 qui se trouvaient dans Paris. Dans la lettre que j'écrivis à ce sujet, je disais que si, au lieu d'être un agent de combat, j'étais un agent de pensée, un homme d'État, je voterais pour l'armistice et pour la paix pendant qu'il y avait encore un simulacre de force en France. J'ai là cette lettre.

M. le PRÉSIDENT. — Veuillez la lire, général.

M. le général BOURBAKI. — La voici :

Lille, 25 octobre 1870.

« Monsieur le ministre et cher ami,

« Je reçois votre lettre me proposant d'aller prendre le commandement de l'armée de Tours. J'abandonne pour un instant le travail d'organisation d'une petite division de 10,000 hommes qui est en très-bon train, et celui de l'établissement le plus rationnel de la défense des places du Nord, et cela pour vous dire ce que vous savez depuis longtemps que je me soumettrai aux ordres donnés par le Gouvernement de la défense nationale, et que, quelle que soit la position qu'il m'assigne, je ferai de mon mieux.

« D'après votre lettre, je crois que vous destinez l'armée de la Loire à passer sur la rive droite de la Seine, et à essayer, en forçant la ligne de circonvallation des Prussiens, de faire pénétrer un convoi de bestiaux et autres denrées dans Paris.

« Si, comme je le suppose, l'armée de la Loire est toujours à Vierzon, à La Ferté et à Blois, c'est donc une marche offrant le flanc droit de soixante-quinze lieues avant d'arriver à Rouen. Parvenu à ce point, je crois qu'en rappelant un peu de troupes du Pas-de-Calais, du Nord, et usant de celles de la Loire-Inférieure, on pourrait se créer un masque qui rendrait le passage moins difficicile. Mais jusqu'à Rouen, l'ennemi pourra se concentrer bien facilement sur Chartres, sur Dreux, sur Évreux, et ce sera miracle, s'il m'a été possible de m'enlever à une action pendant une marche qui demande quinze à seize jours.

« Il est donc plus que probable que pour accomplir ce mouvement, nous serons obligés d'accepter la bataille dans les environs de Mézidon, Bernay ou Lizieux. L'armée que vous venez de créer est-elle apte à disputer avec ténacité le terrain? Il faudrait à ce sujet consulter les divisionnaires qui doivent commencer à la connaître.

« Avez-vous pensé aux points qui doivent se trouver approvisionnés en pain, sucre et café; car il ne faut pas songer, en marchant avec vivacité, à pouvoir faire faire le pain tous les soirs, et les distributions le matin?

« A ce jeu-là, nous ne ferions pas deux lieues par jour.

« Votre armée est-elle déjà organisée de manière à porter quatre jours de biscuit dans le sac et quatre jours de provisions avec des voitures de réquisition?

« La discipline est-elle devenue assez bonne pour que vos troupes ne se rebutent pas devant la pluie, la boue, qui les attendent dans cette marche? Car, rapprochés de l'ennemi comme nous le serons quelquefois, il ne faut pas penser à cantonner les soldats; il faudra que la plus grande partie bivouaque.

« Vous avez sans doute auprès de vous M. Thiers. Si vous pouviez avoir son avis au sujet de ce grave mouvement tournant, et s'il était favorable, ce serait d'un grand poids dans la confiance qu'apporterait à son exécution l'officier général que vous en chargeriez.

« Si votre armée a pris des qualités de solidité, si elle a trois pièces de 12 par mille hommes, de bons artilleurs, et qu'on ne craigne pas le combat, il serait peut-être possible de raccourcir beaucoup la route à faire en côtoyant de plus près la ligne de circonvallation de l'ennemi.

« Je termine ma lettre, mon cher ami, en vous disant que, dans l'état désespéré de résistance où se trouve la France, j'essaierai avec courage et dévouement tout ce que l'on m'ordonnera de faire ; mais si, au lieu d'être un agent de combat, j'étais un agent de pensée, je voterais pour un armistice et pour la paix.

« C'est peut-être un défaut d'éducation, autant j'ai confiance dans les soldats qui ont le respect et la crainte de leurs chefs, l'amour du drapeau, autant je me défie des ramassis d'hommes qui, sans discipline, sans connaissance de leurs officiers, doivent combattre en rase campagne.

» Dieu, qui protége la France, infligera peut-être un démenti à mes croyances, et j'en serais fort heureux.

« A vous de tout cœur.

« Signé : BOURBAKI. »

« P. S. — Je suppose que Trochu doit bien penser qu'au jour convenu et sur l'endroit convenu, l'effort de l'armée de Paris doit être formidable ; car, si ce que l'on nous dit est vrai, il pourrait, en laissant une armée de 300,000 hommes dans la place, sortir avec une armée de 200,000 hommes bien encadrés, avec une artillerie nombreuse, et une connaissance complète des éléments qui doivent combattre ensemble.

« L'armée de l'Est, le peu de troupes du Nord, l'armée de la Loire peuvent aider à la victoire en se compromettant, mais elles n'offriront jamais l'élément de succès que Paris présente à lui seul.

« Je raisonne, comme vous le voyez, sur l'hypothèse d'un mouvement s'effectuant par étapes normales. Si vous avez à Tours le matériel nécessaire pour transporter toute l'armée de la Loire par chemin de fer, le mouvement de concentration sur la rive droite de la Seine pourrait s'effectuer peut-être en cinq ou six jours. »

M. CALLET. — C'était un commencement d'exécution du plan Trochu.

M. le général BOURBAKI. — Oui, mais je n'étais pas dans le secret.

M. le Président. — A qui adressiez-vous cette note?

M. le général Bourbaki. — A l'amiral Fourichon.

Au moment où j'achevais de mettre en état de défense mes places fortes du Nord et d'organiser mon petit corps d'armée, je me proposais d'enlever la garnison ennemie qui se trouvait à Beauvais. Je me trouvais de force pour exécuter cette entreprise; je voulais en une marche me porter ensuite sur Chantilly en essayant de détruire les approvisionnements qui y auraient été réunis.

M. Perrot. — Vous aviez là un sentiment bien exact des choses, car j'étais au milieu des Prussiens, et, à ce moment, un pareil coup de main pouvait réussir.

M. le général Bourbaki. — C'était, en effet, un coup de main que je voulais tenter; je me serais, jusqu'à ce qu'une nouvelle occasion me fût offerte, retiré ensuite dans mon réseau de places fortes.

A ce moment, je reçus un télégramme qui m'ordonnait de me rendre à Tours en attendant l'arrivée de mon successeur qui était désigné. Je me mis en route immédiatement, et le 22 novembre, à la station de Vaas, je rencontrai M. Gambetta. Je descendis de mon train et j'allai à lui. Je lui demandai pourquoi il m'avait envoyé l'ordre de me rendre à Tours et de remettre mon commandement.

Il me dit qu'il avait la plus grande confiance en moi, qu'il m'estimait, mais que j'étais devenu impossible dans le Nord, que ma présence y avait fait concevoir des craintes, des méfiances politiques. « En fait de politique, repris-je, j'ai cherché des effets d'équipement, d'habillement et des armes. Dans ces conditions, je n'ai pas besoin de vous le dire, si j'avais constaté la moindre répugnance à mon égard dans la population honnête, je me serais rendu justice moi-même, à tort ou à raison; mais je constate, au contraire, que toute la population honnête m'était favorable.

« Quelques gamins de Douai, à propos de la capitulation de Metz, ont, il est vrai, vociféré contre moi; mais j'ai reçu les excuses de la garde nationale elle-même.

« Si je ne suis pas appuyé par le Gouvernement, le moindre soldat me manquera. C'est une guerre au bonapartisme que l'on me fait. Pour que j'accepte un commandement, il faut que toute méfiance disparaisse; rendez-m'en l'exercice possible! » — M. Gambetta me répondit: « J'y ai été obligé; c'est votre intérêt, c'est l'intérêt de la chose publique. Enfin, je vais revenir à Tours et je ne déciderai rien jusque-là. »

A Tours, j'attends l'arrivée de M. Gambetta: il ne me fit donner aucun avis. Dans les journaux comme dans les conversations, on disait que je ne voulais pas servir mon pays au moment où tout le monde marchait. J'écrivis à M. Gambetta. A la réception de ma lettre, il me fit appeler; il me répéta toute la confiance que j'inspirais au Gouvernement, et il insista pour que je prisse un commandement. Je me décidai alors à accepter la nouvelle destination qui m'était offerte, à savoir le commandement du 18e corps qui se trouvait dans ce moment à l'extrême droite de l'armée du général d'Aurelle de Paladines. Je pris possession de ce commandement le 3 décembre à Bellegarde. Je reçus, le soir même, l'ordre de me rabattre, dès le lendemain 4, sur Orléans, et d'y concentrer les 20e et 18e corps, car on m'avait déjà chargé, d'après les instructions que le ministre avait envoyées par le télégraphe, de diriger les opérations du 20e corps; je me mis en route. Le mouvement s'exécutait sur une grande étendue. N'ayant aucun renseignement, je poussai jusqu'à Châteauneuf-sur-Loire afin d'être à portée d'un poste télégraphique. Là, je reçus du général d'Aurelle l'avis qu'il évacuait Orléans. L'armée de la Loire était percée par son centre et coupée en deux.

Pour assurer la sécurité des 20e et 18e corps sur lesquels le prince Frédéric-Charles pouvait se jeter avec le gros de son armée et se ménager ainsi un succès facile et complet, il était indispensable de les couvrir immédiatement de la Loire.

Je les fis passer en toute hâte sur la rive gauche, le 20e corps moins ses pièces de 12 à Jargeau, le 18e corps et les pièces de 12 du 20e à Sully. Après notre passage, je fis couper les ponts de ces deux localités. Celui de Châteauneuf étant déjà détruit, c'était ce qui nous avait empêché de traverser la Loire à Châteauneuf.

Nous étions fort contents de nous trouver derrière la Loire, au lieu d'être restés au milieu de la forêt d'Orléans, puisque nous étions coupés et sans ligne de retraite assurée; nous nous estimions très-heureux d'avoir échappé à un danger très-sérieux, lorsque tout à coup je reçois l'ordre de m'en aller à Melun et de me jeter dans la forêt de Fontainebleau.

Un membre. — L'ordre était signé de M. de Freycinet?

M. le général Bourbaki. — Il était signé par Gambetta. J'ai remis cette dépêche au général Billot, mon chef d'état-major, qui doit l'avoir encore entre les mains.

Cela n'a pas d'importance.

M. de Durfort de Civrac. — Cela a de l'importance comme démonstration d'incapacité militaire!

M. le général Bourbaki. — Je ne pouvais pas exécuter un tel ordre. C'eût été livrer sans défense l'armée que je commandais. Quelques heures après, heureusement, je reçus contre-ordre. Il me fut prescrit d'aller à Gien et d'occuper fortement ce point. Je m'y dirigeai, mais j'avais demandé à ne pas m'y arrêter, à n'y passer que pour prendre des vivres.

Comme les ponts d'Orléans n'étaient pas coupés, ma ligne de retraite pouvait, d'un instant à l'autre, se trouver compromise. C'est à Gien que je cessai d'exercer le commandement direct du 18e corps, pour le remettre au général Billot, et que je reçus le commandement supérieur de ce corps et du 15e qui était à Salbris.

J'écrivis plusieurs fois que nous ne pouvions pas rester en l'air de cette façon, d'autant plus qu'une partie du 15e corps s'était encore plus rapprochée de Bourges. Malgré le froid, la neige et le verglas, il fallait se concentrer et essayer d'apporter un peu d'ordre dans ces éléments confus qu'on appelait une armée.

M. le général D'AURELLE DE PALADINES. — C'est à la date du 6 décembre que vous m'avez remplacé.

M. le général BOURBAKI. — C'est à cette date que je pris le commandement de la première armée.

Je me rendis à Bourges; j'y ralliai le 15e, le 18e et le 20e corps d'armée.

Vierzon se trouvait occupé déjà par les Prussiens; toute la ligne d'Orléans avait été envahie par eux.

Je dis à M. Gambetta qui était venu à Bourges : « Il faut laisser « à mes hommes quelques jours de repos dans des cantonne- « ments pour les refaire, pour leur procurer des souliers, des « vêtements, et pour protéger un peu les chevaux contre les « intempéries qui en font périr chaque jour un bon nombre. » L'habillement surtout était dans un état déplorable; certains effets ressemblaient à des toiles d'araignée, et l'on voyait le jour au travers.

Je répétai à M. Gambetta qu'il fallait donner à ces hommes le temps de connaître leurs chefs et d'acquérir le sentiment de leurs obligations, la notion de leurs devoirs; il y en avait un grand nombre qui n'en avaient pas l'idée.

M. Gambetta y consentit. Quelques heures après, — je recevais l'ordre d'aller par Blois au secours de la deuxième armée placée sous les ordres du général Chanzy qui battait en retraite dans la forêt de Marchenoir.

Je répondis que le mouvement qu'on m'assignait était impossible par deux raisons. La première, parce que, pour me rendre à Blois et me mettre en communication avec le général Chanzy, il me fallait au moins six jours de marche depuis Bourges; la seconde, c'est qu'on me disait de passer à Blois qui serait probablement occupé par les Prussiens dans vingt-quatre heures (ce qui eut lieu en effet), tandis que je n'y serais guère que dans cinq jours ; j'ajoutai que si j'étais surpris dans cette marche de flanc par l'ennemi débouchant d'Orléans, il me fallait combattre avec le Cher à dos et que, par suite, si j'étais battu, je ne sauverais absolument rien de cette armée. Je me refusai donc à exécuter ce mouvement, prévenant le ministre que s'il n'était pas tenu compte de mes représentations, il faudrait me donner un successeur.

Je dis encore que si l'on voulait me faire rejoindre la deuxième armée de la Loire, il me faudrait suivre la route de la rive gauche du Cher de manière à avoir mon flanc droit constamment couvert par cette rivière.

Pendant ce temps j'écrivais à Chanzy qu'il avait tout le temps de battre en retraite ou sur le Mans ou sur Tours et qu'il devait comprendre qu'il m'était impossible d'aller le rejoindre sans rester sept jours en marche.

Malgré cela, pour lui venir en aide, je fis une démonstration en me portant en avant de manière à faire croire aux Prussiens que j'allais continuer dans cette direction. Je fis occuper Mehun-sur-Yèvre par le 15ᵉ corps, Allogny par le 20ᵉ et Saint-Martin d'Auxigny par le 18ᵉ. Une brigade fut chargée, le lendemain, de chasser l'ennemi de Vierzon et de s'installer dans cette ville.

Il était impossible de demeurer dans ces positions, qui présentaient de graves inconvénients au point de vue militaire. Je ne pouvais donner, de la sorte, aux troupes le repos complet dont elles avaient besoin. M. Gambetta, qui était venu à Bourges, m'autorisa à cantonner l'armée sur la rive gauche de l'Yèvre, sur un espace assez étendu pour qu'elle fût à l'aise, tout en restant assez à portée de Bourges pour pouvoir s'y concentrer rapidement et défendre cette ville au besoin. Le jour même où ce mouvement commençait à s'exécuter, M. Gambetta me déclarait qu'il était indispensable de renoncer au repos projeté, qu'il était urgent d'opérer une forte diversion sur la rive droite de la Loire.

M. Callet. — Avez-vous les dépêches relatives à ce fait ?

M. le général Bourbaki. — J'ai toutes les dépêches, et dès qu'on le voudra, je les produirai.

Je ne vois pas pourquoi on était si pressé d'agir ; l'imagination était montée, M. Gambetta voulait faire marcher des hommes qui n'étaient pas organisés. A peine la toile était-elle tissée qu'elle était employée ; aussi s'en allait-elle en charpie. Je le lui ai dit. « A la guerre, on fait quand on croit réussir ; on ne s'expose pas bénévolement à démoraliser une armée en la faisant battre. » Malgré toutes mes observations, on ne cessait de me dire : « *Il faut faire.* »

M. le comte Daru. — C'était le mot.

M. le général Bourbaki. — Ils croyaient qu'*il fallait faire.*

Je consentis donc à me rendre à Nevers, voulant essayer de m'élever jusqu'à Montargis en descendant la Loire sur la rive droite, et de prendre à revers les Prussiens qui étaient venus jusqu'à Cosne.

Il existe, dans cette contrée, une rivière coulant au milieu d'un terrain assez accidenté, le Loing; c'est un affluent de la Seine. J'avais pris mes dispositions pour marcher sur Montargis, en couvrant mon flanc gauche au moyen de cette rivière.

Ce mouvement ne me plaisait pas beaucoup, parce que les Prussiens, occupant Chaumont, Châtillon-sur-Seine, Auxerre, pouvaient me couper la retraite. Mais il fallait tenter quelque chose.

Le premier jour, j'avais établi mon quartier général à Baugy, entre Bourges et Nevers, lorsqu'arriva M. de Serres, envoyé par M. Gambetta, pour me demander si je ne préférerais pas essayer dans l'Est une diversion ayant pour objet de faire évacuer Dijon, Gray, Vesoul, et de débloquer Belfort. Il m'assura que l'évacuation seule de Dijon exciterait un grand enthousiasme dans le Midi, et nous donnerait tout de suite derrière nous une armée de 100,000 hommes (gardes nationaux mobilisés ou autres).

Je répondis que je n'en demandais pas tant. Tout ce que je désirais, c'était une armée pour garder mon flanc gauche, une fois Dijon évacué, afin de pouvoir me porter en avant. Quant à Dijon, je disais que je ne tarderais pas à le faire évacuer, et que si les conditions étaient telles qu'il venait de me les exposer, je croyais que je ferais également évacuer Gray, Vesoul, et lever le siège de Belfort. J'ajoutai que, ceci fait, on pourrait faire marcher l'armée sur Langres, afin d'essayer de couper les communications de l'ennemi, et qu'en définitive si l'armée périssait dans cette entreprise, elle périrait utilement, car elle aurait empêché, pour un temps donné, le ravitaillement des Prussiens devant Paris.

Il fut donc décidé que je renoncerais au mouvement sur Montargis et que je partirais pour l'Est. Il me fut promis qu'un corps d'armée se trouverait débarqué à Chagny, un autre à Chalon-sur-Saône, et un autre encore que je ne connaissais pas, venant de Lyon, à Besançon, dans l'espace de trois ou quatre jours. Ces prévisions furent bien loin d'être réalisées. Au lieu de quatre jours, il nous fallut onze jours pour opérer le transport des 18e et 20e corps; les trains ne se trouvaient pas formés avant d'être envoyés aux points d'embarquement; on n'avait pas même procédé au triage du matériel, les wagons vinrent en retard; il y eut peu d'ordre et beaucoup de confusion dans les gares. Le résultat fut que nous n'arrivâmes à Chagny et à Chalon-sur-Saône qu'au bout de onze jours. Une fois rendus là, et la concentration de ces deux corps d'armée opérée, Dijon fut évacué. J'employai la même manœuvre pour faire évacuer Gray et Vesoul. L'un des corps d'armée devait traverser l'Ognon à Pesmes; le pont était rompu, je fus obligé de le faire rétablir. L'Ognon, franchi par les deux corps d'armée, je leur fis continuer leur marche de manière à tourner Gray et Vesoul. Pendant la marche sur l'Ognon, j'allai de ma personne passer vingt-quatre heures à Dijon. J'examinai les environs; je demandai l'envoi de pièces de position. C'était un point important. Il me fut assuré que Garibaldi l'occuperait, avec le général Pellissier, ancien officier d'artillerie, et que l'ensemble des forces placées sous leurs ordres serait chargé de garder mon flanc gauche. Il me fut, en outre, promis que Besançon serait abondamment approvisionné, de façon à satisfaire non-seulement à tous les besoins de la garnison, mais, en outre, à ceux de l'armée.

Gray avait été évacué en même temps que Dijon. Mon mouvement continuant, nous menaçâmes les communications de l'ennemi de Vesoul à Montbéliard.

Ce dernier, comme je l'avais indiqué dans un télégramme adressé au ministre de la guerre le 6 janvier, nous présenta la bataille le 9 janvier à Villersexel, petite ville située sur l'Ognon, à l'intersection des routes de Vesoul à Montbéliard, de Lure et de Belfort à Besançon.

Je l'acceptai avec empressement. L'affaire commença à huit heures du matin et dura jusqu'au lendemain matin à la même heure. L'ennemi fut mis en complète déroute, et laissa un grand nombre de prisonniers entre nos mains. Ce combat eut pour conséquence l'évacuation de Vesoul.

A ce moment, j'avais trois corps d'armée, le 18e, le 20e et le 24e, ce dernier très-incomplet; le 15e commençait à me rejoindre, mais avec une lenteur désespérante, due à la mauvaise organisation et au mauvais emploi des chemins de fer, auquel M. de Freycinet, le délégué à la guerre, s'était réservé de présider lui-même. On avait mis, en outre, à ma disposition, une division dont le noyau avait été constitué au moyen d'une légion du Rhône; cette division était commandée par un capitaine d'état-major nommé Cremer, elle était appelée à inquiéter l'ennemi, à le menacer en dehors du rayon de l'armée.

Les Prussiens occupaient encore Montbéliard et Arcey; ce

village est situé à l'intersection des routes de Vesoul à Montbéliard, et de Belfort à l'Isle-sur-Doubs, à Baume-les-Dames, et, par suite, à Besançon.

Je me dirigeai sur Arcey le 13 janvier; je ménageai au 15e et au 24e corps le succès de cette journée. Ces deux corps couchèrent sur le champ de bataille; leur moral se trouva relevé.

Là, j'opérai un changement de front pour attaquer les positions de la Lisaine, depuis Montbéliard jusqu'à Héricourt, au mont Vaudois, à Chagny et à Chenebier.

Je connaissais le pays, je l'avais bien étudié. La configuration du terrain, le cours de la Lisaine, le remblai du chemin de fer, parallèle à la Lisaine, facilitaient beaucoup la défensive de l'ennemi. Je pris mes dispositions en conséquence. Le 15 janvier, je fis attaquer simultanément Montbéliard, Béthoncourt, Bussurel, Héricourt, le mont Vaudois, par les 15e, 24e et 20e corps, réservant à mon aile gauche, composée du 18e corps et de la division Cremer, constituant ensemble un effectif supérieur au tiers de l'effectif total de l'armée, le rôle capital consistant à tourner les positions attaquées par les autres corps, de manière à les faire tomber. Malheureusement, le 18e corps (général Billot), grossi de la division Cremer, qui aurait dû être en ligne dès 9 heures du matin, n'y arriva que vers 4 heures du soir. Le mouvement de l'aile gauche ayant manqué, nous ne réussîmes qu'à gagner un peu de terrain. Nous campâmes cependant sur place. J'ordonnai pour le lendemain le renouvellement de l'attaque; mais l'ennemi avait renforcé sa droite, et les efforts de l'aile gauche qui auraient réussi la veille, s'ils avaient été faits en temps opportun, demeurèrent sans succès. L'armée du général Werder n'avait, au début de mes opérations, que 35,000 hommes; mon effectif était plus considérable, mais en fait d'hommes pouvant réellement se battre, je n'en devais guère compter que 35,000; nous étions donc à peu près à forces égales. L'armée allemande, dès que mon mouvement vers l'est s'accentua, reçut tous les jours des renforts de l'Alsace, de la Lorraine, du duché de Bade et de plusieurs autres parties de l'Allemagne. Elle avait atteint le chiffre de 90,000 hommes, le jour où j'attaquai les lignes de la Lisaine.

Je fis attaquer encore le troisième jour, et j'aurais de nouveau tenté le sort des armes si je n'avais reçu de tous mes chefs de corps l'assurance que les hommes en avaient assez. C'étaient de jeunes troupes, qui depuis trois jours se battaient constamment, qui passaient les nuits au bivouac et dont la subsistance n'était qu'à demi assurée.

J'avais encore un autre sujet d'inquiétude : j'apprenais en même temps que du côté de Dijon, de légers engagements avaient eu lieu aux avant-postes. Pendant ce temps, en effet, le général Manteuffel se portait avec 60,000 hommes sur mes derrières. Il ne me restait plus, dès lors, qu'à me replier sur Besançon.

J'ai à peine besoin de vous dire combien je m'étais préoccupé de Besançon. Dans un télégramme en date du 4 janvier, j'avais réclamé l'exécution des promesses faites; il m'avait été promis que cette place serait bondée de vivres. Vous verrez tout à l'heure ce qui avait été fait dans ce but.

Je me mis en route pour Besançon, en suivant les routes entre Doubs et Ognon. Les rives de la Saône, Dijon et la forêt de Chaux n'étaient pas encore tombés au pouvoir de l'ennemi; mes communications avec le chemin de fer de Bourg, par Quingey et Mouchard, me semblaient ne pouvoir être coupées avant que je m'y trouvasse avec mon armée; le moindre effort des troupes chargées de protéger mes communications aurait suffi pour me donner le temps nécessaire. Je battis donc tranquillement en retraite sans subir la moindre perte; l'ennemi m'enleva quelques traînards, mais pas une seule pièce, pas une seule voiture.

Ceci se passait, Messieurs, avec un froid de 15 degrés en moyenne, avec un verglas épouvantable. Nous avions demandé des fers à crampons et des clous à glace, on ne nous avait envoyé que des clous ordinaires.

Les chevaux d'artillerie tombaient tous les quatre pas; il fallait les relever, ils retombaient; on les relevait, ils retombaient encore; et cela durait toute la journée.

Avant d'arriver à Besançon, j'avais pris mes dispositions pour protéger mes communications; j'avais envoyé en chemin de fer une division occuper Quingey et la gare de Mouchard; les défilés des mont Lomont étaient gardés par le général Bressolles avec le 24ᵉ corps; le 15ᵉ corps avait été envoyé au sud-ouest de Besançon pour occuper les positions entre le Doubs et la Loue, appuyant la division envoyée à Mouchard; ce corps était chargé d'occuper les ponts de la Loue les plus rapprochés. Je pensais avoir paré ainsi aux plus sérieuses éventualités.

Arrivé à Besançon, ma première demande à l'intendant Friant fut la suivante : « Eh bien! nos distributions, où en sont-elles? Pour combien de temps avons-nous de vivres? — Nous avons des vivres pour cinq jours », me répondit-il.

Ce fut le commencement et la cause principale de nos malheurs. L'administration de la guerre n'avait pas accru d'une seule ration, depuis le 15 décembre, les approvisionnements de réserve à Besançon. Et cependant, rien ne lui aurait été plus facile, puisque la ligne ferrée de Lyon à Besançon, par Bourg, n'a été utilisée pour aucun transport; qu'elle est restée constamment libre.

Enfin, nous examinons les ressources de l'armée et celles de la garnison. Ces ressources réunies, nous ne pouvions espérer qu'elles dureraient plus de 15 à 18 jours. Les approvisionnements sur lesquels je comptais n'étaient pas arrivés. On avait bien expédié des vivres, mais ces vivres étaient restés dans le Midi, et, par suite des embarras, de l'encombrement des gares, rien n'était parvenu à Besançon. Puis je recevais d'autres nouvelles encore. Ce sont de ces choses que je n'aime pas à redire, mais enfin, à vous, il faut bien ne rien dissimuler. La démoralisation des troupes était profonde, elle était la conséquence des circonstances, des misères supportées, de la satisfaction incomplète des besoins matériels, de la jeunesse des soldats, de leur manque d'habitude des choses de la guerre, de leur défaut d'instruction et surtout d'éducation militaire, du manque de cadres et d'anciens soldats façonnés au métier.

Je reçus une lettre du général Martineau-Deschenez, commandant le 15e corps, lettre dans laquelle il me disait que je ne devais pas me faire d'illusion, qu'on s'organisait pour fuir et non pour combattre, et cette lettre était accompagnée de pièces à l'appui. Le général Bressolles me tint à peu près le même langage, mais il m'annonça quelque chose de bien plus fort. C'est qu'il avait cessé d'occuper les monts Lomont, qu'il n'avait pas pu attendre mes ordres pour prendre ce parti, et qu'il filait jusqu'à Vercel. Je lui ordonnai de la façon la plus impérative d'arrêter son malencontreux mouvement de retraite et de reprendre immédiatement l'offensive. Il ne me répondit pas, et depuis je restai sans nouvelles de lui. Il n'avait rien tenté de sérieux pour se conformer à mes instructions formelles, il avait continué sa retraite.

Le 18e corps (général Billet), que j'avais appelé pour faciliter l'offensive du 24e corps, avait employé 24 heures à passer de la rive droite à la rive gauche du Doubs, en traversant Besançon. Il ne put, par suite de ce retard, être engagé utilement.

Quant à la division Dastugues que j'avais chargée d'occuper la gare de Mouchard, elle n'avait pas tenu dans cette position.

M. Chaper. — C'était une division de cavalerie?

M. le général Bourbaki. — Non. C'était une division d'infanterie d'un faible effectif. Les choses en étaient à ce point lorsque je reçus du Ministère de la guerre la dépêche télégraphique que j'ai là. Vous voyez la position : le général Werder occupait les rives de l'Ognon; le général Manteuffel tenait la Saône et la partie inférieure du cours du Doubs. Or, cette dépêche m'enjoignait d'aller au secours de Garibaldi à Dijon. Il fallait percer cette masse de 150,000 hommes qu'on avait laissé s'agglomérer sur les deux rives de la Saône; il n'y avait qu'un seul point de passage, Auxonne; de façon que toute l'armée venant à s'engager dans ce cul-de-sac, dans ce coupe-gorge, se serait trouvée prise en flanc des deux côtés à la fois et acculée à la Saône sur cet unique point de passage ! Je n'aurais sauvé ni un homme ni un canon.

Je refusai complétement de prendre cette route. Une seule chance de salut, puisque Garibaldi et le général Pellissier n'avaient eu garde de se replier, pour défendre la forêt de Chaux, la gare de Mouchard et Quingey, était de descendre vers le Midi, en côtoyant la frontière de la Suisse. J'avais plus de chance, d'ailleurs, malgré le peu de forces réelles qui me restaient, de battre l'ennemi à l'une de ses ailes et de me frayer un passage de cette façon-là qu'en essayant de percer par son centre, où il pouvait réunir beaucoup plus de forces dans le même temps. Chacun voit cela, n'est-ce pas ?

M. de Freycinet répondit à mes justes observations par un télégramme qui, tout en me laissant ma liberté d'action et ma responsabilité, me parut, je ne dirai pas injurieux, mais plus que dur. La crainte de voir mon armée internée en Suisse, le manque de vivres pour mes troupes, l'appréciation injuste que le ministre de la guerre faisait d'efforts si constants, si soutenus, si désespérés, tentés dans des conditions de température affreuses, toutes ces pensées m'assaillirent, et alors..... l'accident est arrivé.

Je ne sais pas ce qui se serait passé s'il avait été donné à l'armistice une autre interprétation que celle qu'il a reçue ; mais dans l'état où l'on était, dès qu'on sut qu'il y avait armistice, on se dit : Dieu soit loué ! l'armée restera en place au lieu de gagner de vitesse et de prendre de meilleures positions. C'est ainsi qu'elle s'est trouvée dans l'obligation de se réfugier en Suisse !....

Voilà, messieurs, le récit exact des événements sur la succession desquels vous teniez à être édifiés.

M. CALLET. — Ainsi, l'opinion du général est qu'on ne pouvait pas faire autre chose que ce qui a été fait ?

M. le général BOURBAKI. — Oh ! quant à cela, c'était impossible. Songez à la situation ; nous voilà dans un pays couvert de neige, avec un verglas sans pareil, sans autre chemin de fer pour nous ravitailler que celui de Besançon par Clerval; communiquant seulement par les routes ordinaires avec Montbéliard et Héricourt que nous avions attaqués le même jour. Il fallait donc envoyer à Clerval chercher des vivres. Avec les meilleurs moyens de transport réquisitionnés dans le pays on fait, sur ces routes, en temps ordinaire, une lieue par heure ; le verglas se produisant, on employait alors trois heures et quelquefois quatre pour le même trajet. Puis, l'encombrement se produisait en tête des convois, les chevaux tombaient sur la route et quelques-uns mouraient dans les brancards mêmes de la voiture à laquelle ils étaient attelés.

Il faut avoir vu ce que peut produire un froid de 18 degrés dans ces montagnes pour s'en rendre un compte exact.

Quant à la dépêche dont je vous parlais tout à l'heure, elle est du 25 janvier.

« *Télégramme du ministre de la guerre au général Bourbaki.*

« Vos dépêches chiffrées d'hier ne sont arrivées ici que ce matin après dix heures; elles n'ont été déchiffrée, et je n'ai pu en prendre connaissance que vers une heures. Je m'empresse d'y répondre.

« Je suis tombé des nues, je l'avoue, à leur lecture. Il y a huit jours à peine, devant Héricourt, vous me parliez de votre ardeur à poursuivre le programme commencé ; et aujourd'hui...... » — J'en avais pourtant eu de l'ardeur ! — « et aujourd'hui, sans avoir eu à livrer un seul nouveau combat, après avoir fait des mouvements à peine sensibles sur la carte... »

On oublie que j'avais eu à faire une très-grande conversion pour opérer ma retraite des lignes de la Lisaine sur Besançon ; on m'avait assuré qu'il n'y avait plus en Allemagne un seul homme qui pût être envoyé contre nous, au moment où le mouvement vers l'Est avait commencé ; or, nos prisonniers ont vu chaque jour, à partir de cette époque, passer des trains entiers de troupes, notamment à Mayence. Par suite de cette nouvelle agglomération, je me trouvais arrêté et, pendant ce temps, les troupes chargées de garder le cours de la Saône ayant laissé franchir cette rivière par l'ennemi, ma gauche se trouvait tournée et je devais opérer un mouvement de conversion ayant la droite pour pivot. Le délégué à la guerre avait sans doute négligé cette considération, et basé ses appréciations sur l'étendue des mouvements de l'aile droite ; je continue :

« .... Vous m'annoncez que votre armée est hors d'état de marcher et de combattre, qu'elle ne compte pas 20,000 combattants, que la marche que je vous conseille, vers l'Ouest ou le Sud, est impossible et que vous n'avez d'autre solution que de vous diriger sur Pontarlier ; enfin vous concluez par me demander mes instructions. Quelles instructions voulez-vous que je donne à un général en chef qui déclare qu'il n'y a pas d'autre parti à prendre ? Puis-je, je vous le demande, prendre la responsabilité d'un de ces échecs qui suivent trop souvent la détermination qu'on impose à un chef d'armée ? Je ne puis que vous manifester énergiquement mon opinion, mais je n'ai pas le droit de me substituer à vous-même, et la décision en dernier lieu vous appartient.

« Or, mon opinion est que vous exagérez le mal ; il me paraît impossible que votre armée soit réduite au point que vous dites. »

— Mais cette armée, elle est restée soixante-deux jours dans la neige, le verglas, la glace ; or, l'armée de l'empereur Napoléon Ier (500,000 hommes), soit dit sans comparaison, bien entendu, n'a mis que soixante jours pour se fondre, en 1812, dans de telles conditions ; j'entends par là que les maux physiques sont les mêmes pour les uns et pour les autres.

« Le commandement d'un bon chef ne peut pas en si peu de temps laisser une telle désorganisation s'accomplir. Je crois donc que, sous l'impression de votre dernier insuccès, vous croyez la situation autrement qu'elle n'est. En second lieu, je crois fermement que votre marche sur Pontarlier vous prépare un désastre inévitable. Vous n'en sortirez pas ; vous serez obligé de capituler, ou vous serez rejeté en Suisse. »

— Eh ! je savais bien que je risquais l'internement en Suisse, mais j'aimais encore mieux cela que de laisser prendre hommes et matériel par l'ennemi.

« Quelle que soit la direction que vous preniez pour sortir de Pontarlier, l'ennemi aura moins de chemin à faire que vous pour vous barrer le passage... »

— Oui, mais je le répète, j'avais plus de chance de réussir en attaquant une des ailes de l'ennemi qu'en essayant de forcer son centre.

« Ma conviction bien arrêtée, c'est qu'en réunissant tous vos corps, et vous concertant au besoin avec Garibaldi...

— Or, je n'avais eu aucune espèce de communication avec Garibaldi, ni par des hommes venus à pied, ni par cavaliers. »

« ... vous serez pleinement en force, soit pour passer par Dôle... »

— Pourquoi Dôle, plutôt qu'un autre point ? Allez à Dôle !

Partez pour Dôle! on croirait vraiment qu'il n'y a qu'à écrire des instructions pour qu'elles soient exécutées.

« ... soit par Dôle, soit par Mouchard, soit par Gray, soit par Pontarlier. Vous laisserez ensuite le 24ᵉ corps et le corps Cremer en relation avec Garibaldi, et vous continuerez votre mouvement en prenant autant que possible pour objectifs les points indiqués dans mes dépêches précédentes, et si l'état de votre armée ne permettait pas réellement une marche aussi longue, vous vous dirigeriez vers Chagny pour y stationner ou pour vous y embarquer.

« Remarquez que dans la position que vous allez prendre, vous ne couvrirez pas même Lyon.

« Telle est, général, mon opinion. Mais, je le répète, vous êtes seul juge en dernier ressort, car vous seul connaissez exactement l'état physique et moral de vos troupes et de leurs chefs. »

Un membre. — Quelle est la signature?

M. le général Bourbaki. — Toujours : de Freycinet; les signatures sont toujours de Freycinet.

Voici maintenant ce que je répondis :

« Besançon, le 25 janvier 1871.

« J'éprouve le besoin d'insister près de vous sur les dangers que présenterait toute opération de la première armée sur Nevers, Auxerre ou Tonnerre, quelque désirable qu'en soit la réalisation.

« L'état moral de l'armée est très-peu solide; elle ne pourrait enlever Dôle. En outre, il nous faudrait passer entre deux rivières occupées par l'ennemi, exécuter ainsi une double marche de flanc, passer la Saône à Auxonne, et pour peu que l'ennemi, profitant de cette situation, menaçât nos derrières, accepter le combat ayant la Saône à dos avec un seul point de passage.

« L'ennemi ne peut se concentrer aussi rapidement sur l'une de ses ailes que sur son centre, et plus il me suivra vers le Sud, plus il découvrira sa propre ligne de communication.

« Si je puis le devancer à Salins, mon mouvement se trouvera réduit comme distance, comme difficulté des routes que couvre la neige, et comme temps.

« J'ai dirigé ce matin trois colonnes, la division Cremer, la réserve générale de l'armée et une division du 20ᵉ corps qui s'arrêteront ce soir sur les bords de la Loue à Cléron et Ornans, et qui continueront leur route demain, soit dans la direction de Salins, soit dans celle de Pontarlier, suivant les circonstances.

« Ma grande préoccupation est d'assurer la subsistance des hommes. »

— On m'avait promis des vivres à Pontarlier, et de les faire arriver jusqu'aux monts Lomont.

« Elle serait bien réduite, si Besançon possédait toutes les ressources que j'avais demandé d'y accumuler. L'intendant Friant prétend vous avoir signalé à diverses reprises l'impossibilité d'atteindre le résultat voulu, à cause de l'encombrement des voies ferrées.

« Il importe peu qu'il soit ou non responsable de cet état de choses : il ne m'en cause pas moins une situation extrêmement difficile. Je reçois votre télégramme de cette nuit, réclamant des nouvelles, je vous ai télégraphié hier soir à 8 heures 30 et à 9 heures, et cette nuit à 12 heures 45.

« Quant à présent, je ne puis que chercher à me dégager et non à percer la ligne ennemie. »

— Et, en effet, comme vous le savez, la Saône était dégarnie et je me trouvais avec 150,000 hommes sur les bras.

M. le comte DARU. — Général, vous avez parlé de M. de Serres ; n'était-il pas un des secrétaires de M. Gambetta ?

M. le général BOURBAKI. — M. de Serres n'était pas secrétaire de M. Gambetta, il était plutôt le délégué de M. de Freycinet.

M. LE PRÉSIDENT. — N'avait-il pas été attaché à votre état-major ?

M. le général BOURBAKI. — Il y était resté depuis le commencement du mouvement sur l'Est. Il y avait été envoyé, ainsi qu'un major autrichien nommé de Nordte, et un capitaine français de cavalerie nommé Maréchal. Je ne m'inquiétais pas, d'ailleurs, de rechercher si le Gouvernement me faisait ou non surveiller. Cette situation m'avait été faite pendant que j'exerçais le commandement supérieur de la région du Nord. J'en ai acquis la certitude.

M. LE PRÉSIDENT. — Vous a-t-on créé des difficultés ?

M. le général BOURBAKI. — Je n'ai eu qu'à me louer de mes rapports avec ces messieurs.

M. LE PRÉSIDENT. — Ils ne vous ont pas gêné dans vos mouvements ?

M. le général BOURBAKI. — Non, monsieur le Président.

M. le comte DE RESSÉGUIER. — Quel a été leur rôle dans votre état-major ?

M. le général BOURBAKI. — M. de Serres, ancien élève des ponts et chaussées, s'occupait spécialement des voies ferrées.

M. DE ROGER. — Il n'était pas militaire?

M. le général BOURBAKI. — Il n'était pas militaire; il entretenait des relations avec les agents des compagnies; il a reconnu plusieurs fois lui-même l'état des voies, ce pourquoi il était très-compétent; il était inspecteur général des chemins de fer autrichiens. Il m'a toujours semblé fort zélé et quelquefois très-utile. MM. de Serres, de Nordte et Maréchal me quittèrent après mon arrivée à Besançon, sur l'ordre de M. de Freycinet, pour retourner à Bordeaux.

M. DE ROGER. — Est-ce que M. de Serres est Français?

M. le général BOURBAKI. — Je crois qu'il était Français, mais je ne puis rien préciser sur sa nationalité. Il était très-agréable dans ses relations.

M. CALLET. — N'y a-t-il pas eu un retard dans votre marche?

M. le général BOURBAKI. — Oui, il y a eu un retard dans ma marche, retard causé par la difficulté de faire mouvoir les troupes de toutes armes sur des routes couvertes de verglas et d'assurer le transport du matériel de guerre, celui des vivres et des munitions dans d'aussi fâcheuses conditions.

De plus, de grands renforts, des renforts considérables sont arrivés aux Allemands que l'on croyait ne plus pouvoir lever un seul homme. Il ne leur est pas venu seulement des hommes de l'intérieur de l'Allemagne; il leur a été fourni des renforts par les troupes occupant la Lorraine, par celles occupant l'Alsace, et il a été détaché en outre, pour couper nos communications, deux corps d'armée, le 7e, rendu libre par la capitulation de Mézières et le 2e qui se trouvait sous les murs de Paris; ces deux corps, présentant un effectif total de 60,000 hommes, étaient sous les ordres du général Manteuffel. Il aurait fallu, sur la Saône, qu'on disputât le passage à l'ennemi, que l'on rompît les ponts, comme j'en avais donné l'ordre. Je ne crois pas qu'on eût empêché les Allemands de passer, mais on aurait retardé leur mouvement et là était toute la question.

M. LE PRÉSIDENT. — Garibaldi a-t-il cherché à vous rejoindre?

M. LE général BOURBAKI. — Je ne le pense pas, et, quant à moi, je ne l'ai jamais désiré. Tout ce que je souhaitais, c'était que, ni lui ni ses officiers ne se trouvassent en rapport avec mon armée; mais j'étais en droit d'espérer que Garibaldi garantirait mon flanc gauche.

M. le PRÉSIDENT. — A qui faut-il attribuer le fait de ne pas avoir fait connaître les conditions de l'armistice, et par conséquent d'avoir causé une partie des désastres de l'armée de l'Est?

M. le général Bourbaki. — L'armistice a été notifié par le Gouvernement sans qu'il ait été fait mention, dans cet avis, de l'exception relative à l'armée de l'Est. Je crois que c'est M. J. Favre qui, en signant l'armistice, en a fait excepter cette armée. On ne comprend guère le mobile qui l'a guidé en cette circonstance.

Voici cependant la seule explication qui me paraisse admissible. Comme nous avions eu un succès à Villersexel, il se sera dit : « Ne traitons pas pour l'armée de l'Est, elle est en train de battre les Prussiens. » Je n'en sais rien positivement, mais je ne puis m'expliquer autrement cette clause dont les conséquences ont été si graves. Comment comprendre, en effet, qu'on exceptât de l'armistice une armée en pareille situation ? Nous avions obtenu un succès réel; l'imagination l'a grandi, et de là cette exclusion qui aurait été consentie ou demandée par M. Jules Favre lui-même.

M. le Président. — Ainsi, cette condition, de mettre en dehors de l'armistice l'armée de l'Est, ne viendrait pas, selon vous, des Allemands qui l'auraient imposée, mais des Français, qui en auraient fait la demande ?

M. le général Bourbaki. — Je le crois sincèrement. On prétend même que M. de Bismark aurait dit au sujet des succès de l'armée de l'Est : « En êtes-vous bien sûr ? »

M. le Président. — Aviez-vous quitté le commandement au moment de l'armistice ?

M. le général Bourbaki. — J'avais quitté ce commandement.

Un Membre. — Que serait-il arrivé, suivant vous, si l'armistice avait été complet ?

M. le général Bourbaki. — On serait resté à Pontarlier, et les troupes françaises n'auraient pas été dans la nécessité de se faire interner en Suisse.

M. le Président. — Croyez-vous que vous auriez pu passer à travers les troupes prussiennes ?

M. le général Bourbaki. — Non, pas à travers le centre des forces de l'ennemi; mais j'aurais fait en sorte de repousser son aile droite. Vous pourriez, du reste, demander au général Clinchant des détails plus circonstanciés à ce sujet. On n'aurait probablement pas pu reprendre l'offensive, mais on aurait pu arrêter la marche des Prussiens.

M. le baron de Vinols. — Je demanderai au général quelle importance il attachait au changement de position de Garibaldi. Garibaldi abandonnait des positions qu'il aurait dû garder, pour courir, disait-il, à une victoire facile.

M. le général Bourbaki. — Il n'y a pas eu pour Garibaldi et ses troupes de victoire facile ni difficile. Les gens de cette armée ont écrit, de tous côtés, qu'ils étaient victorieux ; on l'a cru un instant, mais les victoires n'existaient que dans les bulletins.

Un Membre. — Garibaldi n'a-t-il pas, en abandonnant ses positions, rendu plus facile la marche des Prussiens sur vous ?

M. le général Bourbaki. — J'admets qu'il ait connu le mouvement du général Manteuffel ; il aurait pu s'y opposer, courir à Gray, s'y battre, chicaner, disputer le terrain, se replier, s'il y était forcé, sur Dôle et la forêt de Chaux, facile à défendre par des troupes irrégulières, je ne demandais pas d'autre victoire. Du reste, il y a des dépêches télégraphiques qui montrent qu'au Ministère de la guerre, on s'était rendu compte de la conduite de Garibaldi et qu'elle avait excité dans le Gouvernement d'alors un vif mécontentement.

Un Membre. — Il a été accusé d'être la cause du désastre principal de l'armée de l'Est.

M. le général Bourbaki. — Oui, jusqu'à un certain point, parce que, s'il avait tenu ses positions, j'aurais eu du temps devant moi, le général Manteuffel n'aurait pas pu concentrer tous ses efforts sur nos troupes ; il aurait dû assurer ses communications.

Je cherche mes dépêches ; il y en a deux surtout qui pourraient vous intéresser. Je suis bien fâché de n'avoir pas été prévenu plus tôt ; je vous aurais donné des détails plus complets.

M. le Président. — Vous pourrez les compléter en revoyant votre déposition. La Commission vous en sera reconnaissante. Vous compléterez les dépêches que vous n'avez pas lues, que vous n'avez fait qu'indiquer. La sténographie de votre déposition vous sera remise ; vous pourrez la corriger et la compléter.

M. le général Bourbaki. — Je remercie la Commission, Je le ferai volontiers.

Je tiendrais toutefois à vous lire une dépêche adressée à Garibaldi par le Ministère de la guerre. Il est condamné par M. de Freycinet, et très-durement.

Un Membre. — Est-ce à l'occasion de sa prétendue victoire ?

M. le général Bourbaki. — Malheureusement nous n'étions pas victorieux, nous avions le sentiment profond que nous avions été battus. Nous n'avions qu'une prétention, celle de mieux nous y prendre une autre fois.

Voici la dépêche de M. Freycinet ; elle est du 19 janvier. Vous voyez que c'est bien près du jour où l'armistice a été conclu.

« Je ne comprends pas les incessantes questions que vous me posez pour savoir qui commande, non plus que les difficultés qui surgissent toujours au moment où, dites-vous, vous allez faire quelque chose. La situation est bien simple : Vous commandez l'ancienne armée des Vosges et les mobilisés de l'Isère; vous avez pleins pouvoirs de défendre tout le pays, et vous jouissez exactement des mêmes prérogatives que tous les commandants en chef. Vous êtes le seul qui invoquiez sans cesse des difficultés et des conflits pour justifier, sans doute, votre inaction. Je ne vous cache pas que *le Gouvernement est fort peu satisfait de ce qui vient de se passer. Vous n'avez donné à l'armée de Bourbaki aucun appui, et votre présence à Dijon a été absolument sans résultat pour la marche de l'ennemi de l'Ouest à l'Est. En résumé, moins d'explications et plus d'actes,* voilà ce qu'on vous demande.

« *Signé :* De Freycinet. »

M. le baron de Vinols. — C'est sa condamnation.

M. le Président. — Les dépêches que vous n'avez pas, vous les joindrez à votre déposition.

M. Maurice. — Ce n'est pas une question que je veux adresser au général, c'est la confirmation de ce qu'il vient de dire, que je veux faire devant lui.

J'ai été maire de Douai, un peu avant l'époque où M. le général Bourbaki nous fit l'honneur de nous visiter. Je suis donc en position de vous dire combien nous avons été heureux de l'arrivée du général, et combien nous avons été douloureusement affectés de son départ.

Rien ne manquait dans le Nord pour y faire quelque chose d'utile au salut du pays. Le conseil général du Nord avait voté 15 millions immédiatement souscrits; nous avions des hommes autant que nous pouvions en désirer; l'industrie du pays pouvait fournir abondamment tout ce qu'il fallait en matériel, habillement et campement. C'est avec désespoir que nous avons vu ces éléments de force devenir impuissants par défaut de direction utile et par perte de temps.

Quand nous avons su que le général Bourbaki arrivait, quand nous l'avons vu travailler d'une façon très-utile à organiser l'effort de la résistance, nous avons conçu des espérances, et nous avons espéré que le Nord allait agir efficacement.

Le général est arrivé à Douai : c'est à Douai surtout qu'on l'a insulté. Je tiens à dire quels éléments ont été mis en jeu. Ce sont deux hommes déclassés, avec cinq ou six écoliers, et quelques soldats débandés qui ont poursuivi le général, qui ont donné des coups de baïonnette à la portière de sa voiture. Tous les gens sensés, je ne dis pas seulement les conservateurs, mais même les républicains sensés, étaient indignés et déploraient ces faits.

C'est à la suite de cette manifestation dont vous voyez l'inanité; c'est parce que dans deux ou trois villes quelques individus avaient dit que le général Bourbaki n'était pas un ancien républicain, qu'on nous l'a enlevé, que nous sommes tombés de nouveau dans une quasi-inaction, et que nos 15 millions, nos 40,000 mobilisés, et les efforts de notre industrie ont été paralysés jusqu'à l'arrivée du général Faidherbe. Il est venu, et a payé noblement de sa personne. — Je dois dire, avec un souvenir de patriotisme indigné, combien nous avons souffert en voyant un département prêt à tous les sacrifices, paralysé longtemps dans ses efforts, et perdant un bon général par la faute d'une infime minorité.

M. Perrot. — Je désirerais adresser une autre question au général Bourbaki.

Dans le commencement de son récit, il nous a parlé de l'affaire Régnier. Je voudrais qu'il prît la peine de nous dire ce qu'il pense du rôle que jouait ce personnage.

M. le général Bourbaki. — Je crois qu'il avait vu M. de Bismark, et qu'il avait demandé à voir l'Impératrice, qui ne l'aurait pas reçu. Il était porteur de photographies que le Prince Impérial l'avait autorisé, sur sa demande, à remettre à l'Empereur. Le maréchal Bazaine le reçut comme un homme qui a perdu l'espoir de se tirer d'affaire, et qui se raccroche aux moindres branches de salut s'offrant à lui. Le maréchal me dit que mon devoir était d'aller trouver l'Impératrice, afin de connaître ses intentions, et il m'en donna l'ordre par écrit.

M. de Rességuier. — C'était M. Régnier qui avait fait naître cette espérance dans l'esprit du maréchal?

M. le général Bourbaki. — Oui. M. Régnier, à notre arrivée au château de Borny, quartier général du prince Frédéric-Charles, me parut avoir ses entrées libres dans les divers bureaux de l'état-major général. Pendant que je me promenais sous les arbres, attendant qu'il nous fût permis de continuer notre route, M. Régnier vint me proposer de me présenter au prince, et il me dit que le chef d'état-major général avait manifesté le désir de serrer la main à un collègue. Je déclinai formellement l'une et l'autre invitations, et je fis comprendre à M. Régnier que, puisque nous étions en guerre, je n'avais d'autre sentiment qu'un sentiment de haine qui ne me permettait pas une semblable démarche. « Je vous en supplie, dis-je à M. Régnier, gardez-vous de me mettre en rapport avec ce général. » Ces circonstances me donnèrent à penser; aussi, je vous l'assure, si à ce moment j'avais pu retourner à Metz, je l'aurais fait bien volontiers. (*Séance du 5 août* 1871.)

ANNEXE A LA DÉPOSITION DE M. LE GÉNÉRAL BOURBAKI.

Au quartier-général, à Lyon,
le 26 septembre 1871.

« *A Monsieur le Président de la Commission d'enquête sur les actes du Gouvernement de la Défense nationale.*

« Monsieur le Président,

« Lorsque j'ai eu l'honneur, le 5 août dernier, de déposer devant la Commission que vous présidez, j'ai parlé d'une lettre adressée par moi, de Bruxelles, à mon retour d'Angleterre, au vice-amiral Fourichon, alors ministre de la marine, lettre ayant pour objet d'informer la Délégation de Tours de mon départ pour Metz, et de la situation morale et matérielle de cette place et de l'armée.

« Depuis lors, j'ai appris indirectement que M. le vice-amiral Fourichon aurait déclaré ne jamais l'avoir reçue. Il est possible, en effet, que la minute n'en ait pas été expédiée par le ministre de France à Bruxelles, M. Tachard ; qu'elle n'ait fait l'objet que d'un télégramme chiffré, et que ce télégramme, adressé à l'un des autres membres du Gouvernement, n'ait pas été communiqué par lui au vice-amiral Fourichon (1).

« J'ai omis, dans ma déposition, de déclarer que des faits de cette nature s'étaient produits à diverses reprises. Je n'ai jamais reçu une seule communication du général Trochu pendant le siége de Paris, et il m'a été néanmoins assuré qu'il m'avait adressé plusieurs dépêches qui ont dû rester entre les mains d'un des membres de la Délégation de Tours. J'ai pensé qu'il y avait quelque intérêt à réparer cette omission. C'est dans ce but que j'ai l'honneur de porter à votre connaissance les faits qui précèdent.

« Veuillez agréer, Monsieur le Président, l'assurance de ma haute considération.

« *Signé :* C. BOURBAKI. »

---

(1) Cette lettre a été déposée par le général Bourbaki lui-même à la légation française, à Bruxelles.

NOTE RELATIVE AUX ÉVÉNEMENTS QUI SE SONT SUCCÉDÉ A PARTIR DES PREMIERS JOURS D'OCTOBRE 1870.

Je suis arrivé à Tours pour me mettre à la disposition du Gouvernement de la Défense nationale, vers le *12 octobre*. J'y fus parfaitement accueilli, et M. Gambetta me proposa le commandement en chef des troupes occupant les positions en avant de Tours et la ligne d'Orléans à Vierzon. Je fis remarquer qu'après l'échec d'Orléans le commandement avait été retiré au général de la Motterouge pour être confié au général d'Aurelle de Paladines, et qu'il n'existait aucun motif de l'enlever à cet officier général.

Je crus devoir appeler l'attention des membres du Gouvernement sur les bandes informes qu'ils considéraient comme une armée, bandes dans lesquelles on entendait tout le monde crier et chanter, excepté les officiers, qui, eux, marchaient avec leurs troupes d'un air résigné, mais ne semblaient nullement les commander. J'ajoutai que, selon moi, l'intérêt de la France était de rassembler du monde, mais uniquement pour traiter plus avantageusement de la paix pendant que l'armée de Metz était encore debout; que Paris, grand centre de résistance, tenait encore; et que l'organisation de la province, quelque incomplète qu'elle fût, pouvait être un sujet de crainte sérieuse pour l'ennemi. Je continuai en disant que si, en 1792, on avait résisté à l'invasion de 30,000 Prussiens, il ne convenait pas d'en déduire que les mêmes chances pussent nous être réservées en 1870, contre un million d'Allemands très-bien organisés, et dont les institutions étaient basées sur la nécessité d'une puissante action militaire.

Il me semble parfaitement me souvenir que M. Gambetta, tout en avouant être de mon avis, déclara que les conditions de paix revendiquées par l'ennemi étaient inadmissibles; qu'en prolongeant la lutte, nous bénéficierions de l'intervention des puissances neutres; que nos efforts et les ruines qui en seraient la conséquence ne seraient pas perdus, et que les uns et les autres tourneraient à l'honneur et à l'avantage du pays.

Je dis que je ne me proposais pas de discuter plus longuement la question de paix ou de guerre; je me bornai à déclarer que l'armée de Metz ne me semblait pas devoir tenir plus d'un mois au moment où je l'avais quittée, que le nombre des chevaux livrés à la boucherie et de ceux mourant à la corde ne permettrait pas d'atteler nos pièces; que les ressources en farines ne laisseraient pas la faculté de distribuer pendant plus de six semaines la ration de pain réduite à 300 grammes, renseignement que je tenais de M. Bouchotte, placé à la tête de la principale minoterie de Metz; que, grâce à un effort suprême, une partie de cette armée pourrait gagner la Belgique, où elle serait internée, mais que, d'une façon ou de l'autre, l'armée et la place seraient perdues pour la France.

J'ajoutai que, s'il pouvait être tenté quelque action pour lui venir en aide, c'était du côté du Nord, et que, pour ce motif, je préférais être envoyé dans cette région.

M. Gambetta donna satisfaction au désir que je lui avais ainsi exprimé, en me nommant au commandement supérieur de la région du Nord.

Arrivé dans cette contrée le 20 octobre, j'y trouvai toutes les places fortes dégarnies de leurs pièces rayées, ce matériel ayant été envoyé à Paris pour l'armement de l'enceinte et des forts. Les dépôts des régiments avaient été épuisés et ne possédaient plus d'hommes, ni d'armes depuis qu'ils avaient concouru à l'organisation de l'armée de la Loire. J'eus recours à l'amiral Fourichon, ministre de la marine, qui m'envoya 50 pièces de gros calibre pour commencer la mise en état de défense des places. L'amiral mit, en outre, à ma disposition 3,000 fusiliers marins qui, répartis entre les points les plus importants, contribuèrent à relever le moral de chacun, à faire naître ou à développer l'esprit de résistance.

Je ne dissimulai pas à M. Gambetta les difficultés avec lesquelles je me trouvais aux prises. Je lui disais notamment, dans une lettre datée de Lille, le 21 octobre :

« J'ai éprouvé une bien grande déception en apprenant que, jusqu'au jour de mon arrivée, par ordre du ministre de la guerre, on avait enlevé à la région du Nord toutes les forces armées qui étaient à peu près organisées, qu'on avait fait refluer sur les différents points où devait s'organiser l'armée de la Loire, canons, caissons et compagnies, et que ce mouvement n'avait pas discontinué jusqu'au 19, où les trois dernières compagnies organisées de la région du Nord avaient été envoyées à Bourges.

« Je me trouve donc au milieu d'énormes dépôts sans cadres, de gardes nationales mobiles très-incomplétement armées et équipées. Je vous en donnerai une idée, en disant que nous n'avons que 300,000 cartouches de chassepots, que pour créer quelques batteries d'artillerie, il faut que nous fassions construire les affûts, que nous achetions les chevaux, les harnais et que nous trouvions les artilleurs et les cadres d'officiers.

« Dans cette position, il n'y a pas d'illusion à se faire : nous ne pouvons que nous défendre dans les places fortes plus ou moins longtemps, car la plupart d'entre elles ne possèdent que l'armement de sûreté, et le nombre de projectiles à tirer est, pour beaucoup de ces places, simplement de 150 coups par pièce.

« Pour être à même de créer quelque chose, il nous faut du temps ; et c'est suivant les forces dont l'ennemi disposera que nous pourrons espérer d'arriver à un petit résultat ; car s'il devient assez nombreux pour se mettre entre nos places avant que nous ayons pu créer un corps susceptible de tenir la campagne, toute création deviendra presque impossible.

« Dans l'état de la question, je me préoccupe d'assurer la défense de Douai, de Lille, d'Arras, de Valenciennes, de Condé, de Bouchain, de Cambrai, de Maubeuge, de Landrecies, de Dunkerque, de Gravelines, de Saint-Omer, d'Aire, de Calais, de Boulogne, de Rocroy, de Mézières, de Givet, de Montmédy, de Longwy et de Thionville.

« J'ai malheureusement acquis la certitude que dans toutes ces places, il n'y a presque que l'armement de sûreté ; que pour assurer l'armement de Paris, on a dépouillé ce pays-ci de presque toutes les pièces rayées à longue portée ; que les fusils manquent dans beaucoup de localités, et que les cartouches devront être bien économisées, chose difficile à obtenir avec des soldats ou des gardes nationaux mobiles tout neufs et la garde nationale mobilisée ou sédentaire.

. . . .

« Matériel, munitions, cadres, instruction tout nous manque. Nous n'avons que du patriotisme. Malheureusement il ne suffira pas pour repousser l'ennemi qui accable notre pauvre patrie. »

En faisant flèche de tout bois, je parvins à habiller et à armer les hommes au fur et à mesure de leur arrivée dans les dépôts, comme à créer en très-peu de temps des bataillons, des escadrons et des batteries.

Le 17 novembre, c'est-à-dire moins d'un mois après mon arrivée à Lille, les résultats obtenus étaient tels que je pouvais écrire au Ministre ce qui suit :

« Je suis attelé à une besogne des plus ingrates, puisque, sans aucun aide, ayant besoin de tout, il m'a fallu armer aussi bien que possible les places du Nord, les approvisionner de munitions, créer avec six dépôts de régiment d'infanterie et quatre dépôts de chasseurs à pied, déjà épuisés, quatre brigades d'infanterie, et, avec quarante-cinq dragons tout un régiment, dont deux escadrons sont formés dès à présent.

« Je n'avais aucune batterie d'artillerie ; aujourd'hui, j'en possède cinq ; elles sont attelées et peuvent aller partout.

« Ce sont de petits résultats. Néanmoins, pour les obtenir, il m'a fallu surmonter bien des difficultés. Les cartouches chassepot me font défaut; j'en fais faire le plus possible, mais la moindre action de guerre suffirait pour épuiser mes approvisionnements actuels.

«...Je vais me rapprocher d'Amiens avec trois brigades d'infanterie, quatre batteries d'artillerie, deux escadrons de dragons et deux escadrons de gendarmes. »

Les ordres pour l'exécution de ce mouvement étaient déjà donnés; j'espérais pouvoir surprendre Beauvais et peut-être Chantilly, que je savais être un des centres d'approvisionnement de l'ennemi, lorsque je reçus, le 19 novembre, un télégramme me prescrivant de remettre le commandement au général Farre, en attendant l'arrivée de mon successeur, et de me rendre à Tours.

Je me mis en route sur-le-champ, et rencontrai à la station de Vaas M. Gambetta, qui se rendait au Mans. Je m'entretins quelques instants avec lui.

M. Gambetta ne me dissimula pas que j'avais été relevé de mon commandement par mesure politique, et que, tout en ayant la plus grande confiance en moi, il avait cru nécessaire de me déplacer pour m'envoyer prendre le commandement du 18e corps d'armée, s'organisant à Nevers.

Je lui répondis que j'avais la certitude d'avoir conquis la confiance des populations du Nord; que si quelque club, plus préoccupé de billevesées politiques que d'un intérêt national, exprimait le regret de me voir investi du commandement supérieur à Lille, j'aurais dû être soutenu par le Gouvernement; que ma destitution était un signe de défiance à mon égard, et que, dans de semblables conditions, il m'était impossible d'accepter un commandement.

Avant le départ des trains qui s'étaient croisés à Vaas, M. Gambetta m'invita à me rendre à Tours et à me présenter à M. de Freycinet, délégué au Ministère de la guerre; il ajouta qu'aucune décision à mon sujet ne serait prise avant son retour au siège du Gouvernement.

J'allai voir le délégué de M. Gambetta, puis j'attendis le retour de ce dernier. Au bout de plusieurs jours, ne recevant aucune communication, j'adressai à M. Gambetta la lettre suivante :

« Tours, le 27 novembre 1870.

« Monsieur le Ministre,

« Le bruit court, m'assure-t-on, que je refuse de servir la France dans la période douloureuse qu'elle traverse. J'ai eu l'honneur de vous voir trois fois, et j'espère que vous ne partagez pas l'opinion de ceux qui pensent ainsi.

« Pour expliquer ma pensée, je suis obligé de remonter un peu haut. Je commandais la garde impériale, lorsqu'une mission me fut confiée par le commandant en chef de l'armée ; je me trouvai dans l'obligation de sortir de Metz. Je n'ai point à revenir sur cet incident, au sujet duquel j'ai déjà eu l'occasion de donner des explications qui ont été jugées entièrement satisfaisantes par vous-même, puisque, sur ma demande, vous avez bien voulu me confier le commandement de la région du Nord. Je me suis rendu à mon nouveau poste. Me voyant constamment occupé à faire armer les places, à me procurer les hommes, les canons, la poudre, les projectiles nécessaires, à habiller, à équiper, à armer, à instruire les troupes, à créer de toutes pièces un corps d'armée apte à manœuvrer, soit dans le réseau des places fortes, soit en dehors de la région du Nord, certaines personnes, animées contre moi de préventions fâcheuses, ne tardèrent pas à me rendre justice, en me témoignant toute la confiance à laquelle mon caractère et mes actes me donnent droit.

« J'avais bien éprouvé, pendant ce temps, un déboire, celui de me voir observé ; mais avec la tranquillité d'esprit que procure l'accomplissement consciencieux du devoir accompli, je m'étais facilement habitué à cette situation. J'allais, d'ailleurs, commencer les opérations que les forces que je venais d'organiser me permettaient d'entreprendre, lorsque me parvint, de la façon la plus inattendue, par dépêche télégraphique, l'ordre de remettre le service à mon chef d'état-major général, et de prendre, après m'être arrêté à Tours pour y recevoir vos instructions, le commandement d'un des corps de l'armée de la Loire.

« Des consolateurs bien informés m'assurèrent que ce changement subit de situation devait être attribué à des menées poliques, auxquelles le Gouvernement me savait étranger, mais qu'il valait mieux, dans mon propre intérêt, m'éloigner de la région du Nord.

« Pendant la route, comme à mon arrivée de Tours, de nouveaux renseignements sont venus corroborer les premiers. Aussi, n'ai-je pas manqué de vous dire, Monsieur le Ministre, pendant notre court entretien à la station de Vaas, que cette mesure devait avoir pour conséquence de faire naître, dans l'armée comme dans le public, les soupçons les moins justifiés. J'ai ajouté que, si je devais rester condamné à un véritable état de suspicion, ce serait agir contrairement aux intérêts de la France, à ceux du Gouvernement et à mes intérêts personnels, que d'accepter le nouveau commandement auquel vous veniez de m'appeler.

« J'ai émis ces mêmes pensées près de M. de Freycinet, en le priant de vous en transmettre l'expression et d'attendre votre retour du Mans avant de provoquer une décision quelconque à mon sujet. Depuis lors, je n'ai reçu de vous aucune communication.

« Je vous serai bien reconnaissant, Monsieur le Ministre, si vous jugez opportun de protester contre l'accusation d'indifférence aux maux de la patrie que plusieurs journaux semblent vouloir porter contre moi.

« J'ai la conscience d'avoir toujours servi la France avec la plus grande loyauté, d'avoir mis constamment à sa disposition, en dehors de toute préoccupation politique, sans le moindre souci de mes intérêts personnels, tout ce que je possède d'intelligence et d'expérience.

« Je n'ai, dans les circonstances présentes, d'autre désir que de me consacrer à la défense de la patrie, de demeurer au nombre des Français appelés à combattre l'étranger.

« Je vous dis, Monsieur le Ministre, avec une entière franchise, tout ce que je pense. Je serai on ne peut plus honoré de continuer à prendre part à la lutte de la France contre l'ennemi, mais je ne dois, me semble-t-il, accepter de commandement qu'à la condition expresse que toute méfiance à mon égard disparaisse et m'en rende l'exercice possible.

« Agréez, Monsieur le Ministre, l'assurance, etc. »

A la réception de cette lettre, M. Gambetta me fit appeler et s'exprima dans des termes non équivoques à l'endroit de la confiance que j'inspirais au Gouvernement.

Je me décidai alors à accepter la nouvelle destination qui m'était affectée.

RAPPORT ADRESSÉ PAR LE GÉNÉRAL BOURBAKI AU MINISTRE DE LA GUERRE, LE 3 MARS 1871.

Arrivé le 3 décembre à Bellegarde (Loiret) pour y prendre le commandement du 18e corps d'armée, je reçus l'ordre de me rabattre, dès le lendemain 4, sur Orléans avec mon corps d'armée et avec le 20e, dont je devais diriger les opérations, que le Ministre avait envoyées par le télégraphe.

N'ayant reçu aucun ordre, aucun renseignement, pendant la route, je me décidai à pousser de ma personne jusqu'à Châteauneuf-sur-Loire, afin d'être à portée d'un poste télégraphique. J'y appris, à neuf heures du soir, que le 20e corps avait rencontré des forces ennemies peu importantes, qu'il avait soutenu avec elles un léger engagement, que l'évacuation d'Orléans s'effectuait, que l'armée de la Loire était percée par son centre et coupée en deux.

Il ne me restait qu'à assurer la sécurité des 18e et 20e corps, en les faisant passer en toute hâte sur la rive gauche de la Loire; il était urgent de les soustraire au danger qui les menaçait, car ils pouvaient se trouver aux prises avec la totalité de l'armée ennemie, en ayant un fleuve à dos. Cette opération s'exécuta pendant la nuit et dans la journée du lendemain 5, en utilisant les ponts de Jargeau et de Sully, que je fis couper aussitôt après. Il ne m'avait pas été possible de faire passer de troupes à Châteauneuf; le pont de cette ville n'avait pas été réparé.

Je manifestai alors l'intention de me replier sur Nevers, en passant par Gien, afin d'y prendre des vivres. Les 18e et 20e corps étaient dans un état de désordre résultant du fait d'une retraite précipitée, de l'absence de cadres suffisants, d'une organisation incomplète, d'une inhabileté à toutes les choses de la guerre, de marches longues et pénibles exécutées par une température de 12° au-dessous de zéro; le 15e corps était dans des conditions encore moins bonnes, car il avait effectué une retraite rapide jusqu'à Salbris.

La situation était telle, lorsque je reçus du ministre, le 5 au soir, à Sully, l'ordre de me diriger sur Melun et de me jeter dans la forêt de Fontainebleau.

Je ne pouvais me charger de l'exécution d'un tel ordre; j'étais persuadé que toute tentative de cette nature aurait pour résultat de faire périr, soit par la faim, soit par le feu de l'ennemi, les hommes qui seraient ainsi livrés sans moyens de défense. Quelques heures après, je reçus heureusement le contre-ordre, mais il me fut prescrit de m'arrêter à Gien et d'occuper fortement ce point.

J'y arrivai le 6. Dès le 7, l'ennemi se présenta devant la ville, il fut repoussé, mais des forces plus imposantes le suivaient. En outre, les ponts d'Orléans n'ayant pas été coupés, ma ligne de retraite pouvait d'un instant à l'autre se trouver compromise. Je me décidai donc à me replier sur Bourges, dans le but d'échapper à ce nouveau danger, de concentrer nos forces et d'essayer d'apporter un peu d'ordre dans ces éléments confus qu'on appelait une armée.

Pendant ce temps, le 15e corps était placé sous mes ordres et je cessai d'exercer le commandement direct du 18e.

Les conditions morales et physiques dans lesquelles se trouvaient les troupes, la rigueur du temps, le faux mouvement du

15ᵉ corps, qui, en se portant de Salbris sur Aubigny, contrairement à mes instructions, avait complétement découvert les routes d'Orléans à Vierzon et à Bourges, rendirent cette concentration très-difficile. Elle s'effectua cependant malgré le déplorable état des routes, qui étaient couvertes de verglas, malgré l'absence de fers à crampons et de clous à glace pour les chevaux. En quittant Gien, j'avais prescrit de faire sauter le pont en pierre de cette ville et de couper les ponts plus en amont sur la Loire, au fur et à mesure que l'ennemi se présenterait en forces suffisantes pour s'en emparer. Mon attention, au lieu d'être partagée, n'était fixée, dès lors, que du côté d'Orléans où de fortes colonnes ennemies avaient franchi la Loire. Quelques mouvements d'une importance moindre avaient lieu dans l'Est et causaient de l'inquiétude du côté de Nevers. Je me proposais de donner aux troupes, soit autour de Bourges, soit encore plus en arrière tout à fait à l'abri d'une attaque sérieuse de l'ennemi, quelques jours de répit.

Je tenais à mettre de l'ordre dans les divers éléments, à remplir les vacances existant dans les cadres, à refaire les hommes, à leur procurer des souliers, à les mettre un peu à l'abri des souffrances que la neige et le froid intense leur faisaient endurer, à protéger également les chevaux contre les intempéries qui en faisaient périr chaque jour un bon nombre.

M. le ministre Gambetta, qui était venu à Bourges, m'autorisa à prendre ces diverses mesures. Mais, à peine cette autorisation était-elle accordée, que je reçus l'ordre de marcher sur Blois au secours de l'armée du général Chanzy, qui se trouvait du côté de la forêt de Marchenoir, et qui battait en retraite devant l'ennemi.

Pour arriver de Bourges à Blois, il m'aurait fallu marcher pendant six jours en offrant le flanc droit aux 70,000 Prussiens qui avaient franchi les ponts d'Orléans et dont les éclaireurs venaient jusqu'à Vierzon.

Cette opération, qui aurait été de plus longue durée si, aux difficultés des routes, s'était jointe la nécessité de combattre chemin faisant, aurait eu pour conséquence de nous faire courir les plus grands risques, puisque nous aurions trouvé la Loire occupée par l'ennemi quand nous y serions arrivés, et que nous aurions pu subir l'obligation de combattre avec le Cher à dos.

Je déclarai que, dans de semblables conditions, il me paraissait impossible de prêter au général Chanzy un secours efficace en temps opportun. J'ajoutai que les risques courus par la première armée seraient de nature à occasionner un désastre et que, dans le cas où il ne serait pas tenu compte de mes représentations, la tâche devrait être confiée à un autre que moi.

En même temps, je conseillais au général Chanzy de battre en retraite sur Vendôme et le Mans ou sur Blois et Tours. Malgré cela, pour lui venir en aide, je fis une démonstration en me portant en avant et en ordonnant l'occupation de Vierzon. Je disposai mes trois corps d'armée comme si je devais exécuter le mouvement demandé. Je fis connaître au ministre que s'il entrait dans ses combinaisons de me faire rejoindre le général Chanzy, je devrais le faire en suivant la rive gauche du Cher, afin de mettre ainsi personnel et matériel à l'abri pendant cette marche de flanc.

Le général Chanzy battit en retraite, et vingt-quatre heures après, Blois était abandonné comme je l'avais prévu. C'est alors que je reçus l'ordre de me rendre à Nevers, afin d'y passer la Loire, de descendre ce fleuve sur la rive droite et de marcher sur Montargis.

Quoique très-inquiet de ce qui pourrait advenir si les troupes du général Werder venaient à menacer pendant ce temps mon flanc droit et ma ligne de retraite, je pris mes dispositions pour exécuter ce mouvement audacieux. Il me fallait répondre à l'intention formelle du ministre de venir en aide, sans délai, aux défenseurs de Paris, en attirant de ce côté une partie des forces ennemies.

Arrivé à Baugy le 19 décembre, j'y reçus la proposition de substituer à ce mouvement un autre plan. Il s'agissait de forcer l'ennemi à évacuer Dijon, Gray et Vesoul, de débloquer Belfort; puis, si ce résultat était obtenu, de me porter sur Langres et de tâcher de couper les communications de l'ennemi. Ce nouveau plan me souriait beaucoup plus que le premier, il me semblait plus fructueux.

Malgré la neige qui couvrait la terre, le verglas des routes, le froid intense qui causait des souffrances réelles, je me mis en devoir de faire continuer le mouvement des troupes, en les dirigeant par les voies ferrées sur Châlon-sur-Saône. L'emploi de ce mode de locomotion ne donna pas des résultats aussi satisfaisants qu'il était permis de l'espérer, au point de vue de la rapidité d'exécution.

La concentration de l'armée était à peine effectuée que l'évacuation de Dijon en était la conséquence.

Je me transportai de ma personne dans cette ville, pendant que les colonnes suivant les voies ordinaires, gagnaient l'Ognon et franchissaient cette rivière.

On m'avait promis que si j'obtenais ce premier succès, 100,000 hommes (gardes nationaux, mobilisés ou autres) seraient chargés, afin de me permettre de poursuivre le plan convenu, de garder le cours de la Saône; que le général Pellissier et Garibaldi occuperaient solidement Dijon et Gray, que je me trouverais ainsi garanti sur mon flanc gauche et mes derrières et que Besançon serait approvisionné de façon à me permettre de m'y appuyer si je me trouvais dans la nécessité de me replier.

D'après ces données, après avoir fait évacuer Dijon par une simple manœuvre, j'obtins de la même manière l'évacuation de Gray et de Vesoul.

Le 9 janvier, j'enlevai Villersexel; le 13 Arcey. Ces deux villages occupent des nœuds de route importants : le premier, situé sur la route de Montbéliard à Vesoul, sur les bords de l'Ognon, commande la route de Lure à Besançon et celle qui de Belfort conduit à Besançon, en suivant les pentes septentrionales des hauteurs entre Doubs et Ognon.

Le second est à l'intersection de la route de Vesoul à Montbéliard avec celle qui, partant de Belfort, permet de se rendre soit à l'Isle-sur-Doubs, soit à Baume-les-Dames, et par suite à Besançon, en longeant les pentes méridionales de ces mêmes hauteurs.

Le surlendemain du combat d'Arcey, je fis attaquer les lignes de la Lisaine comprenant Montbéliard, Béthoncourt, Bussurel, Héricourt, le mont Vaudois, Couthenans, Chagey, Chenebier.

Afin de faciliter cette attaque et de diviser l'attention de l'ennemi, je prescrivis au général Rolland, commandant la 7º division militaire, de faire entrer simultanément en action toutes les troupes dont il pouvait disposer, de les faire déboucher par la rive droite du Doubs, de façon à menacer Montbéliard du côté d'Exincourt et de Sochaux.

Mais, depuis que nos opérations dans l'Est étaient commencées, l'ennemi avait reçu des renforts considérables, venus de la Lorraine, de l'Alsace et du duché de Bade.

J'avais choisi pour pivot de mon mouvement Montbéliard, où le 15º corps était entré dès le premier jour, s'emparant de la ville, moins le château.

Le 24º corps était devant Bethoncourt et Bussurel;

Le 20º devant Héricourt et le mont Vaudois.

Enfin le 18º corps, grossi de la division Cremer, possédant plus de 100 pièces de canon, devait exécuter le mouvement tournant destiné à faire tomber les fortes positions occupées par l'ennemi, et tenir en échec, avec une partie de son monde, les forces qui tenteraient de menacer son flanc gauche.

J'avais fondé de grandes espérances sur les résultats de cet effort exécuté par près de 40,000 hommes à mon extrême gauche, quoique ce chiffre de 40,000 hommes fût bien supérieur à l'effectif des combattants. Les difficultés de terrain et les retards apportés dans l'exécution des ordres que j'avais donnés au 18e corps, rendirent infructueux les efforts tentés de ce côté.

Après trois jours de lutte, pendant lesquels nous n'avions gagné du terrain que pied à pied, la fatigue morale et physique de chacun m'était signalée par les officiers généraux; j'étais averti, en outre, que des troupes étaient en marche avec l'intention de me tourner.

Pendant ce temps, les forces réunies à Dijon se laissaient amuser par un rideau de troupes ennemies n'ayant d'autre mission que de les occuper.

Je me décidai à me replier sur Besançon. J'opérai ma retraite sans trop de hâte pour ne pas accroître le trouble causé dans l'armée par les combats livrés, par les nombreux cas de congélation, par l'état des routes, par la rigueur de la saison, par l'irrégularité et l'insuffisance des distributions de vivres. J'accomplis ce mouvement sans abandonner à l'ennemi un seul canon ni une seule voiture.

Après avoir ordonné au 24e corps de passer sur la rive gauche du Doubs afin d'occuper Pont-de-Roide, Clerval, Baume-les-Dames et les défilés du Lomont, je prescrivis au commandant de ce corps de se porter sur Besançon, en abandonnant aux troupes, dépendant directement de la 7e division militaire et ayant déjà opéré sur la position de Blamont, le soin de défendre cette position ainsi que celle de Pont-de-Roide, mais de continuer à garder les autres points desquels il répondait.

J'espérais trouver des vivres et des munitions, de façon à pouvoir me maintenir quelque temps au besoin autour de Besançon. Ces vivres et ces munitions m'avaient été promis, et dès le 4 janvier, j'avais appelé de nouveau sur ce point l'attention du Ministre.

Quelle fut ma douleur quand j'appris que les chemins de fer n'avaient pas fourni les transports nécessaires et que nous possédions à peine sept jours de vivres!

En ajoutant aux ressources de l'armée celles constituant l'approvisionnement de la garnison, j'aurais été réduit, au bout de vingt jours, à laisser périr mon armée de faim et à la livrer pour ce motif à l'ennemi avec la place de Besançon. J'apprenais en même temps que Quingey et Mouchard étaient tombés aux mains de l'ennemi, malgré l'envoi en chemin de fer d'une division du 15e corps que j'avais chargée d'occuper ces points, afin de maintenir mes communications avec Lyon.

Les troupes avaient souffert depuis deux mois tout ce que l'on peut souffrir de fatigue et de privations.

Les ponts de la Saône n'avaient pas été détruits comme je l'avais ordonné.

Je me décidai à essayer de me replier du côté de Salins, ou, subsidiairement, sur Pontarlier, afin de garder la vallée du Rhône.

Le Ministre de la guerre, avisé par moi du projet que je cherchais à mettre à exécution, me fit connaître que, tout en me laissant la responsabilité des mesures adoptées, il pensait que je devais renoncer au parti que j'avais pris. Il m'engageait fortement à marcher sur Auxonne, à secourir Garibaldi, qui s'était laissé tromper par les Prussiens et qui m'avait laissé couper la retraite en ne retardant pas d'une heure la marche de flanc qu'ils avaient dû exécuter devant lui pour traverser la Saône.

En supposant, ce qui est tout à fait invraisemblable, que cette opération fût praticable, il m'aurait fallu trois jours pour faire passer sur la rive droite du Doubs toutes les troupes de l'armée qui étaient déjà sur la rive gauche, ainsi que l'artillerie et les convois de vivres.

L'armée se serait alors engagée entre deux rivières occupées par l'ennemi (l'Ognon et le Doubs); elle se serait enfoncée dans le cul-de-sac formé par ces rivières et par la Saône, en suivant deux routes qui longent précisément ces rivières; elle aurait été attaquée sur ses deux flancs et sur ses derrières au fur et à mesure qu'elle se serait portée en avant; elle se serait alors trouvée dans la nécessité de faire face à l'ennemi pour le combattre, avec la Saône à dos et un seul point de passage, Auxonne!

C'eût été se préparer une catastrophe à la suite de laquelle, hommes, canons, matériel de toute nature auraient été entièrement perdus et seraient tombés au pouvoir de l'ennemi.

Je persévérais donc dans mon projet de me glisser le long de la frontière de Suisse, lorsque je reçus du commandant du 24e corps une lettre m'annonçant qu'à la suite d'une attaque exécutée par des forces insignifiantes, il avait abandonné les positions que je l'avais chargé de garder; que la 3e légion du Rhône s'était retirée de Baume-les-Dames à la débandade, et qu'elle avait communiqué la panique aux autres troupes. Pendant ce temps, j'avais mis en route la division Cremer, une division du 20e corps et la réserve commandée par le général Pallu, afin d'occuper les routes par lesquelles la retraite me semblait encore possible. J'ordonnai au commandant du 24e corps de reprendre, coûte que coûte, le lendemain 26, les positions perdues et d'exiger que chaque général se tînt à la tête de ses troupes. Je le prévins, en outre, que je lui viendrais en aide, en marchant moi-même avec le 18e corps.

Mais, hélas! le 18ᵉ corps employa toute la nuit et toute la journée du 26 pour passer de la rive droite sur la rive gauche du Doubs, en traversant Besançon. Quant au 24ᵉ, il continua sa retraite au delà de Vercel!

Je vis clairement, dès lors, que cette armée courait le risque d'être internée en Suisse. Les événements ont prouvé depuis que cette nécessité même n'aurait pas été subie par la 1ʳᵉ armée, si l'armistice n'avait pas eu lieu, ou s'il n'avait été donné à mon successeur aucun ordre de l'observer avant que le commandant des forces ennemies eût reçu les mêmes instructions.

Les dépêches ministérielles que je recevais n'appréciaient nullement le sacrifice immense que j'avais fait en acceptant une tâche impossible pour venir en aide à la garnison de Paris, en attirant sur moi un total de 140,000 hommes environ, dont 50,000 avaient quitté l'armée de blocus dès les derniers jours de décembre. Elles ne tenaient aucun compte du rôle d'abnégation auquel je m'étais voué dans le but d'arriver, en périssant au besoin, sur les lignes de communications de l'ennemi, si un hasard inespéré nous venait en aide. Elles rejetaient, au contraire, sur moi, toute la responsabilité des faits douloureux qui se produisaient, sans reconnaître le peu de valeur des éléments placés entre mes mains, les effets de la température affreuse à laquelle l'armée avait été soumise, ceux de la continuité des marches qu'elle avait exécutées, ce qui n'empêchait pas d'ajouter à tous les autres reproches, celui de lenteur. Elles ne tenaient aucun compte, non plus, ni du manque si fréquent de vivres, ni de la non réalisation des promesses faites de garder solidement le cours de la Saône, pour couvrir mon flanc et mes derrières et de remplir Besançon de vivres et de munitions.

Dans ces conditions, je donnai les derniers ordres nécessaires pour continuer le lendemain le mouvement de retraite, puis je reculai devant la pensée que des appréciations injustes des causes de mon insuccès seraient la récompense de mes efforts.

. . . .

DOCUMENTS OFFICIELS.

LETTRE ADRESSÉE PAR LE GÉNÉRAL BOURBAKI A M. L'AMIRAL MINISTRE DE LA MARINE, A TOURS.

« Lille, 25 octobre 1870.

« Monsieur le Ministre et cher ami,

« Je reçois votre lettre me proposant d'aller prendre le commandement de l'armée de Tours. J'abandonne pour un instant le travail d'organisation d'une petite division de 10,000 hommes qui est en très-bon train, et celui de l'établissement le plus rationnel de la défense des places du Nord, et cela pour vous dire ce que vous savez depuis longtemps, que je me soumettrai aux ordres donnés par le Gouvernement de la Défense nationale, et que, quelle que soit la position qu'il m'assigne, je ferai de mon mieux.

« D'après votre lettre, je crois que vous destinez l'armée de la Loire à passer sur la rive droite de la Seine, et à essayer, en forçant la ligne de circonvallation des Prussiens, de faire pénétrer un convoi de bestiaux et autres denrées dans Paris.

« Si, comme je le suppose, l'armée de la Loire est toujours à Vierzon, à La Ferté et à Blois, c'est donc une marche offrant le flanc droit de 75 lieues avant d'arriver à Rouen. Parvenu à ce point, je crois qu'en rappelant un peu de troupes du Pas-de-Calais, du Nord, et usant de celles de la Seine-Inférieure, on pourrait se créer un masque qui rendrait le passage moins difficile. Mais jusqu'à Rouen, l'ennemi pourra se concentrer bien facilement sur Chartres, sur Dreux, sur Evreux, et ce sera miracle, s'il m'a été possible de m'enlever à une action pendant une marche qui demandera quinze à seize jours.

« Il est donc plus que probable que pour accomplir le mouvement, nous serons obligés d'accepter la bataille dans les environs de Mézidon, Bernay ou Lisieux.

« L'armée que vous venez de créer est-elle apte à disputer avec ténacité le terrain?

« Il faudrait, à ce sujet, consulter les divisionnaires qui doivent commencer à la connaître.

« Avez-vous pensé aux points qui doivent se trouver approvisionnés en pain, sucre et café, car il ne faut pas songer, en marchant avec vivacité, à pouvoir faire faire le pain tous les soirs et les distributions le matin.

« A ce jeu-là, nous ne ferions pas deux lieues par jour.

« Votre armée est-elle déjà organisée de manière à porter quatre jours de biscuit dans le sac et quatre jours de provisions avec des voitures de réquisition ?

« La discipline est-elle devenue assez bonne pour que vos troupes ne se rebutent pas devant la pluie, la boue qui les attendent dans cette marche? Car, rapprochés de l'ennemi comme nous le serons quelquefois, il ne faut pas penser à cantonner les soldats; il faudra que la plus grande partie bivouaque.

« Vous avez sans doute auprès de vous M. Thiers. Si vous pouviez avoir son avis au sujet de ce grand mouvement tournant, s'il était favorable, ce serait d'un grand poids dans la confiance qu'apporterait à son exécution l'officier général que vous en chargeriez.

« Si votre armée a pris des qualités de solidité, si elle a trois pièces de 12 par mille hommes, de bons artilleurs, et qu'on ne craigne pas le combat, il serait peut-être possible de beaucoup raccourcir la route à faire en côtoyant de plus près la ligne de circonvallation de l'ennemi.

« Je termine ma lettre, mon cher ami, en vous disant que dans l'état désespéré de résistance où se trouve la France, j'essaierai avec courage et dévouement tout ce que l'on m'ordonnera de faire; mais si au lieu d'être un agent de combat, j'étais un agent de pensée, je voterais pour un armistice et pour la paix.

« C'est peut-être un défaut d'éducation; mais autant j'ai confiance dans les soldats qui ont le respect et la crainte de leurs chefs, l'amour de leur drapeau, autant je me défie des ramassis d'hommes qui, sans discipline, sans connaissance de leurs officiers, doivent combattre en rase campagne.

« Dieu, qui protége la France, infligera peut-être un démenti à mes croyances, et j'en serais fort heureux.

« A vous de tout cœur. »

« *P. S.* — Je suppose que Trochu doit bien penser qu'au jour convenu et sur l'endroit convenu, l'effort de l'armée de Paris doit être formidable, car, si ce que l'on nous dit est vrai, il pourrait, en laissant 300,000 hommes dans la place, sortir avec une armée de 200,000 hommes bien encadrés, avec une artillerie nombreuse et une connaissance complète des éléments qui doivent combattre ensemble.

« L'armée de l'Est, le peu de troupes du Nord, l'armée de la Loire peuvent aider à la victoire en se compromettant, mais elles n'offriront jamais l'élément de succès que Paris présente à lui seul.

« Je raisonne, comme vous le voyez, dans l'hypothèse d'un

mouvement s'effectuant par étapes normales. Si vous avez à Tours le matériel nécessaire pour transporter toute l'armée de la Loire par le chemin de fer, le mouvement de concentration sur la rive droite de la Seine pourrait s'effectuer peut-être en cinq ou six jours. »

LETTRE DE GAMBETTA, MINISTRE DE LA GUERRE, AU GÉNÉRAL BOURBAKI.

MINISTÈRE
DE L'INTÉRIEUR.
« Tours, 28 novembre 1870.

« Général,

« J'ai lu votre lettre avec un sentiment de profonde surprise. Vous savez que j'ai toujours manifesté à votre égard la plus entière confiance, convaincu de la loyauté, de la sincérité du concours que vous apportiez au Gouvernement de la Défense nationale. Je désire vous expliquer de vive voix, et sans réticence étrangère à mon caractère, tout ce que je pense et tout ce que j'attends de votre patriotisme. En conséquence, je vous prie d'accepter un rendez-vous à 4 heures dans mon cabinet.

« Veuillez recevoir l'assurance de mes sentiments d'estime.

« *Signé* : Léon Gambetta. »

TÉLÉGRAMME DE M. GAMBETTA A M. LE GÉNÉRAL BOURBAKI.

7 décembre 1870.

Général Bourbaki, à Gien.

« Mon intention et mon espoir étaient de voir reprendre une vigoureuse offensive avec les 15e et 18e corps réunis, mais ce que vous dites des conditions d'une lutte demain ou après-demain et l'éloignement actuel du 15e corps autorisent un repliement pour couvrir Nevers et Bourges; la position des 15e et 20e corps nécessitera probablement que vous passiez sur la rive gauche de la Loire au moment et au point qui vous seront le plus favorables; il est bien entendu que le 20e corps, comme le 15e et le 18e, resteront sous votre direction absolue. Une fois que vous aurez tout réuni ainsi sous votre main, je compte que vous serez réellement prêt pour une action décisive.

« *Signé* : Léon Gambetta. »

LETTRE DU GÉNÉRAL DES PALLIÈRES AU GÉNÉRAL BOURBAKI.

7 décembre 1870.

Général Des Pallières au général Bourbaki, à Gien.

« Après trois jours de combats non interrompus et trois marches de nuit forcées, mon corps d'armée, exténué de fatigue et débandé par suite d'une panique inexprimable, est arrivé à Salbris. Tous mes convois ont fui juqu'à Vierzon et Blois. Impossible de faire mouvement. J'ai besoin de plusieurs jours pour rallier mon monde et me réorganiser. Je me compléterai ici en munitions complétement.

« *Signé :* Des Pallières. »

EXTRAIT D'UNE LETTRE DU GÉNÉRAL BOURBAKI AU MINISTRE DE LA GUERRE, A BORDEAUX.

Bourges, 9 décembre 1870.

. . . .

« J'ai pris toutes les dispositions possibles pour combattre, si cela devient nécessaire, mais avec un troupeau d'hommes en grande partie démoralisés par les échecs successifs qui viennent de les frapper, par les fatigues des marches continuelles et rapides, par le temps affreux que nous avons et surtout par la débandade du 15e corps; je prévois le résultat néfaste qui nous attend; aussi, si je puis repousser avec le 20e corps les têtes de colonnes ennemies, attendrai-je ici à être rallié par le 15e et le 18e; j'irai prendre ensuite position à Saint-Amand, où j'espère avoir quelques jours de répit, afin de mettre de l'ordre. Les hommes sont dans un état de misère et de marasme dont vous ne pouvez vous faire une idée.

« Je n'essaie pas de me retirer sur Nevers, parce qu'on m'assure que des concentrations de forces ennemies s'opèrent du côté de Dijon et d'Auxerre. »

TÉLÉGRAMME DE M. DE FREYCINET A M. LE GÉNÉRAL BOURBAKI.

10 décembre 1870.

Guerre à général Bourbaki, à Bourges.

« Vos dépêches font un pénible contraste avec celles du général Chanzy, qui soutient depuis cinq jours d'héroïques et victorieux combats contre l'armée du prince Charles avec les mêmes corps qui avaient déjà supporté tout le poids de la lutte devant Orléans. A quoi tient donc cette débandade du 15e corps, qui, depuis sa retraite précipitée, n'a pas livré un sérieux combat? Quant au 20e corps, je ne puis m'expliquer son désarroi, puisqu'il n'a pas encore brûlé une amorce. Vous avez le devoir de relever toutes ces défaillances par votre fermeté. Prenez toutes les mesures de salutaire rigueur qui peuvent arrêter ce dangereux courant. Vous devez avoir à cœur de rivaliser avec Chanzy et de prendre part à ses glorieuses fatigues. Nous ne connaissons pas assez les conditions de vos troupes et les forces qui vous avoisinent pour pouvoir vous donner en ce moment un ordre précis, mais je sais bien que si j'étais à votre place, je rallierais immédiatement mes trois corps; je châtierais les bandes qui se sont portées sur Vierzon et qui ont compté beaucoup plus sur l'imagination de vos troupes que sur leurs propres forces pour refouler votre armée.

« Je repousserais vivement l'ennemi au delà de Salbris et je dirigerais une forte colonne dans la direction de Blois. Vous dites vous-même que l'ennemi veut tourner les débris de l'armée de la Loire; je voudrais lui prouver que ces débris ne se laissent pas ainsi jouer, et tant que j'aurais un soldat sur pied, je ne permettrais pas à des troupes aussi peu nombreuses de semer l'épouvante dans la Sologne et de chercher à donner la main au prince Charles, pour achever les braves phalanges de Chanzy.

« Voilà, général, ce que je ferais; votre connaissance de la situation, et par-dessus tout votre cœur et votre courage, vous dicteront le plan que vous devez suivre.

« *Signé* : DE FREYCINET. »

EXTRAIT DE LA RÉPONSE DU GÉNÉRAL BOURBAKI AU TÉLÉGRAMME PRÉCÉDENT.

10 décembre 1870.

Général Bourbaki au Ministre de la Guerre, à Bordeaux.

« Rallier mes trois corps, c'est ce que j'ai cherché à faire en venant à Bourges; j'espère que cette opération sera terminée demain.

« Résister à une avant-garde pour reculer le jour suivant devant le corps entier, n'est pas une victoire. Si je marchais en ce moment sur Blois, vous ne reverriez probablement pas un seul des canons ni des hommes composant les trois corps dont vous m'avez prescrit de diriger les mouvements.

« Chanzy a peut-être devant lui une partie de l'armée du prince Frédéric-Charles, mais il est certain que j'en ai une autre partie devant mon front et sur mon flanc gauche. En outre, un corps de 15,000 hommes menace Nevers. Si vous voulez sauver l'armée, il faut la mettre en retraite; si vous lui imposez une offensive qu'elle est incapable de soutenir dans les conditions actuelles, vous vous exposez à la perdre.

« Dans le cas où votre intention serait de prendre ce dernier parti, je suis si profondément convaincu des conséquences pouvant en résulter, que je vous prierais de confier cette tâche à un autre.

« Un mouvement tournant bien dirigé contre nous occasionnerait actuellement un désastre, je le répète encore. C'est précisément ce que l'ennemi cherche à faire depuis qu'il a percé le centre de l'armée de la Loire et pu franchir les ponts d'Orléans, non avec des bandes, mais avec des forces bien organisées.

« Les armées du prince Frédéric-Charles, du duc de Mecklembourg et du général de Werder comptent plus de 200,000 hommes opérant dans les directions de Bourges, de Blois et de Nevers. C'est le double de ce que nous pouvons supporter. Je vous dis encore que vous vous faites illusion et sur le nombre et sur la qualité des soldats que nous leur opposons.

« En raison de nos marches incessantes, je n'ai pas encore pu faire faire un appel sérieux, mais le nombre des hommes de troupe et des officiers de la garde mobile qui ne sont plus à leur poste est considérable.

« Ceux qui se trouvent dans le rang ont peu de valeur, pour la plupart.

« Vous aviez annoncé l'envoi d'un intendant en chef des trois corps d'armée ; je ne l'ai jamais vu.

« Vous ne répondez pas à la proposition que je vous ai soumise, de me retirer sur Saint-Amand, et plus loin au besoin, afin de refaire l'armée, si l'ennemi se trouve ainsi obligé de me laisser quelque répit. C'est cependant ce que j'ai l'intention de faire ; nos hommes arrivent ici bien péniblement. »

. . . .

TÉLÉGRAMME DU GÉNÉRAL BOURBAKI AU MINISTRE DE LA GUERRE,
A BORDEAUX.

« Bourges, le 11 décembre 1870.

« Le 20ᵉ corps n'est complétement arrivé que depuis hier, le 15ᵉ depuis cette nuit ; enfin, le 18ᵉ arrive ce soir à Brécy.

« Hommes et chevaux sont exténués de fatigue, par suite de la continuité et de la longueur des marches qu'ils viennent de faire, de la neige et du verglas, et de la rareté du bois.

« En raison des nouvelles que vous me donnez de la situation de Chanzy, j'arrête tout mouvement de retraite.

« Je prends des renseignements et fais faire des reconnaissances. Il m'a été assuré que 70,000 hommes sont passés sur les ponts d'Orléans, vers Bourges ; j'ignore s'ils ont tous pris cette direction.

« Je ne suis pas surpris du mouvement exécuté par la colonne prussienne, qui, après avoir remonté la Loire sur la rive droite, la descend en ce moment ; j'ai pris soin, aussitôt après le passage des 18ᵉ et 20ᵉ corps sur la rive gauche, de couper tous les ponts sur lesquels l'ennemi comptait.

« Pour me porter sur Blois, il me faudrait réoccuper Salbris, et faire marcher les troupes pendant six jours au moins ; c'est tout ce que l'état des routes permet d'espérer en se hâtant beaucoup ; avec les combats, il faut compter huit jours, en cas de réussite.

« Dans de telles conditions, il me semble impossible de prêter à Chanzy un secours efficace en temps opportun, s'il cherche à se maintenir dans sa position actuelle.

« Le mieux serait, pour lui comme pour nous, d'opérer une retraite, afin de refaire les troupes, et de leur demander ensuite ce qu'elles sont susceptibles de donner.

« Si les renseignements que je fais prendre me permettent de croire à la possibilité d'un mouvement offensif, je le tenterai, à titre de diversion.

« Je sais que 20,000 Prussiens occupent la forêt voisine de La Chapelle, que 15,000 se trouvent sur la route d'Orléans ; des uhlans sont signalés de tous les côtés; quant au reste des 70,000, qui ont défilé sur la rive gauche, je ne sais encore où ils se trouvent.

« Nos troupes ne seront en état de faire un mouvement quelconque que demain soir.

« Nous manquons de clous pour faire ferrer à glace les chevaux ; il est impossible de s'en procurer ou d'en faire faire à Bourges. Veuillez donner d'urgence des ordres pour nous en faire parvenir. »

TÉLÉGRAMME DU GÉNÉRAL CHANZY AU GÉNÉRAL BOURBAKI.

11 décembre 1870.

Général Chanzy à général commandant en chef le 18e corps, à Bourges.

« Etabli entre la forêt de Marchenoir et la Loire, je lutte depuis cinq jours, du matin au soir, avec le gros des forces du prince Charles. L'ennemi n'a que peu de monde à Orléans : un corps qui ne dépasse pas bien certainement 20,000 hommes du côté de Vierzon, et un autre de 12 à 15,000, qui menace Blois, Tours, et vient d'Orléans en passant par la Loire.

« Marchez donc carrément et sans perdre une minute. Ma position est des plus critiques, et vous pouvez me sauver.

« Par ordre : *Le général chef d'état-major général,*

« VUILLEMOT. »

LE MINISTRE DE LA GUERRE AU GÉNÉRAL BOURBAKI.

11 décembre 1870.

Guerre à général Bourbaki, à Bourges.

« Je reçois de Prémery la dépêche suivante :

« *Colonel commandant les forces de l'Yonne à Ministre guerre, Bordeaux.*

« Briare, Ouzones-sur-Loire, Gien évacués précipitamment par l'ennemi. Tout annonce concentration Prussiens sur Orléans. Ces renseignements, pris dans la Puisaye, paraissent certains. »

« Cette dépêche et plusieurs autres dans le même sens ne me laissent aucun doute sur le fait que vous n'avez devant vous que des rideaux. Je ne puis vous donner l'ordre de marcher, parce que je ne suis ni ministre ni général, et que si, par une cause quelconque, il vous arrivait un échec, vous en attribueriez toute la responsabilité à mon ingérence intempestive et à mon incompétence. Mais je sens bien que je suis dans le vrai en vous conseillant une marche sur Blois, non avec toutes vos forces, mais avec celui de vos corps qui voudra marcher. Il doit se trouver autour de vous un général qui consente à se dévouer pour marcher au secours de Chanzy, ne fût-ce qu'avec une colonne de 15,000 hommes choisis.

« Interrogez vos officiers généraux, et si un d'eux veut accepter cette mission, permettez-lui de l'accomplir: faites qu'on ne puisse pas dire un jour qu'une armée française a laissé écraser une autre armée française dans son voisinage. Je m'attends à ce que Gambetta, qui va à Bourges, vous tiendra le même langage.

« *Signé* : De Freycinet. »

LE GÉNÉRAL BOURBAKI AU GÉNÉRAL CHANZY.

11 décembre 1870.

Général Bourbaki à général Chanzy, commandant les 16° et 17° corps.

« Mes troupes finiront d'arriver ce soir à Bourges, exténuées de fatigue, avec l'état actuel des routes, qui sont couvertes de verglas.

« Je suis à six jours de Blois.

« Si nous avions à livrer combat, en supposant des résultats heureux, je ne pourrais vous rejoindre que dans huit jours.

« Je me porterai demain en avant pour essayer une diversion. A votre place, je battrais en retraite la nuit sur Vendôme et le Mans ou sur Blois et Tours. Prévenez-moi.

« 70,000 hommes ont traversé les ponts d'Orléans. J'ai connaissance que 20,000 sont dans la forêt voisine de La Chapelle, 15,000 sur la route d'Orléans; je ne sais encore ce que sont devenus les autres. S'ils se concentrent, c'est beaucoup plus que ne peuvent supporter les corps d'armée dans l'état où ils sont. »

Le général Bourbaki au Ministre de la guerre, à Bordeaux.

« 11 décembre 1870.

« Malgré la distance très-grande qui me sépare de Blois (six jours de marche au minimum, surtout avec l'état actuel des routes), malgré la crainte de ne pouvoir y arriver assez tôt pour porter secours à Chanzy, malgré la presque certitude que j'ai que la majeure partie des forces ennemies se trouve sur la rive gauche de la Loire, je me mets en route dès demain matin avec les trois corps d'armée. Je me dirigerai sur Vierzon, puis sur Villefranche. Arrivé en ce dernier point, je me déciderai, suivant les circonstances, à continuer ma route sur Blois par Romorantin, ou, au besoin, sur Tours.

« Je nie formellement avoir perdu une seule minute pour venir en aide à Chanzy. Le 15e corps n'est arrivé que la nuit dernière au bivouac. Le 18e arrive aujourd'hui seulement entre les Aix-d'Angillon et Brécy, c'est-à-dire à 16 kilomètres de Bourges. Certains régiments de ce même corps ont marché depuis hier matin à six heures jusqu'à ce matin à huit heures, presque sans prendre de repos, se rendant de Cernoy aux Aix-d'Angillon (55 kilomètres); les chevaux roulent sur les routes, il faut les relever à chaque instant. Malgré cela, les mêmes corps se mettront en marche de nouveau dès demain matin. Je vous laisse à penser s'il est possible de demander à des troupes de plus grands efforts. »

Le général Bourbaki au Ministre de la guerre, à Bourges et Bordeaux.

« 13 décembre 1870.

« J'ai quitté Bourges hier soir avec les trois corps d'armée ; le 18e est à Saint-Martin-d'Auxigny ; le 20e a poussé jusqu'à Allogny ; le 15e est à Mehun-sur-Yèvre, mon quartier général.

« Je fais occuper Vierzon ce matin même et pousser des reconnaissances sur Neuvy-sur-Barangeon et La Chapelle.

« Je continue à recevoir des réclamations de mes commandants de corps d'armée au sujet des fatigues imposées aux troupes, des retards dans les distributions, de l'état de l'équipement, de l'habillement, des effets de campement et de la chaussure.

« Afin de refaire les troupes et de les mettre en mesure d'opérer utilement, je me propose de partir demain pour Saint-Amand, comme il a été convenu hier dans notre entretien. Les renseignements recueillis me prouvent que le gros des forces ennemies est sur la rive gauche de la Loire, et que Chanzy a sa retraite assurée.

« Il serait bon de diriger dès à présent sur Saint-Amand tous les approvisionnements nécessaires.

« Malgré vos ordres récents, je n'ai pas encore vu l'intendant Friant.

« Les quelques pertes subies le 4 décembre par le 20ᵉ corps dans la marche vers Orléans, à Vitry-aux-Loges et à Chécy, celles subies le 7 par le 18ᵉ corps, lors de l'attaque de Gien, enfin les vides causés par les fatigues, dans les cadres comme dans les rangs de la troupe et les pertes de chevaux, sont assez considérables pour que les effectifs aient été notablement réduits. La division Martineau ne compte plus guère que 6,000 combattants. Il me serait donc bien utile, en vue des mouvements que les trois corps d'armée auront à exécuter, de recevoir des renforts en hommes et en chevaux.

« Je vous demande de me faire connaître le plan général que vous avez adopté pour la défense nationale. Je vous soumettrai mes observations pendant les quelques jours de repos que prendront nos troupes.

« Je ne négligerai rien ensuite pour concourir aussi activement qu'il me sera possible à l'ensemble des opérations. »

Le général Bourbaki au Ministre de la guerre, à Bourges.

« Mehun, 13 décembre 1870, 5 heures du soir.

« Bourges n'est pas abandonné dans mon projet, puisque la partie la plus avancée des cantonnements occupés par les trois divisions n'en serait pas éloignée de plus d'une journée de marche, et que le reste de l'armée pourrait se porter en deux jours sur cette ville.

« Je descends de cheval, et je viens encore d'examiner les trois corps d'armée. Je ne crois pas que l'on puisse en faire quelque chose de mieux avant de les avoir réorganisés.

« Les ordres sont tels que nous en étions convenus hier ; on peut en donner de contraires, mais la chose est difficile. Réorganiser les corps d'armée dans les positions si peu favorables qu'ils occupent, est au-dessus de mes facultés ; si vous le croyez possible, donnez-moi un successeur, et ne le regrettez pas, car je souffre beaucoup d'une ancienne blessure ayant déterminé une ostéite aiguë du tibia gauche.

« Répondez-moi de suite, pour que vos intentions soient remplies. »

Le général Bourbaki au Ministre de la guerre, à Bourges.

« Mehun, 13 décembre 1870, 8 heures du soir.

« Non-seulement je coopérerai à la défense de Bourges dans les nouvelles positions que je veux prendre, mais l'armée, bonne ou mauvaise, se battra en même temps que Bourges se défendra.

« Si, dans deux heures, je n'ai pas reçu de réponse de vous, les mouvements que j'ai ordonnés commenceront à s'effectuer. »

Le général Bourbaki au Ministre de la guerre, à Bourges.

« Mehun, 14 décembre 1870, 10 heures du matin.

« J'attends un train pour me rendre à Bourges, près de vous.

« Vierzon a été occupé hier; on n'y a trouvé que 600 cavaliers. Il a été fait 15 prisonniers, dont un cadet. Les corps d'armée continuent, d'après vos ordres, à occuper les mêmes positions.

« Ces positions présentent un danger sérieux, le même que celles adoptées pour l'armée de la Loire avant la dernière évacuation d'Orléans. Les troupes ont une rivière à dos. Le moindre échec peut se transformer en désastre, et amener la chute de Bourges. Je ne demande pas à porter la totalité de mes forces à Saint-Amand; je désire seulement me cantonner dans cette direction, en me tenant entre le Cher et le canal du Berry. Je ferai occuper les bords de l'Yèvre, à droite et à gauche de Bourges, prêt à franchir cette rivière, afin de menacer ou d'attaquer les ailes de l'ennemi qui se présenterait devant la ville pour la bombarder. Se placer en avant de Bourges, c'est compromettre et la ville et l'armée; se placer en arrière, c'est assurer le repos et la défense sérieuse de l'une et de l'autre. »

LETTRE DU GÉNÉRAL BOURBAKI AU GÉNÉRAL CHANZY.

Mehun, 16 décembre 1870, 9 h. 15 matin.

Général Bourbaki au général Chanzy, à Vendôme. (Faire suivre.)

« Vous exprimez le regret que je ne vous vienne pas en aide !... Songez que mon secours ne saurait être immédiat, qu'il me faudrait huit jours au moins pour vous rejoindre. Marcher de Bourges sur Blois, alors que nos éclaireurs se rencontrent journellement avec l'ennemi du côté de Théillay, de Neuvy-sur-Barangeon et de La Chapelle-d'Angillon, serait commettre une faute que le prince Charles me ferait expier sans profit pour vous ; je prêterais le flanc à l'ennemi, cheminant entre la Loire et le Cher et adossé à cette dernière rivière.

« Vous pouvez, au contraire, en vous repliant si c'est nécessaire, ne pas cesser d'avoir votre ligne de retraite assurée, et réclamer le concours de l'armée du Mans.

« Si un mouvement dans l'Ouest est jugé nécessaire, je l'exécuterai volontiers, mais en suivant la rive gauche du Cher. Ce sera le seul moyen de rendre notre jonction possible. »

LETTRE DE M. GAMBETTA AU GÉNÉRAL BOURBAKI.

« Bourges, 17 décembre 1870.

« Général,

« La dernière dépêche du général Chanzy le représente comme aux prises avec la presque totalité du corps de Frédéric-Charles, du duc de Mecklembourg, et une colonne venant de la vallée de l'Eure, dont on n'estime pas la force.

« Il est plus que jamais urgent que la diversion énergique à laquelle vous êtes résolu soit menée le plus vivement possible, afin de gagner, rien que par la marche, beaucoup d'avance sur nos adversaires.

« En conséquence, je compte que vous penserez comme moi, qu'il n'y a pas un instant à perdre, et que vous songerez plutôt à précipiter le mouvement sur Montargis qu'à le retarder. Songez quelle gloire ce serait pour vous d'arriver jusqu'à Fontainebleau presque sans coup férir !

« Je suis informé de source positive qu'il n'y a pas un Prussien dans Seine-et-Marne. Il faut donc profiter au plus vite de la situation. A Fontainebleau, on n'est qu'à deux étapes de Paris, en tenant compte des forts et des travaux avancés de la capitale. Vos troupes doivent être reposées, tant par l'effet du temps, que parce que depuis huit jours elles n'ont pas vu l'ennemi.

« Vous avez de jeunes et vigoureux commandants de corps qui ne demandent qu'à aller de l'avant. Vos troupes elles-mêmes, quoique jeunes, retrouveront dans cette offensive les meilleures qualités de la race française; vous leur parlerez, vous saurez les entraîner.

. . . .

« Je ne peux m'empêcher de vous presser, de vous tourmenter, tant je sens les minutes précieuses.

. . . .

« Léon Gambetta. »

EXTRAIT DU TÉLÉGRAMME DU GÉNÉRAL BOURBAKI AU MINISTRE DE LA GUERRE, EN DATE DU 4 JANVIER 1871.

« Besançon, 4 janvier 1871, 7 heures soir.

. . . .

« Il est essentiel de réunir à Besançon des approvisionnements considérables en vivres comme en munitions d'artillerie et d'infanterie, de façon à assurer les besoins de l'armée, en sus de ceux de la place même. »

. . . .

DÉPÊCHE TÉLÉGRAPHIQUE.

Bordeaux, 19 janvier 1871, 2 heures 50 soir.

COMMUNICATION.

Le Ministre de la guerre à général Bordone, Dijon, Copie à général Bourbaki.

« Je ne comprends pas les incessantes questions que vous me posez pour savoir qui commande, non plus que les difficultés qui surgissent toujours au moment où, dites-vous, vous allez faire quelque chose. La situation est bien simple, vous commandez l'ancienne armée des Vosges et les mobilisés de l'Isère; vous avez pleins pouvoirs pour défendre tout le pays et vous jouissez exactement des mêmes prérogatives que tous les commandants en chef; vous êtes le seul qui invoquiez sans cesse des difficultés et des conflits pour justifier sans doute votre inaction. Je ne vous cache pas que le Gouvernement est fort peu satisfait de ce qui vient de se passer; vous n'avez donné à l'armée de Bourbaki aucun appui, et votre présence à Dijon a été absolument sans résultat pour la marche de l'ennemi de l'Ouest à l'Est. En résumé moins d'explications et plus d'actes, voilà ce qu'on vous demande.

« *Signé* : De Freycinet. »

TÉLÉGRAMME DU GÉNÉRAL BOURBAKI A L'INTENDANT EN CHEF FRIANT, A BESANÇON.

« Beaume-les-Dames, le 21 janvier, 8 heures soir.

« Je suis désolé que tous les approvisionnements ne soient pas venus à Besançon comme je vous l'avais prescrit, et je ne comprends pas que l'inspecteur du chemin de fer ne vous ait pas obéi. Si nous avions des ailes, nous assommerions certainement l'avant-garde prussienne, mais nous n'avons que des pieds endoloris par la fatigue et le verglas; on marche et on marchera encore cette nuit.

« Les coupables sont les 30,000 hommes qui sont à Dijon et qui n'ont rien fait pour protéger l'aile gauche de l'armée. Le monde ne nous manque ni à notre droite, ni devant nous. Quant à Mouchard, j'espère que les deux régiments que j'envoie empêcheront qu'on attente à cette voie. Du reste, dans deux ou trois jours d'ici, nous serons en force sur ce point. »

EXTRAIT DU TÉLÉGRAMME DU MINISTRE DE LA GUERRE AU GÉNÉRAL BOURBAKI.

« 24 janvier 1871, 1 heure 59 soir.

« Je crois qu'il serait extrêmement dangereux pour vous de demeurer autour de Besançon, où le mieux qui pourrait vous arriver serait d'être désormais paralysé. Il faut à tout prix sortir de cette situation et opérer par voie de terre avec les 15e, 18e et 20e corps; ainsi, il faut, avec les forces que j'indique, gagner le plus vite possible Nevers, ou mieux encore, la région d'Auxerre, Sens, Joigny, Tonnerre; vous trouverez dans cette région une vingtaine de mille hommes que j'ai déjà disposés pour vous y recevoir; dans quelle direction précise devez-vous faire ce mouvement? c'est à vous actuellement de le déterminer d'après la position de l'ennemi et les conditions du théâtre de la guerre, mais il faudrait faire en sorte que ce mouvement profitât à prendre Dôle, protéger Dijon et débarrasser nos communications ferrées au-dessous de Besançon.

. . . .

« *Signé* : C. DE FREYCINET. »

TÉLÉGRAMME DU GÉNÉRAL BOURBAKI AU MINISTRE DE LA GUERRE, A BORDEAUX.

« Besançon, 24 janvier 1871, 8 heures 30 soir.

« Quand vous serez mieux informé, vous regretterez le reproche de lenteur que vous me faites. Les hommes sont exténués de fatigue, les chevaux aussi. Je n'ai jamais perdu une heure, ni pour aller, ni pour revenir. Je viens de voir tous les commandants de corps d'armée. Ils sont d'avis que nous prenions la route de Pontarlier. C'est la seule direction que l'état moral et physique des troupes permette de prendre. Vous ne vous faites pas une idée des souffrances que l'armée a endurées depuis le commencement de décembre.

« J'avais envoyé une division en chemin de fer pour s'emparer de Quingey et de Mouchard, une autre à Busy, les deux commandées par le général Martineau; elles se sont repliées.

« Pendant que j'ai visité aujourd'hui les troupes de la rive droite du Doubs, le général Borel est allé placer lui-même à Busy celles du 15ᵉ corps pour les maintenir sur ces positions et faire occuper les ponts de la Loue les plus voisins.

« Entre Dôle, Quingey, Mouchard, il y a deux corps ennemis, le 2ᵉ et le 7ᵉ. Demain, je compte faire partir le plus vite possible trois divisions pour garder toutes les positions dont nous avons besoin et s'emparer de Pontarlier. Si ce plan ne vous convenait pas, je ne saurais vraiment que faire. Croyez que c'est un martyre que d'exercer un commandement en ce moment. J'avais prescrit au général Bressolles de garder le plateau de Blamont et les hauteurs de Lomont, de laisser des postes à l'Isle, à Clerval, à Baume-les-Dames, pour empêcher le rétablissement des ponts, et d'affecter une division avec les mobilisés à cette mission. J'apprends à l'instant que ces positions sont abandonnées et j'ordonne de les réoccuper.

« Si vous croyez qu'un de mes commandants de corps d'armée puisse faire mieux que moi, n'hésitez pas, comme je l'ai déjà dit, à me remplacer, soit par Billot, soit par Clinchant.

« Martineau ne compte pas sur ses troupes; Bressolles n'y a jamais compté. La tâche est au-dessus de mes forces. »

TÉLÉGRAMME DU GÉNÉRAL BOURBAKI AU MINISTRE DE LA GUERRE, A BORDEAUX.

« Besançon, 24 janvier 1871, 9 heures soir.

« Votre dépêche me prouve que vous croyez avoir une armée bien constituée. Il me semble que je vous ai dit souvent le contraire. Du reste, j'avoue que le labeur que vous m'infligez est au-dessus de mes forces et que vous feriez bien de me remplacer par Billot ou Clinchant.

« Je vous ai envoyé une longue dépêche ce soir, j'attends la réponse avec impatience.

« Les deux divisions du 24ᵉ corps qui doivent rallier, n'arriveront qu'après-demain, mais je commencerai mon mouvement demain, à moins d'ordres contraires. »

TÉLÉGRAMME DU GÉNÉRAL BOURBAKI AU MINISTRE DE LA GUERRE.

« Besançon, 25 janvier 1871, minuit 45.

« La marche que vous me prescrivez me semble impossible; c'est comme si vous ordonniez à la 2ᵉ armée d'aller à Chartres.

« J'ai une armée sur la droite évaluée à 90,000 hommes, et deux corps d'armée, le 2ᵉ et le 7ᵉ, qui tiennent Dôle, la forêt de Chaux et Quingey. Dans mes trois corps d'armée, je n'ai pas 30,000 combattants. Dôle est le lieu d'une grande concentration ; des batteries sont établies sur les routes. Si je vais jusqu'à Dôle, je ne reviendrai pas jusqu'à Besançon et je ne percerai pas plus loin. Je ne vois qu'une chance, c'est la route de Pontarlier, et, ceci, d'accord avec mes chefs de corps. Je n'ai de passable que les trois quarts du 18ᵉ corps, 6,000 hommes des réserves et une bonne partie de la division Cremer. Je puis gagner de Pontarlier la vallée du Rhône, couvert par un masque de troupes, mais je ne puis avoir l'espérance de battre des forces supérieures. Répondez-moi de suite, je vous prie. »

EXTRAIT DU TÉLÉGRAMME DU MINISTRE DE LA GUERRE AU GÉNÉRAL BOURBAKI.

Bordeaux, 25 janvier 1871, 1 h. 30 matin.

Le Ministre de la guerre au général Bourbaki, à Besançon.

« 3256. — Sans nouvelles de vous ce soir, je reviens avec une nouvelle insistance sur la nécessité pour vous de vous dégager vainqueur. Il faut que vous quittiez Besançon avec les corps que j'ai indiqués dans ma précédente dépêche, et que vous vous portiez vers la région que j'ai également indiquée. A vous de déterminer le moment et la direction de votre mouvement, mais il est nécessaire qu'il se fasse à bref délai; cela est nécessaire non-seulement au point de vue militaire, mais encore pour rassurer le pays qui commence à être inquiet sur le sort de votre armée.

« *Signé :* DE FREYCINET. »

TÉLÉGRAMME DU GÉNÉRAL BOURBAKI AU MINISTRE DE LA GUERRE A BORDEAUX.

« Besançon, 25 janvier 1871, 3 h. 30 soir.

« J'éprouve le besoin d'insister près de vous sur les dangers que présenterait toute opération de la première armée sur Nevers, Auxerre ou Tonnerre, quelque désirable qu'en soit la réalisation.

« L'état moral de l'armée est très-peu solide, elle ne pourrait enlever Dôle. En outre, il nous faudrait passer entre deux rivières occupées par l'ennemi, exécuter ainsi une double marche de flanc; passer la Saône à Auxonne, et pour peu que l'ennemi, profitant de cette situation, menaçât nos derrières, accepter le combat ayant la Saône à dos avec un seul point de passage.

« L'ennemi ne peut se concentrer aussi rapidement sur l'une de ses ailes que sur son centre, et plus il me suivra vers le Sud plus il découvrira sa propre ligne de communication.

« Si je puis le devancer à Salins, mon mouvement se trouvera réduit comme distance, comme difficulté de routes que couvre la neige, et comme temps.

« J'ai dirigé ce matin trois colonnes. La division Cremer, la reserve générale de l'armée et une division du 20e corps, qui s'arrêteront ce soir sur les bords de la Loue à Chéron et Ornans, et qui continueront leur route demain soir, soit dans la direction de Salins, soit dans celle de Pontarlier, suivant les circonstances.

« Ma grande préoccupation est d'assurer la subsistance des hommes. Elle serait bien réduite si Besançon possédait toutes les ressources que j'avais demandé d'y accumuler. L'intendant Friant prétend vous avoir signalé à diverses reprises l'impossibilité d'atteindre le résultat voulu, à cause de l'encombrement des voies ferrées.

« Il importe peu qu'il soit ou non responsable de cet état de choses, il ne m'en cause pas moins une situation extrêmement difficile. Je reçois votre télégramme de cette nuit réclamant des nouvelles. Je vous ai télégraphié hier soir, à 8 heures 30 et à 9 heures, et cette nuit à minuit 45.

« Quant à présent, je ne puis que chercher à me dégager et non à percer la ligne ennemie. »

LE MINISTRE DE LA GUERRE AU GÉNÉRAL BOURBAKI.

Bordeaux, 25 janvier, 4 heures 55 soir.

Guerre à général Bourbaki, à Besançon.

« Plus je réfléchis à votre projet de marcher sur Pontarlier, et moins je le comprends; je viens d'en parler avec les généraux du ministère et leur étonnement égale le mien. N'y a-t-il point erreur de nom? Est-ce bien Pontarlier que vous avez voulu dire? Pontarlier près de la Suisse? Si c'est là, en effet, votre objectif, avez-vous envisagé les conséquences? Avec quoi vivrez-vous? Vous mourrez de faim certainement. Vous serez forcé de capituler ou d'aller en Suisse; car, pour vous échapper, je n'aperçois nul moyen. Partout vous trouverez l'ennemi devant vous et avant vous. Le salut, j'en suis sûr, n'est que dans une des directions que j'ai indiquées, dussiez-vous laisser vos impedimenta derrière vous, et n'emmener avec vous que des troupes solides, à tout prix il faut faire une trouée. Hors de là, vous vous perdez.

« *Signé* DE FREYCINET. »

TÉLÉGRAMME DU MINISTRE DE LA GUERRE AU GÉNÉRAL BOURBAKI, A BESANÇON.

« 25 janvier 1871, 3 heures 30 soir.

« Vos dépêches chiffrées d'hier ne sont arrivées ici que ce matin après dix heures, elles n'ont été déchiffrées et je n'ai pu en prendre connaissance que vers une heure.

« Je m'empresse d'y répondre. Je suis tombé des nues, je l'avoue, à leur lecture; il y a huit jours à peine, devant Héricourt, vous me parliez de votre ardeur à poursuivre le programme commencé, et aujourd'hui, sans avoir eu à livrer un seul nouveau combat, après avoir fait des mouvements à peine sensibles sur la carte, vous m'annoncez que votre armée est hors d'état de marcher et de combattre, qu'elle ne compte pas trente mille combattants, que la marche que je vous conseille vers l'Ouest ou le Sud est impossible, et que vous n'avez d'autre solution que de vous diriger sur Pontarlier; enfin, vous concluez par me demander mes instructions. Quelles instructions voulez-vous que je donne à un général en chef qui me déclare qu'il n'a pas d'autre parti à prendre? Puis-je, je vous le demande, prendre la responsabilité d'un de ces échecs qui suivent trop souvent la détermination qu'on impose à un chef d'armée? Je ne puis que vous manifester énergiquement mon opinion, mais je n'ai pas le droit de me substituer à vous-même, et la décision en dernier lieu vous appartient.

« Or, mon opinion, c'est que vous vous exagérez le mal. Il me paraît impossible que votre armée soit réduite au point que vous dites. Le commandement d'un bon chef ne peut pas, en si peu de temps, laisser une telle désorganisation s'accomplir. Je crois donc que, sous l'impression de votre dernier insuccès, vous voyez la situation autrement qu'elle n'est; en second lieu, je crois fermement que votre marche sur Pontarlier vous prépare un désastre inévitable : vous n'en sortirez pas, vous serez obligé de capituler, ou vous serez rejeté en Suisse. Quelle que soit la direction que vous preniez pour sortir de Pontarlier, l'ennemi aura moins de chemin à faire que vous pour vous barrer le passage. Ma conviction bien arrêtée, c'est qu'en réunissant tous vos corps et vous concertant au besoin avec Garibaldi, vous seriez pleinement en force pour passer soit par Dôle, soit par Mouchard, soit par Gray, soit par Pontarlier; vous laisseriez ensuite le 24ᵉ corps et le corps Cremer en relation avec Garibaldi, et vous continueriez votre mouvement en prenant autant que possible pour objectifs les points indiqués dans mes dépêches précédentes, et si l'état de votre armée ne permettait réellement pas une marche aussi longue, vous vous dirigeriez vers Chagny pour y stationner ou pour vous y embarquer.

« Remarquez que dans la position que vous allez prendre, vous ne couvrirez pas même Lyon. Telle est, général, mon opinion, mais, je le répète, vous êtes seul juge en dernier ressort, car vous seul connaissez exactement l'état physique et moral de vos troupes et de leurs chefs.

« *Signé* : DE FREYCINET. »

TÉLÉGRAMME DU MINISTRE DE LA GUERRE AU GÉNÉRAL BOURBAKI.

« 25 janvier 1871, 11 heures 50 soir.

« Les dépêches de la journée ne m'apprennent rien de nouveau sur le mouvement de l'ennemi ; au-dessous de vous, il dirige des reconnaissances de Mouchard, dans la direction de Lons-le-Saulnier, et ne paraît pas, quant à présent, vouloir recommencer l'attaque de Dijon ; des renforts importants paraissent se détacher de Paris ou de l'armée du prince Charles pour aller grossir les forces de l'Est. C'est un nouveau motif pour moi de souhaiter que vous vous rangiez à mon avis et que vous n'alliez pas au point que vous savez, car, dans peu de jours, vous y serez infailliblement entouré par des forces supérieures. Je crois donc devoir renouveler auprès de vous, dans votre intérêt même, mes instantes recommandations.

« Je désire bien vivement qu'une nouvelle étude vous convainque de la justesse de mon point de vue.

« *Signé* : DE FREYCINET. »

ORDRE DU GÉNÉRAL BOURBAKI AU GÉNÉRAL BRESSOLLES, COMMANDANT LE 24ᵉ CORPS.

« Besançon, 25 janvier 1871.

« Arrêtez votre mouvement si malencontreux de retraite ; je me porte en avant avec tout le 18ᵉ corps. Demain, nous refoulerons l'ennemi. J'appuierai ma gauche aux collines qui bordent la rive gauche du Doubs. Portez-vous en deux colonnes, l'une sur Vaudrivillers, l'autre sur Passavant ; de mon côté, je me dirigerai par Nancray et Bouclans sur Côte-Brune, d'une part, et de l'autre par Bouclans sur Vauchamp et Dammartin.

« Prenez vos meilleures troupes, que chaque général soit à la tête de celles placées sous son commandement. Je compte vous voir refouler l'ennemi sur Pont-les-Moulins.

« Rappelez le général Commagny que vous me dites s'être dirigé sur le Russey au lieu de passer par Pierre-Fontaine. Exigez impérativement l'exécution de mes ordres. »

TÉLÉGRAMME DU GÉNÉRAL BOURBAKI AU MINISTRE DE LA GUERRE.

« Besançon, 26 janvier 1871, 1 heure matin.

« Je fais occuper les débouchés de Salins et les passages de la Loue. J'avais chargé le général Bressolles de faire garder les défilés du Lomont. J'apprends que son corps d'armée a fui tout entier presque sans combattre. Je pars avec le 18e corps pour tâcher de reconquérir les positions perdues.

« Vous me dites de m'entendre avec Garibaldi. Je n'ai aucun moyen de correspondre avec lui, mais si vous ne faites pas attaquer l'ennemi sur ses communications, je me considère comme perdu.

« Je tiendrai le plus longtemps possible de Salins à Pontarlier et aux monts Lomont. C'est tout ce que je puis faire avec les soldats que j'ai. Secourez-moi donc par tous les moyens, et aussitôt que je verrai la possibilité de me jeter sur Dôle, j'en profiterai, soyez-en bien sûr.

« Vu l'état moral et physique actuel de l'armée et tant que l'ennemi tiendra à l'Ognon, le Doubs et la Saône, je ne pourrai tenter pareille entreprise.

« Croyez-le, en ne faisant pas assurer mes derrières, vous m'avez laissé mettre aux prises avec 140,000 hommes. »

XXII.

Déposition de M. le général Clinchant.

M. LE PRÉSIDENT. — Général, la Commission a désiré vous entendre pour avoir des renseignements relativement aux opérations de l'armée de l'Est et à leur dénouement. Veuillez nous dire ce que vous savez.

M. le général CLINCHANT. — Messieurs, je vous ferai très-rapidement le récit des actes qui se rapportent à mon commandement.

Une dépêche télégraphique du Gouvernement de la Défense nationale, reçue le 27 janvier, à trois heures du matin, m'avait apporté l'ordre de prendre le commandement de la 1re armée.

Comme j'étais avec mon corps d'armée tout près de Besançon, je me rendis immédiatement dans cette ville, où se trouvait l'état-major général, et je répondis par le télégraphe au Ministre de la guerre. Je lui disais dans cette dépêche que je ne voulais pas refuser le commandement de l'armée dans une situation aussi critique, mais que je ne pouvais répondre de la conduire jusqu'à Lyon, comme il le désirait ; — que j'allais tenter d'y parvenir en passant entre l'aile droite de l'armée allemande et la frontière de Suisse ; — que je m'efforcerais de passer le plus près possible de Salins, afin de faire usage de la meilleure route, mais que si je ne pouvais arriver à temps, j'essayerais encore de me servir de la route qui passe entre la deuxième chaîne du Jura et la frontière, route qui n'était pas tout à fait impraticable. Ce plan avait été discuté et arrêté avec le général Bourbaki, dans le conseil de guerre tenu le 25 janvier. On y avait examiné deux lignes de retraite : l'une de Besançon sur Auxonne, en perçant le centre de l'armée ennemie; l'autre de Besançon sur Lyon, en passant devant l'aile droite de l'ennemi. L'idée de marcher sur Auxonne avait été abandonnée, car, avec une armée désorganisée, c'était s'exposer, en cas d'insuccès, à se faire prendre ou tout au moins à se faire enfermer dans Besançon. On avait donc décidé qu'il fallait marcher sur Lyon, et cela, par la route de Champagnole ou par le chemin des Montagnes, car le chemin de fer de Lyon était coupé à Mouchard.

Je fis donc continuer le mouvement qui était déjà commencé, car le général Cremer avait, dès le 26, reçu l'ordre de se porter sur Salins, pour nous assurer la possession de ce point qui nous garantissait l'usage de la route de Champagnole. Le 27, je me rendis de ma personne à Ornans, puis à Pontarlier, où je parvins le 28. Pendant ce parcours, je constatai le mauvais état des routes et les difficultés que rencontraient les chevaux qui étaient presque tous ou déferrés ou sans clous à glace, traînant les voitures de l'artillerie et les douze ou quinze cents voitures de réquisition qui nous suivaient.

A Pontarlier, je trouvai le général Cremer qui, devancé par l'ennemi, n'avait pu aller jusqu'à Salins et s'était replié vers l'Est. La route de Champagnole nous échappait donc, il fallait avoir recours au chemin des Montagnes, c'est-à-dire la route de Mouthe. Mais comme ces chemins étaient couverts par les neiges, il était indispensable de les faire déblayer d'avance. De plus, les troupes, mal chaussées, étaient extrêmement fatiguées après des marches si pénibles dans la neige. Je crus donc devoir laisser, le 29, les troupes prendre du repos dans les positions qu'elles occupaient autour de Pontarlier.

Pendant ce temps, je faisais déblayer la route et j'ordonnais au général Cremer d'aller, sans retard, occuper avec l'une de ses brigades et 700 cavaliers le défilé des Planches qui se trouve entre Pontarlier et Saint-Laurent. Ce point étant gardé, le reste de la route est protégé par une chaîne de montagnes presque infranchissable. Le général Cremer partit de Pontarlier le 28, arriva aux Planches le 29. De là, il devait m'informer, heure par heure, de ce qui se passerait et des progrès du déblaiement. Aucun de ses courriers ne m'était encore parvenu le 29 à midi, et je ne pouvais, sans renseignements pris sur l'état de la route, décider si je devais suivre cette direction avec mon artillerie, ou y conduire seulement l'infanterie et la cavalerie, en laissant tout le matériel sous la protection du fort de Joux.

Comme la nouvelle de la conclusion d'un armistice m'était déjà parvenue indirectement par la Suisse, je crus pouvoir attendre jusqu'au soir avant de prendre un parti, d'autant mieux, que toutes les positions que j'occupais autour de Pontarlier étaient très-bonnes. Vers trois ou quatre heures, une dépêche du Ministre de la guerre m'annonçait qu'un armistice était conclu, que la 1re armée n'en était pas exclue, et que j'avais à m'entendre à ce sujet avec l'armée ennemie.

En même temps, je recevais du général Dastugues, qui se trouvait avec sa division à Sombacourt, une dépêche m'annonçant l'approche de l'ennemi. La division Dastugues était cantonnée dans un village situé à 300 mètres en avant d'un étroit défilé, et dès la veille, j'avais rappelé les dispositions à prendre si l'ennemi était annoncé. Dans ce cas, la division ne devait pas rester dans le village et avait à se mettre en mesure de défendre le défilé. Cependant, bien qu'il fût prévenu deux heures d'avance de l'arrivée de l'ennemi, le général Dastugues réunit un conseil de guerre qui fut d'avis qu'il n'y avait rien à craindre pour ce jour-là : il se laissa surprendre et perdit une partie de sa division.

Dès ce jour même, 29 janvier, j'envoyai d'abord deux de mes aides de camp en parlementaires. Ils ne rencontrèrent que des avant-gardes prussiennes qui répondirent que l'armistice était chose possible, mais qu'ils n'en étaient pas informés. J'envoyai alors un parlementaire au général de Manteuffel, pour lui demander de s'entendre avec moi au sujet de la détermination des zones que nous devions occuper pendant l'armistice. Le général me fit répondre qu'il n'avait pas connaissance de l'armistice et qu'il ne pouvait suspendre ses opérations.

J'en avisai le Ministre qui me répondit que je devais exiger l'observation de l'armistice. Un nouveau parlementaire, envoyé au général de Manteuffel, n'obtenait cependant rien ; et malgré cet insuccès, je ne pouvais bouger, puisque les dépêches du Ministre me répétaient que les difficultés que faisaient les Prussiens étaient de leur part une tactique pour me resserrer et me laisser moins de cantonnement.

C'est ainsi que je restai immobile pendant quarante-huit heures. Au bout de ce temps, une dépêche du général de Manteuffel et une dépêche de Bordeaux m'apprenaient en même temps que mon armée était exclue de l'armistice.

Pendant ces deux journées, les Prussiens avaient fait des mouvements qui rendaient ma position beaucoup plus difficile. Ils avaient débordé mon aile gauche et avaient à la fois coupé mon armée et menacé ma dernière ligne de retraite. Pour obtenir ce résultat, ils avaient suivi un chemin presque impraticable (défilé de Bonnevaux) que je faisais garder par une division du 15ᵉ corps. Cette division n'avait pas tenu, parce qu'elle croyait à l'armistice. Du reste, toutes les troupes étaient démoralisées : l'affaire de Sombacourt, où 7 ou 8,000 hommes n'avaient pas défendu un défilé que 500 hommes pouvaient garder, en est une preuve trop évidente. La nouvelle de l'armistice avait achevé de détruire le moral.

« Pourquoi nous battrions-nous, disaient les soldats, si nos « camarades des autres armées ne se battent plus ? »

Je pensai donc qu'il fallait user de la dernière porte de sortie qui me restait et conserver à la France le matériel, les hommes et les chevaux, en les conduisant en Suisse. Toutefois, en prenant ce parti, je prescrivis à toutes les troupes déjà envoyées sur la route de Mouthe, de continuer leur mouvement pour rester en France. Il paraît qu'elles n'ont pu y parvenir, puisque j'en ai retrouvé une partie en Suisse.

Il est certain que si j'avais trouvé à Pontarlier les quinze jours de vivres qu'on m'avait fait espérer, j'aurais pu m'y défendre. Mais il n'y avait là que des vivres pour le 31 janvier et le 1ᵉʳ février : j'ai dû franchir la frontière. C'est aussi, sans doute, parce qu'elles manquaient de vivres que les troupes que l'ennemi n'avait pas cernées ont été obligées d'entrer en Suisse comme les autres.

Telles sont, Messieurs, les opérations de l'armée de l'Est pendant la courte période de mon commandement. J'ai là des dépêches qui vous éclaireront sur tous ces faits, et même le rapport que j'ai adressé au Ministre après mon entrée en Suisse.

M. LE PRÉSIDENT. — Pourriez-vous nous confier ces pièces? La Commission vous les réclame.

M. le général CLINCHANT. — Je pourrai vous en faire faire une copie que je laisserai à la Commission.

Si vous voulez bien me le permettre, pour compléter mon récit, je vais vous donner connaissance de quelques dépêches télégraphiques relatives à l'armistice.

CIRCULAIRE DE BORDEAUX, 29 JANVIER, A 2 HEURES DU SOIR.

Guerre à général Clinchant, à Besançon : Général Faidherbe, Lille, etc.

(Extrême urgence.)

« Un armistice de vingt et un jours vient d'être conclu par le Gouvernement de Paris.

« Veuillez, en conséquence, suspendre immédiatement les hostilités en vous concertant avec le chef des forces ennemies en présence desquelles vous pouvez vous trouver; vous vous conformerez aux règles pratiques suivies en pareil cas.

« Les lignes des avant-postes respectifs des forces en présence sont déterminées sur-le-champ et avec précision, par l'indication des localités, accidents de terrain et autres points de repère. Le procès-verbal, constatant cette délimitation, est échangé et signé des deux commandants en chef ou de leurs représentants.

« Aucun mouvement des armées, en avant des lignes ainsi terminées, ne peut être effectué pendant la durée de l'armistice. Il en est de même des ravitaillements et de tout ce qui est nécessaire à la conservation de l'armée, qui ne peut non plus s'effectuer qu'en avant desdites lignes.

« Donnez également des instructions aux francs-tireurs, afin d'éviter toute difficulté ultérieure.

« Je vous invite instamment à faire apporter la plus grande précision dans la rédaction des procès-verbaux et dans la réunion des éléments qui lui servent de base.

« S'il surgissait quelque difficulté imprévue, sur laquelle vous jugiez bon d'être éclairé, référez-m'en par télégraphe, d'extrême urgence, en gagnant le temps nécessaire dans les négociations. Réponse urgente.

« *Signé* : DE FREYCINET. »

Une seconde dépêche du 29 janvier, à 3 heures 30 du soir, répétait ces instructions.

Une troisième, de 7 heures 54 du soir, les complétait et donnait les règles applicables aux armistices en général. Elle indiquait les principaux points à fixer dans la confection des procès-verbaux relatifs à l'armistice.

M. le comte DARU. — Ainsi, dans ces dépêches, vous n'étiez pas informé que l'armistice ne s'appliquât pas à votre armée ?

M. le général CLINCHANT. — Au contraire : j'ai fait quelques observations, mais l'on m'a répondu que l'armistice s'appliquait à l'armée de l'Est.

Je recevais, en effet, la dépêche suivante :

Guerre à général Clinchant, Pontarlier.

« La prétention du général de Manteuffel de discuter l'armistice et de refuser de l'appliquer à l'armée de l'Est est la violation formelle de la convention signée à Versailles, dans laquelle il est dit que l'armistice est immédiat et qu'il s'applique à toutes les armées de terre et de mer des deux puissances belligérantes.

« Signifiez bien le texte au général de Manteuffel par parlementaire, et dressez procès-verbal, tant du retard, des difficultés soulevées, que de la réponse qui vous sera faite, et dénoncez-moi le tout.

« *Signé* : Léon GAMBETTA. »

M. LE PRÉSIDENT. — A quelle époque avez-vous appris que cet armistice n'était pas applicable à l'armée de l'Est et qu'il avait été commis une erreur fatale ?

M. le général CLINCHANT. — Le général de Manteuffel avait simplement répondu à mes premières communications qu'il ne savait rien et qu'il ne pouvait interrompre ses opérations. Informé par moi de cette réponse, M. Gambetta m'adressait la dépêche dont je viens de vous donner lecture. C'est seulement le 31 au matin que le général de Manteuffel me prévenait que l'armistice ne nous concernait pas.

M. LE PRÉSIDENT. — M. Gambetta vous a-t-il annoncé plus tard que l'armistice ne s'appliquait pas à l'armée de l'Est ?

M. le général CLINCHANT. — Oui, il l'a fait également le 31, dans l'après-midi. Les deux dépêches sont du même jour.

Voici la dépêche de Bordeaux :

31 janvier, 4 heures 50 du soir.

Guerre à général Clinchant, Pontarlier.

« M. Gambetta, que je quitte à l'instant, me charge de vous transmettre, en son nom, la dépêche suivante, qui fait suite à celle qu'il vous a déjà adressée tout à l'heure.

« Vous êtes investi, par le Gouvernement, du droit de traiter et de combattre pour votre propre compte, et de conclure directement avec le général ennemi un armistice dans les conditions et au moment que vous jugerez les plus opportuns. L'exception prévue au sujet des armées de l'Est, dans le texte de la convention passée entre les deux Ministres, a eu pour cause l'éloignement où étaient les plénipotentiaires du théâtre de vos opérations, et l'ignorance où ils étaient forcément de vos positions respectives. En conséquence, vous avez à vous comporter comme un belligérant distinct et indépendant, et dès lors, employez la voie de la force ou des négociations, à votre appréciation et au mieux des intérêts et de l'honneur de votre armée.

« *Signé* : Comte DE FREYCINET. »

Comme j'avais reçu le 29 la dépêche du ministre qui m'annonçait un armistice, j'avais, à cette date, suspendu mes opérations. Si je les avais continuées dans la nuit du 29 au 30, j'aurais au moins pu tirer de là mon infanterie et ma cavalerie, en laissant l'artillerie derrière les forts de Joux.

UN MEMBRE de la Commission. — Quand M. le général Clinchant a reçu du général de Manteuffel l'annonce qu'il continuait ses opérations de guerre, cela ne lui a-t-il pas donné l'éveil?

M. le général CLINCHANT. — Certainement, puisque je l'ai écrit aussitôt à M. Gambetta. J'ai déjà dit que sans cette incertitude, j'aurais pu essayer de sauver mon infanterie et ma cavalerie. Mais il y avait encore la question des vivres, et leur défaut m'exposait à perdre mes armées et à en achever la démoralisation.

Je n'avais trouvé à Pontarlier que 4 ou 500 quintaux de fromage et de la viande. Il y avait bien aussi 500 quintaux de farine ; mais comment la transporter sans la convertir en pain? C'étaient là toutes mes ressources pour 80,000 hommes. Malgré cela, je voulais tenter de traverser les montagnes, bien que les habitants m'eussent dit : « C'est bien difficile et bien dangereux.

Les neiges ne sont pas tassées; le vent les enlève et les accumule, en certains endroits, à une grande hauteur. Viennent des coups de vent et vous serez tous perdus. »

Je nourrissais donc ce projet, lorsque me parvint la dépêche du Ministre de la guerre. Comment n'aurais-je pas cru à ce qu'elle m'annonçait, lorsque les renseignements officieux qui me parvenaient nombreux par la Suisse, me disaient aussi que l'armistice était général?

Je connaissais les procédés des Prussiens et leur habileté. La continuation de leur mouvement vers moi était donc interprétée par moi comme ayant le but de resserrer mes cantonnements. Ils savaient, en effet, que ma position était très-difficile. Tous mes efforts tendaient à m'opposer à cette tactique.

D'ailleurs, j'avais pris les mesures nécessaires pour que ma retraite par les montagnes ne pût pas être coupée. Une division (division Ségard) et une brigade du général Cremer, établies à Fraisnes, couvraient la route du défilé de Bonnevaux. Les officiers prussiens appartenant au corps ennemi placé en face de ces troupes, étaient venus les voir, car ils croyaient à l'armistice. Ils avaient causé avec nos officiers. Mais bientôt rappelés à leurs corps, ces officiers prussiens revinrent prévenir la division Ségard qu'ils avaient ordre de l'attaquer. Malheureusement le général Ségard voulut éviter le combat; il se retira et découvrit le défilé de Bonnevaux. Je lui fis de vifs reproches, mais encore à cette occasion, je ne crus pas que les Prussiens aient eu l'intention d'attaquer et je pensais qu'ils voulaient seulement acquérir un cantonnement de plus.

Je n'avais cependant pas accepté à la légère la nouvelle de l'armistice et j'avais fait déchirer les affiches que le sous-préfet de Pontarlier avait fait apposer, pour l'annoncer, dans les rues de la ville. Mais quand la dépêche du Ministre me fut parvenue, je ne vis plus de raison pour douter et je permis d'afficher.

Je croyais d'autant plus à l'armistice que je ne pouvais comprendre une convention de cette nature qui exceptât une armée. Avec cette exclusion, j'étais sûr d'être battu, quelle que fût ma situation. En effet, qui aurait empêché les Prussiens d'amener contre moi 300 ou 400,000 hommes? Enfin, je le répète, les dépêches qui m'étaient communiquées par la Suisse, présentaient l'armistice comme s'appliquant à toute la France.

Ainsi la dépêche du Roi de Prusse à la Reine, rapportée par le *National Suisse*, était ainsi conçue :

« Versailles, 30 janvier 1871.

« Hier soir a été signé un armistice de trois semaines. Les

troupes de ligne et les mobiles, prisonniers de guerre, sont internés dans Paris. La garde nationale sédentaire prend le maintien de l'ordre dans Paris, etc.

« Les armées en campagne conservent leurs positions respectives. Des zones de neutralité seront fixées.

« C'est la première récompense, etc. »

M. le Président. — Voici un fait bien expliqué.

MM. les Membres de la Commission ont-ils quelque question à adresser à M. le général Clinchant?

M. le comte Daru. — N'étiez-vous pas chef d'état-major du général Bourbaki?

M. le général Clinchant. — C'était le général Borel qui était chef d'état-major; je commandais le 20e corps.

M. le comte Daru. — Quel était l'effectif de l'armée quand vous en avez pris le commandement?

M. le général Clinchant. — Je suppose qu'il y avait près de 80,000 hommes; mais je ne saurais le dire exactement, car, pendant que j'ai eu le commandement, je n'ai pas reçu une seule situation. C'était chose impossible, et l'on ne peut se figurer les souffrances que les troupes ont eu à supporter.

J'avais beaucoup de canons, 250 environ, et beaucoup de chevaux. Tous les canons ont été sauvés, excepté ceux de la division surprise à Sombacourt. Je n'ai perdu que quelques voitures de bagages qui n'ont pu dépasser le fort de Joux assez à temps. En fait d'hommes, les Prussiens n'ont pris qu'environ 1,500 malades restés à Pontarlier et quelques retardataires.

M. le comte Daru. — Aviez-vous dans votre armée beaucoup de soldats capables de se battre?

M. le général Clinchant. — Oh! non! Vers la fin, les deux tiers de l'armée étaient en traînards. Le moment était aussi mauvais que le pays; il y avait des neiges comme je n'en avais jamais vu, et la marche devenait impossible ou, du moins, extrêmement difficile. Il est vrai qu'à côté de cet inconvénient, il y avait un avantage, car, à cause de l'impossibilité de marcher dans les champs, les Prussiens ne pouvaient arriver que par les routes, et nous trouvions à chaque pas des défilés très-faciles à garder.

Si l'armée eût été moins fatiguée, il eût été très-possible d'arrêter l'ennemi longtemps, et avec des troupes moins démoralisées, l'idée de rester à Pontarlier eût été très-praticable, à condition de faire venir des vivres par la Suisse.

Le général de Manteuffel l'avait bien senti, car il avait dit à nos parlementaires : « Vous faites venir des vivres de Suisse tant que vous voulez. » Et naturellement on ne l'avait pas détrompé.

J'aurais voulu conclure un armistice pour mon propre compte, mais le général de Manteuffel n'y a pas consenti. Si la Commission veut le permettre, je vais lui donner connaissance de la réponse que le général de Manteuffel m'a adressée à ce sujet.

« *Commandant supérieur de l'armée du Sud.*

« Grand quartier de Villeneuve, 30 janvier 1871,
5 heures de l'après-midi.

(Je n'ai reçu cette lettre que le 31.)

« Monsieur le Général,

« J'ai eu l'honneur de recevoir aujourd'hui, pendant la marche, votre lettre d'hier, datée de Pontarlier. Son contenu doit renfermer, en partie du moins, une erreur ; car selon la teneur de la communication officielle qui m'a été faite par le grand quartier général de Sa Majesté Impériale et Royale, mon très-gracieux maître, à Versailles, il a été conclu, par suite de la capitulation de Paris, un armistice immédiat en ce qui concerne les armées de Paris, et commençant le 31 de ce mois, à midi, pour la 1re et la 2e armées de Sa Majesté ; au contraire, l'armistice ne comprend pas les armées opérant dans les départements de la Côte-d'Or, du Jura et du Doubs, et j'ai à poursuivre mes opérations jusqu'à ce que j'aie obtenu un résultat décisif. Par suite, il ne m'est pas possible, pour le moment, de consentir à la proposition de Votre Excellence, et mon devoir est de continuer mes opérations contre l'armée de Votre Excellence.

« Mais comme Votre Excellence me dit qu'elle a mission pour traiter toutes les questions qui peuvent avoir rapport à la convention passée devant Paris, j'y vois une possibilité d'arrêter, ici aussi, la continuation de l'effusion du sang. Je m'y prêterai toujours volontiers. Si Votre Excellence est pénétrée du même sentiment, et si vous avez l'intention, après la résistance courageuse qu'a montrée l'armée française, de me faire des propositions qui répondent à la situation militaire du moment dans ce pays, je prie Votre Excellence de me les transmettre jusqu'à demain matin à Levier, mais je dois répéter ici, encore une fois, pour éviter tout malentendu, qu'aucun armistice n'existe pour nous jusqu'à présent, et qu'aussi par cette correspondance entre

Votre Excellence et moi, les opérations ne sont pas suspendues.

« Que Votre Excellence veuille bien recevoir l'assurance de ma considération très-distinguée.

« *Signé :* De Manteuffel. »

Je n'ai pu accepter les propositions verbales que le général de Manteuffel me faisait transmettre avec cette lettre.

M. le comte Daru. — A quelle époque aviez-vous pris le commandement du 20ᵉ corps ?

M. le général Clinchant. — J'ai pris le commandement du 20ᵉ corps le 14 décembre, et je l'ai conservé jusqu'au 27 janvier.

M. le comte Daru. — Quel était l'effectif de ce corps d'armée lorsque vous en avez pris le commandement ?

M. le général Clinchant. — 26,000 hommes d'abord, et, quelque temps après, 22,000, lorsque nous fûmes à Châlons.

M. le comte Daru. — Quelle est, général, votre appréciation personnelle sur les motifs qui ont pu déterminer les négociateurs à exclure l'armée de l'Est de l'armistice ?

M. le général Clinchant. — Je crois que les négociateurs français ont été trompés par M. de Bismark, car il est impossible de conclure un armistice à l'exclusion d'une armée. Si en même temps que l'on m'exceptait, on avait aussi excepté les armées de Werder et de Manteuffel, on n'aurait laissé devant moi qu'un nombre des hommes que les Prussiens pouvaient faire marcher contre moi.

M. de Boisboissel. — La nouvelle du succès de Villersexel a pu donner au Gouvernement français l'idée que ce succès se continuerait.

M. le comte Daru. — M. Jules Favre a déclaré qu'il avait été obligé de subir la loi imposée par M. de Bismark.

M. le général Clinchant. — Les Prussiens ne voulaient pas laisser une armée française sur pied : ils savaient bien que l'armée de l'Est était perdue si elle était exclue de l'armistice ; et c'est pour cette raison qu'ils ne voulaient pas la comprendre dans la convention.

M. Callet. — A quelle cause attribuez-vous l'insuccès des armées de l'Est ?

M. le général Clinchant. — Je l'attribue surtout à l'insuffisance des troupes qui composaient cette armée. Ces troupes ne savaient pas manœuvrer, et avaient perdu le moral par suite des fatigues et des insuccès devant Orléans.

Une des grandes causes de l'insuccès final a été le froid et les souffrances de toute sorte qu'ont endurés les troupes. Je ne crois pas qu'aucune armée ait jamais autant souffert que les armées de l'Est devant Héricourt et devant Pontarlier.

Quant au manque de vivres, il ne s'est fait sentir que dans les derniers jours. Encore n'a-t-il frappé que les traînards, car les distributions étaient faites régulièrement à tous les hommes qui étaient présents à leur corps. Les traînards étaient d'abord le cinquième de l'armée, puis ils sont devenus le quart, puis la moitié, puis davantage, et il est clair que ces hommes ne pouvaient toucher des vivres.

Mais si les distributions ont été faites jusqu'à la fin aux corps réguliers, j'ai déjà eu l'honneur de vous dire qu'il n'existait plus d'approvisionnements pour un temps plus long. Lorsque nous sommes arrivés à Besançon, nous croyions y trouver un mois de vivres pour toute l'armée, et nous eussions pu alors y rester et livrer des combats, car la place était assez forte pour servir de point d'appui à une armée. Or, il n'y avait que pour six jours de vivres, et, dans ces conditions, nous ne pouvions risquer d'épuiser cette ville, et de la faire tomber par la famine, comme cela était arrivé à Metz. Nous avons pensé qu'il valait mieux essayer de sauver l'armée, au risque de la perdre, que de perdre à la fois l'armée et Besançon.

M. le Président. — Général, nous vous prions de nous laisser votre rapport.

(*Séance du 5 août 1871.*)

Annexe à la déposition de M. le général Clinchant.

RAPPORT

SUR LES DERNIÈRES OPÉRATIONS DE L'ARMÉE DE L'EST, PAR LE GÉNÉRAL CLINCHANT.

Berne, le 15 mars 1871.

Monsieur le Ministre,

J'ai eu l'honneur de vous adresser, à la date du 8 février, un rapport sur les événements qui ont amené l'armée française à se réfugier en Suisse.

La difficulté de rassembler en temps utile tous les documents dont j'avais besoin pour établir un travail complet, ne m'ayant pas permis de donner à ce rapport tout le développement désirable, je crois devoir y revenir aujourd'hui.

Le 27 janvier, vers trois heures du matin, j'ai reçu la dépêche du ministre, qui m'appelait au commandement de la première armée, en exprimant l'espoir que je saurais la ramener. Je répondis au ministre que, dans les circonstances graves où se trouvait cette armée, je ne me croyais point en droit de refuser le commandement qu'il me confiait, et je lui fis connaître mon intention de chercher à me retirer par Pontarlier. Le mouvement était déjà ordonné et commencé par mon prédécesseur; je pensais moi-même que ce parti était le meilleur à suivre dans les circonstances où nous nous trouvions.

Les forces ennemies opérant contre nous se composaient des troupes de Werder et de celles de Manteuffel.

Les troupes de Werder s'élevaient à 90,000 hommes environ : elles comprenaient, outre son ancienne armée, quatre brigades de renfort envoyées d'Allemagne. Ces troupes avaient suivi l'armée de Bourbaki dans son mouvement de retraite sur Besançon.

Sur la rive gauche du Doubs, elles dépassaient les défilés du Lomont, qui forment une barrière solide entre Baume-les-Dames et Blamont; le 21ᵉ corps les avait occupés dès le 20 janvier, mais nous les avions perdus dans la journée du 24. Le général Bourbaki avait, dans la journée du 25, donné l'ordre de les reprendre, et le 18ᵉ corps était parti de Besançon, dans la nuit du 26 au 27, pour appuyer le retour offensif du général Bressolles; mais ces tentatives étaient restées sans résultat. Le 26 au soir, l'ennemi occupait donc toute la ligne du Lomont, depuis Pont-de-Roide jusqu'à Baume-les-Dames, et commençait même à déboucher au delà.

Sur la rive droite du Doubs, les troupes du général de Werder avaient également suivi la queue de nos colonnes, dans leur marche en retraite sur Besançon, et, le 25, une colonne de 10,000 hommes, après avoir traversé Rougemont et Montbozon, rejoignait à Rioz une colonne de 4,000 hommes venant de Vesoul, opérant ainsi la jonction entre l'armée de Werder et celle de Manteuffel.

Les troupes de Werder avaient ensuite continué, dans la journée du 26, à fortement accentuer leur mouvement vers l'Ouest : tous les ponts de l'Ognon, qui n'avaient pas été détruits, étaient en leur pouvoir. Ceux de Marnay et de Pesme livrèrent passage à de nombreuses colonnes, qui continuèrent leur marche sur Dôle.

L'armée de Manteuffel se composait du corps de Zastrow, qui avait quitté les Ardennes dans les premiers jours de janvier, pour venir en chemin de fer jusqu'à Châtillon-sur-Seine, et d'un ou plusieurs autres corps, qu'on disait venus de Paris, et qui avaient remonté la vallée de la Seine jusqu'à Montbard. Sans avoir jamais été renseigné d'une façon bien précise sur l'effectif de cette armée, dont les éléments semblent avoir été pris de différents côtés, je pense qu'elle devait comprendre environ 50,000 hommes. Elle avait passé la Saône à Gray le 19 janvier; le 21, les flanqueurs s'étaient emparé des ponts de Marney et de Cussey, pendant que le corps d'armée franchissait l'Ognon à Pesmes et à Cugney, et que l'avant-garde entrait à Dôle, se dirigeant sur Mouchard, et poussait même jusque vers Salins et Arbois, où elle arrivait le 26.

En un mot, dans la soirée du 26, la position de Besançon était enveloppée, au Nord, à l'Est et à l'Ouest, par 140,000 hommes; une seule route était libre, celle de Pontarlier, et l'on pouvait craindre à chaque instant de la voir également coupée.

Quant à l'armée française, elle occupait les positions suivantes :

Le 24ᵉ corps était à Nods, Pierre-Fontaine et Mâche.

Le 18ᵉ, envoyé pour soutenir la gauche du 21ᵉ, était échelonné sur la route de Besançon à Côte-Brune; mais son mouvement avait été retardé par l'état des routes, et il n'avait pu dépasser Naucray.

Le 15ᵉ corps gardait la trouée qui se trouve entre le Doubs et la Loue, à hauteur du Bussy : il appuyait sa droite au Doubs; sa gauche s'étendait jusqu'à Ornans.

La réserve appuyait le 15ᵉ corps.

Enfin, le 20ᵉ corps était sur la rive droite du Doubs, couvrant Besançon depuis Palente jusqu'en avant de Saint-Ferjeux, sauf une division qui avait été adjointe à la division Cremer, et envoyée en avant dès le 25 au matin, pour occuper les débouchés de Salins. Cette division couchait le 26 au soir à Rolandoz et Déserviller.

Quant à la division Cremer, elle couchait, le même jour, un peu en arrière de Salins : le général Cremer faisait prévenir qu'il n'avait pu arriver jusqu'à la ville, et que l'ennemi cherchait à le déborder par la gauche.

Pour résumer en quelques mots la situation, dans la nuit du 26 au 27, l'armée était disséminée sur une ligne d'environ 90 kilomètres, s'étendant de Maîche à la naissance des gorges de Salins, et passant par Besançon. Son effectif pouvait monter à 100,000 hommes, dont la moitié au moins étaient épuisés, démoralisés, avaient les membres plus ou moins gelés, et ne pouvaient être considérés que comme un embarras. Assurément, cette armée, de formation récente, avec des généraux souvent sans expérience, avec des états-majors improvisés, et où l'élément militaire était beaucoup trop rare; avec des secours administratifs insuffisants, avec des officiers et des soldats sans instruction ni habitudes militaires, cette armée, dis-je, avait toujours été dans des conditions de faiblesse extrême : lorsque j'en ai pris le commandement, la désorganisation se faisait sentir partout.

Devant la situation telle que je viens d'avoir l'honneur de vous l'exposer, Monsieur le Ministre, il y avait lieu d'examiner trois partis :

Concentrer toutes ses forces dans le voisinage de Besançon, pour occuper autour de la place de bonnes positions défensives, s'y retrancher d'une manière solide, s'y organiser, et attendre le moment de reprendre l'offensive;

Ou bien, forcer les lignes ennemies, pour arriver dans la vallée de la Saône, et prendre une ligne de retraite sur Lyon;

Ou enfin, se diriger sur Pontarlier, seul point par lequel nous étions encore en communication avec la France.

Le parti qui consistait à s'immobiliser autour de Besançon nous eût amenés forcément, en deux jours, à concentrer toutes nos troupes sous la place. Nous avions perdu les positions du Lomont, et l'ennemi, suivant le 24e corps dans sa retraite, occupait déjà les plateaux du Jura, dont les ressources devaient être considérées comme perdues pour nous. L'armée, qui n'était approvisionnée que pour sept jours, aurait affamé la place et la ville en moins de trois semaines. Concentrer l'armée autour de Besançon avait donc pour résultat inévitable et fatal une capitulation à courte échéance, aboutissant à la perte totale de l'armée, de son matériel, et aussi de la place, que nous entraînions dans notre ruine, tandis qu'en lui laissant tout juste la garnison nécessaire à sa défense, elle avait des ressources suffisantes pour se soutenir encore trois mois.

Se faire un passage pour gagner la vallée de la Saône semblait préférable à certains égards. Deux directions pouvaient être prises : celle d'Auxonne, dont le pont nous appartenait, et celle de Verdun ou de Lons-le-Saulnier, par Quingey. La ligne de l'ennemi était assez étendue, et on pouvait croire à la possibilité de la forcer. Mais il fallait d'abord concentrer l'armée avant d'effectuer ce mouvement. Cette concentration demandait du temps, et il est certain que l'ennemi, renseigné sur nos mouvements par ses espions et ses éclaireurs, aurait pris ses mesures pour nous arrêter. Une ou deux divisions peut-être auraient pu s'échapper, mais pour tout militaire qui a vu l'état de l'armée le 26 janvier, et qui juge la question avec impartialité, il est incontestable que 80,000 hommes au moins auraient été refoulés en désordre sur Besançon, et même on pouvait craindre de plus grands désastres.

Il ne restait donc plus qu'à marcher sur Pontarlier, dont la route, quoique fortement menacée, nous était encore ouverte. Ce parti, auquel s'était arrêté le général Bourbaki, et en prévision duquel étaient déjà donnés les ordres de mouvement pour la journée du 27, offrait quelques chances de salut, avec la certitude de sauver Besançon. L'intendant en chef de l'armée, M. Friant, avait annoncé qu'à Pontarlier on trouverait des approvisionnements considérables, qui pourraient se renouveler par les chemins de fer de la Suisse.

La position de Pontarlier est admirablement disposée pour la défense, elle ne peut être tournée que par deux routes, celle des Allemands au nord, et au sud celle qui traverse les défilés de Vaux. En toute saison, ces routes, fortement encaissées dans des vallées profondes, sont très-faciles à défendre : dans les circonstances où nous nous trouvions, avec un terrain couvert de 0^{m}50 centimètres de neige, qui ne permettait pas, même à l'infanterie, de passer ailleurs que sur les routes, quelques hommes devaient suffire pour arrêter l'ennemi. Quant à l'attaque de front sur Pontarlier, la position, formidable en elle-même, devait être considérée comme inexpugnable, pour peu qu'on la défendît, avec les difficultés que la neige apportait aux mouvements des troupes.

J'espérais, si j'arrivais à Pontarlier, y tenir aussi longtemps que le permettraient mes ressources en vivres, lesquelles, d'après les promesses de l'intendant, devaient se renouveler fort longtemps, et mes ressources en munitions, qui étaient considérables, car tous les parcs avaient reçu l'ordre de suivre le mouvement général de l'armée. Je préférais, assurément, me voir immobilisé autour de Pontarlier, qu'enfermé dans Besançon; mais j'avais de fortes raisons de penser que je pourrais me retirer par les routes tracées au fond des vallées parallèles au Jura : ces routes sont au nombre de deux ; l'une, praticable aux voitures, passe par Mouthe, Chaux-Neuve, Foncine, Saint-Laurent et Saint-Claude, ou Morez et Gex ; l'autre, bonne seulement pour l'infanterie et la cavalerie, passe par Mouthe, Chaux-Neuve, la Chapelle-des-Bois, Morez et Gex, et Saint-Claude. Avec l'épaisse couche de neige qui couvrait tout le pays, il suffisait, pour tenir complètement la première, de garder le défilé de Bonnevaux, à Vaux; le défilé des Planches, celui de Morillon, et enfin la route de Saint-Laurent à Clairvaux, dans le cas où l'ennemi étendrait jusque-là ses opérations. Quant à la seconde, pour la conserver, il suffisait de tenir les gorges de Vaux et les défilés que traverse la première, entre Foncine et Chaux-Neuve.

On pouvait espérer que la présence à Dijon du corps de Garibaldi, et à Lons-le-Saulnier ou dans les environs, de sept ou huit mille mobilisés, inquiéterait, si elle ne pouvait réussir à l'entraver, la marche des Prussiens vers le Sud. J'avais donc de fortes raisons de croire que nous pourrions prévenir l'ennemi dans l'occupation de ces points, et, comptant sur les promesses de vivres que m'avait faites l'intendant en chef, je considérais le salut de l'armée comme certain, si je parvenais à la concentrer autour de Pontarlier, et à faire occuper les défilés de Vaux, les Planches et le Morillon.

Tous mes efforts tendirent à nous assurer ce résultat.

Je laissai, pour la journée du 27, s'exécuter les mouvements ordonnés par le général Bourbaki, et toute l'armée prit la direction de Pontarlier, sauf la 1re division du 20e corps, et la 2e division du 15e, qui restèrent à Besançon pour assurer la défense de la place.

Tous les officiers du génie avec leurs troupes, ainsi que tous les ingénieurs attachés à l'armée avec leurs ouvriers, partirent pour Pontarlier avec mission de déblayer la neige sur la route que nous devions suivre, et de créer des obstacles sur celles qui pouvaient servir à l'ennemi. Je les fis accompagner par deux officiers de mon état-major, pour les appuyer dans les réquisitions qu'ils devaient faire auprès de toutes les autorités locales, en vue d'accélérer l'exécution de leurs travaux.

Le 27 au soir, l'armée occupait les positions suivantes :

Le 18e corps à Nods et Falleram ;
La 2e division du 20e corps était à Ornans ;
Le 15e corps à Bolandoz et Sept-Fontaines ;
La 3e division du 20e corps à Sombacourt et Bians ;
La division Cremer à Levier ;
La réserve générale à Chautraus, Beugney et Amathey.

Quant au 24e corps, ses têtes de colonne commençaient à arriver à Pontarlier.

Le 28, le mouvement de concentration sur Pontarlier se continua, mais avec beaucoup de difficultés et une immense fatigue pour les hommes, à cause de la neige. Le soir, l'armée occupait les positions suivantes :

Le 18e corps, de Brigny à Doubs ;

La réserve générale à Goux, Voux et Bians;
La 1re division du 15e corps à Sombacourt;
La 3e division du 15e corps à Pontarlier;
La 2e division du 20e corps à Sept-Fontaines et Villers;
La 3e division du 20e corps à Chassis et Bulle;
La division Cremer à Dommartin et Houtaud;

Enfin le 24e corps avait deux divisions (d'Ariès et Commagny) engagées au delà de Pontarlier, sur la route de Mouthe : la 3e (Busserolles), restée un peu en arrière, se trouvait entre Morteau et Pontarlier.

Je pouvais donc considérer comme accomplie la concentration des troupes autour de Pontarlier.

Mais une grande déception m'attendait à Pontarlier. Les approvisionnements promis n'existaient point, et les mesures prises pour faire arriver des vivres par la Suisse ne garantissaient pas d'une manière suffisante le ravitaillement de l'armée. La situation devenait très-grave. Je prescrivis à l'intendant de faire tous ses efforts pour sortir l'armée de l'embarras où il l'avait mise : mais les faibles ressources qu'il put nous procurer ne changèrent pas sensiblement la situation. Je n'avais plus alors qu'une chance de sauver l'armée, c'était de me retirer par la route de Mouthe.

J'ordonnai en même temps aux généraux d'user largement du droit de réquisition, et enfin, je pris toutes les mesures pour nous assurer la possession des routes de Mosey et Saint-Claude.

Je fis partir une compagnie du génie dans la direction de Vaux, afin d'y créer des obstacles susceptibles d'augmenter les facilités de la défense. Le colonel du génie Barrabé fut également envoyé sur la route de Mouthe pour couper le pont des Planches et obstruer les défilés des routes qui menaçaient nos lignes de retraite.

Je fis partir en même temps le général Cremer avec deux régiments de cavalerie armés de chassepots, pour s'emparer des défilés et en assurer la garde jusqu'à l'arrivée de l'infanterie. Il était suivi par sa 1re brigade, et devait être appuyé par deux divisions du 24e corps, déjà engagées sur la route. Le général Cremer devait me faire parvenir de ses nouvelles le lendemain, avant midi. Je ne voulus pas, avant de les avoir reçues et de connaître l'état dans lequel se trouvaient nos lignes de retraite, ainsi que la mesure dans laquelle nous en pouvions user pour le passage des voitures, prescrire un mouvement de concentration trop prononcé en arrière de Pontarlier, que devait encore traverser la 3e division du 24e corps, restée sur la route de Morteau. J'avais d'ailleurs intérêt à laisser déblayer les routes avant d'y engager les troupes, déjà bien épuisées par les deux journées de marche qu'elles venaient de faire dans la neige des hauts plateaux. Je désirais leur donner le temps de faire des réquisitions dans les villes qu'elles occupaient, et enfin je ne voulais pas engager mon artillerie sur la route de Mouthe avant de savoir si elle pourrait la suivre pour effectuer sa retraite.

En conséquence, je me bornai à rappeler les troupes dans les villages avoisinant Pontarlier; et dans la matinée du 29, elles prirent les positions suivantes :

Le 18e corps vint se masser à Houtaud, Dommartin, Vuillecin, Arçon et Doubs. La 2e division du 20e corps vint occuper Chassois et Bulle.

La 3e division du 20e fut établie à Dompierre et Frasne, avec la 2e brigade de la division Cremer, qui devait occuper Bonnevaux avec deux bataillons.

La 1re division du 15e corps resta à Sombacourt et la réserve à Goux, Voux et Bians.

La 3e division du 15e corps resta : une brigade à Pontarlier, et l'autre aux Granges, Narboz et à la Rivière.

Quant au 24e corps, il continua son mouvement sur Mouthe, où arriva la division d'Ariès, avec ordre d'appuyer la division Cremer dans l'occupation du défilé.

Au moment où je prenais toutes ces mesures, le sous-préfet de Pontarlier m'annonça qu'un armistice venait d'être conclu, et j'appris qu'il en avait affiché la nouvelle. Ma première pensée fut de croire à une manœuvre de l'ennemi pour nous endormir dans une fausse sécurité et troubler le moral de nos troupes.

Je recommandai au sous-préfet de garder le secret, je fis arracher les affiches qu'il avait déjà mises en place, et j'attendis, pour commencer le mouvement général de retraite, des nouvelles du général Cremer, m'annonçant que les passages étaient libres. Ces nouvelles me parvinrent dans l'après-midi, vers quatre ou cinq heures.

Le 29, dès le matin, Cremer avait pu gagner Foncine et Saint-Laurent avec sa cavalerie : un poste, détaché de Foncine sur les Planches, tenait le défilé; et un autre poste, détaché de Saint-Laurent, occupait le Morillon. Les deux autres routes sur lesquelles je comptais m'appartenaient donc, et on devait croire que je les conserverais, la cavalerie envoyée avec le général Cremer comprenant 700 dragons ou chasseurs d'Afrique, tous armés de chassepots et susceptibles de combattre à pied : de plus, l'infanterie suivait à courte distance; d'abord la 3e légion du Rhône, qui, arrivée à Mouthe le 29, à huit heures du matin, avait reçu du général Commagny l'ordre d'en repartir le plus tôt possible : puis, la 1re brigade de la division Cremer, qui était arrivée à la Cluze dans la soirée du 28, et qui devait se remettre en route le lendemain de très-bonne heure.

Ces deux troupes se mirent effectivement en marche, comme on le leur avait prescrit : mais vers quatre heures de l'après-midi, au moment où la tête de colonne arrivait à Chatelblanc, un cavalier venait annoncer que le détachement mis en position au défilé des Planches n'avait pas tenu, qu'il avait été repoussé, que Foncine-le-Bas même avait été abandonné, et que toute la cavalerie était allée rejoindre le général Cremer à Saint-Laurent.

Il est à regretter que cette cavalerie n'ait pas pris des mesures plus efficaces pour garder la position, et que le colonel du génie, Barrabé, n'ait point rempli la mission dont je l'avais spécialement chargé.

Le colonel qui commandait la légion du Rhône fit continuer la marche, et prit ses dispositions pour attaquer Foncine-le-Bas avec sa tête de colonne, après avoir envoyé un cavalier pour hâter l'arrivée de la brigade Cremer. En arrivant à Foncine-le-Bas, vers huit heures du soir, l'avant-garde des mobilisés du Rhône fut reçue par une fusillade qui se ralentit peu à peu et cessa tout à fait à neuf heures : l'ennemi se retirait dans la direction des Planches. Surpris de ne pas voir arriver la 2e brigade de la division Cremer, et troublé par des bruits d'armistice qu'il avait entendus sur sa route, le colonel de mobilisés du Rhône se borna à laisser un poste à Foncine-le-Bas, et rentra à Foncine-le-Haut, pour retrouver le colonel Millot, qui commandait la 1re brigade Cremer. Cet officier avait, en effet, suspendu son mouvement à la nouvelle de l'armistice, qui lui avait été donnée par le maire de Foncine, et il envoyait un parlementaire à l'ennemi pour lui signifier la cessation des hostilités. Ce parlementaire rencontra les Prussiens à quelques kilomètres au delà de Foncine-le-Bas, sur la route de Champagnole par les Planches. Nous étions donc, encore une fois, maîtres de la route de Saint-Laurent.

Autour de Pontarlier, des événements d'une assez grande importance se passèrent également dans cette journée du 29. Les troupes avaient, dans la matinée, pris, sans difficultés, les positions et cantonnements qui leur étaient assignés : mais entre trois et quatre heures, la 1re division du 15e corps, qui cependant avait été prévenue deux heures à l'avance de l'arrivée de l'ennemi, et qui occupait un défilé facile à garder, fut attaquée à Sombacourt sans avoir pris les dispositions nécessaires pour se défendre. Elle perdit six bouches à feu, presque tous ses bagages, et laissa entre les mains de l'ennemi un grand nombre de prisonniers, parmi lesquels se trouvaient le général d'Astugue, qui commandait la division, ainsi que le général Minot. Le brouillard intense qui régnait à cette heure explique comment la réserve générale, établie à un kilomètre seulement, n'eut connaissance de l'attaque qu'au moment où l'ennemi était déjà maître de Sombacourt : elle se retira sur le 18ᵉ corps.

Cette surprise découvrait la division Thornton, qui était, à la tombée de la nuit, brusquement attaquée dans Chaffois ; mais elle s'y maintint énergiquement.

La nouvelle de ces deux attaques me parvint au moment où je venais de recevoir une dépêche de Bordeaux m'annonçant l'armistice et où je faisais rédiger des instructions invitant les chefs de corps à s'entendre avec les commandants des forces ennemies pour la cessation des hostilités. J'envoyai immédiatement à Chaffois un officier qui trouva trois bataillons de la division Thornton solidement établis dans le village et tenant l'ennemi en respect depuis deux heures par une fusillade bien nourrie. Le général Thornton fit cesser le feu et envoya un parlementaire. L'ennemi, de son côté, fit avancer un officier escorté par un peloton ; mais pendant qu'on échangeait des pourparlers, l'infanterie prussienne, que notre feu n'arrêtait plus, pénétra dans le village sans opposition, profitant ainsi de la surprise causée dans nos rangs par l'ordre de cesser le feu, et de l'inexpérience des officiers de mobiles qui ne surent pas la maintenir à distance, désarma les hommes et les constitua prisonniers.

Il est vrai que l'erreur fut ultérieurement reconnue, et que le général prussien renvoya les hommes le lendemain, attendant, dit-il, pour rendre les fusils, que l'armistice lui eût été notifié par son gouvernement. Ces fusils furent renvoyés plus tard, après notre entrée en Suisse. Quoi qu'il en soit, le village de Chaffois fut, dans la soirée du 29, occupé partie par nous, partie par les Prussiens.

Il fallait au plus vite faire cesser le malentendu qui régnait au sujet de l'armistice. J'étais bien loin de mettre en doute, sur une matière aussi grave, l'exactitude des dépêches du Gouvernement, qui toutes se confirmaient, et qui toutes étaient conçues dans les termes les plus explicites et les plus formels.

Malgré l'ignorance où paraissaient se trouver les généraux ennemis de la nouvelle que je leur annonçais, j'hésitais d'autant moins à conserver mon opinion, que, dans la journée du 30, je recevais par la Suisse le texte d'une dépêche adressée par l'empereur Guillaume à l'Impératrice, et conçue dans le même sens que les dépêches venues de Bordeaux.

Je pouvais croire à des retards survenus dans la transmission des télégrammes entre Versailles et le quartier général de M. de Manteuffel, ou peut-être à un désir éprouvé par le général ennemi de rectifier les positions occupées par sa ligne de bataille; mais je ne pouvais admettre que le malentendu fût de nature à durer bien longtemps.

Dans la journée du 30, je rendis compte au ministre des difficultés qui venaient de se produire, et je reçus une réponse par laquelle on me signifiait que la prétention du général de Manteuffel était la violation formelle de la convention signée à Versailles. De nouveaux échanges de parlementaires eurent lieu entre mon quartier général, établi à Pontarlier, et le quartier général allemand, établi à Villeneuve, à 28 kilomètres de distance. Ces pourparlers furent nécessairement très-longs, et le 31, vers deux heures du matin, je reçus une lettre du général de Manteuffel, m'annonçant que l'armistice ne concernait point les départements du Doubs et du Jura et de la Côte-d'Or. Néanmoins, croyant encore à un malentendu que pouvait expliquer la différence des dates entre les dépêches qu'il avait reçues et celles qui m'étaient parvenues, je lui envoyai un deuxième officier pour lui proposer un armistice de trente-six heures, pendant lequel nos gouvernements respectifs pourraient se mettre d'accord, et nous adresser des instructions dans le même sens. Cette dernière proposition fut refusée, et j'en appris la nouvelle le 31, dans l'après-midi.

Pendant la soirée du 29, du 30, et la matinée du 31, la croyance formelle où j'étais de la réalité de l'armistice avait suspendu notre mouvement. On s'était borné à échelonner des pelotons de cavalerie sur la route de Besançon à Pontarlier, afin d'assurer les communications de cette place avec la France par les routes que nous tenions, et que l'ennemi n'avait pas entamées. Sans cette croyance, j'aurais certainement pu accélérer la retraite de mon infanterie par la Chapelle-des-Bois ou par Foncine, suivant les circonstances, de manière à la rendre à peu près assurée. Je me contentai d'opérer quelques mouvements de détail, commandés par les circonstances. Les bataillons de la division d'Astugue, qui s'étaient échappés de Sombacourt, furent, dans la matinée du 30, dirigés sur Vaux pour renforcer la garde du défilé. Dans la soirée, la division Ségard (20ᵉ corps), qui se trouvait à Dompierre, et la 2ᵉ brigade de la division Cremer, qui se trouvait à Frasnes, furent prévenues, par le général prussien Zimmermann, d'avoir à évacuer leurs positions ou à s'y défendre, car elles allaient y être attaquées. Le général Ségard ne crut pas devoir attendre l'attaque : il dirigea sa division sur

Pontarlier, et comme je lui avais fait dire de garder à tout événement la position de Bonnevaux, qui commande l'entrée du défilé de Vaux, il dirigea de ce côté la 2ᵉ brigade de la division Cremer; mais comprenant mal les instructions qu'il avait reçues, il prescrivit au colonel Poulet, qui avait pris le commandement de cette brigade, de battre en retraite sur Mouthe, en passant par Bonnevaux, laissant ainsi la 2ᵉ brigade de la 3ᵉ division du 15ᵉ corps toute seule à la garde du défilé de Vaux. Je fis arrêter la division Ségard en avant de Pontarlier.

Pour résumer en quelques mots la situation, malgré la triste affaire de Sombacourt, malgré le regrettable malentendu de Chaffois, malgré l'abandon de Dompierre et Frasnes, et l'incroyable facilité avec laquelle le général Ségard avait, sans m'en rendre compte, donné à la 2ᵉ brigade de la division Cremer l'ordre de se replier sur Mouthe en abandonnant le défilé de Vaux, nous étions encore solidement établis autour de Pontarlier dans la soirée du 30. Je dus, pour empêcher la division Thornton, cantonnée à Bulle, de rester trop en l'air, la faire replier en deçà du Drugeon, et j'eus toute facilité pour prendre, dans la nuit, mes dispositions pour combattre le lendemain, 31, autour de Pontarlier, si l'armistice, sur la réalité duquel je commençais à avoir quelques doutes, était réellement de nulle valeur.

Dans la matinée du 31 les troupes étaient établies dans les positions suivantes :

Le 18ᵉ corps occupait les hauteurs qui sont au Nord-Est de Pontarlier ainsi que les hauteurs du Sud-Ouest, jusqu'en face des granges Marboz : il surveillait en outre la route de Morteau par les Allemands.

La réserve générale était établie à Pontarlier et aux abords immédiats de la ville.

La division Peytavin (15ᵉ corps) occupait la montagne au Sud-Ouest de Pontarlier, depuis la gauche du 18ᵉ corps, jusqu'aux environs de Bonnevaux.

Les débris de la division d'Astugue (15ᵉ corps), ainsi que de la division Ségard, gardaient Vaux et les débouchés en arrière.

Enfin la division Thornton était en réserve à la Cluze.

Quant au 24ᵉ corps, il restait échelonné sur la route de Mouthe, et le général Commagny recevait l'ordre de faire filer le plus de monde qu'il pourrait par la route de la Chapelle-des-Bois. C'est ainsi que la division d'Ariès put, dans la journée, prendre la route de Morez.

Mais des événements de la plus extrême gravité avaient eu lieu sur notre gauche.

Dans la nuit du 29 au 30, pendant les négociations entamées

entre le colonel Millot et les officiers prussiens, dont les troupes étaient concentrées à Champagnole, un poste ennemi était venu réoccuper Foncine-le-Bas, se trouvant en face de nos troupes établies dans le reste du village. L'indécision qui résultait des nouvelles contradictoires relatives à l'armistice, la crainte où se trouvaient les officiers français de fournir un prétexte à des hostilités qu'ils craignaient de voir recommencer dans l'état de désorganisation et d'épuisement où se trouvaient leurs soldats; enfin la distance de 45 kilomètres qui les séparait du quartier général, toutes ces causes réunies nous avaient, une seconde fois, fait perdre le passage de Foncine : j'appris cette nouvelle dans la nuit du 30 au 31.

Le général Commagny avait, le 30 au matin, pris ses dispositions pour faire une attaque sur Foncine, afin de reconquérir ce passage; mais les nouvelles de l'armistice l'arrêtèrent, et quand j'ai été à même de lui donner des indications positives, dans la soirée du 31, l'ennemi occupait la position avec des forces imposantes.

Il ne nous restait plus alors, pour faire notre retraite, que le passage de la Chapelle-des-Bois. Mais cette route, qui sur quelques points n'est qu'un sentier, était, en outre, obstruée par les neiges qu'on n'avait pas encore eu le temps de déblayer.

C'est dans cette situation que nous trouva le dernier refus de M. de Manteuffel, le 31, vers trois heures de l'après-midi.

Peu après arrivait une dernière dépêche du Ministre, m'annonçant, qu'en effet, l'armée de l'Est n'était pas comprise dans la convention de Versailles, et qu'on me laissait le soin de régler la situation.

Prévoyant, dès le 31 au matin, que les affaires pourraient en arriver à prendre cette tournure, j'avais déjà ordonné de faire filer les bagages et les parcs d'artillerie en arrière du fort de Joux avec les éclopés et les malades. Vers trois heures de l'après-midi, j'avais, en outre, envoyé un parlementaire au général de l'armée suisse pour traiter la question de passage sur le territoire de la Confédération, de notre matériel et de nos malades, dans le cas où nous en serions réduits à cette extrémité.

Quand je fus définitivement fixé sur les intentions de M. de Manteuffel, je réunis un conseil de guerre auquel je convoquai tous les généraux de divisions présents à Pontarlier, afin de leur bien faire connaître la situation, et de prendre avec eux les mesures les plus efficaces pour assurer le passage en Suisse de notre artillerie, de nos bagages et de nos éclopés, en dirigeant toute notre infanterie sur les routes qui nous permettaient de gagner encore le département de l'Ain.

Mais au moment où le conseil venait de se réunir, vers huit heures du soir, je reçus la nouvelle d'un événement qui rendait notre situation plus critique encore que je ne pouvais le prévoir. Un officier envoyé par moi, dès le matin, du côté de Vaux, pour insister sur les ordres donnés, relativement à la garde des défilés, vint m'apprendre que les troupes chargées de cette défense n'avaient pas tenu, et que nous étions menacés de nous voir tournés en arrière de Pontarlier. Cette nouvelle me fut confirmée par une note du général Commagny, annonçant que l'ennemi se répandait sur le lac de Saint-Point, et nous coupait la route de Mouthe, en occupant les gorges Sainte-Marie.

Je demandai aux généraux si, profitant des accidents de terrain, ils pouvaient encore arrêter l'ennemi en arrière du défilé de Vaux à Oye, le Cernois et Montperreux, de manière à sauvegarder encore les derrières de Pontarlier. Ils ne purent rien me promettre. L'évacuation de Pontarlier devenait donc indispensable. Je proposai alors de tenir les crêtes qui se trouvent entre le Lormont, le fort de Joux, Oye, Montperreux et la frontière suisse.

Les généraux m'objectèrent qu'il leur serait bien difficile, dans ces conditions de voisinage immédiat de la frontière, de conserver leurs hommes sous la main : les chemins étaient, d'ailleurs, à peu près impraticables. Enfin, nous avions épuisé toutes nos provisions de pain et de biscuit, et il ne nous restait plus que trois ou quatre cents quintaux de farine arrivés la veille, c'est-à-dire de quoi faire vivre l'armée pendant un ou deux jours au plus, et encore fallait-il improviser immédiatement les moyens de transformer cette farine en pain.

La situation était sans issue, les hommes étaient épuisés : l'armistice avait porté au moral des troupes le coup le plus funeste : je ne pouvais plus les nourrir. Il me fallait prendre un parti sans plus attendre, sous peine de voir périr l'armée. Quelque pénible que fût la détermination dont j'avais à subir la responsabilité, je décidai que nous entrerions en Suisse, tout en prévenant les généraux que j'autorisais à rester en France tous les corps ou détachements qui croiraient pouvoir se frayer un passage, en suivant les sentiers des montagnes dans lesquels il leur serait possible de s'aventurer.

J'envoyai à mon parlementaire l'ordre de traiter définitivement de notre passage sur le territoire suisse, et je me rendis aux Verrières, où je signai la convention dont il avait préparé les bases et qui se trouve jointe au dossier.

Dans la matinée du 1er février, l'ennemi exécuta le mouvement tournant que tout faisait prévoir dès la veille, dans l'intention de nous couper notre retraite, pendant qu'il préparait une attaque de front sur Pontarlier; mais il fut arrêté dans la vallée du Lac de Saint-Paul par la présence des troupes qui s'y trouvaient encore, ce qui permit l'évacuation de Pontarlier. La ville fut occupée par l'ennemi au moment où nos dernières troupes en sortaient. Il suivit la queue de nos colonnes dans la direction du fort de Joux, et notre arrière-garde soutint un combat assez vif, dans lequel nous perdîmes peu de monde et pas de matériel.

Les batteries de position que, dès la veille, j'avais fait établir sous la protection du fort de Joux, arrêtèrent la poursuite des Prussiens, et leur firent éprouver des pertes sensibles.

Notre entrée en Suisse s'est effectuée par trois routes, celle des Verrières, que suivit à peu près tout le matériel, celle de Fourgs, et celle des Hôpitaux.

La division Cremer et la 3ᵉ légion du Rhône qui, dans la nuit du 31 au 1ᵉʳ, se trouvaient entre Foncine-le-Haut et Chaux-Neuve, auraient peut-être pu rester en France, et prendre la route de la Chapelle-des-Bois, qui était encore libre ; mais des renseignements inexacts décidèrent le colonel Pontet à engager sa troupe sur la route de Cernois-au-Sentier.

La division d'Ariès, la division de cavalerie du général de Longuerue, une partie de la cavalerie du 20ᵉ corps avaient pu gagner la France. Le général Cremer s'était également rendu en France avec les premières troupes de cavalerie qui avaient eu pour mission de garder la route.

Enfin le 1ᵉʳ février au soir, lorsque tout le matériel de l'armée fut entrée en Suisse, et qu'il ne restait plus en France que quelques bataillons prêts à passer la frontière, dans la matinée du 2, le général Pallu, dont la troupe avait combattu jusqu'au dernier moment, me prévint qu'il profitait de l'autorisation que j'avais donnée d'une manière générale à tous les groupes qui voudraient en user, et qu'il allait longer la frontière [par des sentiers de montagnes pour rentrer en France : il put, de la sorte, gagner le département de l'Ain, avec cinquante hommes robustes et décidés.

Tel est, Monsieur le Ministre, le récit exact des tristes journées de mon commandement. Si je n'ai pu conserver mon armée à la défense du pays, je crois avoir tenté ce qu'il était possible de faire pour la sauver.

Malgré l'état misérable où elle se trouvait le 27 janvier, et qui résultait bien plus des vices de son organisation et des souffrances qu'elle avait endurées, que de la situation fâcheuse où l'avaient mise les mouvements de l'ennemi, je crois que j'aurais pu ramener presque toute mon infanterie sans le manque de vivres où je me suis trouvé en arrivant à Pontarlier, d'où a résulté une grande gêne dans les mouvements de l'armée, à partir du 28, et qui a rendu tout à fait impossible une défense prolongée autour de Pontarlier, et surtout sans la fatale nouvelle de l'armistice, qui, pendant quarante-huit heures, a paralysé mes mouvements, tandis que l'ennemi continuait les siens, et qui a tellement abattu le moral de toutes les troupes, que le 31 au soir, quelques bataillons à peine étaient capables de soutenir la présence de l'ennemi, et encore comptaient-ils à peine le tiers de leur effectif.

Peut-être une diversion du corps d'armée qui se trouvait à Dijon aurait-elle réussi à contrarier les mouvements de M. de Manteuffel. Il ne m'appartient pas de rien avancer sur la possibilité de faire quelque chose avec des troupes qui n'étaient pas sous mon commandement : tout ce que je puis dire, c'est que le 1er février, au moment où une partie de mon armée avait déjà passé la frontière, je reçus du général Garibaldi la dépêche télégraphique suivante :

« Je me propose de faire une démonstration sur les derrières de l'ennemi.

« Tenez-moi informé. »

Je suis, avec un profond respect, Monsieur le Ministre, votre très-obéissant serviteur.

Signé : Général CLINCHANT.

FIN DU TOME QUATRIÈME.

TABLE DES MATIÈRES

LIVRE XII (SUITE)

	PAGES.
Le bombardement	1
Suite du bombardement sur le front Est	3
Bombardement du côté Sud	6

LIVRE XIII

ÉVÉNEMENTS POLITIQUES DU MOIS DE JANVIER

CHAP. Iᵉʳ. — Arrogance du parti du désordre. — Faiblesse du Gouvernement	29
CHAP. II. — Conférence de Londres	46

LIVRE XIV

BATAILLE DE MONTRETOUT-BUZENVAL

PAGES.

Chap. Ier. — Préparatifs de la bataille de Buzenval. 67
               Organisation des colonnes. 72

Chap. II. — Instructions pour la journée du 19 janvier. . . 82
             Emplacement des troupes le 18 au soir. — Itinéraires qu'elles doivent suivre 88

Chap. III. — Mise en marche des colonnes. — Causes des retards 93

Chap. IV. — Bataille de Montretout-Buzenval. 102
             Journée du 20 janvier 157
             Résumé de la journée du 19 159
             Tableaux des pertes à la bataille de Montretout-Buzenval. 165

Chap. V. — Conséquences de la journée du 19 janvier . . 192
             Destitution du général Trochu. 202
             Convocation des maires. 208

Chap. VI. — Insurrection du 22 janvier 226

LIVRE XV

FIN DU BOMBARDEMENT

Chap. Ier. — Derniers jours du bombardement 245
             Attaque. 252
             Mont-Valérien 257
             Fin du bombardement, ses conséquences et conclusions. 258

LIVRE XVI

L'ARMISTICE

	PAGES.
CHAP. Ier. — Choix du négociateur.	267
CHAP. II. — Coup d'œil rétrospectif sur notre situation diplomatique au moment où M. Jules Favre entre en conférence avec M. de Bismark.	279
CHAP. III. — Négociations. — Traité pour un armistice de vingt et un jours	286
Journée du 24 janvier.	294
Journée du 25 janvier.	307
Journée du 26 janvier.	314
Journée du 27 janvier.	322
Journée du 28 janvier.	339
CHAP. IV. — Coup d'œil sur la situation de l'armée de l'Est.	346
CHAP. V. — L'armistice est annoncé à Paris.	355

RÉSUMÉ	365
CONCLUSION GÉNÉRALE	376

TABLE

DES

PIÈCES JUSTIFICATIVES

		PAGES.
I.	— Résumé général des pertes dans les combats et batailles du siége de Paris.	383
I bis.	— Pièces relatives à la conférence de Londres et au voyage projeté de M. Jules Favre	398
II.	— Rapport du contre-amiral Saisset	401
III.	— Extrait des dépositions devant la Commission d'enquête sur les actes du Gouvernement de la Défense nationale.	407
IV.	— Rapport à M. le général Ducrot.	410
V.	— Lettre de M. Cresson à M. le général Ducrot . .	412
VI.	— Réponse du général Ducrot à M. Cresson	415
VII.	— Dispositions préparatoires en vue de la bataille du 19 janvier	415
VIII.	— Lettre du commandant du Mont-Valérien	418
IX.	— Rapport du général Ducrot sur les opérations de la colonne de droite à la bataille de Buzenval.	419
X.	— Dépêches relatives à la bataille de Buzenval. . .	422
XI.	— Extrait de l'historique de la 2ᵉ division (Berthaut) du 1ᵉʳ corps, du 18 au 20 janvier 1871.	425
XII.	— Extrait de l'historique de la division Faron (18 et 19 janvier. — Buzenval.)	430
XIII.	— Extrait de l'historique de la légion du génie auxiliaire de la garde nationale.	433

TABLE DES PIÈCES JUSTIFICATIVES.

		PAGES.
XIV.	— Journal des marches et opérations de la deuxième armée.	441
XV.	— Incident relatif à l'évasion du général Ducrot à Pont-à-Mousson.	450
XVI.	— Pièces relatives à l'évasion du général Ducrot	455
XVII.	— Affaire du 22 janvier 1871	464
XVIII.	— Déposition de M. le général de Valdan.	473
XIX.	— Protocole du 26 janvier 1871	489
XX.	— Déposition de M. le général Borel	491
XXI.	— Déposition de M. le général Bourbaki	532
XXII.	— Déposition de M. le général Clinchant	592

Paris. — Imp. Paul Dupont, 41, rue Jean-Jacques-Rousseau. 2543.8.77.

www.ingramcontent.com/pod-product-compliance
Lightning Source LLC
Chambersburg PA
CBHW050316240426
43673CB00042B/1426